Introdução à Informática
Peter Norton

Introdução à Informática
Peter Norton

Tradução
Maria Claudia Santos Ribeiro Ratto

Revisão Técnica
Álvaro Rodrigues Antunes
Analista de Sistemas da COPEL
Mestre em Ciência da Computação pela Universidade Federal do Rio Grande do Sul

Do original: Peter Norton's Introduction to Computers
© 1995 Glencoe Divisão da Macmillian/McGraw-Hill School Publishing Company
© 1997 Pearson Education do Brasil

Todos os direitos reservados. Nenhuma parte desta publicação poderá ser reproduzida ou transmitida de qualquer modo ou por qualquer outro meio, eletrônico ou mecânico, incluindo fotocópia, gravação ou qualquer outro tipo de sistema de armazenamento e transmissão de informação, sem prévia autorização, por escrito, da Pearson Education do Brasil.

Produtor Gráfico: José Roberto Petroni
Editoração Eletrônica e Fotolitos: ERJ Composição Editorial e Artes Gráficas Ltda.

Dados Internacionais de Catalogação na Publicação (CIP)
(Câmara Brasileira do Livro, SP, Brasil)

Norton, Peter, 1943-
  Introdução à informática / Peter Norton ; tradução Maria Claudia Santos Ribeiro Ratto ; revisão técnica Álvaro Rodrigues Antunes. -- São Paulo : Pearson Makron Books, 1996.

  Título original: Peter Norton's introduction to computers.

  ISBN: 978-85-346-0515-1

  1. Computadores 2. Programas de computador
I. Título

96-4683   CDD-004

Índices para catálogo sistemático:

1. Informática : Computadores : Processamento de
   dados   004

Direitos exclusivos cedidos à
Pearson Education do Brasil Ltda.,
uma empresa do grupo Pearson Education
Avenida Santa Marina, 1193
CEP 05036-001 - São Paulo - SP - Brasil
Fone: 11 2178-8609 e 11 2178-8653
pearsonuniversidades@pearson.com

AGRADECIMENTOS

Muitas pessoas ajudaram a criar este livro e todas as contribuições foram valiosas. Pete Alcorn, Lyn Cordel, Ron Dragushan, Lyn Dupré, Brooke Jarrett, Harley Hahn, Jim Hall, John Heilborn, Nick Keefe, Bruce Lorenzen, Merrill Peterson, Frances Stack, Ronda Stout, Monica Suder, Juan Vargas, Mike Viehman e Ric Williams tiveram participação especial nesta empreitada ambiciosa.

Gostaríamos também de agradecer às seguintes pessoas as sugestões e a ajuda com as linguagens de programação e os exemplos: Leonard Erikson, Mitchel Grunes, Gerald Kleywegt, Uwe Kuhman, Steve Lionel e Dan Pop.

REVISORES

James Dailey, Rider College
Pat Duffy, Trenton State College
Lynne Groves, Manketo Technical College
Dick Hol, Community Colleges of Spokane
Perry Lund, William Penn College
Len Parrino, Essex County College
Sylvia Clark Pulliam, Western Kentucky University
Lorilee Sadler, Indiana University
Devinder Sud, Devry Technical Institute
Maryanne Zlotow, College of DuPage

Elizabeth Davis, Texas State Technical College
Guy Giardine, Burlington County College
Sallyann Hanson, Mercer County College
David Letcher, Trenton State College
Gary Margot, Ashland University
Donald L. Phillips, University of North Florida
John R. Ross, Fox Valley Technical College
Judy Scholl, Austin Community College
David Whitney, San Francisco State University

AGRADECIMENTO ESPECIAL

Devemos um agradecimento especial a Rick Stout, que trabalhou com Peter Norton e Glencoe na elaboração deste texto. Ele escreveu artigos para revistas e vários livros, incluindo *Power Shortcuts... Quattro Pro for Windows* e *Dominando a Internet* (1995, Makron *Books*), este em co-autoria com Harley Hahn. Scott Clark e Kevin Goldstein, editores de Peter Norton, ofereceram assessoria constante ao longo de 18 meses para trazer o método e a experiência de Peter Norton para este livro.

SUMÁRIO

Prefácio XVII

Parte I — Nossa Sociedade Tecnológica 1

1. **Estas Máquinas Espantosas** 3
   Objetivos 3
   A ferramenta de várias utilidades 4
      Computadores nos negócios 4
      Medicina e saúde pública 5
      Educação 5
      Ciência 8
      Arqueologia 8
      Engenharia e arquitetura 8
      Manufatura 9
      Área legal 9
      Cumprimento da lei 10
      Governo 11
      Forças Armadas 12
      Música 12
      Teatro e cinema 12
      Computadores no lar 13
   Por dentro da máquina 14
      Processador 16
      Memória 17
      Entrada/saída 18
      Armazenamento 20
   O software dá vida à máquina 21
      Sistemas operacionais 21
      Software aplicativo 22
   As formas dos computadores dos nossos dias 28
      Supercomputadores 29
      Mainframes 29

　　　　　Minicomputadores 30
　　　　　Estações de trabalho 31
　　　　　Computadores pessoais 31
　　O que esperar do futuro 34
　　Resumo 35
　　　　　A ferramenta de várias utilidades 35
　　　　　Por dentro da máquina 36
　　　　　O software dá vida à máquina 36
　　　　　As formas dos computadores dos nossos dias 37
　　Questões para revisão 37
　　Questões para discussão 38

2. Computadores nos Negócios 39

　　Objetivos 39
　　Como as empresas usam computadores 41
　　　　　Aplicações verticais 42
　　　　　Aplicações para produtividade pessoal 43
　　　　　Informática para grupos de trabalho 44
　　Por que as empresas precisam de informações 45
　　　　　O valor e o custo da informação 47
　　　　　Planejando a automação da informação 49
　　Estudo de caso: Mercury Athletic Shoes 51
　　　　　Estabelecendo uma abordagem integrada 53
　　　　　Os micros roubam o show 54
　　　　　Desafios competitivos 56
　　　　　Enfrentando o desafio: Informática no "estado da arte" 57
　　Choque na cultura corporativa 64
　　Quem cria o sistema 65
　　　　　Como os setores de informática respondem às necessidades corporativas 66
　　　　　Quais são as funções do setor de informática 67
　　O que esperar do futuro 67
　　Resumo 68
　　　　　Como as empresas usam computadores 68
　　　　　Por que as empresas precisam de informações 68
　　　　　Estudo de caso: Mercury Athletic Shoes 69
　　　　　Choque na cultura corporativa 69
　　　　　Quem cria o sistema 69
　　Questões para revisão 70
　　Questões para discussão 70

3. Civilizando o Ciberespaço 71

　　Objetivos 71
　　Crimes por computador 72
　　　　　Pirataria de software 72
　　　　　Vírus de computador 76
　　　　　Roubo de hardware 78
　　　　　Roubo de dados 79
　　Invasão de privacidade 82

Mala direta	84
Históricos de crédito	84
As corporações e seus empregados	85
Reconquistando nossa privacidade	85
Ergonomia	86
Escolhendo a cadeira certa	86
Prevenindo lesões causadas por estresse constante	87
Protegendo os olhos	89
Computadores e o ambiente	90
O mito do escritório sem papel	90
Clorofluorcarbonos na produção de chips	91
O flagelo dos metais pesados	92
Desperdício de energia	92
O que esperar do futuro	93
Resumo	95
Crimes por computador	95
Invasão de privacidade	95
Ergonomia	96
Computadores e o ambiente	96
Questões para revisão	96
Questões para discussão	97

Parte II — Como Funcionam os Computadores 99

4. Processando Dados 101

Objetivos	101
Transformando dados em informações	102
Sistemas numéricos	102
Representando dados	109
Como o computador processa dados	113
A Unidade Central de Processamento	113
Memória	114
Fatores que afetam a velocidade de processamento	117
Como os registradores afetam a velocidade	118
Memória e poder computacional	118
O relógio interno do computador	118
O barramento	119
Memória cache	120
Passando operações aritméticas para o co-processador aritmético	121
CPUS usadas em microcomputadores	123
Os processadores Intel	123
Os processadores Motorola	127
Processadores RISC	127
Processamento paralelo	128
O que esperar do futuro	129
Resumo	129
Transformando dados em informações	129
Como o computador processa dados	130

        Fatores que afetam a velocidade de processamento 130
        CPUS usadas nos microcomputadores 131
    Questões para revisão 131
    Questões para discussão 132

5. Interagindo com o Computador 133
    Objetivos 133
    O teclado 134
        O layout padrão do teclado 134
        Como o computador recebe entradas por meio do teclado 135
    O mouse 137
        Usando o mouse 137
        Funcionamento interno do mouse 139
        Dispositivos de mouse 140
        Trackball 141
    Outros dispositivos de entrada 142
        Canetas eletrônicas 142
        Telas sensíveis ao toque 142
        Leitoras de código de barra 143
        Tratamento de imagens com scanners e reconhecimento óptico de caracteres 145
    O monitor de vídeo 146
        Como o monitor de vídeo CRT exibe imagens 147
        Comparando monitores de vídeo CRT 148
        O controlador de vídeo 149
        Monitores de vídeo de tela plana 153
    Impressoras 154
        Impressoras matriciais 154
        Impressoras a laser 155
        Impressoras a jato de tinta 157
        Plotadoras 157
    Conectando dispositivos ao computador 158
        Slots de expansão e adaptadores 159
        Portas de E/S seriais e paralelas 160
        SCSI 162
    O que esperar do futuro 163
    Resumo 164
        O teclado 164
        O mouse 164
        Outros dispositivos de entrada 164
        O monitor de vídeo 165
        Impressoras 165
        Conectando dispositivos ao computador 165
    Questões para revisão 166
    Questões para discussão 166

6. Armazenando Informações em um Computador 168
    Objetivos 168
    Tipos de dispositivos de armazenamento 169
    Armazenamento magnético 170

Como funcionam os meios magnéticos	170
Unidades de disquetes	171
Tipos de disquetes	174
Como os dados são organizados em um disquete	176
Como o sistema operacional localiza dados em um disco	179
Discos rígidos	182
Unidades de fita	186
Dispositivos de armazenamento óptico	187
CD-ROM	188
Worm (Write Once, Read Many)	190
Magneto-óptico	190
Medindo o desempenho da unidade	192
Tempo médio de acesso	192
Taxa média de transferência de dados	192
Padrões de interface das unidades de disco	193
O padrão ST-506	193
IDE	194
ESDI	194
SCSI	195
Organizando e protegendo os dados armazenados	196
Organizando seus arquivos	197
Protegendo seus dados com cópias regulares	198
O que esperar do futuro	200
Resumo	201
Tipos de dispositivos de armazenamento	201
Armazenamento magnético	201
Dispositivos de armazenamento óptico	202
Medindo o desempenho da unidade	202
Padrões de interface das unidades de disco	203
Organizando e protegendo os dados armazenados	203
Questões para revisão	203
Questões para discussão	204

7. Redes e Comunicação de Dados 205

Objetivos	205
Meios de comunicação	206
Fio de par trançado	206
Cabo coaxial	207
Cabo de fibra óptica	207
Conexões sem fio	208
Comunicação por meio de redes	209
Quatro vantagens da rede	210
Tipos de rede	213
Topologias de rede	216
Placa de rede e protocolos de rede	218
Telecomunicações usando um modem	220
Como as pessoas usam modems	221
Tipos de modem	227
Comparando desempenho de modems	227

O que esperar do futuro 231
Resumo 232
    Conceitos básicos de comunicação de dados 232
    Meios de comunicação 232
    Comunicação por meio de redes 232
    Telecomunicações usando um modem 233
Questões para revisão 233
Questões para discussão 234

Parte III — Usando Software para Microcomputadores **235**

8. O Sistema Operacional e a Interface com o Usuário **237**
    Objetivos 237
    O que é um sistema operacional? 238
        Interface de linha de comando 239
        Interface gráfica do usuário 241
        Gerenciando o hardware 249
        Gerenciando o sistema de arquivos 250
        Apoio a programas 253
    Categorias de sistema operacional 254
        Sistemas operacionais multitarefas 254
        Sistemas operacionais multiusuários 255
        Sistemas operacionais multiprocessadores 258
    Sistemas operacionais populares para microcomputadores 261
        DOS 261
        OS/2 266
        O sistema operacional do Macintosh 268
        Unix 270
        Microsoft Windows NT e Windows 95 271
    Aperfeiçoando o sistema operacional com software utilitário 273
        Fragmentação de arquivos 274
        Compressão de dados 275
        Utilitários antivírus 278
        Gerenciamento de memória 279
    O que esperar do futuro 280
    Resumo 281
        O que é um sistema operacional? 281
        Categorias de sistema operacional 281
        Sistemas operacionais populares para microcomputadores 282
        Aperfeiçoando o sistema operacional com software utilitário 282
    Questões para revisão 283
    Questões para discussão 283

9. Edição de Texto e Editoração Eletrônica **284**
    Objetivos 284
    Usando um editor de texto 284
        A janela do seu documento 285
        Inserindo texto 286

  Fazendo alterações 293
  Formatando texto 296
  Imprimindo seus documentos 300
  Arquivando seus documentos 302
 Recursos avançados dos editores de texto 303
  Verificando a ortografia 304
  Usando um dicionário de sinônimos (*thesaurus*) 309
  Usando um esquematizador 309
  Estilos e folhas de estilos 310
 Software de editoração eletrônica 311
  O que é software de editoração eletrônica? 311
  Editoração eletrônica *versus* edição de texto 316
  Editoração eletrônica no mundo real 323
  Trabalhando com editoração eletrônica 325
 O que esperar do futuro 327
 Resumo 327
  Usando um editor de texto 327
  Recursos avançados dos editores de texto 328
  Software de editoração eletrônica 328
 Questões para revisão 329
 Questões para discussão 330

10. Planilhas Eletrônicas 331
 Objetivos 331
 Uma calculadora visual 332
  Análise financeira 333
  Análises na área de engenharia 334
  Gráficos e apresentações 334
  Usos pessoais 336
 Criando uma planilha 336
  Inserindo informações 337
  Definindo formatos de tela e de impressão 347
  Imprimindo sua planilha 352
 Ampliando a planilha 353
  Macros 354
  Ferramentas matemáticas 355
  Integrando gráficos 358
  Planilhas tridimensionais (3D) 361
  Planilhas inteligentes 363
  Integração com outros programas 364
 O que esperar do futuro 366
 Resumo 368
  Uma calculadora visual 368
  Ampliando a planilha 369
 Questões para revisão 370
 Questões para discussão 370

11. Manipulando Dados com um Gerenciador de Banco de Dados 371
 Objetivos 371

Como os SGBDS são usados	372
O SGBD	373
Programas e o SGBD	373
Bancos de dados interativos	373
Fundamentos de bancos de dados	374
A estrutura do banco de dados	374
Ordenando os dados	379
Formulários (Forms)	382
Vinculando tabelas de bancos de dados	386
Interagindo com o banco de dados	392
Navegando, visualizando e editando registros	392
Pesquisando um banco de dados	396
Criando relatórios	404
Programas que usam bancos de dados	404
Usando bancos de dados dentro de um programa	405
O padrão XBase	407
Bancos de dados distribuídos e o relacionamento cliente-servidor	408
O que esperar do futuro	411
Resumo	412
Como os bancos de dados são usados	412
Fundamentos de bancos de dados	412
Interagindo com o banco de dados	413
Programas que usam bancos de dados	413
Questões para revisão	414
Questões para discussão	414

Parte IV — Trabalhando Como um Profissional da Informática **415**

12. Sistemas de Informações Gerenciais **417**

Objetivos	417
O que é um sistema de informação?	418
Responsabilidades da gerência	418
Entra em cena o computador	419
O processo de desenvolvimento de sistemas	421
Estudo de caso: O SIG clássico é hoje maior que sua utilidade?	427
A nova cara do SIG	433
Sistemas de apoio à decisão	433
Sistemas especialistas	436
O que esperar do futuro	438
Resumo	439
O que é um sistema de informação?	439
A nova geração do SIG	440
Questões para revisão	440
Questões para discussão	441

13. Criando Programas de Computador **442**

Objetivos	442
As linguagens do computador	446

   Linguagem Assembly 447
   Linguagens de alto nível 449
  O que é um programa de computador? 459
   Valores variáveis 461
   Estrutura dos programas 463
  Programação orientada a objetos 472
   Objetos 473
   Classes e herança de classe 475
   Mensagens 477
  Criando um programa 478
   Planejamento 478
   Desenvolvimento 481
  Ferramentas de programação de propósito específico 483
   Bibliotecas de terceiros 484
   Analisadores de código-fonte 486
   Case e geradores de código 486
  O que esperar do futuro 487
  Resumo 487
   As linguagens do computador 487
   O que é um programa de computador? 488
   Programação orientada a objetos 488
   Criando um programa 489
   Ferramentas de programação de propósito específico 489
  Questões para revisão 490
  Questões para discussão 490

14. Computadores e o Mercado de Trabalho 492
  Objetivos 492
  Computadores no ambiente corporativo 493
   Finanças e contabilidade 493
   Vendas a varejo 496
   Vendas no atacado 497
   Entrega e recebimento 497
   Produção 499
   Compras 500
   Departamento de pessoal e recursos humanos 500
   Computadores nas pequenas empresas 500
   Como os profissionais liberais usam computadores 502
  Carreiras na indústria de informática 503
   Carreiras na área de programação 504
   Trabalhando como analista de sistemas 505
   O integrador de sistemas 505
   O administrador de sistemas 506
  Aplicando suas habilidades com o computador à sua carreira 506
   Edição de texto 507
   Planilhas 507
   Conhecimento de outros programas e sistemas operacionais 509
  O que esperar do futuro 509

    Resumo 510
        Computadores no ambiente corporativo 510
        Carreiras na indústria de informática 511
        Aplicando suas habilidades com o computador à sua carreira 511
    Questões para revisão 511
    Questões para discussão 512

Apêndice A — Explorando Seu Computador 513

Apêndice B — História do Microcomputador 557

Glossário 569

Índice Analítico 599

PREFÁCIO

Você está entrando em um mundo no qual tudo o que aprender será fundamental para seu sucesso. A computação mudou, e, com essa mudança, surgiu a necessidade de fortes habilidades conceituais e práticas com computadores. O computador não é um equipamento qualquer. Não se pode tratá-lo como se trataria um telefone — como uma "caixa-preta".

Os computadores ficaram mais poderosos e ao mesmo tempo mais fáceis de usar. Você, como usuário final, tem um enorme leque de opções para usá-los isoladamente ou em ambiente de rede no trabalho.

Este livro deverá ajudá-lo a se tornar um usuário inteligente dessa importante tecnologia. Nossa meta é transformar uma "caixa-preta" misteriosa em uma "caixa-de-vidro", para que você tenha condições de tomar as decisões mais acertadas com relação a tudo o que afete suas necessidades de tecnologia de informação: de que computador, sistema operacional e aplicativos você precisa? Como deverá configurar seu sistema de arquivos para economizar espaço e mesmo assim poder acessá-lo facilmente? Como é possível personalizar a maneira de usar o computador para aumentar a eficiência pessoal? Como é possível comunicar-se efetivamente por meio de uma rede com outros computadores na sua organização e fora dela?

Quase tudo o que fazemos na nossa "sociedade de informações" depende da tecnologia da informação. Qualquer que seja a sua atividade, seu crescimento pessoal e profissional pode ser impulsionado com o uso inteligente da tecnologia da informação. O desafio é incorporar adequadamente os conceitos básicos e as técnicas da computação aos seus objetivos pessoais e profissionais: uma carreira na área de negócios ou na área da saúde, como professor ou pesquisador. Esperamos que este livro lhe dê as ferramentas que lhe permitirão atingir suas metas.

PARTE I

NOSSA SOCIEDADE TECNOLÓGICA

Capítulo 1

ESTAS MÁQUINAS ESPANTOSAS

OBJETIVOS

Depois de terminar de ler este capítulo, você será capaz de:

- Discutir alguns dos vários impactos que os computadores têm sobre nossas vidas.
- Reconhecer quatro tipos de hardware.
- Explicar a finalidade do software.
- Relacionar os tipos comuns de computadores disponíveis hoje em dia e descrever que tipo de trabalho cada um faz melhor.

O computador é uma máquina verdadeiramente espantosa. Poucas ferramentas permitem que você execute tantas tarefas diferentes. Com um computador, você pode acompanhar um investimento, publicar um boletim informativo, projetar um prédio ou assumir a personalidade de Indiana Jones e explorar cavernas da América do Sul.

Em 1982, a revista *Time* deu, pela primeira vez, o título de "O Homem do Ano" a um computador. Desde então, essas máquinas complexas — feitas de silício, metal e plástico — têm influenciado quase todos os aspectos de nossas vidas. Sempre que o intelecto humano e a tecnologia se encontram, o computador está presente.

Neste capítulo, veremos algumas das muitas maneiras de como os computadores nos afetam. Observaremos também o interior dessas máquinas magníficas, para ver o que realmente as faz funcionar. Finalmente, falaremos sobre os vários tipos de computador e sobre as tarefas que cada um executa melhor.

A FERRAMENTA DE VÁRIAS UTILIDADES

Até a metade da década de 1960, os computadores eram máquinas extremamente caras, com propósito específico; apenas instituições gigantescas como o governo e as universidades tinham condições de mantê-los. Esses primeiros computadores eram usados basicamente para executar tarefas numéricas complexas, como calcular a órbita precisa de Marte ou registrar estatísticas sobre o Censo. Embora os computadores fossem certamente úteis em tarefas como essas, logo ficou evidente que eles também poderiam contribuir de maneiras mais tangíveis.

Só na metade da década de 1960 é que os computadores começaram a revolucionar o mundo dos negócios. A IBM apresentou o mainframe System/360 em abril de 1964 e vendeu aproximadamente 33 mil dessas máquinas. Como resultado desse sucesso comercial, a IBM e o System/360 tornaram-se padrões segundo os quais outros fabricantes de computadores e seus sistemas imitariam nos anos seguintes. Na década de 1970, a Digital Equipment Corporation (DEC) deu dois ou mais passos gigantescos à frente, com a introdução do PDP-11 e do computador VAX, oferecidos em vários tamanhos para satisfazer necessidades e orçamentos diferentes. Desde então, os computadores não pararam de encolher e de oferecer mais potência a um custo menor. Os computadores de mesa (desktop) que você vê nos lares e escolas são agora potentes o bastante para ser usados em muitas empresas.

Ao lado do papel crescente dos computadores na área comercial, surgiram rapidamente outros usos para essas máquinas. Hoje, computadores de todos os tamanhos e formas são usados para todos os propósitos imagináveis, desde vender ingressos para um concerto sinfônico até programar fornos de microondas. É raro o dia que termina sem que você tenha visto ou usado um computador. Nesta seção, exploraremos algumas das várias maneiras de como os computadores afetam nossas vidas.

COMPUTADORES NOS NEGÓCIOS

Os computadores são tão fundamentais para a sociedade moderna que, sem eles, nossa economia ficaria paralisada. Todos os anos, as empresas e os governos dos Estados Unidos processam aproximadamente 400 bilhões de transações e esse número aumenta em 73 bilhões, anualmente. O impacto do computador sobre as empresas vai muito além do volume. Nas últimas décadas, os computadores alteraram radicalmente as práticas comerciais, não apenas nos Estados Unidos, mas em todo o mundo.

Mesmo que você não trabalhe em um escritório, a maneira como as empresas usam computadores o afeta todos os dias. Você se depara com informações sobre si mesmo armazenadas em computadores toda vez que vai ao banco, renova uma assinatura ou compra algo pelo correio. Mesmo quando você compra alimentos ou combustível, há uma interação com o computador. Dos caixas automáticos aos cartões de crédito, os computadores passaram a fazer parte do nosso modo de viver.

A seção sobre computadores nos negócios é tão importante que passaremos todo o Capítulo 2 discutindo-a em detalhe. Não há campo mais fértil para explorar os recursos dessas máquinas maravilhosas; independentemente da carreira que você escolha, seu sucesso poderá depender de uma noção básica da maneira como as empresas usam computadores.

MEDICINA E SAÚDE PÚBLICA

Na medicina de hoje, os computadores são usados para tudo, desde o diagnóstico de moléstias até o monitoramento de pacientes durante cirurgias e o controle permanente de próteses.

Várias aplicações médicas interessantes usam pequenos computadores de propósito específico que operam dentro do corpo humano para ajudá-lo a funcionar melhor. Os marcapassos são um exemplo. Outro exemplo é o implante coclear, um tipo especial de aparelho auditivo que permite a pessoas profundamente surdas escutar. Parte do dispositivo é um pequeno computador que transforma sons em impulsos elétricos, que são, então, transmitidos ao cérebro por um dispositivo implantado no ouvido interno.

Outro uso para os computadores nos hospitais são as técnicas de processamento automatizado de imagens, que produzem uma figura totalmente tridimensional com muito mais detalhes e menos risco do que os raios X comuns. O primeiro tipo difundido de diagnóstico por imagem foi a tomografia axial computadorizada. Técnicas mais recentes incluem a ressonância magnética e a tomografia por emissão de pósitrons. Usando essas técnicas, os médicos conseguem olhar dentro do corpo de uma pessoa e estudar cada órgão em detalhe. Conseqüentemente, condições que talvez tenham sido de diagnóstico difícil há alguns anos, em geral, podem ser detectadas em estado ainda incipiente.

EDUCAÇÃO

Nos últimos anos, os computadores pequenos promoveram uma revolução na educação. Qualquer pessoa, desde crianças em idade pré-escolar até os cidadãos da terceira idade, pode colocar o computador para trabalhar em benefício próprio. Você encontrará computadores em salas de aula, museus e bibliotecas, e eles estão rapidamente tornando-se tão essenciais ao processo de aprendizagem quanto os livros, o papel e a caneta.

Na sala de aula, os alunos desenvolvem projetos científicos e preparam relatórios usando a tecnologia computacional. Nos museus de história natural, os alunos tocam a tela do computador para ficar sabendo qual a mais recente teoria sobre a evolução da Terra ou por que os dinossauros foram extintos. E nas bibliotecas, eles pesquisam o banco de dados dos computadores à procura de artigos relacionados a um campo de interesse próprio.

NOTEBOOK DO NORTON

FERRAMENTAS PARA UMA VIDA INDEPENDENTE

Uma das leis mais gratificantes aprovadas pelo Congresso Americano recentemente é a lei dos Americanos Deficientes (Americans with Disabilities Act), de 1990. Essa lei exige que empresas com mais de 25 empregados "tornem prontamente acessíveis aos indivíduos deficientes as instalações e estações de trabalho usadas pelos outros empregados". Tivesse essa lei sido aprovada uma década antes, as empresas resistiriam muito mais a ela. Hoje, em parte graças aos computadores, as pessoas com deficiências estão conseguindo tornar-se os melhores funcionários de algumas empresas.

Talvez os exemplos mais significativos de computadores pessoais melhorando as vidas das pessoas envolvam indivíduos com deficiências físicas. Antes dos computadores pessoais, as pessoas com deficiências físicas normalmente tinham muita dificuldade para executar tarefas do cotidiano e suas oportunidades de emprego eram limitadas. Hoje, uma quantidade impressionante de softwares e dispositivos está disponível para dar assistência a pessoas que apresentam ampla variedade de deficiências. Embora o microcomputador não seja a panacéia, ele está ajudando milhares de pessoas a gerenciar suas vidas e a conseguir maior independência.

Alguém que tenha apenas um único músculo sob controle voluntário ou que use apenas uma mão ou um pé para digitar consegue controlar completamente um computador. É possível operar com os lábios, queixo, bochecha, braço, mão ou pé um joystick montado em uma extensão ajustável e assim manipular o cursor e, com um teclado na tela, inserir texto.

Os interruptores são pequenos dispositivos que enviam sinais eletrônicos do tipo "liga/desliga" ao computador. As entradas de um só interruptor são capazes de substituir o teclado e o mouse. Os interruptores são apresentados em todos os tamanhos e formas, com vários modelos que correspondem aos diferentes movimentos dos músculos. Há interruptores que podem ser pressionados usando-se os movimentos da cabeça ou das mãos; há até mesmo aqueles que podem detectar um simples levantar da sobrancelha.

Usando canetas ópticas acopladas à sua cabeça (*headwands*) ou à sua boca (*mouthsticks*), o usuário consegue operar o computador movendo sua cabeça e soprando um canudo conectado a um pequeno fone de ouvido para inserir texto em um teclado na tela. Os dispositivos ópticos de indicação permitem que as pessoas façam seleções olhando fixamente para uma imagem — uma palavra, caractere ou figura — durante apenas meio segundo.

O teclado TongueMouse, fabricado pela New Abilities Systems, permite que o usuário controle o computador com a língua sem, com isso, impedir sua fala. Uma trava (*retainer*) dental feita sob medida, presa no céu da boca, envia freqüências de rádio a um pequeno receptor conectado ao computador, o que, por sua vez, move o cursor do mouse.

Como várias dessas opções de entrada são relativamente demoradas, em geral adicionam-se recursos para a previsão de palavras, para ajudar a acelerar o processo. Usando princípios da Inteligência Artificial, esses programas tentam antecipar o que o usuário está digitando. Assim que ele insere o primeiro caractere de uma palavra, o programa sugere palavras possíveis. À medida que cada novo caractere é digitado, a lista de possibilidades fica menor. Quando a palavra desejada aparecer na tela, o usuário poderá selecioná-la, em vez de digitar os caracteres restantes.

Os sistemas de reconhecimento de voz permitem que usuários com muitos tipos de deficiência física enviem comandos a seus computadores. Eles podem fornecer centenas de seleções pré-programadas para vários tipos de aplicações, como edição de texto, editoração eletrônica e gráficos.

Indivíduos mudos ou com dificuldades de fala podem usar sintetizadores para obter uma fala digitalizada. Os sistemas de apoio à comunicação mostram aos usuários telas de mensagens, às vezes apresentadas de maneira gráfica. Quando o usuário aponta para ou digita uma mensagem, o computador a verbaliza. As novas vozes artificiais são agora tão claras que alguns indivíduos mudos estão sendo treinados a receber pedidos por telefone.

As pessoas com problemas visuais podem usar ampliadores de tela ou monitores com tela grande e aplicar às teclas rótulos de alto contraste. O software OCR (reconhecimento óptico de caracteres) traduz informações impressas para braile ou para fala gerada por computador, e os tradutores de braile enviam o resultado a impressoras especiais que gravam os caracteres do braile em relevo no papel. Há um mouse especial que permite a uma pessoa cega "ler" a tela do computador por meio de impulsos eletrônicos que são retransmitidos para as pontas de seus dedos. Um dispositivo chamado Opticon II, produzido pela TeleSensory, consegue até converter material impresso em papel em formas vibratórias e táteis que os usuários cegos são capazes de sentir. O usuário move uma minúscula câmera sobre uma página com uma mão enquanto a outra repousa sobre uma base de pinos de rápida vibração que fornece uma representação tátil do que a câmera está lendo.

Para ajudar as pessoas nas tarefas do dia-a-dia, há telefones controlados por voz e dotados de tela que executam todas as funções de um telefone comum, e ainda outras. As pessoas que não são capazes de discar em um telefone comum podem usar qualquer dispositivo de apontamento — como mouse, fone de ouvido ou joystick — para operar um telefone na tela. Outros produtos de software permitem que as pessoas controlem telefones, luzes, TVs, ventiladores, termostatos e despertadores por meio do computador.

Essas são apenas algumas das muitas alternativas que as indústrias relacionadas a computadores geraram para ajudar as pessoas deficientes. Embora certamente sejam um conjunto notável, na realidade esses produtos não são diferentes de nenhum outro hardware ou software. Para as pessoas portadoras de deficiências, bem como para todas as pessoas, os computadores oferecem ferramentas que ampliam as possibilidades e permitem maior acesso à capacidade de cada indivíduo.

Os professores estão especialmente entusiasmados com o computador como ferramenta de aprendizado interativo. Ao contrário de um programa gravado da televisão, os programas de educação auxiliada por computador pedem a opinião dos espectadores e respondem adequadamente. De modo similar, os tutoriais interativos ensinam, testam a compreensão e reensinam um determinado assunto com base no que o aluno aprendeu. Por exemplo, um programa chamado Calculus, lançado pela Broderbund Software, cobre um ano inteiro do assunto. O programa explica cada um dos principais tópicos e depois faz demonstrações com a solução de exemplos e até mesmo com pequenos segmentos animados. Se a função de teste do programa, for ativada, ela também apresentará ao aluno alguns problemas a serem resolvidos. Se o aluno resolver os problemas corretamente, o programa prosseguirá para o tópico seguinte. Caso contrário, revisará a área na qual o aluno está tendo dificuldade. Esses tipos de programa atraem a comunidade educacional não apenas porque oferecem instruções personalizadas, com base nas necessidades de cada aluno, mas também porque os alunos se sentem muito menos intimidados por um computador corrigindo seu trabalho do que por uma pessoa fornecendo o mesmo retorno.

CIÊNCIA

Os cientistas usam computadores para desenvolver teorias, para coletar e testar dados e para trocar eletronicamente informações com seus colegas de todo o mundo. Os pesquisadores conseguem acessar bibliotecas e outros centros de conhecimento em locais distantes, bastando, para tanto, ir até o computador mais próximo.

Também é possível simular eventos complexos com os computadores. Os cientistas usam computadores potentes para gerar estudos detalhados de como os terremotos afetam as construções ou de como a poluição afeta os padrões climáticos. Produtos de software sofisticados permitem que moléculas intricadas sejam projetadas, desenhadas e manipuladas com o auxílio dos computadores.

Seria impossível explorar o espaço sem os computadores. Os satélites e as sondas espaciais têm enviado para a Terra uma enorme riqueza de informações sobre nosso sistema solar e o cosmo. A cada segundo, antenas de recepção recebem dos satélites gigantes milhares de sinais, que depois são transmitidos para os computadores da NASA, para análise detalhada. Os pesquisadores estão examinando até o céu com telescópios, em uma tentativa de encontrar indícios de vida em outros pontos do Universo.

ARQUEOLOGIA

O que os computadores e as múmias do Egito têm em comum? Os arqueólogos podem usar computadores para examinar os envoltórios das múmias. Houve um tempo no qual os cientistas usavam raios X para fazer esse trabalho, mas os resultados eram apenas aquilo — raios X, sem detalhes de superfície. Com a inovação das varreduras de tomografia axial computadorizada, os arqueólogos conseguem estudar as múmias em muito mais detalhes. Pesquisadores do Oriental Institute da Universidade de Chicago usaram um tomógrafo para analisar o comprimento e a largura de uma múmia em segmentos visuais de 3 milímetros. Um computador, depois, combinou os segmentos em um modelo tridimensional detalhado da pessoa dentro do envoltório.

Os arqueólogos também usam computadores para reconstruir informações sobre civilizações passadas. Por exemplo, os arqueólogos que estudam um templo maia na floresta da Guatemala usaram um teodolito de trânsito computadorizado (computerized surveyor's transit) para traçar o local preciso onde trabalhavam por meio de um raio laser refletido de um satélite fixo em órbita. Uma vez estabelecida a posição, eles produziram um mapa tridimensional altamente preciso do templo, alimentando um computador com os dados de seu levantamento.

ENGENHARIA E ARQUITETURA

Embora ainda existam por aí mesas de desenho e réguas-tê, seus dias estão contados. Um engenheiro ou arquiteto que precise projetar um produto consegue ser muito mais produtivo com um computador do que com lápis e papel.

Quando você projeta um objeto com o computador, cria um modelo eletrônico descrevendo todas as três dimensões do objeto. Se você quiser ver o objeto de uma perspectiva diferente, pode pedir para o computador exibi-lo em outra visualização. No papel, você precisa produzir um desenho diferente para cada visualização e, se fizer alterações, terá de redesenhar todas as visualizações afetadas.

Essa maneira de desenhar objetos chama-se *CAD (Computer Aided Design — Desenho Auxiliado por Computador)*. Sistemas CAD especializados estão disponíveis para você desenhar quase tudo — desde casas, carros e prédios até moléculas e naves espaciais. Muitos cargos da área de engenharia agora requerem conhecimentos em CAD.

MANUFATURA

Além do projeto de produtos, os computadores estão desempenhando um papel cada vez maior na área de manufatura. Em algumas fábricas, os computadores controlam virtualmente tudo. Tome, por exemplo, uma usina de força que gere vapor. Nesse tipo de fábrica, o computador monitora pressões e temperaturas em centenas de pontos críticos por toda a usina. Se a pressão ou a temperatura de uma tubulação ou tanque excede um nível especificado, o computador regula o processo diretamente, ligando válvulas e ajustando os queimadores.

As fábricas usam braços robotizados e computadorizados para posicionar e soldar componentes ou para fazer trabalhos repetitivos ou perigosos. As montadoras de veículos usam robôs para executar inúmeras tarefas, incluindo pintar, soldar, cortar e curvar chapas de metal para peças do corpo do automóvel. A manufatura com computadores e robôs é chamada *Manufatura Auxiliada por Computador (CAM — Computer-Aided Manufacturing)*. Mais recentemente, a *Manufatura Integrada por Computador (CIM — Computer Integrated Manufacturing)* deu aos computadores um papel adicional no projeto de produtos, pedido de peças e planejamento da produção, de forma que, agora, os computadores são capazes de coordenar todo o processo de manufatura.

ÁREA LEGAL

A área legal já começou a fazer uso extensivo dos computadores.[1] Os advogados agora conseguem pesquisar rapidamente um conjunto enorme de dados, conhecido como *bancos de dados*, à procura de precedentes abertos por casos semelhantes. Com o computador, o tempo necessário para concluir esse tipo de pesquisa pode ser reduzido de horas para minutos ou até segundos. Os advogados também criam bancos de dados próprios para casos que envolvam milhares de documentos e centenas de depoimentos. Transferindo essas informações para um computador portátil, os advogados têm condições de entrar em uma sala de tribunal tendo à mão um arquivo abrangente do caso em questão.

---

1. N.R.T.: No sistema legal americano, precedentes legais, ou jurisprudências, são muito mais importantes do que no sistema brasileiro, desempenhando um papel crucial.

NOTEBOOK DO NORTON

A RECONSTRUÇÃO DEPOIS DO FURACÃO ANDREW

O furacão Andrew atingiu a costa da Flórida em 24 de agosto de 1992. Muitas casas do condado de Dade literalmente desapareceram. Virtualmente, todos os sistemas públicos foram devastados: eletricidade, água, telefones, estradas, esgoto. Mais de 130 pessoas foram mortas pela tempestade e milhares ficaram sem moradia.

Coordenar esforços assistenciais depois de um desastre como esse é extremamente complexo, porque nenhuma infra-estrutura ficou intacta. Imagine uma destruição tão violenta que as pessoas não conseguem nem mesmo se lembrar do local em que ficavam as casas agora destruídas. Até mesmo as placas de trânsito em algumas áreas desapareceram. Felizmente para as vítimas do furacão Andrew, há pouco tempo havia surgido uma tecnologia chamada Geographical Information Systems GIS (Sistemas de Informações Geográficas). O GIS combina mapas e bancos de dados computadorizados para organizar e analisar informações específicas sobre um determinado local. O que o GIS faz melhor é exatamente avaliar (ou prever) danos às propriedades e coordenar os esforços assistenciais.

Depois do furacão Andrew, uma empresa em particular, usando o sistema GIS, ajudou a FEMA (Federal Emergency Management Agency — Agência Federal de Administração de Emergências) a reerguer o condado de Dade. A Digital Matrix Systems de Miami usou o software InfoCAD e estações de trabalho Unix para criar milhares de mapas, cada um talhado para uma meta específica do esforço assistencial. Acompanhando o sentido da tempestade e plotando-o em mapas digitalizados a partir de fotos enviadas por satélites, o pessoal do grupo de assistência pôde prever como propriedades específicas haviam sido afetadas. Nos mapas, símbolos pretos representando o furacão mostravam o caminho da tempestade, cada um indicando uma casa que provavelmente havia sido gravemente danificada. Para avaliar ainda melhor os danos às propriedades, um caminhão percorria todas as ruas da área mapeada, tirando fotos de cada casa. Essas fotos digitalizadas foram então relacionadas a uma imagem da área feita por satélite e cada ponto do mapa também foi vinculado a um registro de banco de dados que incluía dados sobre cada propriedade.

CUMPRIMENTO DA LEI

Os departamentos de polícia há anos já usam *TDM (Mobile Data Terminals)* — *Terminais de Dados Móveis* nos carros dos batalhões. Quando um policial está perseguindo um carro, o TDM, com apenas o número da placa do veículo, é capaz de dizer o nome do proprietário, se foi dada queixa do roubo do veículo e outras informações. Usando o número da carteira de habilitação da pessoa que está ao volante, o policial é capaz de saber se a carteira está vencida e se o motorista é um criminoso procurado.

A tecnologia usada no TDM não é particularmente sofisticada: a unidade é apenas um terminal de vídeo conectado por rádio a um computador central. Técnicas muito mais avançadas são usadas em outras áreas do cumprimento da lei. Nos tribunais, por exemplo, uma técnica conhecida como *DNA fingerprinting (DNA da impressão digital)* identifica positivamente uma pessoa a partir de traços do sangue, pele ou cabelo que tenha sido encontrado na cena do crime. Como o DNA de cada pessoa é único, o DNA da impressão digital pode ajudar a ligar as evidências ao suspeito, confirmando a culpa ou a inocência do acusado.

GOVERNO

Mais de 250 milhões de pessoas vivem hoje nos Estados Unidos. O governo federal norte-americano usa computadores para coletar, processar e armazenar a vasta quantidade de informações sobre seus cidadãos por meio dos Social Security Administration (Administração da Seguridade Social), Bureau of the Census (Agência do Censo) e Internal Revenue Service (Receita Federal).

Números de Seguro Social são emitidos para cada cidadão americano e para outras pessoas que trabalham ou têm conta bancária nos Estados Unidos. Os computadores são usados para correlacionar e atualizar informações sobre os rendimentos dessas pessoas durante suas vidas inteiras. Depois, com base nessas tabulações, o governo calcula que benefícios devem ser pagos a cada pessoa no momento de sua aposentadoria.

A Agência do Censo norte-americana faz o levantamento do número de habitantes e pesquisa suas condições de vida a cada dez anos, desde 1790. Na verdade, esse foi o primeiro braço civil do governo a usar computadores em grande escala. Os primeiros computadores da Agência do Censo usavam pilhas de cartões perfurados para tabular as informações brutas e transformá-las em fatos e números significativos. Hoje, computadores muito mais poderosos montam essas informações. Os planejadores e os cientistas sociais do governo norte-americano usam-nas para calcular o número de deputados federais que cada estado pode mandar para o Congresso, para acompanhar a elevação e queda dos rendimentos pessoais, traçar os padrões de moradia e migração de diferentes grupos e muitos outros fins. Indivíduos e empresas também podem explorar estas informações — por exemplo, para descobrir a renda média ou o tamanho médio das famílias em uma determinada área.

A Receita Federal usa seus computadores para registrar a renda de milhões de indivíduos e empresas todos os anos. Como você já deve estar suspeitando, a Receita Federal não aceita simplesmente a sua palavra com relação ao que você alega dever na declaração de Imposto de Renda. Ele usa computadores para checar e rechecar as rendas informadas contra as informações recebidas de numerosas fontes ao longo do ano.

FORÇAS ARMADAS

Em 1946, o ENIAC — o primeiro computador de grande escala a ser desenvolvido no mundo — foi criado para o Exército. Essa máquina continha 18.000 válvulas e ocupava 167 metros quadrados. Inicialmente, ele foi usado para calcular trajetórias de projéteis de artilharia em diferentes distâncias e condições climáticas — números que costumavam ser calculados meticulosamente à mão. Hoje, as Forças Armadas usam computadores muito mais compactos a bordo de navios, submarinos e aviões, e também em certas armas e satélites. Normalmente, esses computadores estão conectados a redes baseadas em terra, que ligam todos os sistemas para obter a alocação ideal de recursos.

É claro que as Forças Armadas também usam computadores da mesma maneira que empresas e outras organizações o fazem. Na verdade, os computadores militares cuidam do que pode ser o maior sistema de folha de pagamento e administração de recursos humanos do mundo.

MÚSICA

Os músicos aliaram-se aos computadores para criar uma incrível variedade de instrumentos e sons com um simples toque de um teclado. O *MIDI (Musical Instrument Digital Interface — Interface Digital para Instrumento Musical)* é um sistema que sincroniza o hardware e o software que reproduzem sons eletrônicos. O som é um padrão de ondas que os computadores transformam em formas musicais. O músico toca uma tecla do sintetizador para reproduzir o som de um violino e outra para fazer baterem os pratos. Por meio de uma mixagem cuidadosa de centenas de milhares de sons, o músico em um estúdio consegue gravar uma música pop ou uma sinfonia. Os computadores também são capazes de reproduzir efeitos interessantes nas performances ao vivo. Usando um modelador de voz, por exemplo, o cantor pode murmurar notas para reproduzir os sons de vários instrumentos musicais.

TEATRO E CINEMA

Da próxima vez que você for ao teatro ou a um concerto, saiba que os computadores contribuem para o seu entretenimento. No teatro, os técnicos usam luzes coordenadas e controladas por computador para iluminar ou escurecer o palco. Os atores podem até usar computadores para controlar as imagens e os sons da própria apresentação.

Incríveis efeitos especiais computadorizados são obtidos na indústria do cinema. Os filmes contam com muitos truques e efeitos visuais que não existiriam sem o auxílio dos computadores. Numerosos filmes produzidos, incluindo *Guerra nas Estrelas, Os Caçadores da Arca Perdida, E.T., O Exterminador do Futuro 2* e *Parque dos Dinossauros*, contaram com a ajuda da Industrial Light and Magic (ILM), uma empresa que se encontra na vanguarda dos efeitos cinematográficos. Na ILM, os técnicos criam a ilusão de uma locomotiva voando pelo ar ou de um robô transformando-se em ser humano pelo uso da computação gráfica.

Desde *Tron* até *Os Simpsons*, a animação e a colorização computadorizadas revitalizaram os desenhos animados. Cenas sofisticadas, que há alguns anos exigiriam muito dinheiro para ser produzidas, podem agora ser animadas, como o passeio no tapete voador do filme *Aladdin* de Walt Disney. Usando programas de computador baseados nas leis matemáticas precisas da física, os animadores conseguem criar animações muito mais realistas do que antes.

Os personagens cujos movimentos simulam a vida real são um dos maiores desafios para os animadores. É difícil até mesmo chegar à fórmula de um caminhar realista, porque muitos fatores entram em jogo. As informações sobre o esqueleto e sobre os ângulos das articulações têm de ser precisas e o peso da pessoa que está caminhando e a superfície sobre a qual ela está andando devem ser considerados; até mesmo a idade e o humor dessa pessoa precisam figurar na equação.

COMPUTADORES NO LAR

Você pode estar usando computadores na sua casa todos os dias sem perceber. A maioria dos aparelhos de televisão contém pequenos computadores que ajustam automaticamente a imagem, selecionam o brilho e corrigem os tons de cor. Muitos aparelhos elétricos — como máquinas de lavar roupas e louças, fornos de microondas e máquinas de costura — também usam pequenos computadores para ajudá-los a funcionar mais eficientemente.

O próprio ambiente doméstico pode ser controlado e mantido por computador. Um protótipo de casa inteligente no Japão contém dezenas de sensores ocultos que enviam informações sobre temperatura, umidade, fluxo de ar, presença humana e níveis de dióxido de carbono a um computador central. O computador monitora níveis de conforto preestabelecidos e determina se há ou não necessidade de ligar um aquecedor ou um aparelho de ar-condicionado, ou de abrir ou fechar janelas. Ele também liga as luzes de uma sala quando alguém entra. Nos dias de festa, o computador controla a música de fundo ou perfuma o ar de toda a casa.

Apesar de essa casa inteligente ser o máximo em termos de conforto e conveniência controlados por computador, os arquitetos americanos estão trabalhando na direção de características que possam ser obtidas de imediato. Essas características incluem um sistema elétrico programável capaz de controlar determinadas tomadas e equipamentos (veja a Figura 1.1). Por exemplo, quando você sair de casa para ir trabalhar, poderá ajustar o sistema para a condição "No trabalho". O sistema desligará automaticamente as luzes, ativará o sistema de segurança e permitirá que a temperatura aumente ou diminua para economizar energia. Um pouco antes da hora programada para você voltar para casa, ele aquece ou resfria o ambiente, preparando-o para a sua chegada.

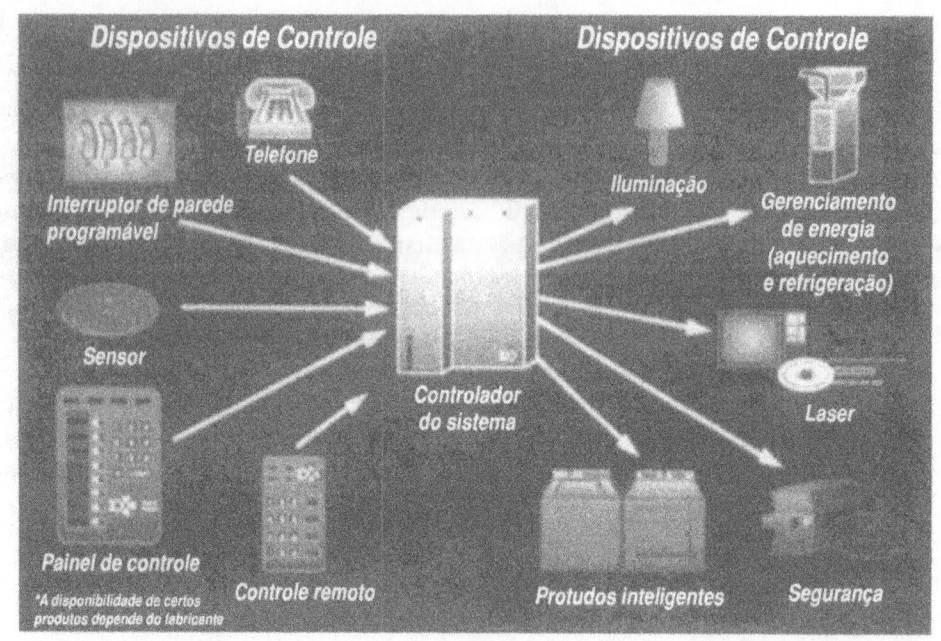

FIGURA 1.1 A Casa Inteligente usa um computador para ligar todos os seus sistemas, que pode ser programado a partir de um painel na parede, de um controle remoto ou por um telefone (Smart House).

POR DENTRO DA MÁQUINA

As várias maneiras de usar os computadores mostram como essas máquinas podem ser poderosas. Você pode estar querendo saber como o computador armazena e organiza tantas informações de forma tão rápida e precisa. Essas perguntas dão início à nossa aventura dentro do computador. Como qualquer máquina, o computador tem muitas partes. Nesta seção, examinaremos os componentes principais de um computador. Mais adiante, exploraremos cada uma dessas áreas detalhadamente; aqui, você obterá uma noção básica de como as partes são montadas para formar um computador capaz de entrar em operação.

Independentemente de sua forma ou tamanho, todo computador que as pessoas usam diretamente tem cinco componentes básicos:

1. Processador

2. Memória

3. Dispositivos de entrada/saída

4. Armazenamento em disco

5. Programas

NOTEBOOK DO NORTON — REALIDADE VIRTUAL

Como é possível no mundo alguma coisa ser "virtualmente real"? A pergunta parece não dar margem a uma resposta lógica. Tente imaginar um objeto ou experiência que esteja muito próximo de ser real, mas não seja totalmente real. Isso simplesmente não faz sentido. Porém, para a hoste de pessoas envolvidas com criação de hardware e software de alta tecnologia, a realidade virtual faz todos os tipos de sentido. A capacidade de recriar locais e fenômenos físicos que parecem reais às pessoas não é apenas uma experiência interessante — é uma das aplicações mais maravilhosas da tecnologia da computação jamais criadas até os dias de hoje. A realidade virtual usa os sentidos do corpo: visão, som, movimento e tato para simular objetos ou locais reais.

Pense nas possibilidades. Na NASA, os cientistas usam a realidade virtual para todos os tipos de tarefa, desde testar a aerodinâmica de aviões até explorar a superfície de Marte. A estação de trabalho de realidade virtual usada na NASA possui uma unidade de vídeo estereoscópica, uma luva, chamada luva de Dados (*Data glove*), que lê o movimento de mão do usuário, e dispositivos de áudio para entrada e saída de voz. A unidade de vídeo, que fica na cabeça do usuário, como se fosse um capacete, na verdade apresenta uma imagem ligeiramente diferente a cada um dos olhos, para que o usuário veja em três dimensões. Com a luva de entrada, o usuário consegue "alcançar" esse mundo 3-D e manipular objetos gerados por computador dentro dele. Por exemplo, um físico fazendo experiências com a aerodinâmica de um projeto de avião em um túnel de vento virtual pode ver como o ar flui através da aeronave, entrar em cena para manipular a direção do vento e observar os efeitos. Similarmente, pilotos militares podem usar uma combinação das tecnologias de simulação de vôo e realidade virtual para aprimorar realisticamente suas habilidades de vôo em situações críticas sem arriscar suas vidas ou equipamentos caros.

É claro que a realidade virtual não é apenas domínio dos cientistas. Os arquitetos conseguem explorar casas que foram projetadas, mas ainda não construídas, e os animadores podem conectar dispositivos de entrada a rostos humanos para controlar as expressões dos personagens de desenho animado criados por computador. Muitos de nós encontram a realidade virtual nas máquinas de videogame. Por exemplo, a Virtual World Entertainment produz o Battletech Center, no qual os jogadores sentam em uma minúscula cabina em que são totalmente imersos em uma batalha virtual. Os jogadores lutam com o computador ou então juntam-se para lutar uns contra os outros.

Os quatro primeiros itens são os componentes físicos da máquina, conhecidos coletivamente como *hardware* (veja a Figura 1.2). O item 5 consiste no *software* — instruções eletrônicas que as pessoas escrevem para dizer ao hardware o que fazer. Apesar de o hardware de um computador ser capaz de executar tarefas maravilhosas, ele não consegue realmente realizar nenhuma delas sem as instruções vitais fornecidas pelo software. Nesta seção, examinaremos os componentes físicos da máquina, o hardware. Depois, passaremos para o software, que dá vida às partes físicas.

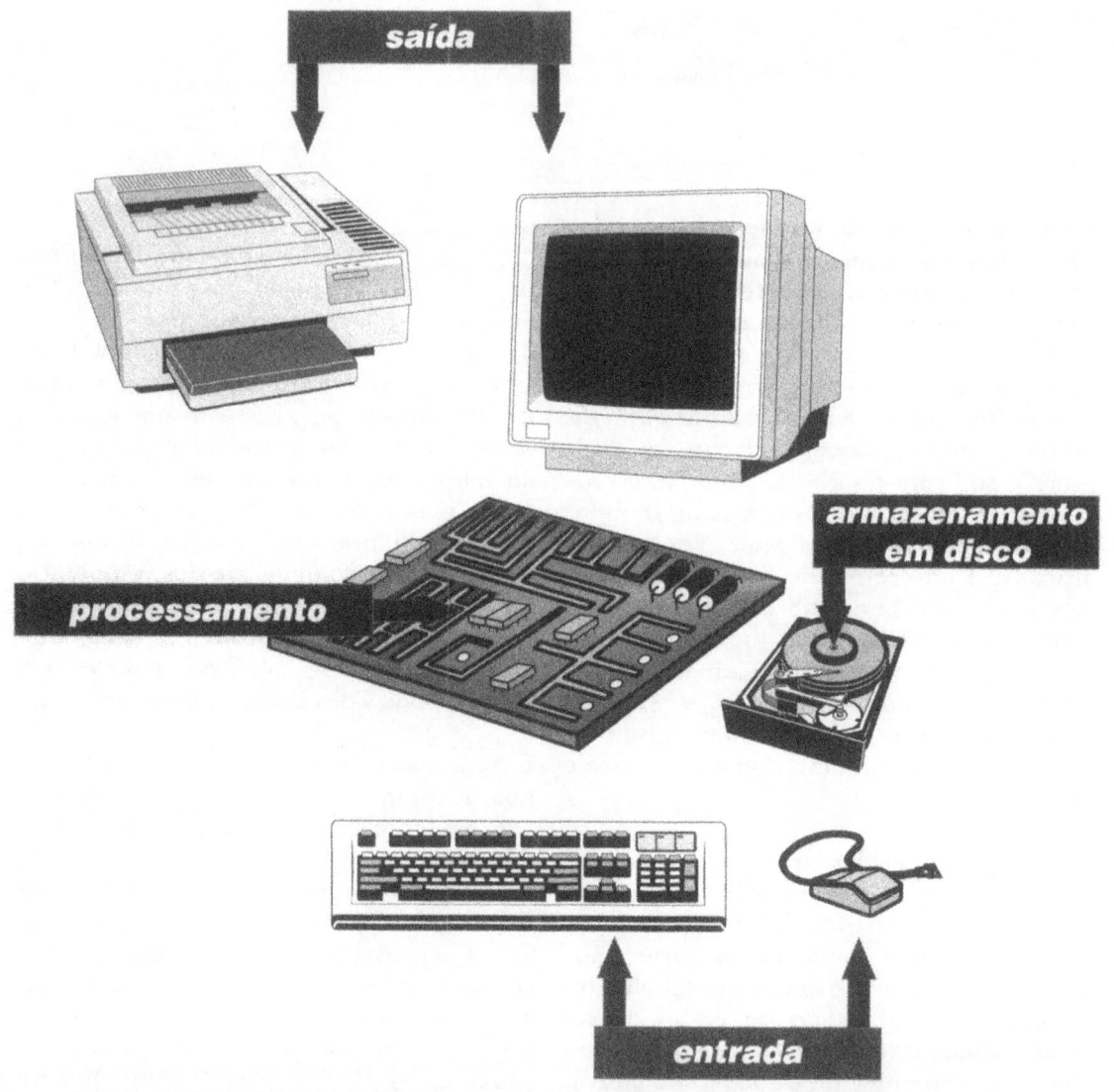

FIGURA 1.2 Os sistemas de computador têm quatro componentes principais de hardware: processador; memória; dispositivos de entrada/saída, como teclado, mouse e monitor; e dispositivos de armazenamento, como as unidades de disco flexível e de disco rígido.

PROCESSADOR

O procedimento complexo que transforma dados brutos em informações úteis chama-se *processamento*. Para efetuar essa transformação, o computador usa dois componentes, o processador e a memória.

O *processador* é o "cérebro" do computador, a parte que interpreta e executa instruções. Nos computadores grandes, o processador normalmente possui vários *chips* — plaquinhas de silício ou outro material gravadas com muitos circuitos eletrônicos pequeniníssimos. Os chips são conectados a *placas de circuitos* — placas retangulares rígidas que contêm os sistemas eletrônicos que os conectam a outras placas. Nos computadores pequenos, chamados *microcomputadores* ou *computadores pessoais*, o processador é um único chip, chamado *microprocessador*.

O termo *CPU (Central Processing Unit — Unidade Central de Processamento)* é usado genericamente para se referir ao processador de um computador, seja ele um conjunto de placas ou um único microprocessador. A CPU de um computador contém a inteligência da máquina; é lá que os cálculos são feitos e as decisões, tomadas. Esse cérebro ocupa um espaço incrivelmente pequeno.

MEMÓRIA

A CPU usa a *memória* do computador para guardar as informações com as quais trabalha e como bloco de anotações para seus cálculos. Essas informações são representadas eletronicamente no chip da memória e, enquanto estão na memória, o computador pode acessá-los diretamente. A memória interna do computador é chamada *RAM (Random Access Memory — Memória de Acesso Aleatório)*. Ao contrário da memória humana, que armazena informações indefinidamente, a memória RAM armazena informações apenas enquanto o computador está ligado. Quando você o desliga ou o reinicializa, as informações desaparecem, a menos que tenham sido gravadas em um dispositivo de armazenamento.

Quanto mais memória RAM o computador possuir, mais ele poderá fazer. Como a quantidade de memória de um computador afeta sua capacidade, as pessoas normalmente referem-se a essa quantidade quando descrevem a máquina. A unidade mais comum de medição da memória de um computador é o byte. O *byte* pode ser descrito como a quantidade de memória necessária para armazenar um único caractere. Assim, cada letra desta página ocuparia um único byte de memória. Quando o IBM PC foi apresentado em 1981, ele vinha com 65.536 bytes de memória interna, capazes de acomodar aproximadamente 13 páginas de informação. Isso era muito para a época, quando os computadores mainframe normalmente armazenavam menos de 1 milhão de bytes; hoje em dia, porém, é comum vermos computadores pessoais com 4 a 32 milhões de bytes de memória. Quando falamos em memória, os números quase sempre são tão grandes que usamos uma notação abreviada para descrever os valores. *Kilobyte* e *megabyte* são os dois termos mais comuns usados para esse fim. Embora as pessoas em geral usem-nos genericamente para fazer referência a 1.000 bytes e a 1 milhão de bytes, no contexto da memória dos computadores esses termos não significam exatamente isso. Um kilobyte, na verdade, é igual a 1.024 bytes de memória e um megabyte equivale a 1.024 kilobytes — ou 1.048.576 bytes. Se você está se perguntando por que esses números não são redondos, dê uma olhada na seção "Visão Técnica", logo a seguir. *Kilobyte* e *megabyte* são abreviados como *KB* e *MB*. Portanto, um computador com 4MB de memória na verdade tem $4 \times 1.048.576 = 4.194.304$ bytes.

ENTRADA/SAÍDA

Entrada/saída (E/S) compreende todas as maneiras como o computador se comunica com os usuários e outras máquinas ou dispositivos. Os *dispositivos de entrada* aceitam dados e instruções do usuário. Os *dispositivos de saída* retornam os dados processados, isto é, informações de volta ao usuário. Sem E/S, o computador ficaria isolado do mundo. Ele não conseguiria receber instruções e, mesmo que tivesse instruções permanentemente inseridas em sua memória, não teria como comunicar os resultados de seu trabalho.

Ao longo dos anos, os dispositivos de entrada foram construídos de muitas formas, para várias finalidades especiais. O dispositivo de entrada mais comum é o *teclado*, que aceita letras, números e comandos do usuário. Além disso, as pessoas em geral usam um *mouse*, que lhes permite desenhar na tela e enviar comandos apontando e dando um clique em seus botões. Entre os outros dispositivos de entrada estão os *joysticks*, *trackballs* e *scanners*. Essas ferramentas são incrivelmente mais fáceis de trabalhar do que os típicos dispositivos de entrada de duas décadas atrás. Nessa época, os computadores só eram capazes de ler informações em cartões perfurados criados em uma *perfuradora de cartões* especial. Enormes pilhas desses cartões eram carregadas para um dispositivo, chamado *leitora de cartões*, ligado ao computador (veja a Figura 1.3). O computador examinava cada cartão e carregava as informações (dados) para sua memória eletrônica. Se um desses cartões tivesse sido perfurado incorretamente ou se estivesse fora de ordem, o operador tinha de examinar toda a pilha manualmente, solucionar o problema e começar tudo de novo.

Felizmente, os dispositivos de entrada atuais são muito mais generosos. O mouse e o trackball, assim como outro instrumento chamado *mesa digitalizadora*, permitem que você crie imagens diretamente na tela. O joystick é especialmente adequado para videogames de movimentos rápidos. Uma máquina chamada *scanner* é capaz de copiar uma página impressa para a memória do computador, eliminando a etapa demorada de digitar os dados manualmente.

A função da saída é apresentar dados processados — informações — ao usuário. Os dispositivos de saída mais comuns são a tela do vídeo, conhecida como *monitor*, e a *impressora*. O computador envia a saída para o monitor quando o usuário só precisa ver os dados na tela. A impressora é utilizada quando o usuário precisa de uma cópia física, impressa. Os sistemas de multimídia possuem alto-falantes estéreos como dispositivos de saída adicionais.

A qualidade dos resultados produzidos pelos computadores melhorou sensivelmente ao longo dos anos. As primeiras telas só exibiam uma cor — geralmente verde ou âmbar — em fundo preto, e só conseguiam representar caracteres alfabéticos, sinais de pontuação e algarismos. Agora, os monitores são capazes de exibir qualquer forma ou símbolo, em virtualmente qualquer cor. As impressoras também progrediram muito na sua capacidade de reproduzir gráficos coloridos e criar tipos nítidos e legíveis o bastante para publicações profissionais.

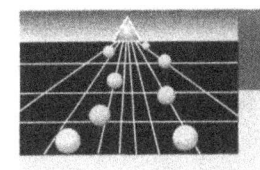

VISÃO TÉCNICA

POR QUE A MEMÓRIA NÃO É MEDIDA EM NÚMEROS REDONDOS?

Em seu nível mais baixo, tudo na memória do computador é representado por números, quer consista em informação de letras, algarismos, sinais de pontuação, símbolos ou comandos do computador. O computador representa esses números com apenas dois símbolos — 0 ou 1 —, e não com os dez símbolos numéricos com os quais temos familiaridade devido ao sistema numérico de base 10. Em outras palavras, o computador usa *números binários* em vez de números decimais. Um resultado é que aquilo que comumente chamamos de *kilobyte*, ou mil bytes, na realidade é apenas uma aproximação desse valor. Vamos ver por quê.

No sistema decimal, quando você eleva 10 a uma potência, o resultado é sempre um múltiplo de 10. Por exemplo, no sistema decimal, quando você eleva 10 a uma potência, sempre obtém um número redondo, conforme mostramos aqui:

$10^1 = 10$

$10^2 = 100$

$10^3 = 1.000$

$10^6 = 1.000.000$

$10^9 = 1.000.000.000$

$10^{12} = 1.000.000.000.000$

Mas, quando você eleva 2 a uma potência na base 2, o resultado é um múltiplo de 2, conforme mostramos aqui:

$2^1 = 2$

$2^2 = 4$

$2^3 = 8$ byte

$2^8 = 256$

$2^9 = 512$

$2^{10} = 1.024$ kilobyte (KB)

$2^{20} = 1.048.576$ megabyte (MB)

$2^{30} = 1.073.741.824$ gigabytes (GB)

Como estamos acostumados a descrever quantidades em potências de 10, normalmente usamos os termos kilobyte (mil bytes), megabyte (1 milhão de bytes), gigabyte (1 bilhão de bytes) e terabyte (1 trilhão de bytes) para fazer referência a esses valores de base 2. Na verdade, porém, 1 megabyte equivale realmente a 1.048.576 bytes — e não a exatamente 1.000.000 bytes.

Quando os números são relativamente pequenos, a diferença entre um número na base 2 e sua aproximação na base 10 também é pequena; à medida que os números aumentam, porém, a diferença pode tornar-se significativa. Um gigabyte de verdade (1.073.741.824), por exemplo, tem aproximadamente 70 megabytes a

---

Até aqui, analisamos a maneira como os computadores se comunicam com as pessoas, mas existe um outro tipo importante de E/S: o computador também precisa comunicar-se com outros dispositivos e máquinas. Embora esse processo não seja normalmente visível ao usuário, é importante compreender que a capacidade de comunicação com outros dispositivos é uma função fundamental dos computadores.

FIGURA 1.3 Os primeiros computadores usavam papel tanto para a entrada quanto para a saída de dados. Para processar esses dados, os programadores inseriam cartões perfurados em uma leitora de cartões (esquerda) e depois esperavam pelo resultado impresso (atrás). Os teclados e os monitores facilitaram muito a interação com os computadores. (Underwood Archives)

ARMAZENAMENTO

O computador pode funcionar apenas com o processamento, memória e E/S; para ser realmente útil, porém, ele também precisa de um lugar para guardar os dados que não estão sendo processados no momento. A finalidade do *armazenamento* é guardar os dados que o computador não está usando.

É útil pensar no armazenamento como um arquivo eletrônico, e na memória como uma mesa de trabalho eletrônica. Quando você precisa trabalhar com um conjunto de dados, o computador recupera-os do arquivo e coloca-os na mesa de trabalho. Quando os dados não são mais necessários, você os coloca de volta no arquivo. Apesar de o processador não ser capaz de trabalhar diretamente com os dados armazenados no arquivo, o armazenamento tem três vantagens sobre a memória. Primeiro, há muito mais espaço no armazenamento do que na memória, assim como há muito mais espaço em um arquivo do que sobre a sua mesa de trabalho. Segundo, o armazenamento retém o seu conteúdo quando o computador é desligado, enquanto os dados colocados na memória desaparecem quando você desliga a máquina. Terceiro, os meios de armazenamento são muito mais baratos do que a memória.

O meio de armazenamento mais comum é o *disco magnético*. Conforme o nome indica, o disco é um objeto chato e redondo que gira em torno do seu centro. *Cabeças de leitura/gravação*, parecidas com as cabeças de um gravador ou videocassete, flutuam sobre e abaixo do disco, próximo à sua superfície.

O dispositivo que aloja o disco é chamado de *unidade de disco*. Alguns discos são fixos em sua unidade e não foram feitos para ser removidos. Outros tipos de unidade permitem que você remova e substitua os discos. A maioria dos computadores pessoais tem agora um disco fixo não-removível. Além disso, em geral, há uma ou duas unidades de disco flexível, que lhe permitem usar discos removíveis, os disquetes. Normalmente, o disco rígido armazena muito mais dados do que o disco flexível, portanto é usado como o principal arquivo do computador. Os discos flexíveis são utilizados para carregar novos programas ou dados para o disco rígido, para o intercâmbio de dados com outros usuários ou para fazer cópia de segurança (backup) dos dados contidos no disco rígido.

O computador lê e grava informações no disco rígido muito mais rapidamente do que em disquetes. Esse diferencial de velocidade ocorre porque o disco rígido é feito de material mais pesado, gira muito mais depressa do que o disquete e é selado em uma câmara onde não há ar nem partículas de poeira para atrapalhar o trabalho das cabeças. Na verdade, quando o disco rígido gira, a cabeça "voa" sobre a superfície do disco a uma altura de aproximadamente 15 milionésimos (0,000015) de polegada, ou a aproximadamente um centésimo do diâmetro de uma partícula de poeira. Uma vez que é possível remover os disquetes do computador, eles têm um invólucro de plástico ou vinil que os protege da poeira e de impressões digitais.

O SOFTWARE DÁ VIDA À MÁQUINA

Na maioria dos casos, os computadores são máquinas de utilidade geral: muitos podem ser usados tão eficazmente para trabalhar com números quanto para criar documentos ou desenhos, ou para controlar outras máquinas. O ingrediente que estabelece que o computador executará uma tarefa específica é o *software* — instruções eletrônicas que em geral residem em um meio de armazenamento. Um conjunto específico dessas instruções é chamado *programa*. Quando o computador está usando um programa particular, dizemos que ele está *rodando* ou *executando* aquele programa. Como o programa informa aos componentes físicos da máquina o que eles devem fazer, sem eles o computador nada poderia fazer. Ele seria apenas uma caixa de metal e plástico.

Apesar de o leque de programas disponíveis ser vasto e variado, a maioria dos softwares pode ser dividida em duas categorias principais: *software básico* e *software aplicativo*. Um dos principais tipos de software básico, chamado sistema operacional, informa ao computador como ele deve usar seus próprios componentes. O software aplicativo informa ao computador como realizar tarefas específicas para o usuário.

SISTEMAS OPERACIONAIS

Quando você liga o computador, ele passa por várias etapas até ficar pronto para ser usado. A primeira etapa é um autoteste. O computador identifica os dispositivos que estão conectados a ele, conta a quantidade de memória disponível e faz uma verificação rápida para ver se a memória está funcionando corretamente.

A seguir, o computador procura um programa especial chamado *sistema operacional*. O sistema operacional informa ao computador como interagir com o usuário e como usar dispositivos como unidades de disco, monitor e teclado. Quando encontra o sistema operacional, ele carrega aquele programa para a memória. Como o sistema operacional é necessário para controlar muitas das funções mais básicas dos computadores, ele continua em execução até a máquina ser desligada.

Depois que o computador encontra e roda o sistema operacional, ele está pronto para aceitar comandos de um dispositivo de entrada — em geral, o teclado ou o mouse. Neste ponto, o usuário pode enviar comandos ao computador. Um comando pode, por exemplo, relacionar os programas armazenados no disco do computador ou mandar o computador rodar um desses programas.

As empresas que fabricam computadores nem sempre desenvolvem seus próprios sistemas operacionais. Na verdade, a maioria dos IBM PCs e compatíveis roda um dos quatro sistemas populares escritos por várias empresas de software: DOS, Unix, OS/2 ou Microsoft Windows. Você ficará sabendo mais detalhes sobre esses importantes sistemas no Capítulo 8. Uma importante empresa de hardware que cria seu próprio sistema operacional é a Apple Computer. Os computadores Apple Macintosh só rodam o sistema operacional da Apple Macintosh e a versão para o sistema operacional Unix, A/UX.

SOFTWARE APLICATIVO

Um computador que só rode o sistema operacional não tem muita utilidade. O sistema operacional serve principalmente para beneficiar o próprio computador, portanto outros programas são necessários para que o computador seja útil para as pessoas. O termo *software aplicativo* descreve os programas que servem às pessoas. O software aplicativo foi escrito para fazer quase todos os testes imagináveis. Há literalmente milhares desses programas disponíveis para aplicações desde a edição de texto até a seleção de uma nova casa para morar.

Com tantas aplicações disponíveis, classificá-las é tarefa para um enciclopedista. Há, porém, várias categorias importantes que devemos mencionar. São elas:

- Aplicações comerciais
- Utilitários
- Aplicações pessoais
- Aplicações de entretenimento

APLICAÇÕES COMERCIAIS Apesar do aumento do uso de computadores no lar, a grande maioria dos computadores pessoais ainda é usada em um ambiente comercial. (É claro que muitas das aplicações usadas em empresas são altamente valiosas para os indivíduos fora do ambiente de trabalho.) As aplicações comerciais são tão difundidas que dedicaremos vários capítulos deste livro às mais comuns e importantes: editores de texto, planilhas e bancos de dados.

Embora seja possível pensar em um *editor de texto* como uma versão computadorizada de uma máquina de escrever, esses programas têm realmente muito mais recursos do que seus predecessores mecânicos. Muitos editores de texto não apenas lhe permitem fazer alterações e correções com facilidade, mas também verificar a ortografia e até a gramática do seu documento, alterar a aparência da forma de letra usada, acrescentar gráficos, fundir listas de endereço com cartas para malas diretas e gerar índices analíticos e sumários. Você pode usar os editores de texto para criar quase qualquer tipo de documento: relatórios, cartas comerciais, documentos legais, boletins informativos ou até mesmo um livro. A Figura 1.4 mostra um programa popular de edição de texto em ação.

Companheiro útil de um editor de texto é o software que gerencia o *layout da página* (editoração eletrônica). Combinando as funções de uma máquina de escrever tradicional com as de um artista gráfico, o programa de editoração eletrônica funde o resultado dos editores de texto e dos programas gráficos para criar páginas de aparência profissional prontas para ser impressas. Embora muitos editores de texto também apresentem essa possibilidade, os programas de editoração eletrônica possuem recursos mais sofisticados. As empresas usam a editoração eletrônica para criar anúncios e catálogos promocionais. Os editores usam-na para preparar o layout de revistas e livros.

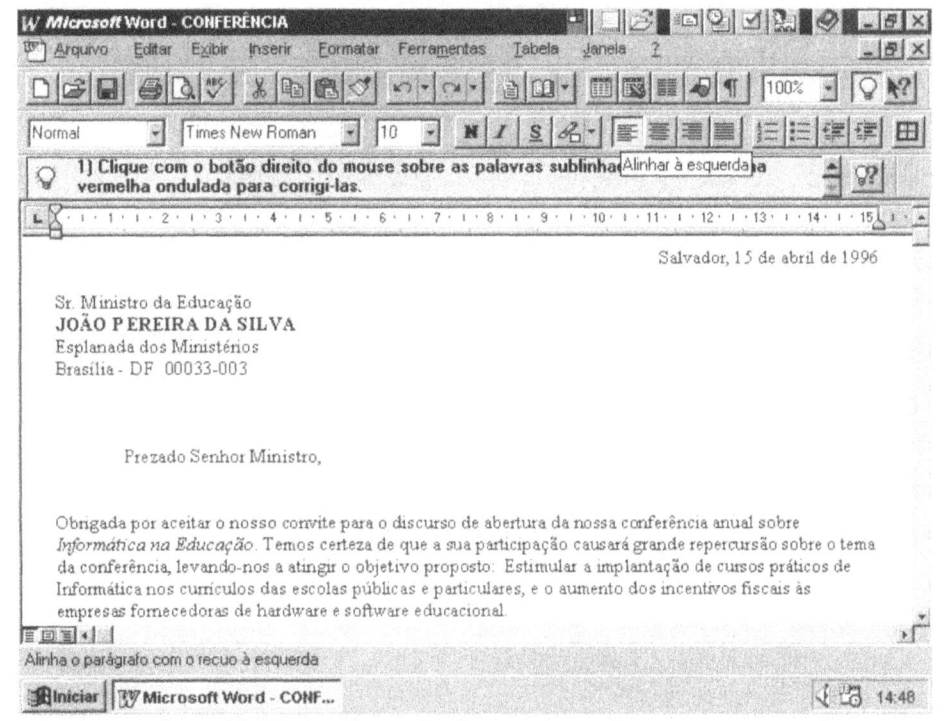

FIGURA 1.4 O Microsoft Word for Windows 95 é um editor de texto para o ambiente Windows 95 que inclui ferramentas para verificação ortográfica e gramatical.

Os programas de *planilha eletrônica*, como mostra a Figura 1.5, são processadores de números. O primeiro programa popular de planilha eletrônica, desenvolvido para o computador Apple II foi o VisiCalc. O nome era uma forma abreviada de "Visible Calculator" (calculadora visível), uma expressão que descreve muito bem a função do programa. O programa de planilha eletrônica exibe uma grade de colunas e linhas que você pode visualizar por partes, uma de cada vez. As áreas onde as linhas e colunas se encontram chamam-se *células*. Você pode colocar textos, números ou fórmulas nas células para criar uma planilha, uma espécie de livro-razão — livro com riscado variado para registro e contabilização de operações mercantis — computadorizado. As planilhas eletrônicas também são capazes de gerar gráficos e tabelas para mostrar mais vividamente o relacionamento entre os números. Como a maioria dos elementos do mundo dos computadores, as planilhas eletrônicas evoluíram muito desde que foram criadas. Hoje, muitas planilhas eletrônicas são tridimensionais, o que possibilita ao usuário criar não apenas uma única planilha, mas uma pilha delas, fazendo lembrar um bloco do livro-razão, com cada planilha relacionada eletronicamente às outras.

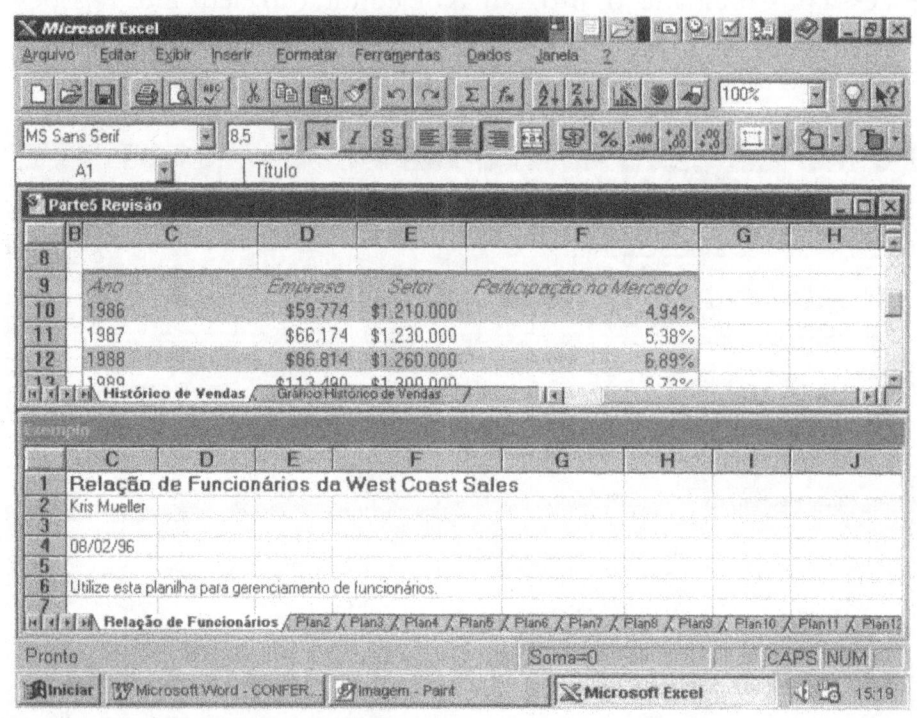

FIGURA 1.5 O Microsof Excel é um programa popular de planilha eletrônica para analisar dados numéricos, criar gráficos e apresentar relatórios de qualidade.

O *software de banco de dados* (Figura 1.6) amplia sua capacidade de organizar os dados armazenados no seu computador e oferece muitos modos diferentes de procurar fatos específicos. Quando você coloca pastas em um arquivo, em geral as organiza de acordo com alguma ordem lógica — normalmente por ordem alfabética de nome. Esse tipo de classificação pode ser feito também com um banco de dados, mas você não está limitado apenas à organização por nomes. Você pode arquivar as mesmas informações de acordo com várias categorias, como por empresa, região geográfica e data de nascimento, ou da maneira que desejar. Depois, quando precisar recuperar informações do banco de dados, poderá procurá-las usando qualquer uma das categorias

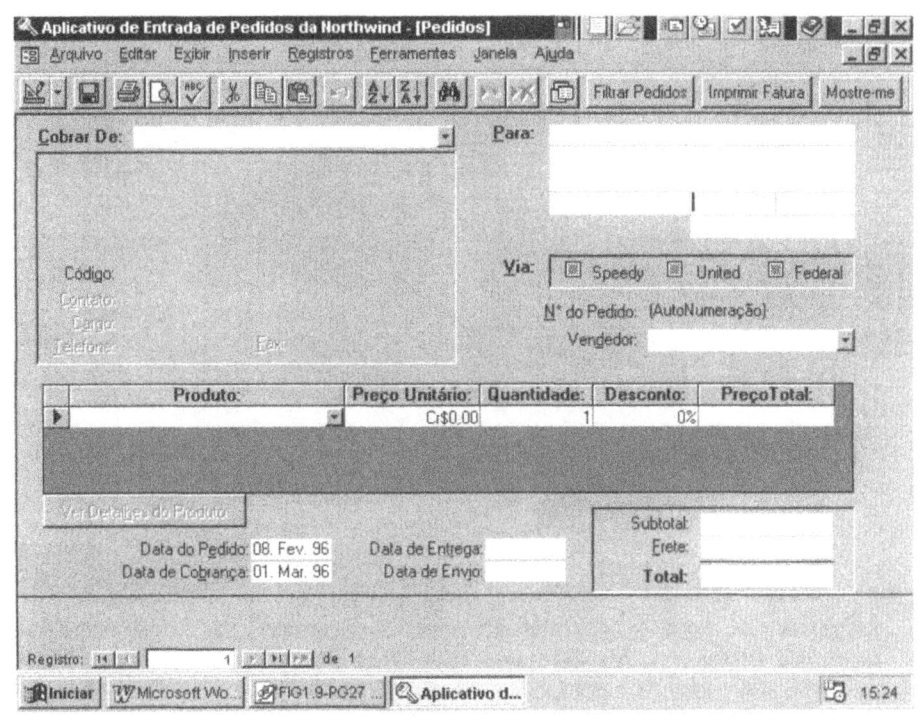

FIGURA 1.6 O Microsoft Access é um sistema de gerenciamento de banco de dados para armazenar e recuperar dados.

estabelecidas. Se você não conseguir se lembrar do nome de uma certa pessoa, mas sabe onde ela trabalha, poderá encontrar o nome desejado digitando o nome da empresa. Você também pode usar o computador para selecionar apenas os registros que satisfazem certas condições. Por exemplo, uma empresa pode usar um programa de banco de dados para relacionar os nomes de todos os funcionários que fazem aniversário em um certo mês.

As *aplicações gráficas*, um quarto tipo de aplicação comercial, surgem de várias formas. Algumas são usadas para criar ilustrações totalmente novas; o usuário pinta com dispositivos de apontamento eletrônicos em vez de lápis e pincel (Figura 1.7). Tais programas são chamados programas de *pintura* ou *desenho*, dependendo de como o software cria a imagem. Outro tipo de software gráfico comercial são os *aplicativos de apresentação gráfica* (Figura 1.8). Esses programas criam gráficos e tabelas coloridos e de qualidade profissional, com base em dados numéricos que geralmente são importados de outro programa, como, por exemplo, uma planilha eletrônica.

O software CAD, discutido anteriormente neste capítulo, é ainda outro tipo de software gráfico. Os programas CAD são mais freqüentemente usados por arquitetos e engenheiros para projetar prédios ou produtos antes que as etapas de construção e manufatura tenham início.

UTILITÁRIOS Os *utilitários*, que compreendem a segunda categoria de software aplicativo, ajudam-no a gerenciar e manter seu computador. Esta ampla categoria de software inclui muitos programas úteis. Há tantas tarefas impossíveis de realizar, pelo menos facilmente, apenas com o sistema operacional básico e com o software aplicativo que muitos usuários de computadores pessoais consideram os utilitários uma necessidade.

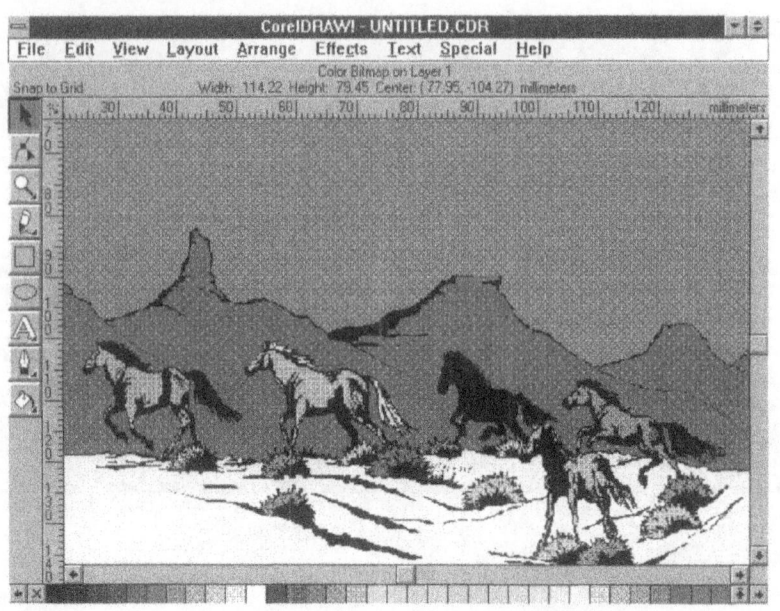

FIGURA 1.7 Programas de desenho e pintura como o CorelDraw! permitem aos usuários criar e modificar imagens coloridas como esta. O produto final pode ser colocado em papel ou filme, ou em outro programa de computador.

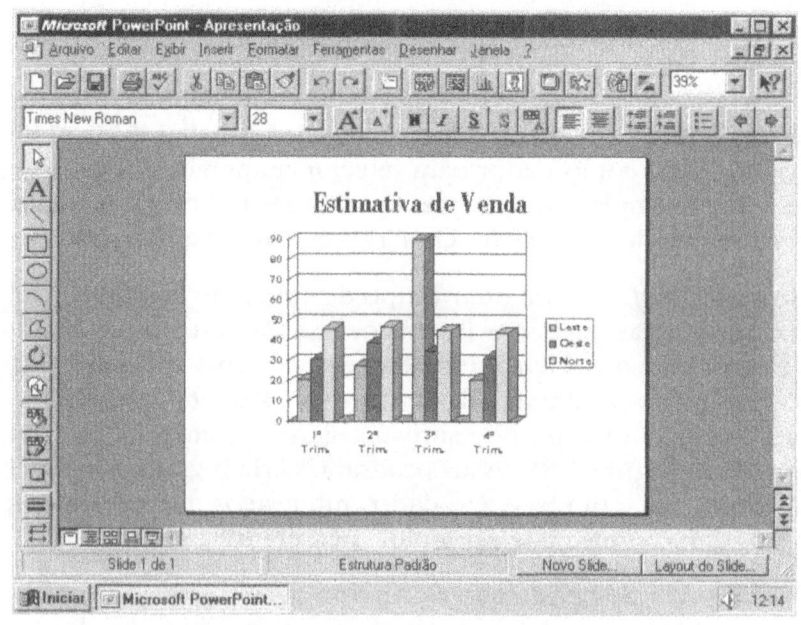

FIGURA 1.8 Produtos de software de apresentação como o MS PowerPoint são capazes de obter informações diretamente de planilhas eletrônicas e bancos de dados para criar gráficos de alto impacto como este que mostramos aqui.

Os programas utilitários oferecem meios para você escolher facilmente os programas que deseja executar, permitem-lhe recuperar informações que tenham sido acidentalmente eliminadas do seu computador e aumentar a velocidade ou a eficiência da sua máquina e ajudam a organizar as informações no seu sistema. A Figura 1.9 mostra o Norton Utilities, uma coleção de ferramentas e programas para a manutenção de PCs.

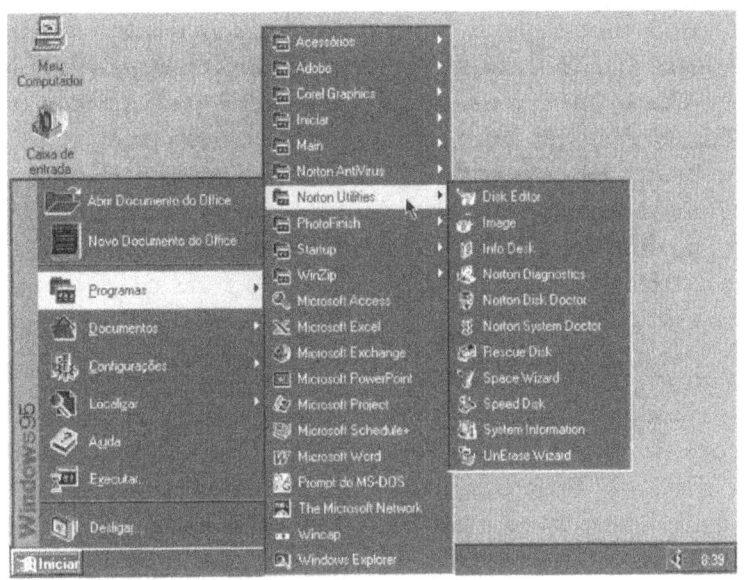

FIGURA 1.9 O Norton Utilities é uma coleção de programas úteis para reparar arquivos de dados danificados, preservar a segurança do sistema e gerenciar os dispositivos de hardware e software de um computador.

Todo novo dispositivo, sistema operacional, ambiente e pacote aplicativo que chega ao mercado traz consigo um novo conjunto de problemas e dilemas. Os utilitários cobrem a lacuna entre o que o produto permite-lhe fazer e o que você precisa ou quer fazer.

APLICAÇÕES PESSOAIS Com a popularização dos computadores, os desenvolvedores de software estão constantemente criando programas destinados a diminuir o peso das tarefas pessoais e até mesmo a torná-las divertidas. Por um pouco mais do que o preço de um livro de capa dura, você pode comprar um programa que apura o saldo do seu talão de cheques em um piscar de olhos ou que o ajuda a reprojetar o interior da sua casa. Programas como esses compõem a terceira categoria do software aplicativo — as aplicações pessoais. Outros programas que se enquadram nessa categoria permitem-lhe manter uma agenda pessoal de telefones, endereços e compromissos, fazer operações bancárias sem sair de casa, enviar correspondências eletrônicas para qualquer lugar do mundo e até mesmo se conectar a serviços de informações que oferecem enormes bancos de dados com informações valiosas. Há um programa que faz quase qualquer serviço que você possa imaginar, e o melhor sobre essas aplicações é que a maioria delas é barata — na verdade, algumas delas são gratuitas.

APLICAÇÕES DE ENTRETENIMENTO Os programas de entretenimento são a quarta categoria de software aplicativo. Videogames em estilo de fliperama, simuladores de vôo, mistérios interativos do tipo "quem é o culpado" e enigmas de dar nó no cérebro são apenas alguns exemplos dos muitos programas de entretenimento disponíveis. Muitos programas educacionais podem ser considerados software de entretenimento. Por exemplo, programas que ensinam matemática às crianças, que as ensinam a reconhecer o alfabeto ou a ler palavras e frases inteiras, são quase sempre apresentados como jogos com recompensa pelas respostas corretas. Esses programas podem ser ferramentas educacionais maravilhosas, porque ao mesmo tempo em que gostam de brincar com eles, as crianças também aprendem conceitos fundamentais.

Os jogos educacionais não estão, porém, limitados a ler, escrever e contar. No caso de crianças mais velhas e adultos, há programas geográficos que testam seus conhecimentos em relação às capitais, nomes de estados, países e suas bandeiras. Alguns dos programas educacionais que mais vendem são os jogos da série Carmem Sandiego, da Broderbund Software. Esses programas ensinam geografia, dando dicas sobre onde está, em um determinado país ou no mundo, uma mulher chamada Carmem Sandiego. Os programas de astronomia são capazes de recriar o céu noturno na tela do seu computador, com estrelas e planetas nas posições corretas da perspectiva de qualquer ponto da Terra, e em qualquer data e hora. Há até mesmo jogos que lhe permitem estudar o corpo humano por meio de "cirurgias" eletrônicas.

Como você pode ver, a indústria de software é um campo inovador e de rápida evolução. Todos os dias, desenvolvedores descobrem novos problemas que podem ser solucionados por software, proporcionando aberturas para novos produtos. A concorrência está constantemente apostando mais alto, fomentando produtos de software melhores e mais criativos, a preços cada vez mais baixos.

AS FORMAS DOS COMPUTADORES DOS NOSSOS DIAS

Os computadores de utilidade geral são apresentados em vários tamanhos e com diferentes recursos. Os termos que descrevem os tipos diferentes de computadores já existem há algum tempo, embora os recursos de cada tipo estejam em constante alteração. Os termos são os seguintes:

- Supercomputador
- Mainframe
- Minicomputador
- Estação de trabalho (workstation)
- Computador pessoal

Todos esses tipos de computador podem ser ligados uns aos outros para formar redes de computadores (sobre as quais falaremos no Capítulo 7), mas cada computador isoladamente, ligado ou não a uma rede, pode ser enquadrado em uma dessas categorias.

Muitos microcomputadores de hoje são quase 50 vezes mais poderosos do que seus correspondentes de uma década atrás. Os mesmos avanços tecnológicos que tornaram esses computadores cada vez mais potentes também colocaram essa potência em embalagens cada vez menores. Portanto, embora os termos permaneçam mais ou menos inalterados, as formas, tamanhos e capacidade dos computadores aos quais fazem referência foram radicalmente alterados, e essas características não param de mudar.

SUPERCOMPUTADORES

O *supercomputador* é o computador mais potente disponível em uma dada época. Essas máquinas são construídas para processar quantidades enormes de informação, e fazê-lo rapidamente. Por exemplo, os cientistas criam modelos de processos complexos e simulam esses processos em um supercomputador. Um desses processos é a fissão nuclear. Quando um material fissionável se aproxima de uma massa crítica, os cientistas desejam saber exatamente o que vai acontecer durante cada milissegundo de uma reação da cadeia nuclear. O supercomputador é usado para modelar as ações e reações de literalmente milhões de átomos interagindo entre si.

Outro estudo complexo no qual os cientistas usaram supercomputadores envolveu a poluição atmosférica em Los Angeles. Para criar uma simulação precisa da bacia de Los Angeles e para prever os efeitos das várias estratégias de controle da poluição, foi necessário um modelo que envolveu mais de 500 mil variáveis, incluindo elevações geográficas, temperaturas e produtos químicos aerotransportados. Essa simulação teria demorado aproximadamente 45 horas em um minicomputador. O supercomputador concluiu tudo em meia hora.

Um dos problemas de construir computadores tão potentes assim é a dispersão da enorme quantidade de calor criada pela máquina. A Cray, um dos maiores fabricantes de supercomputadores, lida com esse problema resfriando suas máquinas com líquido refrigerante. A Cray também desenha alguns de seus supercomputadores em um formato especial em curva, que ajuda a máquina a dissipar o calor gerado por certos componentes.

Como a tecnologia dos computadores muda tão rapidamente, os recursos avançados de um supercomputador hoje podem tornar-se recursos padrão no ano que vem, e o supercomputador do ano seguinte será muito mais potente do que o de hoje. Os supercomputadores podem custar milhões de dólares e consumir energia suficiente para abastecer 100 casas.

MAINFRAMES

O maior tipo de computador em uso comum é o mainframe. Os *mainframes* destinam-se a manipular quantidades imensas de informações de entrada, saída e armazenamento. Por exemplo, considere o Departamento de Veículos Motorizados da Califórnia (California Department of Motor Vehicles). Esse órgão governamental mantém escritórios em todas as principais cidades da Califórnia, e cada uma delas possui muitos empregados que trabalham nos terminais de computador. *Terminal* é um tipo especial de computador que não possui CPU ou armazenamento próprio; ele é apenas um dispositivo de E/S que age como uma janela que dá para outro computador que se encontra em algum outro local. Os terminais nos escritórios do Departamento de Veículos Motorizados da Califórnia estão todos ligados a um banco de dados comum na capital do estado. O banco de dados é controlado por um mainframe capaz de manipular as necessidades de entrada e saída de todos os terminais a ele ligados. Cada usuário tem acesso contínuo aos registros e informações administrativas de todo motorista e veículo licenciados no estado — literalmente milhões de registros. Controlar esse volume de acesso de usuários seria impossível em sistemas menores.

Os mainframes de hoje em geral podem custar até milhões de dólares. Os mainframes costumavam ocupar salas inteiras ou até mesmo todo um andar de um prédio. Eles normalmente eram colocados em salas de vidro seladas, com aparelhos especiais de ar-condicionado para mantê-los refrigerados e pisos falsos para proteger toda a fiação necessária para ligar a máquina. Essa configuração não é mais usada. Hoje, os mainframes parecem uma fila de grandes arquivos, sem imponência alguma, embora ainda requeiram um ambiente de certo modo controlado.

Ninguém sabe realmente a origem do termo *mainframe*. Documentos antigos da IBM definem o termo "frame" (em português, estrutura) explicitamente como uma parte integrante de um computador: "gabinete... estruturas de suporte de hardware... e todas as peças e componentes que lá se encontram". Só podemos supor que, quando computadores de todos os tamanhos e formas começaram a surgir nos ambientes de computação, o grande computador passou a ser chamado "main frame" (em português, estrutura principal), em uma referência ao computador principal, e depois o termo fundiu-se em uma só palavra.

MINICOMPUTADORES

É interessante notar que, a princípio, havia apenas computadores. Só depois que tipos completamente novos de computadores apareceram, surgiu outro termo para distingui-los. Quando a DEC começou a produzir sua série de computadores PDP no início da década de 1960, a imprensa apelidou essas máquinas de minicomputadores, por causa de seu pequeno tamanho em comparação a outros computadores da época. Para desgosto da DEC, o nome pegou. (Mais tarde, quando apareceram computadores ainda menores, construídos em torno de microprocessadores, eles foram chamados de *microcomputadores* ou *micros* e eventualmente também de *computadores pessoais — Personal Computer* – PC.)

A melhor maneira de explicar as potencialidades dos minicomputadores é dizer que elas estão em algum ponto entre as dos mainframes e as dos microcomputadores. Assim como os mainframes, os minicomputadores são capazes de manipular muito mais entrada e saída do que os microcomputadores. Embora alguns minis sejam destinados a um único usuário, muitos são capazes de controlar dezenas ou mesmo centenas de terminais.

Os *minicomputadores* podem custar alguns milhares de dólares e são ideais para muitas organizações e empresas por serem relativamente baratos e terem alguns dos recursos desejáveis de um mainframe. Uma empresa que necessite da potência de um mainframe, mas não tem caixa para tanto, pode descobrir que um minicomputador satisfaz muito bem suas necessidades. Os principais fabricantes de minicomputadores são a DEC, Data General, IBM e Hewlett-Packard.

ESTAÇÕES DE TRABALHO

Entre os minicomputadores e os microcomputadores — em termos de poder de processamento — está uma classe de computadores conhecida como *estação de trabalho (workstation)*. A estação de trabalho parece um computador pessoal e é tipicamente usada por apenas uma pessoa, como o computador pessoal. Apesar de as estações de trabalho serem ainda mais potentes do que o computador pessoal médio, as diferenças de recursos entre esses dois tipos de máquina estão cada vez menores.

As estações de trabalho diferem significativamente dos microcomputadores em duas áreas. Internamente, as estações de trabalho são construídas diferentemente dos microcomputadores. Em geral, elas se baseiam em uma outra filosofia de projeto de CPU chamada de *RISC (Reduced Instruction Set Computing — Computação com Conjunto Reduzido de Instruções)*, que resulta em um processamento mais rápido das instruções.

A outra diferença entre as estações de trabalho e os microcomputadores é que a maioria dos micros roda qualquer um dos maiores sistemas operacionais — DOS, Unix, OS/2 e Microsoft Windows (e o Macintosh também roda o sistema operacional Macintosh e a versão Unix da Apple, A/UX) —, mas geralmente todas as estações de trabalho rodam o sistema operacional Unix ou uma variação dele. O maior fabricante de estações de trabalho é a Sun Microsystems. Outros fabricantes incluem IBM, DEC, Hewlett-Packard (HP), NeXT e Silicon Graphics.

Uma advertência: muitas pessoas usam o termo estação de trabalho para fazer referência a qualquer computador ou terminal ligado a outro computador. Embora esse uso tenha sido um dia comum para o termo, agora ele está obsoleto. Hoje, estação de trabalho é um potente computador baseado na arquitetura RISC que roda o sistema operacional Unix e em geral é usado por cientistas e engenheiros.

COMPUTADORES PESSOAIS

Quando as pessoas usam os termos *computadores pessoais* e *microcomputadores ou micros*, elas estão se referindo aos pequenos computadores normalmente encontrados em escritórios, salas de aula e nos lares. Os computadores pessoais são apresentados em todas as formas e tamanhos. Embora muitos modelos sejam colocados sobre mesas, outros ficam no chão e alguns são até mesmo portáteis.

Os termos *microcomputador* e *computador pessoal* são intercambiáveis; porém, PC — que quer dizer computador pessoal (personal computer) — tem um significado mais específico. Em 1981, a IBM chamou seu primeiro microcomputador de IBM PC. Em poucos anos, muitas empresas estavam copiando o projeto da IBM, criando "clones" ou "compatíveis" que visavam funcionar exatamente como o original. Por essa razão, o termo *PC* passou a significar a família de computadores que inclui os IBMs e os compatíveis. A grande maioria de microcomputadores vendidos hoje em dia faz parte dessa família. O computador Apple Macintosh, porém, não é nem um IBM nem um compatível. Ele pertence a outra família de microcomputadores produzidos pela Apple

Computer. Assim, é correto dizer que o Macintosh é um computador pessoal, mas algumas pessoas consideram errado referir-se ao Macintosh como PC. Neste livro, no entanto, usaremos o termo "PC" como uma simples abreviação de "computador pessoal" (personal computer), que se refere aos modelos compatíveis com IBM e com a linha Macintosh da Apple.

MODELOS DE MESA O estilo mais comum de computador pessoal também é aquele que foi apresentado ao mercado primeiramente: o *modelo de mesa (desktop)*. Estes computadores são pequenos o suficiente para caber sobre uma mesa, mas um pouco grande demais para permitir que o usuário os carregue por aí. Hoje, muitos modelos de mesa estão sendo substituídos por modelos com gabinete tipo torre. A única diferença entre os modelos de mesa e em torre é que o gabinete principal, chamado de *unidade do sistema*, fica em pé no modelo em torre. Ele em geral é colocado no chão para economizar espaço sobre a mesa.

Em 1981, quando a IBM anunciou o IBM PC, os outros computadores pessoais importantes eram o Apple II e os computadores que rodavam o sistema operacional CP/M, um predecessor do PC-DOS do IBM PC. Nessas máquinas pioneiras, a norma era 64KB de memória e nenhuma delas possuía armazenamento permanente em disco rígido. Naquela época, os usuários de mainframes e de minicomputadores geralmente viam os computadores pessoais como brinquedos. Hoje, os PCs representam um sério desafio para mainframes e minicomputadores em muitas áreas. Na verdade, os PCs de hoje são muito mais potentes do que os mainframes de apenas alguns anos atrás, e a concorrência está produzindo modelos menores e mais rápidos todos os anos.

Os computadores pessoais geralmente podem custar de 500 a 7,5 mil dólares, dependendo de sua capacidade e de seus recursos. O tremendo crescimento e o potencial contínuo do mercado de PCs trouxeram muitos fabricantes para esta área. Alguns dos mais importantes fabricantes de computadores pessoais são a IBM, Apple, Compaq, Dell, AST, Texas Instruments e Hewlett-Packard.

NOTEBOOKS Os *notebooks*, como o próprio nome indica, têm a forma aproximada de um caderno (*notebook*, em inglês) universitário e cabem facilmente dentro de uma pasta. Os *laptops*[2] são os predecessores e são ligeiramente maiores que os notebooks. PCs igualmente capazes, os laptops normalmente têm um teclado de tamanho quase igual aos teclados comuns. Por serem microcomputadores totalmente funcionais, os laptops e os notebooks são usados por pessoas que precisam de um computador completo onde quer que estejam. Alguns modelos podem ser conectados a um micro de mesa para tirar proveito do monitor e espaço de armazenamento maiores.

PERSONAL DIGITAL ASSISTANTS Os PDAs (*Personal Digital Assistants* — Assistentes Pessoais Digitais) são os menores computadores portáteis existentes. Quase sempre não são maiores do que um talão de cheques. Os PDAs, também às vezes chamados *palmtops*[3], são muito menos potentes do que os modelos notebook ou de mesa. Em geral, a potência desses modelos é igual à do modelo IBM PC original, e por isso eles são usados apenas para aplicações especiais, como a criação de pequenas planilhas eletrônicas, armazenamento de telefones e endereços importantes e para a anotação de datas e compromissos. Muitos podem ser ligados a computadores maiores para a troca de dados.

---

2. N.T.: *Lap*, em inglês, significa colo. Daí o nome, já que estes equipamentos podem ser facilmente colocados no colo de seus usuários.
3. N.T.: *Palm*, em inglês, significa palma da mão. O computador palmtop pode ser colocado na palma da mão.

LIGUE-SE — COMPRANDO SEU PRIMEIRO COMPUTADOR

Se você ainda não enfrentou o dilema sobre qual computador comprar, provavelmente a ocasião está próxima. Comprar seu próprio computador não é um processo fácil, considerando-se o dinheiro que provavelmente será gasto. Você deve comprar um Macintosh, um PC ou outra máquina? Qual a potência necessária? Onde você deve colocar o computador? Aqui estão algumas dicas para a sua decisão.

- O fator crítico para a compra devem ser as tarefas que você deseja executar no computador. Antes de falar com qualquer vendedor, faça uma lista dos tipos de tarefa para os quais o computador será usado. Depois disso, sua principal prioridade deve ser encontrar o melhor software para aquela finalidade; então compre qualquer máquina que rode as aplicações selecionadas.

- Converse com o máximo possível de pessoas. Lembre-se de que as emoções tendem a predominar quando as pessoas falam sobre sua fidelidade a um certo tipo de hardware ou software, portanto tome as preferências de cada um com uma dose de desconfiança, mas preste atenção especial a qualquer história de horror que você ouça. As informações mais valiosas podem ser as más experiências das outras pessoas.

- Antes de dar o seu dinheiro a qualquer empresa, descubra o que puder sobre o *serviço de suporte e de atendimento ao consumidor* por ela oferecido. Computadores ainda são em grande parte um mau investimento se você não conseguir obter a ajuda necessária. E mais cedo ou mais tarde, você sempre terá alguma dúvida sobre o seu hardware.

- No momento de decidir quanto gastar, não deixe de levar em conta o custo do software. Muitos computadores são vendidos com o sistema operacional já carregado, mas a máquina não lhe servirá para nada sem o software aplicativo que você deseja utilizar — editor de texto, planilha eletrônica etc.

- Se você não tem muita experiência com computadores, considere comprar um Macintosh. Até recentemente, os PCs valorizavam mais o seu dinheiro, mas isso mudou rapidamente à medida que o Macintosh começou a ser mais competitivo em termos de preço. Tenha em mente que o software que você deseja usar deve ser sua consideração mais importante. Será muito mais fácil configurar o sistema e acrescentar novos equipamentos com o Macintosh do que com o PC, mas se você precisa de uma máquina que seja compatível com os computadores que usa na escola ou no trabalho, compre o mesmo tipo de equipamento usado nesses locais.[4]

Esta área da computação está evoluindo rapidamente. Os novos PDAs são dotados de *canetas eletrônicas* que permitem que seus usuários escrevam ou apontem para algum ponto diretamente na tela. A mais nova geração de PDAs chama-se *PICs* (*Personal Intelligent Communicators* — *Comunicadores Pessoais Inteligentes*) e pode usar luz infravermelha para se comunicar com computadores próximos e também incorporar recursos de telefonia celular e fax.

---

4. N.R.T.: Como, no Brasil, o Macintosh é relativamente raro no mercado, e mais caro, a melhor alternativa passa a ser um modelo PC compatível, com processador 80486 ou mais potente. As demais considerações também são válidas para o Brasil.

Os PDAs geralmente são usados por pessoas que não desejam carregar muito peso e não necessitam de um leque completo de aplicações comerciais quando estão fora do seu ambiente de trabalho. A maioria deles usa pilhas comuns, encontrada facilmente em qualquer lugar. No entanto, devido à limitação de potência, os PDAs não possuem discos rígidos. Em vez disso, usam pequenas placas do tamanho de um cartão de crédito para armazenar programas e dados. Essas placas já provaram ser tão úteis que estão sendo adotadas por fabricantes de notebooks, laptops e até mesmo de modelos de mesa.

O QUE ESPERAR DO FUTURO

Os pesquisadores da Xerox, no Palo Alto Research Center (PARC), prevêem que, uma vez que as tecnologias mais comuns tendem a "mesclar-se" ao ambiente, os computadores irão mesclar-se também. Por exemplo, considere o motor elétrico. Quando eles eram uma inovação, fábricas inteiras às vezes tinham apenas um único motor que tocava dezenas de máquinas por meio de eixos e roldanas complicados. Quando motores menores e mais eficientes começaram a ser desenvolvidos, cada ferramenta da fábrica tinha um motor próprio. Hoje, uma máquina comum como o automóvel chega a ter até 12 motores, cada um com uma tarefa específica, como limpar o pára-brisa, travar as portas, dar a partida etc.

A cada ano, os computadores ficam menores, mais rápidos e mais capazes. Em muitos casos, eles já se fundiram ao ambiente, como o motor elétrico. Ano após ano, nossas casas, escritórios e carros recebem mais e mais computadores como esses, que apresentam novas maneiras de controlar e monitorar sistemas. Em um futuro mais distante, esses computadores invisíveis provavelmente irão identificar-nos pessoalmente ao entrarmos e sairmos de uma sala para outra. Eles poderão abrir portas para nós, ajustar os níveis de iluminação de acordo com nossas preferências pessoais e até mesmo restringir nosso acesso a áreas nas quais não estamos autorizados a entrar. Talvez possamos simplesmente dizer ao nosso carro aonde queremos ir e ele cuidará do resto. É muito provável que nossa comunicação com esses sistemas seja verbal — e eles também responderão com suas próprias palavras.

No que diz respeito aos computadores de utilidade geral — especialmente os microcomputadores —, você pode esperar que continuem a encolher e a ficar cada vez mais potentes. Hoje, já existem notebooks baratos e tão potentes quanto os grandes PCs de alguns anos atrás.

À medida que os microcomputadores ficam mais potentes, também é de se esperar que algumas aplicações interessantes se tornem lugar-comum. Uma aplicação especialmente atraente é a *multimídia*. Os sistemas de multimídia combinam texto, gráficos, música, voz e vídeo para formar uma plataforma integrada para um tipo totalmente novo de programa para computador, usando som digital e imagens de vídeo em movimento. Uma aplicação da multimídia é a enciclopédia eletrônica. Tal enciclopédia é capaz de apresentar fotografias coloridas e videoclipes, e também gravações de áudio e ilustrações animadas.

Finalmente, você pode esperar ver mais e mais comunicação entre computadores. Novas tecnologias facilitarão ainda mais o intercâmbio de dados e idéias entre escritórios, cidades e por todo o mundo.

RESUMO

A FERRAMENTA DE VÁRIAS UTILIDADES

- Os primeiros computadores eram usados para tarefas numéricas complexas.

- Os computadores começaram a revolucionar o mundo comercial nos anos 60.

- A medicina moderna usa computadores de várias maneiras. Uma das mais interessantes é a técnica de imagem computadorizada, como a ressonância magnética.

- Os educadores estão interessados nos computadores como ferramenta para o aprendizado interativo.

- A comunidade científica usa computadores para fazer pesquisas e trocar informações com colegas de todo o mundo.

- Os engenheiros e arquitetos usam computadores para projetar objetos e estruturas com a ajuda das técnicas CAD.

- Os advogados usam computadores para acessar e criar bancos de dados que contêm registros de casos antigos e dados relacionados aos casos atuais.

- Entre os principais usos que o governo faz dos computadores estão a Administração de Seguridade Social, o Censo, as Forças Armadas e a Receita Federal.

- Os músicos podem usar um sistema MIDI para combinar ou criar sons eletronicamente, seja nas gravações em estúdio, seja durante apresentações ao vivo.

- Os computadores são usados no teatro e no cinema para controlar a iluminação, criar efeitos especiais e agilizar o processo de animação.

POR DENTRO DA MÁQUINA

- O hardware, ou componentes físicos de um computador, é formado por um processador, memória, dispositivos de E/S e armazenamento.

- A função de processamento é dividida entre o processador e a memória.

- O processador, ou CPU, é o cérebro da máquina.

- A memória guarda os dados com os quais o computador está trabalhando em um dado momento.

- As unidades mais comuns de medida da memória são o byte, o kilobyte e o megabyte (1KB = 1.024 bytes e 1MB = 1.024KB).

- O papel da função de entrada é aceitar os dados vindos do usuário ou de outra fonte.

- O papel da função de saída é dar ao usuário do computador respostas audiovisuais e também permitir a comunicação com outros computadores e dispositivos.

- O armazenamento age como se fosse um arquivo do computador, guardando os dados que não estão sendo usados pela CPU no momento.

O SOFTWARE DÁ VIDA À MÁQUINA

- Os programas são instruções eletrônicas que informam ao computador como realizar certas tarefas.

- Quando um computador está usando um programa particular, dizemos que ele está rodando ou executando aquele programa.

- O sistema operacional diz ao computador como interagir com o usuário e como usar os dispositivos de hardware conectados ao computador.

- O software aplicativo diz ao computador como realizar as tarefas exigidas pelo usuário.

- Quatro tipos importantes de software aplicativo são as aplicações comerciais, os utilitários, as aplicações pessoais e as aplicações de entretenimento.

- As aplicações comerciais mais comuns são os editores de texto, as planilhas eletrônicas e os sistemas de banco de dados.

- Os utilitários ajudam a gerenciar e manter o seu computador.

AS FORMAS DOS COMPUTADORES DOS NOSSOS DIAS

- Há cinco tipos de computador: supercomputadores, mainframes, minicomputadores, estações de trabalho e computadores pessoais ou microcomputadores.

- Os supercomputadores são os computadores mais potentes em termos de processamento; são usados para problemas que exigem cálculos complexos.

- Os mainframes, que geralmente têm muitos terminais ligados a eles, são usados para controlar quantidades maciças de entrada, saída e armazenamento.

- Os minicomputadores são menores que os mainframes, porém maiores que os microcomputadores. Eles normalmente têm vários terminais.

- As estações de trabalho parecem microcomputadores, porém são mais poderosas e têm como base os processadores RISC.

- Os computadores pessoais são chamados também de microcomputadores. O termo PC é usado para denotar os microcomputadores da IBM e seus compatíveis.

- Os computadores de mesa e os modelos em torre são o tipo mais comum de computador pessoal.

- Os laptops, os notebooks e os PDAs são usados por pessoas que precisam do poder de computação fora de seus locais de trabalho.

QUESTÕES PARA REVISÃO

1. Imagine qual a profissão que você seguirá no futuro e decida se precisará ou não de um computador. Em caso positivo, descreva três maneiras a partir das quais o computador irá ajudá-lo em seu trabalho. Em caso negativo, explique por que o computador não será necessário.

2. Pense em três situações nas quais você possa encontrar computadores fora da sua escola ou do seu trabalho.

3. Escolha um tipo de trabalho discutido neste capítulo e descreva rapidamente como ele mudou devido aos computadores.

4. Relacione três maneiras a partir das quais os computadores são usados na área governamental.

5. Em uma ou duas sentenças, defina os seguintes termos e dê um exemplo de objeto ou dispositivo associado a cada um deles:

a) Processamento

b) Entrada

c) Saída

d) Armazenamento

6. Quais são as principais unidades de medida da memória de um computador e o que significa cada uma delas?

7. Descreva a diferença entre sistema operacional e software aplicativo.

8. Dê exemplos de como uma locadora de veículos pode usar editores de texto, planilhas eletrônicas e bancos de dados.

9. Detalhe três exemplos de software aplicativo não-comercial que você ache interessante, divertido ou útil.

10. Relacione os cinco tipos principais de computador discutidos neste capítulo e descreva como cada um é usado.

QUESTÕES PARA DISCUSSÃO

1. Quais são, na sua opinião, as razões pelas quais a revolução dos computadores progrediu tanto em tempo tão curto?

2. Assuma que você possa usar um supercomputador por um dia. Descreva o tipo de trabalho que fará com ele.

3. Para onde você acha que está caminhando o futuro dos computadores? Que forças sustentam sua opinião? Você consegue imaginar alternativas possíveis?

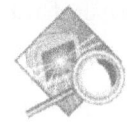

AS ATIVIDADES PRÁTICAS DESTE CAPÍTULO PODEM SER ENCONTRADAS NO APÊNDICE A.

Capítulo 2

COMPUTADORES NOS NEGÓCIOS

OBJETIVOS

Depois de terminar de ler este capítulo, você será capaz de:

- Identificar os tipos de aplicação de computador usados nos negócios.
- Explicar por que os negócios precisam de informações e o que torna essas informações valiosas.
- Compreender o papel dos grupos de serviços de informação.
- Descrever como as informações fluem por uma organização.
- Falar sobre a evolução dos sistemas de computador. Reconhecer os componentes de um sistema no "estado da arte".

Em menos de uma geração, a tecnologia da computação revolucionou os negócios ao redor do mundo. Virtualmente, todas as companhias, grandes ou pequenas, agora dependem de equipamentos para o processamento de informações para automatizar ou auxiliar virtualmente todos os aspectos do comércio. Os computadores são essenciais para enfrentar o desafio da concorrência global, na qual as empresas precisam ser eficientes e ágeis e têm de produzir produtos e serviços de alta qualidade a um custo sempre menor. Sem os computadores para fornecer as informações acuradas e ultra-recentes, necessárias às decisões estratégicas e ao gerenciamento dos processos produtivos, seria impossível para muitas companhias sobreviver.

Os computadores tornaram-se tão importantes para muitas corporações que precauções extensas são tomadas para assegurar que sistemas e dados estejam disponíveis a todo o momento — mesmo durante guerras, desastres naturais ou outras crises nacionais. Na maioria das empresas, organizações internas elaboradas surgiram para supervisionar as operações dos computadores. O grupo de empregados que instalam, programam e mantêm os sistemas de computador pode chegar a 20% ou mais do pessoal em certas companhias.

Os computadores são usados basicamente para coletar, gerenciar e reproduzir uma ampla gama de dados comerciais. Isso pode significar tudo, desde registros médicos e financeiros até listas de peças para produzir e planejar novos produtos. Os computadores de hoje são capazes de armazenar essas informações independentemente da forma como elas são recebidas; os sistemas usados pelas grandes corporações são capazes de armazenar e reproduzir mensagens verbais, imagens estáticas ou em movimento, gráficos, mapas e até mesmo tabelas complexas de palavras e números organizadas em três dimensões ou mais.

Mas os computadores fazem muito mais do que apenas tomar nota; eles ajudam as pessoas a tomar as decisões. Os computadores usam as informações neles armazenadas para construir simulações que variam de simples análises de hipóteses (*what-if*: *o que acontece se*) até ilustrações e animações realistas de novos produtos. Muitos trabalhadores passam grande parte de seus dias usando computadores para prever os efeitos de várias decisões comerciais. Os contadores e escriturários conseguem substituir os antigos preços de varejo de seus produtos por preços novos e ver instantaneamente os efeitos sobre o lucro da companhia. O profissional de marketing usa software de apresentação para testar slogans em pequenos grupos de clientes potenciais antes de se comprometer com uma campanha de grande porte.

Os computadores também ajudam na comunicação das pessoas — direta ou indiretamente. O software de editoração deixa a força da imprensa ao alcance de todos. Os departamentos de relações públicas criam relatórios luxuosos, repletos de fotos, artigos e gráficos, a apenas uma fração do custo dos serviços externos. E as pessoas que trabalham em escritórios usam o correio eletrônico para ficar em contato com seus colegas de trabalho. Ninguém mais precisa brincar de "telefone-sem-fio"; agora, as pessoas enviam memorandos eletrônicos para transmitir suas mensagens.

Hoje, encontramos computadores em todos os escritórios e em quase todas as mesas. Essa situação é bem diferente da que havia nos escritórios de 20 anos atrás, quando os computadores eram usados apenas em algumas indústrias, e, mesmo assim, só para automatizar tarefas comerciais específicas. Se você tivesse a sorte de ter acesso a um computador naquela época, ele teria de ser compartilhado com muitos outros usuários, e suas atividades seriam rigidamente controladas e monitoradas. Talvez você tivesse um terminal na sua mesa, mas os computadores eram controlados por outra pessoa, que lhe dizia como usá-los. O alto custo da computação e a fragilidade do equipamento tornavam esses controles essenciais.

Felizmente, os últimos 20 anos testemunharam diminuições drásticas no custo da computação, o que levou à instalação de milhões de computadores. Na verdade, o custo dos ciclos de CPU (uma medida de quanto trabalho o computador é capaz de realizar) é apenas uma minúscula fração do que o era antigamente. A potência de computação que custava milhões de dólares em 1973 está agora disponível por apenas alguns milhares de dólares. A tecnologia que antigamente estava fora do alcance de pequenas empresas e indivíduos agora tornou-se lugar-comum, dando origem a nova classe de empreendedores, que usam a força dos computadores para procurar e capturar novos mercados. No futuro, o custo da computação cairá ainda mais rapidamente, tornando essa tecnologia quase universal.

Nenhum exame dos computadores no mundo dos negócios seria completo sem uma análise do papel do microcomputador. É impossível não exagerar a importância do surgimento dessas máquinas. Na verdade, a indústria dos microcomputadores cresceu tão rapidamente que ninguém está absolutamente certo sobre como eles surgiram. A

IDC Research afirmava que, por volta de 1996, algo em torno de 75 milhões de máquinas estariam em uso apenas nos Estados Unidos (Figura 2.1). Outras fontes alegavam que os PCs nos Estados Unidos já somavam algo em torno de 100 milhões! Sem dúvida alguma, está ficando cada vez mais difícil encontrar uma mesa em um escritório sem um computador. As chances de você já ter um micro são grandes, e é quase certo que seu próximo serviço exigirá familiaridade com a microinformática.

Os micros habilitaram as pessoas de um modo que os criadores dessas máquinas nunca previram. Nesse processo, os computadores provocaram e continuam a provocar grandes mudanças culturais em muitos negócios. Eles liberaram alguns grupos dos burocráticos sistemas de gerenciamento de informações e permitiram que os indivíduos redefinissem seu trabalho e descobrissem uma nova maneira de trabalhar. Os gerentes de departamento que antes precisavam solicitar serviços e software personalizado a um grupo de sistemas, especial e isolado, vêem hoje seus funcionários solucionando os problemas usando programas adquiridos em lojas ou empresas que desenvolvem software para clientes (software house). Conseqüentemente, quem sabe usar um computador eficientemente tem grande vantagem sobre quem não tem esse conhecimento.

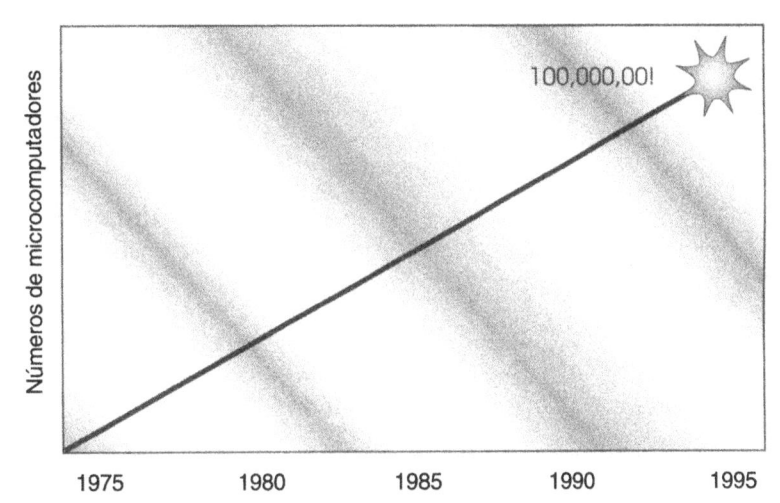

FIGURA 2.1 Base instalada de computadores de mesa.

COMO AS EMPRESAS USAM COMPUTADORES

Os computadores são usados nas empresas em três áreas, definidas genericamente como aplicações verticais, produtividade pessoal e informática para grupos de trabalho. Essas categorias descrevem, a grosso modo, a maneira como opera um sistema computacional (uma determinada combinação de hardware e software). Muitos sistemas incluem elementos das três áreas e podem assumir várias formas. Há computadores de finalidade específica que executam apenas algumas tarefas. Depois, há os computadores de mesa pessoais, cujo uso destina-se a apenas uma pessoa. E ainda há muitas melhorias sendo feitas nos gigantes mainframes, capazes de processar o trabalho de centenas de usuários simultaneamente.

APLICAÇÕES VERTICAIS

Aplicações verticais são programas que executam todas as fases de uma função comercial muito importante. Esses programas, que em geral rodam em uma combinação de mainframe, mini e microcomputadores, são às vezes chamados *aplicações com missão crítica*. Eles normalmente são desenvolvidos de maneira persona- lizada para cada empresa que os emprega, e são utilizados por muitos indivíduos em toda a organização.

Exemplos de aplicações verticais incluem sistemas de varejo que fazem de tudo, desde o registro de vendas até o pedido de novos itens quando os estoques ficam baixos, e programas de comutação telefônica que direcionam chamadas e calculam tarifas. Como é de se esperar, há quase tantas aplicações verticais quanto computadores.

Um típico exemplo de aplicação vertical talvez seja um sistema de contabilidade bancária, que registra todas as transações que ocorreram durante o dia e faz os ajustes necessários aos saldos das contas. O sistema é vertical porque está envolvido em todos os aspectos da empresa. Depósitos, retiradas, transferências e pagamentos de juros são todos controlados por esse único sistema (Figura 2.2). Note, porém, que esse sistema pode na verdade consistir em vários programas que processam dados em etapas independentes. O processo combinado de todos esses programas é considerado uma aplicação.

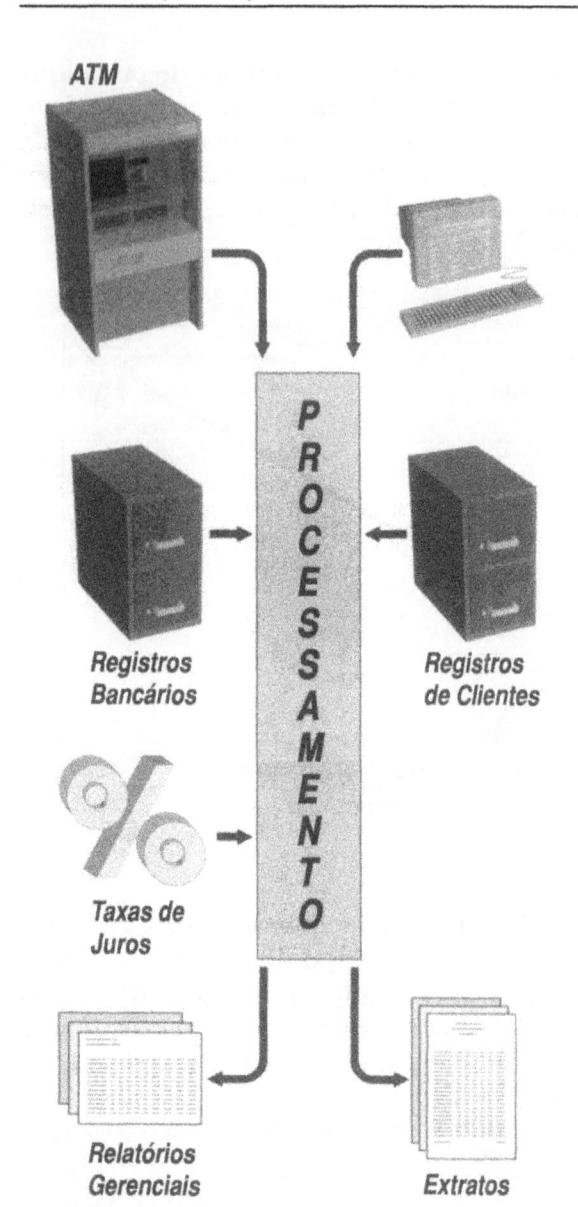

FIGURA 2.2 As aplicações verticais executam funções específicas de um certo tipo de atividade. Este diagrama mostra a organização de uma aplicação na área bancária.

Há 20 anos, virtualmente todas as aplicações verticais rodavam em *lotes* (*batch*), onde o processamento ocorria apenas em determinados momentos. No nosso exemplo, o banco que coletaria todos os recibos de transação criados ao longo do dia iria inseri-los no computador no final da tarde. Depois disso, o computador compararia os números com o dinheiro na conta bancária. Infelizmente, só seria possível saber se as contas tinham ou não saldo no dia seguinte. Atualmente, esse tipo de defasagem é inaceitável. Com os caixas automáticos e com o comércio global, a maioria dos bancos precisa saber, a qualquer hora, se as contas estão equilibradas. Hoje, aplicações de suma importância como essa são executadas em tempo real, o que significa que as informações são processadas no momento em que são recebidas.

Os bancos modernos efetuam créditos e débitos nas contas correntes apenas segundos depois que o cliente deixa o caixa automático.

Até recentemente, a maioria das aplicações verticais era baseada em terminais, o que significa que o processamento ocorria em um mainframe "escondido", em segurança, em outro prédio ou até mesmo em uma cidade diferente. As pessoas emitiam instruções ao mainframe por meio de um terminal — teclado e tela — presente em suas mesas. Esses terminais não executavam processamento algum; eles simplesmente davam acesso ao computador. Normalmente, os usuários digitavam palavras e números nos espaços em branco da tela do terminal para solicitar informações ou inserir dados. O computador respondia às solicitações ou aceitava as informações digitadas. Tradicionalmente, era complicado usar esse tipo de aplicação, que exigia a digitação de comandos longos e de difícil memorização.

Hoje, muitas companhias estão substituindo esses terminais por microcomputadores, que podem pré-processar seus dados antes de enviá-los ao mainframe. Por exemplo, vamos considerar uma tela de entrada de dados que exija que o usuário digite o nome de um Estado. No sistema de terminais, o usuário digitaria o nome, que seria verificado no mainframe antes de ser acrescentado ao banco de dados. Com um microcomputador, a entrada pode ser verificada durante a digitação. Os microcomputadores não apenas ajudam a aliviar o mainframe de certas cargas de processamento, mas também permitem aos programadores criar telas de entrada muito mais fáceis de usar. Com os micros, os

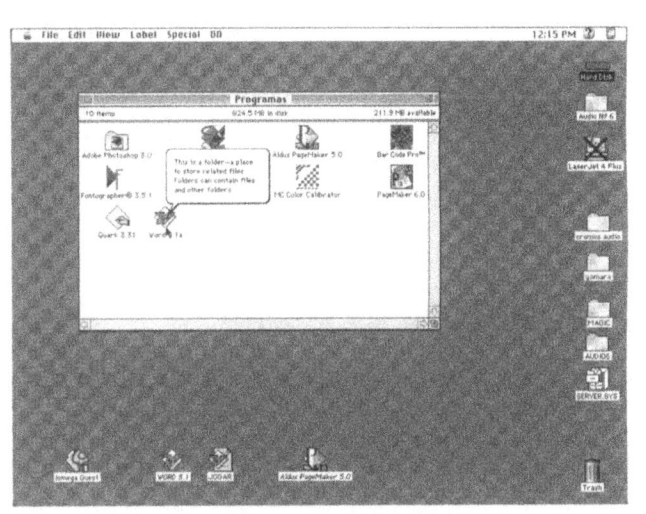

FIGURA 2.3 Os microcomputadores revolucionaram a interface do usuário. (Apple Computer, Inc.)

programadores podem usar a força do processador interno para operar telas visualmente atraentes com uma ampla variedade de imagens e cores que facilitam seu uso e compreensão (Figura 2.3).

APLICAÇÕES PARA PRODUTIVIDADE PESSOAL

As *aplicações para produtividade pessoal* focalizam as tarefas executadas por indivíduos. Hoje, os computadores são encontrados em virtualmente todos os tipos de escritório — por exemplo, edição de texto, programação de tarefas e contabilidade. As aplicações para produtividade pessoal incluem os editores de texto, que lhe permitem digitar, editar e imprimir textos em inúmeros formatos e estilos; as planilhas eletrônicas, que efetuam cálculos em linhas e colunas de números; e os bancos de dados, que coletam e gerenciam textos, números e imagens. Você aprenderá mais sobre cada uma dessas aplicações na Parte III.

Embora tecnicamente não-restritas aos microcomputadores, as aplicações de produtividade pessoal são domínio quase exclusivo dos PCs. Os microcomputadores são acessíveis o bastante para ser colocados sobre todas as mesas de um escritório e oferecem recursos sonoros, de cores e de gráficos que não são encontrados nos mainframes nem nos minicomputadores. O próprio número de microcomputadores criou um mercado imenso de software e derrubou dramaticamente o custo total da informatização.

Ao contrário das aplicações verticais, que focalizam basicamente o processamento de dados, as aplicações de produtividade pessoal em geral dedicam muito mais esforço de processamento à *interface do usuário* — a parte do programa que interage com a pessoa que o está usando. Esse foco não apenas deixa esses programas mais consistentes e mais fáceis de usar, mas também os torna mais divertidos e permite ao usuário ser mais criativo. Você pode escrever um memorando em qualquer computador com um programa de edição de texto e uma impressora, mas, no microcomputador, é possível usar tipos de letras (fontes) e gráficos adequados ao seu estilo particular (Figura 2.4).

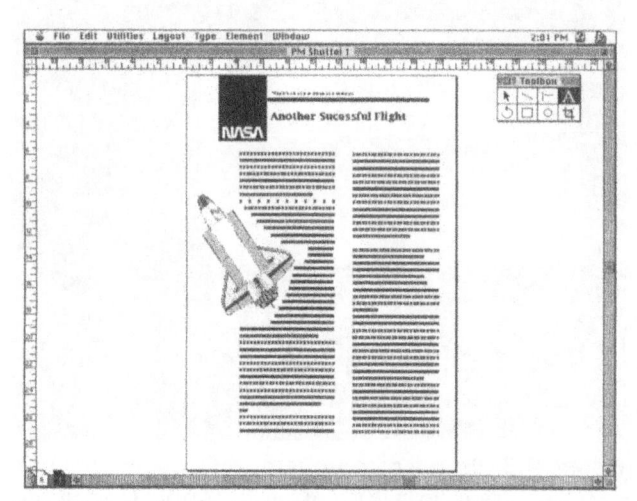

FIGURA 2.4 Os diversos tipos de letras (fontes) e os gráficos disponíveis nos microcomputadores possibilitam aos usuários criar documentos interessantes.

O uso generalizado das aplicações de produtividade pessoal alterou o panorama das pequenas empresas e dos pequenos empreendedores. Antes de os computadores estarem amplamente disponíveis, muitas tarefas de administração de escritórios exigiam mão-de-obra cara ou absorviam o tempo e a energia dos proprietários. Agora, o empreendedor pode manter seus livros, listas de clientes e declarações de renda no mesmo dispositivo que também executa trabalhos importantes, como identificar tendências de mercado e clientes potenciais.

INFORMÁTICA PARA GRUPOS DE TRABALHO

A *informática para grupos de trabalho* (*workgroup computing*) é uma área da aplicação comercial que surgiu nos últimos anos e ainda está sendo definida. Ela combina elementos da produtividade pessoal com aplicações verticais para criar programas que permitam a grupos de usuários trabalhar na direção de uma meta comum. O grupo de trabalho em geral é *orientado por documentos*, o que significa que ele é organizado em torno da meta de produzir algum tipo de documento corporativo. *Documento* é um termo genérico; as metas do grupo de trabalho incluem planos e orçamentos, políticas e procedimentos da empresa.

Normalmente, é mais fácil definir a informática para grupos de trabalho por meio de exemplos. Uma aplicação de grupo de trabalho poderia ser a publicação de um livro. Uma aplicação da informática para grupos de trabalho bem definida é capaz de coordenar as atividades de vários autores e editores e assegurar que todas as pessoas cumpram seus prazos. Assim que os autores concluem os capítulos do livro, eles os enviam a uma área de edição pública, onde são recuperados pelos editores para que o próximo estágio do processo seja executado. A aplicação da informática para grupos de trabalho toma nota da localização dos capítulos e de sua situação e garante o equilíbrio da carga de trabalho. É uma maneira altamente flexível de abordar tarefas orientadas para grupos.

A informática para grupos de trabalho é freqüentemente usada em grupos que tenham muito contato com clientes, como telemarketing e vendas. Os programas para grupos de trabalho asseguram que todos transmitirão a mesma mensagem aos clientes, que o acompanhamento adequado ocorrerá e que nenhuma oportunidade comercial será negligenciada devido a responsabilidades não claramente definidas.

A informática para grupos de trabalho é possível por meio de *redes locais* (*LANs*) que ligam os microcomputadores e permitem que eles processem as informações e compartilhem recursos cooperativamente. Quase toda companhia com mais de alguns PCs conecta-os por meio de rede. Assim, os trabalhadores podem compartilhar recursos como impressoras e bancos de dados e têm acesso a uma plataforma de aplicações em rede, como, por exemplo, o correio eletrônico. Você lerá mais sobre LANs no Capítulo 7.

POR QUE AS EMPRESAS PRECISAM DE INFORMAÇÕES

O que é informação e por que ela é tão importante? Do ponto de vista de uma corporação típica, *informação* é qualquer item intangível que afete a empresa. Previsões sobre desempenho do mercado de ações, planos para novos produtos, avaliação de empregados, listas de preço — quase qualquer coisa pode ser considerada informação. As corporações precisam de informação para tomar decisões sobre características dos produtos, esforços de marketing e investimentos, entre outras coisas.

As companhias sempre usaram informações, é claro, mas hoje é mais importante do que nunca dispor de informações acuradas e atualizadas. Menores ciclos de vida de produtos significam que a janela de oportunidades está ficando cada vez mais estreita. Para ser lucrativa, uma companhia precisa saber para onde o mercado está voltado e ser capaz de dar o pulo certo, para dentro ou para fora, no momento exato. Na indústria de computadores, por exemplo, os produtos ficam obsoletos apenas alguns meses depois de terem sido apresentados ao mercado. O mesmo se aplica à indústria automobilística: um dos grandes fatores do sucesso dos fabricantes de carros japoneses é sua capacidade de desenvolver novos modelos em aproximadamente metade do tempo necessário aos seus colegas americanos. Obter boas informações e transformá-las rapidamente em produtos que os consumidores desejam é a chave para ficar nos negócios; a companhia que não está bem informada pode ser deixada rapidamente para trás por concorrentes mais ágeis.

NOTEBOOK DO NORTON

INTERCÂMBIO ELETRÔNICO DE DADOS: MUDANDO O MODO COMO AS EMPRESAS CONVERSAM

Às vezes, as tecnologias que fazem a maior diferença são aquelas que recebem menor cobertura por parte da imprensa. Uma tecnologia simples chamada EDI (Electronic Data Interchange — Intercâmbio Eletrônico de Dados) está mudando rapidamente a maneira como as empresas fazem negócios e eliminando formulários de pedido e manifestos impressos em grandes empresas, por toda parte.

O EDI é uma maneira de fazer com que tipos diferentes de computadores compartilhem informações, independentemente de quem os fabrica, onde estão localizados ou de sua velocidade de processamento. Essa tecnologia não é glamourosa e raramente é discutida nos meios de comunicação, mas está ajudando muitas empresas a cortar o custo associado a despachos, recebimentos e manutenção de peças e suprimentos.

Mesmo empresas que não são grandes usuárias de computadores comerciais estão se beneficiando. Na Evanston Hospital Corp., em Evanston, Illinois, o EDI mudou a maneira como o hospital compra suprimentos e, no processo, redefiniu como a companhia gerencia seu inventário e se comunica com seus fornecedores.

As mudanças são tão drásticas que, em apenas um ano, o hospital economizou mais de 2 milhões de dólares. O EDI possibilitou aos computadores do hospital encomendar e programar automaticamente a entrega de um leque imenso de suprimentos, apenas quando esses produtos se faziam necessários. Na verdade, o EDI está permitindo que tanto grandes quanto pequenas empresas apliquem o gerenciamento *just-in-time* aos fornecedores de bens e serviços.

O EDI é um conjunto de padrões que definem a maneira como os formulários impressos devem ser apresentados eletronicamente. O EDI pode ser usado para enviar uma fatura, por exemplo, ou um pedido de uma empresa para outra. O software dos computadores de cada empresa traduz os itens para códigos padrão, portanto não importa se para uma empresa o produto chama-se poltrona e para outra o mesmo produto chama-se cadeira estofada; o EDI garante que o produto certo será encomendado.

Os documentos eletrônicos trocados no formato EDI também incluem informações comuns como o valor a ser pago, a quantidade pedida, a data de entrega e elementos semelhantes. Juntos, eles criam uma corrente de dados que — para o computador — contém todas as informações que antes eram colocadas em formulários impressos. Mas como nenhum papel é usado em momento algum, os dados fluem diretamente de um computador para outro, eliminando o processo tedioso de criar formulários e inseri-los em outro computador.

O EDI remove um dos últimos elementos humanos do incômodo processo de encomenda de suprimentos e gerenciamento de estoques. Em vez de ter um funcionário digitando os pedidos de novos produtos no computador (onde as inserções disparam a produção e a distribuição dos produtos), o pedido vai diretamente para os computadores dos fornecedores. O processo de entrada de pedido é eliminado, economizando tempo e dinheiro e reduzindo o número de erros.

O VALOR E O CUSTO DA INFORMAÇÃO

A informação não tem valor intrínseco algum; o que ela vale é determinado unicamente por aqueles que a usam. Ao contrário de outros recursos corporativos como dinheiro, pessoal ou equipamentos, é fácil alterar e reproduzir informações. Às vezes, na verdade, o valor da informação depende do fato de ela continuar a ser secreta. Como trabalhador da área de informações, podem ser-lhe confiados dados muito mais valiosos do que possa parecer a princípio, e mantê-los confidenciais talvez seja crucial para os planos da sua empresa.

Embora o computador ajude as pessoas a gerenciar informações, os seres humanos ainda precisam avaliar essas informações e fazer escolhas. Para as pessoas que dependem de informações para tomar decisões, três fatores que afetam o valor dos dados são *oportunidade* (informação a tempo), *precisão* e *apresentação*. O equilíbrio dessas necessidades cria muitos desafios para as pessoas que gerenciam as informações: determinar o que guardar e o que descartar; descobrir a melhor maneira de organizar as informações; construir sistemas automatizados para filtrar e relatar as informações; e controlar quem tem acesso a elas. Todas essas decisões têm de ser ponderadas em relação ao custo do gerenciamento das informações. Pode ser difícil definir exatamente o valor da informação, mas não o custo de gerenciá-la.

OPORTUNIDADE O valor da informação em geral está diretamente relacionado ao seu tempo de existência, ou ao momento em que ela é necessária (*oportunidade*). Os corretores de valores, por exemplo, precisam saber o valor presente das ações e títulos que eles estão comprando. Os valores nos mercados financeiros mudam a cada segundo; se eles estiverem apenas alguns minutos defasados, o corretor poderá perder dinheiro na transação. Digamos que um corretor entre com um pedido às 11h para comprar 100 mil ações da Cia. Global de Petróleo a 50 dólares a ação, preço do mercado às 10h45. Se o valor tiver subido apenas 1% (50 centavos), o corretor terá de gastar mais 50 mil dólares para concluir a transação.

Outros consumidores de informação são menos exigentes. Uma construtora, por exemplo, precisa saber logo quais são os mais novos materiais e métodos de construção, mas não imediatamente. No entanto, se a companhia não receber essas informações por um longo período, ela não terá tempo de desenvolver novos modelos baseados nas inovações mais recentes.

Quanto mais urgente for a informação, mais custará. Portanto, se a oportunidade for crucial para o valor das informações, as pessoas estarão dispostas a pagar mais para obtê-las. Os corretores de valores gastam milhões de dólares em equipamentos de informática e serviços de cotação para obter preços instantâneos das ações no mercado. As construtoras contentam-se em assinar uma revista mensal ou semanal por apenas alguns dólares por mês.

PRECISÃO É o segundo fator no valor de uma informação. No que se refere aos computadores, *precisão* significa mais detalhes e isso significa mais informações. Informações perfeitas (100% completas e 100% precisas) são inatingíveis. Toda informação é, na verdade, um meio-termo que atinge uma fração dessas metas.

O corretor de valores obtém informações altamente precisas; o preço exato de uma ação em um determinado momento qualquer é exibido nos terminais da corretora (Figura 2.5). No entanto, essas informações não são extensas. O computador que mostra os preços não fala nada sobre a companhia ou seus produtos e revela muito pouco sobre a tendência dos preços daquelas ações.

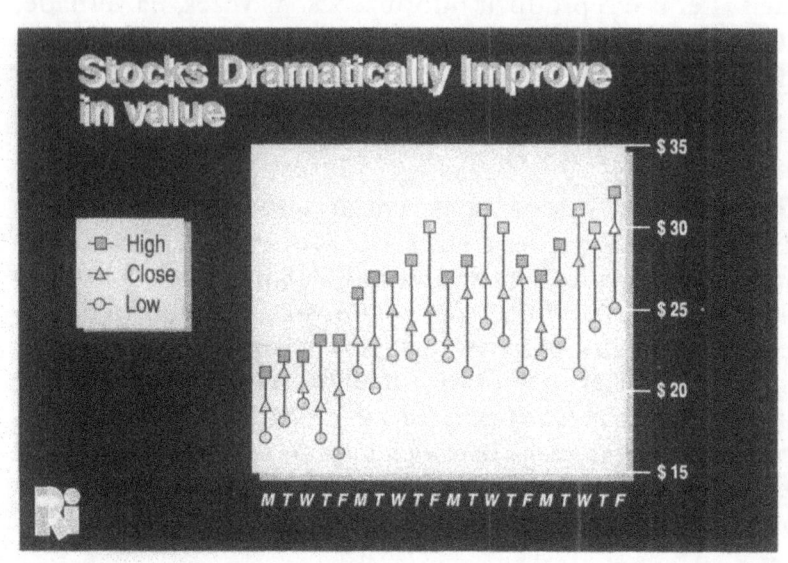

FIGURA 2.5 A precisão é crucial para quem trabalha com informações.

As informações fornecidas para alguém da área de construção civil têm de incluir muitos detalhes. Afinal, qualquer detalhe omitido pode eventualmente traduzir-se em uma casa que simplesmente não se mantém em pé. Além disso, esse tipo de informação precisa ter vida mais longa do que os preços de ação, provavelmente em vários meses, no mínimo. A construtora desejará armazenar esses dados em um banco de dados para facilitar o acesso a eles.

Quanto mais complexa e detalhada a informação, mais armazenamento será necessário, e armazenamento custa dinheiro. Embora o computador seja capaz de reproduzir qualquer informação que tenha recebido, o armazenamento de informações altamente detalhadas custa mais do que o armazenamento de informações simples. Portanto, se o corretor deseja informações históricas e previsões futuras, a empresa precisará gastar dinheiro em um sistema com grande capacidade de armazenamento.

APRESENTAÇÃO Finalmente, a *apresentação* pode ser crucial para o valor de uma informação. As pessoas em geral acham muito mais fácil compreender gráficos do que números, e uma imagem é capaz de transmitir uma idéia muito melhor do que simples palavras.

Antes de um cliente decidir investir, ele desejará saber mais do que apenas o valor presente de uma ação. Nosso corretor precisa apresentar as tendências de preço e as perspectivas para o mercado daquela empresa. Apesar de todas essas informações poderem ser expressas numericamente, é muito mais fácil ver tendências quando são apresentadas graficamente.

A apresentação de uma informação é o ponto onde realmente brilha a tecnologia dos computadores. A tecnologia que permite correlacionar e processar grandes quantidades de dados existe há tempos, mas só de uns anos para cá os computadores começaram a apresentar os resultados de todos esses números em um formato que a maioria de nós é capaz de compreender rapidamente. Já não vemos mais funcionários de um escritório debruçados sobre páginas listadas de verde (ou azul) e branco repletas de números. O computador traduz todos esses números em gráficos e tabelas (Figura 2.6).

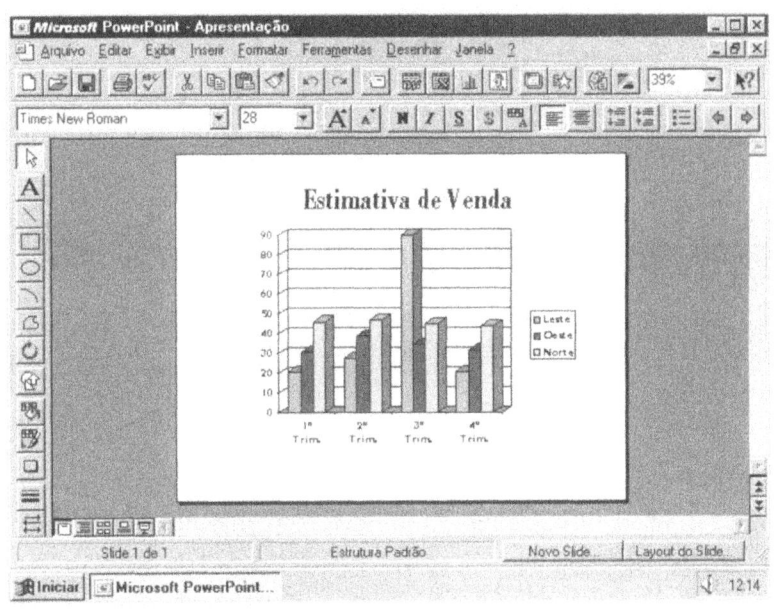

FIGURA 2.6 O computador traduz números em gráficos que são facilmente compreendidos.

PLANEJANDO A AUTOMAÇÃO DA INFORMAÇÃO

Antes de uma organização aplicar a informática às suas necessidades de informação, ela tem de analisar exatamente quais tipos de informação são essenciais. Ela tem de desenvolver um quadro claro do modo como, exatamente, os vários componentes da informação interagirão. Tradicionalmente, as companhias criam fluxogramas que detalham os dados existentes, as origens dos dados e como foram usados (Figura 2.7). Esses fluxogramas são importantes para mostrar o relacionamento e as dependências dos vários aspectos da empresa em relação aos componentes da informação.

A maioria dos sistemas comerciais é *orientada para transações*. A meta de cada atividade comercial é concluir uma transação; seja a venda de um produto ou a entrega de um memorando, ela é uma ação com pontos inicial e final claramente definidos. Como as transações são relativamente fáceis de medir e documentar, elas também são as mais fáceis de automatizar com aplicativos de computador.

As transações têm exigências específicas em termos de dados; uma transação de venda pode ter de incluir quantidade, cor, tamanho, preço e nome do cliente. Todos esses itens são dados internos que podem ser gerenciados e processados eficientemente por um computador. Por exemplo, o computador é capaz de manter em seus arquivos os clientes de uma empresa e fornecer informações usadas freqüentemente (como endereço e telefone) aos empregados que precisam delas. Um representante de vendas economiza tempo sempre que o computador completa um formulário de pedido procurando em seus arquivos o endereço e o telefone de um cliente já cadastrado. O representante apenas informa ao computador o nome do cliente e deixa a máquina cuidar do restante, preenchendo uma etiqueta de expedição com todas as informações relevantes. Igualmente, o computador pode calcular o preço e a taxa de frete com base nas informações mais recentes.

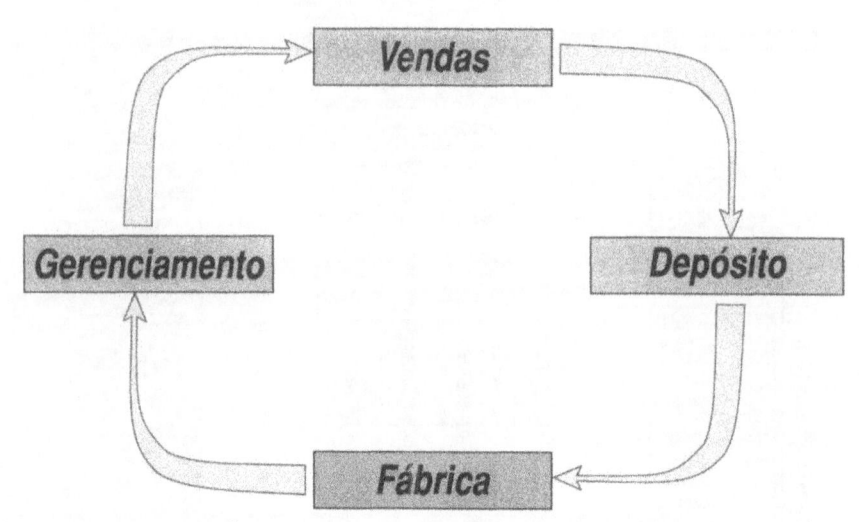

FIGURA 2.7 As empresas usam fluxogramas para estudar as origens e os caminhos da informação dentro da organização.

No nível mais básico, há apenas três componentes em uma aplicação de processamento de informações: entrada, processamento e saída (Figura 2.8). *Entrada* é qualquer dado bruto coletado em toda a empresa, mais qualquer pressuposto ou fórmula, ao passo que *saída* é qualquer nova informação gerada pelo processamento. O *processamento* de informações é normalmente chamado *agregação de valor*. Por exemplo, a entrada pode ser um novo pedido de produtos, enquanto a saída pode ser uma ordem de expedição entregue ao depósito regional mais próximo do cliente. A ordem de expedição é a informação original organizada, processada e apresentada de uma maneira que agregue valor à companhia.

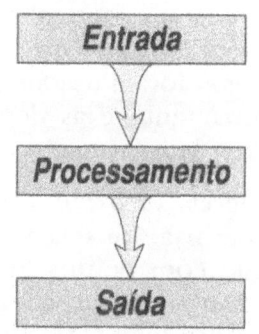

FIGURA 2.8 As aplicações de processamento de informações recebem a entrada por meio de terminais, arquivos de dados e outros computadores, e processa-a, transformando-a em saída (resultado utilizável).

A entrada não está limitada apenas às informações inseridas quando uma transação ocorre. Ela vem de outros computadores ou de outros dados inseridos em ocasiões anteriores. Os sistemas mais avançados formulam novos pressupostos à medida que o volume de dados aumenta; de certa maneira, aprendem com as informações por eles acumuladas.

O relacionamento entre os dados é tão importante quanto os dados em si. Na verdade, o valor dos produtos do processamento geralmente é muito maior do que as informações propriamente ditas. Uma informação pode não ter significado algum ou ter pouco significado antes de sofrer a ação de outra informação. Por exemplo, como as empresas hoje buscam minimizar a quantidade de dinheiro investido em estoque, o número de aparelhos de televisão em um depósito pode não ser tão importante quanto o valor desses equipamentos (número multiplicado por preço).

Depois que uma empresa identifica o tipo de informação que precisa gerenciar e as maneiras como essa informação interage como parte do processo de transação, um plano pode ser desenvolvido para automatizar o seu processamento. Os computadores têm capacidade para processar informações rapidamente, o que permite que uma empresa tome uma atitude prontamente e use mais informações como base para o processo decisório.

ESTUDO DE CASO: MERCURY ATHLETIC SHOES

Para oferecer uma noção mais clara de como as empresas usam informações e de como a tecnologia de processamento de informações mudou nos últimos 30 anos, analisaremos o papel da informação em um pequeno fabricante de calçados esportivos.

Muito antes de a onda do culto ao corpo ter início, a Mercury Athletic Shoes vendia tênis para corrida, de alta qualidade, no nordeste dos Estados Unidos. As vendas representavam apenas uma minúscula fração das grandes marcas, e os clientes precisavam procurar muito para encontrar o produto. Ainda assim, a companhia prosperava e oferecia uma boa condição de vida a seus empregados.

Naquela época, o processamento de informações da Mercury era algo parecido com o esquema ilustrado na Figura 2.9. Esse diagrama bastante simplificado mostra como a companhia gerenciava seu estoque. O sistema calcula o número de calçados que pode ser feito com os recursos disponíveis. Para chegar ao resultado, ele multiplica o estoque atual pelos pressupostos da empresa — fórmulas que prevêem como os fatores interagem. Nesse caso, os pressupostos da empresa incluem a quantidade de couro e o tempo necessário para produzir cada calçado. A partir desse processamento, os empregados da Mercury tinham condições de determinar se havia couro suficiente em estoque para concluir o serviço.

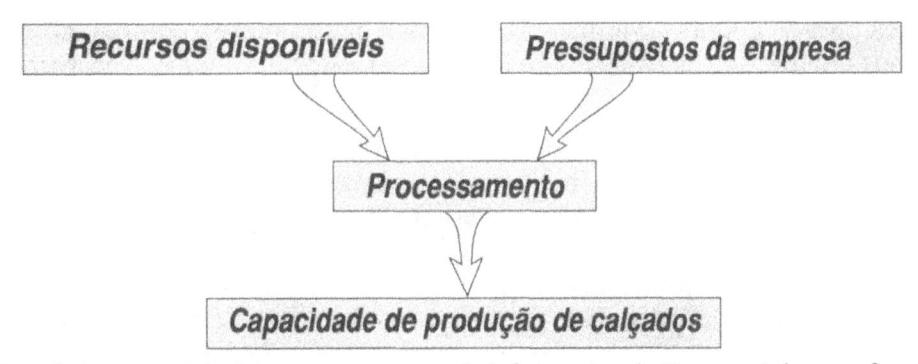

FIGURA 2.9 O sistema original de processamento de informações da Mercury tinha uma função limitada.

Ainda que esse modelo rudimentar de análise comercial usasse um sistema simples de cálculos e manutenção de registros, ele provou ser adequado durante a maior parte do século. Nos anos 60 e 70, as empresas começaram a automatizar esses processos usando computadores. A princípio, os sistemas comerciais baseados em computadores apenas imitavam as atividades manuais: em vez de o cálculo manual das vendas, por exemplo, o computador somava os recibos do dia.

Será que um processo assim tão simples precisa de computador? A resposta é sim, caso a empresa queira operar com informações atuais e precisas. Um calçado comum pode exigir dezenas de peças — desde solados de borracha até cadarços e gel. O computador pode fazer o acompanhamento desses componentes muito mais rápida e precisamente do que uma pessoa.

Ainda que o custo do software e a falta de poder de computação tenham retardado a difusão da automação, algumas funções comerciais obtiveram ganhos significativos. Os computadores eram hábeis em operações numéricas, por exemplo, e funções como contabilidade e escrituração foram uma das primeiras áreas a adotar a tecnologia dos computadores.

Como as empresas historicamente só aplicavam a tecnologia dos computadores onde ganhos imediatos em produtividade podiam ser demonstrados, a automação prosseguiu a passos lentos. Muitas companhias desenvolveram uma salada de sistemas díspares, cada um focalizando uma área comercial distinta. Um sistema gerenciava o estoque, por exemplo, enquanto outro acompanhava as perspectivas de venda e um terceiro fazia a contabilidade. O problema com essa abordagem foi não levar em consideração as muitas áreas que estão interligadas, ou sobrepostas, em uma empresa. Não havia, por exemplo, um meio de permitir que os dados do estoque fossem usados pelo sistema de contabilidade. O sistema de vendas não era capaz de informar a um representante os níveis do estoque atual, porque cada aplicação armazenava seus dados em locais e formatos diferentes.

E foi isso exatamente o que aconteceu na Mercury. Quando a companhia começou a crescer e passou a produzir novos produtos e a conquistar novos clientes, ela respondeu às novas necessidades aumentando a capacidade de sistemas isolados. Os usuários dos sistemas recebiam o que pediam, mas não o que precisavam. Por exemplo, quando os representantes de venda pediam à companhia para incluir os níveis do estoque no sistema de pedidos, para que eles pudessem informar aos clientes se havia ou não um determinado modelo em estoque, os programadores da Mercury simplesmente acrescentavam a informação da aplicação de estoque à aplicação de vendas. Infelizmente, os representantes de venda ainda não sabiam quantos calçados podiam vender, porque o sistema de estoque contava os calçados quando estes eram despachados para os clientes (Figura 2.10). Conseqüentemente, o representante às vezes informava ao cliente de que havia aquele item em estoque quando, na verdade, ele já estava destinado a outro comprador.

O problema na Mercury é um exemplo típico do que pode dar errado quando as companhias automatizam sem primeiro determinar como as necessidades de um departamento afetam um outro. O departamento de vendas não queria realmente saber quantos calçados havia em estoque — eles precisavam saber quantos calçados podiam vender em um determinado momento. No entanto, o departamento de expedição e de contas a receber só se preocupava com os calçados que tinham e com os calçados despachados.

Problemas como esses ainda são bastante comuns em muitas empresas. Em geral, eles têm muito menos a ver com computadores do que com a política da própria organização. Apesar de os computadores ajudarem as empresas a ser mais eficientes, sem a cooperação dos indivíduos, talvez eles só tenham condições de realçar as fraquezas organizacionais.

ESTABELECENDO UMA ABORDAGEM INTEGRADA

No início dos anos 80, a Mercury usava um potente mainframe para gerenciar muitos aspectos de seu negócio. A empresa já havia-se transformado em uma companhia completa de produtos esportivos e precisava de uma maneira mais integrada de organizar as informações. Ela havia desenvolvido inúmeros sistemas para cuidar das vendas, gerenciar a produção e fazer a contabilidade. No processo, criou um grupo grande e centralizado de sistemas de informação, responsável por manter os sistemas e as informações neles contidas. Isso solucionou muitos dos problemas criados pelos sistemas isolados. Com a centralização, a equipe administrativa da empresa foi capaz de implantar aplicações que cruzavam as linhas departamentais. Com mais poder de processamento à sua disposição, os programadores puderam começar a integrar as aplicações para que todos os funcionários recebessem as informações necessárias.

A Figura 2.11 mostra essa abordagem mais integrada para gerenciar informações empresariais. Uma função de processamento centralizada correlaciona as várias áreas da empresa, permitindo, por exemplo, que os relatórios de venda indiquem a quantidade de estoque necessária para concluir um pedido, e se o cliente já tem ou não conta na companhia. Esse modelo é típico dos grandes sistemas de informação encontrados na maioria das corporações. Essa abordagem apresenta muitas vantagens: as informações de uma área podem ser cruzadas com as informações de outra área; o controle centralizado garante a precisão dos dados; e muitos componentes do sistema podem ser reutilizados por várias áreas diferentes, o que mantém os custos baixos.

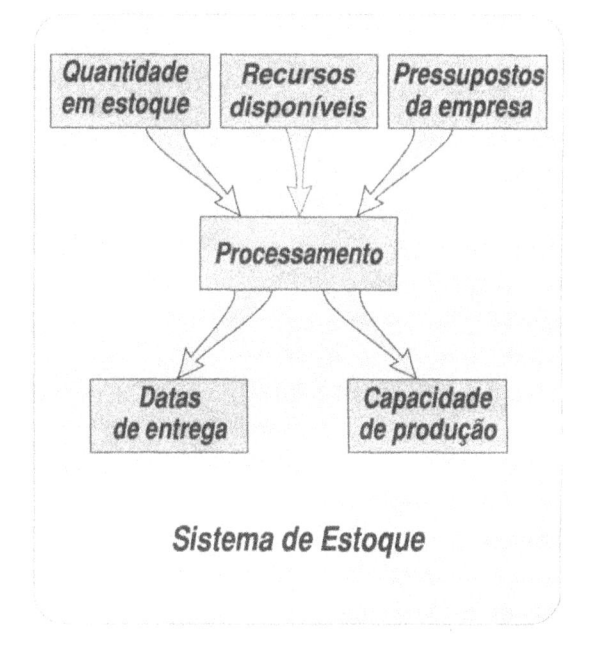

FIGURA 2.10 Sistemas separados de processamento de informações na Mercury impediam uma comunicação eficaz entre os departamentos.

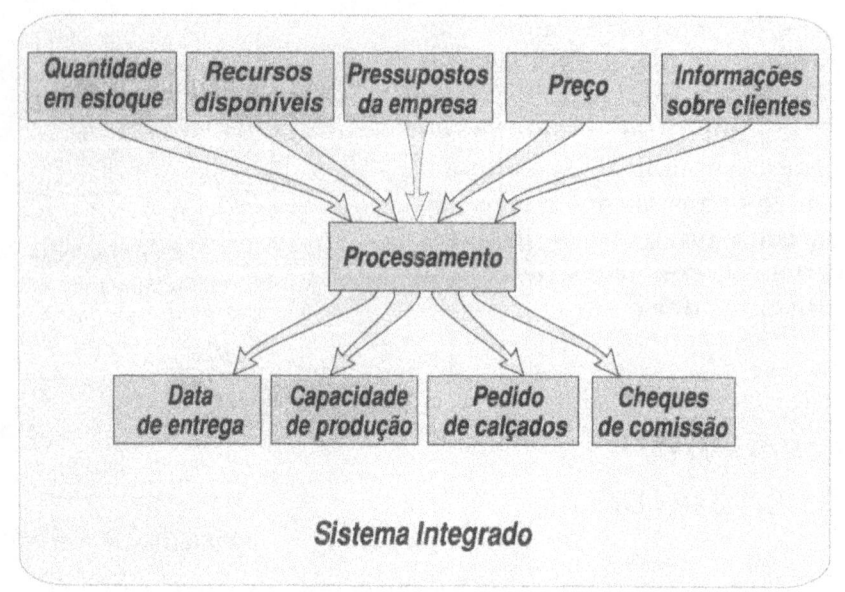

FIGURA 2.11 O sistema integrado de processamento de informações da Mercury colocou as informações à disposição de todos os departamentos.

OS MICROS ROUBAM O SHOW

Durante o período em que a Mercury estava integrando suas aplicações verticais, ocorreu outro fenômeno importante: os microcomputadores começaram a aparecer nas mesas de toda a companhia. Eles surgiram primeiro na área de contabilidade, mas, para grande consternação do departamento de informática, logo se espalharam por quase toda a parte. Os gerentes das áreas comerciais da Mercury gostaram dessa independência e passaram a usar seus orçamentos para comprar computadores e software. Logo, muitas pessoas na Mercury estavam ocupadas usando micros para tornarem-se mais produtivas. As secretárias jogaram fora as máquinas de escrever. Os contadores abandonaram suas calculadoras.

Os micros não eram diferentes dos mainframes só no tamanho; eles davam ao usuário controle sobre o ambiente computacional e eram capazes de executar muitas tarefas que não se justificavam no mainframe porque eram muito caras ou exigiam tempo demais do computador. Os gerentes responsáveis por determinadas linhas de calçados, por exemplo, criaram e modelaram orçamentos para suas divisões usando planilhas eletrônicas. Como estavam acostumados a fazer esse serviço à mão, o micro poupou-lhes muito tempo.

O mais importante de tudo é que os micros permitiram aos gerentes criar situações hipotéticas para testar suas suposições. Até aquele momento, os orçamentos da Mercury eram apenas simples atualizações dos números do ano anterior. Assim, os pressupostos da empresa (como o tamanho da bola de basquete ou o mercado de tênis para corrida) não mudavam de ano para ano.

Usando microcomputadores, os gerentes de produto da Mercury faziam experiências com números diferentes. "E se as vendas de tênis para basquete dobrarem este ano?", perguntou um gerente. Colocando esses números em uma planilha, ele viria a descobrir que, se as vendas dobrassem, o lucro seria quatro vezes maior. Não demorou muito para que as metas de vendas fossem elevadas em toda a empresa.

Ao mesmo tempo, outros setores da companhia, frustrados pelos longos períodos necessários para desenvolver novas aplicações verticais no mainframe, começaram a usar micros para criar suas próprias aplicações. Os gerentes de departamento da Mercury começaram a usar registros mantidos por computadores no departamento de pessoal, editoração eletrônica no departamento de relações públicas e ferramentas de projeto baseadas em computador no departamento de pesquisa e desenvolvimento. Nenhuma dessas aplicações teria eficácia em termos de custo nem seria possível com uma aplicação desenvolvida no mainframe. E o resto da equipe administrativa da Mercury descobriu bem depressa que podia economizar tempo e dinheiro usando seus micros na edição de texto e outras tarefas.

No final da década de 1980, a base instalada de micros na Mercury já era quase igual à de outras empresas americanas. Os empregados da Mercury descobriram que havia milhares de aplicativos comerciais disponíveis e que — qualquer que fosse o problema — sempre parecia haver um programa pronto para solucioná-lo. Ainda assim, essa riqueza de opções fez surgir outro problema: o gerenciamento de todos esses computadores e seus dados.

As aplicações verticais que já existiam no mainframe permaneceram, mas a Mercury descobriu que as funções auxiliares e administrativas automatizadas pelos micros também estavam-se tornando críticas para o sucesso da empresa. As tarefas simples que não mereceram a atenção do setor de informática cresceram e tornaram-se fatores importantes para os negócios da Mercury. Por exemplo, dez anos antes, os registros de pessoal não eram muito mais do que gavetas repletas de pastas. Na metade da década de 1980, o departamento de pessoal colocou esses registros em um banco de dados no micro (Figura 2.12). Assim, essa aplicação foi expandida e passou a englobar novos tipos de planos de saúde, dados sobre licença-maternidade e um programa de incentivo com distribuição de lucros — fatores que simplesmente não existiam há apenas alguns anos. Os custos dos salários e dos planos de benefício aumentam todos os anos para a empresa e, com isso, a administração de pessoal de repente passou a ser uma aplicação cuja missão é crítica.

Assim como muitas empresas com grandes instalações de microcomputadores, a Mercury permitiu que as pessoas sem treinamento em informática criassem e gerenciassem uma aplicação importante. Infelizmente, os funcionários do departamento de pessoal não estavam qualificados para gerenciar um sistema daquele porte. Quando os dados do computador do departamento de pessoal começaram a ficar mais complexos, mais pessoas foram contratadas, mas apenas uma de cada vez podia usar o sistema. Finalmente, a pessoa que havia originalmente criado o sistema saiu da companhia; não demorou muito para que o sistema de gerenciamento de pessoal da Mercury fosse considerado um peso e não mais uma bênção.

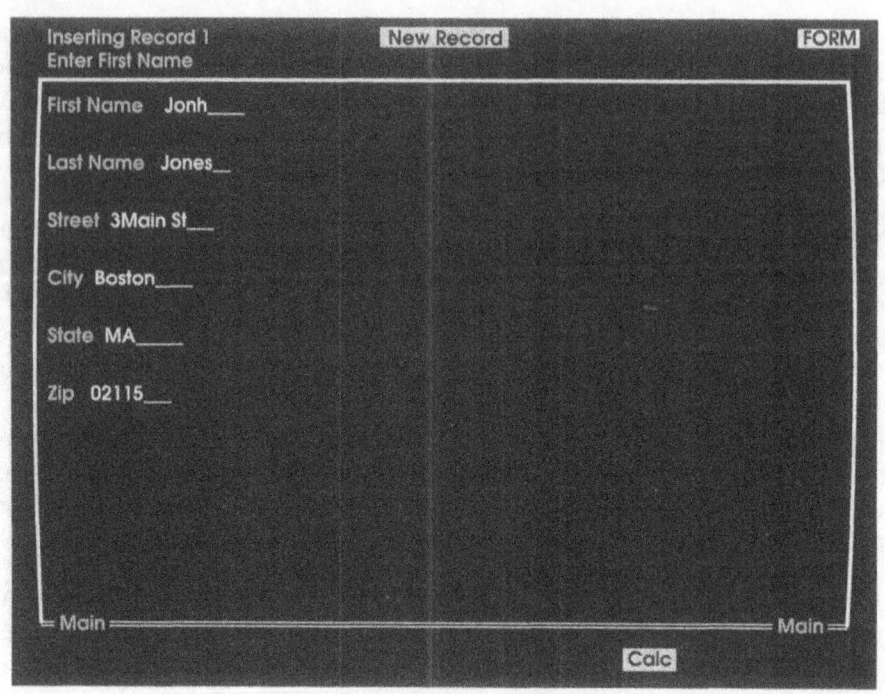

FIGURA 2.12 Aplicações que costumavam ser feitas em uma folha de papel foram transferidas para os computadores. (Lotus Development Corp)

DESAFIOS COMPETITIVOS

Passamos aos anos 90 e nossa empresa de calçados está levando uma surra do mercado. Os concorrentes estão produzindo tênis elegantes, voltados para quem quer ficar em forma, e estes voam das prateleiras das lojas. Novas marcas surgem do dia para a noite com as mais recentes inovações, e os clientes estão sempre preterindo os produtos da Mercury. A fatia de mercado da empresa está caindo vertiginosamente, e os custos, subindo.

A Mercury tem tentado desenvolver calçados atléticos iguais aos de seus concorrentes, mas parece sempre fracassar. Além de problemas com controle de qualidade, seus funcionários estão com o moral em baixa e a rotatividade é alta. O presidente da empresa, depois de primeiro tentar definir os problemas da companhia como um colapso temporário, contratou novos gerentes de produto e novos vendedores e até transferiu algumas áreas de produção para outros países, para cortar os custos. Mas a companhia continua perdendo dinheiro. O que está errado?

Os problemas da Mercury têm origem na incapacidade da empresa de gerenciar e usar informações eficientemente. Apesar de os pesados investimentos em sistemas de informação, a Mercury continua a ser uma companhia *reativa*. Cada departamento executa sua missão independentemente, interagindo com outros departamentos apenas quando surge algum problema. Se isso soa à linha de montagem, é porque esta abordagem tradicional tem muito das técnicas de produção de massa pioneiras na América industrial; ambas baseiam-se em uma clara divisão do trabalho e das responsabilidades.

Os sistemas da Mercury ecoam essa filosofia. Embora cada um desempenhe sua parte de maneira satisfatória, todos são inflexíveis. Os gerentes, vendedores e funcionários da área de marketing da Mercury não conseguem obter as informações necessárias para fazer algo que não seja seu trabalho, e ninguém sabe o que o outro está fazendo; certos trabalhos são duplicados e outros ficam incompletos. Os vendedores não são capazes de fornecer aos clientes datas de entrega definidas para calçados que não existem em estoque. Os gerentes de produção não recebem estimativas precisas da demanda e no final produzem calçados demais ou de menos. Finalmente, os concorrentes não param de lançar modelos cada vez mais na moda, com gel e amortecedores, acompanhados de engenhosas campanhas de marketing, sempre surpreendendo os gerentes da Mercury.

Por quê, quer saber o presidente, os concorrentes sempre parecem nos surpreender? Por que não conseguimos desenvolver um produto na moda? Por que nossos calçados têm custo de produção tão alto? Os empregados da Mercury são inteligentes, trabalhadores e estão motivados. Ainda assim, a empresa não consegue alcançar seus concorrentes.

A Mercury está passando por uma crise de informação. Os sistemas centralizados da companhia são por demais inflexíveis para responder à demanda quase diária de mudança em tudo, desde estilo até materiais e propaganda. Ao mesmo tempo, as centenas de microcomputadores presentes na empresa estão criando tantas informações que ninguém sabe mais o que é exato e o que está atualizado. Os sistemas da Mercury não são capazes de:

- Fornecer respostas a consultas não-padrões, como e quando necessário.
- Alterar rapidamente o formato de apresentação.
- Acomodar informações relacionadas, mas não críticas.
- Comunicar-se com fornecedores e clientes.
- Ser usados com facilidade por pessoas com treinamento mínimo.

Para sobreviver, é absolutamente imperativo que a Mercury solucione esses problemas. A menos que seus sistemas sejam atualizados, nossa empresa de calçados não terá chance alguma no mercado de alta tecnologia de calçados esportivos.

ENFRENTANDO O DESAFIO: INFORMÁTICA NO "ESTADO DA ARTE"

As empresas mais inovadoras assumem uma abordagem radicalmente nova em relação aos problemas da computação comercial, usando sistemas que respondem às necessidades das empresas, que mudam de maneira rápida e constante. Elas querem computadores que trabalham para elas e não contra elas, adaptando-se aos usuários e provendo ferramentas convenientes que permitam que os trabalhadores do conhecimento modelem as informações de inúmeras novas maneiras.

NOTEBOOK DO NORTON
A FEDERAL EXPRESS USA COMPUTADORES PARA OBTER UMA VANTAGEM SOBRE A CONCORRÊNCIA

Talvez não haja exemplo melhor de atividade dependente de informações do que o serviço de entrega expressa de encomendas. Violentamente competitiva, voltada para a qualidade dos serviços prestados e guiada pela tecnologia da informação, a entrega expressa de encomendas ilustra até que ponto as empresas podem não apenas depender dos computadores, mas também torná-los a sua própria essência.

Nenhuma outra empresa simboliza melhor a entrega expressa do que a Federal Express (FedEx) Corporation, amplamente reconhecida como inventora desse negócio em 1973. Corporação de bilhões de dólares, a FedEx controla aproximadamente 50% do mercado de entrega noturna, emprega milhares de pessoas e atende a 186 países em todo o mundo. Ainda assim, apesar do sucesso da empresa, o futuro da FedEx não está de jeito algum garantido. A empresa está lutando contra vários concorrentes que oferecem basicamente o mesmo serviço a preços mais baixos, ao mesmo tempo em que os aparelhos de fax e o correio eletrônico corroem seu mercado. Hoje, a FedEx está muito ocupada aplicando a tecnologia da informação para aumentar o valor daquilo que hoje se tornou um negócio de *commodities*; ela está usando dados ultra-recentes e uma ampla opção de preços e pagamentos para tornar seu serviço de expedição mais atraente aos clientes.

Nada do que a empresa realizou teria sido possível sem a rede sofisticada de computadores que acompanha e coordena diariamente o movimento de 1,7 milhão de pacotes, 31 mil caminhões e várias centenas de aviões. De mainframes a leitoras de código de barra, a FedEx depende dos computadores para gerenciar cada aspecto de suas atividades. Na verdade, a empresa tem mais computadores do que empregados.

A FedEx usa computadores em todas as áreas. As encomendas são encaminhadas e acompanhadas a partir do momento em que são recebidas ou recolhidas até a hora em que o destinatário assina seu recebimento. A companhia usa scanners personalizados que lêem os códigos de barra que aparecem em todos os pacotes. As informações colhidas pelos scanners são carregadas no sistema corporativo, que acompanha, individualmente, todos os pacotes.

A companhia vincula essas informações a 32 centros de serviço a clientes em todo os Estados Unidos. Esses centros fornecem informações a respeito de data de entrega, preço e também informações sobre procedimentos, à semelhança dos sistemas de reserva de passagens aéreas.

A tecnologia da informação é crítica ao futuro dos negócios da FedEx. Qualquer um dos vários concorrentes (UPS, Airborne, DHL e até mesmo o serviço postal dos Estados Unidos) tem condições de entregar encomendas da noite para o dia; a FedEx acredita que o comando que possui sobre a tecnologia da informação permite-lhe proporcionar melhor serviço, fator importante de diferenciação.

Por exemplo, a FedEx oferece a seus clientes regulares um PC e um software especial que imprime rapidamente etiquetas e contabiliza as expedições dos diversos departamentos. Isso poupa ao expedidor o trabalho cansativo de preencher formulários e, ao mesmo tempo, rastreia quem enviou o que em uma companhia, facilitando o controle de custos. A FedEx planeja tornar disponíveis on-line as informações sobre data de entrega, permitindo que os clientes liguem seus equipamentos à sua rede e verifiquem a situação das encomendas despachadas.

> A FedEx também implementou uma nova aplicação que monitora fatores comerciais críticos e não-críticos e aloca recursos para satisfazer necessidades que tenham sido alteradas. O sistema usa a Inteligência Artificial para determinar a melhor rota em caso de condições climáticas desfavoráveis e examina os padrões passados de expedição para prever qual será o volume de encomendas e como elas serão distribuídas. Como líder da sua área, a FedEx teve de abrir seu próprio caminho tecnológico. Grande parte do software e até mesmo alguns dos aparelhos usados para monitorar e acompanhar as encomendas foram desenvolvidos especificamente para ela. Ainda assim, apesar do custo aparentemente alto de construir armadilhas melhores para ganhar clientes, a companhia continua a prosperar e a crescer. Investir pesadamente na tecnologia da informação é uma estratégia importante na Federal Express — e em muitas outras empresas bem-sucedidas.

Dois conceitos-chave de projeto tornaram esses novos sistemas possíveis: o processamento distribuído e a programação orientada a objetos. Se você está planejando entrar no mundo dos negócios, ouvirá falar muito sobre esses dois termos nos próximos anos. Juntos, o processamento distribuído e a programação orientada a objetos permitem que os projetistas de sistemas criem sistemas a partir da perspectiva do usuário, e não do programador. Esses sistemas custam menos e fazem mais — em geral, muito mais — do que os sistemas de mainframes que estão substituindo. Entretanto, o processamento distribuído e a programação orientada a objetos podem ter um efeito ainda maior na cultura de uma corporação do que na sua sua linha de base.

Como isso é feito? *Processamento distribuído* significa usar vários computadores para fazer o trabalho de um. O trabalho de um mainframe é agora executado por uma rede de microcomputadores (veja a Figura 2.13). Nas estruturas hierárquicas tradicionais, o processamento ocorre em um local centralizado, com recursos compartilhados sob o controle de uma entidade organizacional chamada *setor* (ou *departamento*) *de informática*. Nos cenários de processamento distribuído, o indivíduo que solicita uma informação, na verdade, torna-se responsável por processá-la. Assim, o controle passa para o usuário, permitindo que ele determine quais atividades de informática são importantes. É esse o significado da expressão *dar poder ao usuário*.

No entanto, o processamento distribuído não está aberto a todos. Apesar de geralmente depender da tecnologia dos microcomputadores, essa estrutura mantém um gerenciamento de informações centralizado. O processamento distribuído reconhece que os dados são um bem maior para a empresa do que os computadores. Realmente, as empresas que adotam o processamento distribuído geralmente mantêm uma cópia de todos os seus dados mais importantes em um estabelecimento centralizado, gerenciado por um grupo de administração de dados que, em vez de controlar os dados, supervisiona-os para mantê-los seguros e disponíveis a todos.

Porém, a chave do processamento distribuído é reconhecer que as informações do negócio necessitam de mudanças rapidamente, e que faz mais sentido permitir que cada grupo da empresa processe os dados da maneira como achar mais adequado. Além disso, as mudanças feitas no processamento por um grupo não afetam os procedimentos de processamento de outras áreas da empresa. Isso é especialmente importante quando áreas que executam atividades diferentes de processamento precisam compartilhar os mesmos dados. A área de marketing pode precisar de novos relatórios ou de algum outro tipo de informação quase diariamente, ao passo que o departamento de contabilidade provavelmente precise de atualizações muito menos freqüentes.

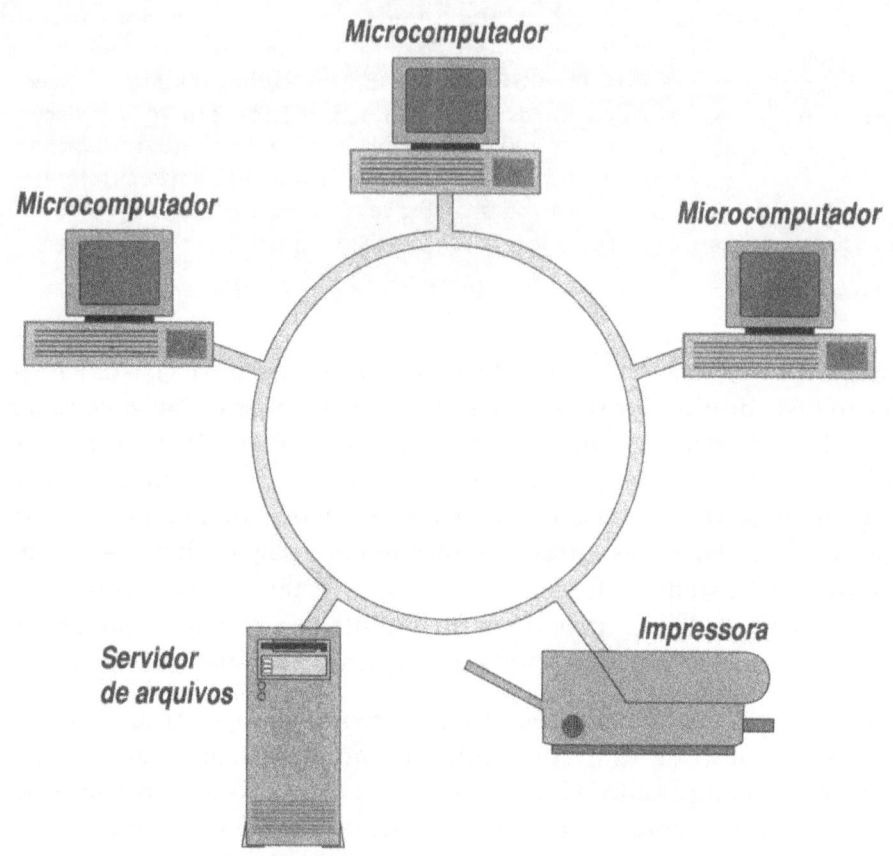

FIGURA 2.13 As redes locais permitem que o serviço de processamento seja distribuído emtre vários computadores.

A *programação orientada a objetos*, segundo componente dos sistemas comerciais modernos, é o encapsulamento das informações junto com as instruções sobre como manipulá-las. Os sistemas orientados a objetos consistem em módulos que contêm tanto as informações quanto as instruções para processá-las. Juntar código e estrutura de dados dessa maneira cria módulos independentes que podem ser usados várias e várias vezes, permite uma comunicação muito maior entre os programas e ainda que os programas sejam usados pelos outros. Isso também permite que você, usuário de um computador, crie uma tarefa de processamento simplesmente selecionando os objetos necessários e conectando-os. Para o programador, a programação orientada a objetos condensa em um único comando uma série de instruções explícitas para uma atividade. É como se comparássemos o uso de uma máquina de lavar louças com a lavagem manual dos pratos. Quando você lava a louça manualmente, ensaboa e enxágua cada peça, manuseando-a diferentemente. Com uma máquina, você simplesmente puxa (ou aperta) o botão e a louça é lavada automaticamente. Da mesma forma, os sistemas orientados a objetos combinam etapas complexas em um único procedimento.

NOTEBOOK DO NORTON

ESCOLHENDO UM EMPREGO COM BASE NO COMPUTADOR

Muitas empresas não falam muito sobre a operação interna de seus sistemas informatizados — essas informações são competitivas. Elas são também o tipo de dado que os recrutadores e os representantes do departamento de pessoal provavelmente não conhecem. Mas, mesmo assim, você pode obter uma avaliação bastante boa do nível de informatização de uma empresa se examinar o que os sistemas daquela empresa fazem e que tipo de recursos eles oferecem aos empregados.

Existem micros em todas as mesas de cada departamento? Embora hoje, na maior parte das empresas, a proporção de micros por funcionário seja de um para um, ainda existem algumas empresas — especialmente as menores — em que os funcionários precisam compartilhar computadores. Se o serviço exigir que você use um computador, você precisará da máquina o tempo todo. Não ter um equipamento disponível quando se precisa dele é frustrante, e uma das coisas que torna os microcomputadores *pessoais* é sua capacidade de ser personalizado para atender a seus usuários. O computador é seu. Você pode organizar os arquivos como quiser, selecionar as cores que mais lhe agradam para seus programas, escolher entre bips de advertência ou mensagens que surgem na tela — tudo depende unicamente de você. Algumas empresas permitem até que você decida que software quer usar. Dividir um microcomputador vai contra uma das razões fundamentais para se ter o equipamento, antes de mais nada.

Não basta apenas que uma companhia coloque um computador na mesa do funcionário — você também precisa saber o que a empresa faz com os computadores. Será que todos os micros estão conectados a uma rede? Será que a companhia usa um correio eletrônico?

Você também precisa saber se a empresa usa o Microsoft Windows. Esse ambiente operacional, usado em mais da metade das corporações da América, é a base dos programas de produtividade pessoal mais sofisticados e poderosos. As companhias que usam o Windows normalmente apresentam um investimento grande em computador de mesa e provavelmente você terá liberdade para usar seu computador da maneira como lhe convier.

Pergunte qual a plataforma de desenvolvimento da empresa para novas aplicações. As empresas mais avançadas não mais desenvolvem aplicações em seus mainframes. Elas empregam a computação cliente-servidor, uma forma de processamento distribuído que descentraliza o armazenamento de dados e o processamento. Você também deve tentar descobrir quais são as

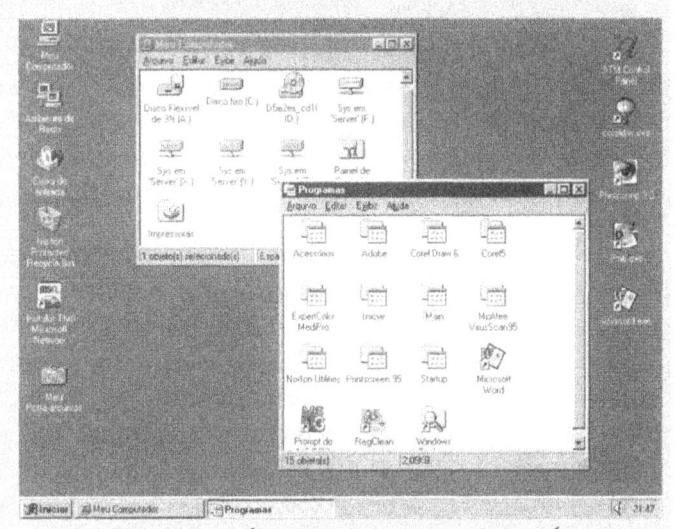

O MICROSOFT WINDOWS É UM EXEMPLO DE INTERFACE GRÁFICA DO USUÁRIO. (MICROSOFT)

> tecnologias de ponta, se houver, com as quais a empresa trabalha. Se ela estiver entre as primeiras a implementar com sucesso uma nova tecnologia, terá orgulho em falar sobre esse feito. Em geral, é possível encontrar relatórios e estudos sobre empresas de ponta em jornais e revistas especializados como *Datanews, ComputerWorld* e *Exame Informática*. Se você tiver acesso a um computador, poderá usar um serviço de informações como a CompuServe para tentar obter as informações desejadas. Falaremos mais sobre esses serviços no Capítulo 7.

Os sistemas orientados a objetos oferecem inúmeras vantagens que ajudam as empresas a criar os sistemas flexíveis e versáteis de que precisam para permanecer competitivas. Os sistemas podem ser criados a partir de blocos modulares que podem ser reutilizados e permitem uma maneira mais uniforme de acessar as informações. Além disso, é mais fácil para os programadores gerenciar programas que tenham sido desenvolvidos segundo a orientação a objetos. Você aprenderá mais sobre a programação orientada a objetos no Capítulo 13.

A computação distribuída e a programação orientada a objetos apresentam benefícios tremendos, mas estes não são alcançados facilmente. A empresa precisa instalar uma base adequada de hardware para sustentar esse tipo de recurso. Não basta comprar computadores novos; as empresas modernas têm de desenvolver redes que interconectem todos os computadores e permitam que eles funcionem cooperativamente. A empresa deve selecionar formatos comuns de operação, armazenamento de dados e comunicação. Essas seleções não podem ocorrer sem seriedade; as opções feitas hoje em dia afetam o ambiente computacional por uma década ou mais, e chegam a custar milhões de dólares.

Agora, vamos ver como sistemas informatizados de última geração beneficiam uma empresa como a Mercury Athletic Apparel, novo nome da Mercury. A companhia decidiu instalar modernos sistemas orientados a objetos com processamento distribuído.

O diagrama da Figura 2.14 parece diferente do diagrama da Figura 2.11. Em vez de dados, pressupostos e saídas definidas com extrema rigidez, temos uma rede de informações com o usuário no centro. Cada sistema continua a ser um repositório de informações relacionadas, mas o processamento agora é efetuado pelo usuário, que pode então visualizar dados de vários sistemas ao mesmo tempo.

Com um sistema assim, um analista consegue correlacionar estoque com vendas, por exemplo, ou ver a margem de lucro sobre os escarpins. Anteriormente, sempre que o analista queria ver dados de uma maneira diferente, ele precisava chamar o pessoal de informática da Mercury e esperar que um programador elaborasse um relatório. Ou, então, quando não havia muitos dados, o analista descarregava o banco de dados do mainframe no PC para analisá-los lá mesmo. Infelizmente, isso significava que muitas análises eram baseadas em informações desatualizadas.

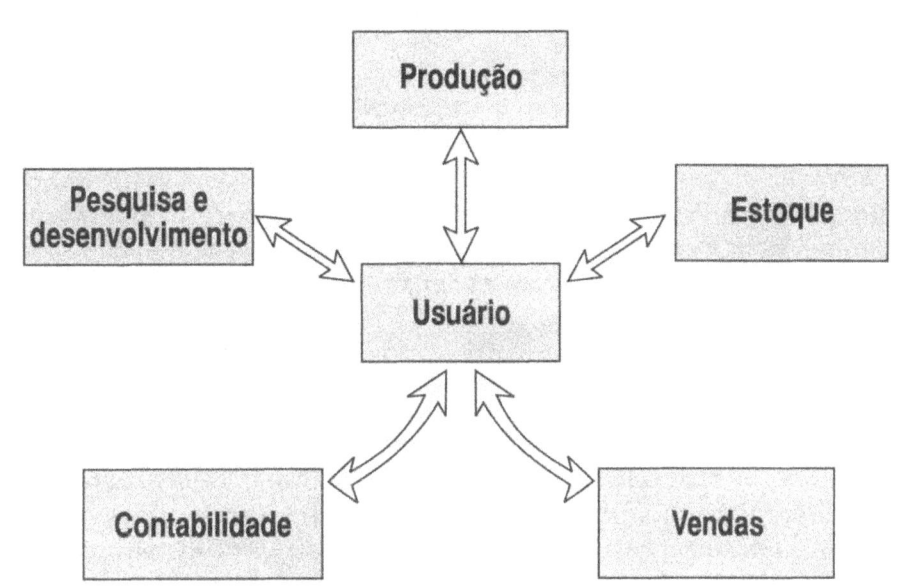

FIGURA 2.14 O moderno sistema de informações da Mercury tira proveito da tecnologia de rede para dar poder ao usuário.

Como os sistemas da Mercury são agora mais poderosos e têm capacidade de controlar tarefas de processamento distribuído, mais informações estão disponíveis e detalhes adicionais podem ser incluídos. Todos os empregados da Mercury podem acessar um banco de dados que é o repositório central de informações como notícias da indústria, rumores de planos dos concorrentes e preços do mercado de ações. As equipes de pesquisa de produtos têm uma idéia melhor do que seus concorrentes estão fazendo e do que o mercado está exigindo. Acesso universal a todas as linhas da empresa significa que essas mesmas equipes de produto têm uma noção mais clara dos custos de produção de uma nova linha de calçados e da margem de lucro que a administração espera obter.

Uma aplicação de grupo de trabalho permite que a força de vendas da Mercury desenvolva argumentações consistentes e elaboradas para os clientes. Todos os membros da equipe de vendas participam do desenvolvimento das estratégias. A informática para grupos de trabalho torna a força de vendas mais eficiente, já que garante que todos os representantes estarão informados sobre todas as atividades da área. Isso impede, por exemplo, que um mesmo cliente seja visitado duas vezes ou que não lhe seja feito nenhum acompanhamento.

Os novos sistemas da Mercury são também mais inteligentes. Eles monitoram certas atividades da empresa automaticamente e alertam os gerentes em questão quando uma tendência perigosa parece estar em desenvolvimento. Quando uma região começa a ficar atrás de outra em vendas, a aplicação alerta imediatamente a administração da empresa. Anteriormente, a administração só tomaria conhecimento dessas quedas no final do mês, quando os relatórios fossem apresentados. Essa mudança permite à Mercury responder mais rapidamente a condições de mercado que não tenham sido previstas. Quando os computadores monitoram as atividades, eles também reavaliam os pressupostos usados no processamento e modificam-nos de acordo com as novas experiências. Em outras palavras, os sistemas da companhia podem ser adaptados a um ambiente comercial em constante mudança. Depois de vários meses de vendas baixas, o computador ajustará o ponto no qual ele alerta a administração da empresa para um problema baseado na nova norma.

Ao estabelecer vínculos com os fornecedores, a Mercury é capaz de entrar com pedidos diretamente nos computadores desses fornecedores. O computador da Mercury está ligado aos sistemas de produção da empresa, portanto está constantemente verificando os materiais em estoque, pedindo a quantidade necessária, quando preciso. No sistema manual, os gerentes de produção que não tinham tempo de encomendar materiais, em geral compravam mercadoria suficiente para durar dois meses ou mais. Agora, o sistema encomenda novos materiais quase que diariamente, coordenando as entregas para assegurar que os materiais cheguem quando necessário, o que economiza tanto dinheiro quanto espaço.

A Mercury também aproveitou seus micros. As máquinas independentes foram ligadas a uma rede que permite que pessoas de toda a companhia compartilhem seus dados e aplicações pessoais. O correio eletrônico substituiu os memorandos escritos como forma básica de comunicação entre os funcionários; as instruções por parte da gerência são sempre enviadas eletronicamente. Os novos empregados recebem orientação e treinamento em suas próprias mesas, por meio de uma apresentação multimídia. E os funcionários da área de produção podem acessar informações sobre produtos e materiais por intermédio de micros. Problemas que antes podiam parar a produção durante horas agora recebem resposta imediata.

Essas tecnologias ajudarão a Mercury a se tornar mais competitiva e lucrativa diante da concorrência global. Como se baseiam em paradigmas da computação no futuro, os sistemas da Mercury não estão mais voltados à solução de problemas específicos ou à catalogação de dados predeterminados. Eles acomodam formas não-tradicionais de informação, promovem a cooperação no trabalho e proporcionam aos usuários ferramentas que permitem que as informações sejam modeladas e examinadas de novas maneiras.

A Mercury descobriu que nenhuma pessoa, computador ou informação é uma ilha. A empresa que trabalha melhor é aquela que fortalece cada indivíduo com as informações necessárias para que ele realize seu trabalho. As informações agora fluem livremente de um departamento para outro e as contribuições de cada empregado são sempre bem-vindas. Grupos são formados eletronicamente para solucionar problemas e cooperar na busca das metas da companhia. O resultado é uma força de trabalho motivada e produtiva, que não se sente constantemente frustrada pela falta de informações ou de capacidade de processamento.

CHOQUE NA CULTURA CORPORATIVA

O processamento distribuído e as tecnologias orientadas a objetos não estão apenas tornando as companhias mais competitivas; eles estão também efetuando mudanças culturais nas organizações. As tecnologias modernas de computação não mais imitam a estrutura hierárquica da maioria das empresas. Elas transferem o processamento e a tomada de decisão para baixo e para fora, mais para perto dos indivíduos afetados. Embora as metas do processamento de informações não tenham mudado, a técnica mudou, e isso está provocando um achatamento correspondente na hierarquia das empresas.

O processamento de informações é uma faca de dois gumes: ele permite uma melhor tomada de decisões e coloca mais departamentos e indivíduos no controle, mas também está tornando obsoleta toda uma classe de trabalhadores — os gerentes administrativos de nível médio. Esses trabalhadores têm sido, historicamente, os guardiões da informação, filtrando e distribuindo dados para a alta gerência e impondo as políticas corporativas aos trabalhadores de nível mais baixo. Eles preparavam os relatórios e análises usados pelos diretores da empresa no processo decisório e traduziam os objetivos globais da corporação em tarefas que eram executadas pela força de trabalho. Hoje, grande parte dessas tarefas pode ser realizada com a ajuda da tecnologia dos computadores.

Embora nem todas as empresas usem essa tecnologia, há meios para permitir à alta gerência acesso instantâneo e independente à situação das unidades operacionais de toda a empresa. As perguntas que costumavam ser feitas aos gerentes de nível médio eram, por exemplo: As vendas estão acompanhando as metas? Há estoque suficiente para satisfazer a demanda? Os clientes estão satisfeitos? Hoje, essas mesmas perguntas podem ser feitas a um computador. Mesmo em empresas ainda administradas por uma antiga geração de gerentes que não se sentem à vontade usando computadores, o papel tradicional do grande quadro de gerentes de nível médio agora pode ser desempenhado por apenas alguns funcionários e por sistemas de computador relativamente baratos.

Isso não apenas traz os gerentes de nível superior mais para perto dos negócios, como também normalmente produz informações mais precisas. Hoje, muita empresas instalaram aplicações que permitem à gerência superior obter um quadro minucioso da organização, examinando as informações em vários níveis de detalhe. Esses sistemas de informações executivas quase sempre oferecem dados gerais e resumidos, como também uma visão abrangente das operações de uma determinada área ou de um produto em particular.

É claro que essa nova força tem um preço: a eliminação dos cargos relacionados a informações. Assim como a automação de fábrica multiplicou a eficácia dos indivíduos e possibilitou que muito menos pessoas realizassem a mesma quantidade de trabalho, a informática está agora possibilitando a administração das empresas com muito menos empregados. Os que ficaram sem espaço para trabalhar não precisam, porém, perder o emprego. Essas mesmas pessoas podem aplicar suas habilidades no desenvolvimento de novas mercadorias e serviços, usando computadores para moldar, apresentar e divulgar suas idéias. Com a força da informática ao alcance de todos, virtualmente todo trabalhador com boas idéias tem potencial para sair em busca de seu sonho.

QUEM CRIA O SISTEMA

Tanto as empresas grandes quanto as pequenas empregam indivíduos para ser responsáveis pela criação e manutenção dos sistemas computacionais. Nas grandes companhias, essa divisão, ou departamento, em geral é chamada *informática, sistemas de informações gerenciais* ou *processamento de dados*. Independentemente do nome, esses departamentos podem empregar centenas ou até milhares de pessoas que projetam, desenvolvem, instalam, mantêm e modificam os softwares e os sistemas de computadores.

Muitas companhias também usam os serviços de consultores ou fornecedores de sistemas. Esse processo, chamado *terceirização*, ajudou muitas empresas a manter baixos seus custos de informatização e, ao mesmo tempo, desenvolver sistemas sofisticados.

Desenvolver sistemas é um trabalho complexo, e é necessária muita habilidade para montar um departamento de informática grande. Os analistas de sistemas desenvolvem planos detalhados, chamados *requisitos*, *projetos lógico* e *físico*, que explicam aos programadores quais são as metas do sistema e quais as informações a ser gerenciadas. Os programadores formam a maior parte do quadro de funcionários e escrevem as instruções que os computadores usam para processar dados, exibir telas e imprimir relatórios. Os escritores técnicos documentam o sistema, permitindo que equipes de programadores trabalhem em conjunto, assegurando que o sistema será compreendido por funcionários que venham a trabalhar na empresa no futuro. Os funcionários da área de informática de uma empresa normalmente incluem pessoal de administração, operação e manutenção, mas o número dessas vagas vem diminuindo. Os computadores, hoje, cuidam muito melhor de si mesmos do que as máquinas de apenas alguns anos atrás.

Você também encontrará outra pessoa da área de informática em muitas companhias. O *gerente de rede* é responsável por configurar e operar as redes que ligam grupos de microcomputadores. Como um número crescente de informações importantes manuseadas pelas companhias é gerenciado em redes de micros, o papel do gerente de rede é, conseqüentemente, cada vez mais importante também. Na verdade, as empresas em geral têm dezenas de gerentes de redes, aos quais são atribuídas tarefas específicas, ou que trabalham com grupos de trabalho específicos.

COMO OS SETORES DE INFORMÁTICA RESPONDEM ÀS NECESSIDADES CORPORATIVAS

Antes das redes locais, departamentos de informática centralizados gerenciavam todas as operações dos computadores. Os gerentes de departamento ou os chefes de divisão diziam ao grupo de sistemas do que precisavam, e o pessoal de sistemas dizia aos grupos da empresa o que era possível fazer e quanto tempo levaria para o serviço ser concluído. Esse processo, conhecido como *análise de requisitos*, normalmente contrapunha o pessoal de sistemas aos usuários, e cada um dos lados reclamava de que o outro não compreendia seus problemas.

Hoje em dia, os gerentes de rede geralmente vêm do lado empresarial das operações, o que significa que eles são normalmente mais sensíveis às necessidades da empresa do que o foi o pessoal tradicional da área de sistemas. Hoje, a área de sistemas de informações consegue responder melhor às necessidades dos usuários, em parte devido à disponibilidade de uma tecnologia mais poderosa para criar aplicações corporativas e também porque as pessoas que lá trabalham têm uma idéia melhor do que está ocorrendo no lado da empresa.

QUAIS SÃO AS FUNÇÕES DO SETOR DE INFORMÁTICA

O departamento de informática executa inúmeras funções, que em geral passam despercebidas e mantêm em funcionamento os sistemas da companhia. Na maioria das corporações, os setores de informática fazem cópias de segurança dos dados diariamente ou até mesmo de hora em hora, armazenando-as em locais seguros, distantes da sede da empresa. Outra função crítica do setor de informática é manter a segurança dos sistemas — função de extrema importância no mundo competitivo em que vivemos. Só é preciso um funcionário descontente ou um *hacker* intrometido para que vazem segredos sobre um importante plano corporativo ou para que informações vitais sejam destruídas. Como todos os planos de uma empresa estão armazenados em um computador em algum lugar, é importante manter controle sobre os acessos.

O setor de informática é responsável por planejar a estrutura e a organização de uma rede. Os sistemas modernos requerem uma rede que seja capaz de controlar uma grande variedade de dados e de direcioná-los adequadamente. Não é tarefa fácil fazer todos os componentes envolvidos trabalharem juntos; novamente, as decisões tomadas hoje podem afetar uma empresa por muitos anos no futuro.

O QUE ESPERAR DO FUTURO

O futuro da informática empresarial certamente trará uma aceleração ainda maior das tendências já existentes. Com a contínua queda nos preços do hardware de processamento e do armazenamento, sistemas mais poderosos serão instalados em mais e mais mesas e departamentos. E o montante de informações gerenciadas aumentará também. Os processos de transação ficarão mais rápidos e mais complexos e exigirão cada vez menos intervenção humana. Por exemplo, problemas de atendimento a clientes, que hoje exigem a ação de um ser humano, serão solucionados por computadores com programas sofisticados, capazes de tomar novas decisões (não-programadas) com base nas informações coletadas.

Os computadores também saberão cuidar melhor de si mesmos. Hoje, até os computadores mais inteligentes precisam de funcionários para mantê-los e solucionar problemas. No futuro, os computadores serão capazes de corrigir por si mesmos esses problemas e de descobrir situações potencialmente ameaçadoras que venham a surgir em seu cenário.

Enfim, começaremos a ver sistemas informatizados de computador que podem realmente ser construídos pelos usuários finais. Em um mundo onde a maioria de nós trabalhará com informações que mudam constantemente, esses sistemas permitirão que os trabalhadores desenvolvam ainda mais, em suas próprias mesas e com maior rapidez, novos sistemas de processamento de informações.

As mudanças mais importantes são a fusão de computadores e telecomunicações. Os sistemas de comunicação atualmente são caros, requerem planejamento e não têm capacidade para controlar volumes verdadeiramente grandes de informações (o tipo de capacidade necessária para enviar, simultaneamente, dezenas de canais de imagens em movimento). Entretanto, com a universalização dos serviços telefônicos digitais e com as pessoas descobrindo que podem estabelecer conexões de alta qualidade com computadores em qualquer parte, todo o conceito de trabalho pode mudar radicalmente. Conforme veremos no Capítulo 7, muitos trabalhadores já trocaram os escritórios pela telecomutação (trabalhar em casa com um computador conectado à empresa por meio de linhas telefônicas). Quando as comunicações e os computadores de alta velocidade se tornarem universais, indivíduos e companhias poderão colaborar em projetos relacionados a informações à medida que se fizerem necessários. Não importa onde você esteja, será possível obter as informações desejadas. As comunicações avançadas criarão, por fim, uma comunidade eletrônica na qual as pessoas poderão descobrir novos mercados para serviços e conduzir seus negócios de uma nova maneira.

RESUMO

COMO AS EMPRESAS USAM COMPUTADORES

- As empresas usam muitos tipos de computadores, desde mainframes até os modelos de mesa em uma série de combinações.

- As aplicações verticais executam todas as fases de uma função comercial importante.

- As aplicações para produtividade pessoal focalizam as tarefas executadas pelo indivíduo e permitem que o usuário assuma o comando das informações.

- A informática para grupos de trabalho baseia-se em documentos e focaliza o fluxo de trabalho e o controle.

POR QUE AS EMPRESAS PRECISAM DE INFORMAÇÕES

- As empresas precisam estar bem informadas para continuar a ser competitivas.

- O valor das informações é determinado pelas pessoas que as usam.

- Oportunidade, precisão e apresentação clara são os elementos-chave que tornam as informações úteis.

- Quanto mais rápida e mais precisa a informação, maior o seu custo.

- O mapeamento do fluxo de informações de uma empresa é um primeiro passo importante no planejamento do processo de informatização.

ESTUDO DE CASO: MERCURY ATHLETIC SHOES

- O primeiro passo para a automação das informações é decidir se um processo precisa de informatização.

- Para o máximo de desempenho e eficiência, todos os grupos que precisam compartilhar informações têm de estar integrados para se beneficiarem delas, cada um a seu modo.

- Os funcionários precisam receber treinamento sobre como usar e gerenciar o sistema.

- Processamento distribuído significa romper com o processamento centralizado de um mainframe e usar vários computadores para fazer o trabalho de um.

- A programação orientada a objetos cria módulos a partir das informações e das instruções para processá-las.

- O processamento distribuído e a programação orientada a objetos permitem o desenvolvimento de sistemas mais flexíveis que focalizem as necessidades do usuário final.

CHOQUE NA CULTURA CORPORATIVA

- A tecnologia moderna leva o processamento e a tomada de decisão para baixo e para fora da corporação, alterando, assim, a hierarquia tradicional das empresas.

QUEM CRIA O SISTEMA

- Funcionários internos, consultores externos ou uma combinação de ambos podem ser usados para planejar, instalar e gerenciar sistemas informatizados.

- Os melhores sistemas são criados com informações conjuntas, tanto do lado técnico quanto do lado comercial de uma operação.

- As decisões tomadas hoje afetarão uma empresa ao longo de anos.

QUESTÕES PARA REVISÃO

1. Quais são as três áreas da informatização?

2. O que significa tempo real?

3. Explique rapidamente por que os microcomputadores são tão importantes para as pequenas empresas e os pequenos empreendedores.

4. Quais são os três fatores que afetam o valor da informação?

5. Relacione os três componentes básicos de um sistema de informação.

6. Quais foram as primeiras áreas da informatização de empresas?

7. O que são aplicações de produtividade pessoal?

8. Por que a força de vendas da Mercury não conseguiu obter informações precisas sobre o estoque da empresa?

9. O que é processamento distribuído?

10. Como a informática para grupos de trabalho beneficiou a força de vendas da Mercury?

QUESTÕES PARA DISCUSSÃO

1. Por que a modelagem do orçamento foi tão importante na Mercury?

2. Os computadores liberam os trabalhadores ou eliminam funções?

3. Por que é importante ter condições de modelar informações de uma maneira nova?

As atividades práticas deste capítulo podem ser encontradas no Apêndice A.

Capítulo 3

CIVILIZANDO O CIBERESPAÇO

OBJETIVOS

Depois de terminar de ler este capítulo, você será capaz de:

- Explicar o que é a pirataria de software e por que ela é ilegal.
- Descrever várias estratégias usadas para combater a pirataria.
- Compreender o que são vírus de computador e como evitá-los.
- Explicar por que a popularidade dos computadores portáteis tornou o roubo de hardware e de dados mais comum.
- Descrever o impacto do hacker criminoso.
- Identificar a relação entre bancos de dados de computadores e privacidade pessoal.
- Discutir a importância da ergonomia.
- Destacar áreas nas quais os computadores têm efeito prejudicial sobre o ambiente e descrever possíveis soluções.

"Imagine que fosse descoberto um continente tão vasto que suas dimensões não tivessem fim. Imagine um mundo novo, com tantos recursos que a ganância do futuro não seria capaz de esgotar; com tantas oportunidades que os empreendedores seriam poucos para aproveitá-las; e com um tipo peculiar de imóvel que se expandiria com o desenvolvimento."[1]

---
1. John P. Barlow. "Coming into the Country", *Communications of the ACM*, março de 1991, p. 19-21.

Os usuários de computadores têm à sua disposição um mundo novo — uma fronteira eletrônica que está sendo chamada *ciberespaço*, na qual os dados são armazenados, processados e movimentados por meio de vastas redes de comunicação de dados. Assim como o Velho Oeste de centenas de anos atrás, o ciberespaço é habitado por uma variedade de pioneiros com nomes pitorescos: cultistas do Unix, sysops, cabeças de rede (netheads), nerds e byte drivers. Entretanto, ciberespaço não é apenas o nome de um capítulo nos livros de História — ele está crescendo à nossa volta e continuará a crescer no futuro. Segundo Barlow, o ciberespaço é "a terra natal da Era da Informação — lugar onde os cidadãos do futuro estão destinados a viver".

Assim como ocorre com qualquer nova fronteira, a domesticação do ciberespaço apresenta muitos desafios e oportunidades aos usuários de computadores, aos profissionais dos dados corporativos, aos empreendedores da informação e a outros que tiram sua sobrevivência dessa terra selvagem. É preciso elaborar leis que definam as qualidades peculiares da propriedade e do valor no ciberespaço; é preciso desenvolver um código de ética que dite como os cidadãos tratarão uns aos outros; e é preciso aceitar padrões para que possamos conviver confortavelmente e junto com essa tecnologia que está sempre mudando.

CRIMES POR COMPUTADOR

Muitas coisas que acontecem no ciberespaço estão além da jurisdição da lei tradicional. Por exemplo, qualquer pessoa que tenha habilidade com computadores pode navegar pelo banco de dados de uma corporação sem deixar rastro algum, roubar dados sem o conhecimento do dono ou infectar um sistema com um vírus que destrua dados vitais.

Para lidar com problemas como esses, nosso sistema legal já começou a desenvolver ou redefinir as leis que governam a propriedade de software e dados, as invasões e a sabotagem. Este é o primeiro passo para civilizarmos o ciberespaço: criar um conjunto padrão de regras por meio do qual o comportamento aceitável possa ser mantido.

Nesta seção, analisaremos as questões legais mais prementes, começando com dois dos mais importantes problemas relacionados ao software: pirataria e vírus. Depois, passaremos para o problema crescente do roubo de hardware. Finalmente, exploraremos como a propriedade de dados pode ser violada.

PIRATARIA DE SOFTWARE

O maior problema legal que atualmente afeta a indústria dos computadores é, de longe, a *pirataria de software*, cópia ou uso ilegal de programas. A pirataria é um problema de grandes dimensões, principalmente porque é fácil realizá-la. Na maioria dos casos, roubar um programa não é mais difícil do que copiar em fita um CD que um amigo lhe tenha emprestado; no entanto, ambas as ações são ilegais.

LEIS DE DIREITO AUTORAL COM RELAÇÃO AO SOFTWARE Um dos motivos pelo qual é tão difícil acabar com a pirataria é que certos tipos de cópia são legais, um fato que faz com que algumas pessoas se sintam tentadas a ignorar as distinções. Por exemplo, em geral, é legal copiar um software que por direito é seu, para ter uma cópia de segurança (backup) caso o original seja danificado. Na verdade, instalar um novo software significa copiar os disquetes do programa para o disco rígido do seu computador e as instruções de instalação normalmente mandam que você faça uma cópia de segurança em outro grupo de disquetes. (Entretanto, algumas companhias dizem que você só pode ter os disquetes originais e mais uma cópia instalada.) Uma vez instalado o programa, toda vez que ele é inicializado, você vê na tela uma mensagem sobre a situação do direito autoral (Figura 3.1).

FIGURA 3.1 A tela de inicialização do Microsoft Exchange para Windows 95.

As empresas de software costumavam salvaguardar seus programas para impedir que fossem copiados, mas esse procedimento dificultava a instalação e a cópia de segurança. Por exemplo, alguns discos de programa eram configurados de modo a permitir que o comprador só os copiasse para o disco rígido algumas vezes — mas muitas companhias descobriram que esse tipo de proteção à cópia gerava mais problemas do que soluções.

Hoje, os desenvolvedores de software confiam na lei e no respeito das pessoas à lei. A principal lei de âmbito internacional que governa a pirataria de software é a Lei do Direito Autoral (Copyright Act) de 1976. Em 1983, foi acrescentada uma emenda (Software Piracy and Counterfeiting Amendment) e, há algum tempo a pirataria de software comercial foi elevada de contravenção para crime.

A justificativa para essas leis é que o software é uma propriedade intelectual, geralmente criado com a intenção de ganhar dinheiro. O tamanho das empresas de software comercial varia de um único programador autônomo a enormes corporações como a Lotus Development e a Microsoft. Criar um programa complexo é um processo extremamente dispendioso, que pode ocupar milhares de horas de programadores altamente treinados. As leis contra a pirataria de software foram criadas para proteger os interesses das pessoas e das empresas que desenvolvem software. Sem tal legislação, talvez não valesse a pena criar bons produtos de software e, sem eles, a revolução dos computadores chegaria ao fim.[2]

VERSÕES PARA REDE E LICENÇAS DE USO EMPRESARIAL As empresas são as maiores compradoras de hardware e software. Conseqüentemente, o maior potencial de perda de arrecadação devido à pirataria está nas empresas e organizações que abusam das leis de direito autoral. A tentação é significativa. Imagine que você seja um professor de segundo grau com acesso a um laboratório com 25 computadores. Você quer que seus alunos aprendam a operar o Microsoft Excel, mas, a um custo de algumas centenas de dólares por cópia para cada computador, o diretor da escola nunca aprovaria esse gasto. Por outro lado, você poderia comprar uma única cópia do software e instalá-la em cada um dos computadores do laboratório; afinal de contas, tudo está sendo feito por uma boa causa. O problema é que você pode ir para a prisão por causa disso.

São comuns as organizações que possuem um grupo de computadores e que desejam executar o mesmo programa em vários deles. Dado o potencial de perda de receita devido à pirataria, muitas empresas de software adotaram a estratégia de vender licenças de uso e versões de seus programas para rede. *Licença de uso empresarial* é um acordo por meio do qual o comprador adquire o direito de usar aquele programa em um número determinado de máquinas a um preço menor do que se ele adquirisse uma cópia separada do programa para cada computador. Em essência, as licenças de uso empresarial são uma maneira de desencorajar a pirataria, já que oferecem um desconto de acordo com o volume. Além da única cópia do software que vem com a licença de uso, o comprador em geral recebe da empresa de software várias cópias da documentação (o manual do software) e às vezes serviços especiais de suporte.

A *versão para rede* é uma variação da licença de uso empresarial. Hoje, muitas companhias ligam todos os seus computadores a uma rede local. Os arquivos de dados que são usados por mais de um funcionário — especialmente os arquivos do banco de dados da companhia — são armazenados em outro computador chamado *servidor de rede*. Os programas freqüentemente usados também podem ir para o servidor, para que cada funcionário não precise armazenar uma cópia separada no seu disco rígido; no entanto, se a empresa só comprou uma única cópia do programa (uma cópia que permite ao comprador usar o programa apenas em um computador

---

2. N.R.T.: A propriedade intelectual de programas de computador no Brasil é protegida com base na legislação de direitos autorais (Lei 5988, de 14 de dezembro de 1973) e legislação específica referente a software (Lei 997/91). A lei prevê direitos sob o software por 25 anos, contados a partir de sua divulgação ao público. A lei também prevê penas de detenção de um a quatro anos e multa a quem violar os direitos de autoria de programas de computador, situação em que se encaixa a cópia não-autorizada, ou pirataria de software. O autor também poderá mover ação civil contra o infrator para lhe proibir a prática do ato incriminado, bem como para ser indenizado pelas perdas e danos provocados.

de cada vez), é pirataria carregar o programa no servidor da rede e assim permitir que vários usuários tenham acesso a ele. Então, o que a empresa deve fazer — comprar dezenas de cópias do programa? Obviamente, isso seria um desperdício. A versão para rede permite que a empresa compre apenas uma cópia, que pode ser legalmente instalada na rede, possibilitando seu uso por todos os funcionários, ou apenas alguns. Assim como a licença de uso, a versão para rede, em geral, vem com várias cópias do manual do software e suporte técnico especial. Algumas versões para rede também possuem recursos extras que as tornam mais atraentes do que uma cópia pirata.

SHAREWARE Outra estratégia no combate à pirataria é o *shareware*, softwares distribuídos gratuitamente para ser testados pelo usuário. Se o usuário decidir ficar com o programa e continuar a usá-lo, só então será feito o pagamento. A Figura 3.2 mostra uma tela de exemplo de um programa shareware.

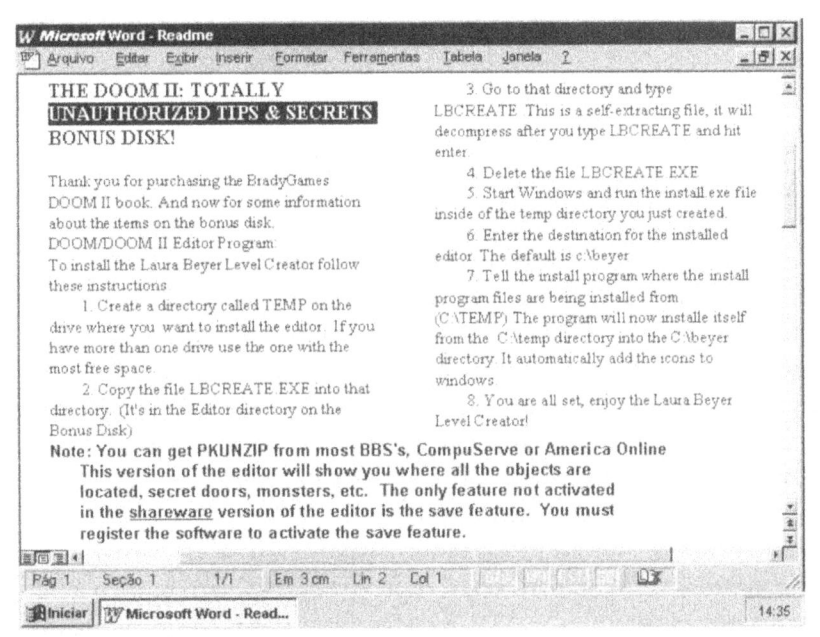

FIGURA 3.2 Um programa shareware.

Normalmente, o shareware é desenvolvido por empresas de software relativamente pequenas, ou até por programadores autônomos, e, em geral, é barato. O acordo de shareware permite aos desenvolvedores carregar programas em fóruns públicos de informação, como os BBSs[3] e a Internet, tornando-os disponíveis a um grupo de clientes sem nenhum custo de venda ou propaganda.

A lógica aqui é que, uma vez que esses programas geralmente têm alcance e apelo mais limitado do que os produtos de software mais importantes, é mais provável que as pessoas prefiram copiá-los ilegalmente a pagar um alto preço por eles em uma loja. O acordo de shareware tenta impedir a pirataria, tornando o software disponível no sistema de honra.

---

3. N.R.T.: Bulletim Board System. No Brasil, amplamente conhecidos como BBSs, apenas.

FREEWARE Uma resposta final ao problema da pirataria é o *freeware*. Acredite se quiser, mas alguns programas são gratuitos. Ocasionalmente, as pessoas desenvolvem programas para uso próprio e depois permitem que outras pessoas os usem, sem custo algum. Em certos casos, o desenvolvedor não reclama direitos autorais e o programa torna-se *software de domínio público*, o que significa que qualquer pessoa pode usá-lo sem nenhum custo ou restrição. Em outros casos, o software está protegido pela lei do direito autoral, mas o desenvolvedor permite que outras pessoas o usem ou o copiem gratuitamente, mesmo que não seja de domínio público. Mais uma vez, o lugar mais comum para encontrarmos freeware são os BBSs e os serviços de informações, nos quais o desenvolvedor carrega o programa em um banco de dados compartilhado. Em geral, os programas freeware não são aplicações complexas. Não obstante, alguns são excelentes e seu preço, imbatível.

VÍRUS DE COMPUTADOR

Embora a pirataria de software seja de longe o crime mais comum na área de informática, outro, igualmente inquietante, é a criação de vírus de computador. *Vírus*, no âmbito da informática, é um programa parasita embutido em outro programa legítimo ou armazenado em uma área especial dos discos, chamada *setor de boot* (*boot sector*). O vírus é ativado quando o programa legítimo é executado ou quando o disco é acessado. Os vírus podem ser programados para fazer muitas coisas, inclusive copiar a si mesmos para outros programas, exibir informações na tela, destruir arquivos de dados ou apagar todo um disco rígido. O vírus pode ser programado até mesmo para ficar em estado latente durante um determinado período ou até um determinado dia. O famoso vírus Michelangelo, que provocou um medo mundial desde 1991, foi escrito para entrar em ação no dia do aniversário dele. Quando os usuários ligaram seus computadores infectados nesse dia, o programa reformatou seus discos rígidos, apagando todos os dados e programas lá armazenados. A Figura 3.3 mostra uma mensagem de utilidade pública de Peter Norton sobre o vírus Michelangelo.

Os cientistas da computação discutiram primeiro a possibilidade de um software duplicar a si mesmo e se espalhar para outros computadores já na década de 1950. Mas o vírus de software só foi criado em 1983, quando um aluno da Universidade da Califórnia, Fred Cohen, escreveu uma tese de doutorado sobre o assunto.

MOTIVOS PARA CRIAR VÍRUS Ao contrário dos vírus que causam gripes e doenças nos seres humanos, os vírus de computador não ocorrem naturalmente; cada um precisa ser programado. Não existem vírus benéficos. Às vezes, eles são escritos em tom de brincadeira, talvez para provocar as pessoas exibindo mensagens bem-humoradas. Nesses casos, o vírus é pouco mais do que um aborrecimento. Mas, quando um vírus é malicioso e provoca danos reais, quem sabe seu propósito? Tédio? Raiva? Desafio intelectual? Qualquer que seja o motivo, os efeitos podem ser devastadores.

PREVENINDO INFECÇÕES Felizmente, proteger um sistema contra vírus não é tão difícil assim, se você dispuser de um pouco de conhecimento e de alguns utilitários apropriados. A primeira coisa que você precisa saber é quando o seu sistema corre o risco de ser infectado. Uma vez na memória do seu computador, os vírus são capazes de destruir arquivos de dados, mas sem infectá-los; apenas programas e discos podem ser infectados.

A maneira mais comum de pegar um vírus de computador é trocar programas e discos com outras pessoas. Até mesmo programas em discos selados, comprados em lojas, já serviram de abrigo para os vírus. A melhor precaução é tratar todos os discos como vetores em potencial de infecção.

FIGURA 3.3 Antes da data-chave, uma edição especial do programa Norton AntiVirus foi distribuída gratuitamente aos usuários que temiam que seus computadores tivessem sido infectados pelo vírus destruidor Michelangelo. Felizmente, a infestação não foi ampla.

Para verificar se seus discos contêm vírus, você precisa de um *software antivírus*, que vasculha discos e programas à procura de vírus conhecidos e elimina-os. A Figura 3.4 mostra um programa antivírus em operação. É fácil usar esse tipo de programa: uma vez instalado no seu sistema e ativado, um bom programa antivírus procura automaticamente arquivos infectados toda vez que você insere um disquete ou usa um modem para acessar um arquivo. Há vários programas antivírus disponíveis de excelente qualidade — alguns são até gratuitos. Mas cuidado: novos vírus estão constantemente aparecendo; logo, nenhum programa oferece proteção absoluta contra todos eles.

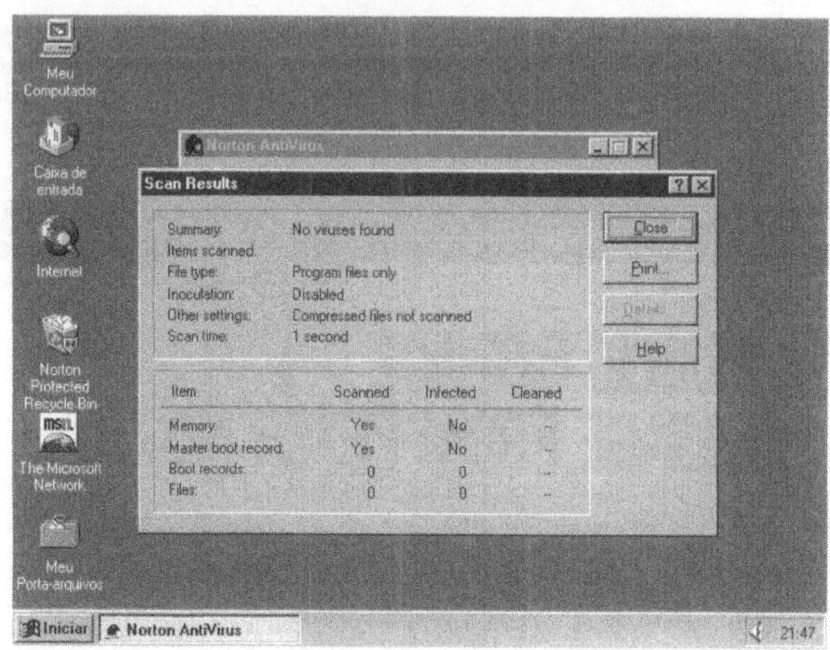

FIGURA 3.4 O Norton AntiVirus em ação.

ROUBO DE HARDWARE

Os crimes relacionados à pirataria de software e à criação de vírus são bastante conhecidos e divulgados. Mas o software não é a única parte vulnerável do computador. O roubo puro e simples também é um problema.

Embora o roubo de hardware venha acontecendo há anos, o problema só ficou realmente sério com a chegada dos micros — é um pouco difícil passar a mão em um mainframe! Mas o surgimento do microcomputador na década de 1970 facilitou muito o transporte de equipamentos de valor. O problema disparou com a popularidade dos pequenos computadores portáteis. Quando microcomputadores poderosos, valendo alguns milhares de dólares, podem ser dobrados no tamanho de um bloco de papel e colocados dentro de uma pasta, não é de se surpreender que eles ocasionalmente desapareçam. O problema é complicado pelo fato de que as pessoas compram essas máquinas compactas para poder trabalhar aonde quer que precisem ir. É cada vez mais comum encontrarmos pessoas usando computadores em trens, ônibus, aviões, hotéis e restaurantes.

Os notebooks e os laptops são agora os objetos mais comuns do roubo de hardware, mas existem outros também. Microcomputadores são roubados de empresas, e o mesmo ocorre com dispositivos periféricos como impressoras e modems. Presumivelmente, muitos desses crimes são crimes de colarinho branco, perpetrados por funcionários da própria empresa. Apesar de não ser novo, esse tipo de roubo pode ser considerado uma grande ameaça, já que dispositivos caros não param de encolher.

Obviamente, o ideal é tomar precauções. Muitas escolas, empresas e outras organizações agora prendem seus equipamentos com cabos. Mesmo itens relativamente baratos como teclados geralmente são presos às mesas ou ao resto do computador. Se você algum dia vier a ter um computador portátil, ou se usar um na empresa onde trabalha, tenha muito cuidado e nunca o deixe sozinho em locais públicos.

ROUBO DE DADOS

Surpreendentemente, não é apenas o hardware que é roubado; em particular nas empresas e em órgãos do governo, o roubo de dados pode ser muito mais sério. Os dados podem ser roubados de três maneiras. Primeiro, alguém pode levar o meio onde os dados estão armazenados. Segundo, alguém pode roubar o computador e levar junto o disco rígido. Terceiro, alguém consegue obter acesso não-autorizado, entrando nos sistemas de uma organização e obtendo acesso a arquivos sensíveis.

DADOS VALIOSOS EM COMPUTADORES PORTÁTEIS Mais uma vez, foi o advento dos computadores portáteis poderosos que contribuiu para pelo menos parte do problema. Os executivos, militares e representantes do governo estão desfrutando a conveniência de levar seus computadores para onde quer que precisem ir e, com isso, colocam em risco a segurança dos dados armazenados em suas máquinas.

Há relatos de ladrões que chegam a ganhar até 10 mil dólares para roubar um computador portátil de um executivo de uma corporação. O motivo, nesses casos, obviamente não é o computador em si, já que a maioria dos portáteis não vale nem a metade daquela quantia. Os dados armazenados no disco rígido do computador é que são muito valiosos. Afinal de contas, o conhecimento da estratégia adotada por uma empresa para obter vantagem sobre seus concorrentes pode valer milhões. E, o que é pior, pense nas implicações militares para um país que tenha seus planos de combate roubados por outro, ou nas implicações do roubo de instruções de um presidente ao seu embaixador antes de uma importante reunião de cúpula.

Reconhecendo o perigo representado pelo armazenamento de informações sensíveis em computadores portáteis, as organizações elaboraram vários métodos de proteção. O mais óbvio é simplesmente prender o computador com um cabo a uma mesa ou a outro objeto pesado. Uma abordagem mais sutil é programar uma senha e colocá-la no sistema operacional da máquina. Mesmo para inicializar o computador, o usuário precisa digitar a senha correta. Naturalmente, a proteção por meio de senhas também pode ser usada para tornar mais seguros os dados contidos nos computadores de mesa. A senha impede, por exemplo, que pessoas desautorizadas fiquem bisbilhotando o disco rígido ou a caixa de correio (Figura 3.5) de um funcionário do Departamento Pessoal quando ele está fora de sua sala.

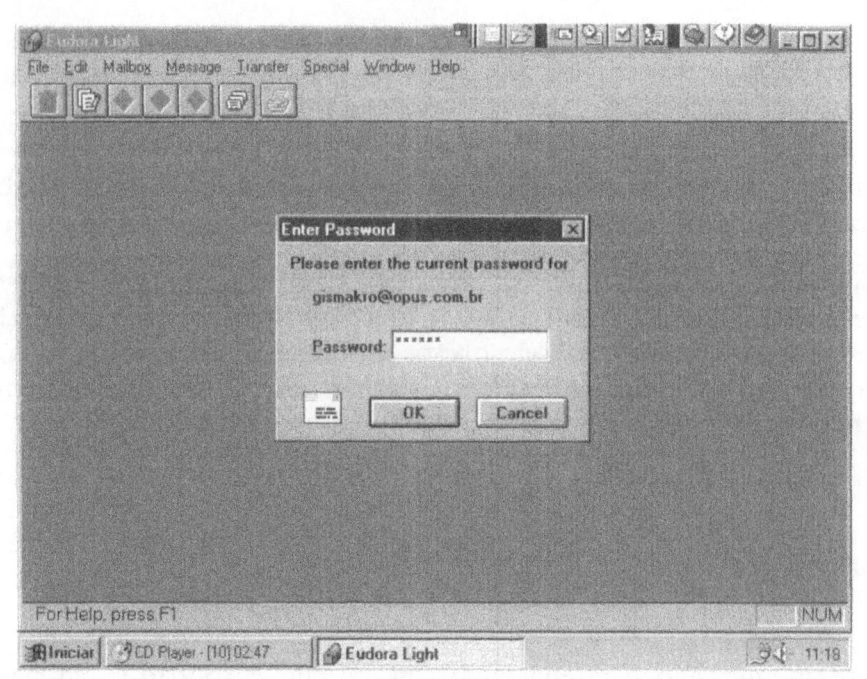

FIGURA 3.5 Para ler as mensagens de correio eletrônico é necessário identificar-se com uma senha.

Talvez a forma mais eficaz de segurança seja a *criptografia*, que é um processo de codificar e decodificar dados. A criptografia é usada com maior freqüência em sistemas de mensagens como o correio eletrônico. O método mais comum de criptografia, conhecido como *DES* (*Digital Encryption Standard — Padrão Digital de Criptografia*), é capaz de codificar uma mensagem em mais de 72 quadrilhões de maneiras. Devido à existência de uma chave de software especial usada para decodificar a mensagem, a inteceptação desautorizada não é mais uma ameaça. Em muitos sistemas de mensagem, a criptografia DES ocorre sem que os usuários tomem conhecimento dela.

O HACKER CRIMINOSO A outra maneira como os dados são ocasionalmente roubados é por meio de hackers, programadores habilidosos que se enveredaram pelo mau caminho.

São abundantes os exemplos de hackers criminosos. Ladrões de cartões de crédito usando um computador pessoal invadiram um banco de dados da TRW, uma companhia que mantém históricos de crédito e que tem acesso a registros confidenciais de 90 milhões de pessoas. Usando o computador que tinha em seu quarto, um estudante de 17 anos entrou na rede de computadores da AT&T e roubou 1 milhão de dólares em software antes de ser pego. Durante a campanha presidencial de 1992, uma companhia de leasing obteve registros de crédito de vários colaboradores de Ross Perot; de acordo com a Equifax, uma empresa que mantém registros de crédito, as informações foram fornecidas por hackers. Qualquer um com a habilidade de um hacker também pode fazer papel de bonzinho. Ao tentar acompanhar uma discrepância de 75 centavos na conta do Lawrence Berkeley Laboratory, o estudante Clifford Stoll rastreou um invasor nas redes internacionais e descobriu um grupo de espiões high-tech. As variações — e as possibilidades — são infinitas.

NOTEBOOK DO NORTON

A POLÍCIA DO SOFTWARE

Você pode estar pensando que é difícil ser pego copiando softwares ilegalmente. Pense novamente. Desde 1988, a Software Publishers Association, ou SPA, vem sendo uma força importante na proteção dos interesses das empresas de software. Mais de mil companhias pertencem à SPA e o apoio delas deu à organização poder para impor uma linha dura contra a pirataria de software. Em média, a SPA abre aproximadamente quatro processos legais por semana.

O diretor executivo da SPA, Ken Walsh, diz que eles recebem entre 10 e 30 denúncias por dia. Muitas vêm de empregados ou antigos funcionários que dizem ter visto as atividades ilegais. Se a denúncia demonstrar ser confiável, a seqüência pode ser uma batida repentina, na qual os funcionários são obrigados a ficar em pé e se afastar de seus computadores.

Em outubro de 1992, a SPA fez uma batida na Vicon Industries, de Nova Iorque. Os oficiais federais que conduziram a batida apanharam a companhia em flagrante com uma cópia ilegal de software CAD. Em janeiro de 1993, o FBI, que trabalha junto com a SPA, invadiu o "Rusty and Eddie's", um BBS. O serviço tinha inúmeros programas on-line que eram protegidos por direitos autorais. A Parametrix, Inc., de Seattle, concordou em pagar 350 mil dólares para a SPA por violações de direitos autorais, e a Universidade do Oregon concordou em pagar 130 mil dólares e sediou a "Conferência sobre o Gerenciamento de Software", como meio de reparar sua infração.

É interessante observar que a SPA raramente precisa ir aos tribunais porque os casos em geral são rapidamente resolvidos. É fácil demonstrar que uma companhia está usando um produto de software ilegalmente. Se os registros de venda do fabricante do software não indicam aquela companhia como cliente, ela não terá muitas chances nos tribunais. Só lhe resta, portanto, aceitar pagar as pesadas multas que lhes serão impostas.

Um dos esquemas do hacker criminoso é apenas uma variação informatizada do crime de peculato, que é a apropriação fraudulenta de dinheiro ou mercadorias, normalmente do empregador. Os fraudadores informatizados são pessoas que manipulam as contas de uma companhia para desviar fundos para uso próprio. Geralmente é difícil apanhá-los, porque podem roubar pequenas quantias durante um longo período. Por exemplo, o fraudador de um banco pode instruir o sistema para depositar em sua conta o saldo de todas as contas correntes que exceder o terceiro dígito arredondado. Embora o montante de cada transação fraudulenta nunca seja maior do que 1/20 centavos, se multiplicarmos todos os depósitos por vários milhões de contas diariamente, veremos que o total chega a ser astronômico. Os registros do FBI mostram que, enquanto um ladrão de bancos rouba em média 1,6 mil dólares por assalto, o fraudador informatizado rouba uma média de 600 mil dólares.

A maioria dos sistemas corporativos e governamentais adota medidas de segurança para limitar o acesso aos seus sistemas. Um método comum é fornecer aos empregados autorizados códigos de identificação e senhas. Antes do *logon* do funcionário, ou antes de ele acessar arquivos de um computador, é preciso digitar um *código de identificação de usuário*, que identifica cada pessoa para o sistema. Normalmente, os funcionários também precisam digitar uma *senha*, que é um código secreto que verifica a identidade de cada pessoa. Se o código de identificação ou a senha de um usuário não coincide com os registros armazenados no software de segurança do computador, ele não terá permissão para entrar no sistema.

Os privilégios de acesso podem variar para funcionários diferentes; dessa forma, o presidente da companhia pode ver informações como receitas de vendas e demonstrações de lucro que não estão disponíveis à maioria dos funcionários. O método do hacker criminoso é encontrar um código de acesso de alto nível, ou tentar descobrir uma maneira de burlar o logon normal. Uma vez alcançado esse objetivo, o hacker está livre para explorar o banco de dados, roubar informações valiosas e até mesmo apagar arquivos.

Não há solução fácil para o problema dos hackers criminosos. A segurança dos dados está cada vez mais sofisticada, mas os criminosos também. Embora penalidades fortes possam ser impostas para impedir essa prática, pegar um hacker criminoso pode ser extremamente difícil, e os métodos usados para tanto às vezes têm seus próprios dilemas éticos. "Batidas" para apanhar supostos hackers têm resultado na prisão e acusação de pessoas engajadas em atividades perfeitamente legais. Depois de uma queda inexplicada de nove horas na rede de interurbanos da AT&T, os agentes do Serviço Secreto prenderam Craig Neidorf, um estudante da Geórgia que uma vez havia publicado em seu boletim eletrônico uma cópia ilícita de um documento de companhia telefônica, como exemplo divertido de "burocratês". Mais tarde, o caso ruiu quando foi descoberto que as informações publicadas por Neidorf podiam ser encomendadas por aproximadamente 20 dólares. Incidentes como esse alarmaram as pessoas preocupadas com as liberdades pessoais e legais na era das comunicações eletrônicas. Um dos resultados foi a formação da Electronic Frontier Foundation (EFF), proposta por vários pioneiros da computação como Mitch Kapor, que fundou a Lotus Development Corporation, e Steve Wozniak, mago da computação e co-fundador da Apple Computer.

Desde sua fundação em 1990, a EFF vem mantendo três metas básicas: pesquisa, desenvolvimento de políticas e serviços legais. Na área da pesquisa, a EFF esforça-se para compreender e estar a par dos progressos na área dos computadores. A EFF advoga políticas públicas que promovem a abertura das comunicações. Finalmente, a EFF dedica uma grande parte de seus recursos à defesa dos usuários contra excessos de zelo de imposições legais.

INVASÃO DE PRIVACIDADE

Uma vez criadas leis para governar o ciberespaço, será relativamente fácil definir o que é crime do computador: pirataria, roubo e certos tipos de invasão (*hacking*) são simplesmente ilegais. Mas muitos usos legais da tecnologia dos computadores são também controvertidos. Na verdade, usos legais que transgridem os limites da privacidade dos indivíduos deixam muitas pessoas mais enfurecidas do que os crimes comuns.

Os crimes discutidos na seção anterior em geral são cometidos por pessoas, normalmente à custa de empresas ou do governo. Nesta seção, os quadros se invertem. As invasões de privacidade quase sempre são executadas por organizações que coletam e comercializam informações sobre indivíduos.

NOTEBOOK DO NORTON — STEVE JACKSON VERSUS SERVIÇO SECRETO

Com o uso cada vez mais freqüente dos computadores na comunicação e distribuição de informações, surgem algumas questões legais importantes. Os tribunais, as leis e o sistema de controle das leis estão acostumados a lidar com informações divulgadas pela imprensa escrita, pelo rádio e pela televisão. Hoje, muitas pessoas, incluindo as que pertencem à EFF, estão querendo saber se as informações e as comunicações baseadas em computadores são qualitativamente diferentes das formas mais tradicionais de armazenar e divulgar idéias, e como as antigas regras se aplicam (caso se apliquem).

Um caso articular colocou esses problemas em acentuado destaque. O caso envolveu Steve Jackson, um programador de computador que se tornou objeto de uma operação do Serviço Secreto chamada Sun Devil (Diabo do Sol). Jackson criava jogos para computadores, um dos quais se chamava *Cyberpunk*. Concluindo que o jogo era "um manual do crime", o Serviço Secreto fez uma batida no escritório de Jackson, bem cedo em uma manhã de 1991, e confiscou seu equipamento e todo o BBS da empresa.

Jackson e três usuários do BBS processaram o governo, alegando que seus direitos à privacidade do correio eletrônico haviam sido violados. Esses direitos são protegidos pela Lei da Privacidade das Comunicações Eletrônicas (ECPA — Electronic Communications Privacy Act), que estendeu a maioria das proteções da Wiretap Act aos correios eletrônicos. (A Wiretap Act é uma lei federal norte-americana relativa à escuta telefônica.) Jackson e sua empresa também alegaram violações à Lei de Proteção da Privacidade (Privacy Protection Act) de 1980, uma lei federal norte-americana destinada a limitar as pesquisas dos editores para proteger os direitos concedidos pela Primeira Emenda à Constituição Norte-Americana aos editores.

Reconhecendo a importância dos assuntos envolvidos, a EFF concordou em subscrever o processo de Jackson. O veredicto veio em março de 1993, quando o juiz Sam Sparks anunciou que o caso de *Steve Jackson Games et al.* versus o *Serviço Secreto dos EUA* havia sido decidido em favor do queixoso. Discutindo o caso, Mitch Kapor, fundador e chairman da EFF, disse: "Esta decisão justifica nossa posição de que os usuários dos BBSs estão travando conversas protegidas pela Constituição". Para Pete Kennedy, advogado que moveu a ação judicial, a decisão foi "um passo sólido para se reconhecer que as comunicações via computador devem ser tão protegidas quanto as comunicações telefônicas". Sustentando que o caso teve significado particular para as pessoas que usam computadores para preparar e distribuir publicações, Kennedy disse: "Há uma forte indicação na decisão do juiz de que o meio da publicação é irrelevante... as editoras eletrônicas têm as mesmas proteções contra invasões que as publicações tradicionais, tais como jornais e revistas".

Quando as pessoas ouvem falar das chamadas invasões de privacidade, geralmente elas se sentem insultadas. E não seriam essas práticas contra a lei? Normalmente, não. Afinal, não existe nenhuma proteção constitucional às violações de privacidade; entretanto, tal proteção logo será necessária, dado o potencial do computador para coletar, organizar e classificar dados sobre as pessoas.

MALA DIRETA

As pessoas freqüentemente se assustam com a quantidade de correspondência que lhes chega às mãos. "Por que eu?", perguntam. Porque quase sempre os dados sobre aquela pessoa, armazenados em uma lista de endereços, coincidem com os critérios estabelecidos por quem está enviando a correspondência. *Mala direta* é um banco de dados comercial que contém nomes, endereços, telefones e, às vezes, dados relacionados a cada pessoa da lista. As malas diretas podem ser criadas por vários motivos, mas os mais comuns refletem os hábitos de compra das pessoas. A parte misteriosa do processo para a maioria das pessoas é como seus nomes vão parar em tais listas. Aliás, você pode ser "relacionado" de inúmeras maneiras.

Talvez a maneira mais comum de entrar para uma mala direta seja assinar uma revista. Essas empresas sabem que, se você assina uma revista, provavelmente assinará outras parecidas. Então, as editoras de todas as revistas querem saber quem assina as publicações concorrentes. As empresas que anunciam seus produtos em revistas de interesse especial também desejam essas informações. As editoras armazenam os dados de seus assinantes e vendem as informações a empresas de mala direta, que, por sua vez, vendem as informações a quem quer que esteja interessado.

É claro que há outras maneiras de ter seu nome incluído em uma mala direta. Nos Estados Unidos, por exemplo, participar de loterias é uma aposta segura. Na verdade, as loterias mais famosas são organizadas por um distribuidor de revistas, o Publisher's Clearing House. Preencher um certificado de garantia de um produto é outro método. Muitas pessoas acreditam que precisam preencher o certificado de garantia para que o produto recém-adquirido seja garantido contra possíveis defeitos. Na verdade, a nota fiscal é sua prova da compra. O certificado de garantia é apenas uma maneira de as companhias descobrirem quem são seus clientes e transformá-los em futuros alvos do departamento de marketing quando do lançamento de novos produtos. E, uma vez de posse desses dados, as companhias podem aumentar sua receita, vendendo-os.

HISTÓRICOS DE CRÉDITO

Além dos dados sobre seus hábitos de compra e assinatura de revistas, existem também registros sobre seu histórico de crédito. *Histórico de crédito* é uma lista das suas dívidas e de como elas foram pagas. Ninguém quer emprestar dinheiro nem abrir uma conta para alguém que não paga suas dívidas. Portanto, antes do banco abrir uma conta em seu nome, ele provavelmente verificará seu registro de crédito. Isso se aplica igualmente a companhias telefônicas, administradoras de cartões de crédito e até a locadores de imóveis potenciais. As companhias americanas que mantêm esses registros, como a TRW e a Equifax, trabalham exatamente como as empresas de mala direta. Elas compram dados sobre clientes de outras companhias e vendem-nos sempre que uma empresa deseja saber o histórico de crédito de uma determinada pessoa.

Se seu histórico de crédito por algum motivo contém dados equivocados, os resultados podem ser desastrosos. Em um caso famoso, um homem com idade já avançada foi dado como morto no banco de dados de uma corporação, muito embora estivesse ainda bem vivo. Os dados incorretos espalharam-se rapidamente de um banco de dados para outro e, muito mais cedo do que seria possível supor, esse homem descobriu que seu seguro-saúde e seus benefícios previdenciários haviam sido cancelados sem nenhum aviso prévio.

Há muitos outros tipos de banco de dados. Antes de aceitá-lo como cliente, os médicos têm como descobrir se você alguma vez já abriu processos por imperícia médica. Antes de aceitá-lo como inquilino, os locadores têm como saber se você já processou algum locador. Será que esses bancos de dados são legais? Certamente o são. Será que eles são aceitáveis do ponto de vista moral? Esta é uma pergunta difícil.

AS CORPORAÇÕES E SEUS EMPREGADOS

Outra ameaça à privacidade pode ocorrer entre uma empresa e seus empregados. Com sistemas de comunicação eletrônica como o correio eletrônico e o correio de voz (*voice mail*), temos meios de comunicação que são controlados por sistemas de computação corporativos. A empresa tem acesso ao conteúdo das comunicações, mesmo que os empregados tenham a intenção de enviar mensagens particulares. Se você escrever um bilhete eletrônico a um amigo, algum outro funcionário pode ter acesso à sua mensagem. Será que isso é aceitável? É difícil dizer. Em sistemas de correio eletrônico que pertencem às empresas, é difícil criar leis que os regulamentem.

RECONQUISTANDO NOSSA PRIVACIDADE

Não há dúvidas de que as informações sobre nossas vidas privadas estão disponíveis em um grau simplesmente inimaginável há apenas alguns anos. William Safire tem o seguinte a dizer sobre os computadores e a privacidade pessoal:

> O registro de cada telefonema que você dá não é controlado por você, mas por companhias que estão sempre dispostas a cooperar com o IRS (Internal Revenue Service, o equivalente norte-americano à nossa Receita Federal). O uso que você faz do seu cartão de crédito oferece aos bisbilhoteiros um mapa de onde você vai e de como gasta seu dinheiro. As garantias que você oferece nos empréstimos tomados informam ao mercado o que você possui. Nos Estados Unidos, sua carteira de habilitação revela seu peso aos clubes de dieta, e a sua assinatura de TV a cabo conta ao mundo do que você gosta. Arrancaram-lhe o poder, que já foi sagrado para os americanos, de dizer ao mundo que se meta com sua própria vida... Nunca a privacidade pessoal foi um componente tão vital da liberdade humana. Estamos perdendo para o computador, para o gravador e para a escuta às escondidas; é hora de reagir.[4]

---

4. William Safire. "Peeping Tom Lives", *The New York Times*, 6 de janeiro de 1993, p. A15.

Até o momento, relativamente pouco foi feito para reverter esta situação; no entanto, as questões embaraçosas relacionadas ao uso da tecnologia e das informações estão recebendo atenção cada vez maior. Em 1991, um amplo espectro de especialistas, advogados e cidadãos preocupados foi reunido nos Estados Unidos na Primeira Conferência sobre Computadores, Liberdade e Privacidade para discutir o impacto dos computadores e das tecnologias de comunicação na sociedade. Hoje um evento anual, a conferência reúne pessoas de várias áreas, incluindo ciência da computação, direito, negócios, biblioteconomia, saúde, política pública, governo e segurança pública. Reuniões como essas podem acabar por ajudar a encontrar uma solução para alguns dilemas éticos que surgiram com as novas tecnologias.

ERGONOMIA

Há muito mais a fazer para civilizar o ciberespaço do que determinar o que é legal e ilegal, moral e imoral. Tornar o mundo dos computadores hospitaleiro também significa tornar os computadores mais fáceis, mais seguros e mais confortáveis de usar. A *ergonomia*, estudo do relacionamento físico entre as pessoas e suas ferramentas — como, por exemplo, seus computadores —, aborda esses problemas.

Qualquer pessoa que trabalhe em um escritório será capaz de lhe dizer que ficar sentado o dia inteiro pode ser bastante desconfortável. Ficar sentado o dia inteiro usando um computador pode ser ainda pior. O corpo começa a doer por estar sentado na cadeira há muito tempo, e você também pode machucar os pulsos devido ao trabalho no teclado e forçar demais os olhos por ter de ficar com a vista fixa no monitor de vídeo por horas a fio. A pressão sobre todos esses problemas tem sido muito grande, e as pessoas estão começando a perceber a importância de bons sistemas de computador, desenhados ergonomicamente.

ESCOLHENDO A CADEIRA CERTA

O primeiro elemento importante de um sistema de computação ergonômico é uma cadeira boa e confortável. Há três características que você deve procurar em sua cadeira de trabalho:

- Altura ajustável: você deve ter condições de ajustar a cadeira de forma que seus quadris fiquem paralelos ao chão, onde seus pés devem estar totalmente apoiados.

- Suporte para as costas: a cadeira deve ter o encosto ajustável para proporcionar um apoio firme quando você senta em sua posição normal.

- Descanso para os braços: as cadeiras com descanso para os braços tendem a custar um pouco mais do que as que não os têm, mas, para a maioria das pessoas que trabalha por longos períodos ao teclado, elas proporcionam um nível extra de conforto, desde que os descansos permitam acesso fácil à mesa de trabalho.

Algumas pessoas passam grande parte do dia trabalhando em computadores; para elas, são benéficas as cadeiras de "ajoelhar". Essas cadeiras forçam a manutenção de uma boa postura; como não têm encosto e os joelhos estão baixos, você tem de sentar ereto para manter o equilíbrio.

PREVENINDO LESÕES CAUSADAS POR ESTRESSE CONSTANTE

As pessoas que trabalham em escritórios vêm solicitando cadeiras confortáveis há muito tempo, mas o campo da ergonomia é mais freqüentemente associado aos computadores. O motivo é que a ergonomia passou a receber muito mais atenção quando lesões causadas por repetição de estresse começaram a aparecer entre o pessoal que trabalhava com entrada de dados e que ficava a maior parte do tempo inserindo fatos e números em bancos de dados.

Uma lesão especialmente bem documentada entre os que trabalham em escritórios é a *síndrome do túnel carpal* (tendinite) uma lesão no pulso ou na mão causada por extensos períodos de digitação. O túnel carpal é uma abertura no pulso por meio da qual passam vários nervos. Na síndrome do túnel carpal, o túnel fica deformado como resultado de a pessoa ter mantido o pulso rígido por longos períodos, que é o que ocorre ao teclado. Quando o túnel fica deformado, ele pode apertar os nervos que passam por ali e provocar muita dor e invalidez.

Entre as *lesões causadas por estresse constante,* um grupo de indisposições provocadas pelo uso contínuo do corpo de uma maneira que ele não está preparado para trabalhar, a síndrome do túnel carpal é a mais conhecida. A síndrome do túnel carpal pode debilitar tanto que os trabalhadores que sofrem desse mal precisam tirar semanas e até meses de licença. Nos Estados Unidos, processos já foram abertos contra empregadores que não protegem seus empregados contra esse tipo de lesão, por não terem seu espaço de trabalho projetado segundo as leis da ergonomia.

Várias soluções foram propostas para tornar o trabalho ao teclado mais confortável e para ajudar a prevenir a síndrome do túnel carpal. A primeira é colocar o teclado na altura adequada. Na hora de instalar seus computadores, as pessoas simplesmente colocam o teclado sobre a mesa. O problema é que, se a sua cadeira está posicionada de forma correta, as mesas geralmente ficam altas demais para o teclado. O ideal é que suas mãos fiquem na mesma altura dos *cotovelos,* ou ligeiramente mais baixas, quando sobre o teclado. Para solucionar esse problema ergonômico, muitas mesas para computadores são ligeiramente mais baixas do que as mesas tradicionais; outras vêm equipadas com prateleiras reguláveis que posicionam o teclado na altura correta.

Outra solução para a fadiga do pulso é um suporte, que pode ser acoplado ao teclado ou simplesmnte colocado na frente dele. Esse suporte permite que você relaxe os braços e use apenas os dedos para digitar.

NOTEBOOK DO NORTON — PRÁTICAS JUSTAS DE INFORMAÇÕES

Criar diretrizes para o uso justo das informações não é uma tarefa fácil. Banir simplesmente certos tipos de informações poderia molestar as pessoas tanto quanto as ajudariam. Os registros médicos são um caso desse tipo; o potencial de uso tanto negativo quanto positivo dessas informações é enorme. Envolvido com essas questões difíceis desde 1973, o Comitê Consultivo para Sistemas Automatizados de Dados Pessoais (Advisory Committee on Automated Personal Data Systems) do Departamento de Saúde, Educação e Bem-Estar dos Estados Unidos elaborou o Código de Práticas Justas de Informação, que depois foi incorporado à Lei da Privacidade de 1974. A finalidade do código não é limitar as informações e, sim, assegurar que elas sejam manuseadas de modo justo. O texto do código é o seguinte:

- Não deve existir sistema algum de armazenamento de dados pessoais cuja existência seja secreta.

- Deve haver uma maneira de o indivíduo descobrir o que há a respeito dele em um registro e como essa informação é usada.

- Deve haver uma maneira de o indivíduo impedir que as informações obtidas sobre ele para um propósito sejam usadas ou colocadas em disponibilidade para outros fins sem seu consentimento.

- Deve haver uma maneira de o indivíduo corrigir ou retificar um registro de informações identificáveis sobre ele.

- Qualquer organização que crie, mantenha, use ou dissemine registros de dados pessoais identificáveis tem de assegurar a confiabilidade dos dados para o uso que lhes for destinado, e tem de tomar todas as precauções para impedir o mau uso desses dados.

Robert Ellis Smith, editor do *Privacy Journal*, afirma que as empresas que adotam o Código das Práticas Justas para Informações têm muito menos problemas com processos e reclamações por parte de seus clientes. De acordo com Smith:

> Aceitar o código pode requerer que uma companhia abandone certos usos mercadológicos das informações pessoais ou forneça notificações adicionais aos clientes sobre como são manipuladas as informações a respeito deles. Ao mesmo tempo, aceitar o código exige que as companhias aumentem a segurança e adotem políticas eficientes para o gerenciamento das informações, tarefas que são essenciais para qualquer organização, independentemente de considerações sobre privacidade.[5]

    Finalmente, um designer chamado Tony Hodges percebeu que o teclado plano não é totalmente adequado ao formato das nossas mãos. Afinal, quando relaxamos o braço, o polegar tende a apontar para cima. É lógico, então, que os teclados fossem desenhados com dois lados, um para cada mão. Hodges criou um teclado desse tipo, chamado Tony! Outros fabricantes seguiram sua idéia e criaram teclados ergonômicos que permitem que as mãos das pessoas descansem em posição mais natural.

---

5. Robert Ellis Smith. "The Law of Privacy in a Nutshell". *Privacy Journal*. 1993. p. 51.

PROTEGENDO OS OLHOS

A última grande área de preocupação da ergonomia é a proteção da visão. Ficar com o olhar fixo na tela do computador por longos períodos pode cansar ou até mesmo lesar os olhos. Muitos usuários viram sua visão se deteriorar devido ao uso prolongado do computador. Se você não pode optar por ficar diante do computador por um período menor, eis algumas maneiras de reduzir o esforço:

- Não fique olhando fixamente para a tela durante muito tempo. Manter o foco na mesma distância por longos períodos tende a distorcer a forma de suas lentes oculares; portanto, de vez em quando, afaste seus olhos da tela.

- Posicione o monitor a uma distância entre 60 e 70 centímetros. É perto o suficiente para você enxergar tudo o que está na tela, mas longe o bastante para permitir que seus olhos enxerguem toda a tela de uma só vez.

- Tente posicionar o monitor de forma que nenhuma luz brilhante, inclusive a luz solar, seja refletida na tela. Se você não tiver condições de evitar os reflexos, adquira uma tela antibrilho.

- Quando for comprar o monitor, lembre-se de que muitas pessoas preferem telas relativamente grandes (pelo menos 13 polegadas medidas diagonalmente). Uma tela pequena é um estímulo para você se aproximar demais dela.

- Procure um monitor de vídeo que mantenha a imagem estável, sem vibrações ou tremulações aparentes.

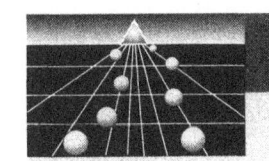

VISÃO TÉCNICA — CRIPTOGRAFIA DE DADOS

Criptografia de dados é o processo de codificar mensagens de modo que elas não possam ser lidas por usuários não-autorizados. A criptografia de dados torna o armazenamento e a comunicação de dados eletrônicos muito mais seguros do que outras técnicas, como a proteção por senha. Quando um hacker descobre uma maneira de burlar o sistema de senha, os dados ficam vulneráveis (para dizer o mínimo). Com a criptografia, porém, o acesso aos dados deixa de ser um problema: usuários não-autorizados não terão como compreender os dados mesmo que cheguem até eles. Com a criptografia, a única coisa que o hacker consegue fazer é destruir arquivos, mas provavelmente ele não saberá nem mesmo quais arquivos estão sendo destruídos.

A prática da criptografia de mensagens não é nova — ela tem pelo menos 2 mil anos. Diz-se que Júlio César codificou suas mensagens substituindo cada uma das letras pelo caractere três letras à frente no alfabeto. Assim, "Gaul" seria "Jdxo". Segundo os padrões modernos, o método de Júlio Cesar é considerado rudimentar. Mesmo que os caracteres sejam deslocados mais letras para a frente ou para trás, as possibilidades são apenas 26. Um programa de computador que trabalhava em uma mensagem codificada dessa maneira decifrou-a quase instantaneamente.

Mesmo assim, o DES (Data Encryption Standard — Padrão de Criptografia de Dados), o sistema mais popular de criptografia usado atualmente, é uma adaptação complexa do mesmo conceito. O DES é o método aprovado pelo Serviço Nacional de Padrões norte-americano (National Bureau of Standards). Ele foi desenvolvido originalmente pela IBM e aprovado pela Agência Nacional de Segurança norte- americana (NSA — National Security Agency), por não apresentar nenhuma deficiência matemática ou estatística.

Com o DES, o processo de criptografia é controlado por uma chave, fornecida pela pessoa que está codificando o arquivo ou mensagem. A chave pode ter até 56 bits (sete caracteres) de comprimento, o que significa que há $7,2 \times 10^{16}$ chaves diferentes. Apesar de ser um método conhecido em todo o mundo, o número de chaves distintas e a complexidade do processo de criptografia fazem com que seja extremamente difícil decifrar o código. Houve casos de pessoas que decifraram mensagens codificadas com o método DES (com a ajuda de computadores), mas até o momento não há relatos de casos de alguém que tenha conseguido decifrar uma mensagem ou arquivo com criptografia dupla. Por esse motivo, o DES é uma maneira excelente de tornar seguro um sistema de armazenamento como, por exemplo, um servidor de arquivos.

COMPUTADORES E O AMBIENTE

Há 15 ou 20 anos, a indústria de computadores orgulhava-se de sua limpeza. Seus processos de produção eram considerados seriamente limpo e os próprios computadores eram vistos como um meio eficiente de poupar recursos valiosos, especialmente papéis. Com o passar do tempo, nenhuma dessas idéias se manteve verdadeira. Hoje, os fabricantes de computadores estão sendo solicitados a limpar suas ações, e o chamado escritório sem papéis mostrou-se ser uma miragem.

O MITO DO ESCRITÓRIO SEM PAPEL

Uma das maiores promessas da revolução dos computadores era o "escritório sem papéis", um escritório que não exige formulário ou registro impresso algum, porque tudo é armazenado eletronicamente. Tal escritório certamente é possível: os registros podem ser guardados em bancos de dados, a correspondência pode ser enviada por correio eletrônico ou fax modem, sem nunca precisar ser impressa.

Infelizmente, poucos escritórios estão perto desse ideal. Na verdade, muitos usam mais papel como conseqüência da informatização. Parte do problema é que alterar documentos no computador e imprimir cópias revisadas é tão fácil que é mais eficiente checar seu trabalho na cópia impressa do que examiná-lo na tela. Quando criam documentos, por exemplo, as pessoas tendem a imprimir cada rascunho, usando, assim, mais papel do que se tivessem de redigitar o documento inteiro toda vez que fosse feita uma alteração.

Por outro lado, certos progressos na indústria dos computadores desencorajaram o desperdício de papel. O crescimento constante das comunicações de dados foi uma bênção do ponto de vista dos ambientalistas. O modem, por exemplo, permite que os usuários de computadores troquem dados por intermédio de linhas telefônicas, em vez de imprimi-los e enviá-los pelo correio. O correio eletrônico tem potencial para eliminar a correspondência impressa. Nos escritórios onde sistemas de correio eletrônico foram adotados, os memorandos nunca aparecem em papel. O remetente simplesmente digita a mensagem no computador, digita os nomes ou endereços eletrônicos dos destinatários e a mensagem é recebida imediatamente. A popularidade dos monitores *WYSIWYG (What You See Is What You Get — O Que Você Vê É o Que Você Obtém)*, que lhe permitem ver na tela como ficará a página impressa, também encoraja os usuários a imprimir seus documentos com menos freqüência.

Finalmente, a reciclagem está agora se tornando lugar-comum nas escolas e escritórios. As pessoas não apenas estão coletando papel usado para ser reciclado, como também estão usando mais produtos feitos a partir de papel reciclado. Além disso, as organizações que começam a reciclar um produto, como o papel, tendem a adquirir o hábito de reciclar outros itens, como cartuchos de toner para impressoras a laser e fotocopiadoras.

CLOROFLUORCARBONOS NA PRODUÇÃO DE CHIPS

Entre os fabricantes de hardware, um assunto que vem sendo alvo de análises detalhadas é o uso dos *clorofluorcarbonos (CFCs)* na produção dos chips usados nos computadores. Os CFCs são usados nos refrigeradores e nos aerossóis, mas descobriu-se que eles destroem a camada de ozônio, um gás atmosférico que ajuda a proteger a Terra dos raios ultravioleta emitidos pelo sol. A maioria das nações do mundo concordou que o uso dos CFCs deve ser eliminado (o que já ocorre no Brasil) e muitas indústrias estão lutando para encontrar alternativas antes que sejam forçadas a parar de usá-los.

Os fabricantes de chips usam o CFC para limpá-los durante a produção. O processo de produção é extremamente delicado porque os componentes que estão sendo criados são microscópicos. Lembre-se de que um chip de computador do tamanho de uma unha do seu dedo pode ter mais de 1 milhão de transistores gravados nele. Para garantir que nenhum erro seja cometido durante o processo de gravação, o chip precisa estar perfeitamente limpo. Todo o processo de produção, na verdade, ocorre em uma sala limpa e livre de poeira. Felizmente, estão sendo encontradas alternativas aos CFCs (incluindo produtos químicos de alta tecnologia como água e sabão) para lavar os chips durante a produção.

O FLAGELO DOS METAIS PESADOS

Outra fonte de preocupação é o uso de metais pesados em pilhas e baterias. Pesquisadores da Universidade do Arizona descobriram que as baterias e as pilhas são responsáveis por 20% do lixo tóxico vindo dos lares e escritórios e depositado em aterros sanitários, muito embora representem apenas 0,2% do volume total de todo o lixo coletado. O maior culpado é o cádmio, que é usado nas pilhas recarregáveis de níquel e cádmio (nicad). As pilhas nicad são usadas em muitos computadores como fonte de baixa potência quando o computador está desligado. A pilha é recarregada automaticamente sempre que o computador é ligado.

Infelizmente, até mesmo as pilhas ou baterias nicad acabam um dia e, mesmo que durem por toda a vida do computador, a máquina inteira acabará sendo jogada fora juntamente com a bateria. Felizmente, algumas companhias estão começando a reciclar baterias. A Apple Computer, por exemplo, tem um programa que recolhe baterias nicad gastas e lhes dá uma destinação segura em vez de permitir que elas acabem por encontrar o caminho de um aterro sanitário, onde o cádmio pode penetrar no solo. Com um pouco de pressão por parte dos consumidores, mais fabricantes passarão a fazer o mesmo.

DESPERDÍCIO DE ENERGIA

Ainda outra preocupação ambiental com relação aos computadores é a energia gasta para mantê-los em funcionamento. Se você visitar um escritório dos mais comuns, encontrará muitos computadores ligados, embora não estejam em uso. Se você voltar a esse mesmo escritório à noite, talvez encontre todos os computadores ligados, mesmo sem ninguém por perto. Em alguns casos, deixar o computador ligado é justificado, porque os funcionários usam modems para acessar seus sistemas à noite e porque alguns sistemas automáticos de cópia de segurança (backup) são usados à noite para proteger os dados. Mas, em outros casos, o problema é simplesmente uma convenção tradicional que diz que é mais barato deixar o computador ligado do que ligá-lo e desligá-lo todos os dias, já que a máquina sente esse impacto. Como a eletricidade é barata e os computadores não, melhor deixá-los ligados.

Porém, empresas e usuários de computadores vêm reavaliando essa atitude. Algumas companhias desligam seus computadores simplesmente para poupar energia. Outras instalaram sistemas "de repouso" (*sleep systems*), como aqueles que acompanham os computadores portáteis. Quando o computador não está em uso, ele pode ser parcialmente desligado para poupar energia. Soluções como essas ajudam a causa geral da economia de energia elétrica e faz do computador um dispositivo mais saudável em termos ambientais.

O QUE ESPERAR DO FUTURO

É difícil adivinhar o que se pode esperar da civilização do ciberespaço, mas algumas coisas você pode estar certo de que ocorrerão. Você pode apostar que a capacidade do ciberespaço estará sempre dois passos à frente de qualquer tentativa de civilizá-lo.

Mais leis, é claro, serão elaboradas. O que constitui roubo de dados e invasão de privacidade provavelmente será regulamentado; a pressão para tanto já está aumentando. Ao mesmo tempo, a potência dos computadores sempre permitirá que essas máquinas invadam nossas vidas — provavelmente mais do que desejamos. Pode ser que o efeito de maior alcance dos computadores seja o fato de as pessoas se tornarem gradualmente parte de uma comunidade eletrônica — e esperamos que isso seja feito sempre para o bem de todos.

O governo norte-americano vem tentando ajudar a criar essa comunidade eletrônica promovendo, ou até financiando, uma *super-rodovia de dados* (*data superhighway*). O ideal é que ela seja uma rede nacional de cabos de fibra óptica que deixem o potencial da comunicação de dados em alta velocidade ao alcance de todos os lares e escritórios.

Um perigo previsto por alguns teóricos nesse progresso é o surgimento de uma *elite da informação*. Eles temem que nossa sociedade tecnológica possa ficar dividida entre: as pessoas altamente letradas em informática, que podem "grampear" a crescente rede global para obter informações valiosas, e as pessoas que não têm esse acesso. Muitos usuários de computadores questionam esse tipo de interpretação, citando o custo cada vez menor da informática e da conectividade e os contínuos aprimoramentos que tornam os computadores fáceis de usar. Para essas e outras pessoas, o ciberespaço é uma nova fronteira que todos nós teremos oportunidade — e obrigação — de moldar. Nas palavras de Mitch Kapor:

> Ainda temos uma oportunidade agora, com as comunicações baseadas em computadores, de moldar o futuro desse meio. Essas redes que estamos criando acabarão por alcançar lares e escritórios em toda a parte. Quem é que desejamos como dono delas? Como é que queremos controlá-las? O que as pessoas devem ter permissão para fazer? Como a privacidade das pessoas será respeitada nesses novos meios? Como é que a Primeira Emenda (First Amendment) sobreviverá nos novos meios? Este é realmente um momento maravilhoso para estar na fronteira.[6]

---

6. Joseph Maglitta e Mitch Kapor. "Cyber Frontiersman", *ComputerWorld*, Edição do 25º Aniversário, 22 de junho, 1992, p. 47.

LIGUE-SE

DEZ PASSOS NA DIREÇÃO DA INFORMÁTICA AMBIENTALMENTE CORRETA

Computadores e um ambiente saudável certamente não precisam ser incompatíveis. Aqui estão dez passos que você pode dar para criar um espaço de trabalho consciente em termos ambientais:

1. Recicle todo papel. Mantenha uma caixa no seu escritório para jogar especialmente papel branco usado. Você também pode economizar papel (e dinheiro) imprimindo rascunhos de documentos no verso do papel usado.

2. Sempre que possível, edite seus documentos na tela em vez de imprimi-los.

3. Use o correio eletrônico em vez de memorandos por escrito para se comunicar com seus colegas de trabalho e clientes.

4. Tente encontrar outra maneiras indiretas de economizar papel. Por exemplo, talvez seja possível cancelar um periódico diário ou semanal se as mesmas informações puderem ser obtidas na CompuServe, Prodigy, Mandic ou outro serviço on-line.

5. Recicle os disquetes. Depois de um certo tempo, você verá que quase nem mais precisa comprar disquetes novos.

6. Desligue seu computador e a impressora quando não for usá-los por mais de algumas horas, mas não os desligue toda vez que sair do escritório. Os computadores usam uma quantidade desproporcional de energia durante a inicialização, portanto se você ligá-los e desligá-los com muita freqüência, poderá desperdiçar energia.

7. Se você usa uma impressora a laser, recicle os cartuchos de toner ou de tinta. Muitas empresas que vendem cartuchos de toner têm uma política de receber os cartuchos usados à base de troca. Com isso, você economiza dinheiro e mantém os cartuchos bons (porém vazios) fora dos aterros sanitários. Você também pode reabastecer os cartuchos usados nas impressoras a jato de tinta.

8. Se você trabalha perto de uma janela, disponha seu escritório de modo a não precisar fechar as cortinas para eliminar o brilho da tela. Você estará economizando energia e seus olhos ficarão menos cansados porque você tem uma boa fonte de luz natural.

9. No momento de se desfazer de um computador velho, descubra se existem na região postos de reciclagem de computadores. Você pode, quem sabe, vender o computador antigo, ou doá-lo a uma escola local.

10. Quando você comprar um computador novo, economizará dinheiro e produzirá menos desperdício se pagar um pouco mais por um modelo que possa ser facilmente expandido, em vez de comprar o modelo mais barato que satisfaça apenas as suas necessidades atuais.

RESUMO

CRIMES POR COMPUTADOR

- O sistema legal norte-americano, e no mundo, em geral, está gradualmente desenvolvendo um código de leis para proporcionar uma estrutura legal ao ciberespaço.

- A brecha de lei mais comum no ciberespaço é a pirataria de software, a cópia ou o uso ilegal de um programa.

- Em vez de incorporar proteção contra cópias em seus programas, muitos desenvolvedores de software desencorajam a pirataria nas organizações oferecendo licenças de uso empresarial e versões para rede.

- Pequenas empresas de software às vezes oferecem seus produtos como shareware — os programas são distribuídos gratuitamente, mas exigem uma taxa para uso por tempo prolongado — ou como freeware.

- Os vírus de computador são programas parasitas capazes de se reproduzir, infectar computadores e destruir dados.

- O hardware às vezes é roubado pelo valor dos dados nele armazenados, e não pelo valor da máquina em si.

- Os dados também são roubados por hackers criminosos, que usam suas habilidades para entrar em sistemas, para acessar dados ou para desviar fundos.

- Muitos sistemas desencorajam o acesso desautorizado com um logon que requeira um código de identificação do usuário e uma senha, ou com a criptografia dos dados.

INVASÃO DE PRIVACIDADE

- O banco de dados dos computadores permite que as corporações coletem e organizem dados sobre os indivíduos.

- Dois tipos bastante conhecidos de banco de dados que guardam dados sobre as pessoas são a mala direta, que incorpora dados sobre comportamento de consumo, e o histórico de crédito, que relaciona informações sobre contas e dívidas.

- Ameaças à privacidade também ocorrem entre empresas e seus funcionários, especialmente com relação aos canais de comunicação que a empresa possui, como, por exemplo, o correio eletrônico e o correio por voz.

ERGONOMIA

- Ergonomia é o estudo das relações físicas entre os seres humanos e suas ferramentas, como os computadores.

- As cadeiras dos escritórios devem ter altura ajustável, apoio para as costas e descanso para os braços.

- Mesas que permitem ajuste da altura do teclado e teclados ergonômicos especiais foram desenvolvidos para impedir a síndrome do túnel carpal, um tipo de lesão por estresse constante.

- Para evitar danos aos seus olhos, tente não olhar fixamente para a tela durante longos períodos, posicione seu monitor a uma distância de 60 a 70 centímetros dos seus olhos, certifique-se de que não haja luzes brilhantes refletindo na tela e use um monitor com tela relativamente grande, sem nenhuma oscilação aparente.

COMPUTADORES E O AMBIENTE

- O escritório sem papéis, que a tecnologia dos computadores torna possível, ainda não se transformou em uma realidade, principalmente por causa dos hábitos das pessoas que usam computadores.

- Os fabricantes de chips para computadores estão deixando de usar CFCs para limpar os chips durante o processo de produção.

- Alguns dos principais lixos tóxicos produzidos tanto por casas quanto por escritórios são os metais pesados, como o cádmio, usados amplamente em pilhas e baterias.

QUESTÕES PARA REVISÃO

1. Qual é o tipo mais comum de atividade criminosa associada aos computadores?
2. Que precauções você deve tomar para impedir que seu computador seja infectado por um vírus?
3. Por que o roubo de hardware está aumentando?
4. Por que alguém pagaria 10 mil dólares a um ladrão para roubar um computador portátil quando a máquina pode custar menos da metade desse valor?

5. Por que, em geral, é mais difícil pegar um fraudador eletrônico do que um ladrão comum?

6. Descreva como a criptografia e a senha ajudam na segurança dos dados.

7. Por que pode ser desnecessário preencher um certificado de garantia?

8. O que as correspondências que você recebe todos os dias e o seu histórico de crédito têm em comum?

9. Por que é ruim para os olhos você olhar fixamente para a tela durante longos períodos?

10. Antes de se desfazer de um computador velho, como você pode agir para ajudar a aliviar os problemas dos metais pesados nos aterros sanitários?

QUESTÕES PARA DISCUSSÃO

1. Você é responsável por configurar um sistema computacional em um escritório. Descreva três maneiras para tentar tornar o escritório o mais "sem papel" possível.

2. Imagine que você seja gerente de vendas de uma empresa de software para computador. Você tem dez vendedores trabalhando para você, viajando, encontrando-se com clientes potenciais e demonstrando um novo software revolucionário que ainda não foi lançado no mercado. Para demonstrar a capacidade do programa, você fornece a cada um dos seus funcionários um notebook topo de linha, que vale aproximadamente 6 mil dólares.

   Naturalmente, você está preocupado com a possibilidade de esses computadores serem roubados, tanto pelo valor da máquina quanto pelo sigilo associado ao novo software. Para desencorajar furtos, você equipou cada computador com três recursos de segurança. Escreva um memorando de uma página aos seus funcionários, advertindo-os a respeito do roubo de computadores portáteis, explicando como desencorajá-lo e descrevendo cada um dos recursos de segurança presentes nos computadores.

3. Suponha que você trabalhe em um escritório aberto onde qualquer pessoa que passe por lá pode ter acesso a dados confidenciais armazenados no seu computador. Que medidas você pode adotar para proteger os dados contra os bisbilhoteiros? Relacione quantas puder.

AS ATIVIDADES PRÁTICAS DESTE CAPÍTULO PODEM SER ENCONTRADAS NO APÊNDICE A.

Parte II

Como funcionam os computadores

CAPÍTULO 4

PROCESSANDO DADOS

OBJETIVOS

Depois de terminar de ler este capítulo, você será capaz de:

- Discutir a diferença entre dados e informações.
- Explicar por que os computadores usam o sistema numérico binário.
- Converter números entre os formatos binário, decimal e hexadecimal.
- Descrever as duas partes principais da CPU e como elas trabalham juntas para processar dados.
- Diferenciar RAM de ROM.
- Descrever os recursos de hardware que afetam a velocidade do processamento.
- Comparar os membros mais conhecidos das famílias de CPU Intel e Motorola.

Mesmo as pessoas que já usam computadores há anos ficam maravilhadas com o que essas máquinas são capazes de fazer: como é que, a uma velocidade assustadora e com uma precisão impressionante, elas conseguem classificar uma lista de endereços, fazer um balanço contábil, diagramar um livro ou criar modelos realistas de objetos que nunca existiram?

Como exatamente o computador consegue fazer tudo isso pode até parecer mágica, mas, na verdade, é um processo baseado em conceitos simples, porém inteligentes. Todas as palavras, números e imagens que você insere e recebe do computador são manipulados de maneira relativamente simples pelos componentes de processamento do computador.

Neste capítulo, você descobrirá o que são dados, como eles diferem das informações e que forma assumem no computador. Depois, você explorará os dois componentes do processamento: a unidade central de processamento (CPU) e a memória. Você também estudará os fatores mais importantes que afetam a velocidade de um computador. Finalmente, examinará os microprocessadores produzidos pelos dois maiores fabricantes, Intel e Motorola.

TRANSFORMANDO DADOS EM INFORMAÇÕES

Apesar de a maioria dos computadores não ser capaz de responder à fala humana, as pessoas conversam com eles o tempo todo. Em geral, parece que os computadores conseguem compreender-nos, porque produzem informações que nós entendemos. Na verdade, porém, os computadores não entendem nada. Tudo o que fazem é reconhecer dois estados físicos distintos, produzidos pela eletricidade, pela polaridade magnética ou pela luz refletida — em essência, eles sabem dizer se um interruptor está ligado ou desligado.

Embora cada sinal minúsculo identificado dessa maneira não tenha significado, o computador contém tantos interruptores, chamados transistores, e opera em velocidades tão fenomenais que podemos usá-lo para que cada um desses sinais forme padrões complexos que sejam significativos para nós. Mas o computador faz tudo isso sem nada entender; as idéias, a visão e as conclusões vêm das pessoas.

O termo que usamos para descrever os sinais com os quais o computador trabalha é *dado*. Apesar de as palavras *dado* e *informação* serem muito usadas como sinônimos, há uma diferença importante entre elas. No sentido mais estrito, *dados* são os sinais brutos e sem significado individual que os computadores manipulam para produzir informações.

Você pode pensar nos dados como fatos fora de contexto, como cada uma das letras desta página. Se tomados individualmente, eles não nos dizem nada, mas juntos, neste arranjo em particular, transmitem um significado específico às pessoas que falam português. Assim como um escritor transforma as letras do alfabeto em palavras e frases significativas, o computador transforma dados sem significado em informações úteis.

A conversão de dados em informações, e estas novamente em dados, é uma parte tão fundamental do que os computadores fazem que é preciso saber como a conversão ocorre para compreender como o computador funciona.

SISTEMAS NUMÉRICOS

Para o computador, tudo são números. Números são números, letras são números e sinais de pontuação, símbolos e até mesmo as instruções do próprio computador são números. Talvez isso possa parecer estranho, já que você provavelmente já viu palavras e frases na tela do computador. Quando você vê as letras do alfabeto na tela de um computador, está vendo apenas uma maneira de representar números. Pegue, por exemplo, esta frase:

```
Eis algumas palavras.
```

Ela parece uma série de caracteres alfabéticos para você e para mim, mas para o computador ela é o seguinte:

```
69 105 115 32 97 123 117 105 32 97 108 103 117 109 97 115 32
102 97 108 97 118 114 97 115 46
```

Na verdade, mesmo essa seqüência de números é um tipo de representação abreviada de como o computador realmente vê a frase. Ele, na verdade, vê nossa frase como uma série de 208 "1" e "0" (Figura 4.1). Compreender como a CPU representa números de várias maneiras, e por que ela precisa fazer isso, é fundamental para compreender como o computador converte dados em informações

```
0100  0101  0110  1001  0111  0011  0010  0000  0110  0001
0111  0001  0111  0101  0110  1001  0010  0000  0110  0001
0110  1100  0110  0111  0111  0101  0110  1101  0110  0001
0111  0011  0010  0000  0111  0000  0110  1101  0110  1100
0110  1101  0111  0110  0111  0010  0110  0001  0111  0011
0010  1110
```

FIGURA 4.1 Nesta versão binária da frase "Eis algumas palavras.", cada par de quatro dígitos representa o código numérico de um caractere. Por exemplo, 0100 0101 é a representação de 69 na base 2, um E em ASCII.

Infelizmente, os computadores não usam o nosso sistema numérico. As pessoas que programam os computadores usam vários sistemas numéricos distintos, além do familiar esquema de base 10 (ou decimal) que usamos o tempo todo. O mais importante desses sistemas é o sistema binário, ou de base 2, e o sistema hexadecimal, ou de base 16.

O essencial para reconhecer e entender os diferentes sistemas numéricos é ter consciência de que cada um deles é apenas um método diferente de representar quantidades. As quantidades em si não mudam; mudam apenas os símbolos usados para representá-las. Quando você usa um termo como *base 10* para descrever um sistema numérico, a segunda parte do termo (o número) descreve o número de símbolos usados naquele sistema. Por exemplo, o sistema numérico de base 10 tem dez símbolos e o sistema de base 16, 16 símbolos.

Por que, então, as pessoas que projetam os computadores fazem essas máquinas trabalhar com um sistema numérico que é estranho à maioria de nós? Conforme veremos, há muito boas razões.

O SISTEMA NUMÉRICO DECIMAL Muitas culturas usam o sistema numérico decimal, ou base 10, desde a antiguidade. Acredita-se que usamos esse sistema porque temos dez dedos nas nossas mãos. Uma das primeiras coisas que aprendemos a fazer é contar, e essas lições quase sempre envolvem nossos dez dedos. Na verdade, em geral aprendemos a contar até dez antes de entrarmos em contato com números maiores.

Os símbolos que usamos para representar números quando os escrevemos são os algarismos de 0 a 9. Embora ninguém nunca nos tenha ensinado que devemos começar a contar a partir do zero, o zero é realmente o primeiro símbolo da seqüência. Na verdade, o zero é o primeiro símbolo de todos os sistemas numéricos. Mas o que fazemos quando estamos escrevendo os números e chegamos ao dez? Não há nada especial nem misterioso com esse número; ele é apenas um a mais do que nove — o problema é que se esgotaram os símbolos e, portanto, precisamos começar a usar dois algarismos, em vez de um só, para representar os números daquele ponto em diante.

A maneira lógica de representar esses números maiores é iniciar a seqüência novamente e incluir outro algarismo que represente o número de vezes que concluímos a seqüência completa. O "1" no número "10" indica que a seqüência foi concluída uma vez e o "0" indica que estamos no primeiro número dessa nova seqüência.

O conceito de usar os símbolos disponíveis, em ordem, até todos terem sido usados e, depois, acrescentar outro dígito é a base de todos os sistemas numéricos. A única diferença é quantos símbolos estão disponíveis para uso.

O SISTEMA NUMÉRICO BINÁRIO Quando os computadores começaram a ser desenvolvidos, o problema do armazenamento de dados foi um dos mais difíceis de solucionar. Pense nisto — se você quisesse construir uma máquina que fosse capaz de somar dois números, digamos 1 + 1, você teria de dar a ela a capacidade de guardar esses números antes de começar a se preocupar com o problema de como somá-los.

NOTEBOOK DO NORTON O CÓDIGO MORSE É BINÁRIO!

A idéia de transmitir informações eletricamente foi proposta no final do século XVIII, mas levou quase mais um século para que Samuel F. B. Morse aperfeiçoasse o telégrafo em 1844. Um dos problemas envolvidos com a transmissão de mensagens eletricamente é como formatar o conteúdo. Os sinais precisam ser codificados de uma maneira que tanto o transmissor quanto o receptor sejam capazes de compreendê-los.

Cada toque em uma tecla do telégrafo ativava e liberava um eletroímã no extremo receptor, que emitia um som (clique) correspondente. Os pontos (sons curtos) e os traços (sons longos) do código Morse são análogos aos 1 e 2 do código dos computadores.

O código Morse usa conbinações de dois símbolos, um ponto (.) e um traço (-), para representar as letras do alfabeto. Para enviar um traço, operador pressiona a tecla do telégrafo pelo tipo de tempo necessário para produzir um ponto. O traço é um som longo e o ponto, um som curto. No código Morse, o S é ... e o O ---. Se você acrescentar um outro S, terá a mensagem SOS, símbolo internacioal do pedido de socorro (ponto ponto ponto traço traço traço ponto ponto ponto). Este é um exemplo de como dois símbolos simples podem ser convertidos em uma mensagem poderosa.

A fim de construir um dispositivo capaz de armazenar dados com a tecnologia mecânica disponível na época, os dados em si tiveram de ser reduzidos ao seu estado mais fundamental, que é o estado no qual existem apenas duas condições — ligado ou desligado. Não importa como você descreve essas duas condições distintas, contanto que elas sejam opostas e inconfundíveis. Você poderia descrevê-las como verdadeiro ou falso, sim ou não, aberto ou fechado, e assim por diante.

Um dispositivo mecânico disponível na época, o relé, era essencialmente um interruptor que podia ser ativado quando uma voltagem era aplicada a ele, e desativado quando a voltagem era removida. A condição ligado ou desligado podia ser usada para descrever os dois estados fundamentais dos dados. Agora, digamos que você pudesse conectar uma lâmpada a um desses relés, que acendesse quando o circuito estivesse fechado e apagasse quando o circuito estivesse aberto. Você teria, nesse ponto, uma máquina capaz de acender e apagar a luz. Como isso iria ajudá-lo a somar 1 + 1? Na verdade, como isso iria ajudá-lo a solucionar o problema de representar números?

Tudo o que você deve fazer para que essa máquina armazene um número é determinar que a lâmpada apagada é 0 e a lâmpada acesa é 1. Agora, você provavelmente está querendo saber que benefício tudo isso proporciona, já que a máquina só pode representar dois números — mas, se você usar mais relés e mais lâmpadas, será possível representar números cada vez maiores.

Suponha que você tenha dois relés; vejamos quantos padrões diferentes você pode produzir combinando lâmpadas acesas e apagadas (veja a Figura 4.2).

Com dois relés, você pode mostrar quatro padrões: ambas as lâmpadas apagadas, uma acesa e a outra apagada ou ambas as lâmpadas acesas. Quantos padrões você pode criar com três relés? Vamos experimentar (veja a Figura 4.3).

Como você pode ver, três relés são capazes de exibir oito combinações.

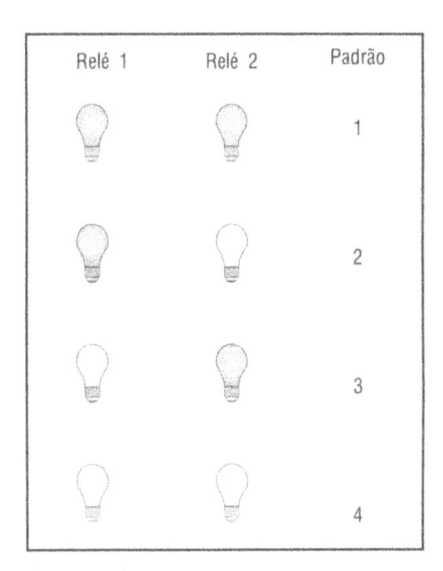

FIGURA 4.2

FIGURA 4.3

Note que os padrões mostrados nas Figuras 4.2 e 4.3 não estão em ordem aleatória. Eles estão ordenados logicamente — seguindo o mesmo método usado para contar qualquer sistema numérico. Compare os padrões da Figura 4.3 com os apresentados na Figura 4.4, que mostram como contar até sete no sistema numérico binário (base 2).

DECIMAL (base 10)	BINÁRIO (base 2)
0	0
1	1
2	10
3	11
4	100
5	101
6	110
7	111

FIGURA 4.4

Portanto, se você substituir cada lâmpada apagada por zero e cada lâmpada acesa por um, será possível começar a contar usando números binários. Três relés permitirão que você represente oito quantidades distintas (de zero a sete no sistema decimal).

Como é muito mais simples desenvolver equipamentos capazes de distinguir duas condições diferentes (ligado e desligado) do que qualquer número maior de condições, os equipamentos ainda armazenam dados nesses dois estados fundamentais. A CPU do computador é composta de pequenos interruptores chamados *transistores*. Eles têm princípio semelhante ao dos relés, mas são muito mais sofisticados. Os transistores hoje podem ser tão pequenos que as CPUs têm mais de 1 milhão deles. Como seu antecessor, porém, o transistor só pode guardar um dado; ou ele está ligado ou desligado, aberto ou fechado. Cada um desses dados é chamado bit, uma contração do termo *dígito binário* (em inglês, ***binary digit***). Para o computador, um transistor fechado representa um 1 binário; o transistor aberto representa um 0.

O SISTEMA NUMÉRICO HEXADECIMAL Agora que já sabe por que os computadores usam números binários, pense no que aconteceria se você realmente tivesse de trabalhar com o computador no sistema binário. Demoraria tanto para codificar instruções e decodificar os resultados que dificilmente valeria a pena todo esse trabalho. Por esse motivo, foi idealizado um método para representar todos os 1 e 0 que formavam números binários de uma forma mais fácil de ler, escrever e compreender.

Uma unidade maior de medida de dados é um grupo de 8 bits, chamado *byte*. Falaremos mais sobre bytes na próxima seção. Por ora, você só precisa saber que byte é um grupo de oito bits, e que essa unidade é a maneira mais importante de agrupar bits.

O sistema numérico de base 16, também chamado *hexadecimal* ou *hexa*, usa 16 símbolos para representar números. Como existem apenas nove algarismos no nosso sistema alfanumérico (0 a 9), o sistema hexa usa letras em vez de números para valores maiores que nove. A Tabela 4.1 mostra as representações decimais, binárias e hexadecimais dos valores de 0 a 15.

Observe que o maior dígito hexa, F, corresponde ao binário 1111. Em outras palavras, um único dígito hexa é capaz de representar qualquer combinação possível de quatro bits. Portanto, como um byte é composto de oito bits, qualquer byte pode ser representado por exatamente dois dígitos em hexa. Pegue, por exemplo, o número binário

```
01110101
```

Quando você divide esse número em dois grupos de quatro bits, ele passa a ser

```
0111    0101
```

Agora, consultando a Tabela 4.1, você pode ver que

```
0111 (binário) = 7 (base 16)
0101 (binário) = 5 (base 16)
```

TABELA 4.1 Números decimais, binários e hexa.

DECIMAL	BINÁRIO	HEXA
0	0000	0
1	0001	1
2	0010	2
3	0011	3
4	0100	4
5	0101	5
6	0110	6
7	0111	7
8	1000	8
9	1001	9
10	1010	A
11	1011	B
12	1100	C
13	1101	D
14	1110	E
15	1111	F

Quando se escrevem números em outro sistema numérico que não seja o de base 10, costuma-se usar também um subscrito para mostrar qual sistema numérico está sendo usado. Por exemplo, quando combinamos esses dois dígitos hexadecimais para formar um número, o número é seguido do subscrito 16 para mostrar que ele é uma representação hexadecimal. Este número é 75_{16} ou 75 em hexa.

Outro modo de indicar que um número está sendo representado em dígitos hexa é colocar o caractere "h" ou "H" ao final do número, ou então, menos comumente, o caractere "X". Esse método é, na verdade, mais comum no mundo dos computadores do que no método subscrito. O "h" ou o "X" não fazem parte do número (os dígitos hexa vão até F); ele apenas mostram que o número está sendo representado com dígitos hexa (por exemplo, 75H ou 75h).

A matemática elementar nos ensinou que um número comum na base 10, como o 123, pode ser dividido e recombinado da seguinte maneira:

```
1 × 10²  =  100
2 × 10¹  =   20
3 × 10⁰  =    3
              ___
              123
```

O 1 em 123 representa 100, que é 10^2. O 2 é realmente 20, ou seja, 2 x 10, e o 3 é apenas 3. Você pode fazer a mesma computação com números hexadecimais, com o benefício adicional de encontrar o seu equivalente na base 10. A única diferença é que você deve substituir 10 por 16:

```
7 × 16¹  =  112
5 × 16⁰  =    5
              ___
              117
```

Eis aqui mais um exemplo completo. Pegue o número binário

```
01101111
```

divida-o em grupos de quatro bits, assim:

```
0110    1111
```

Consulte a Tabela 4.1 novamente para descobrir quais os dígitos hexa que correspondem a esses números binários.

$0110 = 6_{16}$

$1111 = F_{16}$

ou

```
6F hexa
```

6Fh pode ser convertido para sua representação decimal com o mesmo método usado acima, mas, quando um dos dígitos é uma letra, é preciso, primeiro, converter a letra para seu equivalente decimal:

$$6 \times 16^1 = 96$$
$$F(15) \times 16^0 = 15$$
$$\overline{111}$$

REPRESENTANDO DADOS

Como um bit pode representar apenas dois símbolos distintos, 0 e 1, deve haver uma unidade maior, formada por um conjunto de bits, para representar números e outros símbolos, como os caracteres e os sinais de pontuação que usamos nas linguagens escritas.

Essa unidade maior, ou grupo de bits, precisa ter bits suficientes para representar todos os símbolos que possam ser usados, inclusive dígitos numéricos, as letras maiúsculas e minúsculas do alfabeto, sinais de pontuação, símbolos matemáticos e assim por diante. Além desses símbolos comuns, é preciso haver espaço extra para os comandos que controlam os dispositivos.

Pode parecer estranho, a princípio, que os comandos de dispositivos façam parte do mesmo conjunto de caracteres das letras, números e sinais de pontuação, mas isso é, na verdade, bem compreensível. Por exemplo, se você está digitando uma frase no computador, quando pressiona a tecla Return ou a tecla Tab, você está querendo que ela tenha um efeito especial sobre o seu texto: tanto na tela que você tem diante de si, quanto no texto que sairá da impressora.

Para obter esse efeito, essas teclas especiais têm de produzir caracteres especiais e invisíveis, que o seu monitor e a sua impressora conseguem interpretar, mas que não aparecem no texto. Esses caracteres são chamados *caracteres de controle* ou *códigos de controle*. Daremos mais detalhes sobre os códigos de controle mais adiante; por ora, você deve saber que eles existem e que há mais de duas dúzias deles.

Vamos fazer uma lista dos caracteres e símbolos que sabemos que queremos ser capazes de representar.

Caracteres alfabéticos maiúsculos	26
Caracteres alfabéticos minúsculos	26
Algarismos	10
Sinais de pontuação e outros símbolos	32
Caracteres de controle	24
Total	118

Até o momento, nossa lista totaliza 118. Agora, examine a tabela a seguir, que mostra o número de símbolos que podem ser representados por um número crescente de bits.

Bits	Símbolos
2	4
3	8
4	16
5	32
6	64
7	128
8	256
9	512
10	1024

Como você pode ver, representamos todos os nossos símbolos usando uma unidade de sete bits (já que nossa lista totaliza 118), mas temos apenas dez para gastar. O que faríamos se quiséssemos ter símbolos adicionais, como setas e trevos, ou se desejássemos desenhar linhas e molduras com símbolos especiais? Sete bits simplesmente não são suficientes; entretanto, com oito, dobraremos a capacidade da unidade. Com oito bits, podemos representar todos os 118 símbolos por nós definidos e ficar com 138 de sobra. Uma unidade com mais de oito bits proporcionaria tantos símbolos extras que seria um desperdício de espaço. Assim, oito é o número de bits mais lógico para representar a unidade. Lembre-se de que já dissemos que o grupo de oito bits chama-se byte.

Agora, examinaremos os dois sistemas mais importantes que foram desenvolvidos para representar símbolos com números binários ou bits, EBCDIC e ASCII, e um novo padrão, *Unicódigo* (*Unicode*).

EBCDIC Um dos primeiros sistemas completos para representar símbolos com bits foi o sistema *BCD* (*Binary Coded Decimal — Decimal Codificado em Binário*). A IBM definiu o BCD para um de seus primeiros computadores. Os códigos BCD consistiam em palavras de seis bits, que permitiam um máximo de 64 símbolos possíveis. Os computadores BCD só podiam trabalhar com letras maiúsculas e poucos outros símbolos. Esse sistema logo ficou inadequado.

A necessidade de representar letras minúsculas, além das maiúsculas, exigia 52 códigos apenas para um alfabeto completo, o que levou a IBM a desenvolver o sistema EBCDIC. *EBCDIC* é a sigla para *Extended Binary Coded Decimal Interchage Code* (*Código Ampliado de Caracteres Decimais Codificados em Binário para o Intercâmbio de Dados*).

EBCDIC é um código de oito bits que define 256 símbolos. Ele ainda é comumente usado nos mainframes IBM e em sistemas de médio porte, mas raramente é encontrado nos microcomputadores. Quando os pequenos computadores começaram a ser desenvolvidos, o ANSI (American National Standards Institute — Instituto Nacional de Padrões Americano), que desenvolvia padrões para inúmeras atividades, entrou em ação para definir padrões para computadores também.

ASCII A solução encontrada pela organização ANSI para representar símbolos com bits de dados foi o conjunto de caracteres *ASCII*. Hoje, o conjunto ASCII é de longe o mais comum. Inicialmente, ASCII, que significa *American Standard Code for Information Interchange (Código Padrão Americano para o Intercâmbio de Informações)*, era um código de oito bits, mas o oitavo bit servia a uma finalidade especial e era chamado *bit de paridade*. Portanto, na verdade, o conjunto ASCII original era um código de sete bits que definia 128 símbolos.

Mais tarde, os bits de paridade perderam sua importância e novamente a IBM tomou para si a responsabilidade de desenvolver uma versão aprimorada do conjunto ASCII que fizesse uso também do oitavo bit, permitindo a descrição de 256 símbolos. Eles não mudaram nenhum dos 128 códigos originais e, com isso, os programas destinados a trabalhar com o código ASCII original continuaram a funcionar com dados do novo conjunto de caracteres.

Uma maneira de ver os códigos ASCII é dar-se conta de que o símbolo associado ao código é outra maneira de descrever oito dígitos binários. Por exemplo, o número binário com o qual trabalhamos anteriormente,

    01101111

que é o decimal 111 (e 6F hexa), é representado no conjunto de caracteres ASCII pela letra minúscula "o". A Tabela 4.2 mostra partes do conjunto ASCII, com os equivalentes decimais, hexadecimais e binários.

UNICÓDIGO Um novo padrão para a representação de dados, chamado *Unicódigo (Unicode)*, oferecerá dois bytes para a representação de símbolos. Com dois bytes, o conjunto de caracteres Unicódigo tem mais de 65 mil símbolos ou caracteres diferentes — suficientes para todos os caracteres e símbolos do mundo, incluindo os extensos conjuntos de caracteres e símbolos do chinês, japonês e coreano. Se houvesse um único conjunto disponível para cobrir todos os idiomas do mundo, os programas de computador e os dados seriam intercambiáveis.

TABELA 4.2 Partes do conjunto de caracteres ASCII.

CARACTERE	DECIMAL	HEXA	BINÁRIO
♂	011	0B	0000 1011 (início)
♀	012	0C	0000 1100 (avanço de formulário)
♪	013	0D	0000 1101 (retorno de carro)
♫	014	0E	0000 1110
→	026	1A	0001 1010
←	027	1B	0001 1011

TABELA 4.2 Partes do conjunto de caracteres ASCII. (*Continuação*)

Caractere	Decimal	Hexa	Binário
:	058	3A	0011 1010 (dois-pontos)
;	059	3B	0011 1011 (ponto-e-vírgula)
<	060	3C	0011 1100 (menor que)
=	061	3D	0011 1101
	062	3E	0011 1110 (maior que)
?	063	3F	0011 1111
A	065	41	0100 0001
B	066	42	0100 0010
C	067	43	0100 0011
D	068	44	0100 0100
E	069	45	0100 0101
a	097	61	0110 0001
b	098	62	0110 0010
c	099	63	0110 0011
d	100	64	0110 0100
e	101	65	0110 0101
ü	129	81	1000 0001
é	130	82	1000 0010
â	131	83	1000 0011
½	171	AB	1010 1011
¼	172	AC	1010 1100
╚	200	C8	1100 1000
╔	201	C9	1100 1001
╩	202	CA	1100 1010
╦	203	CB	1100 1011
╠	204	CC	1100 1100
═	205	CD	1100 1101

COMO O COMPUTADOR PROCESSA DADOS

Dois componentes cuidam do processamento em um computador: a unidade central de processamento e a memória. Ambos estão localizados na placa principal do sistema do computador, também chamada *placa-mãe*.

A UNIDADE CENTRAL DE PROCESSAMENTO

A *Unidade Central de Processamento*, ou *CPU* (*Central Processing Unit*), é o local onde os dados são manipulados. Ela pode ser imaginada como o cérebro do computador. Em um microcomputador, toda a CPU está contida em um minúsculo chip chamado *microprocessador*, que não é maior do que uma unha. O chip é montado em uma peça de plástico com fios de metal presos a ela. Toda CPU tem pelo menos duas partes básicas, a *unidade de controle* e a *unidade lógico-aritmética*.

A UNIDADE DE CONTROLE Todos os recursos do computador são gerenciados por uma *unidade de controle*, cuja função é coordenar todas as atividades do computador. Você pode pensar na unidade de controle como se ela fosse um guarda de trânsito, que orienta o fluxo de dados por meio da CPU e do computador.

A unidade de controle contém as instruções da CPU para executar comandos. O *conjunto de instruções*, embutido nos circuitos da unidade de controle, é uma lista de todas as operações que a CPU é capaz de executar. Cada instrução é acompanhada de um *microcódigo* — instruções bem básicas que dizem à CPU como executar a instrução. Quando o computador roda um programa, ele procura os comandos que deve executar no conjunto de instruções da CPU e executa-os na ordem indicada.

As CPUs que são fabricadas por empresas diferentes têm conjuntos de instruções diferentes. Na verdade, modelos diferentes de CPU fabricados pela mesma companhia podem ter, cada um, conjuntos de instruções também diferentes. Entretanto, os fabricantes tendem a agrupar as CPUs em "famílias" com conjuntos de instruções semelhantes. Quando uma nova CPU é desenvolvida, seu conjunto de instruções tem todos os mesmos comandos, ou instruções, de sua antecessora, mais alguns comandos novos. Isso permite que programas escritos para uma determinada CPU funcionem em computadores equipados com processadores mais novos da mesma família.

Essa estratégia de fabricação, conhecida como *compatibilidade ascendente*, é aplicada a uma ampla variedade de hardware e de software. Compatibilidade ascendente significa que um novo dispositivo de hardware ou um novo software pode interagir com todos os equipamentos e softwares com os quais seu antecessor interagia. Ela poupa os consumidores de ter de adquirir um novo sistema toda vez que parte do sistema existente é atualizado.

UNIDADE LÓGICO-ARITMÉTICA Quando a unidade de controle encontra uma instrução que envolve operações aritméticas ou lógicas, ela passa o controle para o segundo componente da CPU, a *ALU* (*Arithmetic Logic Unit* — *Unidade Lógico-Aritmética*). A ALU possui um grupo de registradores — posições de memória construídas na própria CPU que são usadas para armazenar os dados que estão sendo processados pela instrução atual. Por exemplo, a unidade de controle pode carregar dois números da memória para os registradores da ALU. Depois, ela pode mandar a ALU dividir os dois números (uma operação aritmética), ou verificar se eles são iguais (uma operação lógica).

MEMÓRIA

A CPU contém a lógica e os circuitos para fazer o computador funcionar, mas ela não tem espaço para armazenar programas e dados. A CPU contém registros para dados e instruções, mas estes são pequenas áreas que só armazenam uns poucos bytes de cada vez. Além dos registradores, a CPU precisa ter milhares — ou, com mais freqüência, milhões — de bytes de espaço para armazenar programas inteiros e os dados que estão sendo manipulados por esses programas.

A memória à qual nos referimos aqui não é o tipo de armazenamento de longo prazo que lhe permite salvar seu trabalho em um disquete e meses mais tarde usá-lo, mas, sim, uma área de armazenamento de curto prazo, incorporada ao hardware do computador. Fisicamente, essa memória consiste em alguns chips na placa-mãe ou em uma pequena placa de circuitos ligada à placa-mãe. Essa memória interna permite que a CPU armazene e recupere dados muito rapidamente.

Há dois tipos de memória interna e existe mais de uma maneira de classificá-las. Uma delas é o quão permanente cada uma delas é. Alguns chips de memória sempre retêm os dados neles armazenados, mesmo quando o computador é desligado. Essa memória é chamada *não-volátil*. Outros chips — grande parte da memória de um microcomputador — perdem seu conteúdo quando o computador é desligado. A memória desses chips é *volátil*.

ROM Outra maneira de classificar a memória é segundo o modo como podemos usá-la. Alguns chips de memória sempre guardam os mesmos dados. Eles são não-voláteis e, além disso, os dados nele contidos não podem ser alterados. Na verdade, o ato de colocar dados permanentemente nesse tipo de memória chama-se "gravar (ou queimar) os dados". Os dados nesses chips só podem ser lidos e usados — não podem ser alterados, portanto a memória é chamada *ROM* (*Read-Only Memory* — *Memória Somente de Leitura*).

Um dos principais motivos pelos quais o computador precisa da ROM é para saber o que fazer quando a energia é ligada, inicialmente. Entre outras coisas, a ROM contém um conjunto de instruções de inicialização que verificam se o resto da memória está funcionando adequadamente e procuram dispositivos de hardware e um sistema operacional.

VISÃO TÉCNICA

UM EXEMPLO DE PROCESSAMENTO

Para você ter idéia de como a unidade de controle e a ALU trabalham em conjunto para processar dados, examinaremos um exemplo altamente simplificado. Digamos que você esteja usando uma calculadora na tela do seu computador, como a que mostramos na figura a seguir, para multiplicar dois números. Neste exemplo, você acabou de digitar 4 × 46 =. A unidade de controle já enviou para a memória o primeiro número, o operador — neste caso, o sinal de multiplicação — e o segundo número. Quando você digita o sinal de igual (=), o programa envia uma instrução para a CPU efetuar a multiplicação.

Em cada instrução do programa, a CPU passa por um ciclo que inclui as seguintes etapas:

1. Carregar a instrução da memória para um registrador de instrução.
2. Procurar o microcódigo correspondente àquela instrução.
3. Executar o microcódigo.

O microcódigo é então executado pela unidade de controle da CPU.

No problema da multiplicação, o microcódigo manda a unidade de controle executar as seguintes etapas:

1. Carregar o primeiro número para o registrador AX.
2. Carregar o segundo número para o registrador BX.
3. Multiplicar AX por BX e colocar o resultado no registrador CX.
4. Armazenar o valor de CX na memória.

A figura na página seguinte resume essas quatro etapas. Vamos analisá-las em maior detalhe. Na primeira etapa, a unidade de controle encontra o primeiro número na memória e copia o valor, 4, para o registrador AX.

A segunda instrução de microcódigo é muito parecida com a primeira. O resultado é que o registrador BX conterá o valor 46. Quando a unidade de controle lê a terceira instrução de microcódigo, ela passa o controle para a ALU, onde a multiplicação é realmente efetuada.

Há vários tipos de instruções de multiplicação em um conjunto de instruções; uma maneira de multiplicar um número binário por uma potência de 2 é deslocar os bits do número para a esquerda. O equivalente binário do número decimal 46 é 00101110. Quando você desloca os bits para a esquerda uma vez, o número passa a ser 01011100 (a casa que sobra "vazia" é preenchida com 0). Deslocar os bits uma vez para a esquerda equivale a multiplicar 46 por 2. Para multiplicar por 4, simplesmente deslocamos os bits para a esquerda mais uma vez, o que resulta em 10111000, ou 184 no sistema decimal (esta é uma operação sem sinais).

Finalmente, para executar a quarta etapa, a CPU envia o resultado da operação de multiplicação, 184, para a memória. Na próxima instrução do programa, a CPU enviará o resultado para o monitor de vídeo.

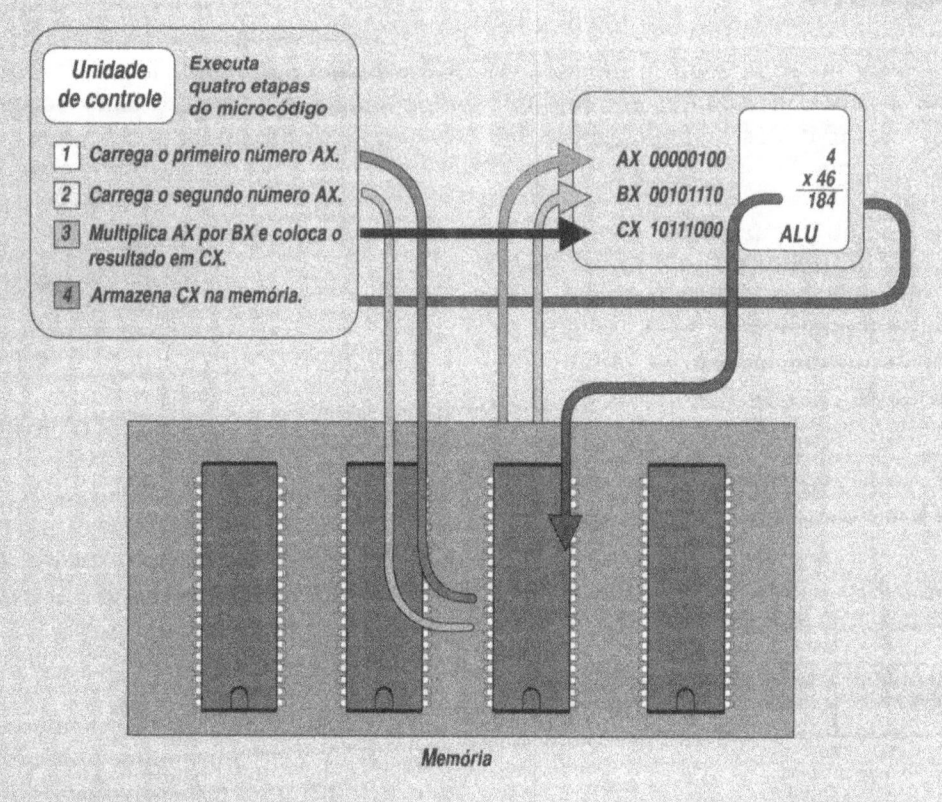

Unidade de controle Executa quatro etapas do microcódigo

1. Carrega o primeiro número AX.
2. Carrega o segundo número AX.
3. Multiplica AX por BX e coloca o resultado em CX.
4. Armazena CX na memória.

AX 00000100
BX 00101110
CX 10111000

$$\begin{array}{r}4\\ \times 46\\ \hline 184\end{array}$$

ALU

Memória

AS SETAS MOSTRAM O FLUXO DA INFORMAÇÃO EM UM CÁLCULO SIMPLES. GUIADA POR INSTRUÇÕES VINDAS DA UNIDADE DE CONTROLE, A ALU OPERA NOS NÚMEROS QUE FORAM INSERIDOS NA MEMÓRIA POR MEIO DO TECLADO. O RESULTADO VAI PARA A MEMÓRIA, PARA SER EXIBIDO POSTERIORMENTE.

RAM A memória que pode ser alterada chama-se *RAM* (*Random-Access Memory — Memória de Acesso Aleatório*). Quando as pessoas falam sobre memória em relação a microcomputadores, em geral estão se referindo à memória RAM volátil. O propósito da memória RAM é guardar programas e dados. Fisicamente, ela consiste em alguns chips em uma pequena placa de circuitos.

Usamos o termo *acesso aleatório* porque a CPU acessa a memória usando um *endereço de memória*, que é um número que indica uma posição no chip de memória, assim como o número da caixa postal indica em que escaninho a correspondência deve ser colocada. Portanto, o computador não precisa vasculhar toda a sua memória para encontrar os dados necessários; ele pode procurar o endereço e ir diretamente para lá. Os endereços de memória começam no zero e vão até quantos bytes de memória existirem no computador.

FATORES QUE AFETAM A VELOCIDADE DE PROCESSAMENTO

Até o momento, falamos sobre os componentes mais importantes do processamento: a CPU e a memória. Todos os microcomputadores têm esses componentes. Mas os computadores não são de maneira alguma todos iguais. Ao longo dos últimos 15 anos, a potência dos microcomputadores aumentou dramaticamente. Quando as pessoas falam sobre potência de computação, em geral se referem à velocidade com a qual o computador processa os dados. Conseqüentemente, mais potência significa processamento mais rápido.

O projeto dos circuitos de uma CPU determina sua velocidade básica, mas vários outros fatores podem fazer com que chips já projetados para um trabalho veloz tenham desempenho ainda mais rápido. Você já conhece alguns deles, como os registradores da CPU e a memória. Nesta seção, veremos como esses dois componentes, e também alguns outros, como a cache, velocidade do relógio (clock), barramento de dados e co-processador aritmético, afetam a velocidade do computador. A Figura 4.5 mostra como esses componentes podem ser organizados na placa-mãe

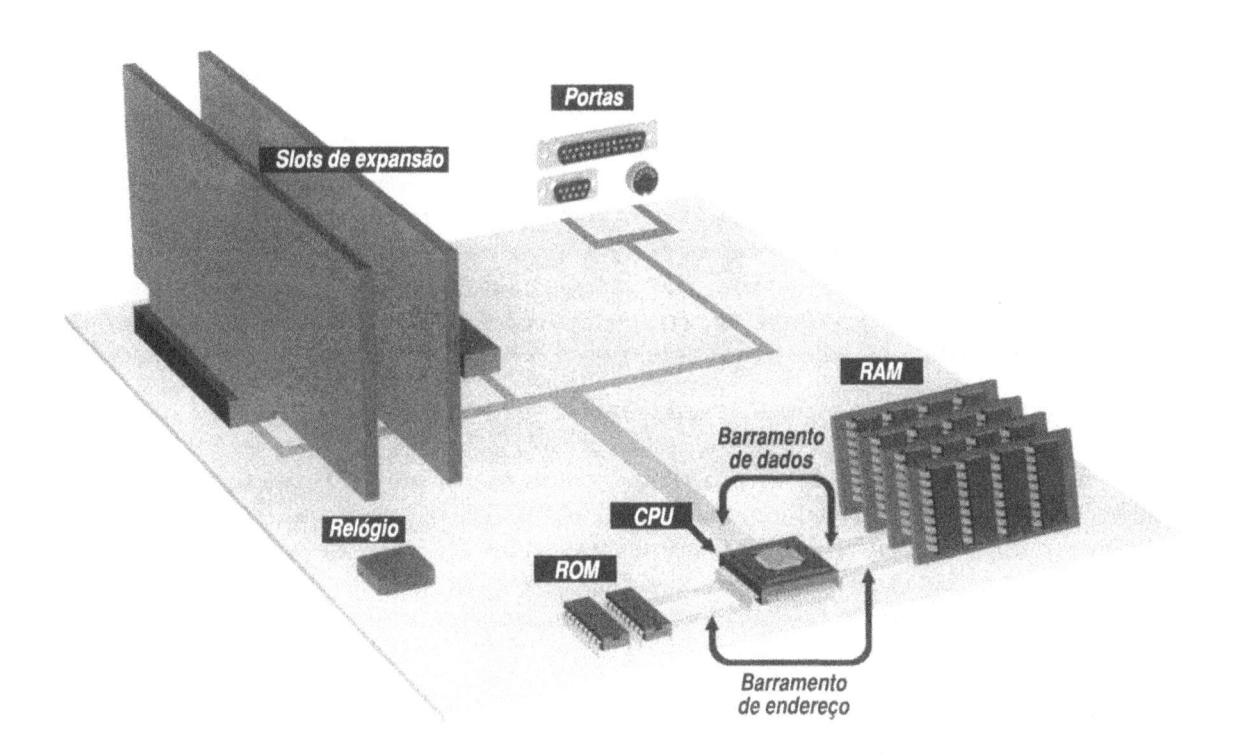

FIGURA 4.5 Este desenho simplificado mostra como os principais componentes estão organizados na placa-mãe de um computador pessoal. A velocidade de um computador é governada pelo modo como esses componentes trabalham individualmente e em grupo.

COMO OS REGISTRADORES AFETAM A VELOCIDADE

Os registradores dos primeiros micros podiam armazenar dois bytes — 16 bits — cada um. A maioria das CPUs vendidas hoje em dia, tanto para micros quanto para Macintosh, tem registradores de 32 bits. O tamanho dos registradores, que às vezes é chamado *tamanho da palavra*, indica a quantidade de dados com a qual o computador pode trabalhar em um certo momento. Quanto maior o tamanho da palavra, mais depressa o computador consegue processar um grupo de dados. Se todos os outros fatores forem mantidos constantes, uma CPU com registradores de 32 bits será capaz de processar dados duas vezes mais rápido do que uma com registradores de 16 bits.

MEMÓRIA E PODER COMPUTACIONAL

A quantidade de RAM em um computador pode ter efeito profundo sobre a potência do equipamento. Mais RAM significa que o computador pode usar programas maiores e mais poderosos, e que esses programas podem acessar arquivos de dados maiores.

Mais RAM também pode fazer o computador trabalhar mais depressa. O computador não precisa necessariamente carregar todo um programa para a memória para executá-lo, mas, quanto mais couber na memória, mais depressa será a execução. Por exemplo, um PC com 2MB de RAM é capaz de rodar o Microsoft Windows, muito embora o programa na verdade ocupe aproximadamente 10MB de espaço de armazenamento em disco. Quando você executa o Microsoft Windows, o programa não precisa carregar todos os arquivos na memória para rodar bem. O computador carrega apenas as partes essenciais. Quando precisa acessar outras partes do programa no disco, ele descarrega, ou *troca* (*swap*), as partes não essenciais pelo código do programa ou pelos dados necessários. Por outro lado, se seu micro tiver 4MB de RAM ou mais, você notará uma diferença drástica na velocidade com a qual o Microsoft Windows é carregado.

Felizmente, se você decidir que precisa de mais memória do que possui no momento, é possível comprar mais memória, abrir o computador e encaixá-la lá dentro. Mesmo os tipos de computadores diferentes, como os clones IBM, os Macintoshes e as estações de trabalho Sun, podem usar os mesmos chips de memória. Como vimos anteriormente, estes vêm em placas miniaturas, com os chips já presos. Uma dessas pequeninas placas de memória e a memória nela contida chama-se *SIMM* (*Single In-Line Memory Module* — *Módulo Simplificado de Memória In-Line*).

O RELÓGIO INTERNO DO COMPUTADOR

Todo microcomputador tem um *relógio do sistema* (*system clock*), mas a principal finalidade dele não é manter a hora do dia. Assim como os modernos relógios de pulso, o relógio do computador é movido por um cristal de quartzo. As moléculas do cristal de quartzo vibram milhões de vezes por segundo, a uma velocidade que nunca muda. O computador usa as vibrações do quartzo para cronometrar suas operações de processamento.

Ao longo dos anos, a velocidade dos relógios (clocks) tem aumentado constantemente. Por exemplo, o primeiro micro operava em 4,77 megahertz. *Hertz* é uma medida de ciclos do relógio por segundo. *Ciclo* é o tempo que demora para executar uma operação, como mover um byte de um local de memória para outro. *Megahertz* (MHz) significa "milhões de ciclos por segundo". Hoje, os micros mais rápidos operam em velocidades que se aproximam dos 100MHz. Se todos os outros fatores forem mantidos constantes (embora isso nunca aconteça), uma CPU operando em 66MHz pode processar dados 14 vezes mais depressa do que uma que opera em 4,77MHz.

O BARRAMENTO

Nos microcomputadores, o termo *barramento* (bus) refere-se aos percursos entre os componentes de um computador. Há dois barramentos principais em um computador, o *barramento de dados* (bus de dados) e o *barramento de endereço* (bus de endereços). O mais conhecido é o barramento de dados, portanto, quando as pessoas falam apenas "barramento", em geral estão querendo referir- se ao barramento de dados.

O BARRAMENTO DE DADOS   O *barramento de dados* é um percurso elétrico que conecta a CPU, a memória e os outros dispositivos de hardware da placa-mãe. Na verdade, o barramento é um grupo de linhas paralelas, cujo número afeta a velocidade com a qual os dados viajam de um componente do hardware para outro, assim como o número de pistas de uma estrada afeta o tempo que você gasta para chegar ao seu destino. Como cada fio transfere apenas um bit de cada vez, um barramento de oito fios move oito bits de cada vez, o que representa um byte completo. O barramento de 16 bits transfere dois bytes e o de 32 bits, quatro bits.

Os barramentos dos micros foram projetados para coincidir com a capacidade dos dispositivos ligados a eles. Portanto, quando as CPUs só podiam enviar e receber um byte de dados de cada vez, não havia motivos para conectá-las a um barramento capaz de mover mais dados. Com o aprimoramento da tecnologia dos computadores, foram desenvolvidos chips capazes de receber e enviar mais dados de cada vez, e os projetos de barramento ampliaram os percursos por meio dos quais os dados podiam fluir.

Quando a IBM apresentou o PC-AT, as melhorias mais incríveis foram um barramento aperfeiçoado, que atendia às potencialidades de um novo processador, o Intel 80286. O barramento de dados do AT tinha 16 bits de largura e tornou-se um padrão que ainda é usado extensivamente em novos computadores. O barramento do AT também é chamado *barramento ISA* (*Industry Standard Architecture* — Arquitetura Padrão da Indústria).

Três outras arquiteturas de barramento são também importantes. Quando a IBM começou a usar CPUs que tiravam proveito de um barramento de 32 bits, os computadores incorporaram outra nova tecnologia, o *barramento MCA* (*Microchannel Architecture — Arquitetura de Microcanal*). A nova arquitetura de barramento da IBM era significativamente mais rápida do que o barramento ISA. Seu projeto também era diferente — tanto que as placas de expansão que se adequavam ao barramento ISA não funcionavam no barramento MCA. Com o MCA, a IBM quebrou a tendência da compatibilidade ascendente e, com isso, enfureceu muitas companhias que fabricavam as antigas placas de expansão.

Em resposta ao MCA, um grupo de outros fabricantes de hardware juntou-se para desenvolver um barramento de 32 bits alternativo, ainda capaz de aceitar as placas de expansão ISA. Esse barramento tornou-se conhecido como *EISA* (*Extended Industry Standard Architecture — Arquitetura Estendida Padrão da Indústria*). O EISA é mais rápido do que o ISA, mas não tanto quanto o MCA — o custo de sua compatibilidade com as antigas placas de expansão de 16 bits.

O BARRAMENTO DE ENDEREÇOS O segundo barramento encontrado em todo microcomputador é o barramento de endereços. O *barramento de endereços* é um conjunto de fios parecido com o barramento de dados, mas conecta apenas a CPU e a memória, e tudo o que transporta são endereços de memória.

O barramento de endereços é importante porque o seu número de linhas determina o número máximo de endereços de memória. Por exemplo, lembre-se de que apenas um byte de dados é suficiente para representar 256 valores diferentes. Se o barramento de endereços pudesse transportar apenas oito bits de cada vez, a CPU só poderia endereçar 256 bytes de memória. Na verdade, a maioria dos PCs antigos tinha barramentos de endereços de 20 bits, de forma que a CPU podia endereçar 2^{20}, ou 1MB, de dados. Hoje, a maioria das CPUs tem barramentos de endereços de 32 bits, capazes de endereçar 4GB (mais de 4 bilhões de bytes) de memória.

Um dos maiores obstáculos à evolução do micro é que o DOS, sistema operacional que era usado na ampla maioria deles, foi idealizado para máquinas que só podiam endereçar 1MB de memória. Quando os micros começaram a ter mais memória, métodos especiais tiveram de ser criados para endereçá-la. Eles se chamam *memória estendida* e *memória expandida*. A memória estendida é um método mais rápido, mas ainda mais lento do que o endereçamento direto. Daremos uma olhada mais de perto na memória expandida e na memória estendida no Capítulo 8.

MEMÓRIA CACHE

Entre as operações mais demoradas que uma CPU precisa efetuar, está a transferência de dados entre a memória e os registradores. O problema é simplesmente que a CPU é muito mais rápida do que a RAM. Uma solução parcial para esse problema é incluir uma memória cache na CPU. A cache é parecida com a RAM, mas extremamente rápida em comparação à memória normal, e é usada de maneira diferente.

Quando um programa está sendo executado e a CPU precisa ler dados ou instruções armazenadas na memória comum, ela primeiro verifica se os dados estão na cache. Se os dados necessários não estiverem lá, ela seguirá em frente, para carregar os dados da memória comum para os registradores, mas, ao mesmo tempo, também carregará os dados para a cache. Da próxima vez que ela precisar dos mesmos dados, eles serão encontrados na cache, economizando o tempo necessário para carregá-los. Você pode estar achando que são pequenas as chances de a CPU encontrar os dados necessários na cache, mas isso realmente ocorre com freqüência suficiente para aumentar sensivelmente o desempenho de um micro.

As instruções de um programa são um bom exemplo de dados que a CPU sempre encontra na cache. Os programas freqüentemente fazem os computadores efetuarem a mesma operação várias vezes, até que alguma condição seja satisfeita. Na linguagem dos computadores, esse procedimento interativo chama-se *laço* (*loop*). Por exemplo, para um editor de texto procurar uma palavra específica, ele precisa primeiro verificar cada uma das palavras do documento até encontrar uma coincidência. Se as instruções que informam à ALU como encontrar uma coincidência estiverem na cache, a unidade de controle não terá de carregá-las da memória sempre que isso for necessário. Conseqüentemente, a procura termina mais depressa quando há uma cache disponível (veja a Figura 4.6).

Muitos dos micros modernos têm cache de 32KB, 64KB, 128KB ou 256KB.

PASSANDO OPERAÇÕES ARITMÉTICAS PARA O CO-PROCESSADOR ARITMÉTICO

Alguns computadores aceleram certos tipos de processamento porque possuem um co-processador aritmético. O *co-processador aritmético* é um chip, ou parte de um chip, especialmente desenhado para lidar com operações matemáticas complicadas. As CPUs 80486 e Pentium da Intel têm um co-processador aritmético interno, ao contrário dos chips anteriores. Entretanto, é possível acoplar um co-processador aritmético à placa-mãe do computador. Os co-processadores aritméticos da Intel são apresentados nos modelos 8087, 80287 e 80387 para as CPUs 8086, 80286 e 80386, respectivamente.

A ALU, que controla a maioria das operações de processamento, manipula códigos binários que representam números, textos, imagens, sons — qualquer forma de dado que o computador seja capaz de armazenar. Em termos de processamento, a ALU é um generalista.

O problema com a ALU de propósito geral é que ela tem dificuldade para efetuar certas operações matemáticas. Por exemplo, digamos que o processador precise calcular $(314,15927)^4$. A ALU foi projetada para manipular números inteiros, que não sejam nem muito grandes nem muito pequenos. Se ela for forçada a trabalhar com números com decimais, poderá realmente enfrentar problemas. O co-processador aritmético, por outro lado, é um especialista em cálculos destinados a trabalhar exatamente com esses tipos de número. Ele pode executar rotinas aritméticas muito mais depressa do que a ALU, porque usa a *aritmética de ponto flutuante*, uma técnica que traduz números para notação científica. Na aritmética de ponto flutuante, o computador representa 314,15927 como $3,1415927 \times 10^2$.

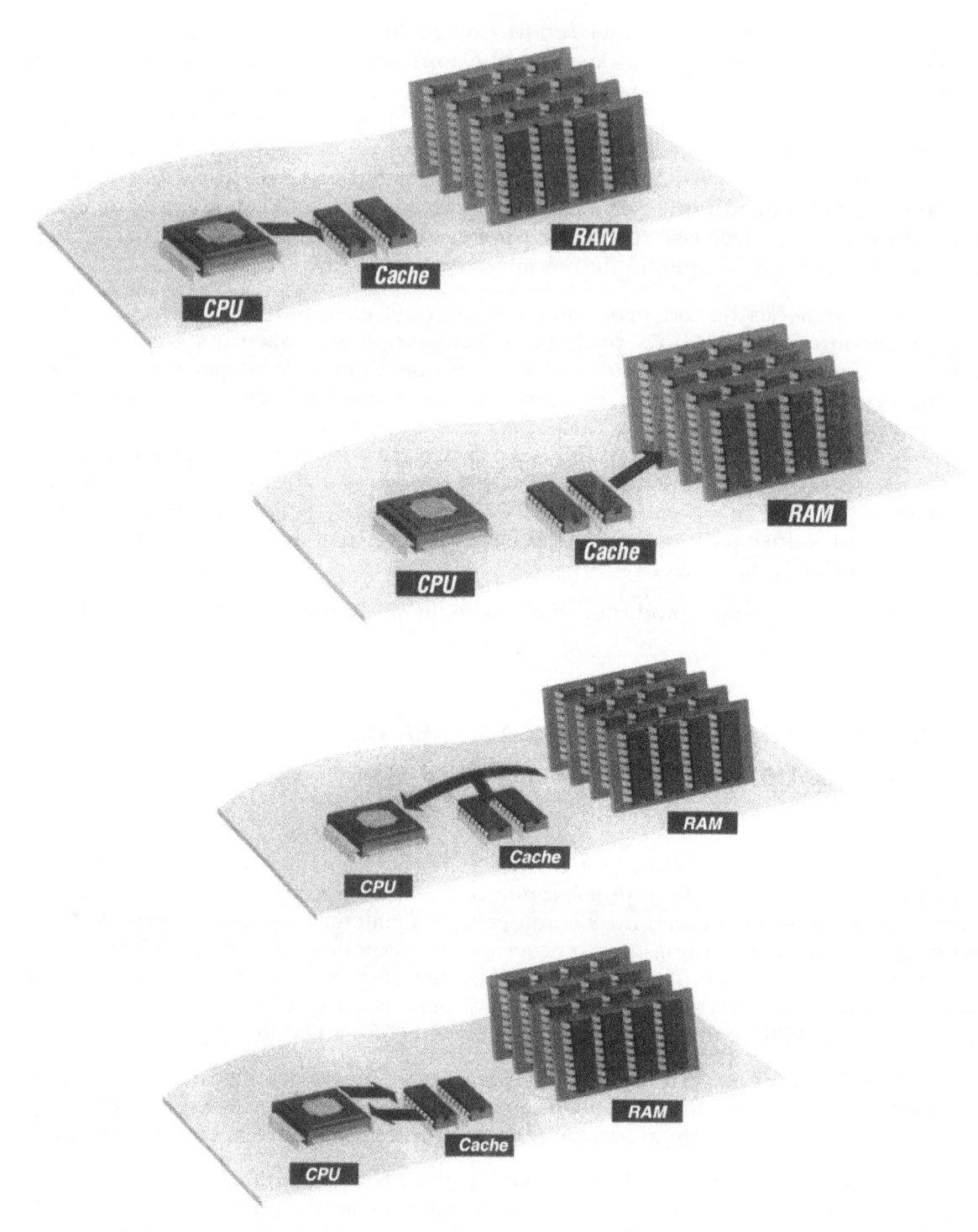

FIGURA 4.6 A cache acelera o processamento porque armazena os dados ou instruções usados freqüentemente em sua memória de alta velocidade. Sempre que a CPU solicita informações à RAM, o controlador da cache intercepta o pedido e procura as informações solicitadas em sua própria memória. Quando as informações não são encontradas, a CPU recupera os dados solicitados da memória RAM e também envia uma cópia deles à cache. Da próxima vez em que a CPU precisar da mesma informação, ela estará na cache, que a enviará rapidamente para a CPU, deixando a RAM fora do circuito.

Quando o computador precisa efetuar muita aritmética de ponto flutuante, a presença de um co-processador aritmético — incorporado à CPU ou acoplado à placa-mãe — pode acelerar consideravelmente o processamento. As aplicações que se beneficiam dos co-processadores aritméticos incluem as planilhas eletrônicas e os programas de desenho. Programas CAD geralmente não chegam nem mesmo a rodar sem um co-processador, porque cada ponto do desenho na tela tem de ser traçado numericamente.

CPUS USADAS EM MICROCOMPUTADORES

A maioria das CPUs dos microcomputadores é produzida por duas companhias: Intel e Motorola. A Intel desfruta de um tremendo sucesso com seus processadores. À exceção da linha Macintosh, da Apple, a maioria dos microcomputadores é controlada por processadores Intel. No entanto, a tecnologia dos microprocessadores da Motorola, usados nos computadores Macintosh, vem acompanhando o ritmo da indústria e, em muitos casos, chegou mesmo a defini-lo e liderá-lo. Existem outros fabricantes, como a AMD, que detém uma parcela pequena do mercado.

OS PROCESSADORES INTEL

A Intel Corporation fabrica muitas CPUs. Como algumas delas são usadas em micro, é importante que você as conheça. A Tabela 4.3 compara os processadores mais importantes desenvolvidos pela Intel para micros.

PROCESSADORES PARA OS PRIMEIROS MICROS O primeiro desses processadores foi apresentado pela Intel em 1978, e seu modelo recebeu o número 8086. O *8086*, pronuncia-se "oitenta oitenta e seis", é um processador de 16 bits, o que significa que ele processa dois bytes de cada vez. O 8086 também usava um barramento de dados de 16 bits.

O 8086 não foi o primeiro microprocessador da Intel; entre as outras CPUs por ela fabricadas antes do 8086, incluem-se os modelos 4004, 8008, 8080 e 8085. O 8086, no entanto, foi o primeiro membro do que viria a ser a família 80×86.

O 8088 foi apresentado em 1979 e era virtualmente idêntico ao 8086, a não ser pelo barramento de dados de oito bits, em vez de 16. Quando a IBM idealizou o PC original, ela decidiu que o barramento de oito bits seria suficiente, então o IBM PC original foi equipado com o processador Intel 8088.

TABELA 4.3 Processadores Intel para micros.

MODELO	ANO DE LANÇAMENTO	CAPACIDADE DO BARRAMENTO DE DADOS	TAMANHO DA PALAVRA	MEMÓRIA ENDEREÇÁVEL
8086	1978	16 bits	16 bits	1MB
8088	1979	8 bits	16 bits	1MB
80286	1982	16 bits	16 bits	16MB
80386 DX	1985	32 bits	32 bits	4GB
80386 SX	1988	16 bits	32 bits	4GB
80486 DX	1989	32 bits	32 bits	4GB
80486 SX	1991	32 bits	32 bits	4GB
Pentium	1993	64 bits	32 bits	4GB

O 286 A Intel lançou o processador 80826, que geralmente chamamos simplesmente de *286* (pronuncia-se "dois oito meia"), em 1982. Como seu predecessor, o 8086, o 286 era um processador de 16 bits com barramento de dados de 16 bits também. Entretanto, o 286 era mais rápido e mais eficiente do que o 8086; e, além disso, oferecia novas características importantes.

A primeira dessas novas características era um esquema de endereçamento de memória que efetivamente permitia ao processador usar 24 e não 20 bits para endereçar a memória. Isso aumentou drasticamente a quantidade de memória que podia ser acessada. Os processadores 8086 e 8088 só podiam endereçar 2^{20} bytes (1MB) de memória. O 286 podia endereçar 2^{24} bytes (16MB).

Outro recurso importante do 286 era a sua capacidade de simular memória. Essa capacidade, chamada *memória virtual*, permite que o processador acesse um meio de armazenamento, digamos uma unidade de disco, e trate-o da mesma maneira que trata a memória interna real. O 286 pode endereçar e usar mais de 1 bilhão de bytes (1GB) dessa memória virtual.

O último aperfeiçoamento importante incorporado ao 286 era a sua capacidade de manter várias listas de instruções e passar rapidamente de uma para outra, e vice-versa. Esse recurso, chamado *multitarefa*, permite ao computador rodar mais de um programa ao mesmo tempo.

A maioria dos PCs com processadores 286 roda o sistema operacional DOS, que foi criado para o processador 8088 e não pode acessar mais de 1MB de memória ou fazer uso dos recursos multitarefas. Apesar de ser mais poderoso do que seus antecessores, o 286 não é normalmente usado em toda a sua plenitude. Muitos computadores 286 foram produzidos, mas eram vistos como uma versão mais rápida do 8086 — e é assim que foram sido usados. Quando o software conseguiu equiparar-se ao hardware, a Intel já havia desenvolvido um processador mais novo.

NOTEBOOK DO NORTON — CHIPS AUTOCORRETIVOS

Os computadores são previsíveis, confiáveis e rápidos o bastante para controlar enormes quantidades de dados. Por isso, passamos a confiar neles para que sistemas críticos ficassem menos vulneráveis aos erros humanos. Mas circuitos complexos podem apresentar defeitos, às vezes com conseqüências catastróficas.

Para dar aos computadores uma margem extra de segurança, os cientistas da General Electric Research and Development Center, em Schenectady, Nova Iorque, desenvolveram uma tecnologia para projetar chips autocorretivos. Programados para estarem comercialmente disponíveis em meados da década de 1990, esses circuitos integrados serão capazes de policiar a si mesmos, à procura de problemas causados por elementos que apresentem defeito, e de produzir sinais que compensem os erros resultantes. Um dos primeiros usos desses chips tolerantes a falhas serão as aplicações com missão crítica a bordo de satélites e naves espaciais, onde os reparos são difíceis ou impossíveis.

O 386 Em 1985, a Intel lançou o 80386, ou *386* ("três oito meia") apenas. Este é um verdadeiro processador de 32 bits, que processa dados internamente em palavras de 32 bits, comunica-se com outros dispositivos com um barramento de dados de 32 bits e pode usar endereços de memória de 32 bits, o que lhe permite acessar aproximadamente 4 bilhões de bytes (4GB) de memória.

Além dessas melhorias em relação ao 286, o 386 apresenta um novo modo de operação chamado *modo virtual 86*. Quando o 386 é usado no modo virtual 86, ele tem capacidade para simular até 16 processadores 8086 separados. Isso permite a sistemas operacionais, como Unix e OS/2, e a programas especiais do DOS, como o Microsoft Windows, rodar vários programas do DOS ao mesmo tempo. No que tange a esses programas individualmente, eles estão sendo executados em um computador próprio e separado. Essa característica é especialmente importante para programas de controle baseados no DOS, como o Microsoft Windows, porque permite que o software simule a multitarefa com um sistema operacional (DOS) que não pode executá-la verdadeiramente.

Em 1988, a Intel lançou uma versão especial do 386, chamada *386SX*. O 386SX é igual ao 386 em todos os aspectos, menos no barramento de dados, que é de 16 bits. A Intel lançou essa versão porque percebeu que os fabricantes de computadores queriam produzir alguns equipamentos de baixo custo que fizessem uso da riqueza de periféricos e dispositivos de 16 bits disponíveis na época. Os dispositivos de 16 bits também eram menores e de fabricação mais barata do que os de 32 bits. Além disso, uma versão de 16 bits do 386 seria menor e teria custo de produção mais baixo. Quando a Intel apresentou o 386SX, ela mudou o nome do 386 original para *386DX*.

O 486 Lançado em 1989, o 80486 não apresenta nenhuma tecnologia nova em termos de processador; entretanto, combina em um único chip várias funções que costumavam ser realizadas por vários chips que precisavam comunicar-se por meio do barramento.

O *486* combina um processador 386DX, um co-processador aritmético 80387 (ou 387) e um controlador de memória de cache em um único chip. A combinação desses componentes em um único chip aumenta a velocidade do processador de uma maneira dramática. Como o coração do 486 é um 386DX, ele acessa a mesma quantidade de memória real e virtual que o 386.

O *486SX* é idêntico ao 486 regular (que agora é chamado *486DX*), mas seu co-processador aritmético está desativado. Ele existe dentro de cada equipamento desse modelo, mas está desligado. Por que desativar o co-processador aritmético? Todo 486 que a Intel fabrica passa por um procedimento de teste rigoroso e inevitavelmente alguns chips apresentam defeitos. Se o defeito estiver na CPU principal do chip (a parte do 386) ou no controlador de cache, todo o chip precisará ser desprezado. No entanto, se o defeito estiver no co-processador aritmético, o chip ainda terá valor porque as operações matemáticas poderão ser efetuadas pela ALU. Em vez de jogar fora uma CPU que, inegavelmente, é mais poderosa do que um 386DX, a Intel decidiu desativar o co-processador aritmético, vender esses chips a um preço mais baixo e chamá-los de 486SX.

Os computadores equipados com CPUs 486SX geralmente têm um lugar em que pode ser acoplado um co-processador aritmético 487SX. Um fato pouco conhecido, mas interessante, é que o co-processador aritmético 487SX é, na verdade, uma CPU 486DX completa. Quando você insere um 487SX no slot a ele reservado em um computador, este desativa totalmente o 486SX original e transfere todo o processamento para o 487SX. Portanto, se você acha que pode precisar ou desejar mais potência do que a oferecida pelo 486SX, não pense que estará economizando dinheiro comprando um 486 SX para atualizá-lo mais tarde com a adição de um co-processador aritmético.

O PENTIUM Um membro poderoso da família Intel de microprocessadores disponível no mercado são o *Pentium* e o *Pentium Pro*. Com o Pentium, a Intel rompeu a tradição de denominar seus modelos com números — em parte para impedir que outros fabricantes de chips usassem nomes numéricos semelhantes que insinuassem que seus produtos eram funcionalmente idênticos aos chips da Intel.

O Pentium representa um novo salto à frente para os microprocessadores. A velocidade e a potência do Pentium tornam insignificantes essas características em seus antecessores da linha Intel. O 486 tem aproximadamente 1,2 milhão de transistores; as versões iniciais do Pentium surgiram com mais de 3 milhões e eram capazes de processar mais de 100 milhões de instruções por segundo.

O conjunto de instruções do Pentium é compatível com o dos outros chips Intel, o que permite que computadores baseados nesse novo microprocessador executem todo o software desenvolvido para os primeiros. Normalmente, o Pentium roda programas aplicativos aproximadamente cinco vezes mais depressa do que um 486DX.

OS PROCESSADORES MOTOROLA

O outro grande fabricante de microprocessadores para pequenos computadores é a Motorola Corporation. Conforme mencionamos anteriormente, os computadores Apple Macintosh usam processadores Motorola. Outros fabricantes de computadores também já usaram muito esses processadores. Os chips da Motorola já foram os favoritos das companhias que fabricam computadores maiores, para rodar Unix. Por exemplo, a NCR, com sua série Towers, e a AT&T, com sua série 3B, usavam processadores Motorola.

A Tabela 4.4 mostra as especificações dos processadores Motorola mais importantes.

TABELA 4.4 Processadores Motorola para micros.

MODELO	ANO DE LANÇAMENTO	CAPACIDADE DO BARRAMENTO DE DADOS	TAMANHO DA PALAVRA	BARRAMENTO DE ENDEREÇO	MEMÓRIA ENDEREÇÁVEL	MHz MÁXIMO
68000	1979	16	32	24	16 MB	8
68020	1984	32	32	32	4 GB	16
68030	1987	32	32	32	4 GB	32
68040	1989	32	32	32	4 GB	40

Esse grupo de processadores é conhecido como "família 680×0", mais ou menos como o grupo de processadores da Intel para micros é conhecido como "família 80x86". Observe, na Tabela 4.4, que o primeiro membro dessa família, o 68000, tinha projeto interno que usava palavras de 32 bits. Os processadores da Intel só apresentaram essa característica com o lançamento do 386, seis anos mais tarde.

Em termos funcionais, o 68000 e o 68010 podiam, a grosso modo, ser comparados ao 8086 e o 8088 da Intel. O 68020 é ligeiramente comparável ao 286 e o 68030 e o 68040 comparam-se ao 386 e 486, respectivamente, em termos de capacidade e velocidade.

PROCESSADORES RISC

Os microprocessadores mais comuns encontrados em pequenos computadores, as famílias 80x86 e 680x0, são *processadores para computação com conjunto complexo de instruções (CISC — Complex Instruction Set Computing)*. Os conjuntos de instruções dessas CPUs são grandes e contêm normalmente centenas de instruções. Os processadores CISC também tendem a executar tipos semelhantes de operações.

Uma teoria posterior no projeto de microprocessadores sustenta que, se o conjunto de instruções for pequeno e simples, cada instrução será executada mais rapidamente, permitindo ao processador concluir mais instruções durante um período de tempo. Esse projeto resulta em um processador mais veloz e mais barato. As CPUs idealizadas em torno dessa metodologia são chamadas *processadores para computação com conjunto reduzido de instruções* (*RISC — Reduced Instruction Set Computing*).

A tecnologia RISC é usada amplamente em computadores de tamanho médio como o IBM RS/6000 e as estações de trabalho Unix mais poderosas, como aquelas fabricadas pela Sun Microsystems, Hewlett-Packard e NCR. As CPUs RISC também são usadas largamente em impressoras e outros dispositivos inteligentes que têm suas próprias CPUs internas.

Os processadores RISC são projetados e fabricados por algumas das mesmas empresas que produzem os processadores CISC. Em 1989, a Intel lançou o i860, um chip RISC de 64 bits, que mereceu a distinção de ser o primeiro chip a conter mais de 1 milhão de transistores. Os processadores RISC mais novos incluem o Intel i960, o Motorola 88100 e o DEC Alpha. A Sun Microsystems também produz um processador RISC, conhecido como SPARC, que é usado em estações de trabalho Unix.

Qual tecnologia, CISC ou RISC, será a base da maioria dos microprocessadores futuros ainda está para ser determinado. A resposta pode ser que cada uma delas se preste melhor a certas aplicações e, portanto, ambas coexistirão e serão usadas onde forem mais eficientes.

PROCESSAMENTO PARALELO

Outra escola de pensamento na produção de computadores cada vez mais rápidos é criar equipamentos que tenham mais de um único processador. Essa idéia não é nova na arena dos mainframes e supercomputadores. Na verdade, o IBM 3090 tem de dois a quatro processadores, e o Cray X MP 4 tem quatro processadores. Algumas empresas estão desenvolvendo computadores com 256, 512 e até mesmo milhares de microprocessadores, conhecidos como *processadores maciçamente paralelos*. A maioria dessas máquinas ainda está em fase de pesquisa e desenvolvimento e sua utilidade e praticidade ainda precisam ser testadas.

Na outra extremidade do espectro, já existem disponíveis hoje em dia versões de micros com dois processadores. Infelizmente, o sistema operacional DOS não consegue fazer uso da maior potência de mais um processador. Alguns desenvolvedores de software para Unix, porém, criaram programas que tiram vantagem desse recurso adicional. O Microsoft Windows NT, também faz uso total dos computadores com processadores paralelos. Analisaremos o Windows NT e os computadores com multiprocessamento no Capítulo 8.

O QUE ESPERAR DO FUTURO

A tecnologia dos microprocessadores evoluiu a uma velocidade tão impressionante que nos acostumamos a ver esses chips dobrarem e até mesmo quadruplicarem o desempenho de seus antecessores. Essa tendência pode continuar ainda por algum tempo. Novas tecnologias e novos processos de produção que possibilitem o empacotamento de mais circuitos e eletrônica em um chip contribuem para a espiral de computadores mais potentes.

O objetivo é incorporar cada vez mais as funções de um computador completo ao microprocessador. Essa tendência teve início com o 286, que incorporou o gerenciamento de memória às funções da CPU, e continua com o 486, que combina um co-processador aritmético e um controlador de cache no chip.

A necessidade de mais circuitos e transistores em um chip leva a tecnologia a explorar o desenvolvimento de componentes cada vez menores. Onde pararemos? O quão pequeno pode ser um computador? Os pesquisadores vêm trabalhando em uma ciência chamada *nanotecnologia*, que se baseia na produção de moléculas que podem ser usadas para armazenar dados ou até mesmo programadas para executar certas tarefas. Essa tecnologia possibilitaria a produção de computadores minúsculos que poderiam ser lançados na corrente sangüínea para limpar as paredes das artérias ou ainda atacar células infectadas por vírus.

Com essa potencialidade disponível em escala tão microscópica, os computadores que usaremos nas nossas atividades cotidianas certamente ofuscarão as atividades dos computadores atuais. Com tanta potencialidade disponível em pacotes tão pequenos, a necessidade de computadores grandes poderá diminuir, pois os pequenos computadores serão capazes de cuidar da maioria das tarefas que se espera que eles executem. No final, os microcomputadores provavelmente se tornarão apenas computadores.

RESUMO

TRANSFORMANDO DADOS EM INFORMAÇÕES

- O sistema de numeração binária funciona da mesma maneira que os sistemas hexadecimal e decimal, mas tem apenas dois símbolos disponíveis, em vez de 10 ou 16.

- O sistema hexa é uma maneira conveniente de resumir o código binário, porque um dígito hexa pode representar quatro dígitos binários.

- Nos dois conjuntos de códigos de caracteres mais comuns, EBCDIC e ASCII, os caracteres consistem em um byte — oito bits — de dados.

COMO O COMPUTADOR PROCESSA DADOS

- O processamento no microcomputador ocorre na CPU, cujas duas partes principais são a unidade de controle e a ALU.

- Dentro da CPU, instruções dos programas são recuperadas e traduzidas com a ajuda de um conjunto de instruções internas e o microcódigo apropriado.

- As CPUs de uma mesma família têm compatibilidade ascendente em termos de conjuntos de instrução, de forma que um novo membro pode usar todos os mesmos programas usados pelos membros mais velhos.

- A manipulação dos dados propriamente dita ocorre na ALU, que está conectada a registradores que contêm dados.

- Uma parte da memória chamada ROM é não-volátil (ou permanente): ela é usada para armazenar instruções que fazem o computador funcionar no instante em que é ligado.

- A parte maior da memória, chamada RAM, é volátil (ou temporária): programas e dados podem ser gravados e eliminados conforme necessário.

- A CPU acessa cada local de memória com um número exclusivo, chamado endereço de memória.

FATORES QUE AFETAM A VELOCIDADE DE PROCESSAMENTO

- O tamanho dos registradores, também chamado tamanho da palavra, determina a quantidade de dados com a qual o computador pode trabalhar em um dado instante.

- A quantidade de RAM também pode afetar a velocidade, porque a CPU consegue guardar uma parte maior do programa e dos dados ativos na memória, recorrendo com menos freqüência ao meio de armazenamento.

- O relógio do sistema (clock) do computador define o ritmo da unidade central de processamento.

- Há dois tipos de barramento, o barramento de dados e o barramento de endereço, ambos localizados na placa-mãe.

- A largura do barramento de dados determina quantos bits de cada vez podem ser transmitidos entre a CPU e outros dispositivos.

- A arquitetura de barramento do PC evoluiu do barramento ISA para os barramentos MCA e EISA.

- O tamanho (ou largura) do barramento de endereços determina o número de bytes de memória que a CPU é capaz de acessar.

- A cache é um tipo de memória de alta velocidade que contém os dados e instruções mais recentemente carregados pela CPU.

- O co-processador aritmético acelera o processamento de operações aritméticas porque efetua cálculos de ponto flutuante para a CPU.

CPUS USADAS NOS MICROCOMPUTADORES

- A Intel produz a maioria das CPUs usadas nos micros.

- Ao longo dos últimos 15 anos, os processadores da Intel evoluíram do 8086 e 8088 para o 286, 386, 486 e Pentium.

- A Motorola fabrica as CPUs usadas nos Macintoshes: 68000, 68020, 68030 e 68040.

- A maioria dos microcomputadores usa chips CISC, cujos conjuntos de instruções incluem centenas de instruções.

- Alguns micros mais poderosos e alguns computadores de tamanho médio usam chips RISC, que contêm apenas algumas instruções.

- Uma tendência na arquitetura dos computadores é incorporar processadores paralelos.

QUESTÕES PARA REVISÃO

1. Como os dados e informações podem ser semelhantes e ao mesmo tempo diferentes?

2. Relacione três razões pelas quais os computadores usam o sistema numérico binário em vez do decimal.

3. Qual o valor binário do decimal 7? Qual o valor decimal do hexa A? Qual o valor em hexa do binário 11?

4. Identifique e defina três tipos de representação de dados discutidos neste capítulo.

5. Relacione os dois componentes principais de uma CPU e explique o que cada um faz.

6. Quais são os dois tipos de memória de computador e qual a diferença entre eles?

7. Em três frases ou menos, explique como opera o barramento de um computador. Quais são os dois tipos de arquitetura de barramento e qual a diferença entre eles? Qual a diferença entre o barramento ISA e o barramento EISA?

8. O que é cache e como ela melhora o desempenho da CPU?

9. Identifique as diferenças entre processadores CISC e RISC.

10. Relacione três benefícios em potencial do processamento paralelo.

QUESTÕES PARA DISCUSSÃO

1. Em cada um dos exemplos a seguir, explique rapidamente que dados poderiam compor as informações necessárias para executar cada tarefa:

    a) Ler um jornal

    b) Decidir o que vestir em um determinado dia

    c) Preencher a declaração de Imposto de Renda

    d) Determinar que carro comprar

2. Imagine que você é um computador vivo. Com o conhecimento que tem sobre CPUs — incluindo como funcionam a unidade de controle, a ALU, os registradores de instrução e os registradores de dados —, decida que componentes seriam mais úteis e importantes nas seguintes circunstâncias:

    a) Seguir uma receita culinária

    b) Decorar parte de uma peça de teatro

    c) Dar um telefonema

    d) Criar um índice das palavras-chave para um relatório

As atividades práticas deste capítulo podem ser encontradas no Apêndice A.

Capítulo 5

INTERAGINDO COM O COMPUTADOR

OBJETIVOS

Depois de terminar de ler este capítulo, você será capaz de:

- Descrever os dispositivos de entrada mais comuns.
- Compreender como o monitor de vídeo exibe imagens.
- Discutir as vantagens e as desvantagens dos diversos tipos de impressora.
- Explicar como os dispositivos de entrada e saída se comunicam com o resto do computador.

Há algum tempo, a interface homem-computador consistia em chaves de inversão e luzes piscantes — as primeiras para programar o computador e as últimas para exibir os resultados. Mas, assim como os próprios computadores, os dispositivos de *entrada/saída* (E/S) mudaram muito; hoje, teclados, mouse e canetas ópticas, scanners e monitores e impressoras de alta resolução são a norma. Aqui, ou ali na esquina, há um leque de outros dispositivos e tecnologias fascinantes, incluindo o reconhecimento de voz e a fotografia digital.

Neste capítulo, continuaremos nossa viagem pelo computador, examinando a variedade de dispositivos de E/S. Começaremos com os dispositivos de entrada mais comuns: o teclado, o mouse e o trackball. Depois, discutiremos algumas outras maneiras de inserir dados no computador. A seguir, passaremos para os dispositivos de saída mais importantes: o monitor e a impressora. Finalmente, explicaremos como os dispositivos de E/S se conectam ao resto do computador por intermédio de portas, placas de expansão e slots de expansão.

O TECLADO

Ironicamente, o teclado de um computador ainda é apenas um conjunto de interruptores, embora muito bem escondidos sob teclas que os revestem. Igualmente, o mouse é apenas um grupo de botões, interruptores e outros dispositivos eletrônicos simples. O que mudou desde os dias das chaves de inversão é a forma e a organização desses dispositivos, como os usamos e como o computador reage a eles.

O LAYOUT PADRÃO DO TECLADO

Os teclados para microcomputadores são apresentados em vários estilos. Os inúmeros modelos diferem em tamanho, forma e "sensação de toque"; mas, a não ser por algumas teclas de finalidade especial, a maioria deles tem layout idêntico. O mais comum usado hoje em dia foi estabelecido pelo teclado expandido da IBM. Ele tem 101 teclas organizadas em quatro grupos. Os dois primeiros, as teclas alfanuméricas e o teclado numérico reduzido, são usados para inserir texto e números no computador.

As *teclas alfanuméricas* — a parte do teclado que se parece com uma máquina de escrever — estão organizadas da mesma maneira em virtualmente todos os teclados. Essa organização comum às vezes é chamada layout *QWERTY*, porque as seis primeiras teclas da primeira fileira de letras são Q, W, E, R, T e Y. O *teclado numérico reduzido*, que em geral se localiza à direita do teclado, é a parte que se parece com uma calculadora, com dez dígitos e os operadores aritméticos (+, -, * e /).

As outras duas partes do teclado são as teclas de função e as teclas de movimentação do cursor. As *teclas de função* (F1, F2 e assim por diante), que em geral estão uma ao lado da outra, na parte superior do teclado, permitem que você envie comandos ao computador sem precisar digitar longas séries de caracteres. O que cada tecla de função faz depende do programa que você está usando. Por exemplo, na maioria dos programas, F1 é comumente a tecla de ajuda (Help). Quando você a pressiona, aparece uma tela com informações sobre como usar aquele programa.

A quarta parte do teclado é o conjunto de *teclas de movimentação do cursor*, que lhe permitem mudar a posição do cursor na tela. Quando você usa um programa de edição de texto, há uma marca na tela onde os caracteres que você digita vão sendo colocados. Esse ponto, chamado *cursor*, pode aparecer na tela como uma caixa quadrada, uma linha, uma seta ou um símbolo que parece um I maiúsculo, conhecido como ponteiro em forma de I (*I-beam pointer*). Para editar um texto, você move o cursor pelo documento que está sendo exibido na tela. Com as teclas de movimentação do cursor, isso pode ser feito rapidamente.

NOTEBOOK DO NORTON

LAYOUTS ALFANUMÉRICOS: QWERTY VERSUS DVORAK

O layout QWERTY de teclas alfanuméricas está conosco há muito tempo. Ele foi originalmente desenvolvido para máquinas de escrever manuais, onde cada letra era conectada a um braço que levantava e pressionava uma fita colorida contra o papel. As primeiras máquinas de escrever costumavam emperrar: se você pressionasse duas teclas em rápida sucessão, os braços conectados a elas ficavam presos um no outro. O layout QWERTY foi idealizado para evitar esses enroscos. Com as teclas localizadas em posições um pouco incômodas, os datilógrafos trabalhariam mais lentamente, sem porém embaralhar as teclas.

Obviamente, o teclado de um computador aceita caracteres com muito mais velocidade do que uma máquina de escrever manual. Reconhecendo o desconforto do teclado QWERTY, algumas pessoas recomendaram que o layout fosse alterado. Uma solução, o *teclado Dvorak*, usa um desenho mais lógico que coloca as teclas mais comumente usadas perto umas das outras. O layout Dvorak é supostamente muito mais fácil de usar e muito mais rápido do que o modelo QWERTY. Pessoas com destreza limitada às vezes usam o padrão Dvorak para maximizar sua produção, mas ele nunca conseguiu atrair o grande público. Por quê? Provavelmente porque há uma cilada na transição: você aprende a digitar nos teclados QWERTY porque eles são o padrão; uma vez dominado esse layout, ele se torna um hábito e, portanto, você fica muito pouco disposto a trocá-lo.

COMO O COMPUTADOR RECEBE ENTRADAS POR MEIO DO TECLADO

Quando você pressiona uma tecla, digamos a letra "a", pode imaginar que o teclado simplesmente envia essa letra para o computador — afinal, é o que parece ocorrer. Na verdade, as coisas são um pouco mais complexas (veja a Figura 5.1). Quando você pressiona a tecla, um minúsculo chip dentro do computador ou dentro do teclado, chamado *controlador do teclado*, observa que uma tecla foi pressionada e coloca um código em uma parte da sua memória, chamada *buffer de teclado*, indicando qual tecla foi pressionada. Esse código chama-se *código de varredura*. O controlador do teclado sinaliza, então, aos componentes de processamento do computador no teclado. Ele não especifica o que ocorreu, apenas que houve algo. O sinal que o teclado envia ao computador é um tipo especial de mensagem, chamada *solicitação de interrupção*. O controlador do teclado envia uma solicitação de interrupção à CPU quando ele recebe um toque de tecla completo. Por exemplo, se você digita "r", o controlador emite imediatamente uma solicitação de interrupção. Mas, se você primeiro pressionar a tecla Shift para digitar "r", o controlador vai esperar até que você tenha inserido a combinação completa.

Quando os componentes de processamento recebem uma solicitação de interrupção, o programa que está controlando o computador no momento avalia a solicitação, para determinar a resposta apropriada. No caso de uma tecla pressionada, o programa lê a localização de memória no buffer de teclado que contém o código de varredura da tecla pressionada e coloca a letra correspondente na memória principal do computador.

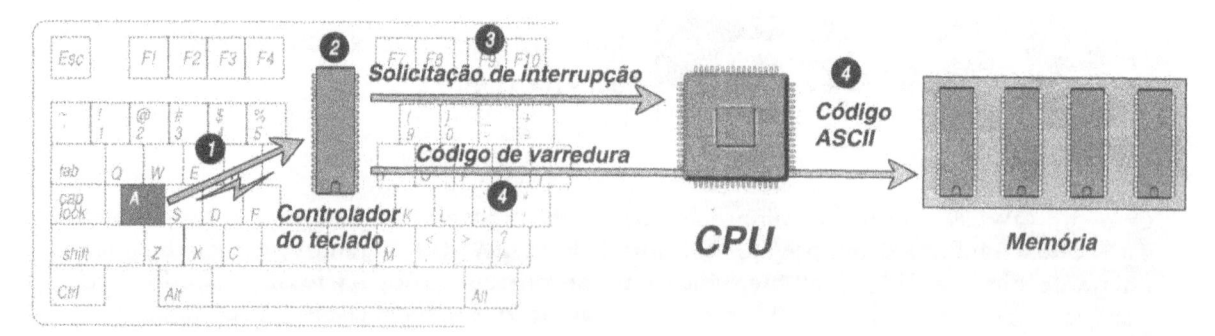

FIGURA 5.1 Quando você pressiona uma letra no teclado, inicia uma cadeia de eventos que colocam o código da letra na memória principal do computador.

O buffer do teclado pode armazenar vários toques de tecla de uma só vez. Isso é necessário porque existe um lapso de tempo entre o momento em que a tecla foi pressionada e a leitura da tecla pelo computador a partir do buffer do teclado. Os programadores também precisam colocar instruções em seus programas para a leitura dos toques de tecla (a leitura não ocorre automaticamente), e o programa pode estar fazendo alguma outra coisa no momento em que a tecla é pressionada. Se os toques de tecla estiverem armazenados em um buffer, o programa poderá reagir a eles quando isso for conveniente.

LIGUE-SE

TRABALHANDO CONFORTAVELMENTE COM COMPUTADORES

A conveniência de usar um computador pode custar-lhe seu conforto físico. Nosso corpo simplesmente não foi projetado para usar teclados e olhar fixamente para monitores por horas a fio. Olhos cansados, braços doloridos, dores no pescoço, dores nas costas e a síndrome do túnel carpal são apenas alguns dos problemas associados ao uso prolongado do computador. Felizmente, existem algumas diretrizes que você pode seguir para eliminar ou minimizar essas condições.

Manter uma boa postura é especialmente importante quando você estiver sentado em frente ao computador. Sente-se ereto, mantenha seus ombros para trás, o queixo para cima e os pés no chão. Seus joelhos devem estar abaixo do nível dos quadris. Escolha uma cadeira com encosto ajustável, descanso para os braços e que tenha uma base estável, mas permita fácil movimentação.

Ter um lugar para descansar os braços enquanto você usa o teclado pode ajudar a evitar dores nos braços e ombros. Se seu teclado está sobre uma mesa, esta deve ter algum espaço na parte da frente. Algumas mesas específicas para computadores têm uma plataforma separada, do tamanho exato para acomodar apenas o teclado. Se você usa uma dessas, o teclado deve estar em um nível baixo — perto dos joelhos, se possível —, e você deve usar um apoio para os pulsos.

O posicionamento do monitor também é importante. Se o monitor estiver alto demais, a tendência será você inclinar a cabeça para trás para estabelecer um ângulo de visão confortável. Tudo bem para os olhos, mas você logo terá dores fortes no pescoço. A melhor posição para o monitor é ligeiramente abaixo do nível dos

> olhos para que sua cabeça fique em ângulo reto com os ombros e os olhos fixem a tela de cima para baixo. Idealmente, o monitor deve ficar diretamente sobre uma mesa — ele não deve ficar empilhado sobre qualquer outro equipamento. Em muitas configurações de micros de mesa nas quais o monitor está sobre a unidade de sistema, essa altura é elevada demais, a não ser que você os coloque em uma mesa bem baixa.
>
> Finalmente, lembre-se de não ficar sentado por muito tempo. Você terá menos problemas e ficará menos cansado se adquirir o hábito de levantar e andar um pouco mais ou menos a cada hora.

Como a leitura do teclado para obter o código de varredura de uma tecla é função do software, você pode reatribuir os códigos de varredura para representar letras ou símbolos diferentes. Na maioria das vezes, não há motivo para que isso seja feito, mas se, por exemplo, você tiver de usar caracteres fora do padrão, como ± ou β, com uma certa freqüência, será possível redefinir teclas para gerá-los.

O MOUSE

Se você comprou um computador pessoal no início dos anos 80, o teclado provavelmente era o único dispositivo de entrada incluído no pacote. Hoje, porém, a maioria de microcomputadores vem também com um *mouse*, um dispositivo de apontamento que permite deslocar um cursor ou ponteiro na tela com o simples movimento do mouse sobre uma superfície plana.

O mouse ficou famoso quando passou a fazer parte do Macintosh. Inicialmente, alguns usuários zombaram dessa ferramenta simples, mas logo ficou aparente que o mouse era conveniente para a inserção de certos tipos de entrada. Por exemplo, o mouse permite que você posicione o cursor em qualquer parte da tela com rapidez e facilidade, sem que para tanto seja necessário usar as teclas de movimentação. Aliás, os primeiros computadores Macintosh não tinham um grupo separado de teclas para o cursor no teclado. O mouse também permite que você crie elementos gráficos na tela, como linhas, curvas, formas à mão livre, e facilita o uso dos menus e das caixas de diálogo. Com esse novo recurso, o mouse definiu o computador como uma ferramenta versátil para os projetistas gráficos, dando início ao que veio a ser uma revolução naquele campo.

USANDO O MOUSE

O mouse é usado para apontar um ponto da tela. Como o mouse controla a posição do cursor, você pode mover o cursor movendo o mouse. Empurre o mouse para a frente e o cursor subirá; mova o mouse para a esquerda e o cursor irá para a esquerda. Para apontar para um objeto ou local da tela, você simplesmente usa o mouse para colocar o cursor sobre o objeto ou posição.

Os movimentos do mouse são uma combinação de três técnicas diferentes: dar um clique, dar um clique duplo e arrastar. *Dar um clique* em alguma coisa com o mouse significa mover o ponteiro ou cursor para o item na tela e pressionar e soltar o botão do mouse uma só vez. *Dar um clique duplo* em um item significa apontar para ele com o cursor e pressionar e soltar o botão do mouse duas vezes, uma em seguida da outra. Finalmente, para *arrastar* um item, você posiciona o mouse sobre ele e depois pressiona o botão, mantendo-o pressionado enquanto move o mouse.

Para ver como essas três técnicas funcionam, examine a seqüência de telas mostrada na Figura 5.2. As três primeiras mostram o Finder desktop, área de trabalho da tela de um computador Macintosh. O Finder permite que você inicie programas, abra, feche, mova, copie ou elimine arquivos nos quais esteja trabalhando. A área de trabalho do Finder contém vários *ícones*, que são pequenas representações gráficas de documentos, como cartas, ou de dispositivos, como unidades de disco. Nessa seqüência de telas, o usuário primeiro copia um documento para a cópia de segurança (backup) e depois exibe-o na tela.

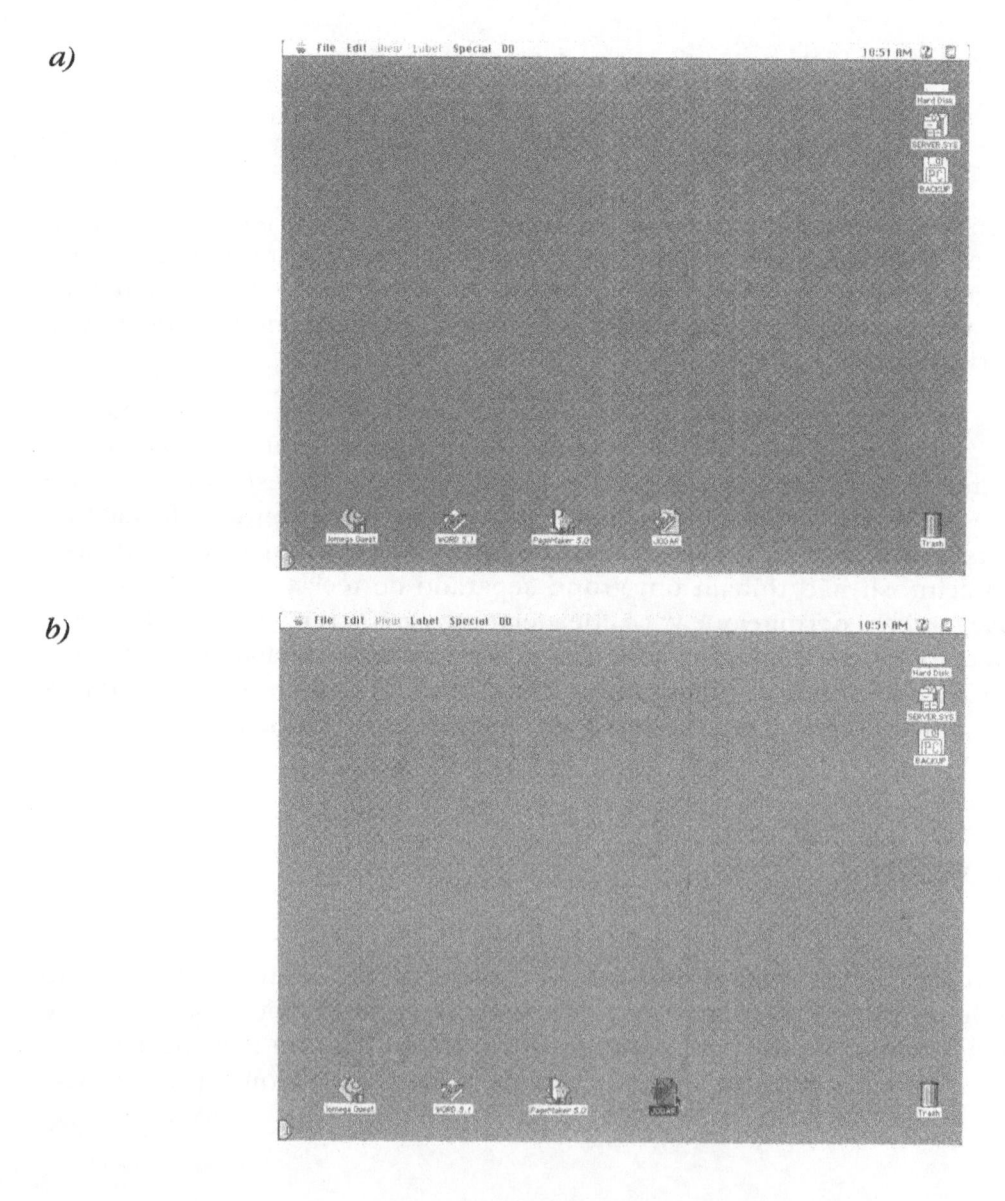

a)

b)

c)

d)

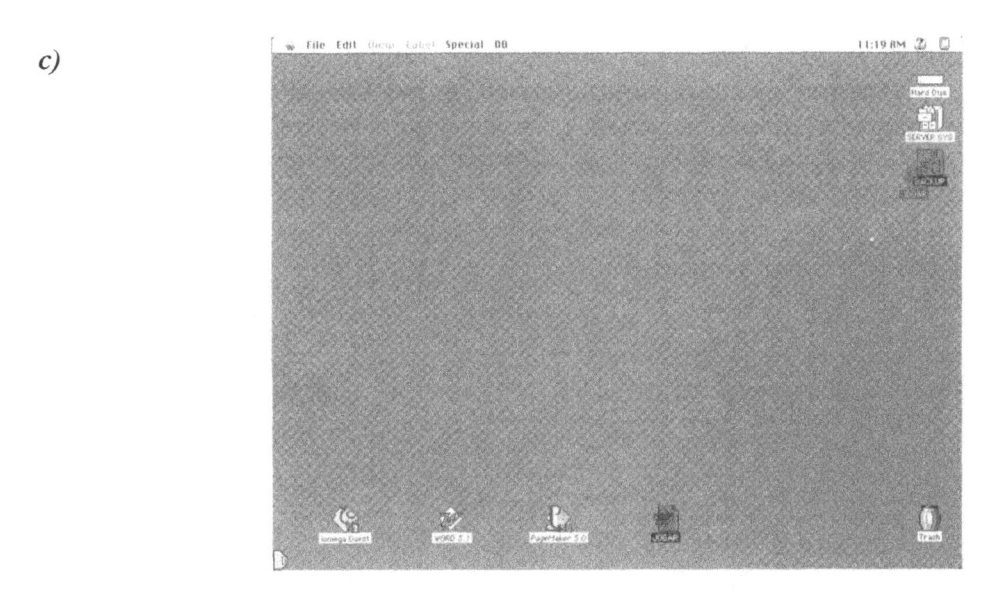

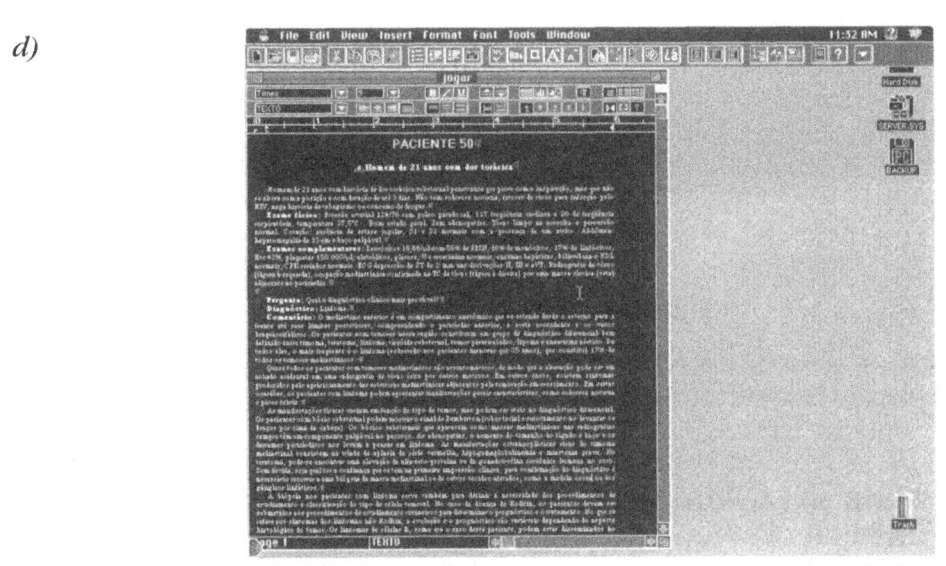

FIGURA 5.2 Estas telas mostram *(a)* Finder desktop, principal área de trabalho em um computador Macintosh. Note os ícones do lado direito da tela. Hard Disk representa o disco rígido do computador e Backup representa um disquete com aquele nome e que está na unidade de disquete. *(b)* Ao dar um clique no ícone de documento chamado JOGAR, você seleciona o ícone fazendo com que ele fique destacado. *(c)* Quando você arrasta o ícone JOGAR de sua posição original para o ícone Backup, o computador copia o arquivo JOGAR para o disco de segurança. *(d)* Quando é dado um clique duplo no ícone JOGAR, o editor de texto onde o documento foi criado é ativado, o documento é carregado para a memória e o texto, exibido na tela.

FUNCIONAMENTO INTERNO DO MOUSE

O mouse é um dispositivo realmente simples, e o tipo mais comum tem uma bola sob a carcaça do mouse propriamente dito. Quando você desliza o dispositivo sobre uma superfície plana, a bola gira. Em dois lados da bola, a um ângulo de 90 graus, há duas pequenas rodas ou roletes que giram de acordo com a velocidade da bola. A Figura 5.3 mostra como o movimento diagonal do mouse provoca a rotação dos roletes. Sensores detectam quanto cada roldana gira e enviam essa informação ao computador na forma de alterações na posição atual do ponteiro.

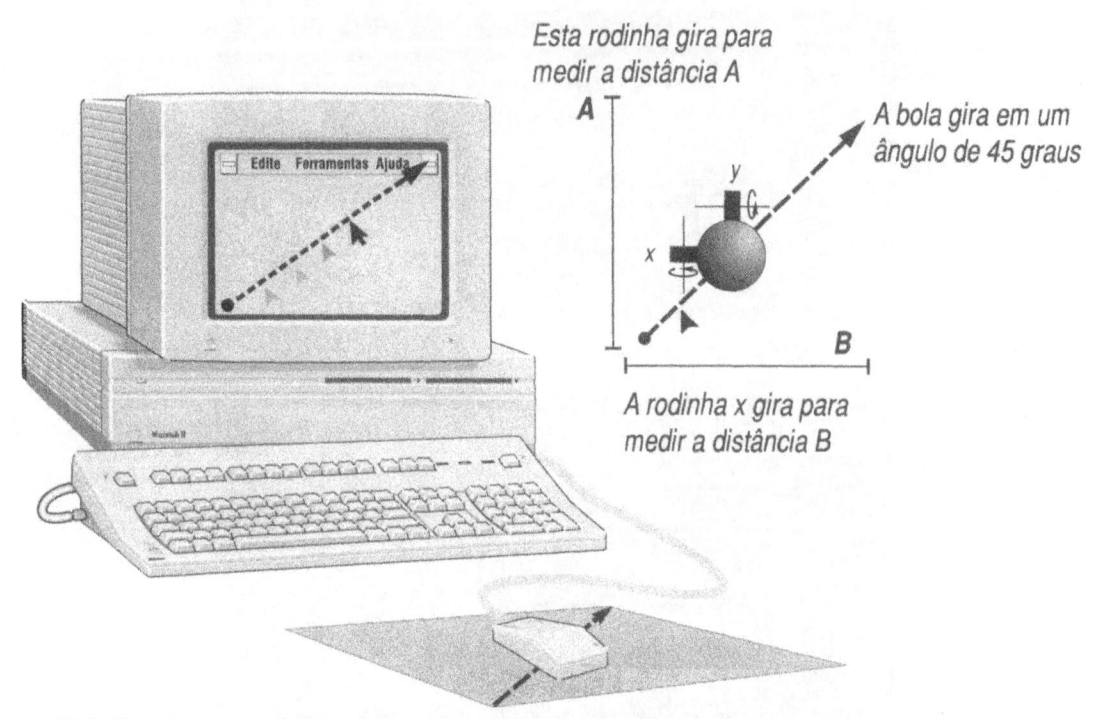

FIGURA 5.3 O movimento diagonal do mouse faz com que a bola que existe dentro dele gire as rodinhas *x* e *y*. O computador mede a rotação dessas rodinhas para mover o ponteiro na tela.

O *mouse óptico* não tem parte móvel alguma. Em vez da bola, ele tem um fotodetector que percebe o movimento do mouse sobre uma plataforma especial com uma matriz de linhas impressas na sua superfície. O fotodetector percebe a passagem de cada linha horizontal e vertical sobre o mouse e depois envia essa informação ao computador como faz o mouse mecânico.

Assim como o teclado, o mouse não envia realmente mensagem alguma diretamente ao programa que o computador está rodando. Ele envia uma solicitação de interrupção à CPU. O programa que está rodando verifica regularmente se houve alguma ocorrência de eventos do mouse; em caso positivo, ele lê uma posição de memória para ver o que realmente aconteceu e depois reage de acordo.

DISPOSITIVOS DE MOUSE

Embora a maioria dos dispositivos de mouse funcione como aquele mostrado na Figura 5.3, há muitos tipos disponíveis. O mouse pode ter um, dois ou três botões. Em geral, não é desvantagem alguma ter apenas um botão, porque a maioria dos programas usa apenas um. Os programas que fazem uso de um segundo ou terceiro botão oferecem ao usuário outra maneira de indicar um clique nesses botões — pressionar a tecla Shift, juntamente com o botão do mouse, por exemplo. No caso de o dispositivo ter dois ou três botões, o botão principal é o da esquerda, porque a maioria das pessoas é destra e usa o dedo indicador direito para dar um clique no botão principal. Assim como ocorre com o teclado, porém, é possível reconfigurar o mouse para que outro botão seja o principal. Os canhotos geralmente o fazem para poder usar o dispositivo com a mesma facilidade que os destros.

Outra maneira de categorizar os dispositivos de mouse é segundo sua conexão com os computadores. Em última análise, todo mouse é conectado ao barramento do computador, porque é por meio dele que todos os componentes do computador se comunicam. Alguns mouses são conectados ao *barramento* do computador por meio de uma placa eletrônica especial, e em outros essa conexão é indireta, por meio de outro dispositivo chamado porta serial. A *porta serial* é uma "tomada" onde você pode ligar dispositivos especiais como o mouse ou um modem. Uma vez que muitos computadores vêm com portas seriais internas mas sem nenhuma "tomada" especial para o mouse, alguns mouses são projetados para ser conectados em portas seriais. Esse tipo de mouse é chamado *mouse serial*. A outra opção para computadores sem uma conexão própria para o mouse é uma placa especial que se encaixa em um dos slots de expansão, dentro do computador. Uma borda dessas placas é colocada na parte de trás do computador, proporcionando uma porta especial para o mouse. Esse tipo de mouse é chamado *mouse de barramento*.

Embora a maioria dos mouses seja conectada diretamente aos computadores com um fio, em alguns não há fio algum. O mouse sem fio comunica-se com um controlador especial que está dentro ou perto do computador, emitindo sinais de rádio ou infravermelhos de baixa intensidade. Os mouses sem fio são mais caros do que seus parentes com "rabinhos", mas muitas pessoas preferem a liberdade de movimentos que eles oferecem em virtude da ausência do fio.

TRACKBALL

O *trackball* é um dispositivo de apontamento que funciona como um mouse de cabeça para baixo. Você descansa o polegar sobre a bola, que agora está exposta na parte superior, e seus dedos sobre os botões. Para mover o cursor pela tela, você gira a bola com o polegar. Com o trackball, você não precisa movimentar todo o dispositivo e, com isso, ele requer menos espaço de trabalho do que o mouse. Portanto, quando houver limitação de espaço, o trackball pode ser uma saída inteligente. Os trackballs são particularmente populares entre usuários de notebooks, por exemplo, e são parte integrante de alguns deles, como o PowerBook da Apple Computer.

Funcionalmente, não há diferença alguma entre o trackball e o mouse; ambos funcionam da mesma maneira. Não obstante, houve muito investimento tecnológico no desenvolvimento dos trackballs, que agora existem em todas as formas e tamanhos. A IBM produz um dispositivo que você pode usar como trackball ou como mouse. Se você não tem espaço para movimentar o mouse, levanta-o, empurra os botões para a parte traseira, vira-o ao contrário e *voilá*! Você tem nas mãos um trackball.

OUTROS DISPOSITIVOS DE ENTRADA

O teclado e o mouse são os dispositivos de entrada com os quais as pessoas mais trabalham, mas há inúmeras outras maneiras de inserir dados no computador. Às vezes, a ferramenta é simplesmente uma questão de opção; em muitos casos, porém, as ferramentas usuais simplesmente não são adequadas. Por exemplo, em uma fábrica ou armazém empoeirado, o teclado ou o mouse logo ficariam coberto de sujeira. Os dispositivos de entrada alternativos também são uma parte importante de alguns computadores de uso especial. Examinaremos vários desses dispositivos nesta seção.

CANETAS ELETRÔNICAS

Os sistemas baseados em canetas usam uma *caneta eletrônica* como principal dispositivo de entrada. Você segura a caneta na mão e escreve em uma plataforma especial ou diretamente na tela. Você também pode usar a caneta eletrônica como dispositivo de apontamento, como o mouse, para selecionar comandos.

Apesar de parecer uma maneira prática de inserir texto no computador para programas de edição de texto, o aperfeiçoamento da tecnologia para decifrar com correção caracteres manuscritos é tão complexo que as canetas não são usadas para a digitação de textos longos (veja a seção "Visão Técnica" logo a seguir). Elas são mais comumente usadas em assinaturas ou mensagens armazenadas e transmitidas como imagem gráfica, como no caso dos aparelhos de fax. O computador pode não ser capaz de decifrar seus garranchos, mas, se esses garranchos aparecerem na tela de um colega de trabalho e ele conseguir entender o que está escrito, nada mais é necessário. Os motoristas que fazem entregas de encomendas podem pedir que os destinatários assinem seus nomes em um computador com uma caneta eletrônica. A imagem da assinatura é capturada e armazenada como se fosse fotografia — não há necessidade de o computador ler o que está escrito.

TELAS SENSÍVEIS AO TOQUE

Telas sensíveis ao toque apresentam ao usuário um menu com opções a serem selecionadas. Quando o usuário decide, ele toca a opção do menu, ou o botão, exibida na tela do computador. Muitos computadores com telas sensíveis ao toque usam sensores na tela, ou perto dela, capazes de detectar o toque de um dedo, mas outra tecnologia usa a pressão detectada em uma plataforma sob o monitor comum. Nesse tipo de dispositivo, sensores em uma plataforma ou caixa plana sob a base do monitor medem o peso do monitor em vários pontos.

As telas sensíveis ao toque são apropriadas a ambientes em que a sujeira ou as condições climáticas inutilizariam teclados e dispositivos de apontamento e em que seria importante uma interface simples e intuitiva. Com a tela sensível ao toque, há apenas um dispositivo com o qual trabalhar; esses sistemas, portanto, são fáceis de usar. Infelizmente, isso também significa que as pessoas não podem aproveitar suas habilidades como digitadoras para inserir grandes quantidades de informação; os computadores com telas sensíveis ao toque se prestam melhor a aplicações simples como caixas automáticos ou quiosques para informações ao público.

LEITORAS DE CÓDIGO DE BARRA

O dispositivo de entrada mais usado depois do teclado e do mouse é a *leitora de código de barra* de mesa ou manual, encontrada em supermercados e lojas de departamento. Esse dispositivo converte um padrão de barras impressas nos produtos em um número de produto por meio da emissão de um raio de luz — freqüentemente um raio laser — que reflete a imagem do código de barra. Um detector sensível à luz identifica a imagem do código de barra por intermédio das barras especiais em ambas as extremidades da imagem. Uma vez identificado o código de barras, a leitora converte cada padrão em dígitos numéricos. As barras especiais em cada extremidade da imagem são diferentes, para permitir à leitora distinguir se o código de barra foi lido da direita para a esquerda (de cima para baixo) ou da esquerda para a direita (de baixo para cima).

Depois que a leitora converteu a imagem do código de barra em número, ela envia esse número ao computador, como se o número tivesse sido digitado via teclado.

VISÃO TÉCNICA — RECONHECIMENTO DA ESCRITA À MÃO

O software de reconhecimento óptico de caracteres (OCR — Optical Character Recognition) converte uma página escaneada de texto para um código que pode ser usado em um editor de texto. Até o momento, porém, o OCR tem desempenho confiável apenas com textos impressos; decifrar a escrita é uma tarefa muito mais desafiadora.

O serviço postal dos Estados Unidos, por exemplo, manipula aproximadamente 500 milhões de correspondências por dia. A tecnologia OCR que lê os envelopes que contêm endereços digitados ou impressos, 80% do total, já está bem desenvolvida, mas pense na economia obtida se as cartas e pacotes restantes, 100 milhões de correspondências com endereços manuscritos, também pudessem ser classificados por computador. Outros consumidores potenciais do software desse reconhecimento são o Serviço de Rendas Internas (a Receita Federal norte-americana), as companhias de cartão de crédito e as seguradoras.

A despeito do progresso recente, o sucesso do mais avançado sistema de reconhecimento da escrita à mão ainda é de apenas 60%, mesmo sob as melhores condições — ou seja, em formas nas quais a informação escrita está em locais previsíveis e o vocabulário é limitado. Os sistemas mais avançados têm excelente desempenho na leitura de números e letras legíveis em formas predefinidas como, por exemplo, os formulários de cobrança, porque estes encorajam a impressão legível e concedem ao computador a vantagem de saber onde procurar o que há para ser lido. Decifrar endereços manuscritos em envelopes é mais difícil. Embora o serviço postal americano esteja investindo em pesquisas nessa área, até o momento, os melhores sistemas só conseguem ler corretamente 30% dos endereços e códigos postais escritos à mão.

Alguns fabricantes de microcomputadores baseados em canetas eletrônicas já oferecem recursos limitados de reconhecimento da escrita em seus produtos. Alguns oferecem software no qual você "ensina" o computador a ler e a escrever. Esses computadores têm uma vantagem sobre os outros porque são capazes de reconhecer pistas à medida que o usuário escreve, baseadas na seqüência de traços e em pausas, quando o usuário levanta a caneta da tela, entre uma palavra e outra. Além disso, essas máquinas só precisam dominar as idiossincrasias de uma única pessoa e não têm de ser tão rápidas quanto as aplicações que processam milhões de linhas de texto por dia.

Aplicações de maior alcance, como as do serviço postal, têm de ser super-rápidas e capazes de lidar com um leque quase ilimitado de variações — cada pessoa tem uma caligrafia diferente e os parâmetros de formação de cada uma das letras do alfabeto são inúmeros. Como todos sabemos, algumas pessoas têm caligrafia quase ilegível, especialmente quando examinamos uma palavra ou letra isoladamente. Para compreender a linguagem escrita, às vezes temos de aproveitar muitas dicas contextuais. Geralmente, quando você lê um memorando manuscrito, obtém uma boa noção do tópico e a experiência diz que certos grupos de palavra tendem a caminhar juntos. Conseqüentemente, quase sempre é possível ler o que outra pessoa escreveu mesmo que você só consiga decifrar apenas duas ou três letras em cada palavra. Mas é no mínimo difícil ensinar o computador a executar essa mesma tarefa.

As pessoas estão abordando o problema do reconhecimento da escrita à mão de várias maneiras. Pesquisadores da Universidade Estadual de Nova Iorque, em Búfalo, estão desenvolvendo programas que examinam cada caractere dentro do contexto em que aparece. Por exemplo, se os números de um código postal não estão claros, mas o computador consegue decifrar o Estado, ele pode procurar em um banco de dados para estreitar as possibilidades de códigos postais daquela área.

Os pesquisadores do Bell Laboratories da AT&T estão usando redes neurais, uma série de pequenos programas, ou algoritmos, que trabalham juntos para tentar imitar a capacidade do cérebro de raciocinar e aprender. Primeiro, caracteres diferentes são identificados para o computador. Depois, a rede estipula os parâmetros que definem aqueles caracteres, dividindo letras ou dígitos em partes que consistem em traços horizontais, verticais ou diagonais. O charme desse sistema é que ele constantemente fica mais inteligente ao acrescentar a seu estoque de parâmetros conhecidos as novas variações que encontra em cada letra ou algarismos.

Na Hughes Aircraft, os engenheiros estão tentando adaptar a tecnologia de reconhecimento de padrões usada nas bombas inteligentes para efetuar reconhecimento da escrita à mão. Em vez de tentar separar e reconhecer caracteres isoladamente, esse sistema foi projetado para analisar e identificar padrões maiores — formas, linhas ou combinações de linhas. Uma vantagem dessa abordagem é que ela não fica embaraçada com palavras que foram rabiscadas — ela simplesmente as ignora.

Talvez os computadores nunca sejam capazes de decifrar todos os garranchos que venham a encontrar, mas o sucesso dos programas de reconhecimento da escrita está aumentando e pode muito bem, em um futuro próximo, justificar um número crescente de aplicações comerciais.

TRATAMENTO DE IMAGENS COM SCANNERS E RECONHECIMENTO ÓPTICO DE CARACTERES

A leitora de código de barra é na verdade apenas um tipo especial de scanner de imagem. Os *scanners de imagem* convertem qualquer imagem em formato eletrônico — eles emitem uma luz sobre a imagem e detectam a intensidade do reflexo de cada ponto. Os scanners coloridos usam filtros para separar os componentes de cada cor nas cores primárias (vermelho, verde e azul) de cada ponto.

O interessante do scanner de imagem é que ele converte imagens impressas para um formato eletrônico que pode ser armazenado na memória do computador e, com o software adequado, você pode alterar a imagem armazenada para produzir resultados surpreendentes. Na verdade, toda uma família de software aplicativo, chamada *software de processamento de imagens*, lida com a manipulação de imagens escaneadas ou digitalizadas.

Outro tipo de software usado com scanners de imagens é o software para o reconhecimento óptico de caracteres. O *reconhecimento óptico de caracteres* (OCR — *Optical Character Recognition*), comumente usado em bancos, converte a imagem digitalizada de uma página impressa em texto que pode ser editado no computador. Quando o scanner cria uma imagem a partir de uma página, a imagem é armazenada na memória do computador como um *mapa de bits* (bitmap), que é uma grade de pontos, cada um representado por um ou mais bits. A tarefa do software OCR é traduzir esse mapa de pontos para texto que o computador possa interpretar como letras e números.

Para traduzir mapas de bits para texto, o software OCR examina cada caractere e tenta ver se ele coincide com suas próprias suposições de como as letras devem ser. O software OCR é extremamente complexo, porque é difícil fazer o computador reconhecer um número ilimitado de formas de letras impressas. Por exemplo, analise algumas das muitas maneiras como a letra "g" pode aparecer em uma página impressa (veja a Figura 5.4).

A despeito da complexidade da sua tarefa, o software OCR está bastante avançado. Hoje, por exemplo, muitos programas conseguem decifrar uma página de texto recebida por fax. Na verdade, os computadores com fax modem podem usar o software OCR para converter os fax recebidos em texto e esse texto pode ser editado com um editor de texto.

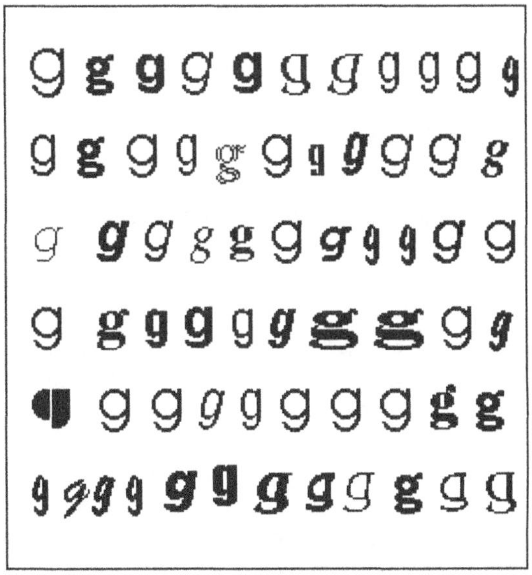

FIGURA 5.4 Devido a variações nas formas de letras impressas, é difícil para o computador identificar consistentemente caracteres impressos.

O MONITOR DE VÍDEO

Os dispositivos de entrada são muitos, sendo mais comuns três tipos de dispositivo de saída: monitores de vídeo, impressoras e sistemas de som. Desses três, os monitores de vídeo são, talvez, os mais importantes, porque são os dispositivos de saída com os quais as pessoas interagem mais intensamente.

Na verdade, os usuários sempre formam opiniões sobre o computador do ponto de vista apenas do monitor de vídeo. A imagem está clara e nítida? O monitor exibe imagens gráficas coloridas? Dois elementos importantes determinam a qualidade da imagem exibida por um monitor: o monitor em si e a controladora do vídeo. Nesta seção, examinaremos esses dois elementos em detalhe e descobriremos como funcionam juntos para exibir textos e gráficos.

Dois tipos básicos de monitor são usados com microcomputadores. O primeiro é o típico monitor que você vê nos computadores de mesa; ele se parece muito com uma tela de televisão e funciona da mesma maneira. Esse tipo usa um tubo grande de vácuo, chamado *CRT (Cathode Ray Tybe — Tubo de Raios Catódicos)*. O segundo tipo, conhecido como *monitor de tela plana*, é comumente usado em notebooks. A maioria deles emprega *LCDs (Liquid Crystal Displays — Vídeos de Cristal Líquido)* para converter as imagens. Ambos os tipos podem ser *monocromáticos*, exibindo apenas uma cor contra um fundo contrastante (geralmente preto), ou *coloridos*.

NOTEBOOK DO NORTON — MULTIMÍDIA: O PC RECUPERA A VIDA

As pessoas já usam computadores há décadas e, até recentemente, o principal meio que o computador usava para transmitir mensagens era visual — texto exibido em tela. Agora, no entanto, a tecnologia do hardware permite que os computadores façam muito mais. Se dotados de memória suficiente, os computadores de mesa modernos são capazes de produzir som e vídeo em completo movimento com a mesma facilidade com que exibem textos. Programas que usam mais de um meio de saída são chamados programas ou aplicativos de *multimídia*.

Além de muito espaço de armazenamento, para rodar um programa de multimídia, você precisa de um monitor de vídeo de alta resolução (de preferência colorido) e uma placa de som com fones de ouvido ou alto-falantes. As placas de som produzem um som muito mais complexo e puro do que o alto-falante interno do PC. Além disso, elas são inteligentes; controlam o processamento do som, liberando a CPU dessa tarefa demorada.

Os aplicativos de multimídia abrangem o leque dos interesses humanos. Na área comercial, os programas de multimídia animam apresentações e dão um toque pessoal aos relatórios. As aplicações médicas permitem aos alunos praticar, e aos cirurgiões "ensaiar", procedimentos cirúrgicos. Treinamentos usando simuladores especiais para pilotos, cirurgiões e técnicos nucleares estão sendo agora possíveis graças aos computadores de mesa com recursos de multimídia. Com softwares de "entretenimento" (educação e entretenimento), os alunos têm condições de estudar qualquer matéria, interagindo com ela. Depois de ler uma explicação, os alunos selecionam uma figura e observam a imagem transformar-se em um vídeo totalmente animado e sonorizado. Os programas de multimídia podem ser muito mais atraentes do que um livro ou manual de referência tradicional.

As ferramentas disponíveis para a criação de aplicativos de multimídia podem desencadear o potencial artístico e criativo de um usuário. Algumas das mais populares permitem-lhe capturar, compor e editar arquivos musicais ou sonoros. Com o software para a edição de música, você pode combinar uma apresentação visual com qualquer tipo de som que desejar, desde uma simples narração até uma sinfonia própria.

Outra ferramenta popular é o software de animação, que lhe permite acrescentar movimentos a arquivos gráficos, por meio da definição dos caminhos pelos quais os objetos devem viajar. Outras ferramentas de processamento de imagens permitem que você edite todos os tipos de imagens visuais existentes, incluindo fotografias e arte impressa ou eletrônica. Você também pode criar uma imagem fotográfica de algo que não exista, ou pintar um quadro na tela usando as técnicas de aquarela, de óleo, de acrílico. Você pode até ligar seu PC a uma televisão e capturar imagens na tela da TV. Os avanços dos programas de multimídia estão fazendo com que eles sejam uma ferramenta cada vez mais versátil para a expressão de qualquer idéia que você possa imaginar.

COMO O MONITOR DE VÍDEO CRT EXIBE IMAGENS

O monitor de vídeo CRT é um equipamento de alta precisão. O que ele realmente faz, no entanto, é relativamente simples. Perto da parte traseira da caixa de um monitor monocromático, há um canhão de elétrons. O canhão dispara um feixe de elétrons por meio de um enrolamento magnético que aponta o feixe para a parte da frente do monitor. A parte traseira da tela do monitor é revestida com fósforo, um elemento químico que brilha quando exposto ao feixe de luz. Esse revestimento de fósforo é organizado em uma grade de pontos chamada *pixels* (contração de *picture elements* — elementos de imagem).

Na verdade, o canhão de elétrons não apenas foca um ponto e dispara elétrons nele. Ele aponta sistematicamente para todos os pontos do fósforo da tela, começando no canto superior esquerdo, e varre aquela linha até a margem direita; depois, ele desce uma pequenina distância e varre a outra linha. Como se nossos olhos fossem lendo as letras de uma página, o feixe de elétrons acompanha cada linha de pixels da esquerda para a direita até chegar ao final da tela. Depois, o processo é reiniciado. Enquanto o canhão de elétrons varre a tela, os circuitos que guiam o monitor ajustam a intensidade de cada feixe para determinar o brilho de cada pixel.

O monitor de vídeo colorido funciona como o monocromático, mas os feixes de elétrons são três, em vez de um só (Figura 5.5). Os três canhões representam as cores primárias (vermelho, verde e azul). Cada ponto da tela é composto de três minúsculos fósforos vermelho, verde e azul, organizados na forma de um triângulo. Quando os feixes de cada um desses três canhões entram em combinação e focalizam um ponto da tela, os fósforos daquele ponto ficam iluminados para formar um ponto bem pequeno de luz branca. Cores diferentes podem ser exibidas por meio da combinação de várias intensidades dos três feixes. Adotando uma abordagem ligeiramente diferente, os monitores Sony Trinitron, outro tipo comum, usam um único canhão e uma máscara com aberturas para alinhar o feixe aos fósforos coloridos.

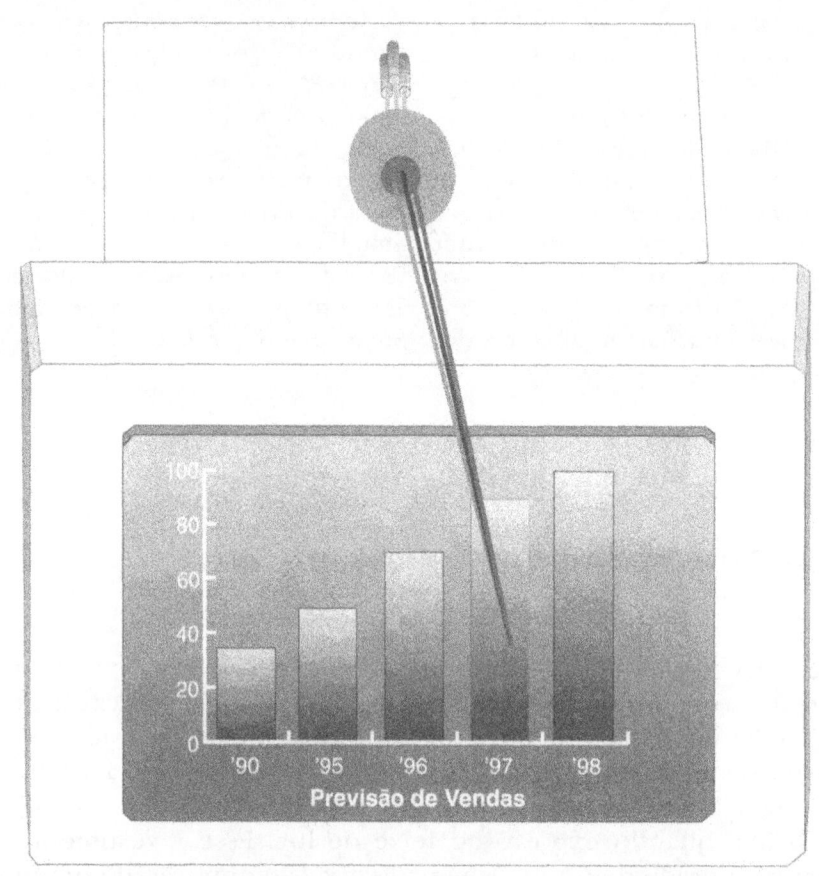

FIGURA 5.5 No monitor de vídeo CRT colorido, a ilusão de imagem sem movimento é criada por três feixes de elétrons que varrem rapidamente a tela. Com a ajuda de um enrolamento magnético que os focaliza e os direciona, os feixes atingem todos os pontos da tela aproximadamente 70 vezes por segundo.

COMPARANDO MONITORES DE VÍDEO CRT

O número de linhas horizontais que um feixe de elétrons traça do topo da tela até o final dela descreve a *resolução vertical* do monitor. A *resolução horizontal* é o número de alterações de cor ou intensidade que os canhões de elétrons podem fazer durante uma passagem da esquerda para a direita — o número de pixels que o canhão consegue focalizar da esquerda para a direita. Tanto a resolução vertical quando a horizontal são medidas em pixels.

Quando as pessoas falam sobre a capacidade de vários monitores, uma estatística importantíssima é a resolução máxima do monitor — isto é, a combinação das resoluções vertical e horizontal. Hoje, a maioria dos monitores tem resolução de pelo menos 800×600 pixels. Monitores de alto desempenho podem ter resoluções de 1.024×768 pixels ou até mesmo de 1.280×1.024 pixels.

A velocidade com que o monitor varre a tela é outro fator importante. O monitor que varre a tela lentamente produz um efeito colateral irritante conhecido como *tremido*. Uma tela trêmula parece pulsar rapidamente. Além de irritante, o tremido pode provocar cansaço aos olhos.

Embora os elementos que compõem os minúsculos pontos das telas dos monitores se chamem fósforos, eles são realmente mais fluorescentes do que fosforescentes. Algo *fosforescente* recebe uma carga luminosa e reflete essa luz depois que a fonte é removida. Algo *fluorescente* só reflete luz quando sujeito à energia. Os pixels de uma tela ficam iluminados quando os canhões de elétrons apontam para eles e perdem imediatamente o brilho depois que o feixe de elétrons passa por eles.

Por esse motivo, quanto mais vezes o monitor pintar a tela durante um período, menor será o tremido. O número de vezes que o monitor varre a tela inteira a cada segundo chama-se *taxa de restauração* (*refresh rate*). A maioria dos monitores opera a uma taxa de pelo menos 60Hz, o que significa que eles restauram a tela 60 vezes por segundo, e os melhores monitores operam a uma taxa entre 70 e 90Hz, renovando a tela de 70 a 90 vezes por segundo.

Um fator que influencia o tremido é o *entrelaçamento*, uma técnica usada em alguns televisores e em alguns monitores de qualidade inferior. Com o *entrelaçamento*, o monitor varre linhas alternadas e não todas as linhas em seqüência. Dessa forma, ele só tem de transmitir apenas metade dos dados em cada passagem, mas leva duas passagens para desenhar a tela inteira. Apesar de ampliar a capacidade dos monitores, o entrelaçamento também contribui para o tremido. Os monitores mais recentes são capazes de varrer todas as linhas de pixels a cada passagem, de modo que você deve evitar comprar monitores que usem o entrelaçamento e apresentem taxa de renovação de menos de 70Hz.

O CONTROLADOR DE VÍDEO

A qualidade das imagens que um monitor de vídeo consegue exibir é definida mais pela capacidade de outro dispositivo, chamado *controlador de vídeo*, do que pela capacidade do monitor propriamente dito. O controlador de vídeo é um dispositivo intermediário entre a CPU e o monitor. O controlador contém memória e outros circuitos necessários para enviar as informações que o monitor exibirá na tela.

O controlador de vídeo usa sua própria memória especial para manter a imagem que recebe da CPU e envia ao monitor. Na verdade, a memória de um controlador de vídeo destina-se a ser compartilhada pela CPU e pelo controlador; por esse motivo, ela é chamada *memória de porta dual*.

É possível dizer que a memória de porta dual tem duas portas em cada byte. A CPU passa pelas portas dianteiras para definir cada byte; depois, é a vez de o controlador de vídeo abrir todas as portas traseiras de uma só vez, para permitir o fluxo dos bytes para o monitor.

Todos os microcomputadores têm um controlador de vídeo, portanto, o que dissemos até aqui se aplica a qualquer que seja o monitor que você esteja usando ou planeje usar. Se você usa um Macintosh, isso em geral é tudo o que precisa saber, a menos que esteja trabalhando com gráficos de alta qualidade. Entretanto, vários tipos de controladores de vídeo estão disponíveis para o mundo dos PCs.

A coisa mais importante sobre controladores de vídeo para PC é que a maioria opera em vários modos. Alguns modos aproveitam a resolução máxima do monitor, enquanto outros nem mesmo se aproximam do máximo. O mais importante é que alguns modos só conseguem exibir textos, enquanto outros são capazes de exibir gráficos.

Ao contrário do Macintosh, que sempre exibiu gráficos, os primeiros PCs só conseguiam exibir textos. Geralmente, as pessoas não se importavam com essa limitação porque, naquela época, a maioria do software disponível era baseada em textos. As pessoas usavam microcomputadores principalmente para edição de texto e criação de planilhas — ambos os aplicativos mostravam bom desempenho no modo texto. Ainda hoje, muitos programas populares baseados no DOS foram projetados para operar no modo texto.

No modo texto, o controlador de vídeo divide a tela em várias colunas e linhas para exibir caracteres inteiros. Apesar de existirem inúmeros modos de texto, o mais comum exibe 80 colunas de caracteres em 25 linhas. Uma tela de 80 por 25 caracteres (caracteres, não pixels) é capaz de exibir até 2 mil caracteres de cada vez (80×25). Os modos texto só conseguem exibir caracteres alfabéticos, números e outros símbolos que aparecem nos teclados padrão — mais uma série de caracteres gráficos que fazem parte do conjunto de caracteres do PC. Os programadores podem usar esses caracteres gráficos para formar molduras de uma ou duas linhas e para exibir alguns outros símbolos como setas e notas musicais.

Quando o controlador de vídeo está no modo texto, ele usa dois bytes de memória para descrever cada posição de caractere na tela — 4 mil bytes no total (80×25×2). O primeiro dos dois bytes que descreve uma posição de caractere (veja a Figura 5.6) armazena um código que representa o símbolo que será exibido na tela. O código de um byte é padrão para descrever um dos 256 símbolos que os códigos ASCII representam. Quando o controlador atualiza o monitor, abrindo todas as "portas traseiras" da memória de vídeo, ela lê o byte que descreve o caractere e procura um padrão de pontos para aquele caractere.

O segundo byte de memória associado ao caractere descreve os atributos do caractere. Um único byte pode especificar uma cor para o caractere em uma paleta de 16 cores, uma cor para o fundo em uma paleta de oito e, opcionalmente, se o caractere deve ou não piscar. Quando o controlador lê cada bloco de dois bytes que descreve cada uma das 2 mil posições de caracteres na tela, ela ajusta o sinal enviado ao monitor, para que cada caractere seja enviado com os atributos corretos.

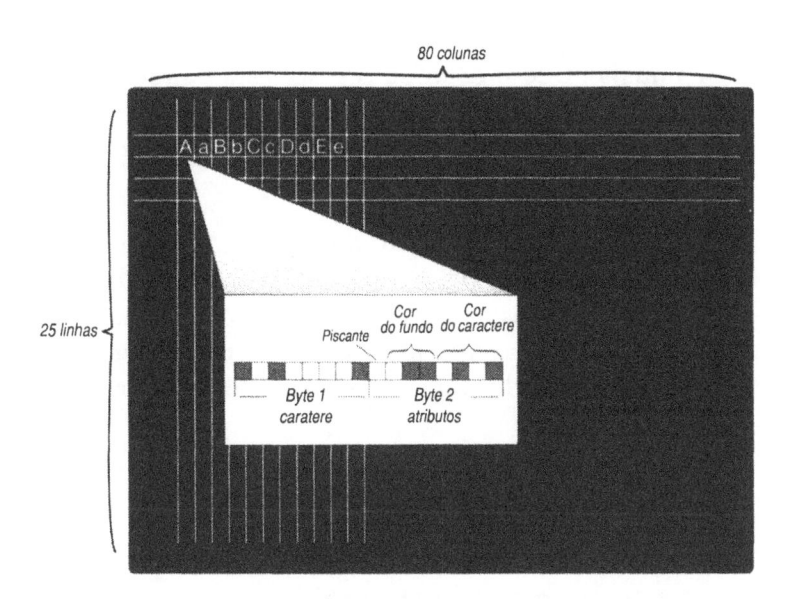

FIGURA 5.6 Um típico monitor de vídeo no modo texto tem 2 mil posições de caracteres, organizadas em uma grade de 80 colunas por 25 linhas. O visual de cada ponto é definido por dois bytes, conforme ilustrado à direita. O primeiro byte especifica o caractere e o segundo, os atributos desse caractere.

Como a tela no modo texto requer relativamente pouca memória, e como a CPU e o controlador de vídeo trabalham com apenas 2 mil caracteres de cada vez, o modo texto tem operação rápida. A desvantagem, é claro, é que, no modo texto, o computador tem um repertório de apenas 256 símbolos. Simplesmente não é possível exibir imagens gráficas nada mais complexas do que meras molduras e linhas.

No modo gráfico, por outro lado, o controlador de vídeo cuida de cada pixel da tela. Esse modo requer muito mais memória, e também muito mais processamento, mas muitos usuários preferem trabalhar com uma interface gráfica. A documentação da IBM às vezes refere-se ao modo gráfico como *todos os pontos endereçáveis* (*APA — All Points Addressable*), e é isso exatamente o que o modo gráfico faz — ele lhe permite alterar a cor de qualquer pixel da tela. O tamanho da sua paleta de cores só é limitado pelo número de bits associados a cada pixel — que, por sua vez, é limitado pela quantidade de memória da placa do controlador de vídeo.

Vamos entrar em detalhes sobre como um programa em execução funciona com o controlador de vídeo para exibir gráficos. Como no modo gráfico o controlador direciona os canhões de fósforo para disparar feixes em qualquer ponto da tela, há muito mais informações a ser manipuladas do que no modo texto: há 2 mil posições de caracteres na tela no modo texto; em um modo gráfico de 640 por 480 pixels, a mesma tela tem 307.200 posições de pixels.

É preciso menos memória para descrever o atributo de cada pixel no modo gráfico. Primeiro, não há código de caractere, porque cada pixel é apenas um ponto. Também não há cor de fundo nem atributos para piscar ou não piscar. Em um modo monocromático de 640×480, no qual um bit controla se o pixel está ligado ou desligado, são necessários 307.200 bits para descrever cada pixel da tela. Um byte é composto de oito bits, cada um dos quais pode indicar se o pixel está ligado ou desligado. Portanto, o controlador de vídeo usa 38.400 bytes (307.400/8) para descrever uma tela de duas cores de 640×480 — quase dez vezes o número exigido para uma tela de 80×25 no modo texto.

As exigências de memória aumentam ainda mais quando você usa uma tela em cores. É preciso metade de um byte para representar uma cor de uma paleta de 16, o que significa que cada byte pode representar apenas dois pixels, em vez de oito. Uma paleta de 256 cores requer um byte inteiro para cada pixel (Figura 5.7). A Tabela 5.1 mostra as exigências de memória de diferentes resoluções e tamanhos de paletas.

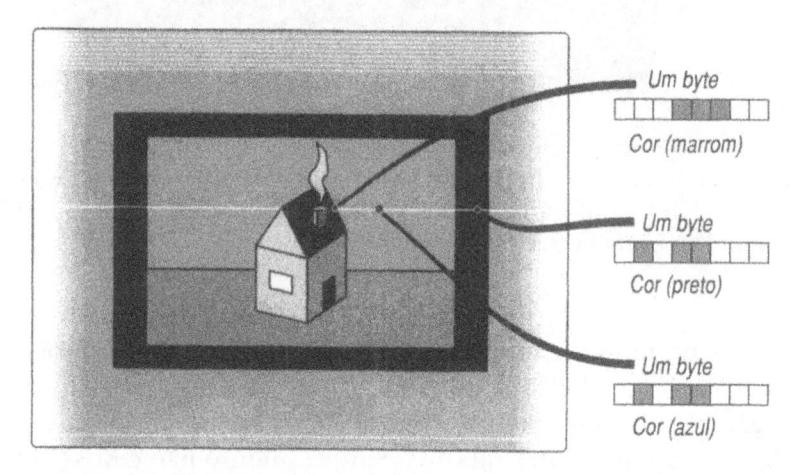

FIGURA 5.7 Quanto mais cores o monitor for capaz de exibir, mais memória será exigida. Um monitor com 256 cores precisa de 1 byte de memória para definir cada pixel. As cores são designadas por códigos de oito bits como aqueles da direita.

TABELA 5.1 Modo de vídeo e cores — exigências (em bytes) de memória.

RESOLUÇÃO	PIXELS	2 CORES	4 CORES	8 CORES	16 CORES	256 CORES
640×480	307.200	38.400	76.800	115.200	153.600	307.200
800×600	480.000	60.000	120.000	180.000	240.000	480.000
1.024×768	786.432	98.304	196.608	294.912	393.216	786.432
1.280×1.024	1.310.720	163.840	327.680	491.520	655.360	1.310.720

Alguns desses modos de vídeo requerem mais memória do que muitos micros têm disponível. Há outro motivo pelo qual os controladores de vídeo têm memória própria.

Ao longo dos anos, os recursos gráficos dos PCs aumentaram tremendamente. O primeiro controlador de vídeo disponível para o PC foi o *CGA (Color Graphics Adapter — Adaptador Gráfico Colorido)*. Segundo padrões modernos, a resolução CGA era pobre. A demanda por uma resolução melhor levou a IBM a desenvolver o *EGA (Enhanced Graphics Adapter — Adaptador Gráfico Aumentado)* e, mais tarde, o *VGA (Video Graphics Adapter — Adaptador Gráfico de Vídeo)*. Hoje, os controladores CGA e EGA são padrões do passado. Quase todo PC vendido tem uma saída VGA, pelo menos. Muitos incluem outro adaptador, o Super VGA (SVGA). Os computadores da IBM vêm com a placa *XGA (Extended Graphics Array — Arranjo Gráfico Estendido)*, de fabricação própria e parecida com o padrão SVGA. As resoluções máximas oferecidas por esses padrões gráficos estão na Tabela 5.2.

TABELA 5.2 Modos gráficos coloridos.

PADRÃO	NÚMERO DE MODOS	RESOLUÇÃO MÁXIMA	NÚMERO MÁXIMO DE CORES
CGA	2	640×200	16
MCGA	3	320×200*	256*
EGA	5	640×350	16
VGA	7	640×480	16
SVGA	8	800×600	256
XGA	9	1024×768	256

* O adaptador MCGA pode exibir 256 cores, mas apenas na resolução de 320×200. Além disso, na resolução máxima de 640×480, ele só pode exibir duas cores

MONITORES DE VÍDEO DE TELA PLANA

Os monitores de vídeo CRT são padrões nos computadores de mesa porque, pelo que custam, oferecem imagens nítidas e claras. Há, porém, duas grandes desvantagens associadas a eles: são grandes e requerem muita potência. Os monitores CRT não são práticos para notebooks, que cabem em uma pasta e são alimentados por uma pequena bateria interna. Os notebooks, por isso, usam monitores de vídeo de tela plana que têm aproximadamente 3 centímetros de espessura.

Há vários tipos de monitores de vídeo de tela plana, porém o mais comum é o *LCD (Liquid Crystal Display — Vídeo de Cristal Líquido)*. O monitor de vídeo LCD cria imagens com um tipo especial de cristal líquido que normalmente é transparente, mas fica opaco quando carregado com eletricidade. Se você tem uma calculadora de mão, provavelmente ela usa cristal líquido. Uma desvantagem dos monitores de vídeo LCD é que, ao contrário do fósforo, o cristal líquido não emite luz e, com isso, não há contraste suficiente entre as imagens e o plano de fundo para torná-las legíveis em todas as condições de luminosidade. Uma maneira comum de solucionar esse problema é iluminar a tela por trás. Embora a leitura seja facilitada, esse método requer mais potência, o que pode ser um problema para os portáteis.

IMPRESSORAS

Além dos monitores de vídeo, o outro dispositivo de saída importante é a impressora. Pode parecer que a impressão seja uma operação de mão única, na qual os dados saem do computador e vão para a impressora. Embora normalmente isso seja verdade na maior parte do tempo, as comunicações também ocorrem no sentido inverso. Antes de enviar dados para impressão, o computador tem de verificar a situação da impressora — se ela está ligada e pronta para aceitar comandos, se está ligada, mas fora de linha (*off-line*) ou sem papel, ou se não está operando devido a algum outro erro. Somente depois de determinar se a impressora está em linha (*in-line*) e pronta para aceitar comandos é que o computador pode enviar informações para impressão.

Três tipos principais de impressoras em preto-e-branco são usados com microcomputadores: impressoras matriciais, impressoras a laser e impressoras a jato de tinta. Quatro critérios são importantes na avaliação desses tipos:

1. Qualidade da imagem

2. Velocidade

3. Nível de ruído

4. Custo de operação

Durante a descrição dos três tipos principais, veremos como cada uma delas se comporta nessas quatro áreas.

IMPRESSORAS MATRICIAIS

As *impressoras matriciais*, foram o primeiro tipo de impressora comumente usado com microcomputadores. Elas têm um cabeçote de impressão que vai e volta em uma barra da margem esquerda do papel para a margem direita. Dentro do cabeçote de impressão, há vários pinos que fazem pressão sobre a folha de papel com uma fita (veja a Figura 5.8). Durante o deslocamento do cabeçote da esquerda para a direita, várias combinações de pinos chegam ao papel por intermédio da fita.

As primeiras impressoras matriciais tinham 9 pinos e, portanto, os caracteres que elas imprimiam tinham resolução vertical máxima de 9 pontos. Agora, muitas já têm 24 pinos, o que produz uma imagem de muito boa qualidade. A Figura 5.9 mostra a diferença de qualidade entre o uso de 9 pinos e de 24 pinos para formar a letra *A*.

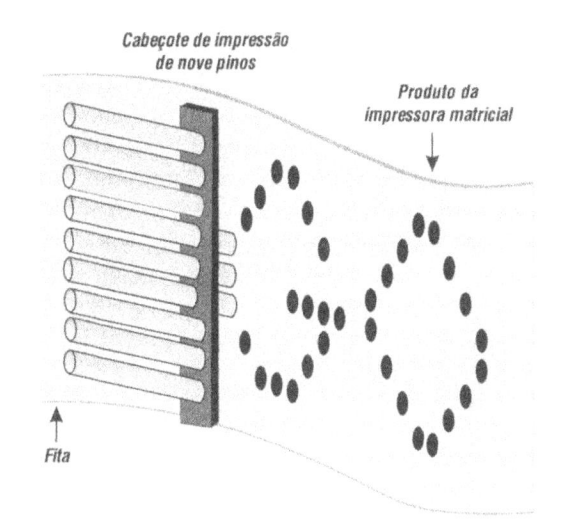

FIGURA 5.8 Os pinos das impressoras matriciais estão dispostos em colunas no cabeçote de impressão. Durante o movimento de ida e volta desse cabeçote pela página, diferentes matrizes de pinos aparecem e fazem pressão contra a fita.

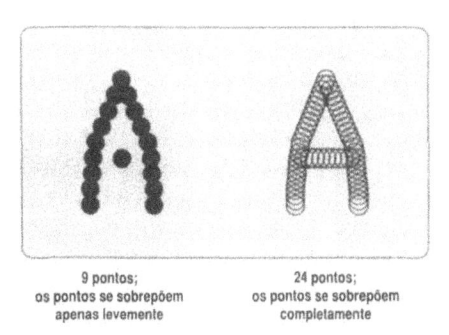

FIGURA 5.9 As impressoras matriciais mais modernas usam um número maior de pinos sobrepostos para criar uma imagem mais uniforme. O padrão de pontos da impressora de 9 pinos (*esquerda*) parece irregular ao lado do padrão de 24 pontos (*direita*).

Assim como os monitores de vídeo, as impressoras matriciais possuem modo texto e modo gráfico. A clareza de cada caractere pode depender também do modo para o qual a impressora está ajustada. No modo texto, o micro envia códigos de caracteres à impressora. Esta procura um padrão de pontos para cada caractere e ajusta os pinos do cabeçote para criar uma imagem da letra ou símbolo que o código representa. No modo gráfico, o computador envia dados para todos os pontos possíveis em uma linha; e a impressora responde pressionando ou não um pino naquele ponto.

Comparadas com as impressoras a laser e com as impressoras a jato de tinta, as impressoras matriciais são barulhentas. Sua qualidade de impressão também é a mais baixa das três. Por outro lado, são de longe as mais baratas, tanto em termos de custo inicial quanto em termos de custo de operação. Por esse motivo, muitas pessoas que compram computadores para uso doméstico ainda optam por essa solução. Mesmo em escritórios, o preço baixo às vezes justifica a ligação de uma impressora matricial a cada computador, enquanto os outros tipos, mais caros, em geral são compartilhados por várias pessoas.

Além do custo baixo, outro motivo para a popularidade das impressoras matriciais é que elas se adequam perfeitamente a certos serviços. Uma vez que criam imagens por pressão, elas podem ser usadas em formulários com várias cópias como faturas e notas de expedição, que dependem do impacto para transferir os caracteres impressos de uma cópia para outra.

IMPRESSORAS A LASER

As *impressoras a laser*, geralmente são mais caras do que os outros tipos, mas sua qualidade de impressão é melhor. Elas são também muito mais rápidas e muito silenciosas. Conforme o próprio nome indica, o laser é o coração dessas impressoras.

Há um computador separado incorporado a cada uma delas para interpretar os dados recebidos do computador e para controlar o laser. O resultado é um equipamento altamente complexo.

Assim como o canhão eletrônico de um monitor gráfico pode apontar para qualquer pixel da tela, o laser de uma impressora pode apontar para qualquer ponto de um tambor, criando uma carga elétrica (veja a Figura 5.10). O *toner*, composto de minúsculas partículas de tinta com carga elétrica oposta, adere ao tambor nos pontos que receberam a carga do laser. Depois, com pressão e calor, o toner é transferido do tambor para o papel. Também como o monitor e sua controladora de vídeo, as impressoras a laser contêm memória especial para armazenar as imagens por elas impressas.

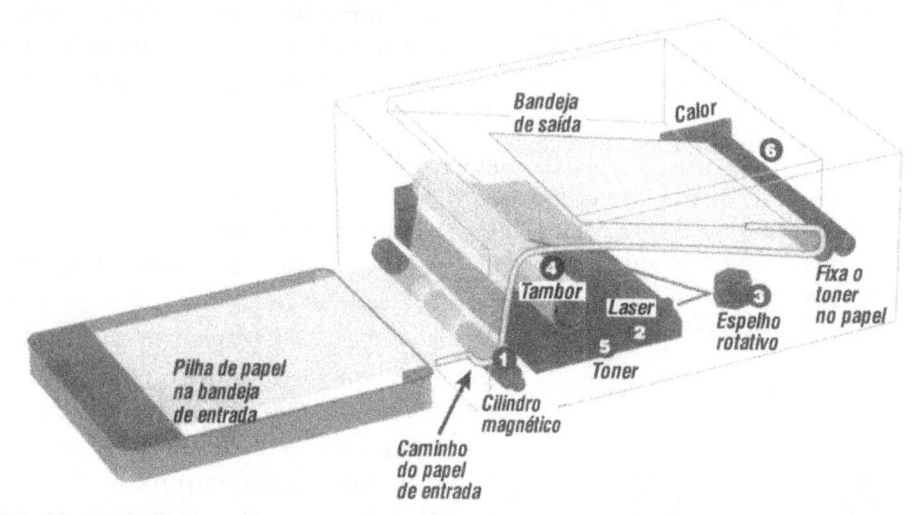

FIGURA 5.10 Na impressora a laser, o papel vindo da bandeja de entrada recebe uma carga de eletricidade estática quando passa por um cilindro magnético (*1*). Enquanto isso, o laser (*2*) e um espelho rotativo (*3*) projetam uma imagem no tambor rotativo (*4*), induzindo uma carga eletrostática no ponto atingido pela luz. Quando o tambor gira, o toner em pó contido em um cartucho (*5*) adere às áreas eletricamente carregadas e é transferido para o papel. Finalmente, os cilindros quentes (*6*) fixam permanentemente o toner no papel, que vai para a bandeja de saída.

As impressoras a laser são capazes de produzir de 4 a 12 páginas de texto por minuto; se você estiver imprimindo gráficos, o resultado poderá ser muito mais lento. A resolução das impressoras a laser é medida em *pontos por polegada* (*dpi — dots per inch*). As mais comuns apresentam resolução de 600 dpi, tanto horizontal quanto verticalmente; alguns modelos de alto desempenho apresentam resolução de 1.200 dpi. A indústria de impressão estipula uma resolução de no mínimo 1.200 dpi para impressões profissionais de qualidade superior. Na verdade, porém, muitas pessoas não conseguem detectar prontamente a diferença entre 600 e 1.200 dpi.

A qualidade e a velocidade das impressoras a laser tornam-nas ideais para escritórios em que vários usuários podem facilmente compartilhar a mesma impressora. Outra vantagem das impressoras a laser é a sua conveniência. A maioria delas usa papel de cópia padrão (A4), que é carregado em uma bandeja. Em contraste, muitas impressoras matriciais usam formulários contínuos com remalinas (fitas com furos nas laterais do papel). Depois que o papel sai da impressora, a remalina tem de ser removida e as páginas, separadas umas das outras. A vantagem final das impressoras a laser é que elas são silenciosas. Enquanto estão trabalhando, o único ruído que fazem é um zumbido abafado.

IMPRESSORAS A JATO DE TINTA

As *impressoras a jato de tinta* criam imagens diretamente no papel, borrifando tinta através de até 64 orifícios diminutos (Figura 5.11). Apesar de a imagem produzida não ter a mesma nitidez da produzida pelas impressoras a laser, a qualidade das imagens a jato de tinta ainda é alta. Na verdade, algumas das melhores impressoras coloridas disponíveis hoje são impressoras a laser e a jato de tinta.

Em geral, as impressoras a jato de tinta são uma excelente opção intermediária entre as impressoras matriciais e as impressoras a laser, oferecendo resolução de impressão em torno de 360 dpi. Assim como as impressoras a laser, as impressoras a jato de tinta são silenciosas e convenientes, mas não são particularmente rápidas. Normalmente, as impressoras a jato de tinta são mais caras do que as matriciais, mas custam apenas a metade de uma impressora a laser.

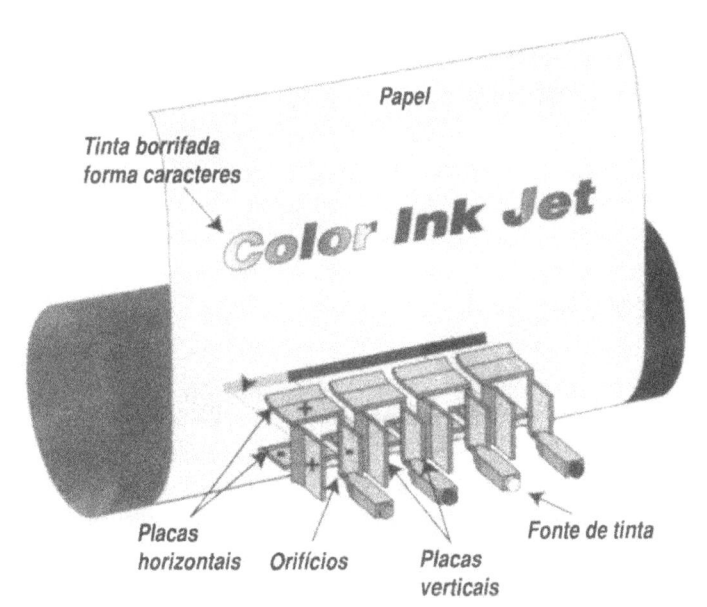

FIGURA 5.11 O cabeçote de impressão de uma impressora a jato de tinta contém até 64 pequeninos orifícios. Enquanto o cabeçote viaja pela página, cada orifício borrifa uma tinta de secagem rápida.

PLOTADORAS

Uma *plotadora* (plotter) é um tipo especial de dispositivo de saída. Parece uma impressora, porque produz imagens sobre uma folha de papel, mas o processo utilizado é diferente. As plotadoras destinam-se a produzir grandes desenhos ou imagens, como plantas para a construção de prédios ou anteprojetos de objetos mecânicos.

A plotadora usa um braço robótico para desenhar com canetas coloridas sobre uma folha de papel. As instruções que ela recebe do computador consistem em uma cor e coordenadas iniciais e finais de uma linha. Com essas informações, a plotadora pega a caneta apropriada, posiciona-a nas coordenadas iniciais, coloca a caneta na superfície do papel e desenha até as coordenadas finais. As plotadoras desenham curvas criando uma seqüência de linhas retas muito curtas.

CONECTANDO DISPOSITIVOS AO COMPUTADOR

No Capítulo 4, você aprendeu que todos os componentes de um computador são ligados à CPU por intermédio de barramentos. No entanto, geralmente os usuários não precisam preocupar-se em conectar os dispositivos diretamente ao barramento. Eles simplesmente conectam os dispositivos externos, como aqueles usados para E/S, a um soquete, ou *porta*, na parte detrás do computador. A maioria dos computadores tem vários tipos de porta, cada uma com recursos e usos diferentes (Figura 5.12). Nesta seção, falaremos sobre as várias portas presentes nos computadores PC e Macintosh. Primeiro, discutiremos como essas portas se ligam ao barramento do computador; depois, examinaremos todos os tipos de porta e discutiremos como são usados e quais são seus recursos.

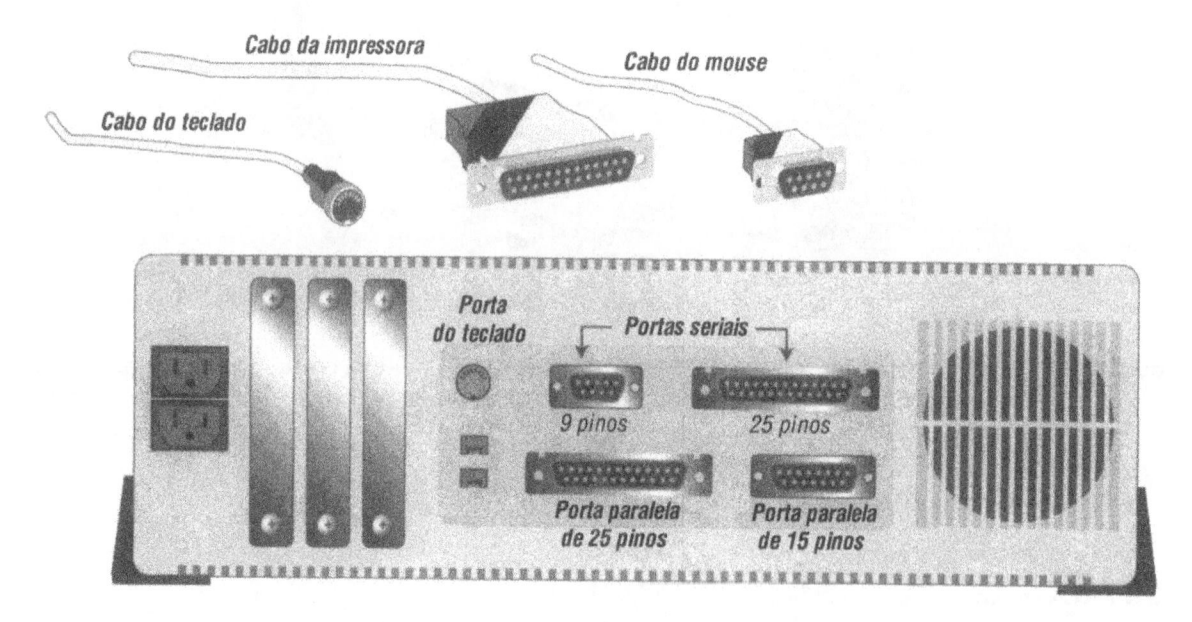

FIGURA 5.12 A parte detrás da maioria dos computadores tem portas de ligação para uma variedade de dispositivos periféricos. Esta ilustração mostra a parte detrás de um IBM PC-compatível.

SLOTS DE EXPANSÃO E ADAPTADORES

Os PCs e os mais recentes modelos de Macintosh foram projetados para ser abertos e adaptados, ou *configurados*, de acordo com a necessidade particular de cada usuário. Desmontando o seu gabinete, você poder ver a placa-mãe — a principal placa de sistema, à qual estão conectados a CPU, a memória e outros componentes. As placas-mãe geralmente têm de quatro a oito slots de expansão, que servem como extensões do barramento do computador. Esses slots permitem que os componentes que não estão fisicamente ligados ou soldados na placa-mãe obtenham acesso ao barramento do computador. Geralmente, as únicas exceções são o teclado e, às vezes, o mouse; o soquete do teclado está firmemente soldado na placa-mãe e alguns computadores também têm portas especiais para o mouse no teclado ou na própria placa-mãe. A maioria dos PCs vem com dois ou mais slots de expansão ocupados com placas de circuito que têm várias finalidades. Essas placas são chamadas *adaptadores*, *cartões* ou às vezes simplesmente *placas*.

Os slots de expansão na placa-mãe são usados para três finalidades:

1. Para dar aos dispositivos internos, como os discos rígidos e as unidades de disquete, acesso ao barramento do computador via placas controladoras.

2. Para oferecer placas de E/S, na parte traseira do computador, para dispositivos externos como monitores de vídeo, modems externos, impressoras e mouse (para computadores que não tenham uma porta interna própria para esse dispositivo).

3. Para dar aos dispositivos de uso especial acesso ao computador; por exemplo, a placa de acelerador de clock, que aumenta a velocidade de processamento, é um dispositivo independente que obtém acesso à CPU e à memória do computador por meio do barramento.

Os dois primeiros são funções de E/S. Eles não apenas oferecem uma porta à qual os dispositivos podem ser conectados — servem de tradutores entre o barramento e o dispositivo em si. Alguns adaptadores fazem até uma quantidade significativa de processamento de dados. Por exemplo, a placa de vídeo (que já discutimos neste capítulo) oferece uma porta à qual o monitor é conectado e também contém e gerencia a memória do vídeo e faz o processamento necessário para exibir imagens no monitor.

A maioria dos fabricantes não incorpora a placa controladora de disco à placa-mãe porque não é possível prever que tipo de disco rígido o usuário do micro desejará. A incorporação de portas para modems, dispositivos de apontamento, impressoras e outras interfaces também limita as opções do usuário. Oferecer slots de expansão em vez de incorporar esses dispositivos ao computador permite ao usuário decidir o tipo e a quantidade de portas a instalar.

Quando você adquire um micro completo, ele em geral possui uma placa controladora de disco onde são conectadas as unidades de disco rígido e de disco flexível, uma placa controladora de vídeo para o tipo de monitor que você possui e uma *placa de E/S* que oferece algumas portas de uso geral na parte detrás do computador para outros tipos de dispositivo. Essas portas de uso geral são chamadas *portas seriais* e *portas paralelas*; elas podem receber impressoras, mouse, modem e uma variedade de outros dispositivos. Como o modem, o mouse ou a impressora podem ser conectados às portas oferecidas pela placa de E/S, muitos micros têm de um a cinco slots de expansão para ser usados para outros fins.

O que fazer com um slot de expansão vago? Talvez você queira instalar uma *placa de som* que produza áudio de alta qualidade. Essas placas geralmente oferecem portas na parte detrás do computador para alto-falantes externos e às vezes uma tomada de microfone para entrada de áudio. As *placas de vídeo* processam imagens de vídeo e oferecem portas para conexão de um videocassete ou câmera. Essas placas adicionais configuram seu micro para aplicativos de multimídia (veja o Notebook do Norton sobre multimídia, anteriormente neste capítulo). Se você preferir um modem interno em vez do tipo externo (que requer uma porta serial), ele ocupará um slot, e muitos outros dispositivos podem vir com adaptadores que precisam de slots — por exemplo, controladores para muitas unidades de fita, scanners e correio por voz ou sistemas de fax requerem um slot para sua instalação.

Como você pode ver, equipar um micro com vários dispositivos é como montar um quebra-cabeça. O objetivo é obter tudo de que você precisa e a maior parte do que você quer. Os slots de expansão são como a RAM, o espaço em disco e tudo o mais: nunca são suficientes, por maior que sejam.

PORTAS DE E/S SERIAIS E PARALELAS

Internamente, os componentes do micro comunicam-se em paralelo. Interface *paralela* é aquela na qual há oito fios ou mais por meio dos quais os bits que representam dados podem fluir simultaneamente, como no barramento. No Capítulo 4, dissemos que o barramento do computador transfere 16 ou 32 bits simultaneamente; entretanto, a interface paralela padrão para dispositivos externos, como as impressoras em geral, transfere 8 bits (1 byte) de cada vez em oito fios separados. A Figura 5.13 mostra como 1 byte de dados flui por uma interface paralela.

Com a interface serial, os bits de dados fluem um de cada vez em um único arquivo. Um chip chamado *UART* (*Universal Assynchronous Receiver-Transmitter — Receptor-Transmissor Assíncrono Universal*) na placa de E/S do computador converte os dados paralelos do barramento em dados seriais que podem fluir através de um cabo serial ou fio telefônico (veja a Figura 5.14).

Quase todos os microcomputadores vendidos comercialmente vêm com uma placa de E/S que oferece uma ou duas portas seriais, usadas mais freqüentemente para a conexão de um mouse ou modem. O padrão atual para as comunicações seriais chama-se *RS-232*, mas há muitas variações. Por exemplo, uma porta serial pode ter 9 ou 25 pinos. O micro mostrado na Figura 5.12 tinha duas portas seriais RS-232, uma com 9 e a outra com 25 pinos. Esta é uma configuração comum. A maioria dos dispositivos seriais tem dois cabos (ou um cabo e um adaptador) para você poder usar qualquer que seja o tipo de porta escolhido.

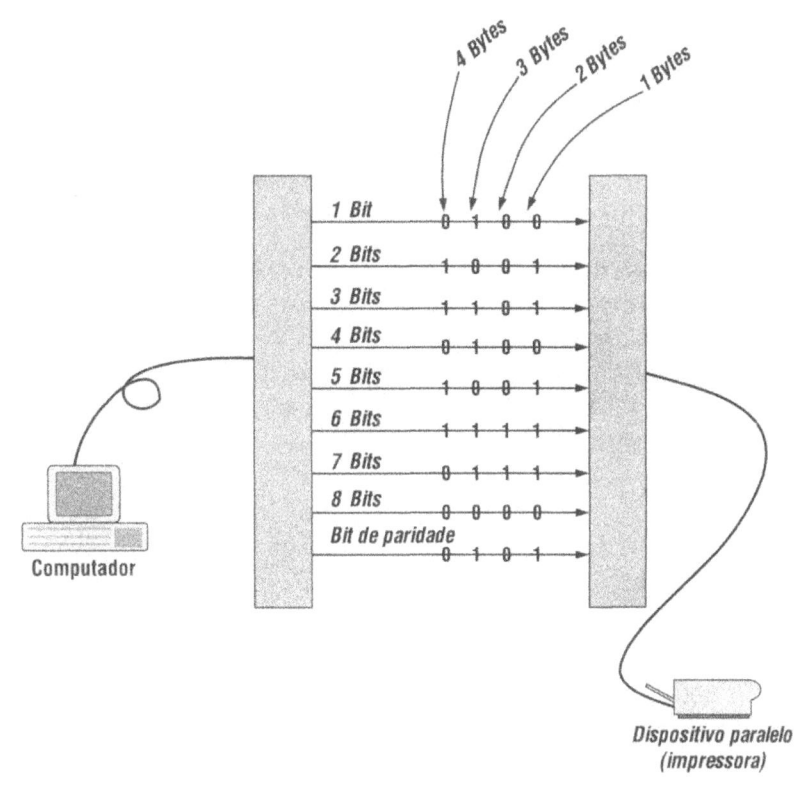

Figura 5.13 Na interface paralela, todos os 8 bits de cada byte viajam simultaneamente do computador para a impressora. O nono bit, "bit de paridade", é usado para a verificação de erros.

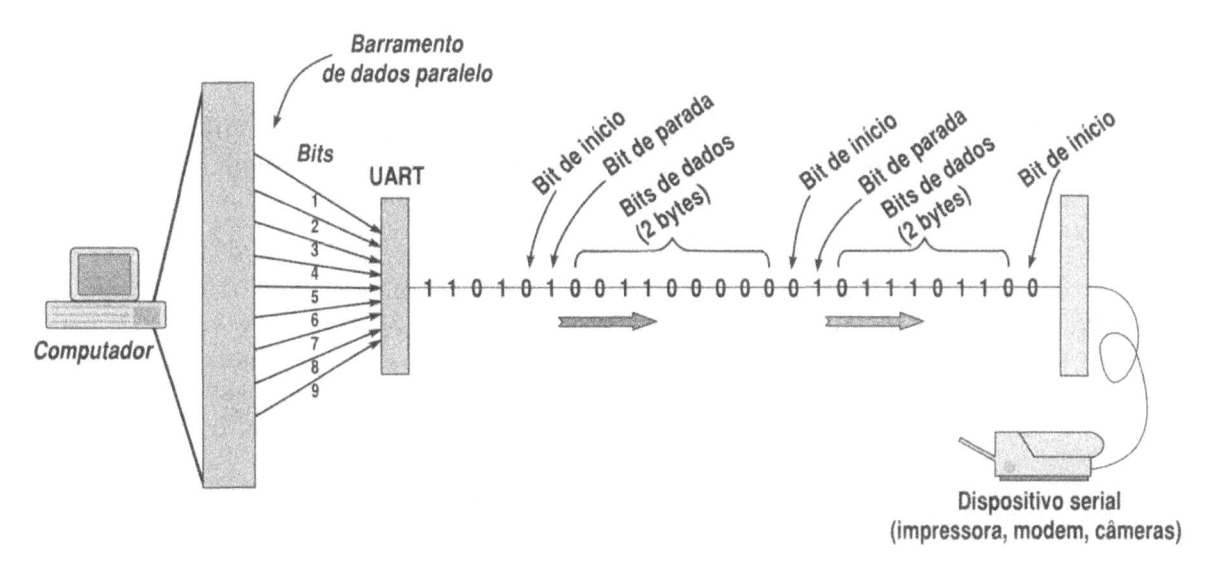

Figura 5.14 Na interface serial, os bits de dados do computador entram no chip UART em formação paralela e saem em um único arquivo que é encaminhado a um dispositivo serial. Esse gargalo torna a interface serial significativamente mais lenta do que as interfaces paralelas.

Como é de se esperar, a interface paralela pode manipular um volume maior de dados do que a interface serial. As portas paralelas são usadas com muita freqüência para interfaces de impressora, embora outros produtos também as usem. As portas paralelas têm um conector de 25 pinos no lado do computador. No lado da impressora, o cabo paralelo tem um conector especial chamado *interface Centronics*, que impede que os usuários liguem, inadvertidamente, a extremidade errada do cabo na impressora.

A maioria das placas de E/S possui até quatro portas seriais, duas portas paralelas e uma porta de jogos para joysticks, mas esse número pode não ser o mesmo em todas as placas. Uma configuração típica são duas portas seriais, uma porta paralela e uma porta para jogos. Uma tendência recente é combinar duas portas seriais e uma paralela com uma controladora de disco. A combinação dessas duas categorias de placa satisfaz as necessidades de E/S de muitos usuários, e ao mesmo tempo deixa um slot de expansão livre.

SCSI

Uma interface de dispositivos que adota uma abordagem diferente da que discutimos até aqui dá um longo passo na direção de solucionar o problema de um número finito e possivelmente insuficiente de slots de expansão. Ela se chama *SCSI* (*Small Computer System Interface — Interface de Sistema de Computadores Pequenos*). Em vez de conectar placas de interface ao barramento do computador via slots de expansão, a SCSI estende o barramento para fora do computador por meio de um cabo. Em outras palavras, a SCSI é como um fio de extensão do barramento. E, assim como é possível conectar um fio de extensão a outro para aumentar o circuito, é possível também conectar um dispositivo SCSI a outro para formar uma cadeia.

A IBM desenvolveu a SCSI nos anos 70 como meio de dar aos mainframes acesso aos dispositivos dos computadores pequenos, e vice-versa. Desde então, essa interface sofreu muitas modificações. O padrão atual é SCSI-3, que permite até sete dispositivos encadeados em uma única porta SCSI.

Para que o micro tenha uma porta SCSI, você insere uma placa SCSI em um dos slots de expansão disponíveis. Muitos dispositivos dão suporte à interface SCSI — os discos rígidos velozes são um exemplo, como também o são os scanners, as unidades de fita e os dispositivos de armazenamento óptico como as unidades CD-ROM (que serão discutidas no Capítulo 6).

A interface SCSI é uma opção para os micros, mas já vem incorporada aos computadores Macintosh e a muitas estações de trabalho Unix. Na verdade, em certos modelos de Macintosh, você não tem nenhum outro acesso ao barramento do computador; as portas para mouse, modem e monitor são internas. Qualquer outro dispositivo que você queira acrescentar — como uma unidade de disco rígido externa, um scanner ou uma unidade de CD-ROM — poderá ser encadeado à porta SCSI.

O QUE ESPERAR DO FUTURO

Com o avanço da tecnologia, os dispositivos de entrada e saída continuarão a evoluir, talvez de maneira totalmente imprevisível.

Entre os dispositivos de entrada, os maiores avanços no futuro próximo provavelmente estarão no reconhecimento da voz como um meio viável de entrada. Hoje, os computadores estão rotineiramente comparando padrões de vozes para determinar palavras isoladas e pequenas frases. Combine essa tecnologia com um verificador ortográfico comum e você terá a próxima geração de editores de texto — poderemos logo estar ditando documentos diretamente ao computador. O software de reconhecimento da escrita também pode avançar até o ponto em que será possível usar uma caneta eletrônica em vez do teclado para editar seu trabalho.

Com os dispositivos de saída, é mais difícil detectar para onde a tecnologia nos levará. Naturalmente, você poderá contar com monitores e impressoras cada vez mais velozes e com resolução cada vez mais alta. Além disso, a saída de áudio poderá desempenhar um papel mais importante do que o de hoje, meramente recreacional. As tecnologias de áudio e vídeo que lhe permitem manipular textos, gráficos, vídeo e som já estão encontrando caminho na edição de textos e em outras aplicações comuns. Por exemplo, existem softwares que possibilitam o envio de mensagens pessoais contendo sua música favorita e um vídeo. Enquanto lêem a mensagem, seus amigos podem escutar a música e ver o vídeo em uma janela da tela.

O longo prazo poderá reservar recursos ainda mais impressionantes. Um dia, poderemos todos trocar nossos trackballs e mouses por computadores capazes de agir segundo comandos orais e interpretar linguagem corporal e gestos manuais para proporcionar um contexto para as palavras que estivermos falando. Os monitores de vídeo poderão ser relegados a um segundo plano à medida que as saídas migrarem para imagens holográficas tridimensionais que incluem movimentos e sons.

Finalmente, as máquinas que agora chamamos *eletrodomésticos* poderão tornar-se inteligentes como nunca fomos capazes de imaginar. Os refrigeradores poderão "pedir" produtos ao supermercado, mas somente depois de verificar com o sistema "doméstico" para saber se realmente estaremos em casa. Os telefones poderão filtrar nossas chamadas de maneira diferente, dependendo do nosso humor. E não será preciso informá-los; eles decidirão se estamos de bom ou mau humor pelo que observam e escutam.

RESUMO

O TECLADO

- Existem quatro partes em um teclado padrão: as teclas alfanuméricas, o teclado numérico reduzido, as teclas de função e as teclas de movimentação.

O MOUSE

- O mouse é um dispositivo de apontamento que lhe permite controlar a posição do cursor na tela sem que seja necessário usar o teclado.

- O uso do mouse envolve quatro técnicas: apontar, dar um clique, dar um clique duplo e arrastar.

- Em muitos sistemas, o mouse é usado para manipular ícones na tela.

- O trackball oferece a funcionalidade do mouse, mas exige menos espaço sobre a mesa.

OUTROS DISPOSITIVOS DE ENTRADA

- Nos sistemas baseados em canetas eletrônicas, você usa uma caneta eletrônica para escrever sobre uma almofada especial ou diretamente na tela.

- Computadores com telas sensíveis ao toque aceitam entrada diretamente por meio do monitor. Os usuários tocam em botões eletrônicos que são exibidos na tela.

- As leitoras de código de barras, como as usadas em supermercados, lêem códigos de barras, traduzem-nos para números e inserem esses números no computador.

- Os scanners de imagem convertem imagens impressas em formatos digitalizados, que podem ser armazenados e manipulados em computadores.

- Um scanner de imagem equipado com o software OCR é capaz de traduzir uma página de texto em uma cadeia de códigos de caracteres na memória do computador.

O MONITOR DE VÍDEO

- Os monitores de vídeo são divididos genericamente em monitores CRT e monitores de tela plana e em monitores coloridos e monocromáticos.

- O monitor de vídeo CRT funciona com um canhão de elétrons que aponta sistematicamente um feixe de elétrons para todos os pixels da tela.

- A resolução vertical da tela é o número de linhas de pixels; a resolução horizontal é o número de pixels em cada linha.

- Os fabricantes de monitores tentam garantir uma taxa de varredura alta o suficiente para eliminar o tremido (pelo menos 60Hz).

- A placa controladora de vídeo é uma interface entre o monitor e a CPU.

- A placa controladora de vídeo contém memória de porta dual que recebe dados da CPU e envia-os para o monitor.

IMPRESSORAS

- Os três tipos mais comuns de impressora são as impressoras matriciais, a laser e a jato de tinta.

- As impressoras matriciais são inferiores às impressoras a laser e a jato de tinta em muitos aspectos, mas custam muito menos.

- As impressoras a laser produzem impressão de alta qualidade e são silenciosas, rápidas e convenientes, mas também são o tipo mais caro.

- As impressoras a jato de tinta oferecem uma solução intermediária entre as impressoras matriciais e as impressoras a laser.

- As plotadoras criam imagens com um braço robótico que pega canetas e desenha linhas em uma folha grande de papel.

CONECTANDO DISPOSITIVOS AO COMPUTADOR

- Dispositivos externos como aqueles usados para entrada e saída são conectados via portas na parte detrás do computador.

- Os slots de expansão na placa-mãe de um micro dá aos dispositivos internos acesso ao barramento do computador via placas controladoras e oferece portas de E/S na parte detrás do computador para os dispositivos externos.

- A maioria dos computadores possui tanto portas seriais quanto paralelas.
- A porta SCSI estende o barramento para fora do computador por meio de um cabo, que permite que os dispositivos sejam conectados uns aos outros formando uma cadeia.

QUESTÕES PARA REVISÃO

Responda rapidamente às seguintes perguntas:

1. Quais são os dois tipos mais comuns de dispositivo de entrada usados com microcomputadores? Para que cada um deles é usado?
2. Descreva como funciona o teclado. Inclua os termos *código de varredura* e *interrupção* na sua resposta.
3. Quais são as semelhanças e as diferenças entre um mouse serial e um mouse de barramento?
4. No que o trackball é diferente do mouse?
5. Quais são os dois componentes principais de um sistema de vídeo?
6. Explique por que a apresentação no modo gráfico requer mais memória do que uma no modo texto.
7. Descreva como funciona um monitor de vídeo. Inclua os termos *pixel*, *taxa de restauração* e *entrelaçamento* na sua resposta.
8. Descreva como funciona a placa controladora de vídeo. Inclua o termo *memória de porta dual* na sua resposta.
9. Relacione algumas vantagens e desvantagens relativas dos monitores de vídeo CRT e de tela plana.
10. Identifique os quatro tipos principais de impressora e descreva cada um deles rapidamente.

QUESTÕES PARA DISCUSSÃO

1. Com base no que você aprendeu, discuta como os televisores e os monitores poderão fundir-se no futuro.

2. Em um PC, procure o comando DOS MODE e experimente-o com os diferentes modos de vídeo. Quantos modos é possível selecionar com esse comando do DOS? Há apenas esses modos ou há mais? Se houver mais, por que não é possível selecioná-los diretamente com o comando do DOS?

3. Explique como uma impressora a laser cria textos e imagens gráficas em um pedaço de papel. Descubra como funciona uma fotocopiadora e compare essas duas tecnologias.

As atividades práticas deste capítulo podem ser encontradas no Apêndice A.

Capítulo 6

ARMAZENANDO INFORMAÇÕES EM UM COMPUTADOR

OBJETIVOS

Depois de terminar de ler este capítulo, você será capaz de:

- Explicar como funcionam os disquetes e os discos rígidos.
- Compreender como os dados são organizados em uma unidade de disco.
- Explicar como funcionam as unidades de fita.
- Descrever vários dispositivos de armazenamento óptico.
- Discutir os padrões de interface de unidade de disco.
- Compreender a importância de organizar e fazer cópias de segurança de arquivos (backups).

Entre as partes mais importantes de um sistema computacional estão os dispositivos que lhe permitem salvar seus trabalhos. Os componentes físicos, ou materiais, onde os dados são armazenados chamam-se *meios de armazenamento*. Os meios de armazenamento evoluíram drasticamente desde a infância dos computadores, e esse ritmo vem sofrendo aceleração desde a entrada em cena dos micros.

Os primeiros IBM PCs vinham equipados com uma ou duas unidades de disquete. Além destas, eles tinham um conector interno que podia ser ligado a um gravador para armazenar dados em fitas cassete comuns. O IBM PC-XT trouxe os discos rígidos aos microcomputadores. Comparados com as unidades de disquete da época, esses primeiros discos rígidos eram velozes como um raio e eram capazes de armazenar quantidades impressionantes de dados. A capacidade de 10MB de um disco rígido do XT armazenava o equivalente a quase 30 disquetes. Em contraste, são necessários apenas quatro dos disquetes de 2,88MB hoje em dia para armazenar a mesma quantidade de dados e, embora não haja tamanho padrão algum para os discos rígidos, é comum encontrarmos hoje capacidades de armazenamento 10 a 100 vezes maiores que aquela do XT.

A demanda por capacidade de armazenamento sempre crescente deu origem a muitas novas tecnologias e dispositivos, mas o disco rígido ainda é o depósito de dados do mundo dos micros. Neste capítulo, analisaremos os meios e dispositivos importantes de armazenamento, descobriremos onde cada um deles se adapta melhor e entraremos em detalhes sobre como esses dispositivos funcionam. Depois, examinaremos algumas estratégias para organizar arquivos e mantê-los em segurança.

TIPOS DE DISPOSITIVOS DE ARMAZENAMENTO

Duas tecnologias importantes são usadas para armazenar dados hoje em dia: o armazenamento óptico e o armazenamento magnético. Os dispositivos que armazenam dados normalmente empregam um ou outro tipo, mas alguns combinam ambas as tecnologias. Os principais tipos de *armazenamento magnético* são

- Disquetes
- Discos rígidos
- Fitas magnéticas

Os principais tipos de *armazenamento óptico* são

- CD-ROM
- WORM
- Meios óptico-magnéticos

Os dispositivos de armazenamento mais comuns usam a tecnologia magnética. Os disquetes podem ser removidos da unidade, que é o dispositivo que efetua as operações de leitura e gravação. Os discos rígidos não são removíveis. São discos permanentes, muito mais velozes e capazes de armazenar muito mais informações do que os disquetes. Alguns fabricantes de meios de armazenamento oferecem outro tipo de dispositivo que combina alguns dos benefícios dos disquetes e dos discos rígidos — o disco rígido removível. Quase todos os microcomputadores vendidos hoje têm um disco rígido e pelo menos uma unidade de disquete (ou disco flexível). A unidade de fita magnética é um periférico adicional que em geral é usada para criar uma cópia de segurança (backup) do disco rígido, preservando o conteúdo deste em caso de danos.

Os dispositivos ópticos estão ganhando popularidade rapidamente. O mais conhecido deles é o CD-ROM, uma unidade que usa a mesma tecnologia dos CD players que ligamos nos aparelhos de som. Outros dispositivos ópticos incluem as unidades *WORM (Write Once, Read Many — Grava uma Vez, Lê Muitas)*, as unidades *óptico-magnéticas* e as *uniddes CD-ROM graváveis*.

ARMAZENAMENTO MAGNÉTICO

No Capítulo 4, falamos sobre as unidades com as quais o computador representa dados — bits, bytes, kilobytes (KB) e megabytes (MB). Naquele capítulo, focalizamos a memória interna do computador — a memória RAM e a memória ROM que residem em chips de silício conectados à placa de sistema do computador e às placas de expansão. Os dados propriamente ditos que os computadores armazenam nas fitas e discos são os mesmos contidos na memória interna — simplesmente conjuntos de bits e bytes. A diferença está nos métodos que os dispositivos de armazenamento usam para preservar os dados.

COMO FUNCIONAM OS MEIOS MAGNÉTICOS

Os três dispositivos de armazenamento mais comuns — unidades de disquete, unidades de disco rígido e unidades de fita — usam técnicas similares para ler e gravar dados, porque todos usam o mesmo meio (o material no qual os dados são armazenados). A superfície dos disquetes, discos rígidos e fitas magnéticas é revestida de um material com sensibilidade magnética (em geral, óxido de ferro), que reage a um campo magnético.

Quando você estudou ciências na escola, aprendeu que um ímã pode ser usado para produzir outro. Por exemplo, você pode produzir um ímã pegando uma barra de ferro e passando um ímã sobre um de seus lados. A barra passa a ser ela mesma um ímã, porque suas moléculas de ferro se alinham em uma mesma direção. A barra magnética fica *polarizada*, isto é, suas extremidades têm polaridades magnéticas opostas.

Outra maneira de criar um ímã é enrolar uma bobina de fio em volta de uma barra de ferro e enviar uma corrente elétrica através dela. Isso produz um *eletroímã*. Se você inverter a direção do fluxo da corrente, a polaridade do campo magnético também ficará invertida. Conforme mostra a Figura 6.1, você pode usar um eletroímã para polarizar outras substâncias magnéticas.

Os dispositivos de armazenamento magnético usam um princípio semelhante para armazenar dados. Assim como o transistor representa dados binários como "ligado" ou "desligado", a força de um campo magnético pode ser usada para representar dados. Mas o ímã tem uma vantagem importante sobre o transistor: ele retém a polaridade sem uma fonte contínua de eletricidade.

Para os dados serem armazenados, as superfícies dos discos e das fitas magnéticas são cobertas por milhões de partículas minúsculas de ferro. Cada uma dessas partículas age como um ímã, formando um campo magnético quando sujeitas a um eletroímã. Para poder gravar dados no meio, os *cabeçotes de leitura/gravação* de uma unidade de disco ou fita contêm eletroímãs que carregam magneticamente as partículas de ferro do meio de armazenamento quando este passa por elas (veja a Figura 6.2). Os cabeçotes de leitura/gravação gravam séries de 1 e 0 alternando a direção da corrente dos eletroímãs.

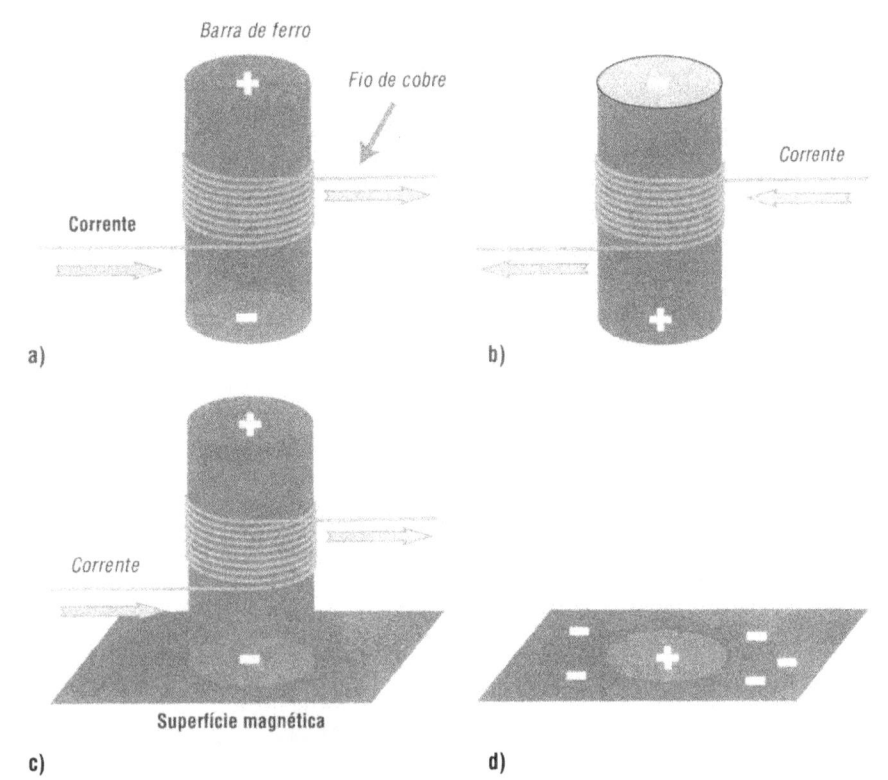

FIGURA 6.1 O envio de corrente através de um fio enrolado em uma barra de ferro (*a*) transforma-a em eletroímã com pólos positivo e negativo. Se invertermos a direção da corrente (*b*), os pólos também ficarão invertidos. Quando colocado em uma superfície magnética (*c*) como o revestimento de um disquete, o pólo do eletroímã induz uma carga oposta (*d*).

Para ler dados em uma superfície magnética, o processo é invertido. O cabeçote de leitura/gravação passa sobre o disco ou fita enquanto não há corrente fluindo pelo eletroímã. Como o meio de armazenamento tem carga magnética, mas o cabeçote não, o primeiro carrega o ímã do segundo, o que faz com que uma pequena corrente flua através do enrolamento em uma direção ou outra, dependendo da polaridade das partículas. A unidade de disco ou fita percebe a direção do fluxo quando o meio de armazenamento passa pelo cabeçote.

UNIDADES DE DISQUETES

O *disquete* é uma peça de plástico chata e redonda, revestida de óxido de ferro e protegida por uma capa de plástico ou vinil. A *unidade de disquete* (veja a Figura 6.3) é um dispositivo que lê e grava dados de e para disquetes. A unidade possui um eixo que gira o disco e, durante essa rotação, os cabeçotes de leitura/gravação vão para a frente e para trás e posicionam-se em qualquer ponto da superfície do disco. Essa flexibilidade é importante, porque permite que os cabeçotes acessem dados *aleatoriamente* e não *seqüencialmente*. Em outras palavras, os cabeçotes pulam de um ponto para outro sem precisar vasculhar os dados que estão armazenados entre o ponto de posicionamento antigo e o novo.

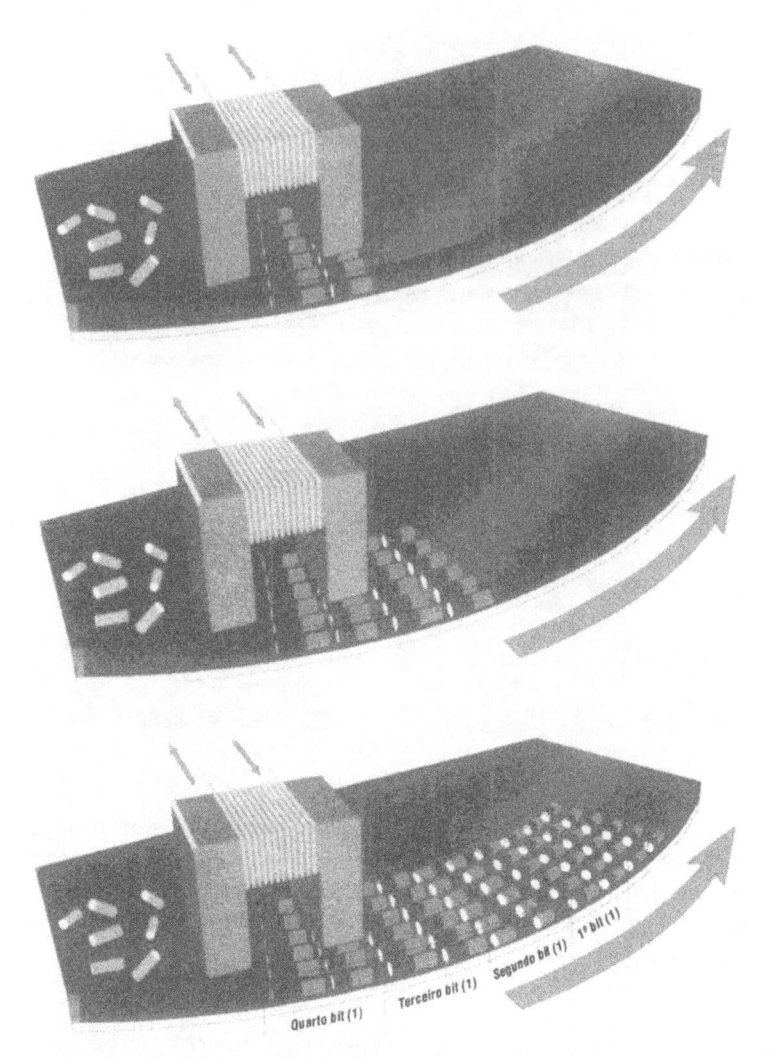

FIGURA 6.2 Quando o cabeçote de leitura/gravação passa sobre a superfície do disco, a direção da corrente em seu eletroímã alinha as partículas de ferro do disco em uma das duas polaridades.

Os *disquetes*, às vezes também chamados discos flexíveis, giram a uma velocidade de aproximadamente 300 revoluções por minuto (RPM), dessa forma, o tempo máximo necessário para posicionar um determinado ponto sob os cabeçotes de leitura/gravação é o tempo necessário para uma revolução — aproximadamente 1/5 de segundo. A maior distância que os cabeçotes percorrem é do centro do disco até a borda externa (ou vice-versa). Os cabeçotes vão de um extremo a outro em ainda menos tempo — aproximadamente 1/6 de segundo (Figura 6.4). Mas, como ambas as operações ocorrem simultaneamente, o tempo máximo para posicionar os cabeçotes sobre um determinado local do disquete continua sendo 1/5 de segundo.

Entre o final dos anos 70 e o início dos anos 80, o disco flexível foi o principal dispositivo de armazenamento usado nos microcomputadores. Programas e dados eram armazenados em disquetes. Se você quisesse escrever um memorando com um editor de texto, primeiro tinha de colocar o disco do programa na unidade de disco e pedir para o computador executá-lo. Com o editor de texto rodando, você digitava o memorando por meio do teclado. O texto ficava armazenado na RAM. Quando o trabalho era concluído, você o salvava em outro disquete — provavelmente não o mesmo que armazenava o programa. Se você só tivesse uma unidade de disquete, precisava retirar o disco do programa e substituí-lo pelo disco de dados. Se tivesse duas unidades de disquetes, podia dar-se ao luxo de não fazer a troca, mas era preciso informar ao computador a unidade a ser usada.

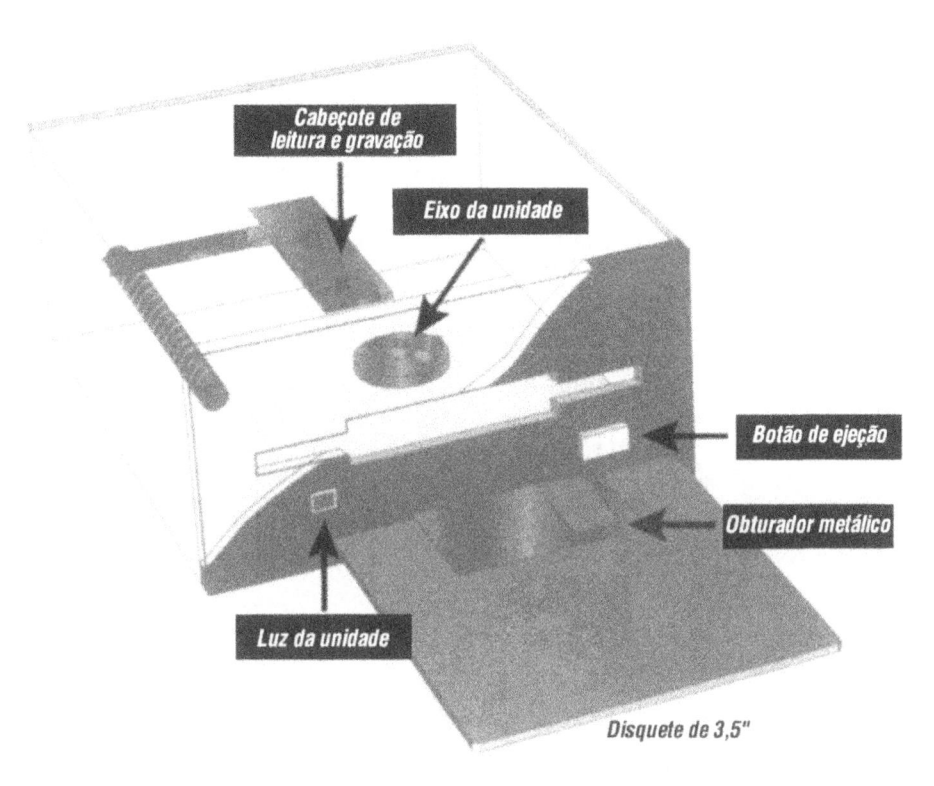

FIGURA 6.3 Esta unidade de disquete aceita um disco de 3,5", que gira rapidamente em torno do eixo quando o cabeçote de leitura/gravação movimenta-se pela superfície do disco.

Os computadores que usavam disquetes davam conta do recado, mas seus usuários não tinham como resolver o incômodo do troca-troca. Não demorou muito para as pessoas começarem a procurar um sistema mais conveniente. A resposta veio por intermédio do disco rígido. Até mesmo os primeiros discos rígidos, que não se comparam aos modelos de hoje em termos de capacidade de armazenamento, podiam armazenar vários programas e potencialmente centenas de arquivos de dados. De repente, começou a ser possível trabalhar o dia inteiro sem usar um disquete sequer (exceto para fazer cópias de segurança (backups) dos seus arquivos).

Apesar das vantagens, os discos rígidos não tornaram os disquetes obsoletos. Eles ainda são usados para várias tarefas para as quais os discos rígidos não são adequados. Os disquetes são mais comumente usados para:

- *Mover arquivos entre computadores que não estão conectados por meio de hardware de comunicação*: uma das maneiras mais fáceis de mover dados entre computadores é copiar os dados para um disquete, removê-lo da unidade e inseri-lo na unidade de outro computador.

- *Carregar novos programas para um sistema*: alguns programas grandes já estão disponíveis em CD-ROM ou fita, mas a maioria é vendida em disquetes. Quando você adquire um software, para instalá-lo, é preciso copiar o conteúdo dos disquetes para o disco rígido ou então rodar um pequeno programa que faz a instalação automaticamente.

- *Fazer cópias de segurança (backups) de dados ou programas, cuja cópia principal está armazenada no disco rígido*: a *cópia de segurança* (ou backup) é uma duplicata dos programas e dados armazenados no disco rígido para que estes fiquem guardados em segurança. Para muitas pessoas, o disco rígido é o principal meio de armazenamento. Mas e se ele apresentar problemas ou estiver danificado? Para não perder seus dados, é sempre prudente fazer uma cópia de segurança do conteúdo do disco rígido. Uma maneira comum é copiar os arquivos para disquetes.

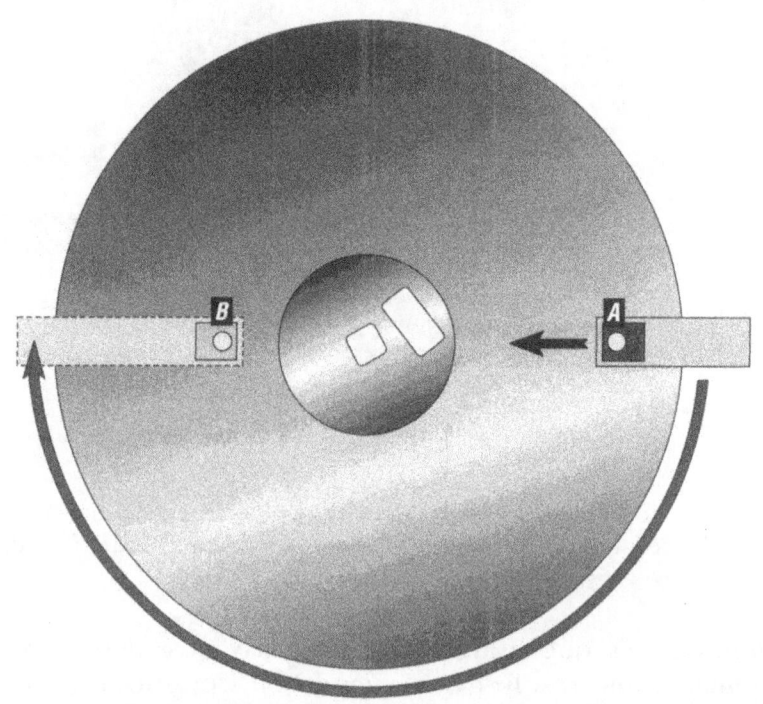

FIGURA 6.4 Para o cabeçote de leitura/gravação ir do ponto A ao ponto B, ele tem de passar pelo raio do disco enquanto este gira 180 graus.

TIPOS DE DISQUETES

Os disquetes são apresentados em dois tamanhos: 5,25" e 3,5". O tamanho refere-se ao diâmetro do disco, não à sua capacidade. O tipo de 5,25", mostrado na Figura 6.5, vem dentro de um envelope de vinil flexível, com um recorte oval que permite o acesso ao cabeçote de leitura/gravação. O tipo de 3,5", mostrado na Figura 6.6, vem em um invólucro de plástico duro com uma cobertura metálica móvel. Quando o disco está na unidade, a cobertura desliza para trás para expor o disco ao cabeçote de leitura/gravação. É importante perceber que os dois tipos são disquetes. O termo *disco flexível* refere-se ao disco dentro do protetor, e não ao quadrado de plástico externo que o protege.

Os disquetes de 5,25" podem ser de *densidade dupla* ou de *alta densidade*. Os de 3,5" podem ser de *densidade dupla*, *alta densidade* e *densidade muito alta*. A *densidade* de um disco é uma medida da qualidade da sua superfície: quanto maior a densidade, maior a proximidade das partículas de óxido de ferro e maior a quantidade de dados que ele pode armazenar. A Tabela 6.1 mostra a capacidade, em bytes, de cada tipo de disco.

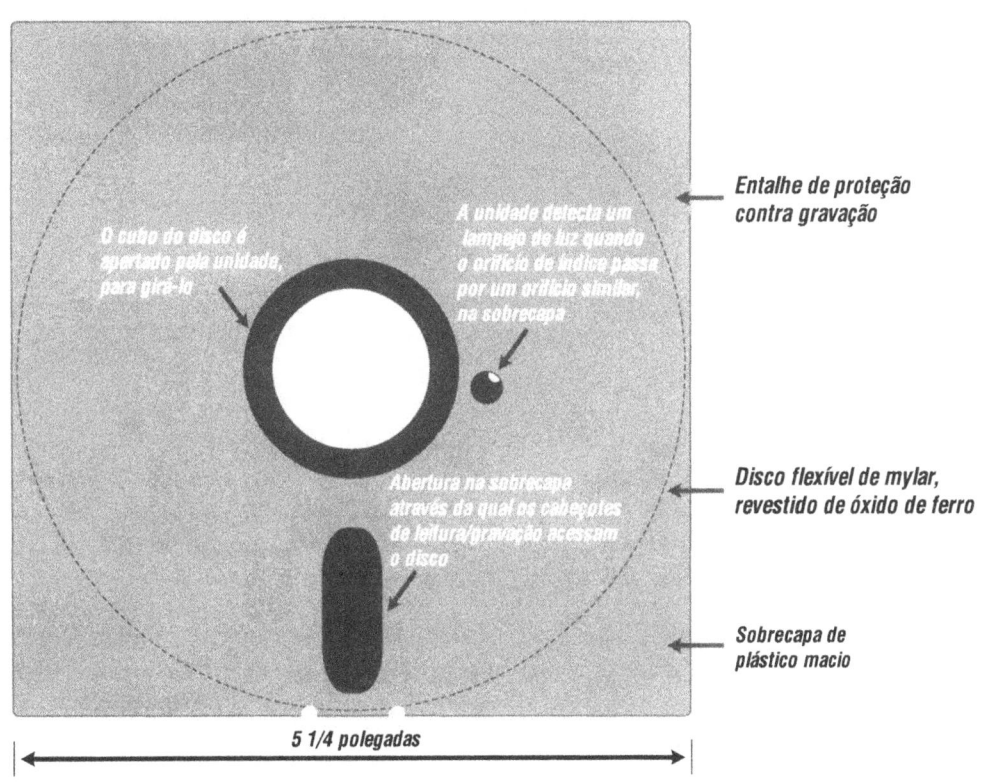

FIGURA 6.5 O disco de 5,25" gira dentro de uma sobrecapa de plástico flexível que tem recortes para permitir acesso à superfície do disco.

TABELA 6.1 Dimensão e capacidade dos disquetes (máquinas que rodam sistema operacional DOS).

DIÂMETRO (POLEGADAS)	LADOS	TRILHAS	SETORES POR TRILHA	SETORES	BYTES POR SETOR	BYTES	KB	MB
5¼	2	40	9	720	512	368.640	360	0,36
3½	2	80	15	2.400	512	1.228.800	1.200	0,7
5¼	2	40	18	1.440	512	737.280	720	1,2
3½	2	80	18	2.880	512	1.474.560	1.440	1,44
3½	2	80	36	5.760	512	2.949.150	2.880	2,88

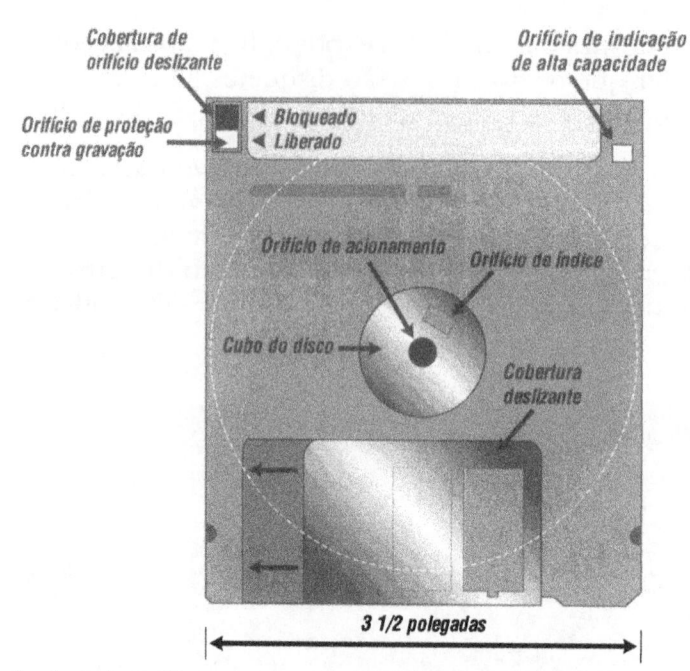

FIGURA 6.6 O disco flexível de 3,5" tem uma capa de plástico duro. Uma cobertura metálica móvel protege a superfície do disco enquanto ele está fora da unidade.

Você pode observar que os tamanhos citados na Tabela 6.1 referem-se a máquinas que rodam sistema operacional DOS. O Macintosh não usa discos de 5,25". O disquete de densidade dupla no Macintosh armazena 800KB e não 720KB — em conseqüência da maneira diferente como as duas máquinas usam os discos. Um disco de alta densidade no Macintosh armazena 1,4MB, como um disco DOS.

A Tabela 6.1 mostra que os discos fisicamente menores são capazes de armazenar mais dados do que os maiores. Devido ao invólucro de plástico duro e da cobertura de metal, os disquetes de 3,5" também são mais duráveis. Conseqüentemente, o disco de 5,25" está gradualmente desaparecendo.

COMO OS DADOS SÃO ORGANIZADOS EM UM DISQUETE

Quando você compra disquetes novos, eles nada mais são do que o que já descrevemos aqui: discos revestidos e protegidos por plástico. Mas, para o computador poder usá-los para armazenar dados, eles precisam ser magneticamente mapeados para permitir que a máquina vá diretamente a um ponto específico sem ter de examinar todos os dados. O processo de mapeamento de um disco chama-se *formatação*. Todo disquete novo tem de ser formatado. Entretanto, é possível comprar disquetes que já tenham sido pré-formatados para o seu computador em particular.

A primeira coisa que a unidade de disco faz quando você formata um disco é criar um conjunto de círculos magnéticos concêntricos chamados *trilhas*. O número de trilhas de um disco varia com o tipo; a maioria dos disquetes de alta densidade tem 80.

As trilhas de um disco não formam uma espiral contínua como aquelas de um disco fonográfico; cada uma é um círculo separado. A maioria delas é numerada da mais exterior para a mais interior, começando do 0, conforme mostra a Figura 6.7.

FIGURA 6.7 As trilhas de um disco estão organizadas em círculos concêntricos, que geralmente são numerados em seqüência de fora para dentro.

Cada trilha de um disco é dividida em partes menores. Imagine dividir um disco da maneira como você fatia uma torta. Conforme mostra a Figura 6.8, cada fatia corta todas as trilhas do disco, resultando em segmentos menores, ou *setores*. Todos os setores do disco são numerados em uma longa seqüência, portanto o computador pode acessar cada pequena área do disco, que tem um número exclusivo. Efetivamente, esse esquema simplifica o que seria um conjunto de coordenadas bidimensionais, transformando-o em um único endereço numérico (veja a Figura 6.9).

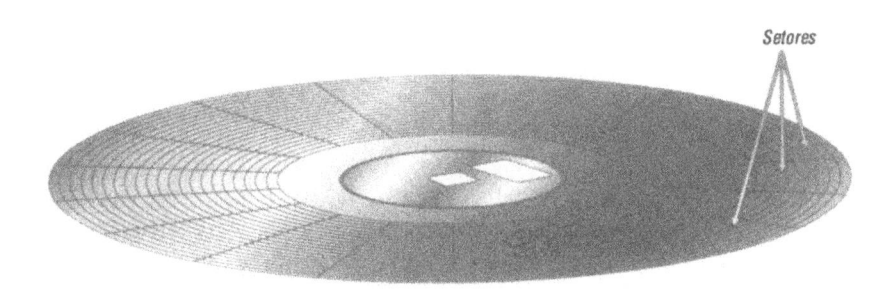

FIGURA 6.8 Os setores são os pequenos segmentos que resultam da divisão das trilhas de um disco em fatias no formato de uma torta.

Quando as pessoas falam sobre o número de setores que um disco possui, a unidade usada é *setores por trilha* — e não apenas setores. É importante compreender que os setores não são iguais a uma fatia de torta, contendo muitos segmentos pequenos da trilha. O setor é um, e apenas um, desses pequenos segmentos de trilha. Se um disco tem 80 trilhas e 18 setores por trilha, ele possui 1.440 setores (80×18) — e não apenas 18.

Setores na perspectiva do computador

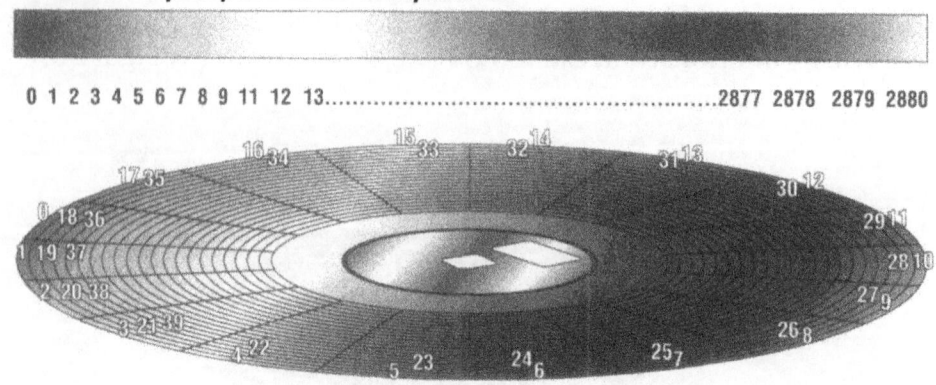

0 1 2 3 4 5 6 7 8 9 11 12 13.....................................2877 2878 2879 2880

Layout físico dos setores

FIGURA 6.9 Cada setor tem um número exclusivo, começando com os setores da trilha mais externa. Apesar de organizados em círculos concêntricos, para o computador, os setores formam uma única linha reta.

Como qualquer objeto plano, o disquete tem dois lados. Algumas das antigas unidades de disco só conseguiam ler dados de um lado do disco, mas, hoje, todas as unidades lêem e gravam dados em ambos os lados. Para o computador, o segundo lado é apenas uma continuação da seqüência de setores. Um disquete de 3,5", de 1,44MB, tem um total de 2.880 setores (80 trilhas por lado × 2 lados × 18 setores por trilha).

Na maioria dos discos, um setor contém 512 bytes, ou 1/2KB. As diferentes capacidades de um disco geralmente são função do número de lados, trilhas e setores por trilha. A Tabela 6.1 mostrou como a capacidade de um disco está relacionada às dimensões.

Você se lembra de que, no Capítulo 4, em nossa discussão sobre memória, dissemos que 1MB de memória é igual a 1.024KB, ou 1.048.576 bytes. No armazenamento em disco, esses valores são diferentes. Quase sempre 1MB significa 1 milhão de bytes; 1KB, porém, ainda significa 1.024 bytes.

O setor é a menor unidade com que qualquer disco pode trabalhar. Cada bit e byte dentro de um setor pode ter valores diferentes, mas a unidade só lê ou grava setores inteiros de cada vez. Mesmo que o computador precise alterar apenas um byte dos 512 armazenados naquele setor, ele regrava o setor inteiro.

Uma vez que os arquivos em geral têm tamanho múltiplo de 512 bytes, alguns setores contêm espaço não utilizado depois do final do arquivo. Além disso, o sistema operacional DOS aloca grupos de setores, chamados *agrupamentos* (clusters), aos arquivos. O tamanho desses agrupamentos varia, dependendo do tamanho e do tipo do disco, mas vão de 4 a 64 setores em um disco rígido. Um arquivo pequeno com apenas 50 bytes usará apenas uma parte do primeiro setor do agrupamento atribuído a ele, deixando o resto do primeiro setor, e o resto do agrupamento, alocado, mas não utilizado.

COMO O SISTEMA OPERACIONAL LOCALIZA DADOS EM UM DISCO

O sistema operacional de um computador é capaz de localizar dados em um disco porque cada setor e cada trilha têm um rótulo, e o local de todos os dados é mantido em um registro especial do disco. O processo de rotular as trilhas e os setores é chamado *formatação lógica* (logical format). Um formato lógico comumente executado pelo sistema operacional MS-DOS para PCs cria quatro áreas no disco (veja a Figura 6.10).

	nº de setores	% do total
Registro de inicialização (boot record)	1	.03%
FAT (cópia 1)	9	.3%
FAT (cópia 2)	9	.3%
Diretório raiz	14	.3%
Área de dados	2847	98,9%

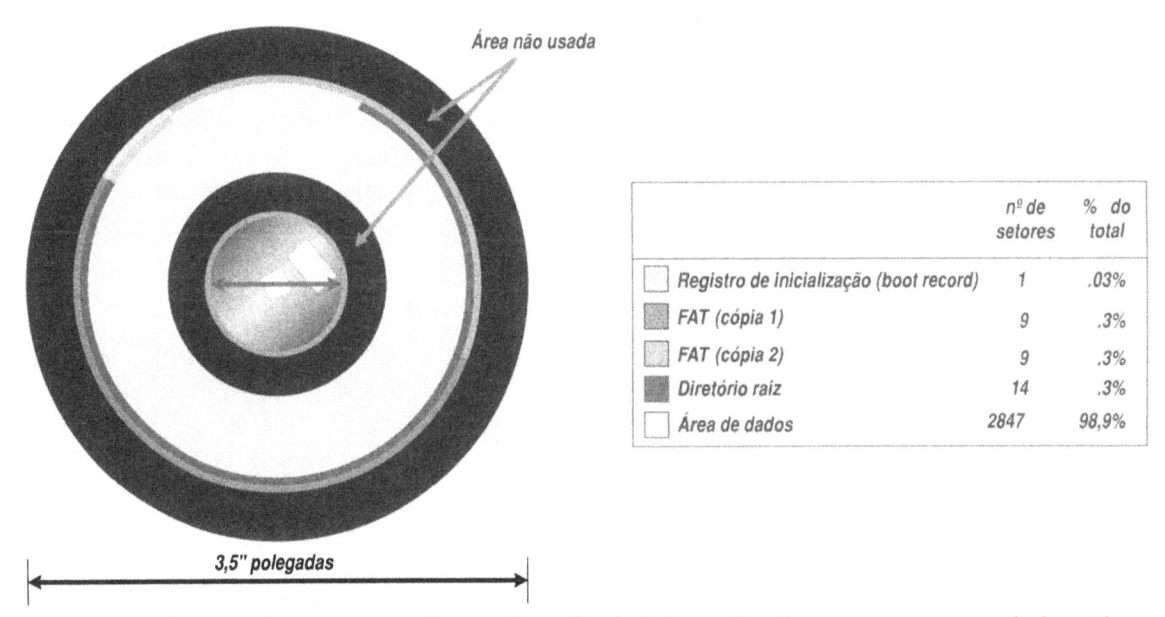

FIGURA 6.10 Nem todos os setores de um disco flexível são utilizados para armazenar dados. Alguns guardam informações sobre o disco em si e sobre onde os dados estão localizados.

O *registro de inicialização* (*boot record*) é um pequeno programa que roda quando você liga ou inicializa o computador. Esse programa determina se o disco tem os componentes básicos do DOS que são necessários para o sistema operacional rodar corretamente. Se determinar que os arquivos exigidos estão presentes e que o disco tem formato válido, ele entrega o controle a um dos programas do DOS, que dá continuidade ao processo de inicialização. Esse processo também é conhecido como *booting*[1], porque o programa de inicialização (*boot program*) faz com que o computador "se levante sozinho".

O registro de inicialização também descreve outras características do disco, como o número de bytes por setor e o número de setores por trilha — informações de que o sistema operacional precisa para acessar a área de dados do disco.

---

1 N. T.: A expressão em inglês que deu origem ao termo *booting* é "pull oneself by one's own bootstraps", vencer, levantar-se pelo próprio esforço. A título de curiosidade, "bootstraps" são as alças presas ao cano de uma bota para ajudar a calçá-la.

A *FAT* (*File Allocation Table* — *Tabela de Alocação de Arquivos*) é um registro que grava o local de cada arquivo e a situação de cada setor. Quando você grava um arquivo no disco, o sistema operacional verifica na FAT se há uma área em aberto, armazena o arquivo e identifica-o, juntamente com sua localização na FAT.

A FAT soluciona um problema comum dos arquivamentos: o que acontece se você carrega um arquivo, aumenta seu tamanho acrescentando-lhe textos e depois o salva novamente? Por exemplo, digamos que você precise acrescentar 5 mil bytes a um arquivo de 10 mil bytes que não tem espaço vago algum em torno de si. A unidade de disco poderia mover os arquivos vizinhos para abrir espaço para os 5 mil bytes adicionais, mas isso levaria muito tempo. Então, o sistema operacional verifica se há áreas livres na FAT e depois coloca ponteiros nelas para ligar as partes não-adjacentes do arquivo. Em outras palavras, ele divide o arquivo, alocando novos espaços para o excedente. Quando o DOS salva um arquivo dessa maneira, o arquivo fica *fragmentado*: suas partes estão localizadas em setores não-adjacentes. Os arquivos fragmentados provocam efeitos colaterais indesejados, sendo o mais significativo deles o maior tempo necessário para salvá-los e carregá-los. No Capítulo 8, examinaremos mais de perto como ocorre a fragmentação e o que pode ser feito para atenuar seus efeitos.

Os usuários normalmente não precisam ver as informações contidas na FAT, mas usam com freqüência as informações contidas no *diretório*. O diretório de um disco relaciona informações específicas sobre cada arquivo, como seu nome, tamanho, hora e data de criação ou última modificação etc. A Figura 6.11 mostra uma típica listagem de um diretório do DOS.

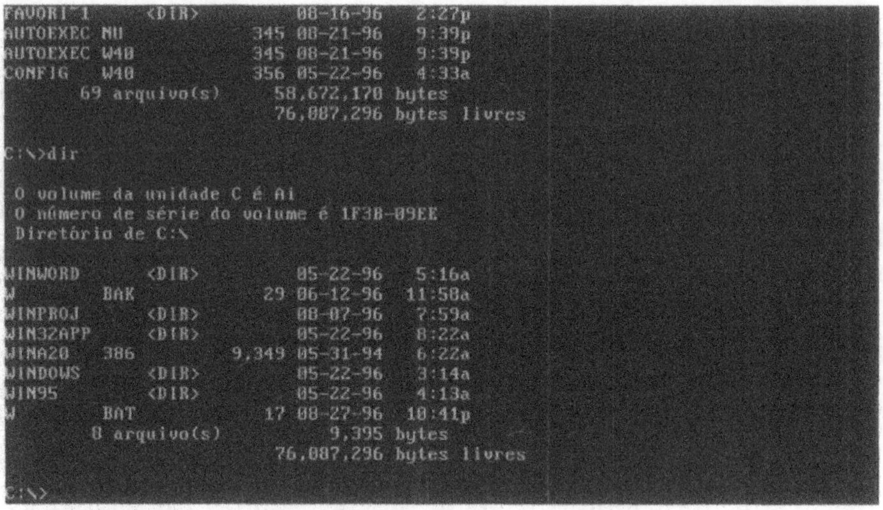

FIGURA 6.11 Listagem típica de um diretório do DOS.

A parte do disco que permanece livre depois da criação do setor de inicialização, da FAT e do diretório chama-se *área de dados*.

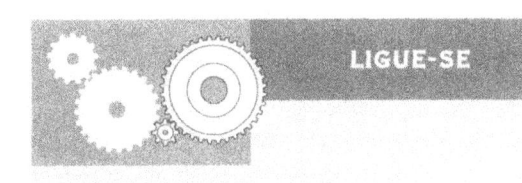

LIGUE-SE · CUIDANDO DE SEUS DISQUETES

Muito embora os dados armazenados em disquetes sejam dados "não-voláteis", porque permanecem registrados no disco na ausência de uma fonte constante de eletricidade, eles podem sofrer danos e você pode perdê-los. Aqui estão algumas regras simples para você cuidar dos seus disquetes.

- Mantenha os disquetes afastados de qualquer coisa que tenha carga magnética ou que gere um campo magnético, incluindo telefones, alto-falantes e até mesmo clipes de papel, que podem pegar carga se a pessoa que os estiver segurando estiver magnetizada.

- Não dobre nem aplique pressão intensa aos disquetes de 5,25". Se você precisar escrever alguma coisa na etiqueta de identificação depois de colá-la no disco, use uma caneta hidrográfica.

- Não empilhe os discos; eles mantêm melhor forma quando guardados em pé.

- Deixe a cobertura metálica voltar ao lugar sozinha nos discos de 3,5" e nunca toque o meio de gravação de qualquer disquete.

- Sempre etiquete seus discos. Eles não têm utilidade alguma quando você não consegue encontrar o que deseja. Imagine se você tivesse no seu carro 50 fitas cassete sem nome!!!

- Nunca force a entrada de um disco na unidade e nunca remova um disco da unidade quando a luz estiver acesa. A luz indica que a unidade está em operação e, se o disco for removido naquele momento, os dados podem ser danificados.

- Não exponha os discos a calor ou umidade excessiva. Isso singifica mantê-los afastados do sol e não deixá-los em lugar onde possa espirrar água.

Mesmo que você cuide muito bem dos seus discos, os dados neles armazenados não durarão eternamente. O tempo provoca a *degeneração dos bytes* — as partículas magnéticas tendem a perder sua carga —, portanto é uma boa idéia regravar os dados nos discos a cada ano, mais ou menos. Isso não significa que você terá de jogar todos os discos fora — você só precisará copiar o conteúdo de um disquete para o disco rígido e de lá novamente para o disquete.

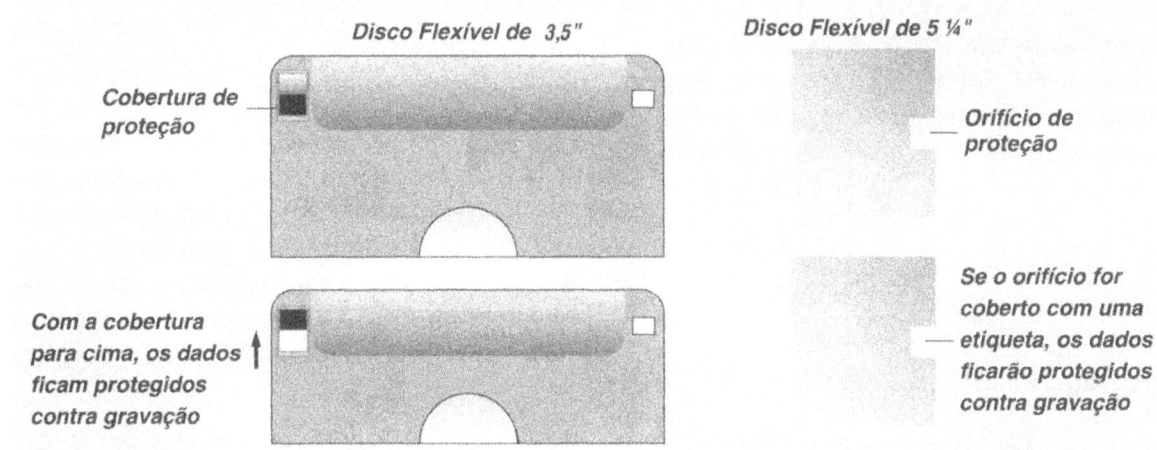

Disco Flexível de 3,5"

Cobertura de proteção

Com a cobertura para cima, os dados ficam protegidos contra gravação

Disco Flexível de 5 ¼"

Orifício de proteção

Se o orifício for coberto com uma etiqueta, os dados ficarão protegidos contra gravação

PARA PROTEGER OS DADOS EM UM DISCO DE 3,5", VOCÊ MOVE A COBERTURA DE PROTEÇÃO CONTRA GRAVAÇÃO PARA CIMA, DEIXANDO O ORIFÍCIO QUE EXISTE SOB ELA EXPOSTO. ESSE ORIFÍCIO SINALIZA PARA O COMPUTADOR QUE O CONTEÚDO DO DISCO NÃO DEVE SER ALTERADO POR ESTAR EFETIVAMENTE BLOQUEADO.

> Finalmente, sempre há o risco de sobregravação, eliminação ou alteração acidental dos dados. Felizmente, um simples processo chamado *proteção contra gravação* impede que o conteúdo de um disco seja alterado. Para proteger um disco de 3,5" contra gravações, vire-o e inverta a posição da cobertura plástica que há no canto superior esquerdo, permitindo que um orifício apareça na capa do disco. Com a cobertura de proteção nessa posição, o computador consegue ler os dados do disco, mas não é capaz de efetuar gravações. O mesmo pode ser feito com os discos de 5 ¼", se você colocar uma etiqueta de proteção sobre o orifício localizado perto do canto superior direito da capa do disco. As caixas de disquetes de 5 ¼" em geral vêm com uma série dessas etiquetas.

DISCOS RÍGIDOS

Hoje, o disco rígido é um dos principais dispositivos de armazenamento de todos os computadores. Como eles são capazes de armazenar muitos dados, às vezes são chamados *dispositivos de armazenamento de massa* ou *memória de massa* — juntamente com a fita, os discos ópticos e outros meios capazes de armazenar grandes quantidades de dados. Discutimos primeiro os disquetes, em parte, porque eles surgiram antes dos discos rígidos, mas principalmente porque são mais simples e mais fáceis de entender. Grande parte do que você aprendeu sobre discos e unidades de disquetes se aplica também aos discos rígidos. Assim como os disquetes, os discos rígidos armazenam dados em trilhas, que são divididas em setores. Fisicamente, no entanto, os discos rígidos são bem diferentes.

O *disco rígido* é uma pilha de pratos de metal que gira sobre um eixo, como se fosse uma pilha de disquetes. Os pratos são revestidos de óxido de ferro e toda a unidade vem dentro de uma câmara selada. Ao contrário dos disquetes, onde o disco e a unidade estão separados, a unidade de disco rígido, ou simplesmente o disco rígido, é uma só peça. Ela inclui o motor que gira os pratos e um conjunto de cabeçotes de leitura/gravação. Em geral, não é possível remover o disco rígido de sua unidade; os dois termos são usados como sinônimos, significando tanto o disco quanto a unidade. Entretanto, alguns fabricantes produzem discos rígidos removíveis que podem ser conectados a uma unidade separada.

Os discos rígidos tornaram-se o principal dispositivo de armazenamento dos microcomputadores porque são incrivelmente convenientes. Tanto em velocidade quanto em capacidade, eles excedem o desempenho dos disquetes. Um disquete de 3,5" de alta densidade é capaz de armazenar 1,44MB de dados. Hoje, a capacidade dos discos rígidos varia de 80MB para cima. Discos de 1GB e até maiores estão se tornando padrão. Com um disco rígido, a maioria das pessoas consegue armazenar todos os seus programas e arquivos em um só local.

Uma grande diferença física entre os disquetes e os discos rígidos é que os discos rígidos, como o próprio nome indica, são rijos. Eles são feitos de metal (normalmente alumínio) em vez do mylar ou plástico flexível usado na fabricação dos disquetes.

Quando o disco rígido gira, sua construção firme impede que os pratos dobrem, o que permite muito mais precisão na identificação de posições de memória do disco.

Além disso, os discos rígidos são selados dentro de uma câmara a vácuo hermética. Isso faz com que os cabeçotes consigam passar muito mais perto da superfície do disco, o que também resulta em muito maior precisão. Na verdade, os cabeçotes do disco rígido passam tão perto da superfície do disco que, se uma partícula de poeira, um fio de cabelo ou até mesmo uma impressão digital fosse colocada no disco, ela preencheria o espaço entre o cabeçote e o disco, provocando um choque do cabeçote. O *choque do cabeçote (head crash)*, momento em que ele toca o disco, destrói os dados armazenados na área de sua ocorrência, podendo destruir também o próprio cabeçote. A Figura 6.12 mostra a altura em que o cabeçote do disco rígido flutua, em comparação ao tamanho das partículas de poeira, fios de cabelo e impressões digitais.

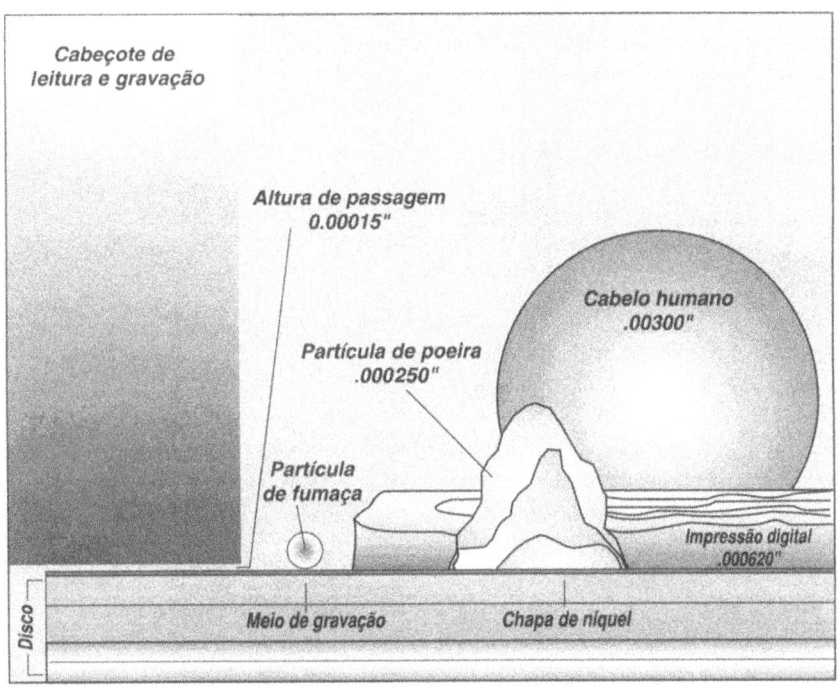

FIGURA 6.12 Materiais como cabelo, impressões digitais e poeira ou fumaça são muito maiores do que o espaço entre o disco e o cabeçote de leitura/gravação, e podem provocar um choque do cabeçote.

Essa precisão incrível e a maior área de superfície oferecida pelos vários pratos são as principais razões para os discos rígidos armazenarem uma quantidade tão maior de dados que os disquetes. Outra razão tem que ver com a tecnologia magnética. Conforme explicado anteriormente, a passagem de um ímã por um enrolamento elétrico como aquele encontrado no cabeçote de leitura/gravação de uma unidade faz com que flua uma corrente elétrica pelo enrolamento. O interessante é que, quanto mais rápida a passagem do ímã, maior será a corrente gerada no enrolamento. Por outro lado, quanto mais corrente você aplicar ao ímã, mais forte será o campo magnético.

Esse princípio contribui para a enorme capacidade do disco rígido, porque as tolerâncias mais altas e a rigidez de sua construção permitem que eles girem muito mais rapidamente — em geral dez vezes mais depressa — do que os disquetes; o disco rígido gira a uma velocidade de aproximadamente 3.600 RPM, contra 300 RPM dos disquetes. Alguns discos rígidos giram a uma velocidade de até 5.400 RPM. Por causa disso, os cabeçotes podem usar uma corrente de baixa intensidade para polarizar um ponto do disco. Quando o cabeçote lê dados na superfície do disco, a velocidade alta do disco amplifica a intensidade da corrente induzida no cabeçote de leitura.

Todos esses fatores juntam-se para possibilitar o armazenamento de muito mais dados por polegada quadrada nos discos rígidos do que nos disquetes. As 80 trilhas de um disquete estão a uma distância de aproximadamente 74/10.000 polegadas uma da outra (135 trilhas por polegada). Os discos rígidos são capazes de "espremer" bem mais de mil trilhas em uma polegada.

Lembre-se de que os discos rígidos consistem em vários pratos empilhados um sobre o outro. Para a controladora da unidade de disco, isso significa apenas que o disco tem mais de dois lados; além de um lado 0 e um lado 1, há os lados 2, 3, 4 e assim por diante. Algumas unidades de disco rígido contêm até 12 pratos, mas às vezes não são utilizados os dois lados de cada disco.

NOTEBOOK DO NORTON — SEGURANÇA EXTRA PARA DADOS EM REDES

Nas redes locais, o servidor de rede é uma solução lógica em termos de armazenamento. Mas há problemas potenciais. Guardar muitos dados em um grande disco rígido é arriscado, e fazer cópias de segurança (backup) do disco servidor é um processo demorado. Hoje, muitas companhias e organizações estão adotando o arranjo de discos como uma maneira mais segura de armazenar grandes quantidades de dados.

Os arranjos de disco distribuem duplicatas ou partes de cada arquivo entre vários discos rígidos. Assim, se um disco sofrer danos, o arquivo poderá ser reconstruído.

O arranjo de discos é apenas um conjunto de discos rígidos, no qual todos funcionam juntos. Um arquivo armazenado no arranjo de discos fica espalhado entre vários discos rígidos diferentes. Se houver um problema no disco ou se um setor for danificado, o arquivo poderá ser reconstruído a partir dos dados armazenados nos outros discos. Um termo usado para descrever o arranjo de discos é arranjo redundante de discos baratos (RAID — Redundant Array of Inexpensive Disks). O termo barato vem do fato de que cada disco rígido de tamanho médio contido no arranjo de discos custa muito menos do que um único disco rígido grande.

Há duas técnicas populares que tiram proveito dessa abordagem. A primeira, chamada espelhamento, faz cópias exatas dos arquivos em dois ou mais discos rígidos. Além de oferecer mais segurança, o espelhamento acelera o processo de leitura de dados da matriz, porque as diferentes unidades de disco rígido podem ler partes diferentes do arquivo ao mesmo tempo. A outra técnica chama-se separação em tiras (striping). Quando um arquivo é gravado em um arranjo "em tiras", partes diferentes do arquivo são enviadas para diferentes discos. Outro disco é usado para gravar dados que são usados na verificação de erros. Quando o arquivo é lido, os dados do último disco asseguram a correção dos dados dos outros discos. Qualquer um dos métodos é capaz de melhorar o desempenho e tornar os dados mais seguros.

Com os discos rígidos, o número de lados usados é especificado pelo número de cabeçotes. Por exemplo, uma determinada unidade pode ter seis pratos (isto é, 12 lados), mas apenas dez cabeçotes, o que indica que dois lados não são usados para armazenar dados (veja a Figura 6.13). Esses lados geralmente são o primeiro lado do primeiro disco e o último lado do último disco.

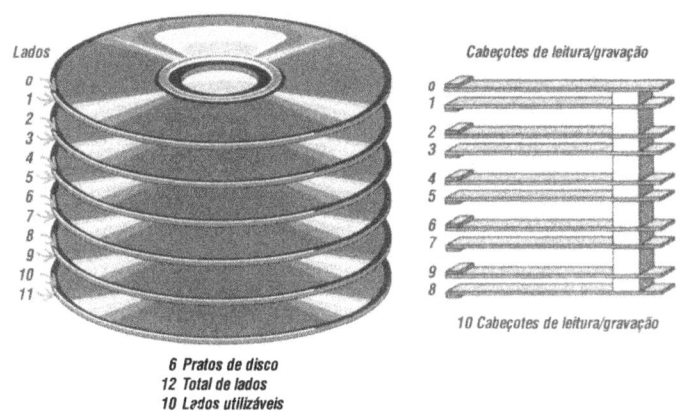

FIGURA 6.13 O disco rígido de seis pratos tem 12 lados, mas apenas dez cabeçotes de leitura/gravação. Conseqüentemente, o primeiro e o último lado não são utilizados.

Como os discos rígidos são realmente uma pilha de pratos, usamos um termo novo, *cilindro*, para fazer referência a uma mesma trilha em todos os lados do disco, conforme mostra a Figura 6.14. Por exemplo, a trilha 0 (trilha mais externa) em todos os discos é o cilindro 0.

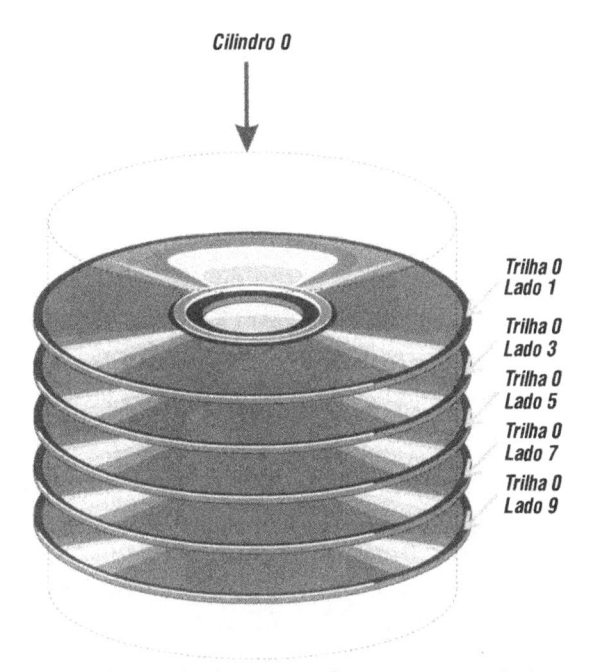

FIGURA 6.14 O cilindro de um disco rígido tem a forma que você descreve quando desenha um cilindro na mesma trilha de cada prato.

Assim como os disquetes, os discos rígidos geralmente armazenam 512 bytes de dados em um setor, mas, devido a suas tolerâncias mais altas, estes podem ter mais setores por trilha — não é incomum encontrar 54, 63 ou até mais setores por trilha.

A computação da capacidade de um disco rígido é idêntica à do disco flexível — mas os números são maiores. Aqui está a discriminação de um disco de 541MB:

1.632 cilindros × 12 cabeçotes (lados) = 19.584 trilhas

19.584 trilhas × 54 setores por trilha = 1.057.536 setores

1.057.536 setores × 512 bytes por setor = 541.458.432 bytes

UNIDADES DE FITA

As unidades de fita lêem e gravam dados na superfície de uma fita como se fosse em um gravador. A diferença é que a unidade de fita de um computador grava dados digitais e não analógicos — "uns" e "zeros" distintos em vez dos sinais finamente graduados criados pelo som.

O armazenamento em fita é mais bem utilizado para dados que você não usa com muita freqüência. Como a fita é uma longa tira de material magnético, a unidade de fita grava os dados seqüencialmente — um após o outro. O acesso seqüencial é inerentemente mais lento do que o acesso direto oferecido por meios como os discos. Quando você quer acessar um conjunto específico de dados em uma fita, a unidade precisa passar por sobre todos os dados que não são necessários, até chegar aos dados desejados. O resultado é um longo tempo de acesso. Na verdade, esse tempo de acesso varia dependendo da velocidade da unidade, do comprimento da fita e da posição dos dados na fita.

Apesar de o acesso seqüencial de uma fita torná-la um meio impraticável de armazenamento para os dados usados freqüentemente, ela se presta muito bem a outros fins, como a cópia de segurança (backup) de todo o seu disco rígido. A capacidade dos discos rígidos normalmente é muito maior que a dos disquetes e, com isso, usar estes para segurança daqueles pode ser um processo longo e cansativo, que requer dezenas ou até centenas de disquetes. As fitas têm capacidade muito maior do que os disquetes e, conseqüentemente, o software é capaz de efetuar uma cópia de segurança quase sem supervisão alguma.

A despeito do longo tempo de acesso, a fita foi um dos primeiros meios de armazenamento de massa amplamente utilizado. Os antigos mainframes usavam rolos duplos de fita. Hoje, a maioria das fitas é acondicionada em cassetes que contêm os dois rolos em uma só unidade. As fitas são apresentadas em vários tamanhos, desde grandes cassetes, de aproximadamente 20 por 12 centímetros, até microcassetes, de não mais do que 5 centímetros de comprimento. O estranho é que não dá para avaliar muito bem a capacidade de uma fita pelo tamanho do cassete. Alguns dos maiores cassetes têm capacidade de apenas 40 a 60MB, enquanto os menores microcassetes conseguem armazenar mais de 5GB de dados.

Em geral, as capacidades mais altas são obtidas com as unidades *DAT (Digital Audio Tape — Fita Digital de Áudio)* (veja a Figura 6.15). As unidades DAT normalmente têm dois cabeçotes de leitura e dois cabeçotes de gravação incorporados a um pequeno carretel (ou cilindro) que gira perto da fita a uma velocidade de aproximadamente 2 mil RPM — ao mesmo tempo, a própria fita se movimenta pelo carretel a uma velocidade relativamente lenta (aproximadamente 1 centímetro por segundo). Cada um dos cabeçotes de gravação do carretel grava dados com polaridades magnéticas contrárias em áreas sobrepostas da fita. Cada cabeçote de leitura lê apenas uma polaridade ou outra. O resultado é uma densidade muito alta de dados por centímetro de fita.

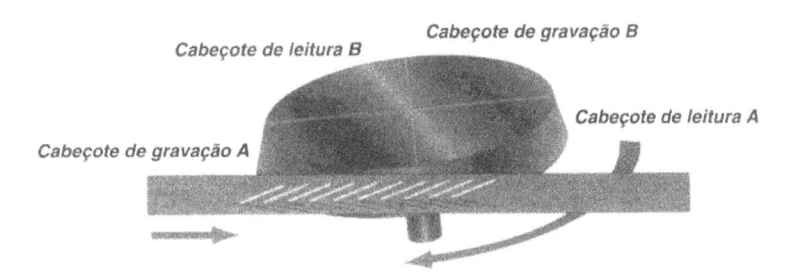

FIGURA 6.15 O carretel de uma unidade DAT é composto de dois cabeçotes de leitura e dois cabeçotes de gravação que dispõem os dados em direções cruzadas quando a fita se movimenta. Este padrão entrecruzado coloca muitos dados por polegada na fita.

DISPOSITIVOS DE ARMAZENAMENTO ÓPTICO

A necessidade de capacidades cada vez maiores de armazenamento leva os fabricantes de hardware a estar continuamente à procura de meios alternativos de armazenamento e, quando não existem opções disponíveis, a solução é aprimorar a tecnologia atual e desenvolver tecnologias novas. O *armazenamento óptico* é a principal alternativa ao armazenamento magnético.

As técnicas de armazenamento óptico fazem uso de precisão altíssima, possível graças aos raios laser. O laser usa um feixe de luz estreito e concentrado. A única diferença entre a luz do laser e a luz comum é que, no raio laser, a luz é *coerente* — toda a energia da luz está perfeitamente alinhada na mesma direção, permitindo que seja focalizada com tremenda precisão em uma área extremamente pequena.

Os dispositivos de armazenamento óptico focalizam um raio laser no meio da gravação, que é um disco em constante rotação. Algumas áreas do meio refletem a luz do laser em um sensor, enquanto outras dispersam a luz. Quando o disco gira e passa pelo laser e pelo sensor, o ponto que reflete o raio laser no sensor é interpretado como um e a ausência de reflexão é interpretada como zero.

A disposição dos dados no disco óptico assemelha-se mais à dos discos fonográficos do que à dos discos magnéticos. Como o disco fonográfico, o disco óptico tem uma trilha longa que começa na margem esquerda e entra em espiral em direção ao centro. Também como o disco fonográfico, os dados em um disco óptico são gravados permanentemente na superfície do disco. O ponto que reflete a luz do laser no sensor é chamado *plataforma* (*land*) e o ponto que dispersa a luz é chamado *depressão* (*pit*) (veja a Figura 6.16).

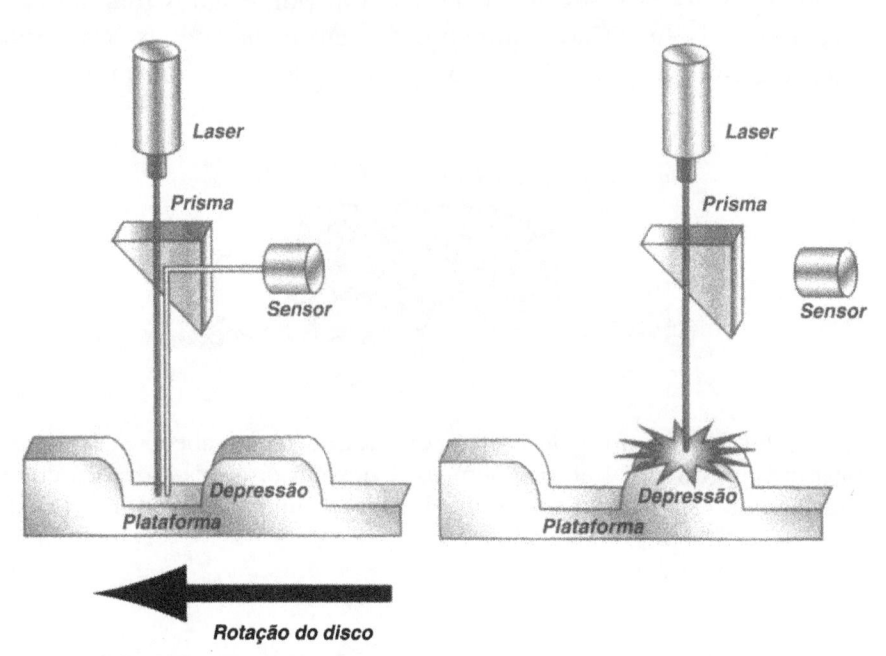

FIGURA 6.16 A superfície de um disco óptico é gravada, com pequeninas plataformas (*lands*) e depressões (*pits*) que são equivalentes aos 1 e 0 binários. As plataformas refletem a luz para um sensor; as depressões dispersam a luz.

Assim como a trilha de um disco magnético, a trilha de um disco óptico é dividida em setores, mas nos discos ópticos todos os setores têm o mesmo comprimento. Assim, a unidade precisa diminuir a rotação do disco para permitir que os cabeçotes leiam os dados armazenados nos setores próximos ao centro do disco.

A leitura de dados em um meio óptico é uma tarefa relativamente simples, mas sua gravação é outro assunto. O problema é que é difícil modificar a superfície de um meio óptico. Ao contrário dos meios magnéticos, nos quais um ponto da superfície é fisicamente igual a qualquer outro ponto — mesmo quando ele armazena dados —, nos meios ópticos a superfície é fisicamente escavada para refletir ou dispersar a luz do laser.

CD-ROM

O familiar CD (*compact disk*) é um meio popular de armazenamento de músicas. No mundo dos computadores, entretanto, esse meio chama-se *CD-ROM (Compact Disc, Read-Only Memory — Memória Somente de Leitura em CD)*. O CD-ROM usa a mesma tecnologia usada nos CDs musicais. Na verdade, se você tiver uma placa de som e alto-falantes conectados ao seu computador, poderá executar aquele CD do Phill Collins no seu micro.

O fato de não ser possível gravar dados em um CD-ROM não significa que esse meio de armazenamento não seja útil. Na verdade, muitas aplicações dependem de volumes imensos de dados que raramente são modificados. Por exemplo, dicionários, enciclopédias, bibliotecas médicas, legais e de outras profissões, músicas e vídeos requerem uma quantidade tremenda de dados que normalmente você não quererá alterar — mesmo se puder.

As companhias de software também podem distribuir seus produtos em CD-ROM. Devido à alta precisão e à alta densidade de dados possíveis no CD-ROM, um único disco pode armazenar até 600MB de dados. Devido à sua alta capacidade e ao fato de que ninguém pode alterar os dados gravados em um CD, para algumas companhias ele é considerado o melhor meio de distribuição. Uma dessas empresas é a Sun Microsystems, que produz e vende estações de trabalho Unix de alto desempenho. A Sun não apenas distribui o sistema operacional Unix em CD como também pode distribuir, em um único volume, todas as versões e atualizações do sistema operacional feitas até hoje.

NOTEBOOK DO NORTON

A i.Station: Onde CD-ROM e CDs Musicais Se Encontram

O problema é comum: você está em uma loja de discos tentando decidir se compra ou não um determinado CD. Talvez você já tenha ouvido uma ou duas músicas daquele álbum, mas como saber se as outras faixas são boas? A única maneira de descobrir é comprando, certo?

Nem sempre, se a loja de discos permitir que você ouça algumas faixas do disco antes de gastar seu rico dinheirinho. Em muitos locais, isso já é permitido, mas agora uma nova onda está surgindo: estações de merchandising em multimídia, onde você pode ouvir faixas de um CD e, caso exista, ver um clipe com cada uma das músicas escolhidas.

A idéia de uma estação de multimídia para ouvir músicas teve como pioneiro o Intouch Group, uma companhia de serviços de informação e mídia estabelecida em São Francisco, Estados Unidos. A i.Station do Intouch Group é um sistema interativo de merchandising que permite que você tenha uma noção geral do CD antes de comprá-lo. O sistema contém mais de 200 discos CD-ROM com músicas e vídeos de mais de 28 mil CDs.

O incrível em uma inovação como a i.Station é que ela beneficia todos os envolvidos. O consumidor informa-se mais antes de tomar decisões, pode explorar novos tipos de música ou pesquisar o catálogo de um determinado artista. As lojas de disco beneficiam-se porque as pessoas têm menos medo de gastar quando sabem que a compra não será um furo n'água. E mesmo as gravadoras ganham — e não apenas em termos de vender mais CDs. A i.Station coleta informações sobre as músicas que os consumidores estão ouvindo e sua opinião sobre elas — o sistema na verdade permite que você avalie cada música selecionada.

Outra aplicação interessante da tecnologia CD-ROM é o *CD-I* (CD-Interativo). O CD-I armazena audiodigital, vídeo e gráficos com movimento, animação, textos e dados em um CD. O interessante nesta idéia não é tanto o que o CD-I armazena em um CD, mas como os dados são acessados. Com o CD-I, você escolhe o que quer ver e ouvir em um ambiente interativo. Por exemplo, com um sistema CD-I, é possível visitar um museu e ver apenas os itens que lhe interessam, ou estudar um assunto depois de examinar um currículo predefinido que se adapta ao seu nível de conhecimento.

Grandes volumes de discos CD-ROM são produzidos por fabricantes que possuem caros equipamentos de duplicação. No caso de um menor número de cópias, ou de apenas uma única cópia, uma unidade de gravação em CD-R (CD-Recordable — CD-Gravável) pode ser conectada a um computador como se fosse um dispositivo periférico comum. A unidade CD-R permite que você crie seus próprios discos CD-ROM, que podem ser lidos em qualquer unidade CD-ROM.

WORM (WRITE ONCE, READ MANY)

A enorme capacidade dos CDs induziu engenheiros e fabricantes de hardware a trabalhar com afinco para desenvolver dispositivos ópticos que permitissem gravação. As primeiras tentativas resultaram na unidade *WORM (Write Once, Read Many — Grava uma Vez, Lê Muitas)*. Assim como nos CDs, uma vez gravados dados na superfície de um disco WORM eles não podem ser mais alterados.

O disco WORM é o meio ideal para fazer um registro permanente dos dados. Por exemplo, muitos bancos usam discos WORM para armazenar o registro das transações que ocorreram em um determinado dia. Elas são gravadas em um disco óptico e passam a ser um registro permanente que pode ser lido mas nunca alterado.

MAGNETO-ÓPTICO

O disco magneto-óptico (MO), combina algumas das melhores características das tecnologias de gravação magnética e óptica. O disco MO tem a capacidade de um disco óptico, mas pode ser regravado com a facilidade de um disco magnético.

O meio usado pelos discos MO é diferente do usado por um disco óptico ou magnético. O disco é coberto com cristais metálicos e sensíveis a ímãs que ficam dentro de uma fina camada de plástico. No estado normal, o plástico em volta dos cristais é sólido, impedindo o movimento dos cristais. Para gravar dados no disco, um raio laser intenso é refletido sobre a superfície do meio, que derrete o revestimento plástico, permitindo que um ímã altere a orientação dos cristais. O ímã age apenas sobre o exato ponto focal do laser, porque é apenas lá que o revestimento plástico está fluindo o suficiente para permitir a reorientação dos cristais (veja a Figura 6.17).

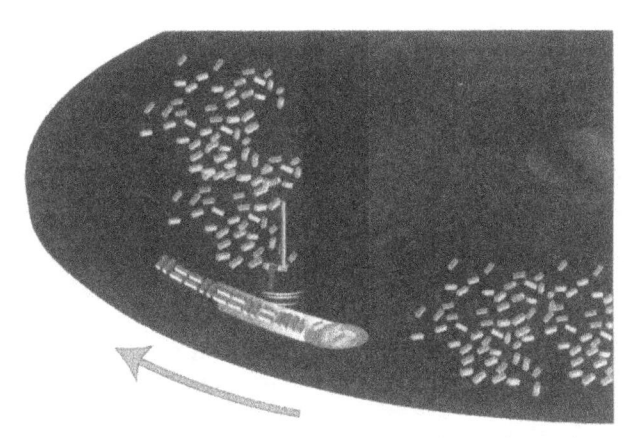

FIGURA 6.17 Para gravar dados em um disco MO, um raio laser forte derrete um pequenino ponto do revestimento plástico do disco. Um ímã próximo alinha os cristais que estão dentro do plástico antes que este esfrie.

Quando o ímã altera a orientação dos cristais metálicos na superfície do disco MO, alguns cristais são alinhados de forma a refletir a luz do laser em um sensor; outros são orientados para não refletir essa mesma luz. Para ler dados do disco, a unidade MO reflete um raio laser menos intenso sobre a trilha de cristais. Quando a trilha gira sob o raio, alguns pontos refletem luz no sensor e outros não, criando um fluxo de 1 e 0 que o computador reconhece como dados (veja a Figura 6.18).

Os discos MO podem ser encontrados em vários tamanhos e capacidades. Alguns são idênticos aos disquetes de 3,25", mas têm capacidade para mais de 1GB. Apesar de não serem tão rápidos quanto os discos rígidos, seu desempenho é impressionante e, além disso, eles são portáteis.

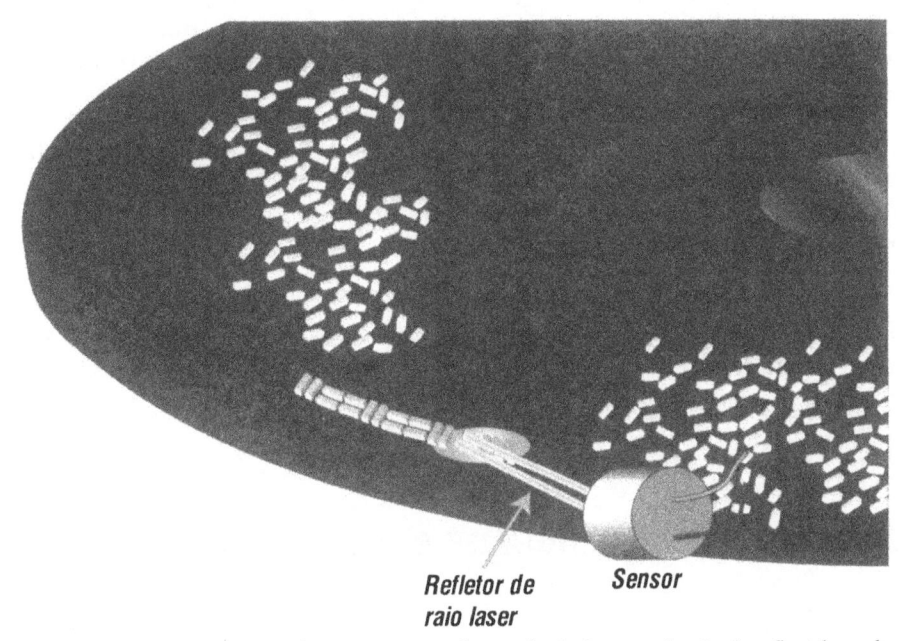

FIGURA 6.18 Para ler dados de um disco MO, um laser de baixa potência é refletido sobre um ponto de cristais, que absorvem ou refletem a luz, dependendo do seu alinhamento.

MEDINDO O DESEMPENHO DA UNIDADE

Quando você for avaliar o desempenho dos dispositivos comuns de armazenamento, é preciso estar atento para duas medidas comuns: o tempo médio de acesso e a taxa de transferência de dados. No caso dos dispositivos de acesso aleatório (todos os dispositivos de armazenamento discutidos, com exceção das fitas magnéticas), em geral deseja-se um baixo tempo de acesso e uma alta taxa de transferência. No caso das unidades de fita, você só terá de se preocupar com a conveniência e a capacidade.

TEMPO MÉDIO DE ACESSO

O *tempo médio de acesso* de um dispositivo é o tempo que demora para o dispositivo posicionar os cabeçotes de leitura/gravação sobre qualquer ponto do meio de gravação. É importante que a medição seja uma média, porque os tempos de acesso podem variar bastante, dependendo da distância entre o local original dos cabeçotes e seu destino. Para medir, com eficácia, o tempo de acesso de uma unidade, você precisa testar muitas leituras de setores escolhidos aleatoriamente — um método que se aproxima das instruções reais de leitura que uma unidade de disco receberia em circunstâncias normais.

O tempo de acesso é uma combinação de dois fatores: a velocidade com a qual o disco gira (em RPM) e o tempo necessário para mover os cabeçotes de uma trilha para outra. Na seção sobre disquetes, calculamos que o maior tempo necessário para que o cabeçote acessasse qualquer ponto do disco seria de aproximadamente 1/5 de segundo, que é quanto o disco leva para concluir uma revolução a 300 RPM. O tempo de acesso é medido em milissegundos. *Milissegundo* é 1/1.000 de segundo, portanto, o tempo máximo de acesso dos disquetes — 1/5 de segundo — é de 200 milissegundos. É por isso que o tempo médio de acesso dos disquetes é de aproximadamente 100 milissegundos.

O tempo médio de acesso dos discos rígidos varia muito. Unidades de alto desempenho permitem tempos na faixa de 8 a 12 milissegundos, embora nas unidades mais comuns esse tempo fique na faixa de 14 a 18 milissegundos. Se você comparar esses números com os obtidos nas unidades de disco flexível, verá que os discos rígidos são pelo menos 5 a 10 vezes mais rápidos.

O tempo de acesso das unidades CD-ROM e WORM tende a ser bem lento, segundo padrões das unidades de disco rígido, variando entre 100 e 300 milissegundos. As unidades MO, entretanto, são quase tão rápidas quanto os discos rígidos mais lentos — com tempo de acesso de aproximadamente 30 milissegundos.

TAXA MÉDIA DE TRANSFERÊNCIA DE DADOS

A outra estatística importante para medir o desempenho de uma unidade é a velocidade com a qual ela transfere dados — ou seja, quanto tempo ela demora para ler ou gravar dados. A velocidade é expressa em taxa — uma certa quantidade de dados por unidade de tempo. No caso das *taxas de transferência de dados*, a unidade de tempo é quase sempre o segundo, mas as unidades de dados podem ser medidas em bytes, KB ou MB.

Alguns fabricantes e distribuidores de unidades de disco divulgam a taxa de transferência de dados de seus produtos em unidades de MB por segundo, mas outros podem expressá-la em mega*bits* (Mbits) por segundo.

Um disco rígido com taxa de transferência de 15 Mbits por segundo (15×2^{20} bits) é capaz de transferir aproximadamente 17/8MB por segundo (um pouco menos de 2MB por segundo).

PADRÕES DE INTERFACE DAS UNIDADES DE DISCO

Outro fator importante para determinar a velocidade com a qual uma unidade é capaz de ler e gravar dados é o tipo de controladora usada. Assim como o monitor de vídeo requer uma controladora para atuar como interface entre a CPU e a tela, os sistemas de armazenamento de massa também precisam de uma controladora para atuar como intermediário entre o disco e a CPU. A controladora de disco é conectada diretamente ao barramento do computador. Em certos computadores, a controladora de disco é parte integrante da placa-mãe. Em outros, ela é uma placa de expansão conectada ao barramento por meio de um dos slots de expansão do computador.

Hoje, muitas controladoras de unidades de disco contêm os circuitos necessários para controlar uma ou duas unidades de disco rígido, mais duas unidades de disquetes.

O PADRÃO ST-506

Em 1979, a Shugart Technology, que mais tarde viria a ser a Seagate Technology, desenvolveu o primeiro padrão de interface entre discos rígidos e PCs. Essa interface ficou conhecida como ST-506, por causa da unidade original que a utilizou. As primeiras unidades ST-506 usavam um esquema de codificação de dados chamado *Modulação de Freqüência Modificada* (*MFM*). *Esquema de codificação de dados* é o método que uma unidade de disco usa para traduzir bits de dados em seqüência de inversões de fluxo (mudanças na polaridade magnética) na superfície do disco.

Devido às limitações inerentes à MFM, as unidades ST-506 que usavam esse esquema tinham capacidade máxima de 127,5MB e taxa máxima de transferência de dados de aproximadamente 655KB por segundo.

A segunda geração de unidades ST-506 passou a empregar um novo esquema de codificação de dados, chamado *RLL (Run-Length Limited)*. O esquema de codificação RLL faz uso mais eficiente do espaço na superfície do disco rígido. Com a codificação RLL, a capacidade máxima da unidade ST-506 aumentou para 200MB e a taxa de transferência de dados subiu para quase 800KB por segundo.

IDE

A *Interface Eletrônica Integrada à Unidade (IDE — Integrated Drive Electronics)* coloca a maior parte dos circuitos da controladora na própria unidade para proporcionar uma interface mais simples com o computador e uma operação mais confiável do que aquela obtida com as antigas unidades ST-506.

Em 1983, a Compaq, um grande fabricante de micros, lançou a idéia de integrar os circuitos da controladora ao próprio disco rígido. Ela trabalhou juntamente com a Impremis (fabricante de unidades de disco rígido) e com a Western Digital (fabricante de controladoras) para integrar uma das controladoras ST-506 da Western a uma unidade da Impremis. O resultado desse empreendimento foi a IDE, um novo padrão de interface mais simples e mais confiável do que a ST-506. Hoje, a IDE é capaz de proporcionar taxas de transferência de dados de aproximadamente 1MB por segundo em condições ideais.

Como grande parte da eletrônica de controle está na própria unidade, as controladoras IDE são placas pequenas e simples que fazem pouco mais do que oferecer à unidade IDE um ponto de conexão no barramento do computador. Na verdade, alguns fabricantes de computadores incorporam o suporte à interface IDE na própria placa-mãe.

Apesar de originalmente usar uma controladora ST-506, a interface IDE evoluiu tanto que hoje ela tem um padrão próprio. As unidades IDE têm instruções próprias de programação, que facilitam a tarefa de configurar a unidade para um computador. Se um determinado computador não consegue reconhecer uma unidade IDE, a unidade emula uma controladora ST-506. Essa compatibilidade, o desempenho avançado e o baixo custo da unidade fazem dela uma opção popular, especialmente para os micros mais simples.

ESDI

Também em 1983, a Maxtor Corporation desenvolveu sua própria versão aprimorada da interface ST-506. Assim como a IDE, a *Interface Aumentada para Pequenos Dispositivos (ESDI — Enhanced Small Device Interface)* incorpora grande parte da inteligência da controladora na própria unidade.

A evolução fundamental da ESDI sobre a interface ST-506 foi codificar os dados na própria unidade, em vez de na placa controladora. Isso resulta em um grau muito mais alto de confiabilidade — o que, por sua vez, permite velocidades maiores. As primeiras unidades ESDI transferiam dados a uma taxa de 1,25MB por segundo. Agora, elas são capazes de transferir, seguramente, até 3MB por segundo — quase cinco vezes a taxa das primeiras unidades ST-506.

O outro grande avanço é que a interface ESDI virtualmente remove quaisquer limitações de tamanho das unidades de disco conectadas a ela. A controladora ESDI pode, teoricamente, endereçar até 1 terabyte (1 milhão de MB) de espaço em disco.

SCSI

A *Interface de Sistema de Computadores Pequenos* (*SCSI — Small Computer System Interface*) é, hoje em dia, a interface mais capaz e a mais promissora, mas suas raízes datam dos anos 70. A interface SCSI foi originalmente desenvolvida para conectar dispositivos periféricos de terceiros a mainframes — especificamente os mainframes IBM. A SCSI sofreu muitas transformações antes de o Instituto Nacional Americano de Padrões (ANSI) estabelecer uma definição para ela em 1986. Desde então, a definição da SCSI tem evoluído constantemente, primeiro com a SCSI-2 e, mais recentemente, com a SCSI-3.

A SCSI trata a interface entre dispositivos periféricos e o computador segundo uma abordagem completamente diferente daquelas que analisamos até aqui. O seu conceito original era proporcionar aos periféricos (e não apenas às unidades de disco rígido) acesso ao barramento do sistema de computador; portanto uma maneira de imaginar a SCSI é como se ela fosse uma extensão desse barramento. Como tal, todos os circuitos necessários à operação de um dispositivo têm de estar no próprio dispositivo. No caso de os discos rígidos, todos os circuitos da controladora são incorporados à unidade SCSI.

Um benefício da SCSI é que, trazendo o barramento do computador diretamente para a unidade, a eficiência aumenta muito. Isso permite taxas de transferência de dados ainda mais altas do que aquelas oferecidas pela ESDI. O benefício mais incrível da SCSI, entretanto, ocorre em um nível mais elevado, impossível de ser observado por meio da análise isolada da unidade de disco rígido SCSI. Por ser essencialmente uma extensão do barramento de um computador, a interface SCSI é capaz de acomodar vários dispositivos — tantos quantos o barramento seja capaz de controlar. As implementações mais atuais da SCSI limitam o número de dispositivos a sete; teoricamente, no entanto, esse limite inexiste. Também por ela ser uma extensão do barramento, qualquer tipo de dispositivo pode ser ligado (ou encadeado) a uma única porta SCSI (Figura 6.19). Os dispositivos que usam interfaces SCSI incluem não apenas unidades de disco rígido, mas também unidades ópticas, unidades de fita, impressoras, plotadoras e scanners.

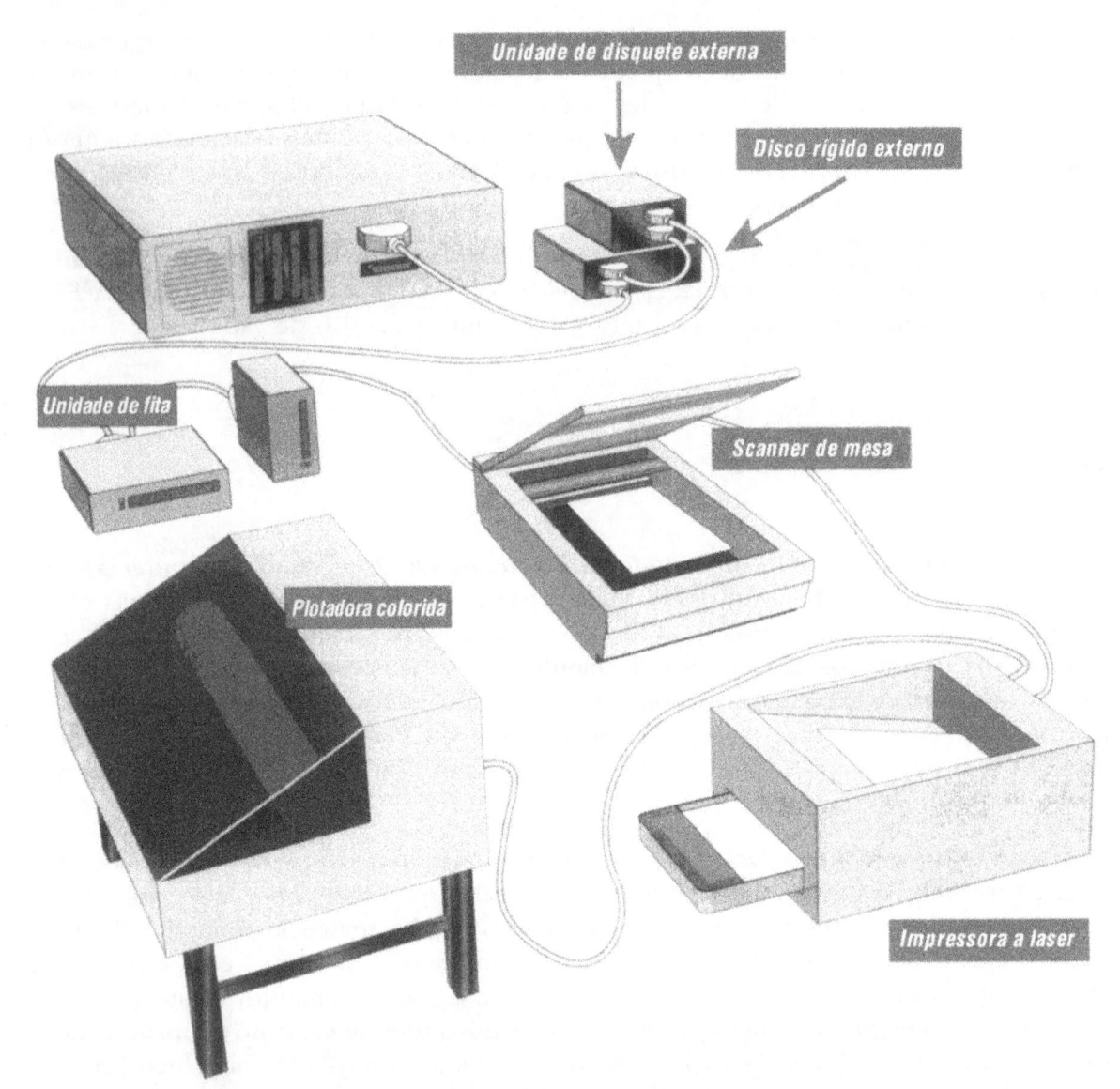

FIGURA 6.19 Uma placa e uma porta SCSI em um PC permitem que você ligue até sete periféricos em cadeia. Cada periférico tem um conector SCSI de entrada (*in*) e de saída (*out*). A porta SCSI nos computadores Macintosh permite que você encadeie seis periféricos (o disco rígido interno é considerado o sétimo).

ORGANIZANDO E PROTEGENDO OS DADOS ARMAZENADOS

Já que o disco rígido é o principal dispositivo de armazenamento de muitas pessoas, é importante saber como organizar e proteger os dados nele armazenados. Se você trabalha todos os dias com o computador, não levará muito tempo para acumular centenas, ou mesmo milhares, de arquivos de dados. Felizmente, os sistemas operacionais possuem algumas ferramentas valiosas para você manter seu trabalho em ordem.

ORGANIZANDO SEUS ARQUIVOS

A mais importante ferramenta organizacional para discos rígidos é o *diretório* ou *pasta* (folder), uma listagem de outros arquivos e diretórios. Se você tem 500 arquivos para manter, é possível organizá-los criando vários diretórios diferentes. E, como um diretório pode conter outros diretórios, é possível criar uma estrutura hierárquica com categorias principais e vários níveis de subgrupos. O termo *diretório* é usado com maior freqüência em máquinas baseadas no sistema operacional DOS, porque você usa o comando DIR para relacionar o conteúdo de um diretório. *Pasta* é o termo preferido dos usuários do Macintosh, porque cada diretório é representado graficamente por um ícone em forma de pasta. Um ícone semelhante representa os diretórios no Microsoft Windows, que, a partir do Windows 95, incorporou definitivamente o conceito de *pastas* e *subpastas*.

ORGANIZANDO POR APLICAÇÃO Há duas estratégias comuns para você criar sistemas de arquivos hierárquicos em um disco rígido. A primeira é organizar por aplicação. Digamos que você normalmente crie a ampla maioria dos seus arquivos de dados com três programas — um editor de texto, uma planilha eletrônica e um programa de desenho. Nesse caso, você armazenaria os arquivos de programa desses aplicativos em três diretórios chamados TEXTO, PLAN e GRAF (veja a Figura 6.20). Depois, seus arquivos de dados seriam armazenados em subdiretórios dentro desses três diretórios principais. *Subdiretório* é um diretório que existe dentro de outro. Os documentos do seu editor de texto seriam armazenados no diretório TEXTO, suas planilhas iriam para o subdiretório PLAN e assim por diante. Então, quando você precisasse encontrar um texto, iria procurá-lo no diretório TEXTO.

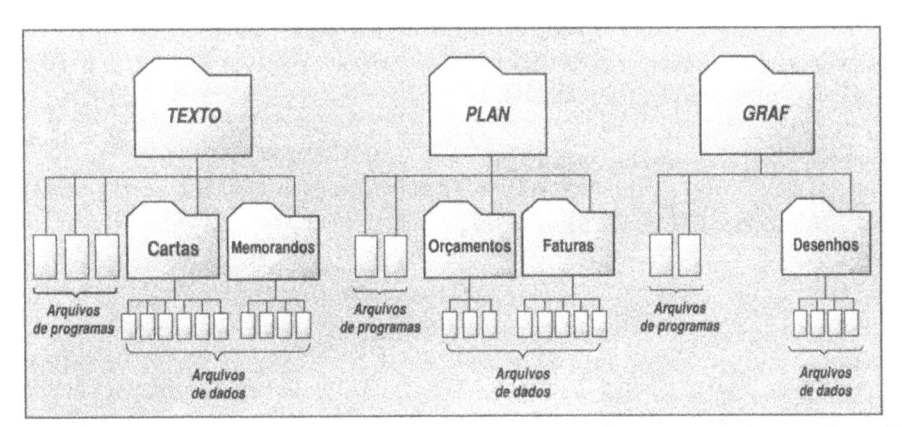

FIGURA 6.20 Esta estrutura de arquivo está organizada por aplicativos. Cada um dos três diretórios (ou pastas) principais contém arquivos de programa e arquivos de dados.

ORGANIZANDO POR CLIENTE OU PROJETO Uma maneira mais eficaz de organizar seus arquivos é criar diretórios para cada cliente ou projeto importante. Um advogado que trabalha em três ou quatro casos ao mesmo tempo poderia criar um diretório para cada caso e manter todos os arquivos relacionados dentro daquele diretório (veja a Figura 6.21). Subdiretórios apropriados ajudariam-no a personalizar os diretórios e organizar melhor o conteúdo de cada um deles. Um caso poderia ter várias declarações de testemunhas em um diretório chamado TESTEMUNHAS; inúmeros relatórios médicos armazenados em um diretório MEDICINA e assim por diante.

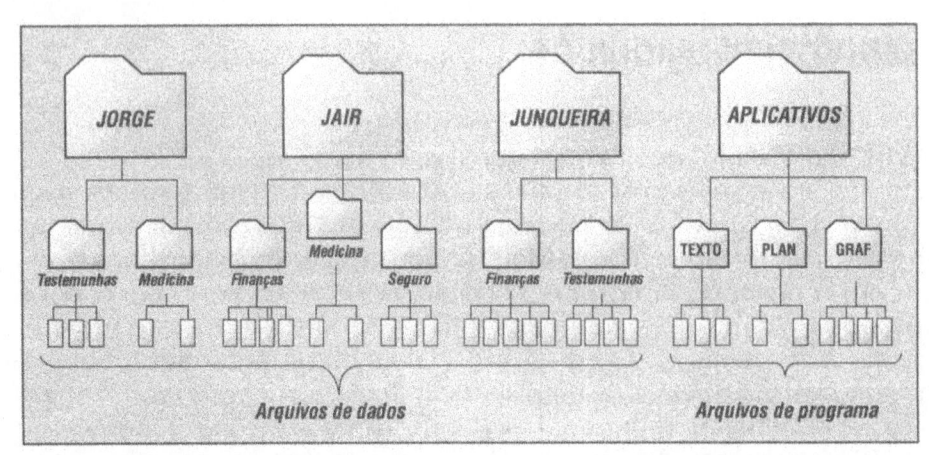

FIGURA 6.21 Esta estrutura de arquivo está organizada por cliente. Os três primeiros diretórios — Jorge, Jair e Junqueira — contêm arquivos de dados relacionados àqueles três clientes. O quarto diretório, Aplicações, contém arquivos de programa.

PROTEGENDO SEUS DADOS COM CÓPIAS REGULARES

Mesmo que seus arquivos estejam muito bem organizados no seu disco rígido, ainda assim será necessário fazer uma cópia de segurança (backup) dos dados nele armazenados. Os dados contidos em discos rígidos podem sofrer danos ou ficar inutilizados por vários motivos: choque do disco, vírus, defeito no hardware ou simplesmente uma eliminação acidental. De uma maneira ou de outra, todo mundo que trabalha com computadores acaba um dia perdendo dados, portanto é importante manter as cópias de segurança bem guardadas e atualizadas.

VISÃO TÉCNICA — SEGREDOS DA RECUPERAÇÃO DE DADOS

O DOS acompanha os arquivos que você armazena no disco rígido gravando em um diretório o nome do arquivo, seu tamanho, data e hora de criação e número do agrupamento inicial (cluster). Essas informações são mantidas em um registro de 32 bytes. Quando o computador acessa um arquivo, ele lê o número do agrupamento inicial (posição física do disco onde o arquivo começa) no diretório e procura aquele agrupamento na FAT do disco. A FAT relaciona todos os agrupamentos (clusters) físicos que o arquivo ocupa em seqüência. O final do arquivo é marcado com um número especial. Com essas informações, o DOS consegue localizar todos os agrupamentos relacionados na FAT e assim montar o arquivo, parte por parte, mesmo que ele esteja espalhado por vários agrupamentos no disco.

Os primeiros 11 bytes de uma entrada de diretório contêm o nome do arquivo e sua extensão. O primeiro byte de uma entrada de diretório que nunca tenha sido usada contém um zero em hexadecimal. Assim, para construir a lista dos arquivos de um diretório, o sistema operacional lê todos os nomes de arquivo até encontrar um valor zero.

> Quando o DOS exclui um arquivo do diretório, ele sobrescreve o primeiro caractere do nome daquele arquivo com outro número especial — um E5 hexa (229 decimal) — e libera o espaço do arquivo na FAT. E isso é tudo! Ele não apaga fisicamente os dados do arquivo; apenas substitui o primeiro caractere do nome por um valor que manda o computador ignorar aquela inserção.
>
> Por isso, já que a maior parte do nome do arquivo e todas as outras informações nele contidas permanecem intactas — incluindo os dados —, os arquivos excluídos podem ser recuperados, desde que nenhum outro arquivo tenha sido gravado sobre a área de dados do arquivo anterior. Tudo o que um programa de recuperação (undelete, unerase) precisa fazer para encontrar os arquivos excluídos é examinar as entradas do diretório. Os registros que começam com um E5 hexa representam os arquivos excluídos, mas o restante das informações permanece intacto — a única informação perdida é o primeiro caractere do nome do arquivo. Quando você usa um programa de recuperação, vê na tela uma lista dos arquivos que foram excluídos do diretório atual. Os arquivos que podem ser recuperados são relacionados sem o primeiro caractere de seus nomes. Para recuperá-los, você só precisa fornecer os caracteres que estão faltando.
>
> Programas utilitários de recuperação como o Norton Unerase às vezes usam técnicas especiais para permitir que você recupere *certas* informações que residiam em um arquivo, mesmo depois que partes dele tenham sido sobrescritas. Vasculhando a FAT, o utilitário seleciona dados antigos que ainda não foram sobrescritos e copia-os para arquivos novos. Ele também registra os arquivos que foram excluídos até uma certa data e pode tentar garantir que novos dados sejam gravados em partes ainda não utilizadas do disco, maximizando, assim, as chances de recuperação dos dados excluídos.

Há duas estratégias básicas para a realização de *cópias de segurança* (*backups*): cópias incrementais e cópias completas. Para efetuar uma *cópia incremental*, você copia apenas os arquivos que foram criados ou alterados desde o último procedimento. O problema, é claro, é lembrar quais são esses arquivos. Felizmente, os utilitários para cópias de segurança solucionam esse problema para você, porque tomam nota dos seus arquivos e mantêm registros dos procedimentos de cópia efetuados. Todos os arquivos armazenados contêm a data em que foram criados ou alterados pela última vez; o software compara essas datas com aquelas mantidas em seus registros. O programa de cópia do DOS também permite que você *defina grupos de cópia de segurança* (*backup sets*) — grupos de arquivos que você quer copiar rotineiramente.

A cópia incremental é rápida porque você só copia o que foi alterado; entretanto, a cópia completa é mais simples e um pouco mais segura. Mais simples porque você não precisa passar pelo processo de selecionar arquivos ou árvores de diretório — você só indica que quer copiar o disco inteiro. Um pouco mais segura porque você cria uma imagem-espelho de todo o disco, e essa imagem pode ser facilmente restaurada em um disco novo no caso de danos no disco rígido que está sendo utilizado no momento.

Para executar uma *cópia completa*, você cria uma cópia de todos os arquivos, quer eles tenham ou não sido alterados. Dependendo do volume de dados que você está copiando e do meio de armazenamento usado, as cópias completas podem demorar de alguns minutos a algumas horas. O tempo não é realmente um problema, porque você pode adquirir programas que executam essas cópias automaticamente; você não precisa nem estar presente. Além de escolher uma estratégia para efetuar suas cópias de segurança, é importante considerar o meio de armazenamento a ser usado e a freqüência com que as cópias serão realizadas. Se o processo de copiar seus arquivos em disquetes demorar mais de 20 minutos, a fita poderá ser uma melhor opção. Você não terá disposição de fazer cópias com muita freqüência se o processo começar a ficar muito oneroso.

Finalmente, há a questão da freqüência. Um plano útil pode complementar seu modo de trabalho. Para pessoas que criam apenas algumas cartas ou memorandos todos os dias, a cópia incremental executada ao final de cada dia ou até mesmo uma vez por semana pode ser suficiente. Para pessoas que geram grandes volumes de dados, as cópias semanais são mais seguras. Um meio termo que funciona bem para muitas pessoas é efetuar cópias incrementais todos os dias e cópias completas uma vez por semana. O tempo que levaria para você recriar todos os seus arquivos, caso venha a perdê-los, é muito maior do que os poucos minutos de que você precisa para efetuar as cópias de segurança.

Como último conselho, tenha em mente que catástrofes como enchentes ou incêndios podem destruir os dados de segurança juntamente com os dados do dia-a-dia. É uma boa idéia proteger-se contra esse tipo de tragédia guardando as cópias de segurança em um local separado.

O QUE ESPERAR DO FUTURO

A linha atualmente distinta que separa a RAM do armazenamento de longo prazo tende a ficar mais nebulosa. Amplamente disponível hoje em dia, embora ainda não muito usada, a *memória flash* pode armazenar vários MB de informações em uma placa que tem o tamanho e a forma de um cartão de crédito. Quando sua densidade aumentar, a memória flash poderá muito bem substituir totalmente as unidades de disco, combinando as funções da RAM interna e do armazenamento de longo prazo em um único dispositivo pequeno.

A primeira aplicação comum para a memória flash provavelmente será substituir os discos rígidos nos laptops e notebooks. A seguir, você será capaz de ligar a placa de memória do seu laptop no seu micro para transferir programas e dados entre eles. Finalmente, talvez, colocaremos os discos totalmente de lado. Por que não, se é possível carregar vários megabytes de dados na sua carteira?

Um dos aspectos mais interessantes da memória flash é que sua memória não é volátil — ela não desaparece quando você desliga o computador. As implicações desse fato são realmente incríveis. Por um lado, significa que você não precisará salvar seu trabalho quando terminar sua sessão no computador; na verdade, você nem mesmo precisará se preocupar em sair dos programas — só será necessário desligar o botão liga-desliga. Quando o computador for novamente ligado, ele começará exatamente no ponto em que você estava — com o programa rodando, janelas perfeitamente alinhadas e os arquivos de dados abertos, tudo como você deixou.

Os engenheiros estão atualmente desenvolvendo um novo meio de armazenamento chamado *memória holográfica*. A memória holográfica será um meio óptico tridimensional, capaz de armazenar até 6,5 terabytes de dados em um cubo do tamanho de um cubinho de açúcar (um terabyte é mais de 1 milhão de MB). Isso é espaço de armazenamento suficiente para gravar mais de mil bytes de dados sobre cada pessoa que já viveu na história da Terra.

Segundo palavras de um futurista: "Primeiro foram os bytes, depois os kilobytes, megabytes, gigabytes e agora terabytes — é melhor começarmos a pensar em novas palavras, de novo".

RESUMO

TIPOS DE DISPOSITIVOS DE ARMAZENAMENTO

- Os dispositivos de armazenamento podem ser classificados em ópticos e magnéticos.

- Os dispositivos de armazenamento magnético mais comuns são os disquetes, os discos rígidos e a fita magnética.

- Os dispositivos ópticos mais comuns são o CD-ROM, o WORM e os discos magneto-ópticos.

ARMAZENAMENTO MAGNÉTICO

- Os dispositivos de armazenamento magnético funcionam polarizando partículas minúsculas de ferro no meio magnético.

- O cabeçote de leitura/gravação contém um eletroímã que cria a carga magnética no meio.

- As unidades de disquete lêem e gravam em disquetes, um meio com acesso direto.

- Os disquetes são usados com muita freqüência para transferir arquivos entre computadores, como meio para vender novos programas que depois são instalados em um disco rígido e como meio de armazenamento de cópias de segurança (backup).

- Existem disquetes de três tamanhos: 2", 3,5" e 5,25".

- Antes de um disco ser usado, ele precisa ser formatado — um processo em que os cabeçotes de leitura/gravação gravam trilhas e setores no disco.

- Ao mesmo tempo em que ocorre a formatação física, o sistema operacional do computador estabelece a formatação lógica do disco, criando o setor de inicialização (*boot sector*), a FAT, o diretório-raiz e a área de dados.

- O disco rígido, que tem capacidade de armazenamento muito maior do que a de um disco flexível, é acessado por meio de uma unidade de disco rígido.

- Os discos rígidos armazenam mais dados do que os disquetes porque o meio, a precisão e a velocidade com os quais o disco gira permitem uma alta densidade dos dados e um rápido acesso.

- Já que demora mais para acessar os dados armazenados em fitas magnéticas, é melhor usar a fita para armazenar dados que não serão utilizados com muita freqüência.

DISPOSITIVOS DE ARMAZENAMENTO ÓPTICO

- O CD-ROM usa a mesma tecnologia que um CD musical; um laser lê plataformas e depressões na superfície do disco.

- Os discos CD-ROM armazenam até 600MB, mas não podem ser gravados em um computador comum, apenas com equipamentos profissionais.

- As unidades WORM também usam um laser para ler dados que são gravados na superfície de um disco, mas o usuário só consegue gravar uma vez; depois disso, porém, os dados não podem ser alterados.

- A unidade magneto-óptica grava dados com um laser de grande potência, capaz de derreter o plástico que reveste o disco, e um ímã alinha os cristais que estão sob a área derretida. Um laser menos potente lê o alinhamento dos cristais.

MEDINDO O DESEMPENHO DA UNIDADE

- Para considerar o desempenho dos dispositivos de armazenamento, é preciso saber o tempo médio de acesso e o tempo de transferência dos dados.

- O tempo médio de acesso é o tempo médio necessário para o cabeçote de leitura/gravação ir de um local do meio de gravação para outro.

- O tempo médio de acesso nos meios de acesso direto geralmente é medido em milissegundos.

- A taxa de transferência de dados é uma medida do tempo que leva para um dispositivo ler ou gravar um determinado número de dados.

PADRÕES DE INTERFACE DAS UNIDADES DE DISCO

- A controladora de disco, interface entre a CPU e a unidade de disco, em geral está em conformidade com um dos padrões comuns de interface: IDE, ESDI ou SCSI.

ORGANIZANDO E PROTEGENDO OS DADOS ARMAZENADOS

- Muitas pessoas organizam os arquivos armazenados nos discos rígidos criando uma estrutura hierárquica de diretórios, com diretórios e subdiretórios de arquivos.

- As duas estratégias mais comuns para organizar o disco rígido são por aplicação e por cliente ou projeto.

- As duas principais estratégias para a realização de cópias de segurança (backup) são a cópia incremental e a cópia completa.

QUESTÕES PARA REVISÃO

1. Relacione os três tipos mais comuns de dispositivo de armazenamento magnético.

2. Por que o meio magnético é mais apropriado como meio de armazenamento do que um agrupamento de transistores?

3. Por que é perigoso colocar um clipe de papel sobre um disco flexível?

4. A distância entre o cabeçote de leitura/gravação de um disco rígido e o disco rígido é maior, menor ou igual à espessura de um fio de cabelo humano?

5. O que aconteceria se o cabeçote de leitura/gravação de um disco rígido tocasse o disco enquanto este estivesse girando?

6. Suponha que você saiba que um disco foi formatado com 512 bytes por setor. Há 18 setores no disco, 2 lados e 80 trilhas. Quantos bytes de dados esse disco pode armazenar?

7. Qual a vantagem que os meios de armazenamento com acesso direto têm sobre os meios seqüenciais?

8. Descreva uma vantagem e uma desvantagem da fita magnética como meio de armazenamento.

9. Que meio óptico combina com as seguintes descrições:

   a) Não permite que você grave dados

   b) Permite que você grave dados apenas uma vez

   c) Permite que você grave e leia dados à vontade

10. Descreva como as unidades magneto-ópticas usam tecnologias magnéticas e ópticas

QUESTÕES PARA DISCUSSÃO

Maria Lopes trabalha com editoração eletrônica, onde cria 200 arquivos gráficos por semana em uma poderosa estação de trabalho. Cada arquivo requer aproximadamente 80KB de armazenamento. Seu software inclui um pacote de editoração (15MB), três programas gráficos (8MB cada), vários programas utilitários (5MB), uma planilha eletrônica (10MB), um editor de texto (8MB) e dois conjuntos de arquivos de gabarito gráfico (300 gabaritos no total, que exigem 400MB). No momento, ela tem três clientes.

Crie um plano de armazenamento para Maria, respondendo às seguintes perguntas:

1. Como ela deve agrupar seus dados e programas? Faça um mapa da estrutura hierárquica a ser criada.

2. Em que dispositivos ela deve armazenar quais dados?

3. Qual seria o melhor plano para as cópias de segurança (backup) dos seus arquivos?

AS ATIVIDADES PRÁTICAS DESTE CAPÍTULO PODEM SER ENCONTRADAS NO APÊNDICE A.

Capítulo 7

REDES E COMUNICAÇÃO DE DADOS

OBJETIVOS

Depois de terminar de ler este capítulo, você será capaz de:

- Descrever as várias redes usadas na comunicação de dados.
- Destacar quatro vantagens das redes de computadores.
- Diferenciar LAN e WAN, computação cliente-servidor e computação "ponto a ponto" (*peer-to-peer*).
- Denominar e descrever algumas das topologias de rede mais comuns.
- Explicar a diferença entre sinais analógicos e digitais.
- Descrever um serviço de informações, o BBS e a Internet.
- Destacar características importantes de um modem.

A possibilidade de conectar vários computadores resulta em tantos benefícios que se tornou uma das áreas de maior crescimento no mercado de microcomputadores. Quando os primeiros micros começaram a aparecer nas empresas e os programas eram simples e destinados a um único usuário, as vantagens da conexão de micros não eram tão evidentes. Mas, à medida que essas máquinas começaram a se espalhar pelo mundo comercial e programas complexos multiusuários passaram a ser desenvolvidos, a conexão de microcomputadores tornou-se uma meta primordial. De repente, a *comunicação de dados*, transferência eletrônica de informações entre computadores, tornou-se o principal objetivo da indústria de computadores.

Os computadores comunicam-se de duas maneiras importantes: por meio de modems e de redes. Os modems permitem que os computadores usem linhas telefônicas ou conexões celulares (do tipo usado pelos telefones celulares) para trocar dados. As redes conectam os computadores diretamente, seja por intermédio de fios especiais ou de alguma forma de transmissão sem fio.

O uso de modems e redes expandiu-se enormemente nos últimos anos. Com um computador e um modem, você pode fazer compras sem sair de casa, enviar mensagens a usuários em todo o mundo, explorar os catálogos das bibliotecas de todo o país, obter software para melhorar sua produtividade e participar de discussões de grupo sobre qualquer assunto que lhe interesse.

Muitas escolas, empresas e outras organizações descobriram os benefícios das redes de computadores. Os usuários compartilham equipamentos, dados e programas; cooperam em projetos para maximizar o talento e a habilidade de cada pessoa; e comunicam-se com colegas de trabalho sem precisar usar o telefone, sair de suas salas ou gastar uma folha de papel. A conexão em rede redefine a computação, especialmente no âmbito dos escritórios. Não é difícil imaginar o dia em que virtualmente todas as organizações, grandes ou pequenas, terão uma rede de computadores.

Este capítulo analisa a comunicação de dados, com ênfase especial para o hardware, que torna tudo isso possível. Começaremos discutindo o hardware, que permite que um computador seja conectado a outro. Depois, exploraremos o crescente campo das redes de computadores. Finalmente, analisaremos as telecomunicações que usam modems.

MEIOS DE COMUNICAÇÃO

Lembre-se de que, quando falamos sobre armazenamento de dados, o termo *meio* significava o meio de armazenamento usado, por exemplo, nos discos e fitas magnéticos. Mas, nas comunicações em rede, *meio* refere-se aos fios, cabos e outros recursos usados pelos dados para viajar de sua origem para seu destino. Os meios mais comuns para a comunicação de dados são o fio de par trançado, o cabo coaxial, o cabo de fibra óptica e as conexões sem fio.

FIO DE PAR TRANÇADO

Conforme mostra a Figura 7.1, o *fio de par trançado* consiste em dois fios de cobre, envolvidos individualmente em plástico e depois entrelaçados um em torno do outro e unidos em outra camada de isolamento plástico. Exceto pelo revestimento plástico, nada protege esse tipo de fio de interferências externas, por isso ele é chamado *fio UTP* (*Unshielded Twisted Pair* — *Par Trançado Não-Blindado*).

O fio de par trançado é comumente conhecido como *fio telefônico*. Devido ao seu baixo custo e ampla disponibilidade, o fio telefônico foi logo eleito o veículo da comunicação de dados. O fio de par trançado surgiu dessa tecnologia, mas agora é feito segundo especificações mais exigentes. Para conectar um telefone a uma tomada na parede, basta um simples par de fios, mas, quando os fios são entrelaçados, o sinal resultante é mais forte e de melhor qualidade. Algumas redes usam fios telefônicos comuns, mas o recomendado é o fio de qualidade mais alta.

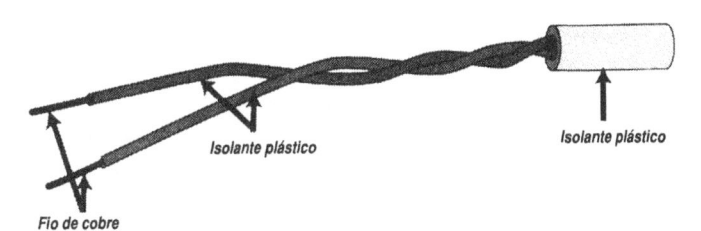

FIGURA 7.1 O fio de par trançado era originalmente igual ao fio telefônico, mas evoluiu para ser capaz de transportar um sinal de melhor qualidade. Isolado por plástico em vez de metal, esse tipo de cabo não protege os dados contra interferência elétrica.

CABO COAXIAL

O *cabo coaxial*, às vezes chamado *coax*, é amplamente usado em TVs a cabo e por um tempo suplantou o fio de par trançado como meio de conexão de redes. Há dois condutores em um cabo coaxial. Um deles é um fio simples no centro do cabo; o outro é uma blindagem que envolve o primeiro cabo com um isolante no meio (Figura 7.2). Embora não tenha condutor algum a mais do que o par trançado, o cabo coaxial, devido à sua proteção, consegue transportar mais dados do que os tipos mais antigos de fiação com par trançado.

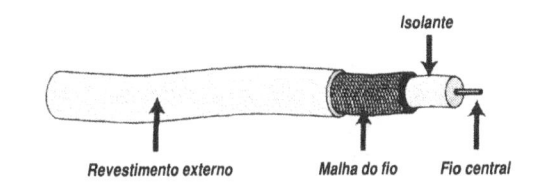

FIGURA 7.2 O cabo coaxial incorpora uma malha de fio que serve tanto como condutor quanto como blindagem contra interferência. A proteção permite que ele transporte mais dados do que a antiga fiação com par trançado.

Dois tipos de cabo coaxial são usados nas redes: o cabo grosso e o fino. O cabo grosso é o padrão mais antigo e hoje raramente é instalado nas redes mais novas. O cabo fino é capaz de transportar tantos dados quanto o cabo grosso, mas é menor, mais leve e mais fácil de dobrar nos cantos. O cabo coaxial usado nos dias de hoje transporta dados a uma velocidade de aproximadamente 10 Mbits por segundo, o que é relativamente lento comparado com a capacidade de 100 Mbits do cabo de fibra óptica e da fiação com par trançado.

CABO DE FIBRA ÓPTICA

O *cabo de fibra óptica* é um fino fio de vidro que transmite vibrações de raios de luz em vez de freqüências elétricas. Quando uma extremidade do fio é exposta à luz, o fio transporta a luz para a outra extremidade — fazendo curvas com uma perda de energia mínima ao longo do caminho.

Como a luz viaja muito mais depressa do que a eletricidade, o cabo de fibra óptica transporta facilmente dados a 100 Mbits por segundo. Embora o fio de par trançado também atinja taxas de transferência de dados tão altas quanto esta, o cabo de fibra óptica é imune às interferências eletromagnéticas, que são um problema para os cabos de cobre. Teoricamente, a vibração da luz pode circundar o Equador em aproximadamente 1/8 de segundo; o sinal elétrico levaria muito mais tempo para fazer a mesma viagem e teria de ser interceptado e amplificado em inúmeros intervalos ao longo do caminho. A luz que flui por um cabo de fibra óptica também tem de ser amplificada, mas muito menos do que a eletricidade.

Um problema com a fibra é o trajeto físico do cabo. Por ser um fio de vidro, ele não se curva facilmente. Um fino fio de vidro é mais flexível do que você pode imaginar, mas não tão flexível quanto um fio de cobre. O cabo de fibra óptica só faz curva cujo raio tenha pelo menos alguns centímetros.

A vantagem mais impressionante do cabo de fibra óptica é sua capacidade. Por transmitir luz em vez de eletricidade, ele também está imune a muitos tipos de interferência eletromagnética que causam erros em outros meios, especialmente o fio de par trançado.

Apesar de ser eficiente, rápido e preciso, o cabo de fibra óptica era extremamente caro. Quando seu preço começou a cair, sua popularidade aumentou, e ele vem revolucionando várias indústrias na área da comunicação. As companhias telefônicas e as empresas de TV a cabo, especialmente, estão trocando os fios de par trançado e os cabos coaxiais por cabos de fibra óptica. Você verá os efeitos dessa mudança nos próximos anos no produto oferecido pelas companhias de TV a cabo. A tecnologia da fibra óptica expandirá enormemente o número de canais e poderá encorajar uma mudança em direção às televisões de alta definição. Também é provável que ela venha a ser a espinha dorsal de um número cada vez maior de redes no futuro.

CONEXÕES SEM FIO

Com a popularização da comunicação de dados, houve um impulso na direção de meios mais flexíveis e de meios que alcancem distâncias maiores. Vários tipos de *conexões para comunicação sem fio* oferecem essas vantagens.

Quando os computadores portáteis são ligados em redes, ondas de rádio podem ser usadas como meio de comunicação. Por exemplo, empresas especializadas na elaboração dos estoques de grandes empresas ou supermercados podem contar todos os itens em estoque usando computadores portáteis e pequenos, que enviam e recebem sinais de rádio. Durante a movimentação das pessoas pela loja, os computadores estão continuamente enviando informações a um computador central, que foi levado para aquela loja com aquele propósito específico.

As redes permanentes com conexões sem fio são usadas especialmente em situações nas quais é difícil a passagem física dos cabos.

As freqüências de rádio também podem ser usadas em uma escala geográfica mais ampla. Os telefones celulares, por exemplo, transmitem usando freqüências de rádio. As microondas, que são um tipo de onda de rádio, são muito usadas quando há necessidade de enviar dados para uma distância de vários quilômetros. A comunicação por meio de microondas requer uma linha desobstruída entre as duas antenas. Se uma companhia possui escritórios em pontos opostos da cidade, ela pode colocar uma antena de microondas no topo de cada um dos prédios para transmitir dados de um escritório para outro, e vice-versa, conforme mostra a Figura 7.3.

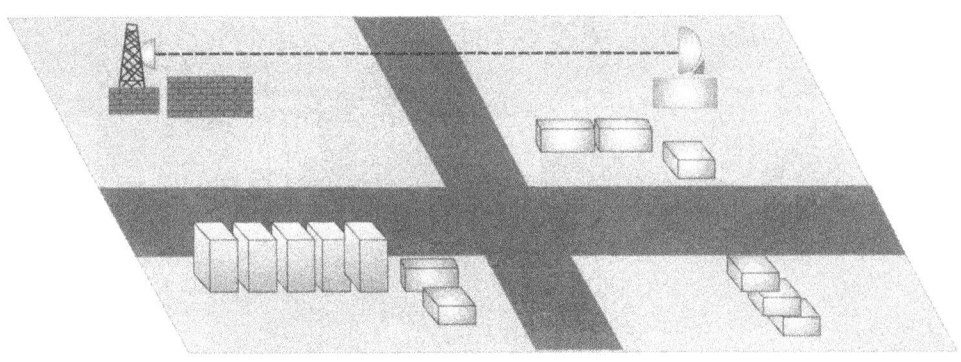

FIGURA 7.3 Torres de microondas são instaladas no alto dos telhados de construções altas para ligar escritórios que não estejam a uma grande distância um do outro.

Quando os elos de comunicação cobrem milhares de quilômetros, os satélites de comunicação podem entrar em ação. Quando você faz uma ligação interurbana dentro ou fora do país, sua voz viaja através de cabos apenas até a estação mais próxima de transmissão via satélite. De lá, o sinal vai para um satélite, que o envia a outra estação de transmissão perto do destino da sua ligação (veja a Figura 7.4). As companhias telefônicas não são as únicas que usam satélites; muitas empresas grandes e universidades também usam os satélites para a comunicação de dados.

COMUNICAÇÃO POR MEIO DE REDES

A palavra *rede* (*network*) tem várias definições. Aplicada aos computadores, rede é uma maneira de conectar computadores para que eles tenham consciência um do outro e possam juntar seus recursos.

Na área comercial, as redes revolucionaram o uso da tecnologia dos computadores. Como você viu no Capítulo 2, muitas empresas que costumavam depender de um sistema centralizado em um mainframe com uma série de terminais agora usam redes de computadores, em que cada empregado que precisa de um computador tem um em sua mesa. A tecnologia e a perícia dos computadores não estão mais centralizadas no mainframe de uma companhia e em seu departamento de sistemas e informações; elas estão distribuídas por toda a organização, entre uma rede de computadores e usuários preparados.

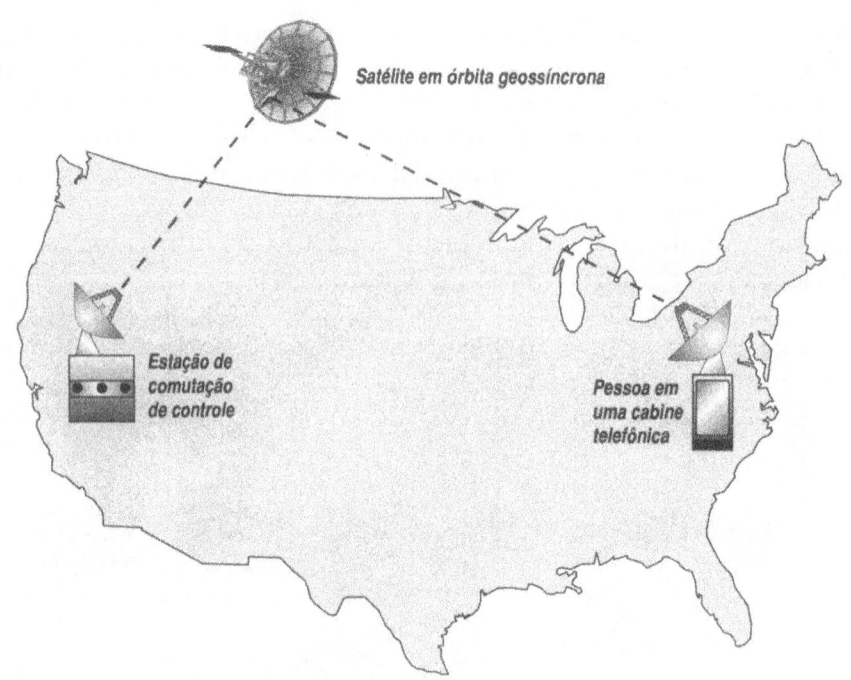

FIGURA 7.4 No extremo de origem, uma ligação interurbana nacional é enviada a um satélite a partir de uma estação de transmissão local. O satélite envia o sinal para outra estação perto do destino da ligação.

QUATRO VANTAGENS DA REDE

Nas empresas, escolas e em muitos outros tipos de organização, as redes de computadores de todos os tipos oferecem tremendos benefícios. Quatro dos mais evidentes são:

- Permitir acesso simultâneo a programas e dados importantes.
- Permitir às pessoas compartilhar dispositivos periféricos.
- Facilitar o processo de realização de cópias de segurança (backup).
- Agilizar as comunicações pessoais com o correio eletrônico.

Vamos analisar cada uma dessas vantagens um pouco mais detalhadamente.

ACESSO SIMULTÂNEO É um fato na computação comercial em que a maioria dos funcionários que trabalham em escritórios usa os mesmos programas. Com uma rede, as empresas podem economizar milhares de dólares comprando versões especiais para rede dos programas mais comumente usados, em vez de comprar cópias separadas para cada máquina. Quando os funcionários precisam usar um programa, eles simplesmente o carregam do dispositivo comum de armazenamento para seus próprios computadores. Como uma única cópia de rede do programa atende simultaneamente às necessidades de um grande número de usuários, todos os funcionários economizam também o espaço de armazenamento que aquele programa ocuparia em um disco rígido local.

O mesmo vale para dados que vários funcionários precisam acessar ao mesmo tempo. Aqui entra a questão da integridade dos dados e não apenas do dinheiro. Se os funcionários mantêm cópias separadas dos dados em discos rígidos diferentes, isso dificulta sua atualização. Assim que uma alteração é feita em uma máquina, começa a haver discrepâncias e fica muito difícil saber qual dado está correto. Manter dados usados por mais de uma pessoa em um dispositivo de armazenamento compartilhado soluciona todo o problema.

DISPOSITIVOS PERIFÉRICOS COMPARTILHADOS Talvez o maior incentivo para as pequenas empresas ligarem seus computadores em rede seja o compartilhamento dos dispositivos periféricos, especialmente aqueles de custo elevado, como as impressoras a laser e os scanners. Muitas impressoras a laser custam bem mais de 1.000 dólares, muito embora a maioria dos usuários só precise acessá-las ocasionalmente. Compartilhar um dispositivo como esse torna o custo muito mais justificável. Com uma rede, o compartilhamento de equipamentos é facilitado.

CÓPIAS DE SEGURANÇA MAIS FÁCEIS Para as empresas, os dados podem ser extremamente valiosos, portanto é crucial assegurar que os funcionários nunca deixem de fazer cópias de segurança (backup) dos dados que utilizam. Uma maneira de abordar esse problema é manter todos os dados valiosos em um dispositivo de armazenamento compartilhado que os empregados possam acessar por meio de uma rede. Assim, uma pessoa pode ficar encarregada de fazer cópias de segurança regulares dos dados armazenados naquele dispositivo.

CORREIO ELETRÔNICO Uma das aplicações de maior alcance da comunicação de dados é o *correio eletrônico* (*e-mail*), um sistema para troca de mensagens escritas (e, cada vez mais, mensagens verbais) por meio de uma rede. O correio eletrônico pode ser encarado como o resultado do cruzamento do sistema postal com a secretária eletrônica. Em um sistema *e-mail*, cada usuário tem um endereço exclusivo. Para enviar uma mensagem a alguém, você digita o endereço dessa pessoa no correio eletrônico e depois digita a mensagem. Quando você terminar, a mensagem será enviada àquele endereço. A próxima vez que o usuário acessar o sistema, ele será informado de que há uma correspondência para ele. Alguns sistemas notificam os destinatários assim que a mensagem é entregue. Depois de ler a mensagem, o destinatário pode salvá-la, eliminá-la, passá-la para outra pessoa ou responder com outra mensagem. A Figura 7.5 mostra um programa que envia e recebe mensagens do correio eletrônico.

Além de enviar uma página de texto, muitos sistemas permitem que você anexe, ao final da sua mensagem, dados como um arquivo de planilha eletrônica ou um documento de um editor de texto. A rede local também pode ser conectada a uma das grandes redes de informações, como CompuServe, Internet ou Bitnet. Essa conexão pode permitir acesso a literalmente milhões de usuários de correio eletrônico em todo o mundo.

O correio eletrônico é eficiente e barato. Os usuários enviam mensagens por escrito sem precisar se preocupar com o fato de o outro usuário estar ou não usando seu computador no momento. Por intermédio de redes centralizadas, a mensagem é entregue quase instantaneamente. E mais, o custo é mínimo. Depois de instalada a rede, o correio eletrônico é muito barato. Ele tem oferecido ao mundo empresarial uma forma de comunicação totalmente nova e imensamente valiosa.

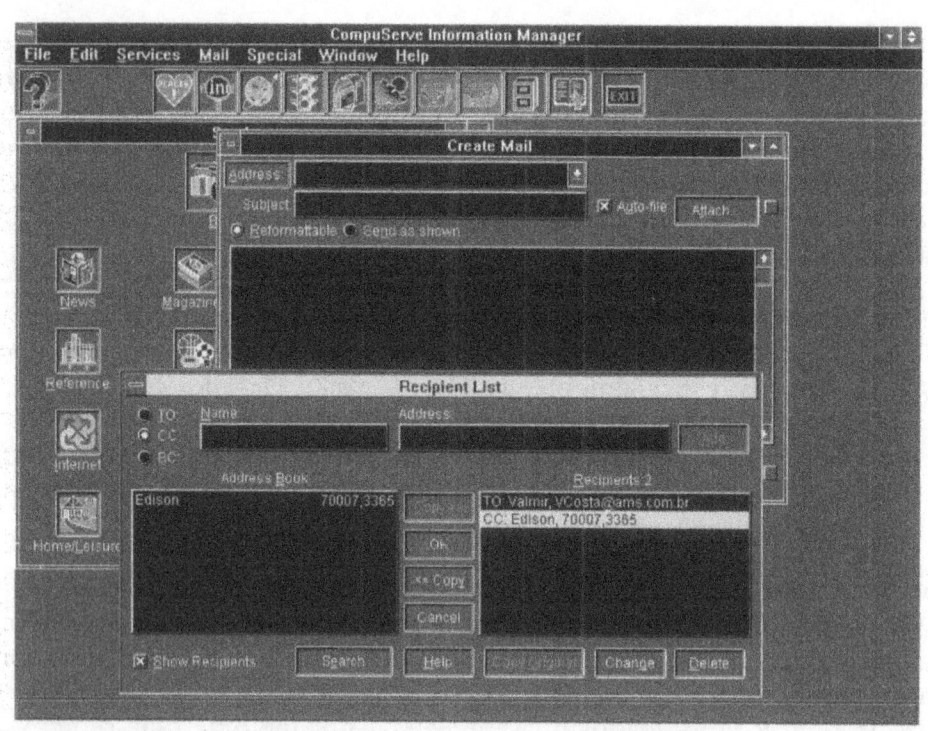

FIGURA 7.5 A maioria dos correios eletrônicos permite que você mantenha uma "agenda de endereços" com os dados das pessoas com as quais você se corresponde mais freqüentemente. O programa que aparece aqui é o Compuserve Information Manager — uma interface para o CompuServe Information Service.

NOTEBOOK DO NORTON — SUPER-RODOVIAS DA INFORMAÇÃO

Quando ainda era senador pelo Estado do Tennessee, Al Gore começou a defender a idéia da "super-rodovia da informação", uma rede nacional de cabos de fibra óptica com potencial para conectar todos os lares, escolas, empresas e outras organizações dos Estados Unidos. Para ele, a super-rodovia da informação é um parente computadorizado da ferrovia transcontinental e do sistema de estradas interestaduais: ela daria um empurrão na economia americana, proporcionando a infra-estrutura para o transporte de informações.

Além do dinheiro necessário para construí-la, um dos principais obstáculos à super-rodovia da informação é a falta de consciência pública. A maioria das pessoas simplesmente não compreende o que poderia ser feito com esse tipo de rede. Aqui estão apenas algumas possibilidades:

- *Correio eletrônico universal*: qualquer pessoa com um computador poderia alcançar outra pessoa por meio de um sistema de correio eletrônico.

- *Colaboração comercial rápida e fácil*: de repente, seria simples para empresários de todo o país compartilhar dados e trabalhar juntos, dando às empresas americanas uma vantagem significativa na economia global.

> - *Videoconferências e videotelefones:* as conversas telefônicas poderiam incluir comunicação tanto visual quanto sonora.
>
> - *Acesso público às informações":* já existe uma imensa quantidade de dados disponíveis, mas muitos deles são usados apenas raramente. Com uma super-rodovia da informação, você logo poderia ter acesso a cópias eletrônicas de todos os livros da biblioteca do Congresso. Antes de sair em férias, você poderia examinar um mapa feito por satélite que mostra como está o tempo na área para onde pretende ir. Em vez de ficar imaginando o que aconteceu a amigos que há muito tempo você não vê, seria possível localizá-los em segundos.
>
> Tanto a indústria quanto o governo vêem a rede mundial como uma evolução inevitável. Ainda não está claro quem pagará por ela, como será administrada ou como será usada. Mas, uma vez instalada, ela seguramente mudará nossas vidas como nunca nos foi possível imaginar.

TIPOS DE REDE

Uma dificuldade na discussão de redes é que elas são apresentadas em uma variedade incrível de formas e tamanhos. A rede pode ser um grupo de cinco micros conectados a uma impressora a laser, ou pode ser um grupo de 5 mil micros, minis e mainframes espalhados por todo o globo. Aqui, examinaremos quatro categorias genéricas usadas para descrever os vários tipos de rede usados hoje em dia.

REDES LOCAIS Uma rede de computadores de qualquer variedade, localizados relativamente perto um do outro e conectados por um fio contíguo (ou por uma ligação sem fio) é chamada *rede local (LAN — Local Area Network)*. Uma rede local pode consistir em apenas dois ou três computadores conectados entre si para compartilhar recursos, ou pode incluir várias centenas de computadores. Qualquer rede que exista dentro de um único prédio, ou mesmo em um grupo de prédios adjacentes, é considerada uma rede local (veja a Figura 7.6).

A rede local permite que todos os computadores conectados a ela compartilhem recursos de hardware, software e dados. Os recursos mais comumente compartilhados são os dispositivos de armazenamento em disco e as impressoras. O dispositivo de armazenamento em disco compartilhado em uma rede local é chamado *servidor de arquivos* ou *servidor da rede*. Para os usuários de redes locais, a rede é, ou deveria ser, completamente transparente. Quanto melhor sua implementação, mais invisível ela será; o ideal é que os usuários não precisem nem mesmo estar cientes de sua existência.

REDES REMOTAS A *rede de longa distância ou remota (WAN — Wide Area Network)* consiste normalmente na conexão de duas ou mais redes locais, geralmente em uma área geográfica ampla. Por exemplo, a matriz e a fábrica de uma companhia podem estar localizadas em uma cidade, mas o escritório de marketing em outra. Cada área precisa de recursos, dados e programas locais, mas também precisa compartilhar dados com a outra área, porque a divisão de marketing recebe pedidos de produtos e insere-os diretamente no sistema de computador. A rede remota também permite que o pessoal de marketing acesse informações contábeis atualizadas e os pedidos recebidos.

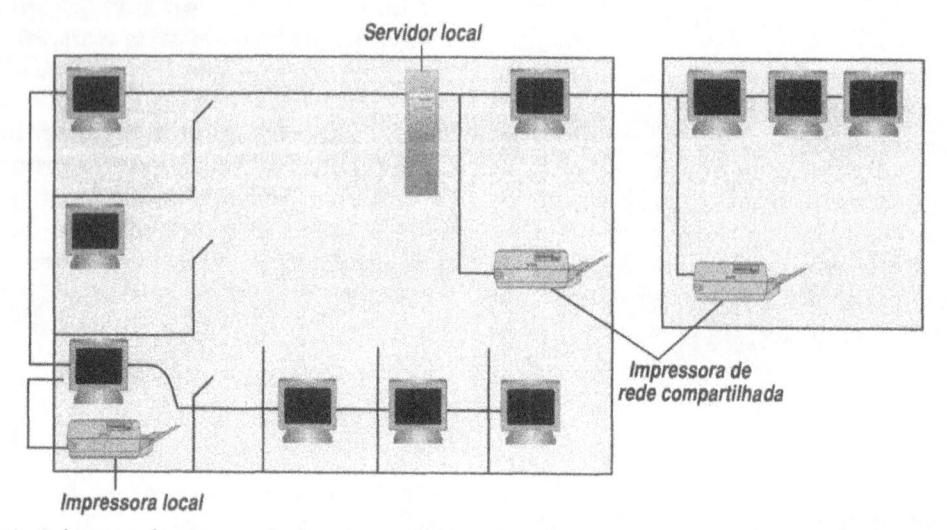

FIGURA 7.6 O layout de uma rede local que abrange toda uma organização mostra as posições das impressoras, de um servidor de arquivos e de estações de trabalho isoladas. Note que as impressoras em cada prédio são compartilhadas por toda a rede, de forma que os funcionários de um prédio podem enviar documentos para uma impressora no outro prédio.

A Figura 7.7 mostra uma rede de longa distância com várias redes locais conectadas por meio de linhas dedicadas, alugadas da companhia telefônica. Algumas redes de longa distância são conectadas por troncos de fibra óptica e algumas são conectadas por meio de *uplinks* e *downlinks* de satélites próprios.[1] Grandes redes em universidades podem até manter departamentos próprios de telecomunicação, que administram as conexões via satélite entre os campus.

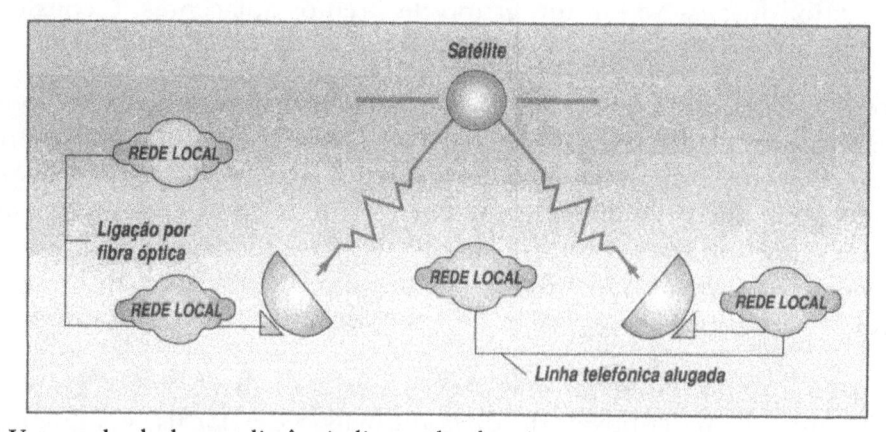

FIGURA 7.7 Uma rede de longa distância liga redes locais — neste caso, por satélite.

---

1 N.R.T.: *Uplink* é a transmissão da Terra para o satélite e *downlink* é a transmissão do satélite para a Terra.

O RELACIONAMENTO CLIENTE-SERVIDOR Descrever uma rede como local ou de longa distância dá uma idéia da área física coberta pela rede. Uma maneira de descrever como cada computador de uma rede, chamado *nó*, interage com os outros na mesma rede é explicar como estão organizados. Uma abordagem em relação à organização das redes é chamada *cliente-servidor* (veja a Figura 7.8), uma estratégia hierárquica na qual um determinado computador atende às necessidades de armazenamento — e às vezes às necessidades de processamento — de todos os outros nós da rede.

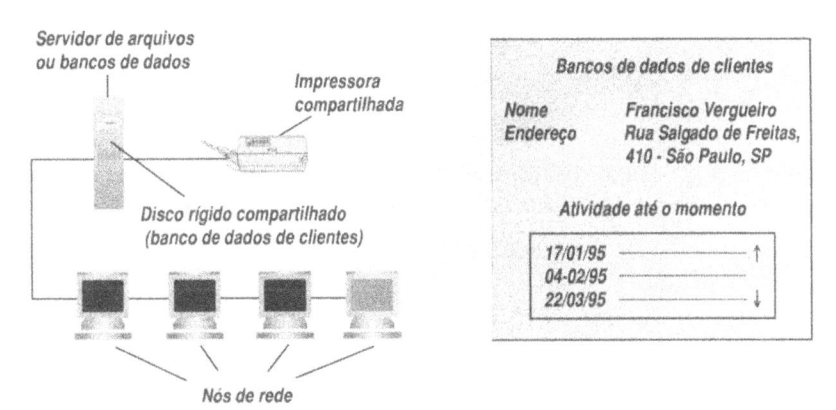

FIGURA 7.8 Em uma rede local cliente-servidor, dados e, às vezes, programas são armazenados em um servidor de arquivos centralizado para permitir que nós isolados os compartilhem.

O tipo mais comum de organização cliente-servidor é uma rede local composta de microcomputadores conectados a um servidor da rede, que pode ou não ser usado também como principal dispositivo de armazenamento da rede. Um programa cliente em execução em um dos microcomputadores pode solicitar dados específicos ao servidor. O programa servidor pode recuperar os dados solicitados em seus bancos de dados e retorná-los ao cliente.

O principal computador de uma rede, aquele que armazena arquivos e proporciona aos nós da rede acesso a esses arquivos, chama-se *servidor de arquivos*. O servidor de arquivos pode também armazenar bancos de dados e dar a impressão de estar operando da maneira que acabamos de descrever. Mas o servidor de arquivos simplesmente proporciona acesso ao arquivo de banco de dados. Quando um programa que está em execução em um nó precisa de dados de um banco de dados, o servidor de arquivos concede-lhe acesso ao arquivo de banco de dados. Qualquer ordenação ou consulta ao banco de dados é feita pelo programa em execução no nó.

Em uma verdadeira organização cliente-servidor, é o servidor quem roda o programa de gerenciamento do banco de dados. O cliente solicita dados específicos ao servidor, em vez de acessar o arquivo inteiro, e o servidor envia apenas as informações solicitadas de volta ao cliente.

COMPUTAÇÃO "PONTO A PONTO" Outro tipo de organização é a *computação "ponto a ponto"* (*peer-to-peer*), uma estratégia de rede na qual os computadores da rede atuam tanto como cliente quanto como servidor. Em outras palavras, cada nó tem acesso a todos ou a apenas alguns recursos dos outros nós. Por exemplo, com o software Windows for Workgroups (veja a Figura 7.9), os usuários têm acesso aos discos rígidos e impressoras conectados aos computadores do grupo de trabalho.

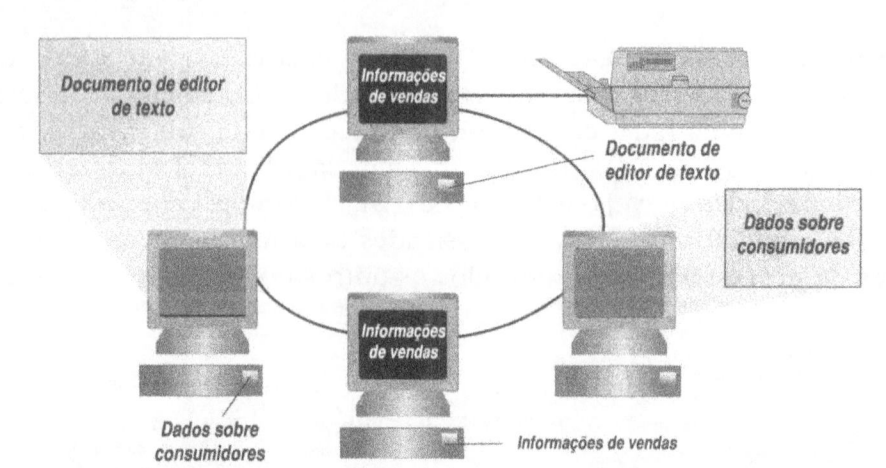

FIGURA 7.9 A rede local ponto a ponto permite que cada nó atue como servidor de arquivos para todos os outros. Assim, cada computador da rede local obtém acesso a todos os outros.

A rede local ponto a ponto permite que os usuários compartilhem dispositivos periféricos, incluindo armazenamento em disco, para terem acesso a dados e programas. Além disso, algumas redes muito sofisticadas, como as redes de computadores Unix, possibilitam a *computação distribuída*, que permite aos usuários recorrer à potência de computação de outros computadores da rede. Isso significa que as pessoas podem transferir tarefas que exigem muita potência da CPU — como os desenhos tridimensionais — para os computadores disponíveis, deixando suas próprias máquinas livres para trabalhar.

TOPOLOGIAS DE REDE

Topologia de rede é o layout físico dos fios que conectam os nós da rede. Há três topologias comuns: barramento linear, estrela e anel. Há vários fatores que devem ser considerados para determinarmos qual a melhor topologia para uma certa situação. Entre as considerações estão o tipo dos computadores instalados, o tipo de fiação (se houver), o custo dos componentes e serviços necessários para implementar a rede, e o desempenho desejado.

BARRAMENTO LINEAR A *rede com barramento linear* (veja a Figura 7.10), assim como o barramento do próprio computador, é um único veículo ao qual todos os nós e dispositivos periféricos da rede estão conectados. Os nós transmitem dados e esperam que eles não colidam com os dados transmitidos pelos outros nós. Em caso de colisão, cada nó espera um determinado tempo, pequeno, mas aleatório, e depois tenta retransmitir os dados.

Apesar de ser uma das mais comuns, a tolopogia do barramento linear tem desvantagens inerentes. A prevenção e a correção das colisões requerem implementação de circuitos e software extra, e o rompimento de uma conexão pode fazer cair toda a rede.

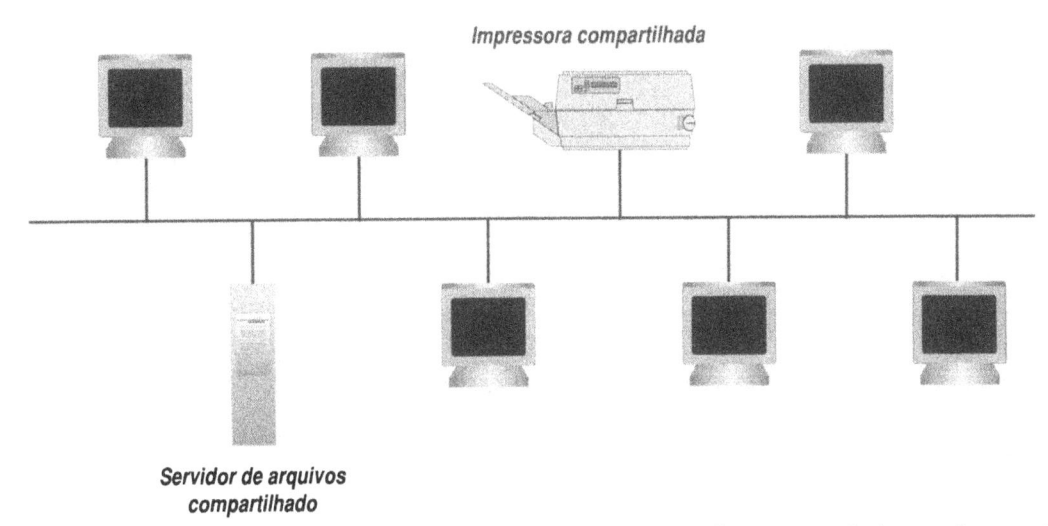

FIGURA 7.10 Na topologia de barramento linear, os nós da rede enviam dados ao longo de um corredor comum. Circuitos especiais são necessários para ajudar a evitar colisões.

ESTRELA A *rede em estrela* coloca um hub no centro dos nós da rede. Os dados são encaminhados por meio do hub central para os pontos de destino. Esse esquema tem a vantagem de que o hub monitora o tráfego e impede colisões, e o rompimento de uma conexão não afeta o restante da rede. Se você perder o hub, porém, a rede cairá. A Figura 7.11 mostra a topologia de estrela.

ANEL A *topologia de anel* conecta os nós da rede em uma cadeia circular — cada nó é conectado ao seguinte. O nó final da cadeia é conectado ao primeiro para fechar o anel. Com essa metodologia, cada nó examina os dados que estão sendo enviados pelo anel. Se os dados não estão endereçados ao nó que os está examinando, eles são enviados ao nó seguinte (veja a Figura 7.12).

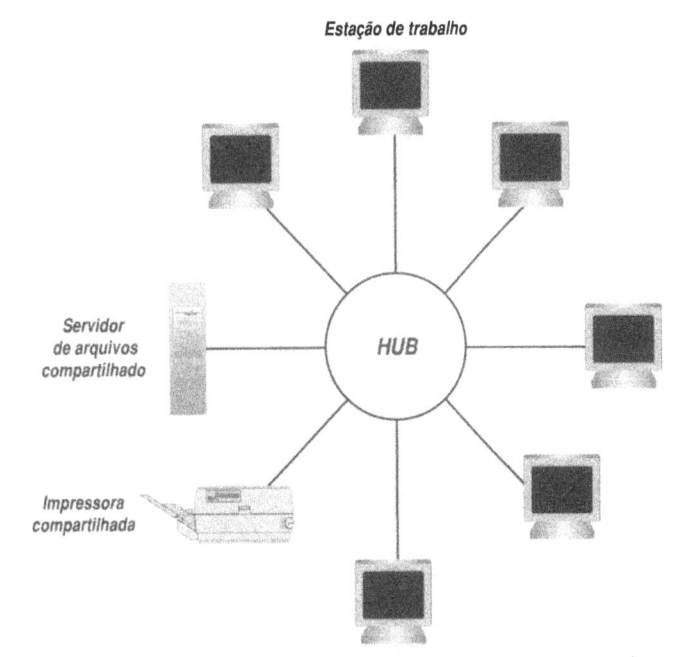

FIGURA 7.11 Os nós de uma rede que usa topologia de estrela são organizados em torno de um hub, que impede colisões atuando como um guarda de trânsito no cruzamento de duas avenidas.

A implementação mais importante da topologia de anel é o token ring da IBM. O token ring tem uma vantagem substancial no sentido de que não há perigo de colisões, porque os dados sempre fluem em uma direção. A desvantagem do anel é que, se uma conexão é rompida, toda a rede cai.

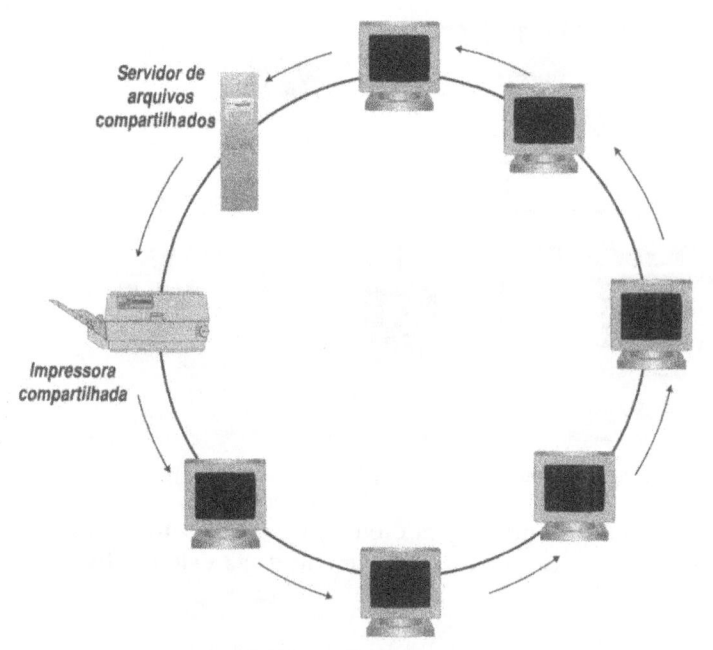

FIGURA 7.12 Na topologia de anel, cada nó é conectado ao nó seguinte. Os dados viajam ao redor do anel e são capturados pelo nó ou nós aos quais estão endereçados.

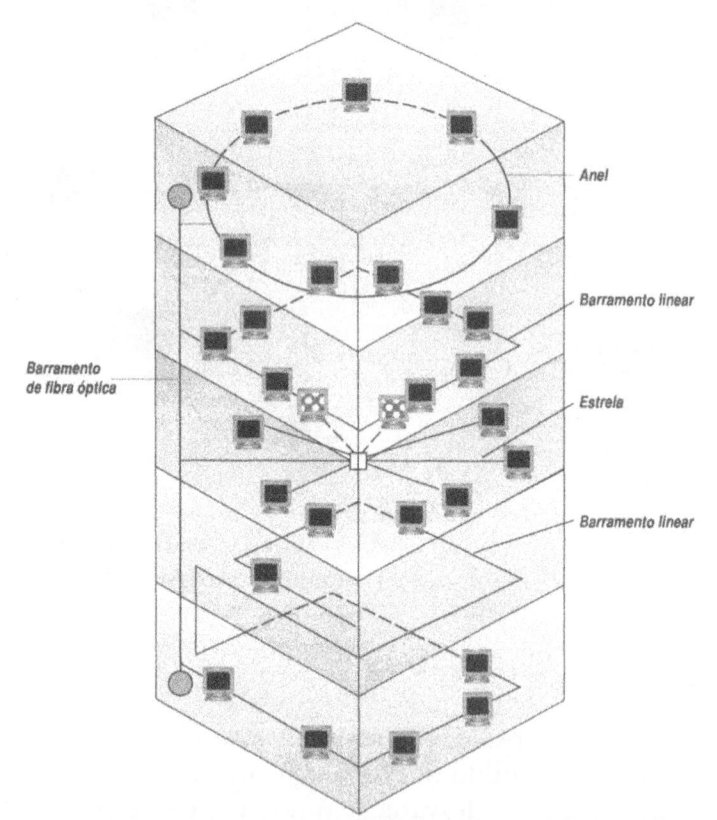

FIGURA 7.13 Redes locais híbridas como esta usam uma combinação de topologias. Neste prédio, topologias diferentes em cada andar são unidas por um barramento linear.

TOPOLOGIAS HÍBRIDAS O barramento linear, a estrela e o anel às vezes são combinados para formar *topologias híbridas*. Uma rede híbrida em um prédio alto pode usar o barramento linear para interligar os andares do prédio, no sentido vertical, e o anel ou outras topologias em cada um dos andares, conforme mostra a Figura 7.13.

PLACA DE REDE E PROTOCOLOS DE REDE

O tipo e a topologia de uma rede estabelecem sua estrutura básica, mas cada computador ainda precisa de hardware para transmitir e receber dados. O dispositivo que executa essa função é a *placa de rede (NIC — Network Interface Card — Placa de Interface de Rede)*. A placa de rede é um tipo de placa de expansão — uma placa de circuito impresso que se encaixa em um dos slots de expansão do computador e proporciona uma porta na parte detrás do PC à qual se ligará o cabo da rede. O computador também precisa de um software de rede que lhe informe como usar a placa de rede.

Tanto o software de rede quanto a placa de rede têm de estar de acordo com um protocolo, que é um conjunto de padrões de comunicação. O *protocolo de rede* é um tipo de linguagem para a comunicação de dados. Para haver intercâmbio de dados entre computadores, estes precisam falar a mesma língua.

Caso constante no campo dos computadores, os protocolos estão em estado de alteração contínua. Sempre que alguém surge com um novo padrão, alguém inventa outro que faz o mesmo trabalho com maior rapidez e confiabilidade. Hoje, os protocolos mais comuns usados em redes são Ethernet, token ring e ARCNET. (A maioria das redes de alto desempenho do Macintosh usa o protocolo Ethernet, mas a porta de rede de baixo desempenho de cada Macintosh usa um protocolo proprietário chamado Local-Talk.) Cada um desses protocolos foi projetado para um determinado tipo de topologia de rede e tem certas características padrão.

ETHERNET O *Ethernet* é hoje o protocolo de rede mais comum. Ele usa a topologia de barramento linear, é barato e relativamente simples. Com o barramento linear, porém, cada estação de trabalho precisa enviar dados na sua vez. Como em uma linha telefônica compartilhada, apenas uma parte de cada vez pode usar a rede. Quando um computador da rede precisa enviar dados para outro computador ou dispositivo, ele primeiro tem de "escutar" a rede, para ver se ela está disponível. Se a rede está sendo usada por outra estação, ele espera um pouco e tenta novamente. Como você já deve estar supondo, quando há muitos computadores em uma rede Ethernet, o tempo de acesso pode tornar-se sensivelmente lento.

Um dos mais novos padrões em termos de rede implementa o protocolo Ethernet em um barramento linear *lógico* e não-físico. Esse padrão IEEE, chamado *10Base-T*, usa equipamentos que oferecem a conveniência de uma topologia de estrela centralizada, com a flexibilidade e a capacidade de um barramento linear. Como mostra Figura 7.14, a rede Ethernet 10Base-T tem painéis centralizados, chamados *concentradores*, que podem ser localizados na caixa telefônica perto do painel de distribuição. Com essa configuração, um fio simples de par trançado pode ir até cada estação de trabalho, proporcionando acesso à rede. A proximidade dos painéis centralizados com a caixa telefônica facilita o gerenciamento dos componentes físicos da rede em um único local — você encaminha o sinal da rede pela fiação telefônica para qualquer local que tenha um ponto de telefone.

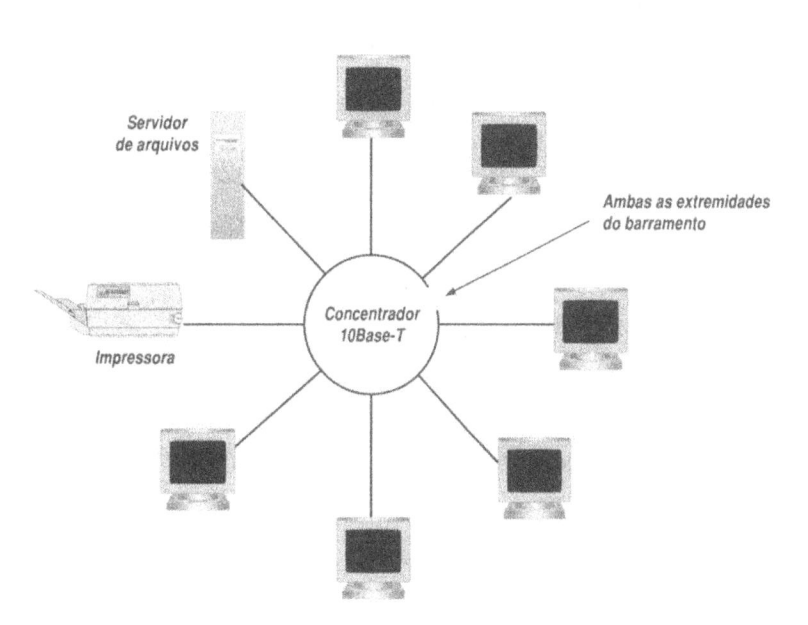

FIGURA 7.14 Embora seja fisicamente uma topologia de estrela, o barramento linear lógico funciona como se fosse linear. Este arranjo permite que os fios telefônicos existentes, normalmente dispostos em forma de estrela, sejam usados para comunicações Ethernet lineares.

As redes Ethernet mais antigas (antes de 10Base-T) usavam cabos coaxiais finos ou grossos que corriam de um nó para outro. A 10Base-T, conforme mencionado, usa fios de par trançado não-blindado — e, se já houver cabos de par trançado de alta qualidade no prédio, toda a linha telefônica existente é uma portadora da rede em potencial. Os barramentos da rede Ethernet têm comprimento limitado a 750 metros e sua velocidade é de 10Mbits por segundo.

TOKEN RING O protocolo de rede da IBM é o *token ring*, que, conforme o próprio nome indica, se baseia na topologia de anel.

O hardware que controla uma rede token ring transmite o endereço eletrônico de cada estação de trabalho da rede muitas vezes por segundo. Cada estação de trabalho examina esses endereços para ver se é o dela. Os endereços que não coincidem são passados para a frente sem sofrer alterações. Se o endereço for daquela estação, e ela tiver dados a transmitir, a estação anexa a ele um pacote de dados e passa-o para um servidor de arquivos ou para outro nó da rede; da mesma maneira, a estação de trabalho pode ler o conteúdo de um pacote de dados anexado ao seu endereço. Esse processo de enviar um grupo de pacotes, que cada estação de trabalho recupera ou passa para a frente, simula a passagem de uma ficha (*token*, em inglês) — daí o nome *token ring*.

As redes token ring têm a vantagem de que os dados viajam de maneira controlada pelo anel, em apenas uma direção. Com essa abordagem, não há possibilidade de colisão de dados e a rede consegue operar em velocidade mais alta. As redes token ring são caras; entretanto, o hardware da rede é barato, mas as placas chegam a custar cinco vezes mais do que os outros tipos de adaptadores de rede. As redes token ring operam em 4 ou 16Mbits por segundo, mas provavelmente logo veremos velocidades muito mais altas — talvez até 100Mbits por segundo.

ARCNET A rede *ARCNET* baseia-se na topologia de estrela ou de estrela distribuída, mas tem topologia e protocolo próprios. Ela usa um cabo coaxial, e a estrela é conseqüência dos eixos anexados à rede. A rede ARCNET é muito lenta — aproximadamente 2,5Mbits por segundo —, mas é barata, confiável e de fácil configuração e expansão.

TELECOMUNICAÇÕES USANDO UM MODEM

Muito mais computadores são conectados ao mundo em geral por meio de linhas telefônicas do que por meio de redes. O telefone converte o som da sua voz em um sinal eletrônico que flui através dos fios telefônicos. O aparelho na outra extremidade converte esse sinal eletrônico novamente em som, para que a pessoa com quem você está falando consiga ouvir sua voz. Esse processo de conversão de dados em sinais capazes de cruzar uma linha telefônica é chamado *modulação*. O processo de conversão do sinal novamente em som ou em outros dados é chamado *demodulação*. Os telefones contêm os circuitos necessários para modular e demodular os sinais da voz. Um periférico chamado *modem* (de *modulador/dem*odulador) controla essa conversão nos dados dos computadores.

O telefone pega a sua voz, que é uma onda sonora, e converte-a em uma freqüência eletromagnética que muda para representar o volume e o tom. Tanto a onda sonora quanto o sinal telefônico são *sinais analógicos* — eles variam continuamente ao longo do tempo. O computador, no entanto, só pode enviar e receber *sinais digitais*, que consistem em seqüências 0 e 1 discretos. A tarefa do modem é converter essas seqüências de 0 e 1 em freqüências eletromagnéticas que possam ser transmitidas por linhas telefônicas, conforme mostra a Figura 7.15.

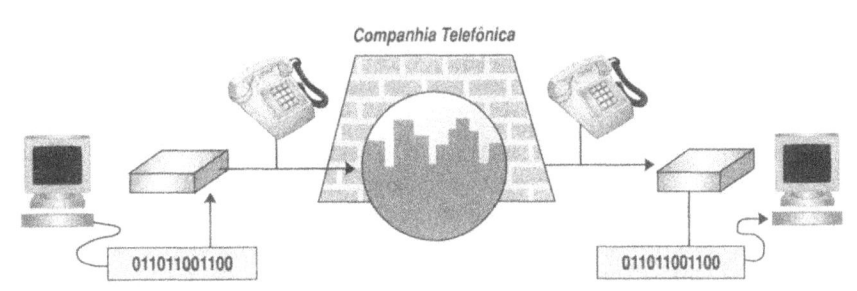

FIGURA 7.15 Os modems convertem sinais digitais de e para a forma analógica para que os dados sejam capazes de viajar através das linhas telefônicas comuns. Tanto o computador receptor quanto o transmissor precisam ter um modem.

COMO AS PESSOAS USAM MODEMS

Depois do aparecimento do microcomputador, os usuários perceberam o valor do intercâmbio de dados e software. Em resposta a essa demanda, a Hayes Microcomputer Products, Inc., desenvolveu o Smartmodem, o primeiro modem para microcomputadores. Lançado em 1978, ele foi pioneiro em uma indústria que agora oferece todos os tipos de serviços para pessoas que possuem computadores e modems.

ACESSO A COMPUTADORES REMOTOS Um dos maiores benefícios do modem é que ele permite o acesso a computadores remotos. Uma vantagem desse recurso é que ele permite a muitos funcionários trabalhar pelo menos parte do tempo em casa, sem perder o acesso ao sistema de computador instalado no escritório. Discando o número da rede da empresa com um modem, o funcionário acessa dados, troca arquivos com outros funcionários e envia correspondências por meio do correio eletrônico. Esse arranjo de trabalho, que ficou conhecido como *teletrabalho* ou *telecomutação*, oferece inúmeras vantagens. Horas flexíveis e menos tempo na rua significam que as pessoas podem ser mais produtivas e ainda assim gozar de tempo extra com suas famílias. E, é claro, todo mundo é beneficiado com o trânsito menos congestionado.

Outro grupo que tira proveito do acesso remoto é o dos funcionários da área comercial, que passam a maior parte do tempo viajando. Os representantes de vendas, por exemplo, quase sempre passam a maior parte de seu tempo em reuniões com clientes ou clientes potenciais. Ao mesmo tempo, esses funcionários precisam ficar em contato com seus escritórios para trocar mensagens, obter informações atualizadas sobre a posição do estoque ou para enviar pedidos. Com um notebook e um modem, tudo isso é possível e muito mais conveniente e eficiente do que transmitir todas essas informações por meio de conversas telefônicas.

NOTEBOOK DO NORTON — TELETRABALHO: REDEFININDO TAREFAS

Não há mais dúvida alguma: o teletrabalho é uma idéia cujo tempo chegou. Daqui a cem anos, nossos netos provavelmente verão o século XX como um breve período da história no qual as pessoas do mundo industrializado acordavam de manhã, saíam de casa e locomoviam-se para o trabalho. Durante o século XXI, com o computador como o principal instrumento de trabalho de cada vez mais pessoas, sair de casa para ir trabalhar passou a ser cada vez menos necessário. Finalmente, ir para o trabalho tornou-se uma novidade ocasional — algo parecido com a emoção que o trabalhador médio sentia ao ser indicado para fazer uma viagem de negócios no século XX.

Por mais estranha que essa previsão possa parecer, ela já está-se tornando uma realidade para uma pequena, mas crescente, porcentagem de trabalhadores americanos. Ainda mais comum são os trabalhadores que vão ao escritório um ou dois dias por semana e trabalham em casa nos dias restantes. Hoje, chamamos esse acordo de *teletrabalho* ou *telecomutação*.

Algumas pessoas prefeririam ficar em casa a ter de sair para trabalhar. Para elas, é fácil destacar as vantagens do teletrabalho. Sair de casa para trabalhar não é apenas desagradável, caro e terrível para o ambiente; é também uma enorme perda de tempo. Senão, vejamos: se você leva 30 minutos todas as manhãs para chegar ao trabalho, o teletrabalho iria permitir-lhe mais uma hora de trabalho ou uma hora a mais para fazer qualquer outra coisa para a qual nunca há tempo.

Há também vantagens ocultas no teletrabalho. Muitas pessoas acham que produzem muito mais em casa. Simplesmente porque a tendência é que haja muito menos distrações. Esta é uma das principais razões por que certas companhias estão começando a encorajar o trabalho em casa: em muitos casos, a produtividade aumenta. Outro benefício oculto é o financeiro — economia de comida e roupas. Se você trabalha em casa, em geral come em casa em vez de sair para almoçar e certamente não precisa de tantas "roupas para trabalhar".

Naturalmente, para que o teletrabalho dê certo, a empresa para a qual você trabalha precisa ter instalações que lhe permitam comunicar-se com ela. O arranjo mais comum é uma rede local com um servidor de arquivos central com vários modems conectados a ele. Assim, quando precisar acessar dados para trabalhar, você telefona para o escritório, identifica-se na rede local e trabalha com os arquivos necessários. Supondo-se que exista um sistema de correio eletrônico na rede, você também poderá usar um modem para trocar correspondências com seus colegas de trabalho.

Em casa, você precisa de um computador, um modem e, de preferência, duas linhas telefônicas: uma para o modem e uma para as suas comunicações regulares. Outros dispositivos que as pessoas em geral adquirem para seus escritórios domésticos incluem uma impressora, um fax (ou uma placa de fax modem) e uma fotocopiadora ou scanner, que permite que você esquadrinhe o material copiado no seu computador e envie-o para os colegas de trabalho via modem.

Duas coisas mais são necessárias para que você tenha sucesso no teletrabalho. Uma é um bom lugar para trabalhar. O melhor é designar uma sala separada para ser seu escritório, já que lá você poderá ter em ordem tudo do que precisa, além de ser um local onde você poderá ficar isolado de tudo o mais que esteja ocorrendo na casa (como, por exemplo, crianças correndo como loucas na sala de estar). A outra coisa é a disciplina para não parar de trabalhar quando não houver ninguém supervisionando suas atividades. O teletrabalho poderá não ser a melhor solução para todos, mas, nos próximos anos, você poderá contar em ver mais e mais pessoas trabalhando em casa.

TRANSFERÊNCIA DE ARQUIVOS *Transferência de arquivos* é o simples envio de um arquivo de um computador para outro e é um dos principais usos dos modems. O processo de recuperar um arquivo em um computador remoto chama-se *descarregar* (*downloading*) e o de enviar um arquivo a um computador remoto chama-se *carregar* (*uploading*). Para que um arquivo seja transferido de um computador para outro, ambos os computadores precisam usar o mesmo *protocolo de transferência de arquivos* (FTP — *File Transfer Protocol*) — um conjunto de regras ou normas que ditam o formato em que os dados serão enviados. Assim como os protocolos de rede, os protocolos de transferência de arquivos podem ser comparados a um idioma; para haver comunicação, os modems precisam concordar em falar a mesma língua. Há muitos protocolos de transferência de arquivos. Entre os mais comuns estão o Kermit, Xmodem, Ymodem e Zmodem.

Uma das funções importantes do protocolo de transferência de arquivos é verificar se há erros no arquivo que está sendo enviado. Normalmente, as comunicações via modems são *full-duplex*, o que significa que o computador receptor pode responder ao emissor para assegurar que os dados recebidos não contêm erros. Se houver erros, o computador que está enviando os dados retransmite as partes incorretas. Cada protocolo de transferência de arquivos usa um método próprio de verificação de erros. Alguns são mais eficientes do que os outros e, conseqüentemente, conseguem transmitir os dados com maior velocidade.

SERVIÇOS DE INFORMAÇÃO No que diz respeito aos modems, a transferência de arquivos acabou sendo apenas o começo. Quando os usuários de microcomputadores passaram a utilizar seus modems com mais freqüência, perceberam que as possibilidades dessa tecnologia eram enormes. Hoje, muitas das coisas mais interessantes que você pode fazer com um microcomputador envolvem serviços de informação, BBSs e Internet. Esses serviços são seu passaporte para o mundo das informações.

Serviço de informação é uma empresa que oferece serviços on-line que os usuários podem assinar. Em essência, você paga à empresa por uma conta, que é acessada com seu computador e modem. Quando você acessa essa conta, entra em contato com uma imensa rede que consiste em outros assinantes e os computadores centrais da empresa, que controlam todos os serviços oferecidos.

Embora cada serviço seja ligeiramente diferente, você pode esperar certas características básicas de todos eles. Primeiro, a maioria oferece um correio eletrônico, portanto os assinantes de um mesmo serviço podem trocar mensagens entre si. Outras características incluem notícias on-line, jogos, compras e bancos eletrônicos, acesso a bancos de dados especializados para recuperação de informações e acesso a fóruns eletrônicos de discussão. A Figura 7.16 mostra um menu para acessar alguns dos muitos serviços da CompuServe.

No caso das notícias on-line, os assinantes conseguem literalmente interagir com um jornal, procurando eletronicamente determinadas palavras ou assuntos específicos. Alguns sistemas de notícias on-line permitem que você crie uma conta que enviará apenas certos tipos de artigos para a sua "caixa postal" eletrônica. Em outras palavras,

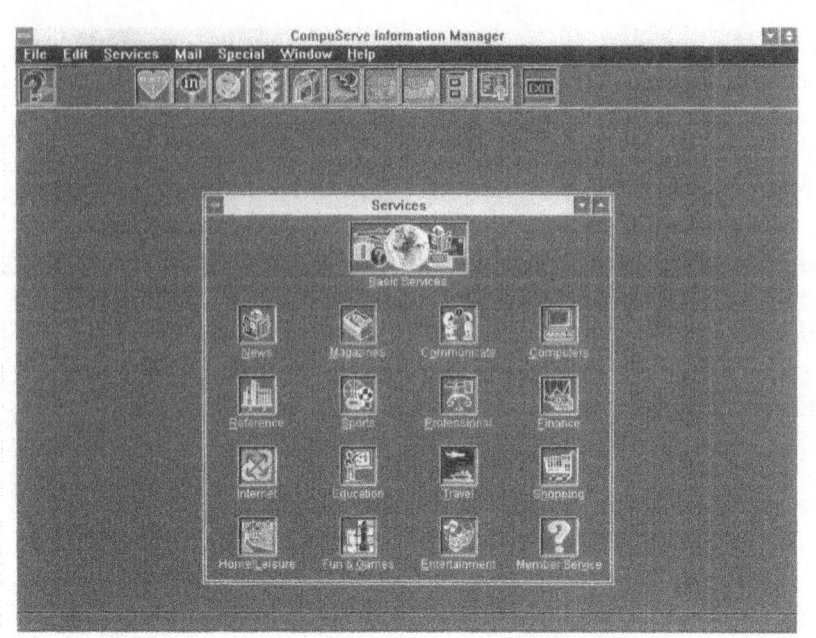

FIGURA 7.16 O menu de abertura do serviço de informações CompuServe oferece uma noção geral da ampla variedade de recursos e assuntos disponíveis aos usuários. (CompuServe)

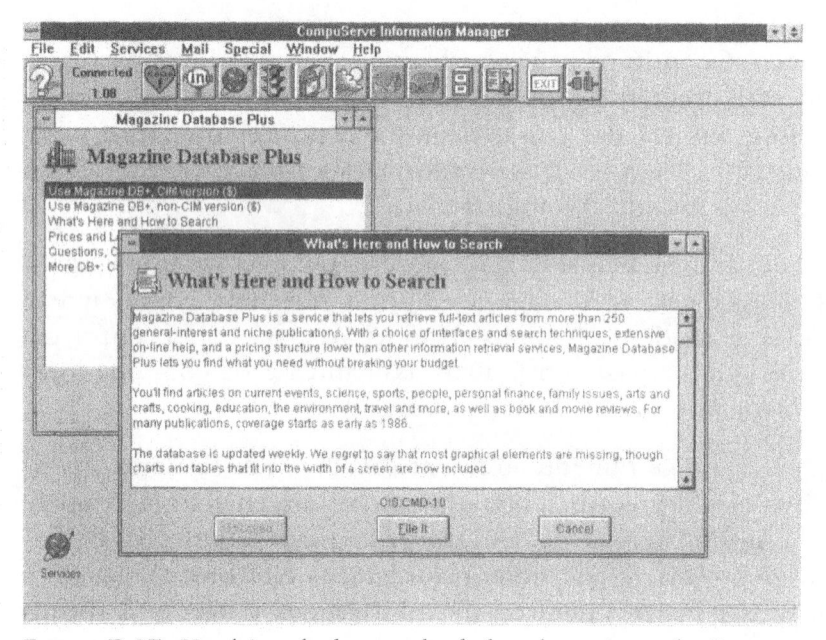

FIGURA 7.17 Usuários do banco de dados de revistas da CompuServe recuperam artigos de uma variedade de publicações on-line. (CompuServe)

o serviço faz a pesquisa para você, de forma a lhe enviar apenas os artigos que sejam do seu interesse. Alguns serviços também oferecem o texto completo de artigos de revistas sobre qualquer assunto (veja a Figura 7.17).

As pessoas que gostam de jogos eletrônicos geralmente dispõem desses jogos on-line ou podem descarregá-los em seus equipamentos. Muitos produtos, especialmente produtos para computadores, estão disponíveis aos assinantes dos serviços de informação. Os usuários podem folhear catálogos on-line e fazer pedidos por meio do número de seu cartão de crédito. Alguns serviços informam as mais recentes cotações da bolsa de valores e permitem que as pessoas comprem ações pelo computador (veja a Figura 7.18).

A pesquisa e a recuperação de informações estão sendo revolucionadas pela operação on-line. Muitos serviços de informação estão ligados a bancos de dados especiais, por meio dos quais os usuários podem pesquisar todos os tipos de informação. O LEXIS e o NEXIS, fornecidos pela Mead Data Central, são exemplos perfeitos. O LEXIS é um banco de dados legal que os pesquisadores podem usar para encontrar leis específicas e resultados de julgamentos. O NEXIS é um banco de dados bibliográfico que contém informações sobre artigos a respeito de uma variedade de tópicos.

BBSs Os serviços de informação possibilitam acesso a alguns fóruns de discussão, mas muitos outros podem ser acessados em BBSs locais. O *BBS (Bulletin Board System)* é um serviço on-line que focaliza um interesse específico. Quando os usuários se associam a um BBS, eles podem participar de mesas redondas sobre um determinado assunto — lendo mensagens deixadas por outros usuários e contribuindo com respostas e idéias próprias. Algumas pessoas acessam os BBSs por questões puramente sociais; outras as usam para negócios. Além de um meio de conferência on-line, os BBSs podem ser uma fonte valiosa de contatos profissionais e de conselhos ou informações especializados.

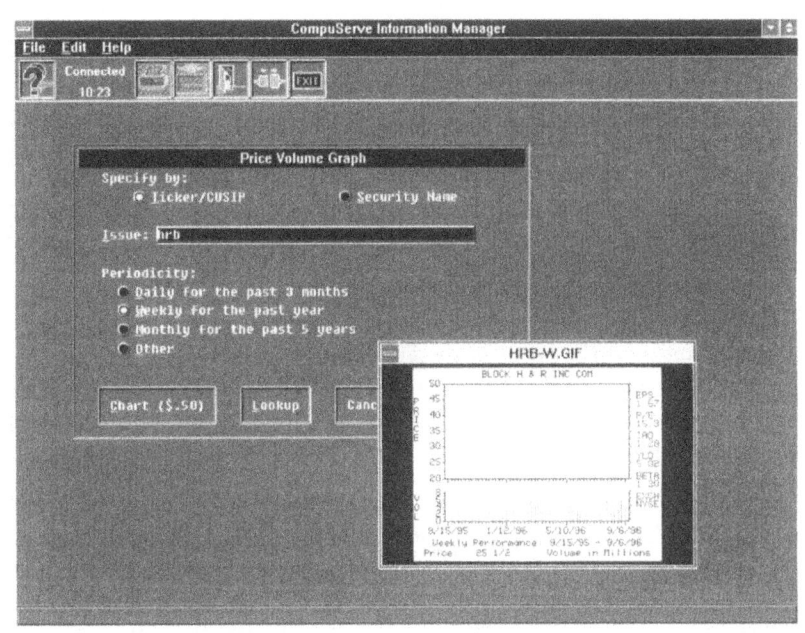

FIGURA 7.18 Investidores usam a CompuServe para obter as mais recentes cotações da bolsa de valores e conhecer o perfil do mercado. (CompuServe)

Há milhares de BBSs em todo o mundo, focalizando tudo, desde pescaria até suporte de software. A Figura 7.19 mostra uma linha de comentários relacionados a jogos por computador. Alguns desses serviços são gratuitos; outros cobram taxas de inscrição ou taxas pelo tempo de conexão. Um bom lugar para procurar informações sobre BBSs são as revistas e jornais de informática e universidades.

Subject: Homens de verdade usam o teclado

\>>>Eu já joguei com jogadores de teclado antes. Eles são muito decentes.
\>>>E sabe o que ? Eu ganhei.
\>>>Voce sabe o que mais? Eu uso o mouse.
\>>>E sabe mais? Nunca tive um score menor do que 3 a 1, a favor, contra um jogador de teclado.

\>>> Eu tambem ja joguei com jogadores de teclado decentes.
\>>E sabe? Eu tambem os venci.
\>>>Sua pontuaçao?

\>>>Nenhum de voces e homem de verdade. Homens de verdade tem mais o que fazer
\>>>do que sentar atras de um computador (teclado ou mouse) desperdiçando suas vidas
\>>>jogando videogame.

\>>>Certo. Homens de verdade são os que não tem nada melhor a fazer que se sentar atras de um
\>>>computador desperdiçando suas vidas, falando `as pessoas que elas desperdiçam suas vidas jogando
\>>videogames.

FIGURA 7.19 Fãs do DOOM trocam opiniões em um BBS eletrônico.

INTERNET Outra alternativa aos serviços de informação é a *Internet*, uma imensa rede que liga muitas das redes científicas, de pesquisa e educacionais do mundo, como também um número crescente de redes comerciais. A Internet, normalmente chamada "Net", surgiu em 1969 no Departamento de Defesa dos Estados Unidos e gradualmente cresceu para se tornar a principal rede mundial de pesquisa científica. Hoje, ela é muito mais do que isso. A maioria das universidades está conectada a ela, como também muitas empresas e a maioria dos serviços de informação discutidos anteriormente.

É difícil definir a Internet. Em alguns aspectos, ela é um serviço de informação, porque oferece correio eletrônico, BBSs e serviços de recuperação de informações que podem acessar diretórios de arquivos e bancos de dados de todo o mundo. Na verdade, porém, a Internet é diferente de um serviço de informação, basicamente porque não há um computador central — há apenas uma rede de conexões entre milhares de sistemas independentes.

A presença de correios eletrônicos na Internet é um dos fatores que demonstra a força desse sistema. Ela permite que você envie mensagens a qualquer pessoa do mundo que tenha endereço na Internet ou uma conta em um dos vários sistemas de informação a ela conectados. As mensagens podem não chegar ao endereço do destinatário imediatamente, porque elas precisam passar por muitas redes para chegar até lá — uma viagem que pode demorar segundos ou mesmo vários minutos. Ainda assim, se a Internet for capaz de entregar uma mensagem por escrito a alguém no outro lado do mundo em, digamos, meia hora, será muito mais rápido do que qualquer sistema de entrega.

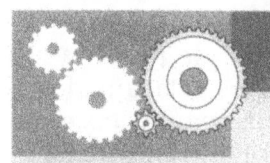

LIGUE-SE   DICAS PARA PESQUISAS RÁPIDAS ON-LINE

Normalmente, você é cobrado por minuto quando acessa um banco de dados público, portanto procurar informações geralmente é uma corrida contra o relógio. Aqui vão algumas dicas para ajudá-lo a encontrar rapidamente o que procura:

- Automatize o procedimento para se identificar no banco de dados. Para se identificar junto a um banco de dados público, você geralmente precisa configurar seu modem e software para compatibilizá-los com a rede que contém o banco de dados. Para acelerar o processo, alguns programas de comunicação oferecem ferramentas chamadas macros, ou roteiros (*scripts*). Você pode usar macros ou roteiros para automatizar o processo de configuração do seu sistema, discagem do número do telefone e digitação do seu nome e senha de identificação.

- Saiba exatamente o que procurar antes de começar e limite a pesquisa sempre que possível. Por exemplo, se você está procurando a história financeira de uma empresa, pode especificar o período sobre o qual deseja informações, os balanços e declarações de renda desejados etc.

- A maioria dos bancos de dados dispõe de um manual on-line que informa o conteúdo do banco de dados e como usá-lo. Descarregue as instruções no seu equipamento e leia-as off-line antes de dar início à sua pesquisa.

- Anote os resultados de cada pesquisa. Se uma determinada pesquisa produzir informações demais, faça uma observação e limite os critérios. Por exemplo, se você está planejando viajar para a Suíça e digita "esquiar" como assunto, talvez receba 5 mil listagens. Para limitar a pesquisa, você poderia digitar "esquiar nos Alpes".

Outro benefício da Internet é a possibilidade de procurar informações on-line. Vários recursos incorporados ao sistema permitem que você procure informações sobre assuntos específicos. Provavelmente, é seguro dizer que a Internet é a mais poderosa ferramenta de pesquisa jamais criada — e está crescendo a olhos vistos.

TIPOS DE MODEM

Os *modems externos* são caixas que contêm os circuitos e a lógica para modular sinais de dados. Eles são conectados ao computador por meio de uma porta serial e ao sistema telefônico com um conector padrão. Na frente do modem, há uma linha de luzes que indica a situação do modem e mostra quando ele está enviando ou recebendo dados. Essas luzes ajudam a localizar problemas e também mantêm o usuário informado sobre as condições do modem. Uma desvantagem do modem externo é que ele usa uma das portas seriais internas do PC — e normalmente há apenas uma ou duas em cada equipamento. Se você usar um mouse serial em combinação com o modem externo, terá de fazer acomodações ou até mesmo comprar outra placa de interface serial (que novamente ocupa um slot vago).

O *modem interno* é uma placa de circuito conectada a um dos slots de expansão do computador. Se houver poucos slots vagos, você poderá ter problemas.

Uma vantagem do modem interno é que a quantidade de fios e cabos é menor. Na verdade, há apenas um fio com o qual se preocupar — o fio do telefone que você liga ao modem. Por outro lado, os modems externos têm um interruptor de energia, que você pode usar para desligar o aparelho. Qualquer pessoa que já tenha usado modems provavelmente já o deixou "pendurado" ou então emitiu comandos incorretos que o congelaram em um estado de ausência de respostas. Nessa situação, o interruptor de energia é uma maneira rápida e segura de reinicializá-lo. A única maneira de reinicializar um modem interno congelado é desligar o computador e depois ligá-lo novamente.

Alguns modems usados com microcomputadores são capazes de emular uma máquina de fax. Esses dispositivos são chamados *fax modem*. Se um fax modem tem capacidade tanto de emissão quanto de recepção, ele pode enviar dados de um computador como fax ou aceitar imagens de qualquer máquina de fax. Como todos os outros tipos de modems, os fax modems podem ser internos (placas de fax modem) ou externos.

COMPARANDO DESEMPENHO DE MODEMS

A indústria de modems, assim como a indústria de telecomunicações por computador em geral, vem sendo atormentada por um dos piores casos de sopa de letrinhas — um leque desconcertante de especificações, siglas e números, capaz de confundir até mesmo os usuários mais experientes. Termos como V.22, V.32, V.32bis, V.42bis, CCITT, MNP 4 e MNP 5 são apenas alguns entre todos os que você encontrará quando lidar com comunicação de dados. Essa confusão deve-se à proliferação de padrões — a tecnologia das telecomunicações avança tão depressa que as companhias estão continuamente desenvolvendo produtos que superam a capacidade dos produtos existentes.

Na hora de comprar um modem, são quatro as considerações importantes:

1. Velocidade de transmissão

2. Correção de erros

3. Compressão de dados

4. Compatibilidade com o conjunto de comandos Hayes AT

VELOCIDADE DE TRANSMISSÃO Nos modems mais antigos, as pessoas costumavam usar o termo *taxa de bauds* para descrever a velocidade dos modems. Naquela época, o termo, embora tecnicamente incorreto, descrevia aproximadamente o número de bits por segundo (bps) que o modem era capaz de transmitir. A taxa de bauds é uma medida da taxa de modulação — número de eventos sinalizadores e discretos por segundo — e não a taxa de transferência de dados.

Modems e comunicações entre micros eram relativamente simples antes do aparecimento dos modems de alta velocidade. Os modems costumavam apresentar velocidades de 300, 1.200 ou 2.400 bauds (realmente bps), e, embora alguns fabricantes tenham incorporado a seus produtos certos recursos especiais para controle de erros, essas funções só funcionavam com outro modem do mesmo fabricante. Apesar de ainda ser possível comprar modems de 2.400bps, você não encontrará nada mais lento do que isso nos produtos modernos.

Há agora muitas técnicas para a obtenção de taxas maiores do que 2.400bps. Os padrões internacionais para tanto foram definidos pelo Consultative Committee for International Telephony and Telegraphy (CCITT) das Nações Unidas. O primeiro padrão definido pelo CCITT, chamado V.32, alcança velocidade de transmissão de 9.600bps — quatro vezes a velocidade de um modem de 2.400bps. Um padrão mais recente, chamado V.32bis, permite transmissões de 14.400bps, 28.800bps e até 56.600bps .

Nas comunicações por meio de modems, quando os bits por segundo são números grandes, eles são abreviados como Kbps, um mil bits por segundo. Assim, a velocidade de 14.400bps é abreviada como 14,4Kbps. Geralmente, você quer que a velocidade de transmissão do seu modem seja a mais alta possível. É claro que, mesmo com um modem rápido, você pode conectar-se a um modem mais lento — o modem rápido apenas lhe dá a opção de ser mais rápido quando isso é possível.

CORREÇÃO DE ERROS Quando os computadores se comunicam por meio de linhas telefônicas, os dados andam pela linha tão depressa que mesmo a menor estática pode produzir erros significativos. Ruídos que você não ouviria se estivesse usando a linha telefônica em uma conversa podem provocar uma tragédia nos dados transmitidos. Para esse problema ser evitado, os modems e os softwares de comunicação precisam ter métodos para a recuperação de erros de transmissão.

LIGUE-SE

PREPARANDO A COMUNICAÇÃO POR MEIO DE MODEMS

Como é de se esperar, usar um modem envolve muito mais do que simplesmente ligá-lo e discar um número de telefone. Na verdade, configurar um modem e o software de comunicação pode ser uma tarefa desanimadora para um usuário inexperiente; no entanto, se você conhecer os conceitos básicos e seguir algumas regras, o processo deverá fluir com tranqüilidade.

Quando você usar micros para suas comunicações, sua atenção deverá estar concentrada em quatro áreas para que a conexão tenha sucesso:

1. A velocidade da linha (ou modem)
2. A configuração dos bits de dados
3. A configuração da verificação de paridade
4. A configuração do bit de parada (stop-bit)

A velocidade da linha, ou modem, é simplesmente a velocidade em que os dados fluem pela linha telefônica; em geral é expressa em *bits por segundo* (bps). Esta é a configuração mais fácil de determinar. Você deseja que a conexão opere na maior velocidade possível. Como a velocidade é a principal característica que os fabricantes de modems divulgam, você provavelmente saberá qual a maior velocidade que o seu modem pode atingir; entretanto, também é preciso saber que velocidade o computador no qual o modem será conectado é capaz de controlar, para você, então, poder configurar a maior velocidade comum a ambos. Por exemplo, se você tem um modem de 9.600bps, mas o computador ao qual você deseja conectá-lo tem um modem de apenas 2.400bps, a maior velocidade comum a ambos é de 2.400bps.

Os parâmetros dos bits de dados, bits de parada (*stop-bits*) e verificação de paridade andam juntos a maior parte do tempo. Na verdade, há apenas duas opções comuns para cada um deles. A configuração dos bits de dados determina quantos bits o software de comunicação coloca em cada pacote de dados. O número é quase sempre 7 ou 8. A configuração da verificação de paridade pode ser *par* (even) ou *nenhuma* (none); ela informa se um bit extra deve ou não ser incluído para verificar se cada pacote foi recebido corretamente. A configuração do bit de parada (*stop-bit*) determina se o final de um pacote será indicado por um ou dois bits. Na prática, o número é quase sempre um.

No caso de comunicações micro a micro, os melhores parâmetros são geralmente oito bits de dados, *nenhuma* paridade e um bit de parada (ou 8N1). Quando você não sabe ao certo que configuração usar, esses valores são um bom ponto de partida, mas nem sempre darão conta do recado. Se você estiver entrando em conexão com um grande sistema de computador, como o CompuServe Information Service, talvez precise usar sete bits de dados, paridade *par* e um bit de parada (ou 7E1 — a letra E vem da palavra *even*, que significa par).

Dois grupos estabeleceram padrões para a correção de erros de hardware. A Microcom, Inc., desenvolveu a classificação *Microcom Network Protocol* (*Protocolo de Comunicação de Rede*), ou MNP. O MNP é um *protocolo de correção de erros* popular para modems de baixa velocidade, como os que operam a 2.400bps. Os modems de velocidades mais altas (14.400bps e 28.800bps) em geral usam o padrão CCITT V42.

COMPRESSÃO DE DADOS A *compressão de dados* reduz o tempo necessário para enviar dados de um modem para outro, porque reduz o volume a ser transmitido. Os modems com técnicas internas de compressão de dados usam conjuntos de passos ordenados, chamados *algoritmos*, para compactar os dados, representando-os por meio de séries menores de bits. Os algoritmos comprimem os dados, substituindo os padrões repetidos por símbolos que indicam qual é o padrão e quantas vezes ele se repete. O sucesso de um algoritmo de compressão de dados depende principalmente do tipo de dado que está sendo comprimido. Os programas em geral já são muito comprimidos, deixando pouco espaço para mais compactação. Os textos e os gráficos, porém, são altamente compressíveis, em geral com razões que chegam a 10 : 1.

Há vários esquemas de compressão de dados baseada em hardware. A especificação MNP Class 5 da Microcom, comumente usada para modems de baixa velocidade, quase dobra a velocidade de transferência de um modem de 2.400bps. O padrão mais popular de compressão de dados para modems de alta velocidade é a especificação CCITT V.42bis. Enquanto o MNP 5 dobra a taxa de transmissão de um modem, o V.42bis quase a quadruplica.

Assim, um modem de 2.400bps executando a compressão de dados V.42bis pode ter uma velocidade real efetiva de até $2.400 \times 4 = 9.600$ bps. Igualmente, um modem de 14.400bps (V.32bis) executando compressão de dados V.42bis pode, teoricamente, atingir até $14.400 \times 4 = 57.600$ bps. A Tabela 7.1 mostra a capacidade efetiva de várias taxas de dados com MNP 5 e V.42bis. É claro que, para a compressão de dados por hardware funcionar, tanto o modem transmissor quanto o receptor têm de dar suporte a um padrão comum de compressão. A maioria dos modems determina e ajusta-se automaticamente à capacidade de compressão de outro modem.

A maior velocidade mostrada na Tabela 7.1 — 57.600bps — equivale a 7.200 bytes (caracteres) por segundo. Para você ter uma idéia de como isso é rápido, considere que um monitor comum é capaz de exibir 2 mil caracteres (80 colunas de caracteres × 25 linhas). A uma velocidade de 7.200 caracteres por segundo, seria preciso aproximadamente 1/4 de segundo para atualizar a tela inteira — supondo-se que todas as posições da tela contivessem um caractere (o que nunca acontece). O ponto é que 57.600bps é realmente veloz!

TABELA 7.1 Capacidade efetiva de taxas de dados com MNP 5 e V.42bis.

TAXA-BASE (BPS)	COM MNP 5	COM V.42BIS
2.400	4.800bps	9.600bps
9.600	19.200bps	38.400bps
14.400	28.800bps	57.600bps

O modem mais rápido que você pode adquirir para um PC é um modem V.32bis que suporta V.42bis. Infelizmente, os fabricantes nem sempre implementam os padrões da mesma maneira. Modems de fabricantes diferentes que suportam os mesmos padrões podem variar em velocidade. Se você está pensando em comprar um modem, procure ver os testes e comparações feitos em revistas e jornais especializados antes de tomar a decisão final.

O CONJUNTO DE COMANDOS HAYES AT   Por terem sido os primeiros fabricados para microcomputadores, os modems produzidos pela Hayes logo se tornaram populares. Conseqüentemente, o conjunto de comandos implementado pela Hayes tornou-se um padrão que ficou conhecido como o *conjunto de comandos Hayes AT*, ou simplesmente *conjunto de comandos AT*. O AT resulta do fato de que o prefixo *AT* precede todos os comandos do conjunto. AT significa "atenção" e notifica o modem de que um comando ou série de comandos está por vir.

Nos últimos anos, novos comandos tornaram-se necessários para todos os recursos de compressão de dados e correção de erros dos modems mais novos e mais rápidos. Os comandos fora do conjunto de comandos AT não são padronizados; muitas empresas incorporam comandos próprios a seus modems. Esses comandos podem, por exemplo, alterar o nível MNP do modem, ou mudar a velocidade do modem. A falta de padronização nos comandos fora do conjunto AT básico é um problema maior para os desenvolvedores de software do que para os usuários. Contanto que o modem se adeque aos padrões MNP e CCITT, ele não deverá apresentar problemas para outros modems que também estejam de acordo com as mesmas especificações.

O QUE ESPERAR DO FUTURO

Tantas coisas estão acontecendo na comunicação de dados que esta seção poderia facilmente ocupar metade de um capítulo. Apenas para você saber para onde o mundo está indo, analisaremos algumas das tendências mais óbvias.

As conexões em rede ficarão cada vez mais sofisticadas. Naturalmente, podemos esperar que os recursos das redes aumentem. Ainda mais importante, as técnicas de computação ponto a ponto e cliente-servidor (que discutiremos com mais detalhes no Capítulo 11) continuarão a flexibilizar ainda mais a computação comercial. Uma tendência interessante é a computação distribuída, que permite aos computadores compartilhar potência de processamento e também dispositivos e espaço de armazenamento.

A comunicação de dados por meio de modems está caminhando em direções igualmente atraentes. A adesão a serviços de informações está crescendo rapidamente, uma tendência que torna os serviços mais valiosos, porque mais pessoas estão conectadas a eles, compartilhando suas experiências e habilidades.

O teletrabalho também sofrerá expansão nos próximos anos e todos sairão ganhando. Hoje, muitas empresas estão apenas se acostumando à idéia. Amanhã, ela poderá ser um lugar-comum.

Quando a tecnologia dos computadores chegar ao ponto em que a maioria dos computadores terá vários processadores, as redes poderão assumir também uma nova dimensão. No Capítulo 6, vimos como a interface de dispositivo SCSI é uma extensão do barramento do computador. Talvez, no futuro, a rede consista em um cabo de extensão do barramento. Talvez todos os computadores virão com a porta já incorporada à sua estrutura básica. Você só precisará ligar o computador novo ao antigo para ter instantaneamente uma rede "inteligente" capaz de dividir o tempo do processador e também de compartilhar dispositivos, memória e dados.

RESUMO

CONCEITOS BÁSICOS DE COMUNICAÇÃO DE DADOS

- O modem permite a comunicação de computadores por meio de linhas telefônicas.

- Rede é um grupo de computadores, conectados por meio de fios especiais ou por meio de alguma forma de transmissão sem fio.

MEIOS DE COMUNICAÇÃO

- Os meios de comunicação mais populares são os fios de par trançado, os cabos coaxiais, os cabos de fibra óptica e as ligações sem fio, incluindo antenas de rádio e satélites de comunicação

COMUNICAÇÃO POR MEIO DE REDES

- As redes permitem acesso simultâneo a programas e dados importantes; permitem que as pessoas compartilhem dispositivos periféricos; facilitam o processo de cópias de segurança (backup); e agilizam a comunicação pessoal com correios eletrônicos.

- A rede local é uma rede dentro de um prédio ou grupo de prédios adjacentes; a rede de longa distância conecta outras redes e pode abranger uma grande área geográfica.

- A computação cliente-servidor envolve microcomputadores conectados a um servidor de rede; a computação ponto a ponto permite que os usuários acessem todos os outros nós da rede.

- As três topologias de rede mais comuns são o barramento linear, a estrela e o anel; nas redes remotas, essas topologias são em geral combinadas para formar topologias híbridas.

- A implementação de uma rede requer um NIC (Network Interface Card — Placa de Interface de Rede) em cada computador e um protocolo de rede para a movimentação dos dados.

- Os protocolos de rede mais amplamente usados são Ethernet, token ring e ARCNET.

TELECOMUNICAÇÕES USANDO UM MODEM

- Para fazer seu trabalho, o modem precisa traduzir os sinais digitais transmitidos pelo computador para os sinais analógicos transmitidos pelas linhas telefônicas.

- Os modems eram originalmente usados com microcomputadores para transferir arquivos, um processo que requer um protocolo de transferência de arquivos, como Kermit ou Zmodem.

- Muitos usuários usam seus modems para acessar serviços on-line, incluindo serviços de informações como CompuServe, BBSs e a Internet.

- Os modems podem ser internos e externos, bem como os fax modems.

- Quando você for comprar um modem, deverá considerar a velocidade de transmissão, o protocolo de correção de erros, a técnica de compressão de dados e a compatibilidade com o conjunto de comandos Hayes AT.

QUESTÕES PARA REVISÃO

1. Quais são os três meios de comunicação mais usados para redes locais?
2. Relacione quatro vantagens da comunicação por meio de redes.
3. Explique a diferença entre uma rede local e uma rede de longa distância.
4. Que hardware é necessário dentro do computador para a implementação de uma rede local?
5. Relacione as três topologias de rede mais comuns. Que topologias precisam de esquemas para evitar colisões?
6. Como surgiu a palavra *modem*? Quais são os benefícios dos modems internos e externos?
7. Descreva dois tipos de funcionários que possam usar um modem comumente para acessar o computador de suas empresas.
8. Defina os termos descarregar (*downloading*) e carregar (*uploading*).
9. Qual a maior rede remota do mundo?
10. Como é realizada a compressão de dados por hardware?

QUESTÕES PARA DISCUSSÃO

Suponha que cada aluno de uma classe e também o instrutor tenham um microcomputador. Os alunos usam os computadores para fazer suas lições de casa e o instrutor usa o computador para verificá-las, registrar notas e acompanhar a freqüência dos alunos. Responda às seguintes perguntas para descrever uma rede que conecte todos os computadores.

1. Descreva a topologia de rede e os meios de comunicação que melhor atenderiam a essa rede local.

2. Descreva três coisas que o professor e os alunos poderiam fazer com a rede local e que seriam impossíveis sem ela.

3. Descreva como os alunos poderiam usar o servidor de rede, que seria acessado por meio da rede ou de um modem.

As atividades práticas deste capítulo podem ser encontradas no Apêndice A.

Parte III

USANDO SOFTWARE PARA MICROCOMPUTADORES

Capítulo 8

O SISTEMA OPERACIONAL E A INTERFACE COM O USUÁRIO

OBJETIVOS

Depois de terminar de ler este capítulo, você será capaz de:

- Definir *sistema operacional*.
- Discutir as principais funções de um sistema operacional.
- Fazer distinção entre sistema operacional monotarefa e multitarefa.
- Compreender como o software utilitário pode aperfeiçoar o sistema operacional.
- Relacionar os sistemas operacionais mais importantes para micros.

Todo computador tem, em seu nível mais básico de software, uma camada de inteligência que dá vida à máquina. Quando você liga o computador, instruções internas orientam-no para encontrar e rodar o sistema operacional, que continua a operar durante todo o tempo em que a máquina fica ligada. Esse programa especial supervisiona a operação dos dispositivos de hardware do computador e coordena o fluxo de controle e de dados.

Neste capítulo, exploraremos o sistema operacional — o que faz e como funciona. Discutiremos também os ambientes gráficos e as interfaces de linha de comando e veremos como eles se integram ao sistema operacional. Depois disso, analisaremos com maior detalhe os sistemas operacionais mais populares para microcomputadores: DOS, OS/2, Windows NT, Windows 95, Unix e o sistema operacional do Macintosh. Finalmente, investigaremos os programas utilitários, que podem ser parte do sistema operacional, ou apenas trabalhar com este para aumentar sua capacidade ou para que seu uso seja facilitado e mais divertido.

O QUE É UM SISTEMA OPERACIONAL?

Um *sistema operacional* nada mais é do que um programa, mas um programa muito especial — talvez o mais complexo e importante em um computador. O sistema operacional acorda o equipamento e faz com que ele reconheça a CPU, a memória, o teclado, o sistema de vídeo e as unidades de disco. Além disso, ele oferece aos usuários a facilidade de se comunicar com o computador e serve de plataforma para a execução de programas aplicativos.

O sistema operacional é uma das partes mais fundamentais do computador. Em um certo sentido, ele é parte integrante da máquina e é tão importante conhecê-lo quanto o é conhecer o próprio computador. Certamente, você pode usar um computador todos os dias sem saber que tipo de sistema operacional ele usa, mas as pessoas que compram software e fazem, elas mesmas, a manutenção de seus sistemas precisam estar mais bem informadas. Por exemplo, sempre que você for comprar um novo software, terá de saber se aquele produto funcionará com o seu computador e sistema operacional em particular. Algumas empresas de software desenvolvem produtos para apenas certos tipos de sistema operacional ou apenas para determinadas versões de sistema operacional.

Quando você liga o computador, a primeira coisa que ele faz é um autodiagnóstico chamado *autoteste (POST — Power On Self Test)*. Durante o autoteste, o computador identifica a memória, discos, teclado, sistema de vídeo e qualquer outro dispositivo ligado a ele. A próxima coisa que ele faz é procurar o sistema operacional a ser inicializado. O termo *boot* (inicializar) data dos primeiros anos de vida dos computadores; é uma forma abreviada de "bootstrap", que são as alças presas ao cano de uma bota para ajudar a calçá-la. Quando você liga o computador, ele usa o primeiro programa executado para se levantar ("pool itself up by its bootstraps", que significa levantar-se com o próprio esforço). Os micros procuram o sistema operacional primeiro na unidade de disco principal; se eles encontram um disco inicializável ("bootável") naquela unidade, usam aquele sistema operacional; caso contrário, vão procurá-lo no disco rígido principal.

Depois que o computador inicializa o sistema operacional, pelo menos parte dele é mantida na memória o tempo todo. Enquanto o computador está ligado, o sistema operacional tem quatro tarefas básicas (veja a Figura 8.1):

FIGURA 8.1 O sistema operacional é o núcleo do mecanismo que faz o computador funcionar. Ele trabalha nos bastidores como intermediário entre as solicitações dos usuários e dos programas; gerencia e orienta o hardware do computador, lê e grava dados de e para unidades de disco.

- Proporcionar uma interface de linha de comando ou uma interface gráfica para o usuário se comunicar com o computador.

- Gerenciar os dispositivos de hardware do computador.

- Gerenciar e manter os sistemas de arquivos em disco.

- Dar suporte a outros programas.

A primeira função do sistema operacional a ser analisada é a interface do usuário. Há duas categorias amplas de interfaces de sistema operacional: interfaces de linha de comando e interfaces gráficas. Para usar o sistema operacional com a *interface de linha de comando*, você digita palavras e símbolos no teclado do computador. Com a *interface gráfica com o usuário* (usa-se também a sigla *GUI — Graphical User Interface*), você seleciona ações usando o mouse, ou um dispositivo de indicação semelhante, para dar cliques em figuras chamadas *ícones* ou para escolher opções em menus. Todo sistema operacional oferece uma interface com o usuário, seja ela formada por textos ou de natureza gráfica.

INTERFACE DE LINHA DE COMANDO

O DOS, sistema operacional mais usado em todo o mundo, tem uma interface de linha de comando — isso significa que o usuário controla o programa digitando comandos no *aviso de comando* (*prompt*). No DOS, o aviso de comando padrão é a letra da unidade de disco atual seguida do sinal maior que (C>) (veja a Figura 8.2). A maioria dos usuários de DOS, no entanto, altera o aviso de comando para refletir não apenas a unidade atual,

FIGURA 8.2 O aviso de comando padrão (prompt) do MS-DOS consiste em uma letra, que representa a unidade de disco atual, e o sinal maior que, que dá a idéia da ponta de uma seta. O comando "prompt" permite que você altere o aviso de comando de acordo com suas preferências. Aqui, o usuário mudou o aviso de comando padrão para um que exibe não apenas a letra da unidade de disco, mas também o diretório atual.

mas também o diretório atual. O aviso de comando indica que o sistema operacional está pronto para aceitar um comando. Para digitar um comando, você usa o teclado a fim de digitar palavras e símbolos. Se digitar um comando incorretamente, o sistema operacional responderá com uma mensagem indicando que ele não compreendeu seu comando. Isso acontece com freqüência, mesmo com usuários bastante versados na linguagem de comandos. Um mero erro de ortografia no comando gera uma mensagem de erro. Quando isso acontece, você simplesmente redigita o comando corretamente.

Você pode emitir um comando que peça para o computador exibir os nomes dos arquivos contidos em uma unidade de disco ou o nome de um programa que deseja executar. Por exemplo, você pode digitar "DIR" no aviso de comando e depois pressionar a tecla Enter para exibir a lista dos arquivos contidos na unidade de disco atual.

Se seu editor de texto favorito se chama "WP", você digita WP no aviso de comando e depois pressiona Enter para executá-lo. Esse processo de digitar caracteres e pressionar a tecla Enter é o modo usado para emitir (ou inserir) comandos com uma interface de linha de comando.

O KERNEL E O SHELL Os programadores que desenvolvem sistemas operacionais usam a metáfora de uma semente para descrever a estrutura dos programas que escrevem. As funções centrais de um sistema operacional são controladas pelo *kernel* (núcleo), enquanto a interface com o usuário é controlada pelo *shell* (casca) — veja a Figura 8.3. Por exemplo, a parte mais importante do sistema operacional DOS é um programa chamado "COMMAND.COM". Esse programa tem duas partes. O kernel, que permanece na memória o tempo todo, contém o código de máquina de baixo nível que controla o gerenciamento do hardware para outros pro-

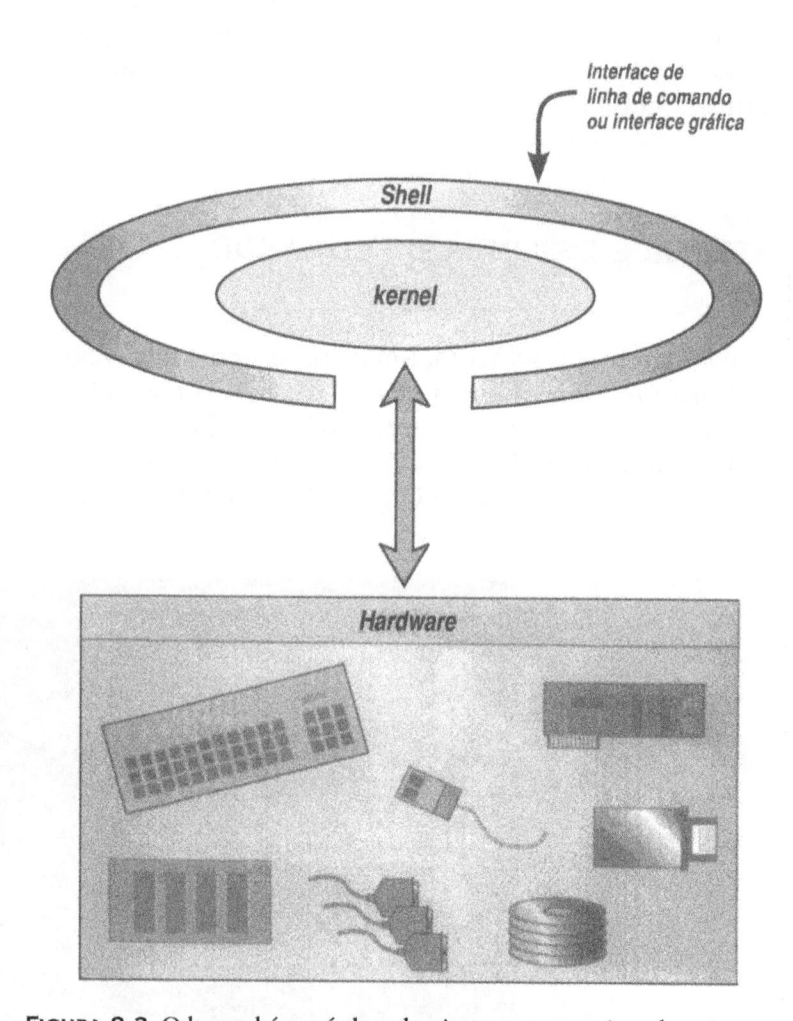

FIGURA 8.3 O kernel é o núcleo do sistema operacional e sempre permanece na memória do computador. O kernel contém o código de baixo nível que se comunica com o hardware, mas o shell é substituível. Ele pode ser uma interface de linha de comando ou uma interface gráfica. Quando máquinas DOS executam programas, o shell é às vezes totalmente dispensado para liberar espaço na memória.

gramas que precisam desses serviços e para a segunda parte do programa COMMAND.COM — o shell. O shell, que no DOS também é chamado de *interpretador de comandos*, assume o controle da tela, recebe as inserções do usuário pelo teclado, interpreta-as e atua sobre elas. O interpretador de comandos é a parte do programa que cria a interface de linha de comando.

Nos sistemas DOS, pelo menos parte do programa COMMAND.COM sempre fica na memória, proporcionando aos programas os serviços de baixo nível de gerenciamento de hardware e de discos. Entretanto, as funções de baixo nível do sistema operacional e as funções de interpretação de comandos são separadas, portanto é possível substituir o interpretador de comandos padrão do MS-DOS por outro diferente. Em outras palavras, você pode manter o kernel do DOS em execução, mas usar uma interface diferente com o usuário. Isso é exatamente o que acontece quando você carrega o Microsoft Windows. Quando você digita "WIN" no aviso de comando do DOS, o programa Windows assume o lugar do shell, substituindo a interface de linha de comando por uma interface gráfica com o usuário.

O JOGO DO SHELL Muitos shells diferentes podem usar o kernel do DOS. Por exemplo, o NDOS (Norton DOS) é um shell de linha de comando que aprimora o interpretador de comando que existe em COMMAND.COM. Há também outras interfaces gráficas, como DesqView. Existe até uma interface gráfica que vem com o DOS: chama-se *DOS Shell*.

Em certas situações, pode ser útil avançar uma etapa no jogo do shell, substituindo temporariamente o shell de linha de comando original do DOS por um shell alternativo. Por exemplo, alguns programas aplicativos têm um recurso que permite ao usuário retornar temporariamente à linha de comando do sistema operacional. Em geral, você chama esse recurso escolhendo uma opção de menu como "Shell" ou "DOS Shell". Essa é uma maneira conveniente de sair temporariamente de um programa para copiar um arquivo ou executar outra tarefa e voltar de forma rápida para a aplicação sem precisar carregar novamente os arquivos de programa e de dados. Na verdade, porém, esse recurso executa outra cópia de COMMAND.COM (ou NDOS.COM). Quando a segunda cópia do sistema operacional entra em execução, o interpretador de comando assume o controle da tela e do teclado e espera a inserção do usuário como se fosse a primeira cópia. A única diferença é que o programa aplicativo continua na memória. Para voltar a ele, você digita "exit" no aviso de comando do DOS. Esse comando encerra a segunda cópia de COMMAND.COM e devolve o controle ao programa aplicativo.

INTERFACE GRÁFICA DO USUÁRIO

Muitas pessoas pensam que o avanço mais significativo no mundo dos computadores, desde que os fabricantes começaram a produzir máquinas em torno de microprocessadores, foi o desenvolvimento da *interface gráfica do usuário* (GUI — Graphical User Interface). Finalmente, os computadores seriam capazes de trabalhar da maneira como as pessoas trabalham, em termos visuais.

O Macintosh, que ofereceu o primeiro sistema operacional gráfico com sucesso comercial, foi obra de Steve Jobs, um dos co-fundadores da Apple Computer. A inspiração de Jobs para o Macintosh veio de uma viagem a Palo Alto Research Center (PARC), da Xerox, no final da década de 1970. Jobs ficou tão impressionado com um computador que ele viu no PARC, chamado "Alto", que jurou desenvolver um produto comercial seguindo aquelas mesmas linhas. A primeira personificação do seu sonho foi o computador Lisa, que não obteve muito sucesso, mas ofereceu uma oportunidade de aprendizado sobre como produzir um computador totalmente gráfico.

NOTEBOOK DO NORTON — BILL GATES E A QUEDA DO CP/M

No início da vida dos microcomputadores, quando Gary Kildall criou o CP/M (Control Program for Microcomputers — Programa de Controle para Microcomputadores), o único padrão real entre os microcomputadores era o chip do microprocessador. Os computadores usavam o chip Intel 8080 ou o Zilog Z80.

A indústria dos computadores pessoais pertencia aos aficionados, e os computadores eram realmente pessoais porque a maioria deles era feita em casa. Exceto pelo processador e alguns chips de suporte padrão, eles continham qualquer coisa, desde caros componentes de processamento de dados a objetos tirados de uma loja de saldos. Conseqüentemente, era raro encontrar dois computadores realmente compatíveis. Com isso, muitos softwares só rodavam no computador em que tinham sido desenvolvidos.

Com a instalação do CP/M em um computador, o usuário passou a ter condições de possuir um sistema compatível com qualquer software CP/M. O CP/M cuidava da operação do computador e os desenvolvedores de software escreviam seus programas para rodar naquele ambiente. Isso, em essência, abriu as portas para uma nova indústria: a indústria do desenvolvimento do software comercial.

Com o problema da compatibilidade solucionado, os programadores começaram a escrever programas e a vendê-los a milhares de usuários, e não apenas a um. Portanto, em vez de ganhar alguns milhares de dólares de um grande cliente, o desenvolvedor passou a ganhar, com o mesmo esforço, milhões de dólares de milhares de pequenos clientes.

Infelizmente, nem todos acreditaram que aquela compatibilidade universal era benéfica. Algumas empresas de computação raciocinaram que, se desenvolvessem seus próprios sistemas operacionais, conseguiriam um maior controle sobre seus sistemas e ainda por cima não teriam de pagar *royalties* para a empresa de Kildall, a Digital Research. Foi por isso que a Apple Computer, a Atari e a Commodore Business Machines desenvolveram, cada uma delas, seu próprio sistema operacional.

Portanto, mais uma vez, a indústria de microcomputadores apresentou problemas de incompatibilidade. O software desenvolvido para microcomputadores Apple não rodava em máquinas CP/M, nos computadores Atari e em nenhum outro computador. E o inverso também era verdadeiro. Se o seu editor de texto favorito rodasse em CP/M, ele não poderia ser usado em um Apple II.

Percebendo, porém, os benefícios de ter padrões na indústria, a IBM recorreu primeiro à Digital Research, quando precisou de um sistema operacional para seu novo computador pessoal, o IBM PC. A Digital Research era uma companhia de porte, bem estabelecida, e havia um grande número de aplicações desenvolvidas para seu produto. Ela possuía um sistema operacional independente e todos os outros sistemas operacionais disponíveis só funcionavam em computadores proprietários (isto é, o Apple-DOS só funcionava nos computadores Apple, o AtariDOS só funcionava nos computadores Atari e assim por diante).

Então, a IBM conseguiu um encontro com Gary Kildall. O problema era que a IBM tinha a fama de controlar todos os produtos que usava e a Digital Research estava tendo bastante sucesso sozinha até aquele ponto. Por isso, Gary Kildall não aceitou a proposta e essa decisão mudou para sempre a indústria dos microcomputadores.

Com a Digital Research fora do páreo, a IBM passou a procurar outro sistema operacional para microcomputadores, o que deixou a porta aberta para Bill Gates.

Gates ofereceu à IBM um sistema operacional funcionalmente semelhante ao CP/M, acrescentou alguns recursos que a IBM desejava e fechou com ela um negócio que viria a fazer história.

A IBM concordou em comercializar o sistema operacional com o nome de PC-DOS (Personal Computer Disk Operating System — Sistema Operacional em Disco para Computadores Pessoais) em seus computadores, mas a pequena empresa de software de Gates, a Microsoft, também poderia comercializar o sistema operacional com o nome de MS-DOS (Microsoft Disk Operating System).

Esse simples evento criou o ambiente aberto que temos hoje em dia, no qual outros fabricantes podem produzir hardware para computadores funcionalmente iguais aos computadores da IBM. Contanto que sejam compatíveis com o MS-DOS, eles podem executar qualquer programa que esteja sendo desenvolvido para os IBM PCs.

O resultado é que os IBM PCs e seus clones tornaram-se padrões na indústria e a Microsoft transformou-se em uma das mais poderosas companhias na indústria dos microcomputadores.

Apesar de estar envolvido com o computador Lisa, devido à sua posição na Apple, este não era realmente a menina-dos-olhos de Jobs. O Macintosh, por outro lado, foi sua criação e também sua obsessão. Ele queria aprender com os erros cometidos pela equipe do Lisa e fazer do Macintosh um vencedor. Sua determinação valeu a pena.

A Apple anunciou o Macintosh ao mundo com um comercial inovador de um minuto, que foi veiculado durante o Superbowl de 1984. O anúncio mostrava um corredor musculoso irrompendo em um cinema repleto de figuras sem rosto, vestindo roupas listradas e lançando uma marreta na tela onde era exibido o filme a que assistiam. O interessante é que o conselho de diretores da Apple odiou a propaganda. O tom orsonwelliano, dirigindo-se à IBM como "big brother" (grande irmão), era vanguardista demais para o gosto deles e, afinal de contas, o anúncio nunca mencionou a palavra *computador*. A Apple havia originalmente comprado dois minutos na televisão. Ela conseguiu vender um minuto, mas não encontrou um comprador de última hora para a outra cota de 1 milhão de dólares. No final, o comercial foi veiculado, mas apenas uma vez. Ninguém previu o interesse que aquela única aparição poderia gerar.

TRABALHANDO EM UM AMBIENTE DE JANELAS Desde o advento do Macintosh, algo que todas as interfaces gráficas têm em comum é o conceito de *janelas*. Uma janela pode conter um projeto no qual você está trabalhando, um painel para a inserção de informações ou informações geradas por um programa ou comando. Algumas janelas possuem controles que você pode usar para alterar seu tamanho ou forma, ou para visualizar as informações nelas contidas. A Figura 8.4 mostra o Aldus PageMaker em execução em uma janela no Macintosh. Você pode alterar a forma da janela usando o mouse para arrastar as margens ou os cantos para um novo local.

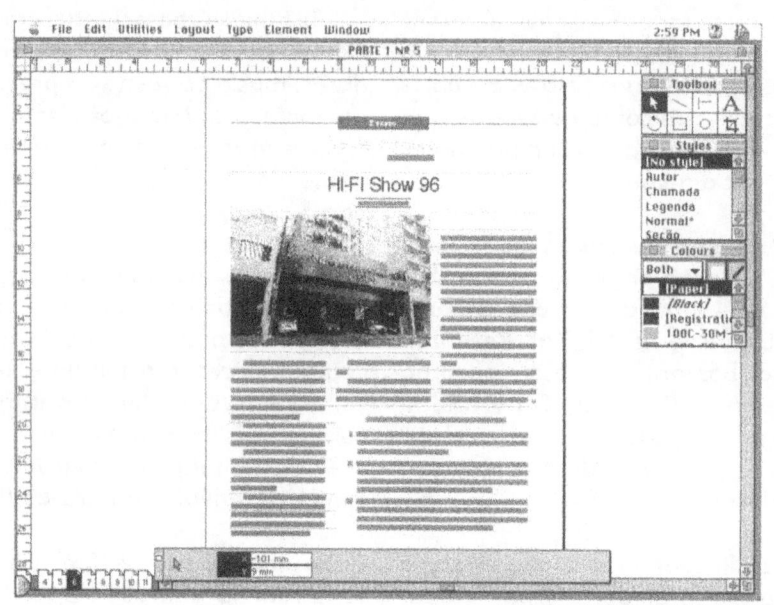

FIGURA 8.4 Note as representações gráficas na caixa de ferramentas (Toolbox) do Aldus PageMaker.

A Figura 8.5 mostra um editor de texto em execução em uma janela do Microsoft Windows 95 em um PC. Se você der um clique no quadrinho (botão minimizar), no canto superior direito da tela, a janela será minimizada, o que reduz seu tamanho e exibe a tela do sistema operacional (veja a Figura 8.6). Se você der um clique duplo no botão restaurar do editor de texto, a janela antes reduzida voltará ao tamanho e forma originais.

MENUS, ÍCONES E CAIXAS DE DIÁLOGO A facilidade de uso da interface é um grande problema para os desenvolvedores de software. Em geral, a facilidade de uso é medida pelo grau de *intuitividade* da interface. Com uma interface intuitiva, você deve ser capaz de usar um sistema com eficácia, mesmo que nunca o tenha visto antes. O modo como a interface funciona deve ser óbvio. Esse tipo de interface é chamado *amigável*. Criar uma boa interface é especialmente difícil, porque ela tem de ser simples o bastante para que usuários inexperientes a compreendam, mas suficientemente sofisticada para não retardar os mais experientes.

Um dos componentes mais importantes no desenvolvimento das interfaces gráficas vem sendo a evolução dos sistemas de menu como meio de oferecer opções de comando aos usuários. *Menu* é uma lista de comandos que o usuário pode emitir em um determinado contexto. Por exemplo, o menu inicial de um programa de contabili-

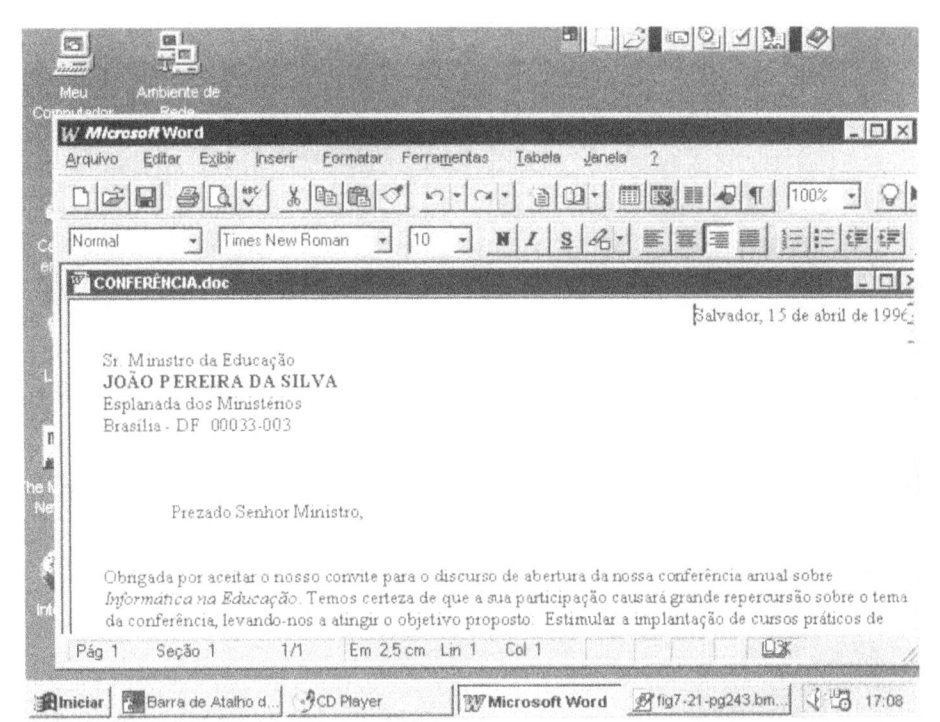

FIGURA 8.5 Nos ambientes que oferecem uma interface gráfica, o programa roda em uma janela, ou caixa retangular, na tela. As janelas, na maioria desses ambientes, possuem bordas onde são encontrados setas de rolagem e botões para o controle do que é exibido. O canto superior direito da janela do editor de texto tem três botões — o botão com um tracinho (sublinhado) é o botão que minimiza a tela na Barra de Tarefas, mantendo o programa aberto. O botão com um quadradinho (minimizar/restaurar) reduz ou amplia a apresentação da tela. O botão com um xis (X) fecha o aplicativo.

dade pode pedir ao usuário para escolher a área geral com a qual o contador deseja trabalhar (por exemplo, Contas a Pagar, Contas a Receber ou Razão Geral). Depois que o usuário escolhe "Contas a Receber", outro menu pode aparecer na tela, pedindo que o usuário informe o que ele deseja fazer na área Contas a Receber: inserir faturas ou atualizar o arquivo de clientes.

Os menus têm evoluído ao longo dos anos, deixando de ser listas numeradas de comandos (veja a Figura 8.7) para se transformarem nas interfaces gráficas dos nossos dias. Os sofisticados sistemas de menu encontrados nas interfaces gráficas usam menus drop-down (suspensos) e caixas de diálogo (ou menus pop-up). O sistema de menus drop-down tem uma *barra de menu* na parte superior da tela e essa barra exibe os tipos de comando disponíveis sob cada opção. Quando você seleciona um dos comandos da barra de menu, um menu aparece abaixo do comando selecionado. A Figura 8.8 mostra um menu drop-down.

Os menus drop-down são igualmente fáceis de usar com o mouse ou com o teclado. Para usuários de teclado, uma letra de cada comando da barra de menu é sublinhada. O sublinhado indica a *tecla de acionamento*, ou *tecla de comando* no Macintosh. Se você pressionar uma tecla especial juntamente com a tecla de acionamento, poderá escolher aquela opção do menu sem nem mesmo chamar o menu correspondente. Aprender quais são as teclas de acionamento dos comandos usados com freqüência permite que você os emita com maior rapidez.

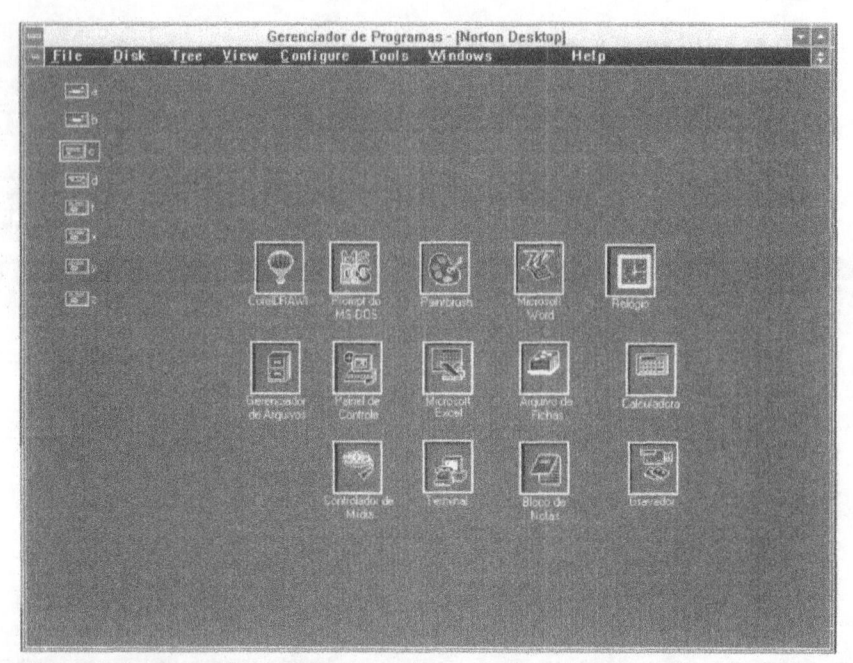

FIGURA 8.6 O Norton Desktop for Windows coloca os ícones das janelas minimizadas perto da parte inferior da tela, da esquerda para a direita, segundo a ordem em que as janelas foram minimizadas. Aqui, o terceiro ícone da esquerda na última linha representa um editor de texto com documento aberto.

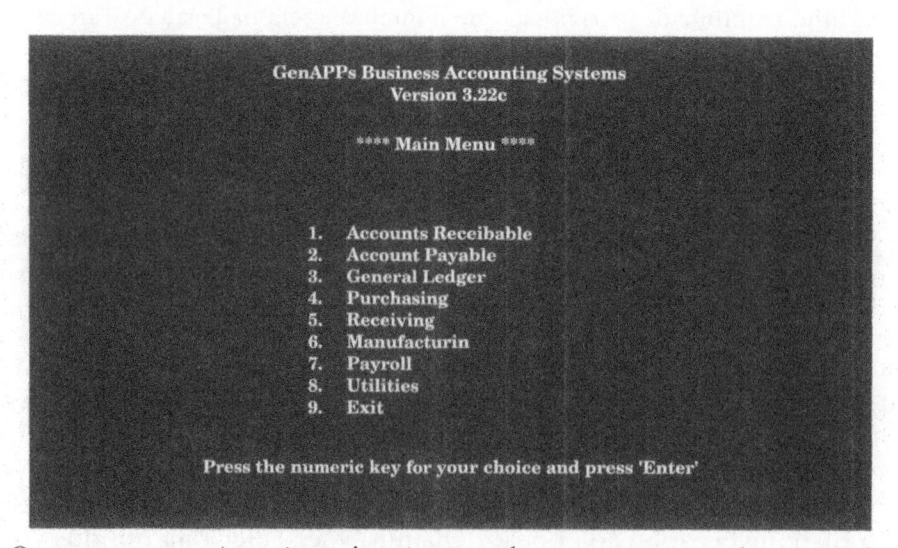

FIGURA 8.7 Os programas mais antigos têm sistemas de menu mais simples. O usuário escolhe a opção desejada pressionando a tecla correspondente ao número ou à letra da opção e depois a tecla Enter ou Return. Quando o usuário faz uma escolha, a tela é limpa e o programa exibe outro menu mais detalhado.

As *caixas de diálogo* (também chamadas *painéis* ou *menus pop-up*, dependendo do ambiente) são menus de finalidade específica sensíveis ao contexto em que são usados. Por exemplo, em certos programas, você pode selecionar um texto e dar um clique em um botão do mouse para ver surgir na tela um menu especial que lhe permita definir os atributos daquele texto, como tamanho, fonte ou cor (veja a Figura 8.9).

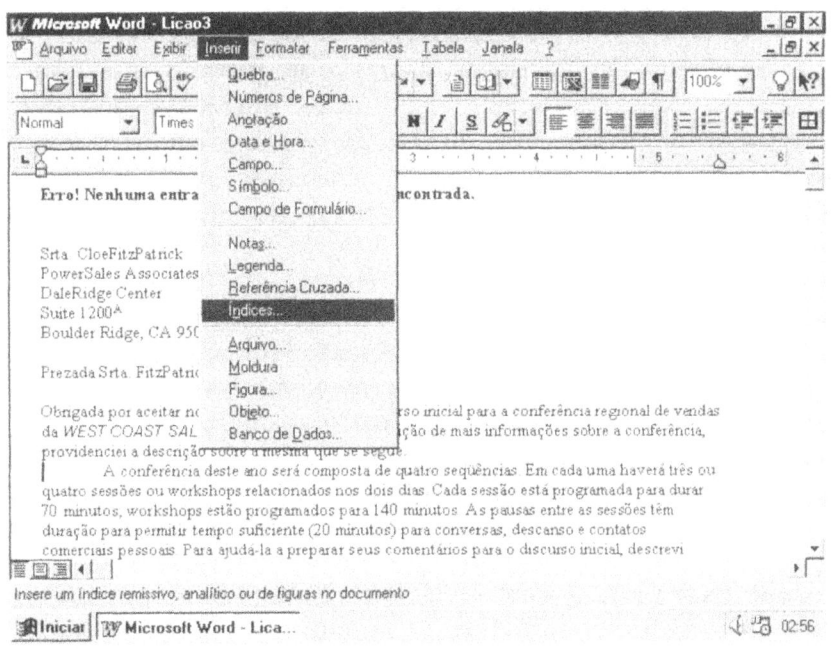

FIGURA 8.8 Os programas de hoje, especialmente aqueles escritos para interfaces gráficas, apresentam barras de menu na parte superior da tela. Os usuários fazem suas opções por meio do teclado ou mouse; e, em muitos programas, o menu é sempre visível.

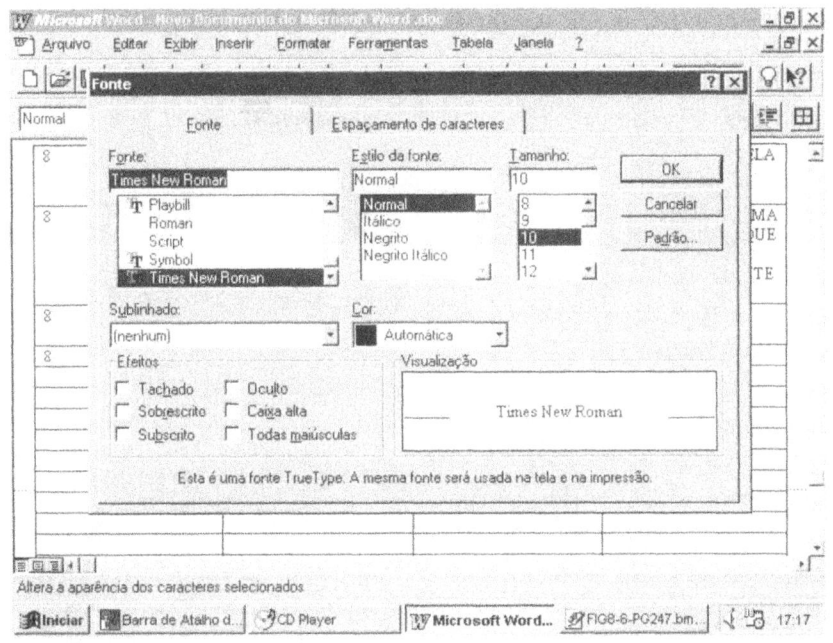

FIGURA 8.9 Os programas recebem as informações digitadas pelo usuário por meio de painéis pop-up ou caixas de diálogo. Esta caixa de diálogo permite que o usuário defina os atributos do texto em uma área selecionada da tela. Você pode alterar fonte, face e cor do texto, além de selecionar atributos especiais como negrito, itálico e sublinhado.

As interfaces mais intuitivas usam objetos e símbolos chamados ícones, com os quais todo mundo já está familiarizado, inclusive as pessoas que nunca usaram um computador antes. Por exemplo, todos sabem o que é uma lata de lixo. É bastante óbvio que um ícone representando uma lata de lixo na tela do computador serve para jogar coisas fora. Você pode descartar alguma coisa, arrastando o ícone do item desejado até o ícone da lata de lixo. Quando você soltar o botão do mouse, o objeto desaparecerá dentro da lata.

A ÁREA DE TRABALHO DIGITAL O computador Apple Macintosh lançou a metáfora da mesa de trabalho computadorizada — um ambiente familiar a todos. O sistema operacional do Macintosh possui ferramentas e objetos comuns a qualquer mesa de trabalho ou escritório da vida real — desde editores de texto a calculadoras e blocos de anotação, a arquivos, pastas e latas de lixo. Os blocos de anotação, relatórios e projetos aparecem em janelas que você pode organizar para que se sobreponham, exatamente como organiza os papéis sobre sua mesa de trabalho (veja a Figura 8.10). Para focalizar um determinado projeto, você pode sobrepor aquela janela a todas as outras, ou maximizá-la para que ela ocupe toda a tela. Agora que as interfaces gráficas podem ser encontradas em quase todos os tipos de computador, a metáfora da mesa de trabalho (desktop) continua válida. Por exemplo, o Norton Desktop e o Norton Desktop for Windows criam uma mesa de trabalho computadorizada nos PCs baseados em DOS. O X.desktop faz o mesmo nos computadores baseados em Unix. Para PCs que rodam OS/2, o programa é o Workplace Shell.

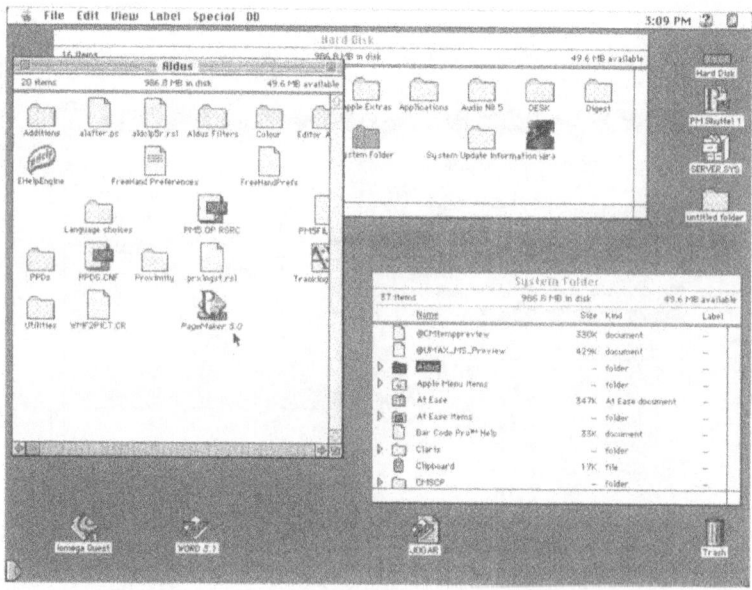

FIGURA 8.10 Com a metáfora de mesa de trabalho do Apple Macintosh, você pode organizar documentos e pastas como se estivesse em sua própria mesa de trabalho.

GERENCIANDO O HARDWARE

Apesar de a interface com o usuário ser a função mais visível do sistema operacional, ele tem várias outras funções importantes. Uma delas é gerenciar o modo como o hardware é usado. Quando os programas são executados, eles precisam usar a memória do computador, o monitor, as unidades de disco e, ocasionalmente, outros dispositivos, tais como as portas de E/S. O sistema operacional serve de intermediário entre os programas e o hardware (veja a Figura 8.11).

Independentemente do tipo de interface que o seu computador tenha com o usuário (linha de comando ou gráfica), o sistema operacional intercepta os comandos para usar a memória e outros dispositivos, anota quais programas têm de acessar quais dispositivos e assim por diante. Por exemplo, se você pedir para o sistema operacional relacionar os arquivos de um diretório, o software que interpreta o comando enviará uma solicitação à CPU do computador na forma de uma interrupção (falamos sobre interrupções quando discutimos "input" no Capítulo 5). Vamos acompanhar o processo até o fim.

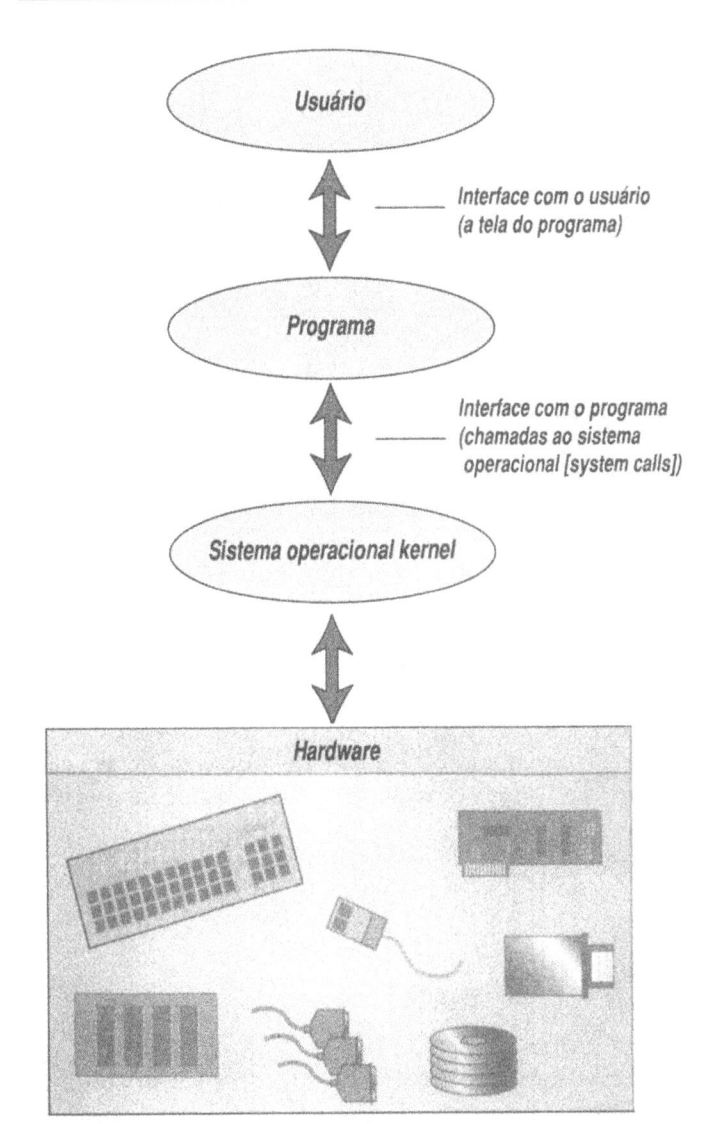

FIGURA 8.11 Os programas geralmente possuem uma interface própria com o usuário. Eles assumem o controle da tela, teclado e mouse, mas ainda precisam usar o kernel do sistema operacional para se comunicar com esses dispositivos de hardware e com a memória e as unidades de disco do computador.

Quando você digita o comando de diretório no aviso de comando do sistema operacional ou dá um clique em uma pasta em uma interface gráfica, o sistema operacional interpreta a ação como um comando para relacionar os arquivos que estão armazenados naquele diretório ou pasta. A lógica do programa no kernel responde interrompendo a CPU e instruindo-a a ir até a unidade de disco especificada e recuperar os nomes dos arquivos que forem encontrados no diretório ou pasta. O sistema operacional intercepta o fluxo de dados (os nomes dos arquivos) que está retornando da unidade de disco e exibe-o na tela (veja a Figura 8.12). É esse o motivo pelo qual o kernel sempre tem de estar na memória — ele tem de estar lá para dizer à CPU como usar os outros dispositivos de hardware.

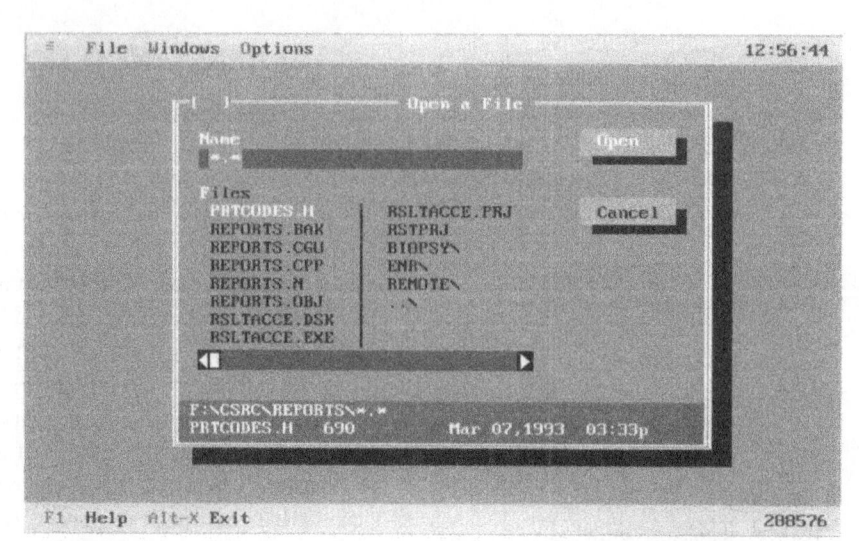

FIGURA 8.12 Mesmo os programas que oferecem uma interface elegante com o usuário para a seleção de arquivos precisam usar o sistema operacional para obter uma lista dos arquivos armazenados em disco. Quando o usuário emite um comando para abrir um arquivo, o programa "contata" o sistema operacional. Esse contato é denominado *chamada ao sistema operacional* (system call). Há vários tipos de chamadas ao sistema; neste caso, o programa pede ao sistema operacional uma lista de todos os arquivos no diretório atual. Quando o programa recebe a lista de arquivos, ele as exibe organizadamente em uma janela rolável, onde o usuário pode escolher uma opção usando o teclado ou o mouse.

GERENCIANDO O SISTEMA DE ARQUIVOS

No Capítulo 6, examinamos os detalhes de como a controladora de disco e a unidade de disco trabalham juntas para armazenar bits e bytes de dados em um disco, mas não levamos em consideração os dados que o sistema operacional pede para o computador ler e armazenar. Os sistemas operacionais agrupam os dados em compartimentos lógicos para armazená-los em disco. Esses grupos de dados são chamados *arquivos*. Os computadores armazenam informações em arquivos. Os arquivos podem conter instruções de programas ou dados criados ou usados por um programa.

A maioria dos programas vem com inúmeros arquivos — alguns chegam até a conter uma centenas deles. Esses programas também permitem que você crie seus próprios conjuntos de dados e armazene-os como arquivos, cujos nomes você mesmo atribui.

O sistema operacional mantém a lista dos arquivos contidos em um disco. Nos computadores IBM PC e compatíveis, cada unidade de disco tem um diretório próprio identificado pela letra atribuída à unidade. Você se lembra de que as unidades de disco flexível geralmente são as unidades A e B, enquanto as unidades de disco rígido em geral são as unidades C, D etc. No MS-DOS, utilizamos o comando DIR para visualizar o diretório de uma unidade que não esteja sendo usada no momento: você inclui a letra seguida de dois-pontos depois do comando DIR:

```
DIR A:
```

Esse comando exibe os arquivos armazenados no disquete que está na unidade A. Em um ambiente gráfico, você dá um clique no ícone que representa a unidade de disco flexível do seu computador (em geral, uma pequena imagem de um disquete) e aparece na tela uma janela com a lista dos arquivos (Figura 8.13).

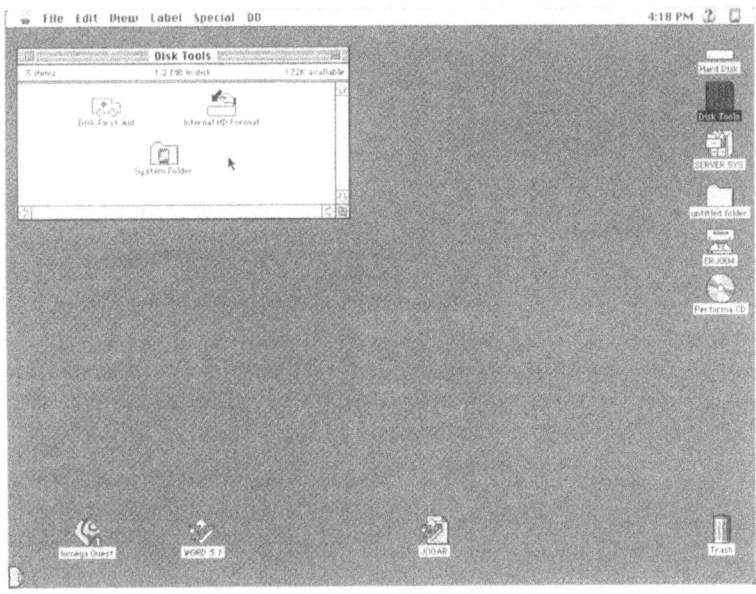

FIGURA 8.13 Se você der um clique no ícone ou na pasta do disquete, verá na tela uma listagem de todos os arquivos armazenados naquela pasta ou disco.

Quando você começar a usar um computador, verá que logo acumulará uma grande quantidade de arquivos de editores de texto, planilhas, bancos de dados e outros tipos. Isso é um problema. Quando há centenas de arquivos em um disco, pode levar tempo para encontrar o arquivo desejado. Para evitar essa perda de tempo, você precisa usar outra maneira oferecida pelo sistema operacional para organizar seus arquivos em grupos menores, mais lógicos. O recurso que os sistemas operacionais oferecem para tanto é o subdiretório, ou pastas dentro de pastas.

Subdiretório é um diretório adicional que você pode criar. Quando você relaciona o diretório principal de um disco, chamado *diretório-raiz*, os nomes dos subdiretórios aparecem na listagem como os nomes dos arquivos. A única diferença é que, ao lado do nome do subdiretório, o comando DIR exibe <DIR>, indicando que aquele é o nome de um subdiretório. A Figura 8.14 mostra uma listagem do diretório-raiz de um disco rígido. Os arquivos vêm acompanhados do seu tamanho em bytes e da data e hora em que foram modificados pela última vez. Você também pode ver vários subdiretórios na lista, na qual aparece <DIR> no lugar do tamanho do arquivo.

Nos computadores Macintosh, o subdiretório chama-se pasta e é representado por um ícone que lembra uma pasta de papel manilha (veja a Figura 8.15). No Microsoft Windows 3x, os subdiretórios também são representados graficamente pelo ícone de uma pasta, mas seus nomes continuam sendo diretório e subdiretório. No Windows 95 o termo diretório foi definitivamente substituído por pasta. Se você estiver usando o Norton Desktop for Windows em um Macintosh ou PC, o acesso ao diretório ou pasta-raiz de um disco é feito dando-se um clique no ícone da unidade de disco na área de trabalho. Entretanto, no Macintosh, o nome mais comum não é diretório-raiz, mas pasta-raiz ou pasta da unidade.

FIGURA 8.14 O comando DIR do DOS exibe os nomes e outras informações sobre arquivos e subdiretórios de um disco. Nesta tela, está exibido o diretório-raiz de um disco rígido (unidade C:). Ele mostra os nomes de 15 subdiretórios e um arquivo. Observe, no resumo que vem depois da listagem, que o comando DIR conta os subdiretórios e arquivos como se todos fossem arquivos.

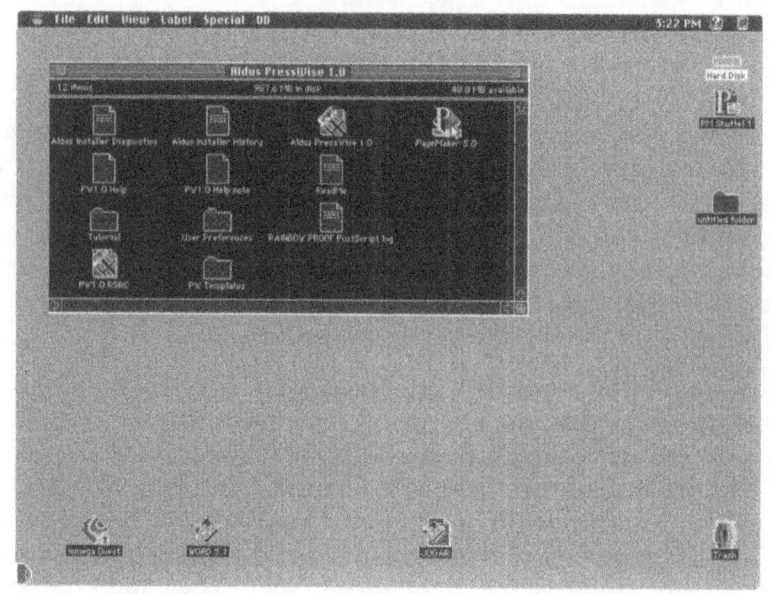

FIGURA 8.15 No Macintosh, as pastas de arquivos representam subdiretórios.

Para organizar seu disco logicamente, você deve armazenar os arquivos relacionados em um mesmo subdiretório ou pasta que tenha um nome significativo. Os subdiretórios e pastas podem conter outros subdiretórios e pastas, portanto é possível criar uma hierarquia (ou árvore) que se ramifique a partir do diretório-raiz. A Figura 8.16 mostra uma hierarquia de subdiretórios em um PC. A árvore do diretório contém várias ramificações de subdiretórios organizadas logicamente para armazenar arquivos que se relacionem a projetos diferentes.

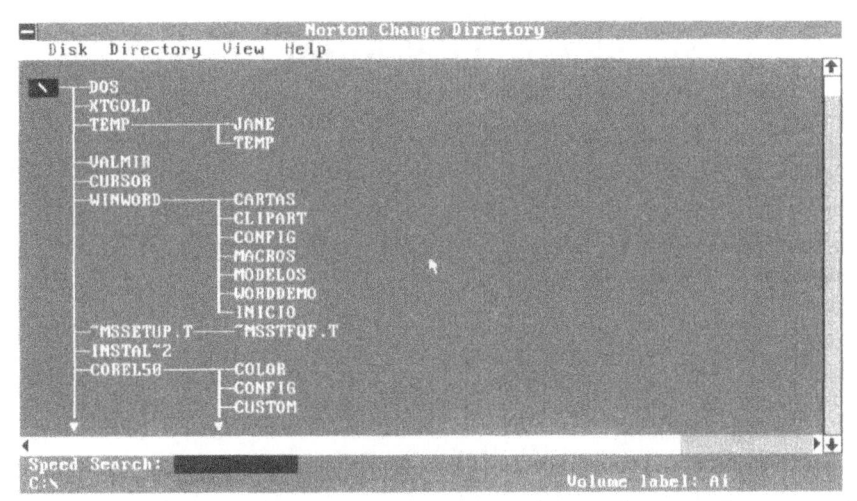

FIGURA 8.16 A hierarquia de diretórios e subdiretórios de um disco pode ser visualizada com o programa Norton Change Directory, embora o principal objetivo desse programa seja permitir ao usuário facilidade para selecionar um subdiretório e transformá-lo em diretório ativo. Esse disco rígido contém basicamente programas que, quando instalados, criam hierarquias próprias de subdiretórios.

APOIO A PROGRAMAS

Outra importante função de um sistema operacional é oferecer serviços a outros programas. Quase sempre, esses serviços são semelhantes àqueles que o sistema operacional oferece diretamente aos usuários. Por exemplo, quando você quiser que seu editor de texto recupere um documento com o qual está trabalhando, o editor relacionará os arquivos no diretório que você especificar.

Para tanto, o programa recorre ao sistema operacional para relacionar os arquivos. O sistema operacional passa, então, pelo mesmo processo de criar uma lista de arquivos, quer tenha recebido instruções diretamente de um usuário ou de um programa aplicativo. Mas, quando o pedido vem de um aplicativo, o sistema operacional envia os resultados de seu trabalho ao programa aplicativo, e não à tela do computador.

Alguns dos serviços que um sistema operacional oferece são: salvar arquivos em disco, ler arquivos do disco para a memória, verificar o espaço disponível no disco ou na memória, alocar memória para armazenar dados de um programa, ler toques de teclas do teclado e exibir caracteres ou gráficos na tela. Quando os programadores escrevem programas para computadores, eles incorporam nos programas instruções que solicitam esses serviços ao sistema operacional. Essas instruções são denominadas *chamadas ao sistema operacional* (*system calls*), porque o programa precisa chamar o sistema operacional para que este ofereça o serviço ou as informações solicitadas.

CATEGORIAS DE SISTEMA OPERACIONAL

Agora que você já sabe o que são sistemas operacionais, vamos examinar várias maneiras de classificá-los, que não pelo tipo de interface com o usuário. Os sistemas operacionais são criados com muitos objetivos em mente. Entre as questões mais básicas no projeto de um sistema operacional estão:

- O sistema operacional deve ser capaz de fazer mais de uma coisa ao mesmo tempo?

- O sistema operacional deve funcionar com apenas um usuário, ou deve aceitar vários usuários simultaneamente?

- O sistema operacional deve ser capaz de usar mais de uma CPU?

A capacidade que um sistema operacional tem de controlar mais de uma única tarefa ao mesmo tempo chama-se *multitarefa*. O sistema operacional que permite que mais de um usuário use o computador em um determinado momento chama-se *multiusuário*. O sistema operacional que usa mais de uma CPU chama-se *sistema multiprocessador*. Nesta seção, exploraremos em maior detalhe o funcionamento desses tipos de sistema operacional.

SISTEMAS OPERACIONAIS MULTITAREFAS

O termo *multitarefa* refere-se à capacidade que um sistema operacional tem de rodar mais de um programa ao mesmo tempo. Os programadores usam dois esquemas para desenvolver sistemas operacionais multitarefas. O primeiro requer cooperação entre o sistema operacional e os programas aplicativos. Os programas são escritos para verificar periodicamente com o sistema operacional se há outros programas precisando da CPU. Em caso positivo, eles abrem mão do controle da CPU para o programa seguinte. Esse método chama-se *multitarefa cooperativa* e é usado pelo sistema operacional do Macintosh e dos computadores DOS que executam o Microsoft Windows 3x.

O segundo método chama-se *multitarefa preemptiva*. Nesse esquema, o sistema operacional mantém uma lista dos processos (ou programas) que estão sendo executados. Quando cada processo da lista é iniciado, ele recebe do sistema operacional uma prioridade. A qualquer momento, o sistema operacional pode intervir e modificar a prioridade de um processo, de fato reordenando a lista original. O sistema operacional também mantém o controle do tempo gasto com qualquer processo antes de passar para o processo seguinte. Na multitarefa preemptiva, o sistema operacional pode interromper o processo que está em execução e, a qualquer momento, reatribuir o tempo para uma tarefa com prioridade mais alta. UNIX, OS/2, Windows NT e Windows 95 empregam a multitarefa preemptiva.

Na maioria das vezes, a diferença entre multitarefa cooperativa e preemptiva não é terrivelmente importante para o usuário. Por exemplo, se você usa os recursos multitarefas de um computador apenas para imprimir documentos em background, ou para ordenar um banco de dados enquanto escreve uma carta, você provavelmente não está preocupado com o tipo de multitarefa que seu sistema usa. Por outro lado, certos tipos de programa são mais sensíveis ao tempo, especialmente as aplicações em tempo real (programas que dependem de uma cronometragem precisa), como a transferência de arquivos por meio de um programa de comunicação, a abertura de registros de um banco de dados aos usuários de uma rede e a execução ou gravação de músicas ou imagens de vídeo com aplicações de multimídia. Para esses programas, o ritmo é crítico, caso contrário, poderá haver perda ou distorção de dados.

SISTEMAS OPERACIONAIS MULTIUSUÁRIOS

O sistema operacional multiusuário permite que mais de um usuário acesse o computador ao mesmo tempo. É claro que, para tanto, o sistema operacional multiusuário também tem de ser multitarefa. Entre todos os sistemas operacionais que estamos abordando neste capítulo, apenas o Unix é capaz de trabalhar com vários usuários.

Como o Unix doi originalmente projetado para rodar em um minicomputador (o DEC PDP-8), ele foi, desde sua concepção, multitarefa e multiusuário. Hoje, há versões dele produzidas para micros por empresas como The Santa Cruz Operation, Microport, Esix, IBM e Sunsoft. A Apple também produz uma versão do Unix para o Macintosh chamada A/UX. O maior distribuidor de Unix é a Sunsoft. Ela produz Unix tanto para micros quanto para a linha de estações de trabalho e servidores RISC da Sun Microsystems.

O Unix permite que várias pessoas usem o mesmo micro ao mesmo tempo de três maneiras. A primeira maneira de se conectar a um micro rodando o Unix é a partir de outro computador com um modem. Essa conexão é parecida com aquela que você estabelece quando usa um modem para discar para uma BBS ou apenas para se conectar a um outro micro para transferir arquivos. A diferença é que, quando você disca para um computador Unix, ele atende o telefone e apresenta-lhe uma solicitação de identificação — como se você estivesse sentado diante da máquina (veja a Figura 8.17). Os usuários remotos podem identificar-se e rodar programas, relacionar arquivos, enviar correios eletrônicos, ler os boletins informativos, tudo o que fariam caso estivessem fisicamente em frente a um computador Unix. Para que tudo isso acontecesse com uma rede DOS, você precisaria de um micro extra na rede, exclusivo para essa função — um micro que não fizesse nada além de rodar o software de comunicação e esperar o telefone tocar.

Outra maneira de efetuar conexão com um computador Unix é por meio da ligação de terminais ao micro. No Capítulo 5, discutimos as placas de interface serial que podem ser ligadas ao barramento do micro. Lá, mencionamos apenas as configurações mais comuns que oferecem em geral uma ou duas portas seriais. Muitas empresas fabricam placas seriais de várias portas, capazes de oferecer 4, 8 ou até 16 portas seriais em uma única placa. Além disso, o micro consegue acomodar várias dessas placas, proporcionando muitas conexões seriais ao computador. Os terminais são dispositivos baratos que consistem em um teclado e um monitor com conexão serial que é ligada à placa de interface serial com um fio de telefone comum. Muitos sistemas PC Unix baseados nos processadores 386, 486 e Pentium foram instalados em negócios nos quais o micro é usado simultaneamente por 20, 30 e até mais usuários.

A terceira maneira de usufruir do recurso multiusuário de um computador Unix é por meio de uma rede. A típica rede DOS é um conjunto de micros independentes que compartilham certos recursos comuns, incluindo um disco rígido de grande capacidade. Mas os computadores continuam sendo monousuários e monotarefas — um usuário da rede não pode rodar um programa em outro micro da rede (mesmo que ninguém o esteja usando). Entretanto, os computadores Unix podem utilizar redes de forma diferente, fazendo uso dos troncos das redes como meio de acesso ao computador Unix.

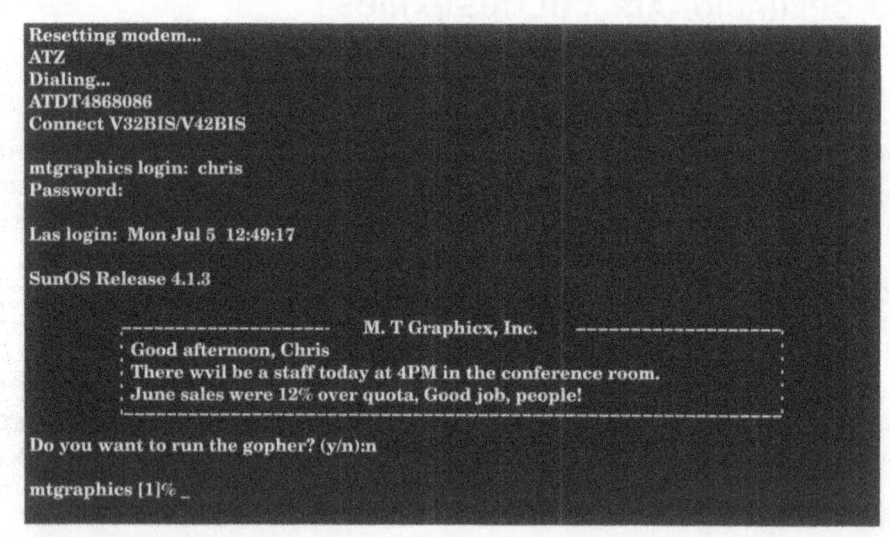

FIGURA 8.17 Uma maneira de várias pessoas usarem um computador Unix é discar para ele a partir de outro computador com um modem. Isso pode ser conveniente para pessoas em viagens de negócios ou para os teletrabalhadores. Depois de ter discado e se identificado, é como se você estivesse sentado diante do terminal no seu escritório.

Com um computador Unix em uma rede, você pode usar virtualmente qualquer tipo de computador para fazer conexão, por meio da rede, a uma máquina Unix. Os PCs, Macintosh e outros computadores Unix podem entrar em conexão com um computador Unix e não apenas acessar suas unidades de disco, mas também usar sua CPU, memória e outros recursos para rodar programas ou processar dados. O número de usuários que podem acessar um computador Unix por meio de uma rede só é limitado pela licença de uso do sistema Unix e pela largura de banda da rede.

NeXTStep, o Sistema Operacional de Steve Jobs para a Intel

Poucas coisas são mais difíceis de vender do que um sistema operacional. É como vender um novo motor de carro, que não use gasolina nem álcool como combustível.

Não que as pessoas não estejam dispostas a comprar algo diferente. É simplesmente porque quase todos nós precisamos realmente do carro como meio de locomoção e não queremos colocar nosso transporte em risco. A gasolina, por exemplo, está disponível em qualquer lugar, e os novos combustíveis são muito mais difíceis de encontrar. Com isso, por mais pobre que a gasolina seja como combustível, tanto em termos políticos quanto em termos ambientais, ela é a primeira escolha de quase todo mundo como fonte de combustão para veículos. Seria preciso algo muito convincente para nos fazer mudar de idéia.

O que a gasolina tem que ver com sistema operacional? Houve um tempo em que todo fabricante de computadores desenvolvia seu próprio sistema operacional. Tecnologicamente, essa atitude fazia sentido. Afinal, um sistema operacional criado com um determinado computador em mente provavelmente o faria operar com mais eficiência do que um sistema operacional genérico. De uma certa maneira, essa filosofia seria como se todo fabricante de automóvel desenvolvesse seu próprio combustível ou construísse um carro que só aceitasse um tipo de gasolina. Desnecessário dizer que, se isso ocorresse, certamente o crescimento da indústria automobilística seria severamente reduzido. Mas, de fato, foi isso o que aconteceu na indústria de computadores.

Nos primórdios da computação, antes que esse relacionamento fosse compreendido, Steve Jobs e sua equipe de desenvolvimento criaram o Macintosh e também um sistema operacional exclusivo para o equipamento. Naquela época, tudo parecia perfeitamente razoável. Mas, quando ele e sua equipe de desenvolvimento na NeXT criaram a estação de trabalho NeXT, também produziram o novo sistema operacional NeXTStep para aquela máquina. E, embora o NeXTStep seja realmente uma obra-prima, sua incompatibilidade com qualquer outro computador prejudicou muito suas chances de sucesso.

O NeXTStep é, porém, excelente. É um sistema operacional gráfico e um ambiente operacional bastante intuitivo e fácil de ser entendido e, mesmo assim, consegue proporcionar ao usuário final uma tremenda potência de gerenciamento de suas aplicações e do sistema. Além disso, ele possui um sistema de desenvolvimento que permite a criação de aplicações personalizadas quase sem esforço algum. Em vez de escrever longas listas de comandos, o "programador" simplesmente monta "objetos" eletrônicos que executam as tarefas solicitadas, transformando-as em uma aplicação operacional. É como se fosse um kit de peças para construção. Exige um mínimo de treinamento formal e encoraja os usuários finais a produzir suas próprias aplicações.

O problema é que, até então, a única maneira de adquirir o NeXTStep era comprá-lo como parte da estação de trabalho NeXT, que custava no mínimo 7,5 mil dólares — um preço bastante alto para um sistema operacional. Depois, Jobs lançou uma nova versão do NeXTStep, chamada NeXTStep 486 (ou NeXTStep para Intel), que se destina a ser executada em computadores baseados nos microprocessadores da Intel. Por que Jobs decidiu dar suporte à plataforma 80X86 (Intel)? Como ele mesmo explica: "Eu tenho uma pequena tabuleta no meu escritório que diz 'Intel, seu idiota'... os clientes já votaram e o jogo acabou. A Intel ganhou".

E, na verdade, embora o jogo possa ainda não ter acabado (a indústria de computadores evolui a uma velocidade impressionante), neste momento a Intel é obviamente a líder. Produzir um produto que rode na plataforma Intel faz muito sentido.

Faz mesmo?

Será que a maioria dos compradores prefere o 80486 a, digamos, o 68040 da Motorola? Na verdade, se ambos os sistemas executassem o mesmo software (sistemas operacionais e tudo o mais), poucos usuários (se tanto) seriam capazes de detectar qualquer diferença. A realidade é que as pessoas compram computadores com base nas aplicações que serão executadas naquelas máquinas.

Quando a Matsushita e a Sony começaram a disputa corpo a corpo nos primeiros dias de vida dos videocassetes domésticos, a tecnologia Beta da Sony era significativamente melhor que a tecnologia VHS da Matsushita. A imagem era mais clara, o som era melhor e o formato Beta tinha custo de produção mais baixo. Mas, no final, a Matsushita (e o VHS) venceu.

Por quê?

Porque o VHS foi o formato adotado pela indústria de locação de vídeo e os consumidores estavam muito mais interessados no conteúdo das fitas do que no desempenho delas, contanto que a tecnologia desse conta do recado. Similarmente, os usuários de computadores em geral estão muito mais interessados nas aplicações que serão executadas em seus equipamentos do que no microprocessador ou no sistema operacional da máquina.

Portanto, a pergunta óbvia é: Será que o NeXTStep tem condições de oferecer ao usuário final recursos suficientes de computação a ponto de desviar sua atenção das milhares de aplicações que rodam no DOS ou no Windows? É possível; para usuários que precisam de aplicações personalizadas, o NeXTStep é atraente. Por seus recursos de desenvolvimento de aplicações, ele pode reduzir o tempo necessário para a criação de uma aplicação personalizada para uma fração do tempo normal. Também por sua facilidade de uso, a aplicação, em muitos casos, pode ser produzida pelo próprio usuário final — nem sempre um programador é necessário. Os custos de desenvolvimento caem significativamente e as modificações no software podem ser feitas quando necessário. Para usuários que não precisam de aplicações personalizadas, o NeXTStep proporciona uma melhor interface com o usuário e um ambiente semelhante ao Unix, que oferece muitas opções de sistema operacional que não são encontradas na maioria das plataformas mais populares do DOS e do Mac. Se o NeXTStep obtiver o suporte que Jobs espera que ele receba, logo deverão aparecer versões de todos os programas mais populares usados tanto no Mac quanto no DOS e no Windows.

SISTEMAS OPERACIONAIS MULTIPROCESSADORES

Um tipo especial (ou versão especial) de sistema operacional é necessário para podermos usar um computador equipado com mais de uma única CPU. Falamos rapidamente sobre essa tecnologia no Capítulo 4. O multiprocessamento requer um sistema operacional capaz de usar e gerenciar uma série de CPUs.

As primeiras incursões em sistemas multiprocessadores resultaram naquilo que é chamado *multiprocessamento assimétrico*. No multiprocessamento assimétrico, uma CPU principal mantém controle total sobre o computador e também sobre os outros processadores. A CPU controladora pode usar o potencial de computação de outras CPUs como se elas fossem apenas dispositivos conectados ao barramento do computador.

Embora essa tenha sido uma etapa lógica do multiprocessamento, a direção seguida não foi a ideal, porque a CPU principal poderia transformar-se em um gargalo, caso suas tarefas de controle e gerenciamento ficassem muito pesadas. Além disso, a adição de outros processadores não resultava em benefício linear — em outras palavras, o acréscimo de um segundo processador não dobrava a potência de processamento do computador, um terceiro não triplicava a capacidade de desempenho e assim por diante. Apenas um pequeno benefício advinha da incorporação de processadores adicionais.

O *multiprocessamento simétrico*, por outro lado, oferece realmente um aumento linear na capacidade do sistema para cada processador incorporado. Em um sistema com multiprocessamento simétrico, não há CPU controladora. A barreira a superar na sua implementação é que os sistemas operacionais têm de ser reprojetados, ou projetados do zero, para operar um ambiente multiprocessador. Os compiladores também precisam ser adaptados e, em certos casos, novas linguagens têm de ser desenvolvidas para tirar proveito de várias CPUs.

Extensões do Unix que suportam o multiprocessamento assimétrico já estão prontamente disponíveis e as extensões simétricas estarão disponíveis em breve. O Microsoft Windows NT dá suporte ao multiprocessamento simétrico.

VISÃO TÉCNICA

COMO O COMPUTADOR EXECUTA A MULTITAREFA

A maioria dos computadores só pode fazer uma coisa de cada vez. Eles só têm um microprocessador e processam uma informação por vez. Mas operam muito rapidamente. Na verdade, os microcomputadores hoje efetuam dezenas de milhões de operações por segundo!

É aqui que está o problema. Muito embora os computadores operem rapidamente, realizar uma coisa de cada vez quase sempre restringe o modo como as pessoas trabalham. Estamos acostumados a fazer mais de uma coisa por vez, e é assim que queremos que os computadores funcionem. E é aí que entra a multitarefa. Ela permite que o computador faça várias coisas ao mesmo tempo, com eficiência.

Digamos, por exemplo, que você esteja trabalhando em um escritório, fazendo etiquetas para um boletim informativo. Você quer que o computador imprima as etiquetas, mas não quer ficar sem fazer nada durante esse tempo. Você precisa escrever algumas cartas especiais que deverão ser incluídas em alguns boletins — você deseja que o computador faça duas coisas ao mesmo tempo, imprima as etiquetas e aceite a digitação das suas cartas.

Há várias maneiras de o computador executar duas tarefas ao mesmo tempo. Se, por exemplo, o número de etiquetas for pequeno o bastante para caber na memória da impressora, o computador simplesmente enviará a lista inteira para a impressora dar início ao processo de impressão e depois dará total atenção às suas cartas. Se o número de etiquetas for grande demais para a impressora armazenar todas de uma só vez, então o computador terá de enviar o primeiro bloco de nomes e endereços e, enquanto a impressora estiver imprimindo aquelas etiquetas, ele permitirá que você escreva suas cartas. Quando o primeiro bloco de nomes terminar, a impressora enviará um sinal ao computador, para que lhe mande um segundo bloco de nomes e endereços. O processo é invisível ao usuário, porque ocorre tão rapidamente (entre os caracteres que você digita na tela) que chega a passar despercebido. O interessante é que, quando o computador executa multitarefa entre dois programas (no nosso caso, a multitarefa ocorre entre um programa e uma tarefa de E/S — a impressão), ele divide o tempo diferentemente. Se duas tarefas têm a mesma prioridade, o computador divide seu tempo em frações iguais — ele dá à primeira tarefa talvez 100 ciclos de processamento, depois volta-se para a outra tarefa, dá a ela os mesmos 100 ciclos de processamento, e assim por diante.

Na maioria dos casos, você não verá nada disso acontecendo, nem os efeitos da multitarefa, a não ser que esteja fazendo tantas coisas ao mesmo tempo que o computador precise retardar alguns processos. É nesses casos que o uso da prioridade torna-se importante. Se as duas tarefas não têm a mesma prioridade, você pode dar mais tempo de processamento àquela que requer mais tempo de processamento (ou que precisa ser concluída mais depressa). Os sistemas multitarefas geralmente permitem que você atribua níveis de prioridades a qualquer tarefa. Portanto, se quiser que uma tarefa ocupe 75% do tempo do computador, qualquer outra tarefa que esteja sendo executada terá de dividir os 25% restantes.

Você também precisa ter cuidado com o número de tarefas que manda o computador executar ao mesmo tempo. É possível sobrecarregar até mesmo os sistemas mais rápidos. Se, por exemplo, o computador multitarefa é um servidor de arquivos em uma rede e muitos usuários desejam acessá-lo ao mesmo tempo, toda a rede pode ficar mais lenta. Isso também vale para um único sistema que tente realizar coisas de-

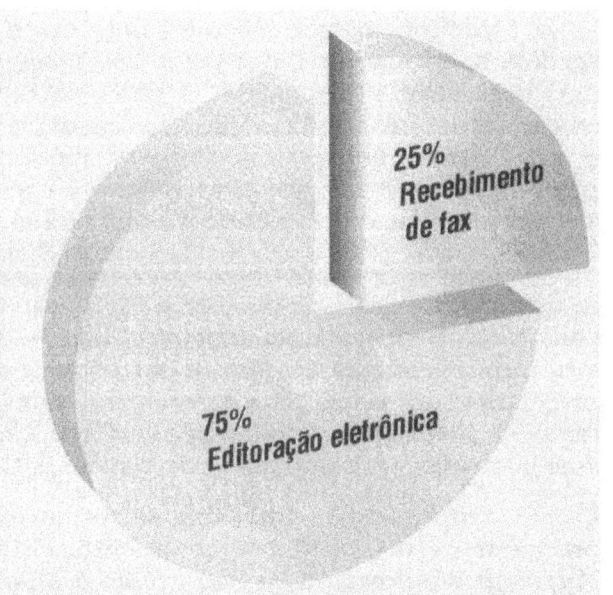

A MULTITAREFA PERMITE-LHE ATRIBUIR PRIORIDADES A TAREFAS DIFERENTES

mais de uma só vez. A multitarefa, na verdade, gasta também ciclos de processamento para funcionar. Portanto, se muitas tarefas precisarem ser concluídas, em certos casos será melhor executar algumas primeiro e as outras mais tarde.

Uma coisa para a qual você sempre deve estar atento é a nova tecnologia que está sendo lançada nos microprocessadores. Muitos dos novos processadores são bem mais rápidos do que os processadores existentes. Na verdade, chips como o Pentium oferecem um desempenho muitas vezes superior ao 80486 em certas aplicações. A multitarefa e as operações em rede são as principais candidatas para essas máquinas mais velozes. Mais e mais sistemas estão sendo desenvolvidos com muitos processadores. Com essa potência, sem dúvida alguma, as limitações de processamento das aplicações comuns encontradas hoje no mercado virtualmente desaparecerão.

SISTEMAS OPERACIONAIS POPULARES PARA MICROCOMPUTADORES

Nesta seção, analisaremos mais detalhadamente cada um dos sistemas operacionais importantes para microcomputadores; discutiremos alguns de seus benefícios e algumas de suas desvantagens e também suas características e aspectos mais interessantes.

DOS

O MS-DOS é o sistema operacional mais comum e mais popular de todos os sistemas operacionais para micros. Os motivos de sua popularidade continuam a ser o inacreditável volume de software disponível e a ampla base instalada de PCs baseados em Intel. Quando a Intel lançou o chip 80286, o DOS já era tão popular e já estava tão enraizado no mercado que o DOS e as aplicações nele baseadas representavam a maioria do mercado de software para micros. Naquela época, a compatibilidade com IBM era pré-requisito para produtos de sucesso, e "compatibilidade com IBM" significava computadores que executassem o DOS tão bem quanto os computadores IBM.

USANDO COMANDOS DO DOS Como o DOS é o programa mais vendido de todos os tempos, milhares de aplicações foram desenvolvidas para rodar nesse ambiente operacional, e milhões de usuários aprenderam a usar sua interface de linha de comando (veja a Figura 8.18). Apesar de o DOS não ser exatamente amigável, muitas pessoas consideram-no fácil de usar. Isso ocorre principalmente porque você só precisa saber uns poucos comandos para ser um usuário proficiente, e a maioria deles é fácil de lembrar. Por exemplo, aqui estão alguns dos comandos mais comuns do DOS:

COMANDO	OBJETIVO
DIR	Exibe uma listagem de diretório
COPY	Copia um arquivo
RENAME ou REN	Renomeia um arquivo
DEL ou ERASE	Apaga um arquivo
CHDIR ou CD	Muda o diretório atual
MKDIR ou MD	Cria um novo diretório ou subdiretório
FORMAT	Formata um disco

a)

b)

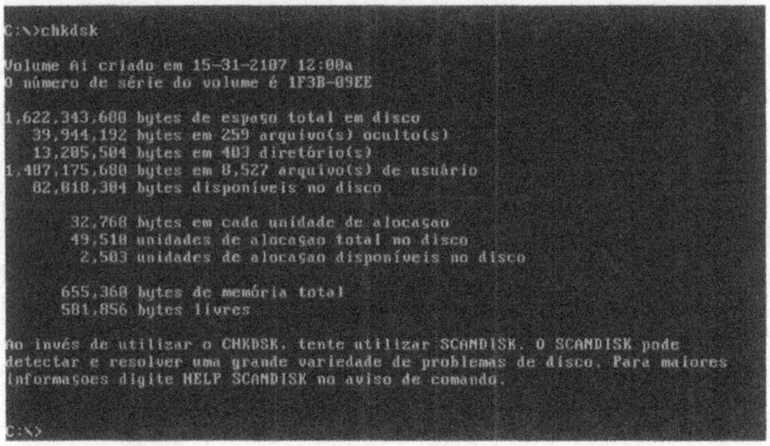

FIGURA 8.18 Nos sistemas baseados em linha de comando, os comandos são digitados por intermédio do teclado no aviso de comando do sistema operacional. Quando você acaba de digitar o comando e pressiona Enter, o computador o executa. (*a*) O usuário digita o comando do DOS que verifica uma unidade de disco. (*b*) O comando (que é um programa) verifica a unidade e exibe estatísticas detalhadas sobre o status dela.

A maioria desses comandos requer *argumentos*, que são informações específicas necessárias à execução do comando. Por exemplo, o comando COPY requer o nome do arquivo que você deseja copiar e o nome do diretório para onde o arquivo será copiado. O comando

```
COPY CARTA01.DOC C:\MEMOS
```

manda o DOS copiar o arquivo CARTA01.DOC para o diretório MEMOS da unidade C:, que em geral é o disco rígido do computador.

COMANDOS INTERNOS E EXTERNOS No total, o DOS tem aproximadamente 70 comandos. Mais ou menos 25 deles estão dentro do interpretador de comandos. Como o código do programa permanece residente na memória a maior parte do tempo, esses comandos são chamados *comandos internos*. Não há memória suficiente para todos os comandos do DOS residirem na RAM, portanto, os comandos restantes são *comandos externos*, programas separados que vêm com o DOS, como parte dele.

Por ficarem residentes na memória, os comandos internos podem ser executados a qualquer momento. Por outro lado, os comandos externos ficam armazenados no disco, em geral no diretório DOS. Quando são emitidos, o DOS encontra-os no disco, lê as instruções e executa-os. Conseqüentemente, os comandos externos são executados muito mais lentamente do que os internos.

RECLAMAÇÕES COMUNS SOBRE O DOS Naturalmente, o DOS tem seus desafetos. O programa mais popular do mundo não chegaria a essa posição sem fazer alguns inimigos. Algumas pessoas simplesmente preferem não usar uma interface de linha de comando. Isso não chega a ser um problema, já que existem inúmeras interfaces gráficas para o DOS, incluindo o DOS Shell, o Norton Desktop e o Microsoft Windows 3x. Entretanto, outras reclamações são mais difíceis de ser solucionadas:

- Os nomes dos arquivos do DOS estão limitados a oito caracteres, mais uma extensão de três caracteres. Nenhum outro sistema operacional importante coloca esse tipo de restrição aos seus usuários, portanto ela às vezes é citada como uma desvantagem. No Windows 95, por exemplo, esta restrição não existe mais.

- O DOS foi criado para as CPUs de 16 bits que a Intel fabricava no início e metade da década de 1980. Ele não aproveita a arquitetura de 32 bits dos chips 386, 486 e Pentium. O Windows NT, Windows 95, OS/2 (versões 2.0 e posteriores) e o Unix tiram total proveito da palavra de 32 bits de tamanho.

- O DOS não foi projetado para lidar com as grandes quantidades de RAM que os micros normalmente usam hoje em dia. Conseqüentemente, é preciso recorrer a utilitários para acessar memória além do limite de 1MB imposto pelo DOS.

GERENCIAMENTO DE MEMÓRIA NO DOS Alguns dos maiores problemas do DOS são causados pelo tamanho máximo de memória definido internamente. Em 1980, quando os computadores eram desenvolvidos apenas para os chips 8088 e 8086, 64K de memória eram considerados um espaço de trabalho adequado. Entretanto, os chips 8088 e 8086 eram capazes de endereçar 1MB de memória; com isso, quando a IBM criou a arquitetura PC, ela reservou 384K desse 1MB (1.024K) de endereços de memória para adaptadores, dispositivos e outros usos futuros, e deixou 640K de endereços para serem utilizados em programas aplicativos. O PC originalmente não tinha 1MB de memória — este era apenas o modo como ele dividia os endereços de memória. Quando o IBM PC foi lançado, ele tinha 64K de RAM. Nunca ninguém imaginou que os PCs algum dia fossem precisar de muito mais memória. Hoje sabemos que as previsões estavam profundamente equivocadas.

Os programas para PC cresceram rapidamente em complexidade, capacidade e tamanho. Logo os PCs padrão começaram a ser equipados com 128K, depois 256K, 512K e, finalmente, o máximo de 640K de memória. E, ainda assim, nem esse máximo era suficiente. Mas modificar o DOS para fazê-lo reconhecer mais memória não era uma tarefa fácil, e implementar essa modificação representaria um desvio no curso do padrão IBM/MS-DOS. Portanto, durante um tempo, os desenvolvedores de software tiveram de se contentar em trabalhar dentro da limitação de 640K.

A Lotus Development Corporation, empresa que desenvolveu um dos programas mais populares para o DOS na época (e que também tinha um enorme apetite em termos de memória), uniu-se à Intel e à Microsoft para tentar encontrar uma solução pelo menos temporária para o problema. Elas apresentaram uma especificação que permitia aos programas usar mais do que o padrão de 640K de memória convencional. A especificação ficou conhecida como *LIM* (de Lotus, Intel e Microsoft) *Expanded Memory Specification (EMS)* e o resultado foi a *memória expandida*.

A memória expandida define um método para os PCs acessarem mais memória do que o padrão de 640K (veja a Figura 8.19). Originalmente, a implementação da EMS exigia hardware e um software acionador (driver). O componente de hardware consistia em chips especiais de RAM. Mais tarde, a necessidade de hardware especial foi eliminada e agora a EMS usa chips padrão de RAM. Essa memória não pode ser acessada pelo DOS, porém, porque ela fica fora do intervalo de endereços desse sistema operacional.

No entanto, o componente de software (o acionador de EMS) é capaz de acessar a memória EMS.

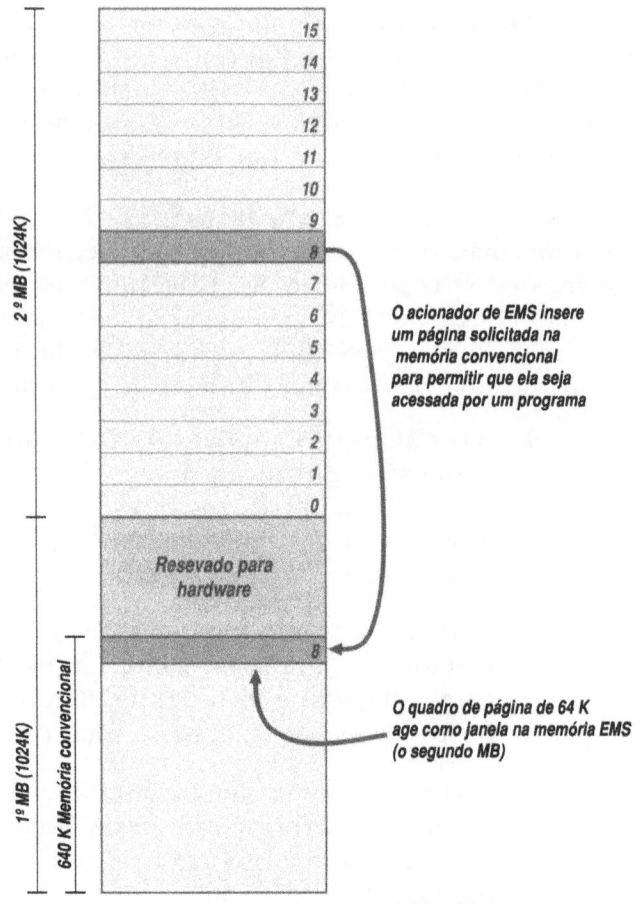

FIGURA 8.19 A EMS divide cada MB adicional de memória além do primeiro MB em 16 páginas de 64K cada, que podem ser inseridas e retiradas da memória de acordo com a necessidade. O acionador de EMS separa um quadro de página de 64K na memória convencional para que ela armazene as páginas que venham a ser inseridas.

Além disso, o acionador (driver) separa um bloco de 64K (ou quadro de página) da memória convencional do DOS que os programas podem acessar. Os programas aplicativos escritos para tirar proveito da EMS têm condições de usar essa página de memória de 64K. Quando essa memória se esgota, o programa informa o fato ao acionador de EMS, que salva aquela página para a memória EMS, deixando-a novamente limpa para o programa usar. O acionador de EMS funciona como intermediário entre o programa aplicativo e a memória EMS. Quando o programa precisa acessar uma página de memória que já tenha sido gravada, o acionador de EMS insere aquele bloco novamente no quadro de página.

Não muito tempo depois que a Lotus, Intel e Microsoft criaram a EMS, os fabricantes começaram a produzir PCs capazes de abrigar fisicamente vários MB de memória na placa-mãe do computador. As três reuniram-se novamente, desta vez também com a AST, para desenvolver a *eXtended Memory Specification (XMS)*. A memória estendida é simplesmente a memória acima de 1MB incorporada ao computador e que o DOS é capaz de endereçar. Os programas escritos para usar a XMS conseguem acessar a memória estendida diretamente por meio do controlador (driver) XMS. Não há necessidade de paginação. Nos programas criados para usá-la, a XMS é mais rápida e muito mais eficaz do que o esquema de paginação da memória expandida.

É claro que os programas mais antigos do DOS, aqueles que não foram projetados para usar a memória XMS, não são capazes de usar a memória além do limite de 1MB, que é a capacidade de endereçamento do DOS. Da mesma forma, os programas destinados a trabalhar com a EMS não podem usar a memória estendida sem outro controlador (driver) que lhes ofereça esse recurso. Para os programas do DOS usarem a memória expandida ou a memória estendida, eles têm de ser reescritos, ou pelo menos recompilados. A maioria dos programas comerciais de qualidade, que possam precisar de mais de 640K, já está equipada para usar a memória EMS ou XMS.

Em geral, os PCs vêm com pelo menos 2MB de memória padrão, e o MS-DOS básico inclui os controladores (drivers) necessários para garantir aos programas EMS e XMS acesso à memória além de 1MB.

O MICROSOFT WINDOWS Apesar de todas as atualizações e aperfeiçoamentos feitos ao longo dos anos, o maior evento em termos de DOS foi o Microsoft Windows. A primeira versão do Windows foi lançada em 1987. A Microsoft teve de aceitar a popularidade do Mac e o desejo do usuário em termos de uma interface gráfica. O Windows foi a resposta dos

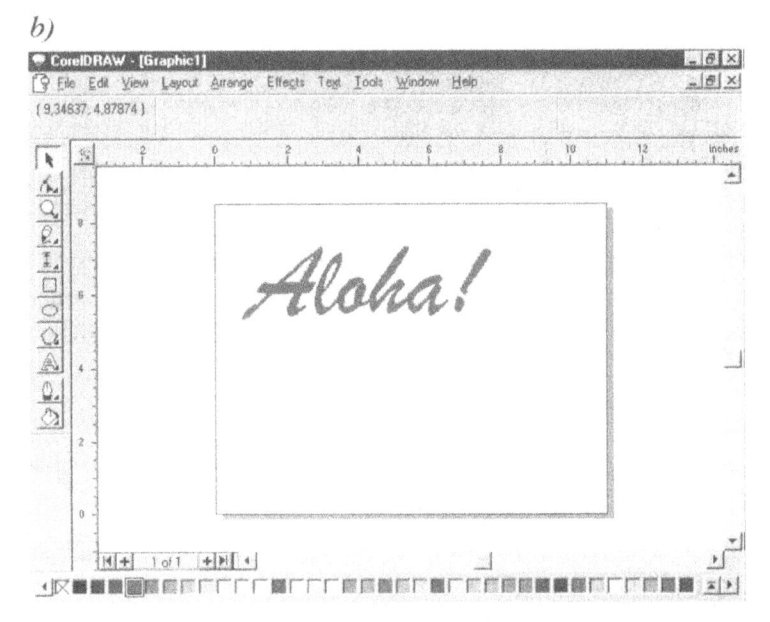

FIGURA 8.20 O Microsoft Windows roda programas escritos especificamente para o Windows e programas escritos para o DOS. Esses programas podem ser executados em uma janela ou ser maximizados para preencher a tela inteira. Estas telas mostram um programa de gráficos para (*a*) o Windows rodando em uma janela e (*b*) maximizado para ocupar toda a tela.

PCs. Surpreendentemente, no entanto, a primeira versão do Windows não vendeu muito bem. A segunda versão também não foi um sucesso. O programa da Microsoft só decolou realmente com a versão 3.0. De repente, tanto os usuários domésticos quanto as pessoas de negócios começaram a migrar em massa do DOS de linha de comando para o Windows.

O Microsoft Windows roda os programas padrão do DOS, em uma janela dentro da interface gráfica ou em uma janela exclusiva (veja a Figura 8.20, mostrada na página 265). No entanto, para tirar total proveito do ambiente Microsoft Windows, você precisa de programas escritos especificamente para ele. A própria Microsoft é uma grande desenvolvedora de programas para o Windows, mas outras empresas de software também produzem versões de seus programas para DOS, Microsoft Windows e Macintosh.

Os benefícios do Microsoft Windows, como de qualquer interface gráfica, são vários. Primeiro, é mais fácil para os usuários de computadores aprender a usar um mouse, ícones e menus suspensos do que decorar os comandos da interface de linha de comando. A interface gráfica é simplesmente muito mais intuitiva do que digitar comandos no teclado. Além disso, os programas baseado em Windows seguem uma maneira padrão de trabalho. Um editor de textos do Microsoft Windows funciona de modo muito semelhante a uma planilha do Microsoft Windows (ou qualquer outro tipo de programa para esse ambiente). Isso significa que a experiência que você adquire aprendendo um programa Windows pode ser aplicada a qualquer outro programa nesse mesmo ambiente. Finalmente, o Microsoft Windows oferece a seus usuários rapidez e facilidade para passar de um programa para outro em execução.

Infelizmente, os micros mais antigos não conseguem rodar o Microsoft Windows. Esse ambiente requer um computador mais veloz, pelo menos um 386 — e, para você obter o benefício máximo do ambiente gráfico, o computador deve também ter um monitor rápido e de alta resolução. Enquanto o DOS básico precisa de menos de 3MB de espaço em disco, o Microsoft Windows chega a consumir até 10MB. Além disso, o Microsoft Windows precisa de um mínimo de 2MB de RAM, sendo que o recomendado são pelo menos 4MB para que a maioria das aplicações possa ser executada.

O Windows 95 exige, por sua vez, pelo menos 8MB de RAM, sendo recomendado 16MB e pelo menos uma CPU 486 DX2. Além disso, ocupa algumas dezenas de MB em disco.

OS/2

Depois do lançamento do processador Intel 80286, tanto a IBM quanto a Microsoft reconheceram a necessidade de aproveitar os recursos multitarefa dessa CPU. Elas se juntaram para desenvolver o OS/2, um sistema operacional moderno e multitarefa para os microprocessadores Intel. No entanto, a parceria não durou muito. Diferenças técnicas de opinião e o ponto de vista da IBM, de que o Microsoft Windows era uma ameaça ao OS/2 (ponto de vista que, mais tarde, provou estar correto), provocaram um racha entre as duas companhias, o que levou à dissolução da associação.

A IBM continuou a desenvolver e promover o OS/2 como alicerce estratégico de sua *Arquitetura de Sistemas de Aplicação (SAA — System Application Architecture)*. O OS/2 é o sistema operacional da IBM para computadores pequenos no mosaico de suas ofertas em termos de hardware. A Microsoft decidiu usar sua própria experiência com o OS/2 e melhorá-lo com o Windows NT. Como o Windows NT, o OS/2 é um sistema operacional monousuário e multitarefa.

O OS/2, como o DOS, tem um modo de linha de comando baseado em caracteres, mas, ao contrário do DOS, o interpretador de comandos é um programa separado do kernel, e só é chamado quando você dá um clique em um dos ícones "OS/2 Prompt" dentro do Workplace Shell. Sua sintaxe de comando e sistema de arquivos são muito parecidos com os do DOS (veja a Figura 8.21); entretanto, o OS/2 é um sistema operacional verdadeiramente multitarefa. Os computadores OS/2 e os computadores DOS formatam e usam disquetes quase da mesma maneira, portanto podem ler e gravar com facilidade discos um do outro.

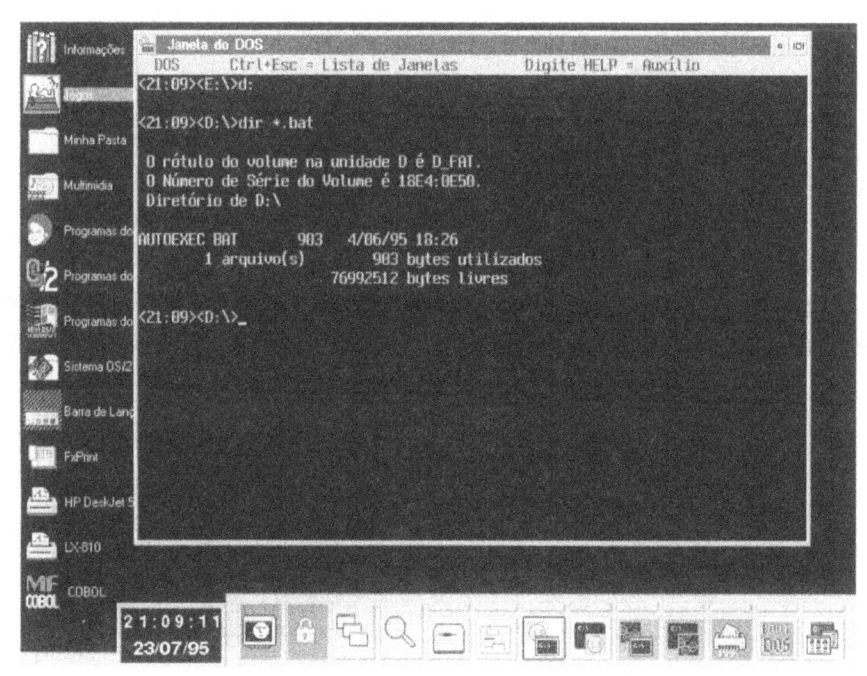

FIGURA 8.21 O OS/2, como o DOS, tem um modo de linha de comando baseado em caracteres.

Conforme mostra a Tabela 8.1, os comandos do OS/2 são parecidos com os do DOS. Muitos comandos, na verdade, são idênticos aos do DOS. Outros diferem apenas ligeiramente e, é claro, há mais comandos no OS/2 porque ele é um sistema operacional maior, mais abrangente e mais moderno.

O Workplace Shell (WS) é o ambiente gráfico do OS/2. O Workplace Shell equivale a um gerenciador de mesa para o OS/2 (veja a Figura 8.22). No OS/2, você especifica o nome do shell que deseja usar nos arquivos de inicialização do sistema.

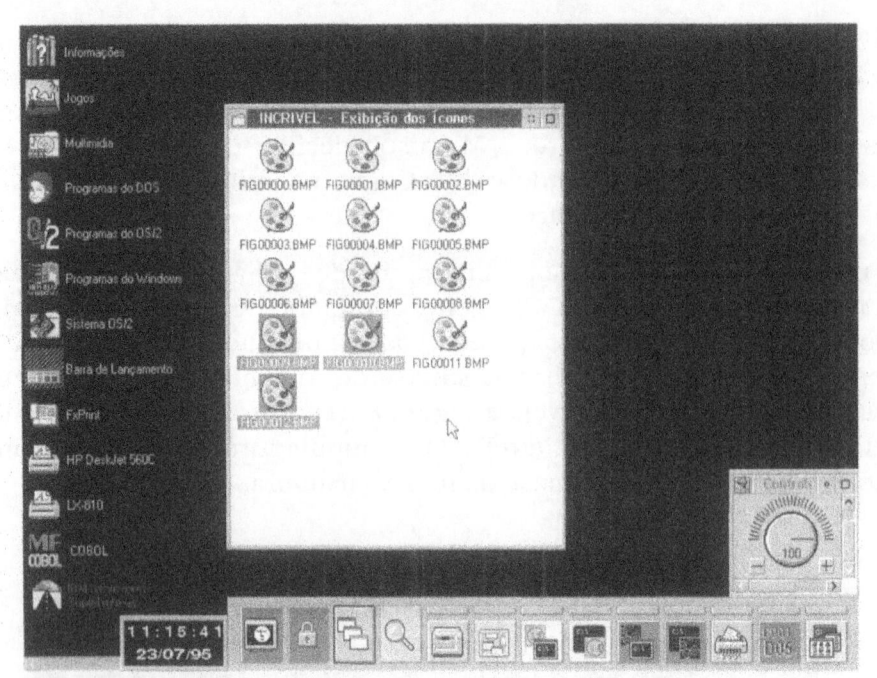

FIGURA 8.22 Workplace Shell.

TABELA 8.1 Comandos dos sistemas operacionais.

DOS	OS/2	UNIX	OBJETIVO
COPY	COPY	CP	Copiar arquivos
REN, MOVE	REN	MV	Renomear ou mover um arquivo
MKDIR	MKDIR	MKDIR	Criar um diretório (ou subdiretório) novo
RD	RD	RMDIR	Remover um diretório (ou subdiretório)
CHKDSK	CHKDSK	FSCK	Verificar um disco ou sistema de arquivos
DIR	DIR	LS	Relacionar arquivos
DEL	DEL	RM	Eliminar um arquivo
CHDIR	CHDIR	CHDIR	Alterar o diretório de trabalho
CLS	CLS	CLEAR	Limpar a tela
TYPE	TYPE	CAT	Exibir o conteúdo de um arquivo

O SISTEMA OPERACIONAL DO MACINTOSH

O Macintosh é uma máquina puramente gráfica. Na verdade, não existe um equivalente de interface de linha de comando para ele. A forte integração que há entre sistema operacional, interface gráfica e área de trabalho fazem dele o equipamento favorito para pessoas que não desejam trabalhar com uma interface de linha de comando.

O AMBIENTE MACINTOSH Os recursos gráficos do Macintosh fizeram dele o precursor da área de gráficos computadorizados, como a editoração eletrônica. O software de editoração e desenho para o Macintosh tem qualidade tão profissional que muitas grandes empresas da área de editoração usam-no extensivamente (veja a Figura 8.23).

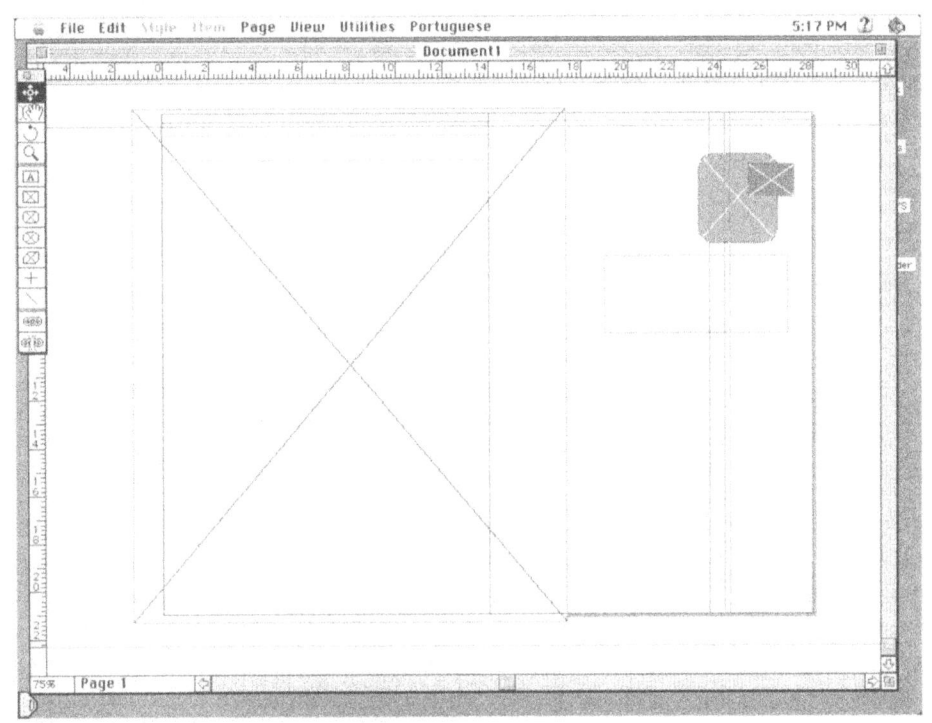

FIGURA 8.23 O Macintosh é amplamente utilizado com aplicações gráficas profissionais.

A área de trabalho do Macintosh apresenta uma barra de menu na parte superior da tela com opções de menus suspensos e ícones de unidades de disco, impressoras, programas e pastas que podem conter programas, arquivos ou outras pastas (veja a Figura 8.24). Quando você dá um clique em uma pasta, ela se abre em uma janela para exibir seu conteúdo.

CARACTERÍSTICAS INTERNAS Os computadores Macintosh vêm com inúmeros recursos internos que, em outros computadores, são acessórios adicionais. Por exemplo, o Macintosh tem uma porta de interface SCSI. Como você deve lembrar, a porta SCSI é uma expansão do barramento do computador e uma interface de E/S para vários tipos de dispositivo que podem ser encadeados. Os computadores Macintosh também vêm com uma porta para o LocalTalk, protocolo de rede proprietário da Apple. O LocalTalk é bastante lento como protocolo de rede, mas é incluso no computador sem custos adicionais.

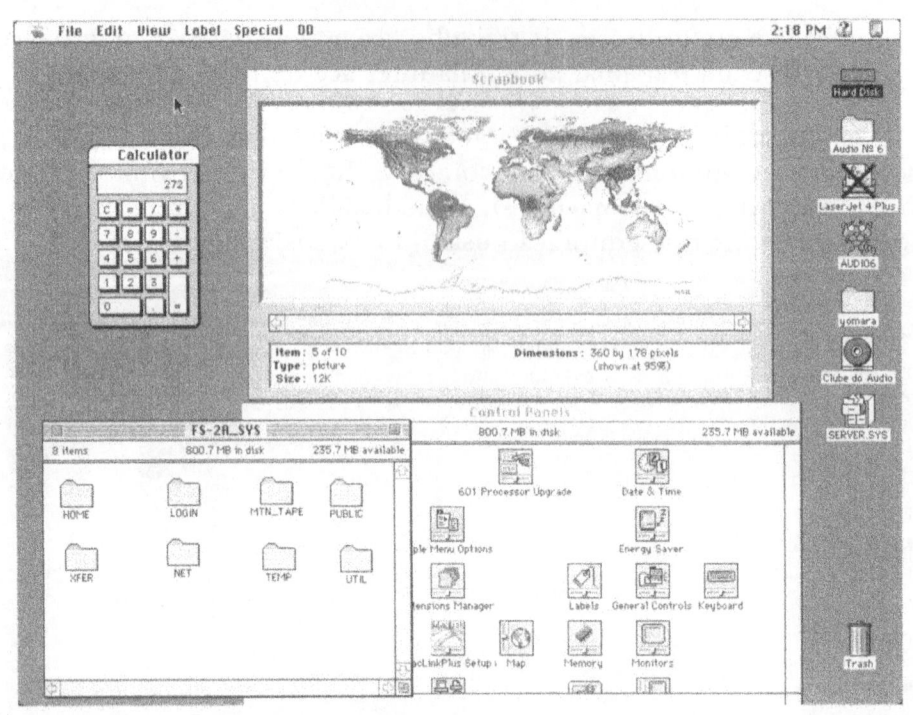

FIGURA 8.24 A área de trabalho do Macintosh.

Os recursos de hardware do Macintosh podem parecer fora de lugar em um capítulo sobre sistemas operacionais, mas existe uma ligação. Um dos recursos favoritos dos usuários de Macintosh é a simplicidade da sua instalação e configuração com novos dispositivos de hardware. Por exemplo, para acoplar um disco rígido SCSI externo ou um CD-ROM a um Macintosh, você simplesmente conecta o dispositivo à porta SCSI e ativa-o — o sistema operacional cuida do resto automaticamente.

UNIX

O Unix é o único sistema operacional discutido neste capítulo que roda em muitos computadores diferentes. O sistema operacional do Macintosh só roda nos computadores Macintosh, que usam processadores Motorola. O DOS só roda nos microprocessadores Intel e o OS/2, nos processadores Intel 80286 e posteriores. O Windows NT roda nos microprocessadores Intel 80386 e posteriores e também em certos processadores RISC. O Unix, porém, roda nos supercomputadores Cray, em micros e em tudo o que esteja entre os dois, incluindo mainframes e minicomputadores.

O Unix é especialmente predominante em estações de trabalho RISC como as da Sun Microsystems, Hewlett-Packard, IBM e Silicon Graphics. No entanto, a diferença de nível de desempenho entre as estações de trabalho RISC e os micros de alto desempenho vem diminuindo há algum tempo. Muitas empresas de pequeno e médio porte estão optando pelo Unix em micros, transformando-os em poderosas estações de trabalho e sistemas multiusuários eficazes em termos de custo.

Quando os microprocessadores surgiram no mercado, versões reduzidas do Unix foram implementadas, geralmente em computadores com processadores Motorola, devido à sua arquitetura mais avançada. Quando surgiram os 80286, empresas como a The Santa Cruz Operation adaptaram o Unix e o Xenix (versão do Unix) aos processadores Intel.

O Unix é mais velho que todos os outros sistemas operacionais para micros e, de muitas maneiras, serviu de modelo para eles. Hoje, o Unix continua a ser aperfeiçoado por uma comunidade de usuários, desenvolvedores e entusiastas em todo o mundo. Talvez o aspecto mais notável do Unix é que, além de ser um sistema operacional, ele é, para alguns usuários, uma verdadeira filosofia, um modo de vida. Pelo menos é o que muitos usuários do Unix gostam de afirmar.

O Unix baseia-se em uma idéia simples: menor é melhor — todos os comandos e programas que compõem o sistema operacional destinam-se a executar uma tarefa única e bastante específica, e a executá-la bem. Para executar tarefas maiores e mais complexas, os usuários podem facilmente vincular vários comandos para produzir exatamente o resultado desejado. Esse princípio fundamental confere uma base sólida ao sistema operacional.

Apesar de extremamente robusto e capaz, o Unix de linha de comando pode amedrontar por causa do grande número de comandos, mas isso não deve ocorrer. Para os usuários de DOS e OS/2 é relativamente fácil aprender o Unix de linha de comando, porque muitos comandos são idênticos ou muito parecidos — há apenas muito mais comandos e coisas que você pode fazer com o sistema operacional básico.

X-WINDOW Os sistemas Unix usam um gerenciador gráfico chamado simplesmente *X* — abreviação de *X-Window*. O X-Window foi desenvolvido no MIT (Massachusetts Institute Technology) em 1984 e, desde então, vem sofrendo inúmeras revisões e avanços. O X em si é um tipo de software de nível relativamente baixo destinado a servir como intermediário entre um sistema operacional, programas e usuários. Outras instituições desenvolveram gerenciadores de janelas que transformam o X, uma plataforma rudimentar de software, em um ambiente robusto. Os principais gerenciadores de janela para o X são o Open Look e o Motif. O Motif e o Open Look são interfaces gráficas poderosas que tiram proveito de todo o potencial multiusuário e multitarefa do sistema operacional Unix.

Anteriormente, em nossa discussão sobre sistemas multiusuários, vimos três maneiras como vários usuários podem usar um computador Unix ao mesmo tempo: discando para um micro com modem, conectando-se a terminais seriais e a partir de outros computadores em uma rede. Há outra maneira. Um dispositivo chamado *X-terminal (terminal X)* é um tipo especial de terminal que quase pode ser considerado um computador completo. Os terminais X têm uma CPU e memória, — mas nenhum outro dispositivo além do teclado, monitores de alta resolução (coloridos ou em tons de cinza), um mouse e conexão por meio de rede. Os terminais X destinam-se a rodar, especificamente, aplicações X-Window e X. O acesso aos computadores Unix é feito por meio de rede no terminal X.

MICROSOFT WINDOWS NT E WINDOWS 95

Com o Microsoft Windows NT, a Microsoft expressou seu compromisso com o desenvolvimento de softwares não só para micros de mesa, mas também para estações de trabalho poderosas e servidores de banco de dados e de rede. O Windows NT não é necessariamente nem um substituto do DOS nem uma nova versão dele — é um sistema operacional totalmente novo projetado desde o início para as máquinas mais modernas e capazes existentes hoje no mercado. Já o Windows 95 foi concebido para substituir o DOS nas máquinas que tenham potência suficiente para rodá-lo. (E, embora seja um novo sistema operacional, ainda tem uma "base" de DOS.)

O Microsoft Windows NT oferece recursos internos que nenhum outro sistema operacional para micro possui — com exceção talvez do Unix. Além dos recursos tradicionais do Unix de estrita segurança do sistema, capacidade interna de conexão em rede, serviços internos de comunicação e correio eletrônico, ferramentas para o desenvolvimento e administração do sistema e uma interface gráfica, o Microsoft Windows NT é capaz de rodar, diretamente, aplicações do Microsoft Windows e do Unix.

Já o Windows 95, projetado para o usuário final, além de uma nova interface gráfica, traz também esses recursos de rede (a ser usada inclusive no NT) e maior facilidade na instalação de periféricos. Um pacote adicional para o Windows 95, o Plus!, inclui ferramentas de correio eletrônico e de acesso à Internet.

SISTEMAS OPERACIONAIS PARA UMA NOVA ARQUITETURA Assim como o OS/2 2.0 e algumas versões do Unix, o Microsoft Windows NT e o Windows 95 são verdadeiros sistemas operacionais de 32 bits para PCs — sistemas operacionais capazes de fazer amplo uso da arquitetura de 32 bits dos processadores 386, 486 e Pentium, e também de arquiteturas de barramento de 32 bits como EISA e MCA (Microchannel Architecture) da IBM. O Microsoft Windows NT e Windows 95 também fogem da tradição do DOS e unem o Unix e o OS/2 em um ambiente verdadeiramente multitarefa (preemptiva).

O Microsoft Windows NT baseia-se em um microkernel (um programa central de controle, relativamente pequeno, que fica na memória do computador), como o DOS, o Unix e o OS/2. Além de ser multitarefa, ele foi projetado para tirar proveito do multiprocessamento simétrico.

RECURSOS INTERNOS O Microsoft Windows NT e o Windows 95 são sistemas operacionais puramente gráficos; ao contrário do DOS e do Unix, suas interfaces nativas são interfaces gráficas (veja a Figura 8.25). A aparência e função da interface gráfica do Microsoft Windows NT é semelhante à do Microsoft Windows 3.x para os sistemas DOS. A interface do Windows 95 representa para a Microsoft uma evolução em relação à do Windows 3.x, a ser adotada também pelo Windows NT. As diferenças mais importantes são que, ao contrário do Microsoft Windows 3.x, as interfaces gráficas não apenas acompanham os sistemas operacionais — elas são os próprios sistemas operacionais. Entretanto, ao contrário do Macintosh, o Windows NT ou o Windows 95 permitem que você acesse a linha de comando do DOS. Eles são capazes de controlar várias sessões simultâneas de DOS — para tanto, o interpretador de comandos do DOS precisa ser executado como um programa sob o Windows NT ou o Windows 95 (em uma janela ou em toda a tela).

Além da interface gráfica, o Microsoft Windows NT vem completo, com todos os utilitários e programas de rede de que você precisa para transformar seu computador em um cliente ou servidor de rede.

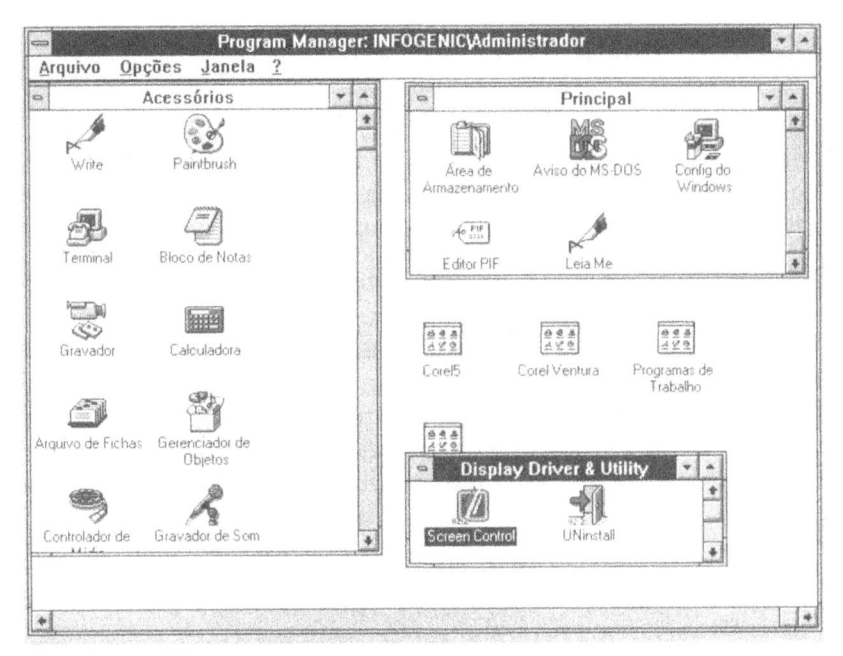

FIGURA 8.25 O Windows NT.

APERFEIÇOANDO O SISTEMA OPERACIONAL COM SOFTWARE UTILITÁRIO

Apesar de os desenvolvedores de sistemas operacionais tentarem oferecer todos os recursos de que os usuários precisam para utilizar e manter seus sistemas, invariavelmente eles deixam de satisfazer a algumas expectativas. Essas falhas criaram um mercado para softwares de terceiros, chamados utilitários. Os *utilitários* são programas que preenchem a lacuna entre a funcionalidade de um sistema operacional e as necessidades dos usuários. Na verdade, para muitos usuários, um computador com um sistema operacional e aplicações apenas básicas é inconveniente.

Com a popularização dos programas utilitários, os desenvolvedores de sistemas operacionais geralmente acabam por incorporá-los a novas versões de seus produtos. Por exemplo, até o lançamento do MS-DOS versão 4.0, os computadores só podiam usar discos rígidos de no máximo 32MB. Se seu disco rígido fosse maior do que esse limite, ele teria de ser dividido em *partições* — discos separados logicamente —, cada uma com não mais do que 32MB. Vários utilitários surgiram para enganar o DOS e permitir o uso de discos maiores sem que, para tanto, fosse necessário criar muitos discos separados. A Compaq foi a primeira a lançar uma versão do DOS (Compaq DOS 3.31) que permitia discos maiores sem a ajuda de utilitários de terceiros. A IBM e a Microsoft vieram logo a seguir.

Os programas utilitários compõem uma ampla categoria de software. Eles variam desde programas que são capazes de organizar ou comprimir arquivos em um disco até programas que proporcionam uma interface de menus a um sistema operacional de linha de comando. O Norton Utilities, por exemplo, é um software que contém mais de 30 programas úteis para ampliar e realçar a capacidade de um sistema operacional ou de sua interface gráfica. Nesta seção, analisaremos algumas das mais importantes categorias de softwares utilitários.

FRAGMENTAÇÃO DE ARQUIVOS

Uma categoria de utilitários possibilita maior controle e facilidade de gerenciamento de discos, arquivos e árvores de diretório. As unidades de disco rígido ficam mais velozes, eficientes e convenientes, mas também apresentam seus próprios problemas.

Quando um disco é novo e você instala arquivos de programa e de dados, o sistema operacional coloca-os no disco em ordem seqüencial — os arquivos são contíguos. Depois que um sistema é usado por algum tempo, porém, os arquivos podem ficar *fragmentados*, o que significa que eles não são mais contíguos. Por exemplo, suponha que um arquivo chamado A ocupe o setor 1.204, um arquivo chamado B ocupe o setor 1.205 e o C, *o setor 1.206. Se o arquivo B* é um documento criado com um editor de textos e você o abre, faz algumas inserções e depois salva a nova versão, pode não haver mais espaço suficiente no setor original para todo o documento.

Em vez de reorganizar os arquivos para abrir espaço para acomodar o novo arquivo B, o sistema operacional armazena o que é possível no setor original 1.205 e coloca o restante do arquivo no próximo ou próximos setores disponíveis, que podem estar muitos setores distantes da primeira parte do arquivo (veja a Figura 8.26). Dizemos que um arquivo dividido dessa maneira está *fragmentado* porque as partes estão fisicamente separadas. O único problema com os arquivos fragmentados é que sua leitura e gravação em disco demora mais, porque o disco precisa reposicionar os cabeçotes de leitura/gravação várias vezes durante uma operação em um mesmo arquivo.

Usar um programa utilitário para desfragmentar arquivos em um disco pode acelerar notavelmente a operação de uma unidade de disco. A Figura 8.27 mostra o programa Defrag em ação, mapeando o layout de arquivos em disco e reorganizando-os. A Microsoft começou a incluir esse programa no DOS a partir da versão 6.0.

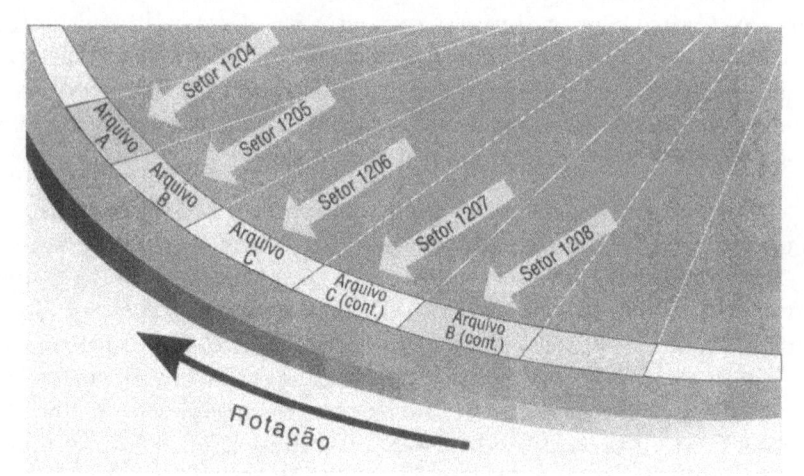

FIGURA 8.26 Quando um arquivo é aumentado, se não há espaço suficiente livre para ele nos setores subseqüentes, o sistema operacional preenche o espaço original ocupado pelo arquivo com a nova versão e depois usa qualquer outro espaço livre no disco para acabar de gravá-lo. É isso o que acontece com o arquivo B nesta ilustração. Dizemos que o arquivo B está *fragmentado*. A fragmentação degrada a operação da unidade de disco porque as operações de leitura ou gravação são interrompidas. Em geral, os fragmentos de um arquivo não podem ser gravados na mesma trilha, o que exige freqüentes deslocamentos dos cabeçotes de leitura/gravação, aumentando ainda mais o tempo da operação.

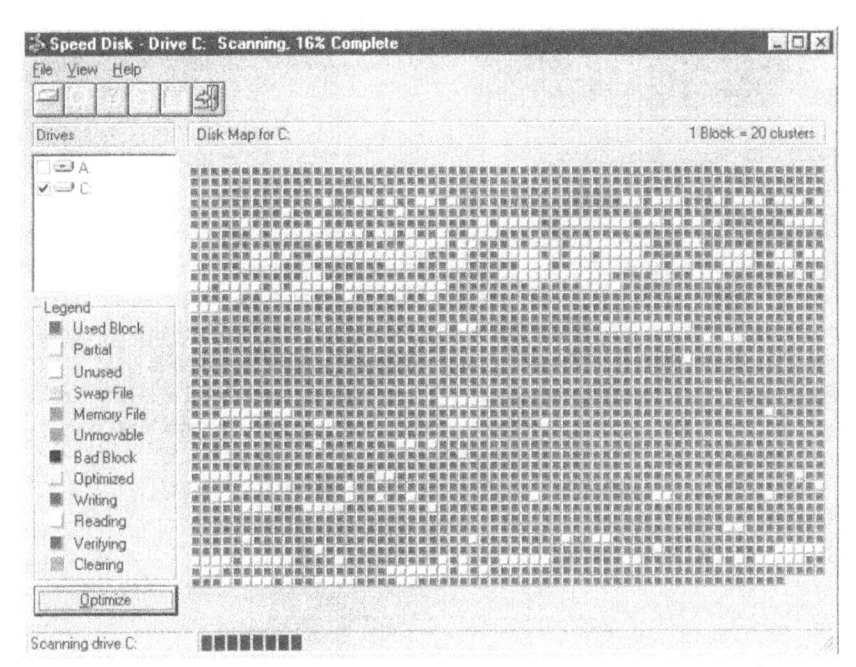

FIGURA 8.27 O programa Defrag desfragmenta o disco rígido regravando todos os arquivos em setores contíguos. A desfragmentação de um disco acelera significativamente as operações, porque elimina os movimentos que os cabeçotes teriam de fazer para juntar as partes do arquivo.

COMPRESSÃO DE DADOS

As primeiras tentativas de comprimir dados em micros foram pequenos programas que combinavam um grupo de arquivos em um arquivo só e ao mesmo tempo os comprimiam em uma fração de seu tamanho normal. Ironicamente, foi a procura de maior velocidade, e não de maior espaço em disco, que trouxe a tecnologia da compressão para o mercado. Como vimos no Capítulo 7, os fabricantes de modems incorporam técnicas de compressão de dados a seus produtos para reduzir o tempo de transferência. Agora, várias empresas de software usam essa tecnologia para produzir programas utilitários que utilizam procedimentos semelhantes de compressão com arquivos em disco. Na verdade, a Microsoft incluiu essa possibilidade como opção ao DOS básico a partir da versão 6, e também fornece um utilitário de compressão para o Windows 95 como parte do pacote Plus!.

Para usar o recurso, você simplesmente roda um programa que comprime todos os arquivos de um disco e coloca um pequeno controlador (driver) entre o sistema operacional e a unidade de disco. Depois de executado, esse pequeno programa residente na memória intercepta as instruções de gravação vindas do sistema operacional e comprime os dados antes de transferi-los para a unidade de disco. Quando o sistema operacional solicita dados do disco, o programa os intercepta e os descomprime antes de entregá-los ao sistema operacional.

LIGUE-SE: ORGANIZANDO SEUS ARQUIVOS

A chave para você usar seu computador com facilidade e eficiência é ser organizado. É claro que, para usuários sem experiência, isso pode soar um pouco simplista demais. Que tal aprender a usar os programas aplicativos? A verdade é que, com o uso do equipamento, você começa a adquirir familiaridade com os programas mais executados. Mas mesmo o usuário mais competente pode perder-se em um sistema que não esteja bem organizado.

A unidade de disco rígido é geralmente o maior problema, porque ela é o principal dispositivo de armazenamento de um sistema. Um disco rígido desorganizado é igual a um armário sem prateleiras, repleto de correspondência. Você sabe que as contas a serem pagas este mês estão lá dentro, mas, para encontrá-las, poderá ter de remover pilhas e pilhas de revistas e correspondências inúteis.

Na verdade, no caso dos computadores, a desorganização pode ter um peso ainda maior, porque, no caso do armário, se você dispuser de muito tempo e paciência, certamente encontrará o que precisa. No disco rígido, porém, muitos arquivos importantes podem ter nomes como

WR45_TYN.XEL

Para ajudá-lo a solucionar esse problema, eis uma lista com dez dicas para você manter seus arquivos organizados:

1. Antes de criar um grande esquema para organizar os arquivos no seu disco rígido, analise o que é feito regularmente. Faça uma lista dos programas que você usa e dos documentos que você cria.

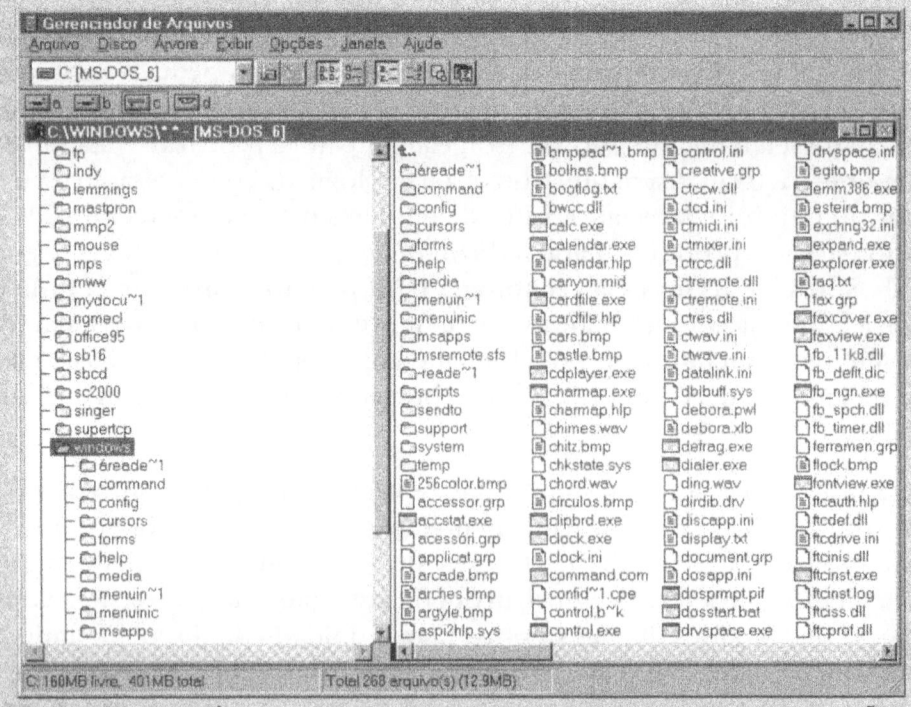

NO MICROSOFT WINDOWS, VOCÊ USA O GERENCIADOR DE ARQUIVOS PARA MANIPULAR SUAS APLICAÇÕES (E NO WINDOWS 95, O EXPLORER OU EXPLORAR).

2. Se possível, pergunte a outros colegas cujo trabalho seja semelhante ao seu como eles organizam seus arquivos. Não há razão para reinventar a roda. Aproveite a experiência dos outros.

3. Se você está usando um sistema baseado no DOS sem qualquer outra interface (como o Windows), crie arquivos de lote (batch) para os programas usados freqüentemente. Com um arquivo de lote, você pode iniciar um programa sem primeiro precisar navegar pela estrutura do diretório que o contém. Por mais simples que possa parecer, a economia de tempo será grande. Com o Windows, o Norton Desktop for Windows e o Macintosh, você pode simplificar o processo criando, na própria área de trabalho do sistema, ícones que representam os programas. Para iniciar um determinado programa, simplesmente dê um clique duplo no ícone correspondente.

4. A etapa 3 agilizará o seu trabalho, mas é importante manter o diretório-raiz ou a área de trabalho eletrônica descongestionada. Se você usar os arquivos de lote (batch) do DOS, armazene-os em um diretório LOTE (ou BATCH), não no diretório-raiz. Se você usar uma interface gráfica, mantenha a área de trabalho desobstruída. Não crie ícones para todos os programas que possam um dia ser usados.

5. Mantenha os diretórios pequenos. Quando você coloca arquivos demais em um diretório, começa a ficar difícil controlá-lo. "Demais" neste caso é um termo relativo — depende do tipo do arquivo e do sistema de denominação utilizado. Mas, quando ficar difícil controlar um diretório, crie subdiretórios.

6. Quando der nomes aos arquivos, tente usar o máximo possível a linguagem comum. Por exemplo, se você escreveu uma carta a sua mãe no Natal,

   MAE_NAT

   é melhor do que

   25-12CPM (a data seguida de uma sigla que significa Carta Para Mãe)

7. Quando você usa o DOS, o Windows ou o Norton Desktop for Windows, precisa ater-se ao limite de oito caracteres para o nome do arquivo, o que força a criação de um certo tipo de código. Entretanto, é necessário utilizar sempre o mesmo código. Por exemplo, se você decidir que os nomes dos arquivos de correspondência devem começar com as iniciais do destinatá-

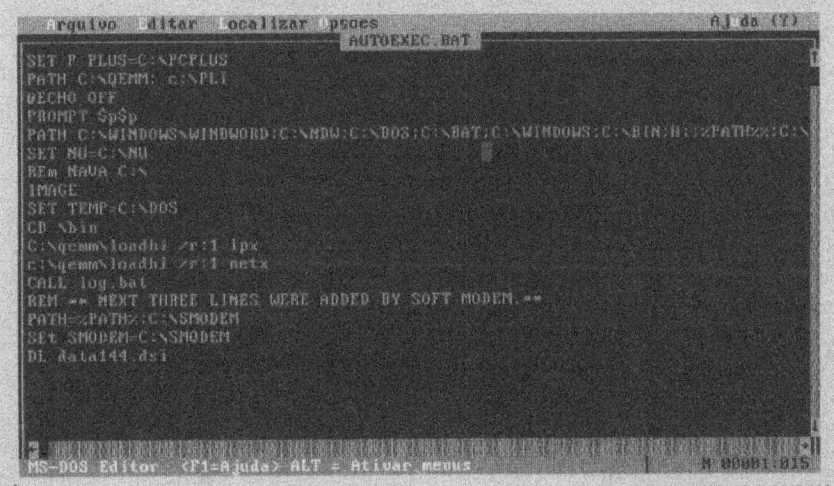

NO DOS, VOCÊ PODE USAR ARQUIVOS DE LOTE (BATCH) PARA AUTOMATIZAR AS TAREFAS MAIS COMUNS.

> rio, então este será o código usado. Não fique mudando, ora usando as iniciais, ora as quatro primeiras letras.
>
> 8. É de vital importância que você mantenha cópias de segurança (backup) de arquivos antigos em disquetes ou em qualquer outro meio, para poder eliminar esses arquivos do seu disco rígido. Por maior que seja o disco rígido no momento da compra, ele nunca será suficiente se você não se livrar dos arquivos antigos.
>
> 9. Se alguns arquivos antigos forem usados apenas ocasionalmente, você poderá usar um utilitário de compressão. Por exemplo, se você quiser manter as faturas do último ano no disco rígido, será possível economizar espaço colocando-as em um único arquivo comprimido, como FAT_94.ZIP (ZIP é um tipo comum de arquivo comprimido).
>
> 10. De vez em quando, imprima a estrutura de diretório do disco rígido e pendure-a na parede.

Por incrível que pareça, tudo isso é transparente para o usuário. O tempo exigido para comprimir e descomprimir dados é tão insignificante que nem chega a ser notado. A quantidade de espaço que você ganha usando esse tipo de utilitário é grande — a técnica pode efetivamente dobrar a capacidade de um disco.

UTILITÁRIOS ANTIVÍRUS

Infelizmente, o crime está presente em todas as áreas da nossa sociedade. Os sistemas de computador, especialmente aqueles conectados ao mundo via rede ou linhas de discagem, são suscetíveis a usuários e vírus desautorizados.

Conforme dissemos no Capítulo 3, *vírus de computador* é um pequeno programa criado por vândalos eletrônicos, que podem provocar inúmeros efeitos indesejados. Alguns vírus simplesmente exibem mensagens inócuas, mas outros são capazes de destruir arquivos de programa e de dados e até mesmo de inutilizar um equipamento. Os vírus espalham-se porque se atrelam a arquivos — geralmente arquivos de programa executáveis. Quando você roda um programa infectado por um vírus, este entra na memória do computador juntamente com o programa hospedeiro e pode infectar qualquer outro programa que você venha a executar mais tarde. Se você ocasionalmente transfere arquivos ou troca disquetes com outros usuários, pode estar disseminando uma epidemia inconscientemente.

Infelizmente, parece que muitas pessoas projetam e escrevem esses programas parasitas, porque todos os anos, literalmente, centenas deles conseguem abrir caminho e entrar na corrente principal dos computadores. É interessante notar que muitos deles entraram na América do Norte via redes e linhas de discagem dos BBSs.

Com vírus tão potencialmente destrutivos em circulação, descobri-los, erradicá-los e impedir que se espalhem é o principal objetivo dos programas antivírus. O Norton AntiVirus (NAV), mostrado na Figura 8.28, examina todos os arquivos de um disco, identifica os vírus presentes e remove-os, restaurando o arquivo para uso. O NAV também pode ser configurado para ficar ativo o tempo todo, à espera de arquivos infectados ou programas suspeitos.

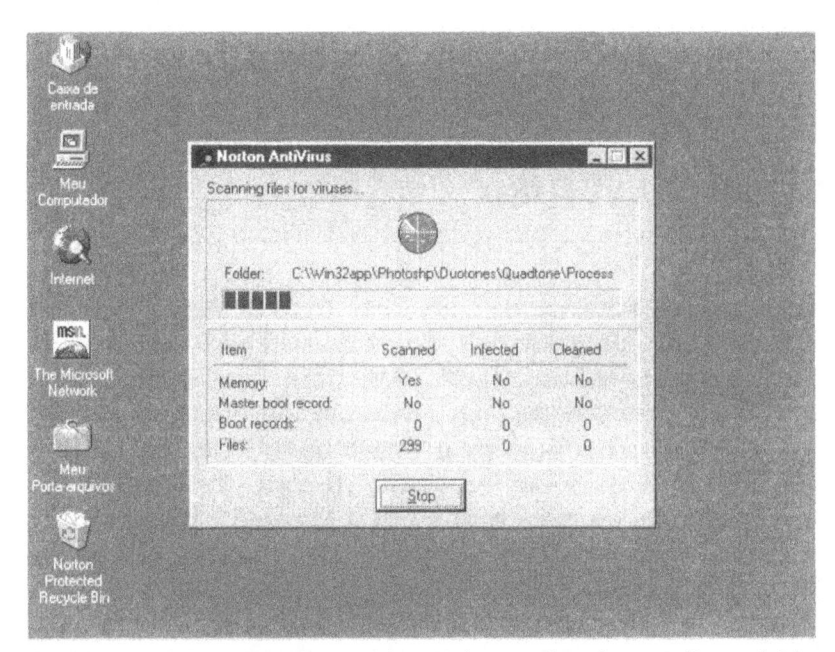

FIGURA 8.28 O Norton AntiVirus (NAV) examina cada arquivo de um disco rígido para detectar e erradicar vírus. O programa também pode ser configurado para ficar à espera de vírus. Quando são introduzidos no sistema, o NAV lança-se sobre eles e alerta o usuário a respeito dos arquivos infectados.

GERENCIAMENTO DE MEMÓRIA

Fazer melhor uso da memória de um computador é outro motivo de peso para a utilização de programas utilitários. Há programas utilitários para remapear partes da memória que, caso contrário, o sistema operacional não teria condições de usar. Por exemplo, o software antivírus que acabamos de discutir permanece na memória para impedir a entrada de um vírus. Esses *programas residentes na memória* ocupam parte da memória utilizável do computador. Os utilitários de gerenciamento de memória permitem que você carregue esses programas na memória estendida ou expandida, deixando a memória convencional livre para outros programas.

Os pequenos programas residentes na memória às vezes são chamados *controladores* (*drivers*). No mundo do MS-DOS, os controladores são importantes porque permitem aos usuários personalizar seus sistemas. Por exemplo, para usar o mouse com um micro, você precisa primeiro carregar o controlador do mouse para a memória do computador. Outros dispositivos de hardware (e alguns de software) também requerem o uso de controladores — entre eles, podemos citar as unidades CD-ROM, os scanners e as placas de som. Com os utilitários de gerenciamento de memória, você tem condições de "espremer" esses controladores em espaços de memória que, sem eles, não teriam condições de ser utilizados.

Dois utilitários de gerenciamento de memória para os computadores MS-DOS são o QEMM da Quarterdeck e o 386Max da Qualitas. Para usar esses utilitários, você roda um programa de instalação fornecido com o software — esse programa instala os controladores e configura seu sistema para que ele faça o melhor uso possível da memória disponível.

O QUE ESPERAR DO FUTURO

A tecnologia dos sistemas operacionais é uma das áreas de maior avanço no mundo dos computadores. A cada ano, os desenvolvedores de sistemas operacionais para computadores pequenos (basicamente Microsoft, IBM, Digital Research, Apple, Novell, Unix System Laboratories e a comunidade Unix como um todo) lançam versões novas e mais capazes de seus produtos. Entretanto, o aparecimento de um sistema operacional completamente novo não é assim tão freqüente. De todos os sistemas operacionais que examinamos neste capítulo, os mais novos são o Microsoft Windows NT e o Windows 95. O impacto que o Windows NT e o Windows 95 causaram ao mundo dos computadores ainda está sendo avaliado, mas causaram grande diferença. O Microsoft Windows NT está se firmando como um sistema operacional amplamente usado em ambientes de rede e estações de trabalho potentes, e o Windows 95 nos micros pessoais (em rede ou não) e domésticos. Ambos se encaixam nos planos da Microsoft de fornecer uma plataforma comum — em especial com a versão 4 do Windows NT com a interface semelhante à do Windows 95 — para interfaces com usuários e programas aplicativos em uma ampla variedade de computadores — desde os palmtops até os multiprocessadores.

Há não muito tempo, a indústria estava em polvorosa para saber quem ganharia a "guerra" entre os sistemas operacionais e qual deles sobreviveria para tornar-se padrão. Na verdade, não é provável que alguma companhia ou sistema operacional isoladamente prevaleça para suplantar todos os outros concorrentes — como também não é provável que uma empresa automobilística produza um carro tão bom que coloque todos os outros fora do mercado. Igualmente, as pessoas às vezes questionam os méritos de uma interface com o usuário em relação a outra e esperam que a sua preferida torne-se padrão — mas isso simplesmente não acontecerá. As pessoas são diferentes e gostam de ambientes diferentes. Além disso, as mesmas pessoas preferem ambientes diferentes para diferentes aplicações e tarefas.

O resultado de toda essa conjectura é bom para todos os usuários de computadores. Como sociedade, estamos explorando a avenida que leva a uma maior facilidade de uso e melhor produtividade.

RESUMO

O QUE É UM SISTEMA OPERACIONAL?

- Um sistema operacional deve ser capaz de executar quatro funções:

    a) Proporcionar uma interface com o usuário.

    b) Gerenciar os dispositivos de hardware.

    c) Gerenciar e manter os sistemas de arquivo em disco.

    d) Dar suporte a outros programas.

- A interface de linha de comando exige que o usuário digite os comandos por meio do teclado, enquanto a interface gráfica é controlada pelo mouse.

- Muitos sistemas operacionais são criados com um kernel que permanece na memória o tempo todo, e com um shell que controla a interface com o usuário.

- O DOS é mais usado com um shell de linha de comando, mas outros shells estão disponíveis, incluindo o DOS Shell, o Norton Desktop e o Microsoft Windows.

- A interface gráfica, que é controlada por meio de menus suspensos e caixas de diálogo, foi popularizada pelo Macintosh.

- Uma característica comum das interfaces gráficas é a capacidade de definir áreas de trabalho diferentes, chamadas janelas, em uma área de trabalho computadorizada.

CATEGORIAS DE SISTEMA OPERACIONAL

- Os sistemas operacionais multitarefa são capazes de rodar mais de um programa ao mesmo tempo.

- Os sistemas operacionais multitarefa são classificados em multitarefa cooperativa (executada pelo Microsoft Windows e o Macintosh) e multitarefa preemptiva (executada pelo Windows NT, Windows 95, Unix e OS/2).

- O único sistema operacional multiusuário disponível para micros é o Unix.

- Alguns sistemas operacionais avançados são multiprocessadores — isso significa que eles podem tirar proveito dos computadores que possuem mais de uma CPU.

SISTEMAS OPERACIONAIS POPULARES PARA MICROCOMPUTADORES

- O DOS ainda é o sistema operacional mais usado no mundo dos microcomputadores.

- Apesar de sua popularidade, há reclamações com relação ao DOS:

    a) Os nomes de arquivos estão limitados a oito caracteres, mais uma extensão de três caracteres.

    b) O sistema operacional não foi projetado para a arquitetura de 32 bits dos chips 386, 486 e Pentium.

    c) O DOS não é capaz de acessar diretamente mais de 1MB de memória.

- O shell mais popular para o DOS é o Microsoft Windows, um programa que configura uma interface gráfica capaz de abrir janelas na tela.

- O sistema operacional da IBM é o OS/2, um sistema multitarefa para máquinas baseadas nos processadores Intel.

- O sistema operacional do Macintosh é diferente do DOS, OS/2 e Unix, no sentido de que a interface gráfica é parte integrante do sistema; não há interface de linha de comando no Macintosh.

- O Macintosh há muito tempo tem sido o favorito dos fãs de interfaces gráficas e das pessoas que usam aplicações gráficas de grande potência.

- Entre os grandes sistemas operacionais para microcomputadores, o Unix é o único sistema operacional multiusuário e multiprocessado.

APERFEIÇOANDO O SISTEMA OPERACIONAL COM SOFTWARE UTILITÁRIO

- Os programas utilitários dão ao sistema operacional funcionalidades que ele não possui.

- Quando os sistemas operacionais são atualizados, eles tendem a incluir mais programas utilitários.

- Os tipos mais comuns de utilitário são os programas de desfragmentação de arquivos, o software de compressão de dados, os utilitários antivírus e os programas de gerenciamento de memória.

QUESTÕES PARA REVISÃO

1. Relacione três funções de um sistema operacional.
2. Identifique e descreva os principais sistemas operacionais encontrados nos computadores pequenos.
3. Defina o termo *microkernel*.
4. Quais dos grandes sistemas operacionais são verdadeiramente gráficos?
5. Qual a limitação mais significativa do DOS?
6. O DOS continuará a ser usado no século XXI? Por quê?
7. Quais são alguns dos benefícios de um sistema operacional multitarefa?
8. No que um computador multiusuário difere de uma rede de computadores?
9. Explique rapidamente o que é interface gráfica e por que ela é a preferida de algumas pessoas.
10. Relacione a interface gráfica de todos os grandes sistemas operacionais para microcomputadores.

QUESTÕES PARA DISCUSSÃO

1. Explique a diferença entre estes termos:
    a) Multitarefa
    b) Multiusuário
    c) Multiprocessamento simétrico
2. Descreva que sistema operacional você usaria nas seguintes situações:
    a) Um computador para o compartilhamento de programas e dados em uma rede
    b) Um único computador para várias pessoas usarem ao mesmo tempo
    c) Uma estação de trabalho para uma pessoa que precisa de acesso a recursos de rede
3. Compare e contraste as características do OS/2, Unix e Windows NT.

As atividades práticas deste capítulo podem ser encontradas no Apêndice A.

CAPÍTULO 9

EDIÇÃO DE TEXTO E EDITORAÇÃO ELETRÔNICA

OBJETIVOS

Depois de terminar de ler este capítulo, você será capaz de:

- Explicar a finalidade dos editores de texto.
- Discutir os recursos dos editores de texto.
- Descrever as aplicações comuns de um editor de texto.
- Explicar a diferença entre editores de texto e programas de editoração eletrônica.
- Descrever o uso das imagens gráficas computadorizadas.

No trabalho, na escola ou em casa, todos nós precisamos colocar nossos pensamentos, planos e idéias por escrito. Para a maioria das pessoas, escrever é uma atividade cotidiana. Um dos usos mais difundidos dos computadores é a criação e gerenciamento de documentos. A necessidade de criar documentos é tão comum que quase todos os usuários de computadores têm algum tipo de software para edição de texto.

USANDO UM EDITOR DE TEXTO

Como na maioria das indústrias competitivas, as empresas de software lutam para fabricar produtos melhores que os de seus concorrentes, para ganhar uma maior fatia de mercado. Os editores de texto e seus usuários são um dos grandes beneficiários dessa concorrência. Os desenvolvedores investem quantidades significativas de tempo e dinheiro para facilitar o trabalho de escrever — e a edição de textos em geral.

Nesta seção, falaremos sobre alguns dos recursos que podem ser encontrados nas listas dos equipamentos da maioria dos editores de texto de alta qualidade. Começaremos com os conceitos básicos — como é a tela de um editor de texto e como inserir texto e operar o software. Depois, falaremos sobre alguns dos aspectos mais poderosos dos editores de texto — recursos que podem facilitar muito o seu trabalho.

A JANELA DO SEU DOCUMENTO

Quando você inicia um editor de texto, a primeira tela que aparece à sua frente é a tela de edição. É claro que os editores de texto não têm todos a mesma aparência nem funcionam da mesma forma. Alguns ocupam toda a tela, convertendo-a em uma folha eletrônica em branco. A Figura 9.1 mostra o WordPerfect 6.0 rodando em modo texto. O WordPerfect é um editor de texto popular disponível para quase todos os tipos de computador. (A área vazia no centro da tela é a área de trabalho para a criação e edição de documentos.)

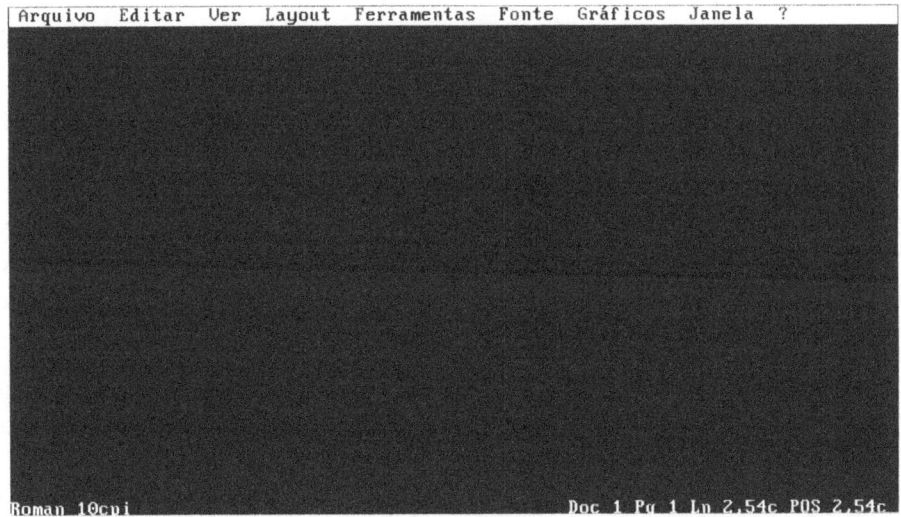

FIGURA 9.1 O WordPerfect 6.0 apresenta uma barra de menu na parte superior da tela, usada para a emissão de comandos. A última linha indica o arquivo atual e a posição do cursor e página dentro do arquivo. A área entre o menu na primeira linha da tela e a informação de status na última linha da tela é a área de edição.

Muitos editores de texto, especialmente aqueles criados para ambientes gráficos, abrem uma janela que você pode organizar conforme sua preferência. Em um computador com monitor suficientemente grande, você pode abrir várias janelas, cada uma com um documento diferente ou com visualizações diferentes do mesmo documento, e organizá-las de uma forma que lhe permita passar rapidamente de uma para outra, bastando para tanto dar um clique na janela desejada. Por exemplo, se você quer ver o texto da página 1 e da página 25 de um documento ao mesmo tempo, pode abrir uma nova janela e organizá-las de tal forma que ambas fiquem visíveis (veja a Figura 9.2). Na maior parte do tempo, porém, você certamente há de querer abrir uma janela que ocupe toda a tela.

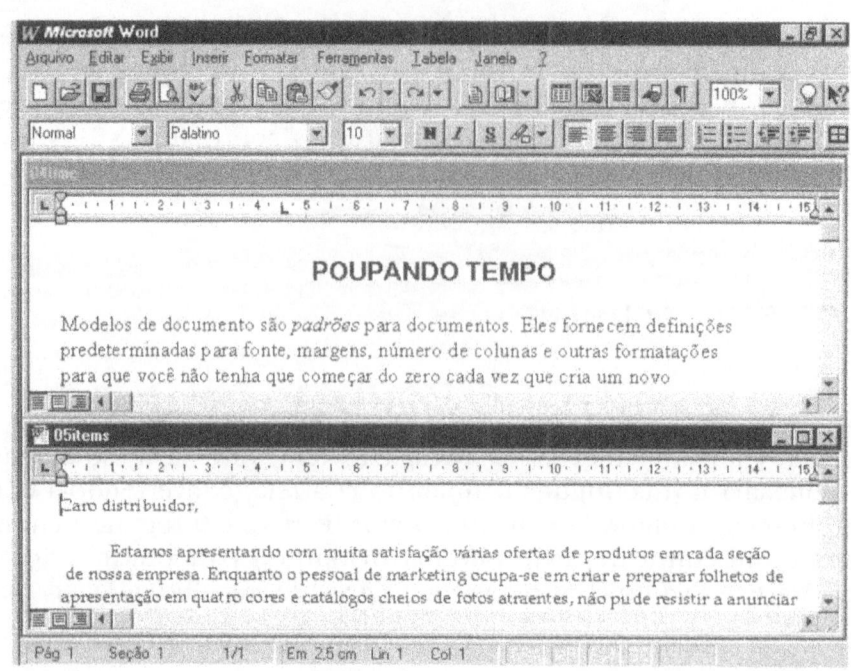

FIGURA 9.2 Nos ambientes de janela, você pode criar várias janelas — cada uma com um documento diferente, ou visualizações diferentes de um mesmo documento.

A Figura 9.3 mostra o Microsoft Word 7 for Windows 95, ampliado para ocupar toda a tela. Além da área de edição, o Microsoft Word for Windows apresenta uma barra de menu na parte superior da janela e duas linhas de ícones e ferramentas que representam os comandos mais usados, como os de impressão e seleção de estilos de texto. O Microsoft Word for Windows também oferece uma barra de status na parte inferior da janela, com informações relacionadas à sua posição no documento atual, a contagem de páginas e o status das teclas do teclado.

Os editores de texto criados para ambientes gráficos exibem na tela textos que se assemelham muito à forma que o documento terá quando impresso (veja a Figura 9.4). Esse recurso chama-se *WYSIWYG*, que é um acrônimo de "*What You See Is What You Get*" (*O Que Você Vê É o Que Obtém*). Quando foi lançado, em 1984, o Macintosh era o primeiro computador com potencial gráfico para ser WYSIWYG, e o termo surgiu para distingui-lo e para distinguir os outros editores de texto gráficos dos sistemas comuns da época, que não tinham a mesma potencialidade. Hoje, os editores de texto mais populares e mais potentes são todos escritos para ambientes gráficos (Macintosh e Microsoft Windows) e, como tal, são WYSIWYG.

INSERINDO TEXTO

Você cria um documento digitando o texto por meio do teclado do computador. No caso de um documento novo, o editor de texto colocará o cursor no canto superior esquerdo da janela. Nos editores de texto não-gráficos, o cursor provavelmente será uma barra ou bloco horizontal piscante. Nos gráficos, o cursor pode ser uma barra vertical também piscante. Quando você digita caracteres, o cursor avança pela tela, mostrando onde o próximo caractere será posicionado.

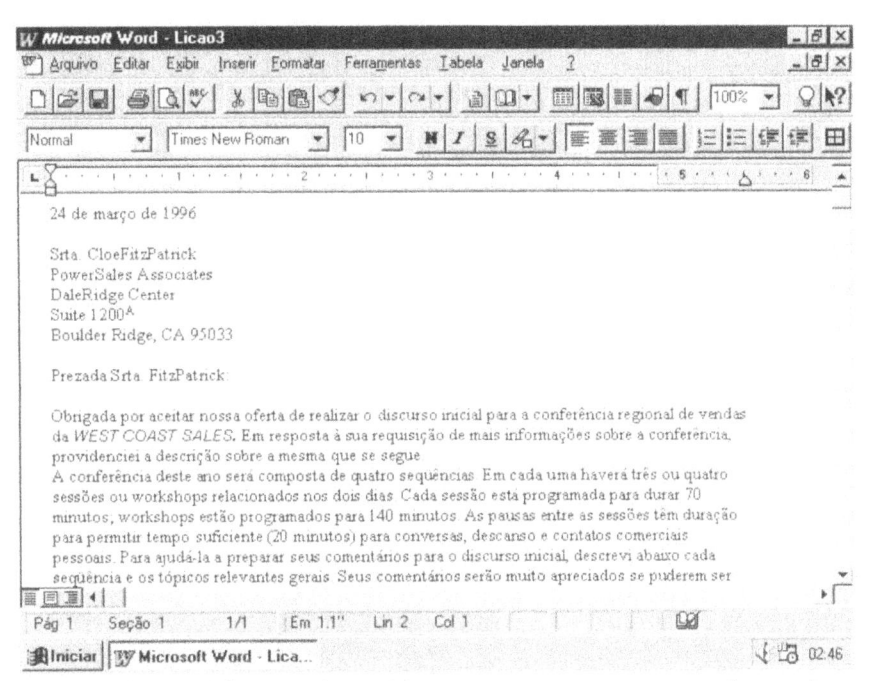

FIGURA 9.3 O Microsoft Word for Windows 95, versão 7, apresenta uma barra de menu na parte superior da tela, uma barra de ferramentas formada por ícones que representam as funções mais utilizadas e uma barra de status na parte inferior da tela.

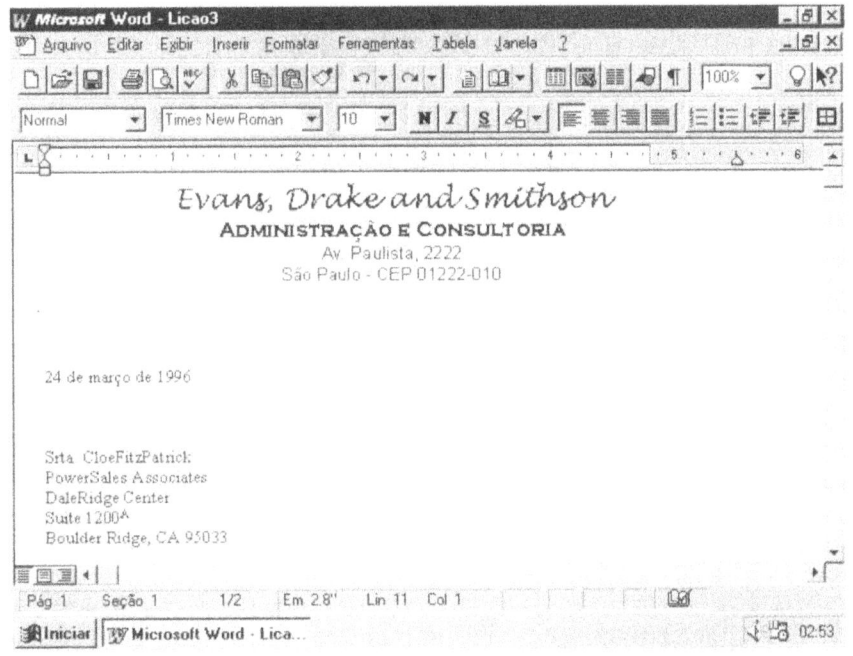

FIGURA 9.4 Hoje, a maioria dos editores de texto, especialmente os criados para ambientes gráficos (por exemplo, Macintosh, Windows e Windows NT) exibem na tela textos e gráficos que se assemelham muito à forma que o documento terá quando impresso.

CORRIGINDO UM ERRO DE DIGITAÇÃO Se você cometer um erro durante a digitação, há várias maneiras de corrigi-lo usando teclas especiais como as mostradas na Figura 9.5. Se o erro estiver na última palavra digitada (exatamente à esquerda do cursor), você pode usar a tecla Backspace em um teclado compatível com IBM para voltar o cursor para o ponto em que se encontra o erro. No teclado do Macintosh, o mesmo efeito será obtido com a tecla Delete no teclado numérico reduzido. A tecla Backspace ou Delete move o cursor para a esquerda e ao mesmo tempo remove os caracteres sobre os quais retrocede. Por exemplo, digamos que você quisesse digitar o texto

```
A pequena raposa marrom pulou
```

mas o que apareceu na tela foi

```
A pequena raposa marrom pilou
```

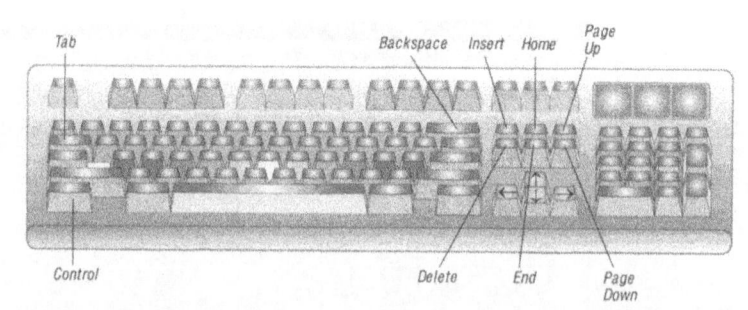

FIGURA 9.5 Você pode usar teclas como Backspace, Insert e Delete, presentes neste teclado compatível com IBM, para editar rapidamente.

Ao perceber o erro na palavra "pilou", você pára de digitar e pressiona a tecla Backspace várias vezes até ver o cursor depois da letra "p". Quando você pressiona a tecla Backspace, os caracteres u, o, l e i são apagados. Com o cursor diretamente à direita de "p", você pode continuar a digitar.

Agora, digamos que você tenha digitado

```
A peuqena raposa marrom pulou
```

mas só tenha percebido o erro ao final da frase. Se você usar a tecla Backspace para corrigir o problema, apagará as palavras "raposa marrom pulou" — e terá de digitá-las novamente. Nesta situação, é melhor usar a seta para a esquerda (em vez de Backspace) para voltar o cursor para a palavra a ser corrigida. A seta para a esquerda move o cursor para o ponto desejado sem apagar os caracteres sobre os quais passa.

Quando o cursor estiver sobre a letra "u", você pressiona a tecla Delete duas vezes para remover as letras "uq" e depois efetua a correção, "qu". Toda vez que você pressiona a tecla Delete, o caractere que está sob o cursor (ou à direita dele, caso o cursor seja uma linha vertical) é removido e o caractere seguinte é deslocado para a esquerda para ocupar o lugar vago. Quando você digita o caractere que substituirá a incorreção, ele é inserido no texto na posição do cursor e o caractere seguinte é novamente deslocado para a direita.

A maioria dos editores de texto também tem um recurso que lhe permite mover o cursor de palavra para palavra, em vez de passar por um caractere de cada vez. Para usar esse recurso no Microsoft Word for Windows, pressione a tecla Control e ao mesmo tempo a seta para a direita ou para a esquerda. O cursor pula para o primeiro caractere da palavra à direita ou à esquerda.

Se você aprender, desde o início, todas as teclas de movimentação do cursor no seu editor de texto, acabará economizando tempo. Por exemplo, para corrigir o erro anterior usando a tecla Backspace e redigitando o restante da linha, você precisaria de 28 toques de tecla. Da mesma forma, se você usasse a seta para a esquerda para voltar ao erro e depois fizesse a correção e retornasse ao final da linha, precisaria de 30 toques de tecla. Se você usar a combinação de teclas Control-seta para a esquerda e depois a tecla End (que o leva para o final da linha), a correção será feita com apenas oito toques.

Você também pode usar o mouse para ajudá-lo em suas correções. Se você mover o cursor do mouse para a letra "u" de "peuqena" e depois der um clique no botão do mouse, o cursor será levado diretamente para o erro. (O mouse tem um cursor próprio, separado do cursor do teclado — ou do texto.) Esse método só utiliza alguns toques de tecla. Com o passar do tempo, você adquire experiência com o editor de texto e começa a descobrir a maneira mais fácil de corrigir erros.

MUDANÇA AUTOMÁTICA DE LINHA Com um editor de texto, você não precisa se preocupar em mover o cursor para a linha seguinte quando estiver perto da margem direita da tela — isso é feito automaticamente. Se você começa a digitar uma palavra que não cabe naquela linha, o programa desloca a palavra inteira para a linha seguinte (veja a Figura 9.6). Esse recurso é chamado *mudança automática de linha* (word wrap).

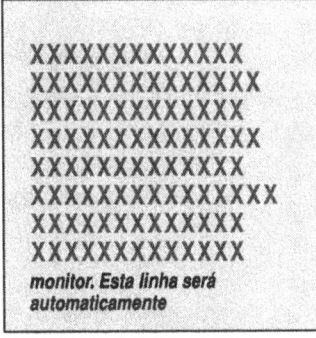

FIGURA 9.6 A mudança automática de linha é o recurso que move o cursor automaticamente para a próxima linha durante a digitação.

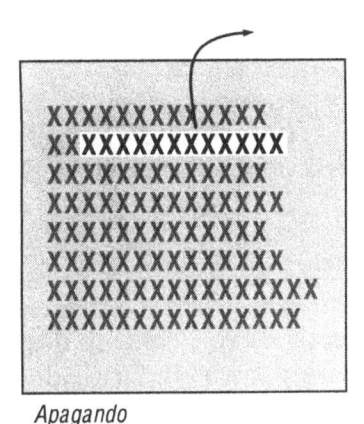

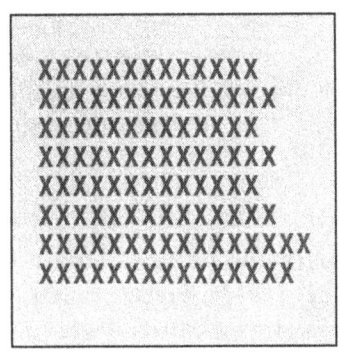

Como o programa desloca automaticamente o texto para a linha seguinte, você só precisa pressionar a tecla Enter ou Return ao final do parágrafo. A mudança automática de linha mantém o formato das linhas de um parágrafo contínua e automaticamente. Por exemplo, se você acrescentar ou eliminar uma palavra no meio de um parágrafo, todas as linhas daquele ponto até o final do parágrafo serão reformatadas para que o texto flua suavemente de linha para linha (veja a Figura 9.7).

FIGURA 9.7 O editor de texto reformata todo o parágrafo quando você acrescenta ou elimina caracteres.

ROLANDO O TEXTO E MOVIMENTANDO-SE PELO DOCUMENTO Quando você chega perto do final da tela ou janela do seu editor de texto, não há motivo para se preocupar com a falta de espaço. Quando você alcança a margem direita da última linha, a primeira linha da tela é deslocada para fora do campo de visão e as outras linhas sobem para abrir espaço para a nova linha que será inserida. Esse recurso chama-se *rolagem*.

Quando seu documento é maior do que a altura de uma tela, esta passa a ser uma janela que você move para cima e para baixo para ver partes diferentes do documento. Se você pressionar a seta para baixo quando o cursor está na última linha da tela, o texto do documento rola para cima, permitindo-lhe ver o que vem a seguir (abaixo). Por outro lado, se você pressiona a seta para cima quando o cursor está na primeira linha da tela, o texto rola para baixo, permitindo-lhe ver o que está acima (veja a Figura 9.8).

FIGURA 9.8 Quando você dá um clique na seta de rolagem para cima, o texto é deslocado para baixo na tela — portanto, na verdade, você está rolando seu documento para cima.

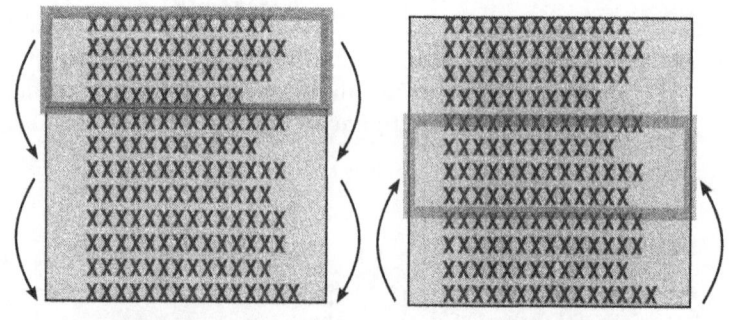

Você pode mover mais rapidamente a visualização do seu documento pressionando as teclas Page Up e Page Down. Essas teclas movem a janela uma página de tela para cima ou para baixo (Figura 9.9). Em certos editores de texto, porém, essas teclas reposicionam a janela sobre a próxima *página impressa*, ou sobre a *página impressa* anteriormente — que pode estar a várias páginas de tela de distância.

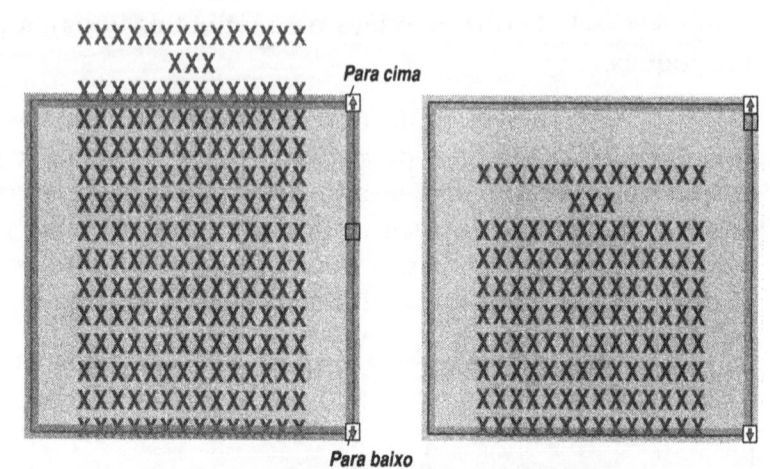

FIGURA 9.9 Pressione as teclas Page Up e Page Down para mover uma página de tela do seu documento.

Outra maneira de rolar para cima e para baixo é usando o mouse e a *barra de rolagem*. Na margem direita da tela (veja a Figura 9.10), há uma barra vertical com dois botões de seta, um apontando para cima e outro, para baixo. Esses botões são chamados *setas de rolagem*. Se você der um clique com o cursor do mouse nesses botões, poderá rolar a janela uma linha para cima ou para baixo de cada vez, independentemente de onde esteja o cursor de texto na tela.

Na barra de rolagem vertical, também está localizado um *botão de rolagem*. Em um documento grande, você pode movimentar-se rapidamente arrastando o botão de rolagem para cima ou para baixo na barra de rolagem até a posição relativa aonde deseja ir. Por exemplo, para ir rapidamente para o meio de um documento, você arrasta o botão de rolagem até a metade da barra de rolagem (veja a Figura 9.11). Depois, para posicionar o cursor do texto precisamente no ponto desejado, você simplesmente dá um clique nesse ponto com o mouse.

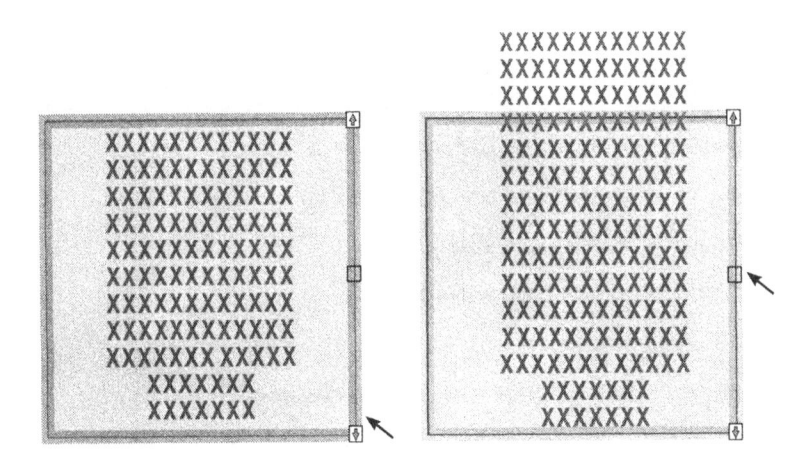

FIGURA 9.10 Se você der um clique na seta de rolagem para baixo, o texto será deslocado uma linha para cima, o que significa que você estará movendo-se para baixo em seu documento.

As setas são provavelmente as únicas teclas de movimentação do cursor que funcionam universalmente da mesma maneira em todos os editores de texto. Há, no entanto, algumas normas amplamente aceitas com relação ao modo como as outras teclas de movimentação e posicionamento do cursor devem operar. Por exemplo, na maioria dos editores de texto, a tecla Home posiciona o cursor no início da linha atual e a tecla End (conforme já mencionamos) posiciona-o no final da linha.

Arrastando o botão de rolagem para o centro da barra de rolagem

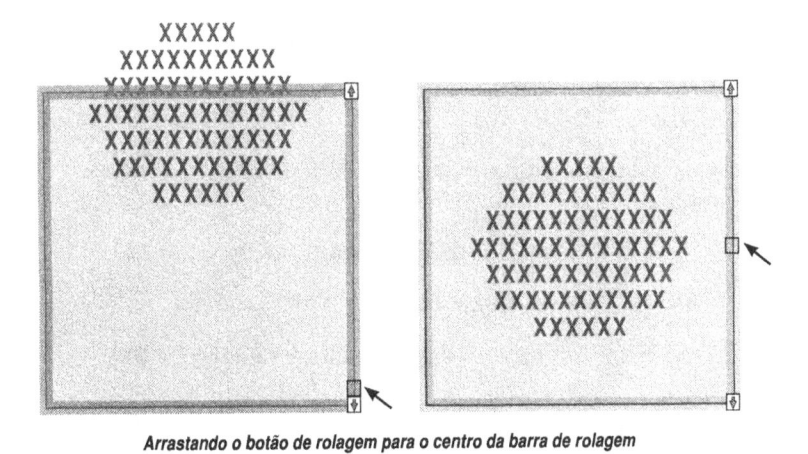

FIGURA 9.11 Se você arrastar o botão de rolagem para cima, moverá a janela para cima no texto.

Se você pressionar a tecla Control juntamente com a tecla Home, irá diretamente para o início de um documento. Igualmente, a combinação Control+End leva-o para o final do documento. A maioria dos editores de texto também oferece uma maneira de mover o cursor de texto rapidamente para o início e final da janela atual sem precisar rolá-la. Comumente, Control+Page Up posiciona o cursor de texto na parte superior da janela e Control+Page Down posiciona-o no final. A Tabela 9.1 mostra algumas das ações mais comuns das outras teclas de movimentação e posicionamento do cursor. Variações poderão surgir em editores de texto específicos.

TABELA 9.1 Significado comum de algumas teclas em um editor de texto.

Tecla ou Combinação de Teclas	Ação
Seta para cima	Move o cursor uma linha para cima
Seta para baixo	Move o cursor uma linha para baixo
Seta para a esquerda	Move o cursor para a esquerda
Seta para a direita	Move o cursor para a direita
Page Up	Reposiciona a janela uma tela para cima
Page Down	Reposiciona a janela uma tela para baixo
Home	Move o cursor para o início da linha atual
End	Move o cursor para o final da linha atual
Insert	Alterna entre inserção de texto ou sobreposição a texto existente
Delete	Apaga o caractere sob o cursor (ou à direita dele)
Control+Home	Move o cursor e a janela para o início do documento
Control+End	Move o cursor e a janela para o final do documento
Control+Page Up	Move o cursor para o início da primeira linha exibida na janela
Control+Page Down	Move o cursor para o final da última linha exibida na janela
Control+seta para a direita	Move o cursor para o início da próxima palavra
Control+seta para a esquerda	Move o cursor para o início da palavra anterior
Shift+seta	Seleciona texto (por exemplo, para formatar ou mover)
Shift+Delete	Recorta o texto selecionado e coloca-o na área de transferência
Shift+Insert	Insere o texto que está na área de transferência na posição atual do cursor

TABULAÇÕES E ENDENTAÇÕES A tecla Tab move o cursor de texto para a frente (para a direita) até ele encontrar uma marca de tabulação. *Marca de tabulação* é um ponto da tela medido a partir da margem esquerda do documento. Quando você cria um documento novo, as marcas de tabulação são normalmente definidas a cada quatro ou cinco caracteres, ou a cada marca de 1,2 centímetro. A maioria dos editores de texto permite que você altere ou remova as marcas de tabulação — para tanto, eles exibem uma régua na parte superior ou inferior da tela que mostra onde estão definidas as tabulações. Em certos editores, a régua e as marcas de tabulação estão sempre visíveis.

As tabulações têm muito mais utilidade do que simplesmente endentar a primeira linha de um parágrafo. Elas têm valor inestimável para alinhar colunas de texto com precisão. Por exemplo, na Figura 9.12, as colunas de texto não estão separadas por espaços e sim por uma tabulação. De fato, na maioria dos editores de texto gráficos seria muito difícil (se não impossível) alinhar colunas de texto com precisão pressionando a barra de espaço. Você verá o porquê posteriormente, neste capítulo, na seção "Formatando Texto".

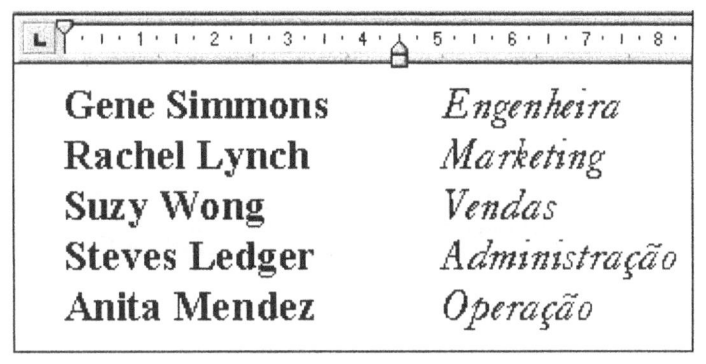

Gene Simmons	*Engenheira*
Rachel Lynch	*Marketing*
Suzy Wong	*Vendas*
Steves Ledger	*Administração*
Anita Mendez	*Operação*

FIGURA 9.12 Estas colunas estão separadas por um único caractere de tabulação.

FAZENDO ALTERAÇÕES

A liberdade de modificar documentos é um dos aspectos mais simples e, no entanto, mais poderosos de um editor de texto. Para fazer alterações, você só precisa posicionar o cursor com a seta ou com o mouse, usar a tecla Delete para remover os caracteres indesejados e depois simplesmente digitar o novo texto. No caso de alterações maiores, há ferramentas melhores.

SELECIONANDO TEXTO E BLOCOS *Bloco* é um grupo contíguo de palavras, frases ou parágrafos em um documento que você assinala para um ou vários fins (que serão analisados em breve). Na maioria dos editores de texto gráficos, é fácil marcar um texto — você posiciona o cursor do mouse no início do bloco, pressiona o botão do mouse e ao mesmo tempo move o mouse até o final do bloco (isso chama-se *arrastar* o mouse). Quando você pressiona o botão do mouse e move o dispositivo sobre o texto, este muda de cor para indicar que está *selecionado* (veja a Figura 9.13).

Você também pode selecionar texto com o teclado. Em certos editores, você pressiona uma das teclas Shift e move o cursor com as setas. No WordPerfect (um dos editores de texto mais populares), você primeiro emite o comando Block (pressionando a tecla Alt e a tecla F4) e depois move o cursor com as setas para selecionar o bloco.

Para cancelar a seleção de um bloco com o mouse, dê um clique em qualquer ponto da tela. Usando o teclado, pressione uma das teclas de movimentação do cursor.

INSERINDO E ELIMINANDO TEXTO Na seção anterior "Inserindo Texto", você aprendeu a mover o cursor até uma palavra escrita incorretamente, apagar o erro e fazer a correção digitando os caracteres apropriados. Naquele exemplo, a inserção dos caracteres corretos no meio de uma linha resultou no deslocamento dos caracteres à direita do cursor para dar espaço para os novos caracteres.

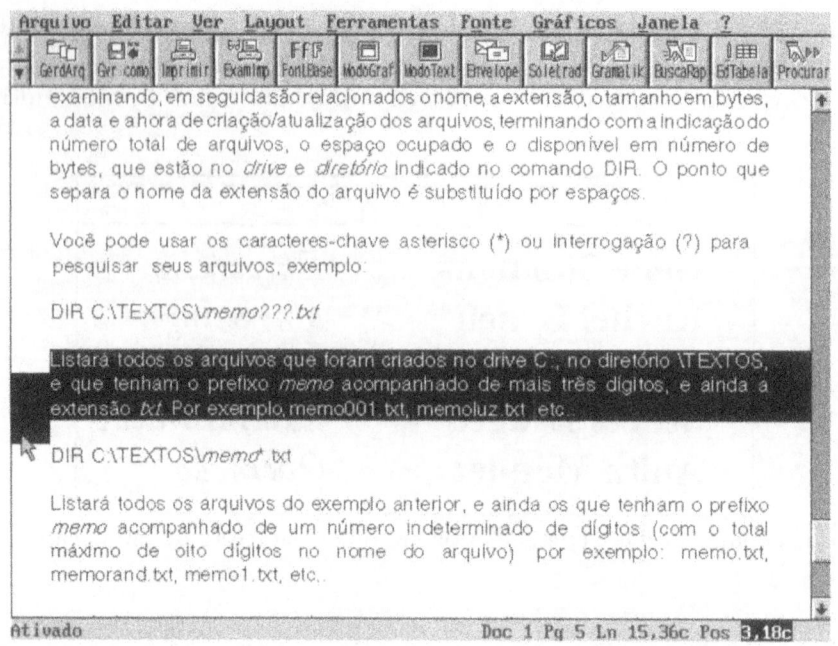

FIGURA 9.13 Para selecionar texto com o mouse, pressione o botão do mouse e, ao mesmo tempo, mova-o por sobre o texto — o texto será destacado à medida que é selecionado.

Outra maneira de corrigir um erro é usar o *modo de sobreposição* do editor. No modo de sobreposição, você só precisa posicionar o cursor no início do texto a ser substituído e digitar o texto novo. Quando você digita os novos caracteres, eles substituem o texto existente sem deslocá-lo para a direita.

Na maioria dos editores de texto, o modo padrão é o *modo de inserção* (no qual os caracteres são inseridos na linha) e não o modo de sobreposição. Você alterna entre um e outro pressionando a tecla Insert, que funciona como um interruptor. No modo de sobreposição, o programa exibe uma mensagem do tipo "OVR" (overtype mode — modo de sobreposição) na linha de status.

Também na seção anterior "Inserindo Texto", você ficou sabendo que existem dois métodos para apagar caracteres indesejados. O primeiro método é pressionar a tecla Backspace a partir do final do bloco a ser eliminado. O segundo método é ir para o início dos caracteres a serem eliminados e pressionar a tecla Delete. Ambos os métodos só apagam um caractere por vez.

Alguns editores de texto têm combinações especiais de tecla para apagar uma palavra, sentença, linha ou todo um parágrafo ou página. A maneira mais fácil de excluir um bloco de texto é selecioná-lo, usando um dos métodos descritos na seção anterior, e depois pressionar a tecla Delete. A maioria dos editores de texto possui o comando Desfazer (Undo), que permite recuperar o texto eliminado caso a eliminação tenha sido acidental (muito embora, neste caso, você tenha de utilizá-lo logo após a exclusão do texto).

MOVENDO, OU RECORTANDO E COLANDO, BLOCOS DE TEXTO Em certos editores de texto, mover um texto é tão fácil quanto selecioná-lo com o mouse e depois arrastá-lo para o novo local e soltá-lo naquela posição (veja a Figura 9.14). Em outros sistemas, a mesma edição pode envolver selecionar o texto, mover o cursor para a posição desejada e depois pressionar outra combinação de teclas.

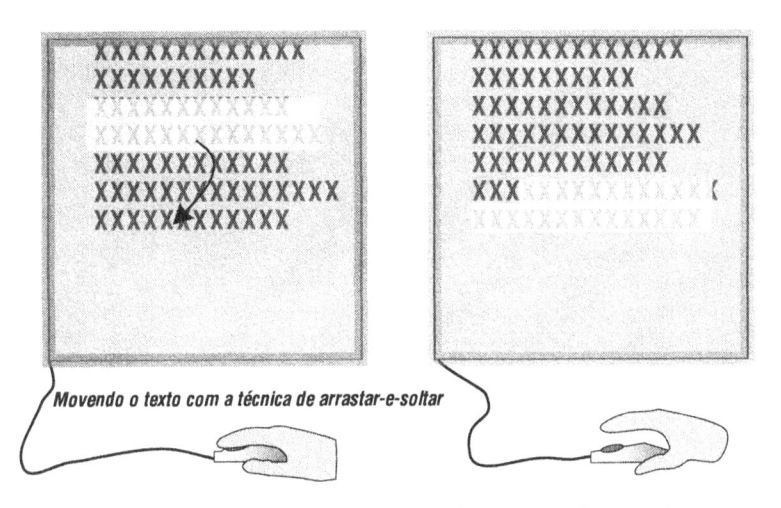

FIGURA 9.14 Com o mouse, você pode usar a técnica de arrastar-e-soltar para mover texto em um documento.

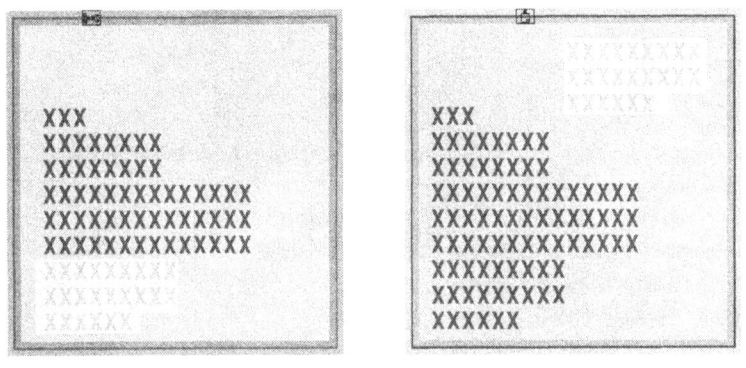

Movendo o texto com a técnica de arrastar-e-soltar

Recortando e colando

FIGURA 9.15 A técnica recortar e colar é adequada para mover texto dentro de documentos grandes ou entre dois documentos.

Às vezes, você pode querer mover um texto que não esteja em posição de ser facilmente arrastado (como, por exemplo, mover um parágrafo da página 25 para a página 2). Quase todos os editores de texto possuem uma área de armazenamento ou buffer invisível, chamada *área de transferência (clipboard)*, para você recortar e colar textos. Você pode selecionar seções do texto e depois emitir o *comando Recortar (Cut)*, em geral Shift+Delete, para removê-las do seu documento e colocá-las na área de transferência. Então, você posiciona o cursor no local em que deseja que o texto seja inserido e emite o *comando Colar (Past)*, em geral Control+Insert. O editor de texto inserirá o texto que estava na área de transferência na posição em que se encontra o cursor (veja a Figura 9.15).

LOCALIZAR E SUBSTITUIR
Um recurso excepcionalmente útil de todo editor de texto são os comandos *Localizar e Substituir*, às vezes também chamado *Encontrar* e *Substituir (Replace)*. Com o comando Substituir, você pode pedir para o programa procurar todas as ocorrências de uma seqüência de caracteres, uma palavra, nome ou frase, e substituí-la por um texto novo. Por exemplo, digamos que você crie um documento de dez páginas e depois perceba que escreveu incorretamente o nome de uma pessoa dezenas de vezes em todo o documento. Em vez de escrever o nome "Stephans", escreveu "Stevens".

Se você escolher o comando Substituir em um menu, poderá trocar o nome errado pelo certo onde quer que ele esteja no texto. Quando você seleciona a opção de menu, aparece na tela uma caixa de diálogo (veja a Figura 9.16) onde você insere o texto a ser localizado e o texto que irá substituí-lo. Dando um clique no botão Localizar próxima (Find Next), você pode andar pelo documento, substituindo cada ocorrência, uma de cada vez, ou então dar um clique em, Substituir todas (Replace All) para que o programa faça todas as substituições automaticamente.

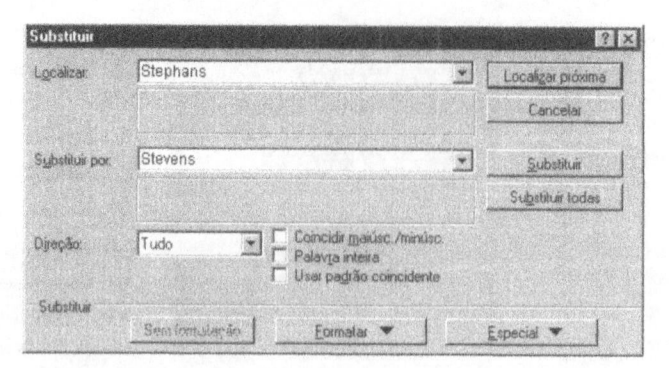

FIGURA 9.16 Para usar o comando Substituir, você especifica o que deseja procurar e o que será colocado no lugar do texto.

Em alguns editores de texto, você pode procurar estilos (assunto da próxima seção), em vez de um texto específico, e alterá-los automaticamente.

FORMATANDO TEXTO

Agora que você já sabe inserir um texto em um documento e editá-lo, vejamos como é possível melhorar a sua aparência.

FACES E FAMÍLIAS DE FACE O termo *face* refere-se ao estilo das letras, símbolos e pontuações do seu documento. As faces têm nomes como Times, Helvetica e Palatino. Além do estilo básico, a face também apresenta variações. Negrito e itálico são duas variações que uma face pode ter.

Uma *família de faces* inclui todas as variações em negrito, itálico e negrito-itálico fornecidas com uma determinada face. Assim, Times Roman e Times Italic são duas faces diferentes que pertencem à mesma família — a família Times.

TAMANHO E FONTE Na edição de texto (e ainda mais na editoração eletrônica), o tamanho e a distância são medidos em unidades de *pontos* e *paicas*. Normalmente, os pontos são usados para medidas verticais, como a altura dos caracteres ou o espaço entre as linhas, enquanto as paicas são usadas para medidas horizontais maiores, como a largura de uma coluna ou página. Na edição de texto básico, você não encontra paicas com muita freqüência. Será, no entanto, necessário usar pontos para especificar o tamanho do tipo.

Existem 72 pontos em uma polegada — portanto, uma fonte com 8 pontos produzirá nove linhas de texto em uma polegada de espaço vertical, sem espaço algum entre as linhas. Uma fonte de 9 pontos resultará em oito linhas por polegada e uma de 12 pontos, em seis linhas por polegada. O importante é lembrar que, quanto maior o tamanho do ponto, maior o caractere (veja a Figura 9.17).

Este é o Times Roman de 8 pontos

Este é o Times Roman de 9 pontos

Este é o Times Roman de 12 pontos

Este é o Times Roman de 24 pontos

FIGURA 9.17 O tamanho do ponto afeta tanto o tamanho horizontal e vertical quando o espaçamento dos caracteres.

Fonte é o conjunto completo do tipo (incluindo negrito, itálico, negrito-itálico e todos os tamanhos) de uma determinada face. A maioria dos editores de texto já vem com pelo menos algumas fontes internas. Nos ambientes gráficos como o Macintosh e o Microsoft Windows, você também tem acesso a qualquer fonte adicional do sistema. Também é possível adquirir outras fontes para usar com qualquer programa do seu computador, inclusive o editor de texto.

TIPOS DE FONTE Há duas categorias genéricas de fontes que são importantes você conhecer. Todo caractere de uma fonte monoespaçada ocupa exatamente a mesma quantidade de espaço horizontal. As fontes monoespaçadas lembram o produto das máquinas de escrever, porque todo caractere se alinha perfeitamente com o caractere acima e abaixo dele. A fonte monoespaçada mais comum é a Courier.

A maioria das fontes, porém, não são monoespaçadas. Elas são fontes *proporcionais* ou fontes com *kerning*. Nas fontes proporcionais, cada caractere pode ter uma largura ligeiramente diferente. Um exemplo são as letras M e I. A letra M é muito mais larga do que a letra I. Na fonte proporcional, o I ocupa muito menos espaço horizontal do que o M. Na fonte monoespaçada, as letras ocupam o mesmo espaço, independentemente de sua largura (veja a Figura 9.18).

```
Este texto é uma fonte monoespaçada chamada
Courier
```

Este texto é uma fonte proporcional chamada Times Roman

FIGURA 9.18 As fontes monoespaçadas oferecem uma quantidade igual de espaço horizontal para todos os caracteres. Em outras palavras, todo caractere tem a mesma largura. Nas fontes proporcionais, cada letra pode ter uma largura diferente.

As faces também podem ser divididas em mais duas categorias genéricas — *com serifas* (*serif*) e *sem serifas* (*sans serif*). O tipo com serifas é aquele com curvas e adornos decorativos. O tipo sem serifas é simples. Algumas pessoas acham que as fontes sem serifas têm aparência mais moderna, mas para outras as fontes com serifas aparentam elegância e compõem melhor o corpo do texto. A Figura 9.19 mostra alguns exemplos de faces com e sem serifas.

Esta fonte (Times New Roman) é uma fonte com serifas (serif)

Esta fonte (Helvética) não tem serifas (sans serif)

FIGURA 9.19 As fontes com serifas decoram artisticamente os caracteres (por exemplo, os cantos da letra T e as linhas na base dos caracteres). As fontes sem serifas não apresentam essas serifas.

APLICANDO FONTES AO SEU DOCUMENTO Existem duas maneiras de aplicar uma fonte ao seu texto. Em um documento vazio, ou em qualquer ponto de um documento já criado, você pode selecionar uma fonte de forma que qualquer caractere digitado daquele ponto em diante seja exibido naquela fonte. A segunda maneira é alterar a fonte de um texto que já tenha sido digitado. Na prática, você pode usar qualquer um dos dois métodos. Eis como eles funcionam.

Para alterar a seleção atual da fonte no Microsoft Word for Windows, você primeiro escolhe a face — para tanto, abra uma caixa de lista de fontes e faça a sua opção (Figura 9.20). Também é possível alterar o corpo — abra a caixa de lista de tamanhos e faça a nova opção. Para aplicar uma nova fonte em um texto já criado, simplesmente selecione o texto primeiro com o teclado ou com o mouse e depois siga o mesmo procedimento.

Para alterar a seleção atual da fonte no WordPerfect, você abre o menu Fonte, escolhe Fonte e seleciona as características que deseja aplicar a seu texto. Para alterar a fonte de um texto já criado, você seleciona o texto, abre o menu Fonte e escolhe as características desejadas (veja a Figura 9.21).

FIGURA 9.20 Para selecionar fontes, você abre uma lista de fontes e faz a sua opção.

JUSTIFICAÇÃO A maioria dos documentos pessoais e comerciais tem alinhamento apenas na margem esquerda. Dizemos que a margem esquerda é *irregular à direita* porque as linhas terminam onde termina a última palavra. Quando você quiser dar uma aparência especialmente profissional ao seu documento, poderá *justificar* o texto — alinhar ambas as margens, direita e esquerda. Os editores de texto efetuam a justificação ajustando o espaçamento entre as palavras e às vezes entre os caracteres de uma linha.

Além da margem irregular à direita e da justificação total, alguns editores de texto permitem que você centralize o texto ou justifique-o à direita. A justificação central pode ser usada para títulos e cabeçalhos.

Para justificar um parágrafo no Microsoft Word for Windows e no Microsoft Word for Macintosh, você seleciona o parágrafo ou o texto e dá um clique em um botão na barra de ferramentas (veja a Figura 9.22).

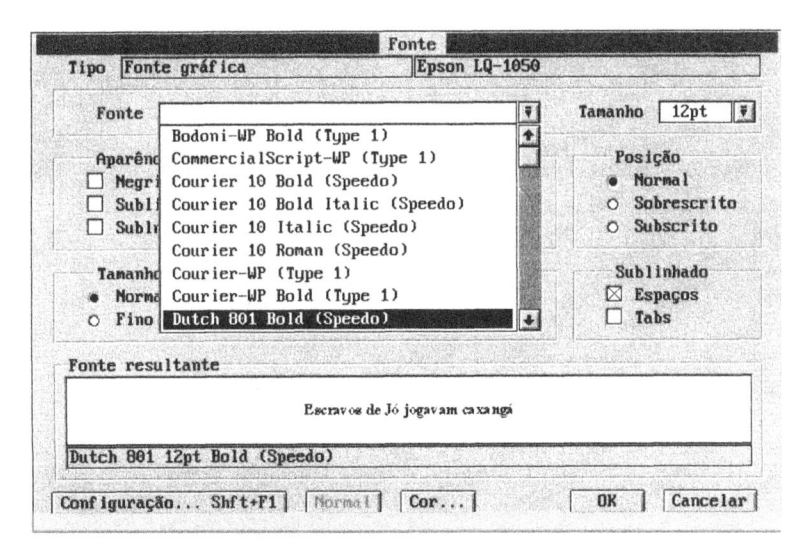

FIGURA 9.21 Para alterar a fonte de um texto já criado no WordPerfect 6.0 for Windows, você primeiro seleciona o texto que deseja alterar, abre o menu Fonte e seleciona os atributos que serão aplicados ao texto.

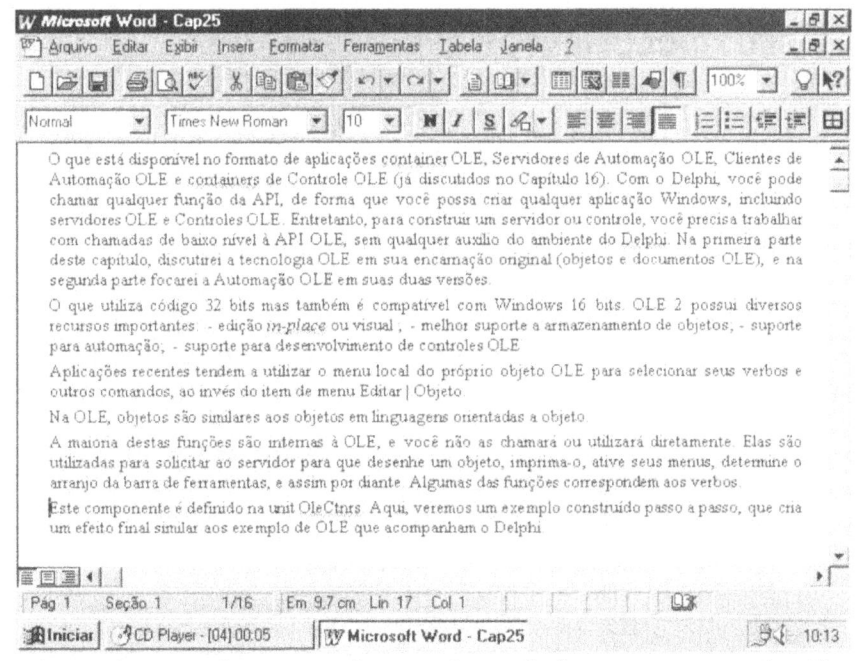

FIGURA 9.22 Dê um clique no botão Justificar, na barra de ferramentas, para justificar o parágrafo.

No WordPerfect 6.0 for Windows, você move o cursor para o início do texto a ser justificado, abre o menu Layout, escolhe Justificação e depois escolhe Esquerda, Direita, Centralizada ou Total (veja a Figura 9.23).

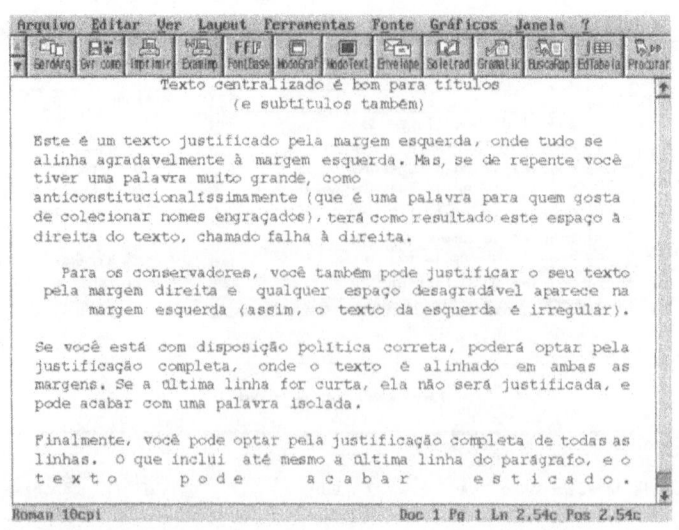

FIGURA 9.23 Para justificar seu texto no WordPerfect 6.0 for Windows você abre o menu Layout, escolhe Justificação e depois a sua opção de justificação. O WordPerfect oferece opções para a justificação de texto.

IMPRIMINDO SEUS DOCUMENTOS

Documentos são criados, é claro, para ser impressos e utilizados. Nesta seção, falaremos sobre os tópicos mais importantes da impressão dos seus documentos.

IMPRESSORAS A maioria dos editores de texto dá suporte a todas as impressoras mais populares vendidas hoje em dia, além de muitas impressoras mais antigas, que já saíram de linha. Dar suporte a uma impressora significa saber usar recursos que ela possui, tais como definir tamanho da folha, número de cópias, e como usar os modos gráficos da impressora (veja a Figura 9.24).

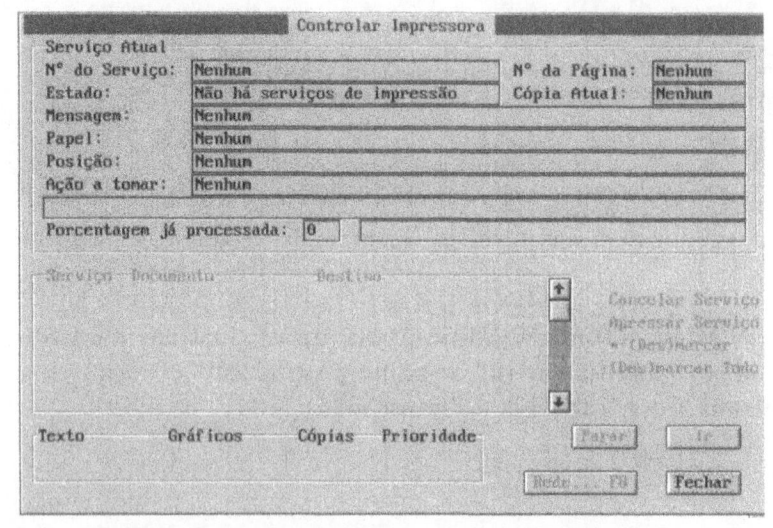

FIGURA 9.24 A caixa de diálogo Controlar Impressora do WordPerfect informa as tarefas de impressão e permite que você as cancele a qualquer momento.

A maioria das impressoras imprime muitas faces e tamanhos diferentes, e um bom editor de texto libera o usuário dos detalhes sobre compatibilidade das impressoras. Na verdade, você só precisa preocupar-se com o modelo da sua impressora uma vez — quando o software é inicialmente instalado e pede-lhe para informar o modelo de impressora que está conectado ao computador.

VISUALIZAÇÃO DE IMPRESSÃO Um recurso que muitos editores de texto oferecem é a possibilidade de visualizar as páginas antes de imprimi-las. Esse recurso chama-se *visualização de impressão* (print preview). Visualizar impressão "reduz" as páginas do seu documento para lhe permitir ver uma página inteira de uma só vez ou até mesmo duas páginas, lado a lado. Às vezes, há um recurso que lhe permite ampliar a página. Infelizmente, não é possível editar o texto no modo visualização de impressão, mas ele é especialmente útil para você ver o efeito que terão as definições de margens, cabeçalhos e rodapés no seu documento — assim você não gasta papel à toa.

A Figura 9.25 mostra um documento no modo visualização de impressão. Note que um parágrafo começa no final da primeira página e continua na página seguinte. A visualização da impressão permite que você veja e corrija situações como essa sem precisar imprimir o documento primeiro.

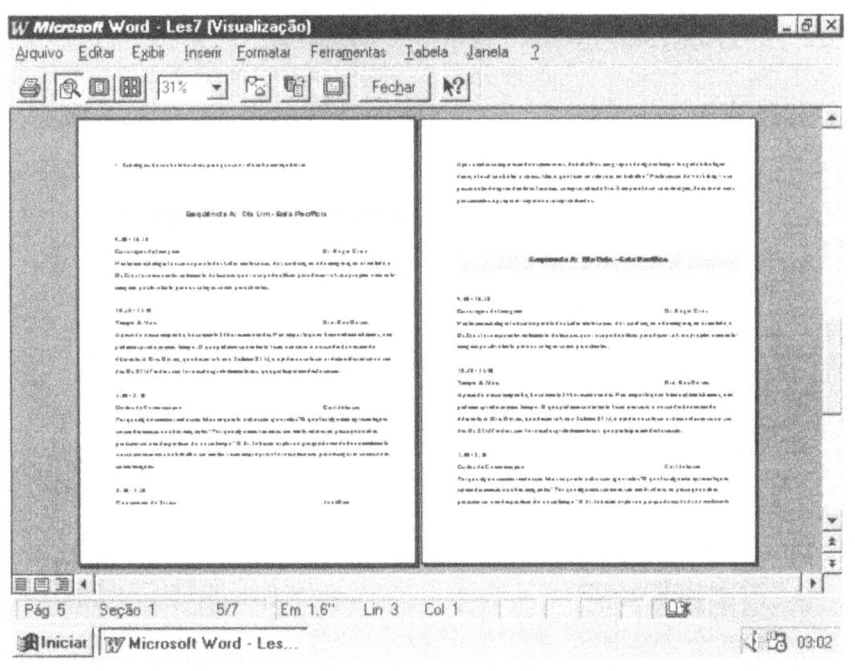

FIGURA 9.25 A visualização da impressão (*print preview*) permite que você veja na tela como o documento ficará quando impresso.

IMPRIMINDO O DOCUMENTO Como o seu editor de texto já sabe o modelo de impressora que está conectado ao computador, imprimir um documento é tão simples quanto selecionar o comando Imprimir (Print) em um menu ou dar um clique no botão da impressora em uma barra de ferramentas. A maioria dos editores de texto oferece a opção de imprimir todo o documento, uma única página, uma seqüência de páginas ou um texto selecionado.

ARQUIVANDO SEUS DOCUMENTOS

Um grande benefício dos programas de edição de texto para seus documentos é que você os mantêm em arquivos eletrônicos que podem ser facilmente acessados e que nunca se perdem nem são arquivados em pastas erradas (pelo menos não deveriam perder-se). No Capítulo 8, vimos como criar uma hierarquia de subdiretórios ou pastas. Você pode usar essa estrutura lógica de arquivos, gavetas, pastas e arquivos para armazenar seus documentos.

O arquivamento eletrônico de documentos tem várias vantagens, caso você planeje uma estratégia razoável de armazenamento. Você precisa designar um local para o documento apenas uma vez — na primeira vez que ele é gravado. Depois disso, sempre que ele for aberto e alterado, o comando Salvar (Save) ou Fechar (Close) fará as atualizações no disco na localização original. Quando você precisar encontrar documentos, uma boa estrutura de diretório ou pastas permitirá que essa tarefa seja executada em um piscar de olhos, porque os documentos estarão classificados e categorizados. Você só precisará percorrer a árvore de diretório e, devido ao uso de nomes significativos, logo chegará ao documento desejado. A Figura 9.26 ilustra uma estratégia para uma árvore de diretório de uma empresa de editoração. Note que todos os subdiretórios ramificam-se de um único subdiretório do diretório-raiz.

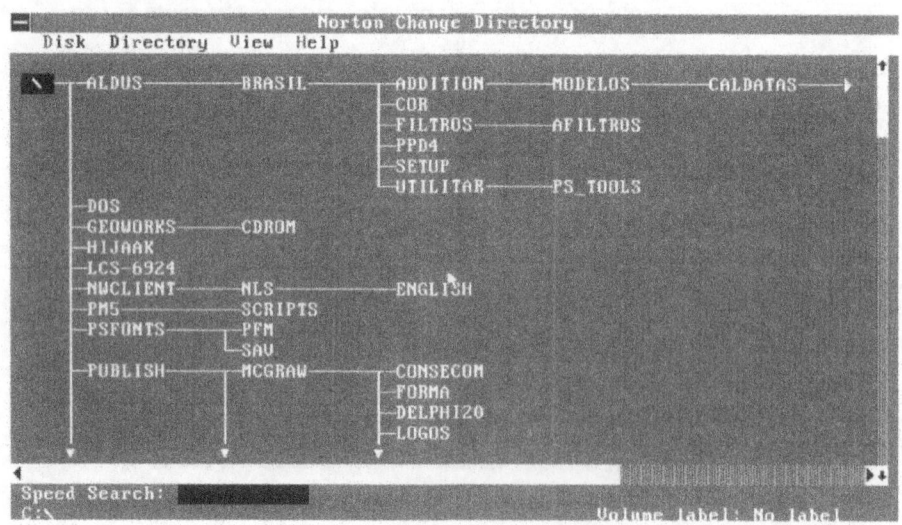

FIGURA 9.26 A estrutura de pastas ou subdiretórios pode facilitar muito a localização de documentos e a cópia de segurança (backup) dos arquivos.

Armazenar seus arquivos de documento em uma única árvore de diretório permite-lhe sempre iniciar no mesmo local quando precisar procurar um arquivo. Por exemplo, digamos que você queira localizar um arquivo que sabe ter criado há mais de um ano. O arquivo era um contrato de trabalho de um novo funcionário e você quer usá-lo novamente com algumas pequenas alterações. Em muitos editores de texto, você ativa o comando Arquivo na barra de menu principal e seleciona o comando Abrir (Open). Esse comando apresenta na tela uma caixa de diálogo para a seleção de arquivos parecida com aquela mostrada na Figura 9.27.

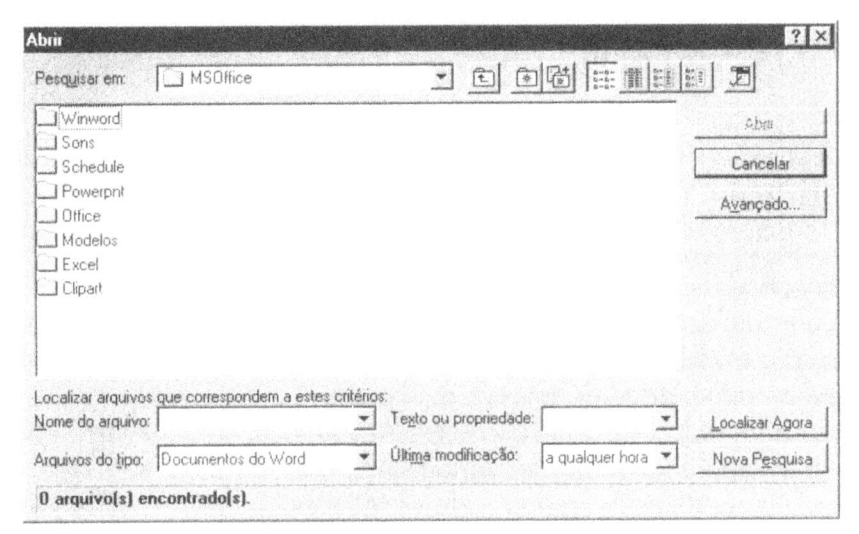

FIGURA 9.27 Caixa de diálogo para a seleção de arquivos do Word 7 for Windows 95. Você primeiro seleciona a unidade, a pasta principal, depois a subpasta e então o arquivo.

Com uma única hierarquia de diretórios para arquivos de documento, você pode começar a procurar o contrato de trabalho no primeiro subdiretório, ou na pasta principal. A maioria dos editores de texto tem uma opção que você define para que a caixa de diálogo sempre comece no mesmo diretório ou pasta — neste caso, o diretório "MSOffice". A lista de arquivos ou pastas que aparece na caixa de diálogo mostra os arquivos de documento armazenados no diretório atual e também os nomes dos subdiretórios ou subpastas do diretório atual.

As opções apresentadas são os nomes dos subdiretórios ou pastas que se originam no diretório atual. Essas opções estão relacionadas às categorias genéricas dos documentos que foram criados e armazenados nesse disco.

Como você pode ver, o planejamento da sua hierarquia de diretórios ou pastas pode facilitar muito mais a tarefa de procurar documentos do que se seus diretórios estivessem desorganizados ou se você colocasse todos os arquivos criados com o editor de textos em um só diretório. Apenas você pode decidir qual a melhor estrutura para o seu trabalho, mas é sempre melhor planejar do que juntar documentos a esmo — seria muito difícil decifrá-los mais tarde.

RECURSOS AVANÇADOS DOS EDITORES DE TEXTO

Nesta seção, examinaremos algumas das características mais avançadas que muitos editores de texto oferecem. Investigaremos como essas ferramentas podem facilitar e acelerar a edição de textos.

VERIFICANDO A ORTOGRAFIA

Todo editor de texto sério tem um *verificador ortográfico*. A possibilidade de verificar a ortografia de um texto aumenta incrivelmente a certeza de que o documento será profissional em todos os aspectos — sem nenhuma palavra escrita incorretamente.

Os verificadores ortográficos analisam todas as palavras de um documento e comparam-nas com um dicionário interno. Esses dicionários normalmente contêm milhares de palavras e são capazes de encontrar e verificar quase todas as palavras comuns empregadas em um documento. Há, porém, muitas palavras que os verificadores ortográficos questionarão, porque elas não estão nos dicionários internos. Por exemplo, nomes de pessoas e empresas e muitas abreviações e acrônimos. Por esse motivo, os bons verificadores ortográficos permitem que você crie seus próprios dicionários, que serão usados para referência além dos dicionários padrão.

Infelizmente, os verificadores ortográficos não são inteligentes o bastante para verificar o contexto de uma palavra. Algumas palavras serão consideradas corretas, mesmo que seu uso esteja errado. Por exemplo, considere a frase

```
Seu censo de justiça é muito forte.
```

VISÃO TÉCNICA — COMO FUNCIONAM OS VERIFICADORES ORTOGRÁFICOS

Você acabou de escrever um longo relatório. Agora é hora de verificar se a ortografia está correta. De todas as opções incorporadas aos editores de texto, a verificação ortográfica é a mais antiga e a mais usada. Para ativar a maioria dos verificadores ortográficos, você usa um único toque de tecla ou uma única seleção de menu.

Mas o que acontece depois que você inicia o verificador ortográfico?

Os verificadores ortográficos consistem em vários componentes. O maior deles é um arquivo enorme chamado *dicionário*. Ele contém milhares de palavras — escritas corretamente. Além do dicionário principal, muitos verificadores ortográficos contêm um segundo arquivo onde está armazenada uma lista menor de palavras. Esse arquivo em geral é chamado *dicionário rápido*. Também é comum encontrar um terceiro arquivo, chamado *dicionário do usuário*.

Quando o verificador ortográfico confere o seu texto, ele examina todas as palavras. Ele sabe quais grupos de caracteres são palavras por meio de duas características. Primeiro, uma palavra precisa ser precedida e seguida de espaço. Segundo, palavras não começam com números.

Nota: Se a palavra possuir um hífen introduzido manualmente, o verificador ortográfico poderá considerá-la incorreta, mesmo que não esteja. Normalmente, os editores de texto dividem automática e corretamente as palavras que não cabem em uma mesma linha. Os hifens inseridos pelo programa são ignorados pelo verificador ortográfico. Os hifens inseridos pelo usuário, não.

Quando o verificador ortográfico começa a trabalhar no seu arquivo, ele usa o dicionário rápido para comparar cada palavra encontrada com todas as palavras que começam com a mesma letra. Apesar de conter apenas uma pequena fração do número de palavras do dicionário principal, as palavras do dicionário rápido são as mais comuns de um determinado idioma. Se o computador encontra a palavra no dicionário rápido, ele passa para a palavra seguinte. É assim que ele verifica todas as palavras do seu arquivo com tanta rapidez. Primeiro, ele limita a procura àquelas palavras que são mais comuns e depois estreita a procura ainda mais, comparando apenas as palavras que contêm as primeiras letras (duas ou três). Portanto, na maioria dos casos, o computador só precisa procurar umas dez palavras, se tanto — um processo que, para os velozes computadores dos dias de hoje, só demora uma fração de segundo.

Se uma determinada palavra não é encontrada no dicionário rápido, o verificador ortográfico expande a busca para o dicionário do usuário. Aqui, também, o computador limita seu trabalho às palavras cujos primeiros caracteres sejam iguais. Observe que o dicionário do usuário é um arquivo que contém as palavras que você acrescentou ao verificador ortográfico. Ele é controlado pela opção Acrescentar ao Dicionário, encontrada na maioria dos editores de texto. Se a palavra não estiver em nenhum dos dois dicionários, o programa passa a procurá-la no dicionário principal. Se ela não for encontrada, o programa abrirá uma janela, notificando-o da palavra suspeita e exibindo outras palavras que têm ortografia próxima da original.

As opções exibidas são selecionadas por um conjunto de regras definidas dentro do verificador ortográfico. Dependendo do programa, algumas das palavras exibidas são palavras que só têm uma ou duas letras diferentes. Outras palavras podem apresentar pares de letras invertidas. A lista de regras geralmente é bastante longa, mas ela é específica e normalmente resulta na apresentação da palavra correta em uma lista de quatro ou cinco opções.

Em essência, os verificadores ortográficos são programas de banco de dados de uma única função usados para manter listas de palavras e para executar a função de busca no banco de dados. No caso dos verificadores ortográficos que são incluídos como parte integrante dos editores de texto, o programa geralmente usa o mesmo código de programa (ou quase o mesmo código) para pesquisar os dicionários e procurar palavras específicas no seu documento (para a função Ir Para ou Pesquisar).

É claro que a palavra "censo" aqui deveria ser "senso" — mas para o verificador ortográfico, esse tipo de erro passaria despercebido, porque a palavra "censo" está escrita corretamente. Por causa dessa limitação, novos produtos, chamados *verificadores gramaticais*, surgiram no mercado. Esses pacotes verificam o uso da palavra, a correção gramatical e, às vezes, até o estilo da linguagem escrita. Eles geralmente são vendidos separadamente, embora a tendência seja integrá-los aos editores de texto.

No exemplo de verificador ortográfico ilustrado na Figura 9.28, o Microsoft Word for Windows identifica uma palavra que não pode ser localizada nem nos dicionários padrão nem no dicionário personalizado. Quando isso acontece, o programa pede que o usuário tome uma atitude. A caixa de diálogo sugere uma palavra, caso o verificador ortográfico tenha conseguido encontrar uma aproximação. Ela também exibe uma lista de outras palavras parecidas com a palavra questionada.

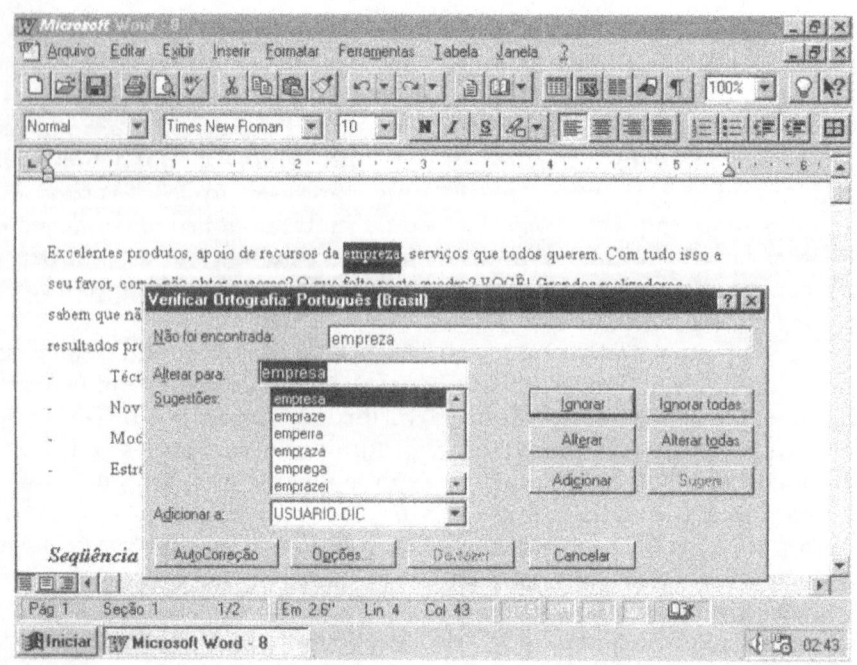

FIGURA 9.28 Quando o verificador ortográfico não encontra uma palavra em nenhum de seus dicionários, ele ilumina a palavra e solicita uma ação por parte do usuário. Aqui, o Microsoft Word for Windows encontrou erro na palavra *empreza*. O verificador ortográfico está sugerindo que a grafia correta é "empresa" e o usuário pode implementar a mudança dando um clique no botão Alterar. Às vezes, o verificador ortográfico lista várias palavras que poderiam substituir a palavra incorreta. Neste caso, o usuário ilumina a palavra apropriada antes de dar um clique em Alterar.

Você pode aceitar a sugestão dando um clique no botão Alterar ou pode escolher uma das outras palavras semelhantes e depois dar um clique em Alterar. Se você espera encontrar uma palavra escrita incorretamente em vários pontos do documento, dê um clique em Alterar todas para substituir todas as ocorrências daquela palavra pela opção sugerida pelo verificador ortográfico.

Na Figura 9.29, a palavra que está sendo questionada é "realisar". Se a palavra estiver correta, você pode dar um clique no botão Ignorar para que ela seja ignorada. Se você sabe que essa palavra aparecerá várias vezes errada no documento, dê um clique em Alterar todas para ser mais rápido — assim, o verificador ortográfico não apontará aquela palavra novamente.

Se o verificador ortográfico sugerir que uma palavra está com grafia incorreta, mas, na verdade, a palavra está certa, você pode acrescentá-la ao dicionário personalizado. Alguns editores de texto permitem que você tenha mais de um dicionário personalizado para diferentes tipos de linguagem escrita. Muitos editores de texto usam um documento ou arquivo de texto padrão para armazenar palavras em um dicionário personalizado — dessa forma, você pode carregá-lo facilmente e fazer as alterações necessárias.

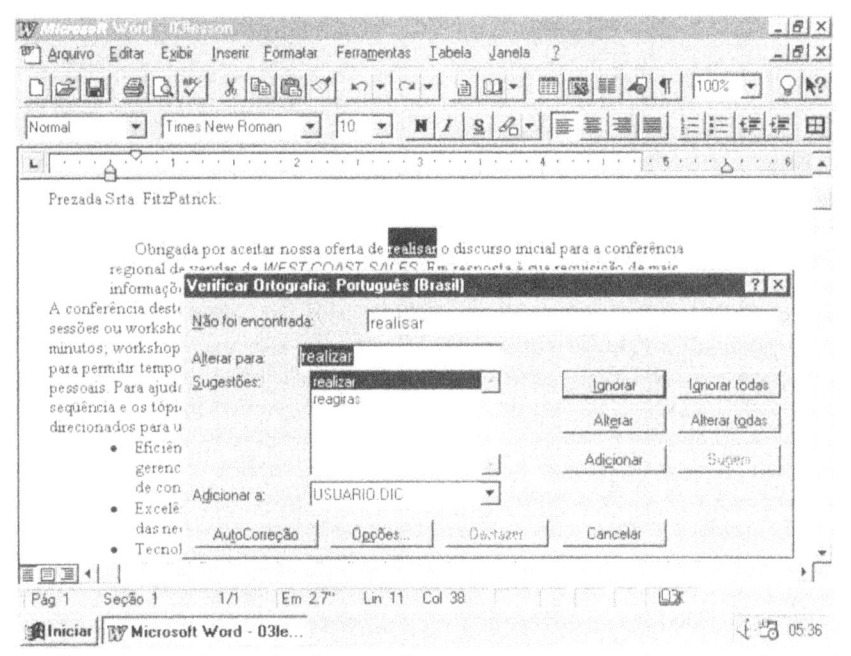

FIGURA 9.29 Aqui, o Microsoft Word 7 for Windows encontrou a palavra errada "realisar" e sugere outra opção.

NOTEBOOK DO NORTON

VERIFICADORES GRAMATICAIS

Escrever bem não é apenas uma questão de digitar ou escrever as palavras corretamente. Escrever bem é, sobretudo, uma questão de estilo. Sem um bom estilo, criar um texto, conforme disse Truman Capote, é digitar e não escrever.

Felizmente, para aqueles que usam editores de texto, a ajuda necessária pode estar no próprio computador. O verificador gramatical é capaz de avaliar seu texto e até fazer sugestões sobre como melhorá-lo. Ao contrário dos verificadores ortográficos, que são programas baseados em listas e que comparam a ortografia das palavras contidas nos nossos documentos com uma lista interna de palavras grafadas corretamente, os verificadores gramaticais analisam o que escrevemos, dentro de um contexto.

Um bom verificador gramatical pode informar que estamos usando uma palavra em excesso, aplicando o tempo de verbo errado, trocando particípios ou cometendo qualquer um de outros milhares de erros gramaticais. E, em geral, ele oferecerá uma correção com base no texto em volta.

Além de conferirem a escrita para determinar se ela está ou não gramaticalmente correta, muitos verificadores gramaticais são capazes de determinar coisas como o faixa etária do público-alvo de um documento. Em outras palavras, com base no tipo, tamanho e complexidade das palavras usadas, o verificador gramatical é capaz de determinar a faixa etária à qual seu texto deve estar voltado.

Uma coisa que eles não podem fazer é determinar se o que você está dizendo é razoável. Apesar de terem condições de dizer se o seu texto segue as regras gramaticais, eles não sabem se o que você está dizendo faz realmente qualquer sentido. Se você escrever "o bebê sorriu e discretamente abriu um buraco na parede enquanto dormia", o verificador gramatical aceitará sua frase como gramaticalmente perfeita — mesmo que ela descreva um cenário altamente improvável.

Será que os verificadores gramaticais deveriam atentar para esse tipo de situação? Provavelmente, não, já que isso limitaria seu uso. Se eles o fizessem, os ficcionistas não poderiam usá-los. Além disso, o conteúdo deve continuar a ser domínio apenas do escritor. Pedir para o computador avaliar o conteúdo seria querer que ele se transformasse no escritor.

Então, embora os verificadores gramaticais sejam capazes de oferecer uma baliza para medir o progresso de autores iniciantes, que ainda estão aprendendo os fundamentos da linguagem escrita, eles também trazem consigo um problema em potencial. Eles podem sufocar um bom escritor ou alguém com potencial para se tornar um bom escritor. Os verificadores gramaticais visam uma "média legível". A maioria de nós deve tentar atingir um nível mais alto.

Portanto, se você só quer ter uma noção de como escreve, poderá rodar um verificador gramatical para informações simples como a freqüência com que certas palavras ou frases são usadas (o uso de uma palavra em excesso pode tornar seu texto cansativo) ou o mau uso de algumas palavras (por exemplo, usar mim no lugar de eu). Nesse caso, o verificador ortográfico será útil. Mas, se usado como ferramenta diária, tal como o verificador ortográfico, o verificador gramatical trará mais aborrecimentos do que benefícios.

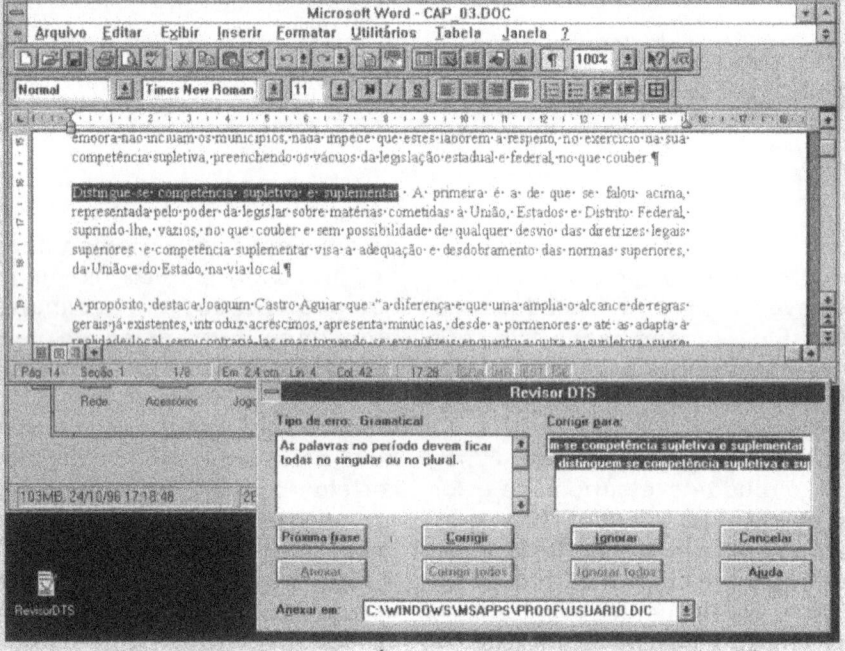

OS VERIFICADORES GRAMATICAIS VERIFICAM A EXISTÊNCIA DE ERROS E OFERECEM SUGESTÕES COM BASE NO CONTEXTO.

USANDO UM DICIONÁRIO DE SINÔNIMOS (THESAURUS)

Um recurso que está tornando-se padrão nos editores de texto é o dicionário de sinônimos on-line. O *dicionário de sinônimos* oferece uma lista de palavras alternativas com significados semelhantes. Quando você compõe um documento e tem a sensação de que uma determinada palavra usada não se encaixa bem no contexto, é possível iluminar a palavra e trazer para a tela o dicionário de sinônimos com uma lista de alternativas viáveis.

Na Figura 9.30, o Microsoft Word exibe uma lista de sinônimos para a palavra *sucesso*. Você também pode optar por exibir o antônimo de uma palavra em vez de seu sinônimo. Se encontrar uma palavra melhor, só precisará iluminá-la e dar um clique em Substituir — o dicionário de sinônimos substituirá a palavra original pela palavra nova.

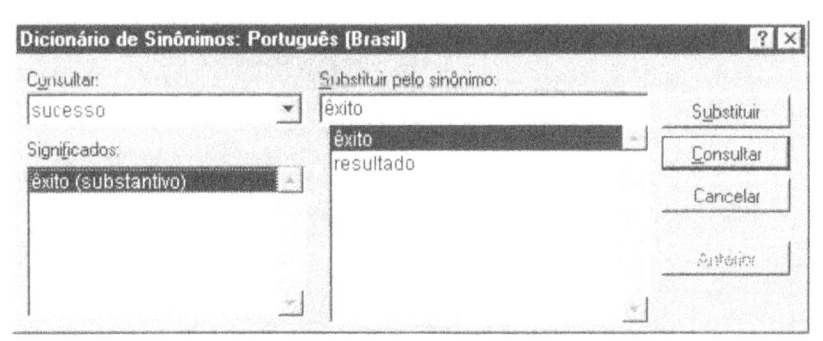

FIGURA 9.30 O dicionário de sinônimos (*thesaurus*) relaciona sinônimos de uma palavra.

USANDO UM ESQUEMATIZADOR

O *esquematizador* (*outline*), *visão esquematizada* ou *modo de tópicos* (*outline view*), é uma ferramenta poderosa para planejar e reorganizar documentos grandes. O esquematizador (outline) é um plano, ou mapa, de um documento. A maioria dos documentos com várias páginas de comprimento pode e deve ser dividida em seções ou grupos lógicos — como as seções deste capítulo. Preparar antecipadamente um esquema de composição para o texto do seu documento pode ajudá-lo a planejar o seu conteúdo e garantir que todo tópico seja abordado em ordem lógica.

Infelizmente, porém, nem sempre é possível pensar em tudo com antecedência. Durante o curso do seu trabalho, certamente você se lembrará de novos tópicos ou decidirá por uma nova estratégia para o layout do seu documento. É aí que entra em ação a força de um esquematizador integrado.

Alguns editores têm uma visualização separada, a visualização no modo de tópicos, para exibir o esquema de um documento — um tipo de alternância entre a exibição do texto normal e do esquema do documento. Os esquemas são formados por níveis de títulos sob os quais possivelmente há um texto. Os editores de texto em geral numeram os títulos de acordo com o nível a que pertencem — iniciando com 1 (os títulos mais proeminentes) até 2, 3, ou quantos forem os subtítulos desejados. Você pode conferir uma aparência especial a cada título, para que eles sejam facilmente distinguíveis. Por exemplo, os títulos do nível 1 podem ser grandes, em estilo negrito e alinhados na margem esquerda. Os do nível 2 podem ser endentados e com tipo menor do que o do nível 1.

Mas o esquematizador não é capaz apenas de dividir em tópicos. No Microsoft Word, você pode promover e rebaixar títulos, dando um simples clique em qualquer uma das setas (veja a Figura 9.31). Você também pode mover os títulos para outras posições — e todo o texto associado a um título acompanha-o automaticamente!

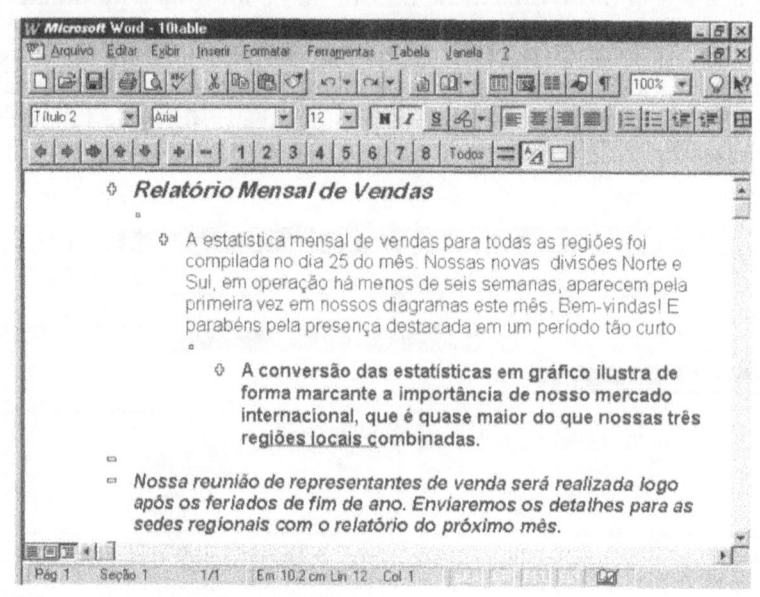

FIGURA 9.31 Na visão esquematizada, você pode ver a estrutura do seu documento e reorganizá-la.

Os esquematizadores também oferecem um modo conveniente de numerar e colocar letras nos títulos. Por exemplo, alguns documentos — especialmente os documentos legais — têm um esquema global de numeração. Cada *seção* é numerada consecutivamente e pode ser dividida em *partes* marcadas com letras; cada parte pode conter *parágrafos* numerados. A seqüência global pode usar algarismos romanos, enquanto os parágrafos podem usar algarismos arábicos. Além disso, pode haver mais de uma seqüência de partes marcadas com letras — uma usando letras maiúsculas e outra usando letras minúsculas.

Com esse tipo de documento, inserir ou mover seções e partes, ou acrescentar texto, poderia criar-lhe um verdadeiro pesadelo — você precisaria renumerar todos os itens do documento. O esquematizador cuida de todos esses detalhes automaticamente. Você só precisa definir um esquema de numeração — depois, poderá mover, eliminar e acrescentar textos sem precisar preocupar-se com mais nada.

ESTILOS E FOLHAS DE ESTILOS

A *folha de estilos* é uma coleção dos estilos de texto e elementos de formatação que você mais usa ou de que mais gosta. No caso de documentos que exigem várias formatações, nas quais partes diferentes usam fontes, tamanhos ou margens diferentes, a folha de estilos pode economizar muito tempo e trabalho.

O modo de criar folhas de estilos varia de um editor de texto para outro. A idéia básica, porém, é a de que você crie uma coleção de diversos estilos de uma só vez e depois salve-os em uma folha de estilos. Em alguns editores de texto, quando você cria um novo documento, escolhe uma folha de estilos na lista apresentada. O novo documento é pré-carregado com todos os estilos definidos para aquele tipo de documento.

Você pode modificar os estilos que já existem ou criar estilos novos. No Microsoft Word, por exemplo, você pode modificar o estilo "Normal" para Times New Roman de 12 pontos, alterar o nível 1 de cabeçalho para Palatino Bold de 16 pontos e criar um novo estilo para parágrafos especiais nos quais o texto será Helvetica de 10 pontos com 8 espaços de endentação em ambas as margens.

O uso de folhas de estilos pode representar uma grande economia de tempo quando você quiser efetuar mudanças universais. Digamos que você esteja usando uma folha de estilos e decida que os cabeçalhos do nível 1 devem ser definidos como Palatino em vez de Times New Roman. Tudo o que você precisa fazer é mudar a definição daquele estilo e todos os cabeçalhos de nível 1 do seu documento mudarão para Palatino. Além disso, todo documento que use aquela folha de estilos também será afetado pela modificação.

SOFTWARE DE EDITORAÇÃO ELETRÔNICA

O aparecimento do *software de editoração eletrônica (DTP — Desktop Publishing)* foi um avanço no mundo dos microcomputadores. O software de editoração eletrônica revolucionou as indústrias de edição e artes gráficas e deu aos usuários comuns a possibilidade de produzir documentos e publicações profissionais e de qualidade. O impacto da editoração eletrônica no mercado de microcomputadores influenciou o caminho do desenvolvimento dos programas de edição de texto, planilhas eletrônicas e banco de dados. A capacidade de produzir materiais de boa aparência é importante o suficiente para pressionar os desenvolvedores das grandes aplicações comerciais a incluir recursos de editoração eletrônica em seus produtos.

O QUE É SOFTWARE DE EDITORAÇÃO ELETRÔNICA?

Antes do aparecimento do software de editoração eletrônica, produzir publicações de qualquer tipo, de simples boletins informativos até livros, era um processo lento e complexo, que envolvia as habilidades especiais de muitos profissionais diferentes. Um livro, por exemplo, era escrito por um autor, em sua máquina de escrever. Um projetista gráfico determinava o melhor design para o livro. Um compositor usava equipamentos especiais para compor o manuscrito, que depois era manualmente disposto em páginas, de acordo com as especificações do projetista, por um arte-finalista. Finalmente, as páginas eram enviadas para uma empresa ou birô de fotolito e para a gráfica.

LIGUE-SE — USANDO FOLHAS DE ESTILOS E GABARITOS

Nesta seção, abordaremos o uso das folhas de estilos. Para obter uma melhor idéia sobre como usar as folhas de estilos, você deve primeiro saber quando elas devem ser usadas. Aqui está um exemplo.

Digamos que você esteja produzindo um boletim informativo. Todos os meses, ele é essencialmente o mesmo. Tem o logotipo da empresa, usa o mesmo tamanho, face e estilo para o título e o mesmo tipo para o corpo do texto.

Portanto, todos os meses, na hora de digitar o texto do boletim, você tem de selecionar os mesmos parâmetros de formatação para cada item antes de começar a digitação. Esse processo é demorado e, se você cometer um erro, toda a publicação poderá adquirir uma aparência inadequada. Para complicar ainda mais, às vezes os erros são tão pequenos que é quase impossível encontrá-los. Infelizmente, um tipo que seja apenas 1/2 ponto maior ou menor que o outro pode fazer uma grande diferença na aparência do seu material. Você precisa usar uma folha de estilos.

Para ter uma idéia de como se usa uma folha de estilos, suponha que você tenha passado um longo tempo — talvez horas — tentando acertar o nome da sua empresa no início do boletim. Para ter certeza de que ele sairá certo todas as vezes que o boletim for impresso, você pode fazer uma cópia e colá-la eletronicamente a cada impressão, porque em todas as edições o nome será igual. Entretanto, não é possível colar todos os títulos e artigos. O conteúdo será diferente. A face, o tamanho e o estilo dos títulos e artigos, porém, permanecerão sempre iguais.

Por exemplo, se você definir a face (Helvetica, Times Roman), o estilo (negrito, itálico) e o corpo dos títulos na folha de estilos, poderá simplesmente escolher o estilo "título" na folha de estilos, mais tarde, e o computador aplicará todos esses parâmetros automaticamente. Você não precisará nem se lembrar de quais são eles.

Há outra vantagem em usar folhas de estilos. Em um determinado ponto do seu trabalho, você pode decidir alterar a aparência do seu boletim. Se quiser alterar todos os cabeçalhos para um tamanho ou face diferente, a alteração completa poderá ser feita em apenas uma etapa — você só terá de mudar a definição do estilo "cabeçalho" na folha de estilos.

Isso lhe soa como se as folhas de estilos fossem poderosas? Bem, elas realmente o são. Mas não as confunda com gabaritos (*templates*). Os gabaritos são igualmente úteis, mas são usados para um tipo de documento diferente.

Os gabaritos são usados para criar documentos quase idênticos. Um uso comum é a criação de formulários. Por exemplo, os documentos legais, como os testamentos, geralmente usam mais ou menos a mesma linguagem. O que muda de testamento para testamento é a lista de herdeiros, os bens e as cláusulas específicas. O restante é muito parecido. Portanto, no caso de um documento como o testamento, no qual o texto e o estilo permanecem mais ou

> menos inalterados, é mais eficaz usar um gabarito.
>
> Agora que você já sabe a diferença entre folha de estilos e gabarito, analise as situações a seguir e veja qual deles você usaria em cada caso (as respostas são fornecidas ao final).
>
> 1. Você precisa produzir uma carta padrão para enviar aos alunos da sua turma da universidade para mantê-los informados sobre as reuniões mensais e eventos especiais.
>
> 2. Você trabalha para um leiloeiro. Seu trabalho é digitar a lista dos itens (e suas descrições) que compõem um lote. A lista contém o nome do item em negrito e sua descrição em texto normal. Os títulos de cada item são grandes e em negrito.
>
> 3. Você está digitando sua tese. Você tem um texto normal, três níveis de cabeçalho, parágrafos especiais endentados, para citações de entrevistas, e uma série de tabelas com resultados de testes.
>
> Respostas:
>
> 1. Gabarito
> 2. Folha de estilos
> 3. Folha de estilos

O software de editoração eletrônica integra o projeto, composição e arte-final em uma só tarefa, controlada por uma pessoa em um computador pessoal. Eles possuem recursos para especificar o projeto da publicação, para definir o tipo a ser usado e para dispor os tipos e os gráficos de modo a deixá-los prontos para impressão. O software de editoração eletrônica usa telas WYSIWYG que mostram como a página ficará quando impressa.

O impacto do software de editoração eletrônica nos microcomputadores e na indústria de edição foi imediato e dramático. Por ter colocado o meio de produção nas mãos de uma pessoa, ele deu origem a uma indústria caseira de editores eletrônicos — indivíduos (em geral com experiência em projetos, composição ou arte-final tradicional) que compraram computadores e software e saíram a campo sozinhos. Além disso, como a integração do processo de edição resultou em economia significativa de tempo e dinheiro, jornais, revistas e editoras resolveram adotar o software de editoração eletrônica para aumentar sua eficiência, capacidade de produção e lucros.

A editoração eletrônica tornou-se — depois dos editores de texto, planilhas e bancos de dados — o quarto grande progresso em termos de aplicativos: uma justificativa em si mesma para a compra de um computador. O Aldus PageMaker, o primeiro produto de software de editoração eletrônica, foi lançado para o Macintosh em 1985, e considerado um motivo importante para a aquisição de um Macintosh. O PageMaker foi diretamente responsável pela penetração do Macintosh nos mercados de edição e em outros mercados comerciais, e fez dele o computador líder nas áreas gráfica e editorial, uma posição que ele ainda ocupa, apesar da acirrada concorrência dos microcomputadores baseados no Microsoft Windows e no Windows NT e das estações de trabalho Unix.

NOTEBOOK DO NORTON

PROLIFERAÇÃO DE PEQUENAS PUBLICAÇÕES EM RESPOSTA AOS PROGRAMAS DE EDITORAÇÃO ELETRÔNICA

Faça uma retrospectiva. Algum dia você já produziu seu próprio jornal? Muitas crianças o fazem, em um momento ou outro. As pessoas têm um forte desejo de comunicação, e uma das melhores maneiras de atingir esse objetivo é por meio de publicações. Mas até recentemente, conseguir publicar alguma coisa era uma tarefa bastante difícil. Seria preciso despertar o interesse de um editor (e competir com milhares de outros escritores) ou então ser você mesmo o editor (um processo muito, muito caro).

O que há de tão caro na área editorial? Há alguns anos, quase tudo era caro. Mas, hoje, pelo menos parte do processo não está mais incluída nesse grupo. Embora ainda seja verdade que revistas coloridas, impressas em páginas brilhantes, têm impressão muito cara, é possível usar processos como a fotocópia e a impressão rápida para baixar o custo das publicações.

A única despesa que sobra, então (supondo-se que você seja o autor e o editor), é a preparação e distribuição do trabalho. A composição e o layout da página costumavam ser processos terrivelmente dispendiosos. E, se você não recorresse a uma gráfica de alta qualidade, seu trabalho sairia apenas ligeiramente melhor do que o jornal ou revista que você criou quando era criança.

Mas, hoje, temos diante de nós uma revolução: ela se chama editoração eletrônica. Com um computador e uma impressora relativamente baratos, quase qualquer pessoa com um certo tempo livre é capaz de produzir uma publicação com qualidade profissional.

A editoração eletrônica é um acontecimento relativamente novo na área da computação. Ela foi criada basicamente por três pessoas — Steven Jobs (então na Apple Computer), Paul Brainerd (Aldus Corporation) e John Warnock (Adobe Systems) — e pelo pessoal da Canon. Steve Jobs havia lançado o computador Macintosh havia pouco tempo, e só existiam dois aplicativos para ele: MacPaint e MacWrite. Sabendo que nenhum computador consegue ir muito longe sem programas interessantes, ele saiu à procura do companheiro perfeito para seu novo computador gráfico.

Ele não encontrou software algum, mas encontrou inspiração. A Canon havia acabado de inventar a impressora a laser. Essa impressora era capaz de produzir textos e gráficos de alta qualidade, mas seu produto não era apenas alta qualidade — era a mais alta qualidade jamais vista em um computador. Ela produzia imagens usando um processo baseado na mesma técnica das fotocopiadoras. Na verdade, a Canon dispunha de um produto paralelo, desenvolvido mais ou menos na mesma época: uma copiadora pessoal que usava cartuchos parecidos com aqueles usados na impressora a laser.

Vendo o potencial das impressoras, Jobs começou a pensar em como seria possível utilizá-las para produzir fontes e gráficos dimensionáveis usando seu Macintosh. Foi por isso que ele visitou Warnock na iniciante Adobe Systems. Warnock já havia desenvolvido um software que era usado para produzir imagens para simuladores de vôo. O software destinava-se a produzir figuras (pista de decolagem, torre de controle etc.) e dimensioná-las (aumentá-las, diminuí-las, girá-las etc.) em tempo real. Em outras palavras, as imagens tinham de ser produzidas muito rapidamente para o piloto ter a impressão de que estava em contínuo movimento durante o trabalho do simulador. Não poderia haver demora alguma entre a exibição de uma tela e outra.

A partir daí, Warnock e sua equipe de software desenvolveram o PostScript, linguagem de descrição de página (uma linguagem de programação) na qual se baseou a primeira Apple LaserWriter. Com a nova impressora, o Macintosh conseguia produzir belos textos e gráficos — mais bonitos do que qualquer um já visto em um computador pessoal.

Com esses elementos, Paul Brainerd tinha em mãos as ferramentas necessárias para produzir seu programa de editoração eletrônica, o PageMaker. Na verdade, o PageMaker não foi o primeiro programa de editoração eletrônica. Alguns programas anteriores foram mostrados na primeira conferência MacWorld, mas nenhum apresentava realmente uma solução completa para os editores sérios. Em sua maioria, nada mais eram do que editores de texto expandidos. A Aldus passou meses e meses testando e alterando o PageMaker. Em vez de desenvolver um programa que fizesse apenas o que os programadores achavam que ele deveria fazer, ela resolveu perguntar às gráficas, aos compositores e aos artistas gráficos o que eles precisariam encontrar e gostariam de encontrar em um programa de editoração eletrônica. Afinal, eram essas as pessoas que em última análise usariam o produto. E seria para elas que a Aldus, também em última análise, venderia o PageMaker.

Quando o PageMaker foi finalmente lançado, o sucesso foi imediato. Ele fez o que muitos poucos programas jamais tinham sido capazes: criou uma nova classe de software. Hoje, há muitos programas de editoração eletrônica: Ventura Publisher, QuarkXPress, Microsoft Publisher etc., mas todos eles partiram da pesquisa original conduzida por Brainerd e pela Aldus.

Como resultado de programas como o PageMaker e dos novos computadores altamente potentes e de baixo custo, praticamente qualquer pessoa pode ser um editor. O problema agora é encontrar algo para escrever. E é isso o que está acontecendo em muitos cantos escuros da indústria de edição.

Publicações de interesse limitado, publicações quase sempre chamadas "zines", estão despontando em grande número. Zines

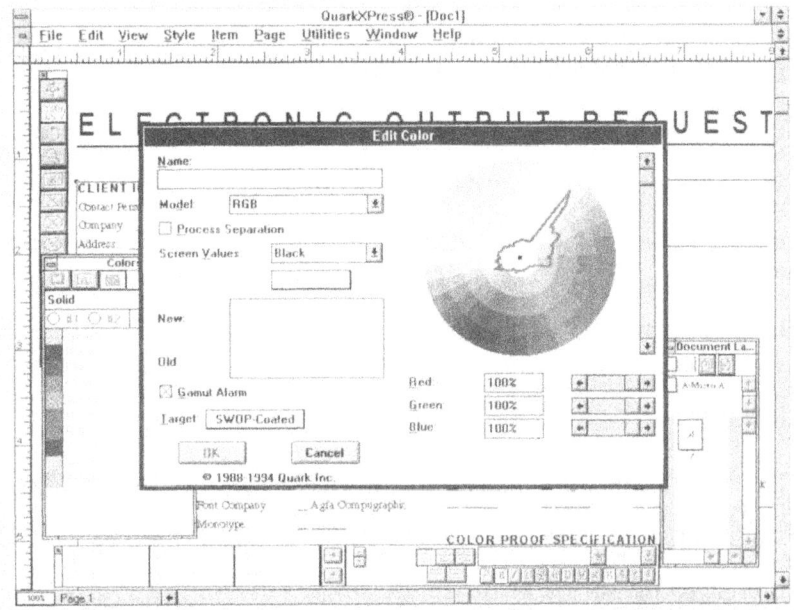

O QUARKXPRESS É UM DOS APLICATIVOS DE EDITORAÇÃO ELETRÔNICA QUE POSSIBILITOU A UM INDIVÍDUO PRODUZIR PUBLICAÇÕES COM APARÊNCIA PROFISSIONAL. (QUARK CORP.)

> são publicações voltadas para um público muito específico — em geral um público bastante pequeno —, e normalmente são produzidos por poucas pessoas, às vezes até mesmo por uma só pessoa.
>
> O real benefício das zines é que seu custo é baixo e, portanto, permitem que pessoas e grupos com orçamento limitado produzam revistas para muitos segmentos específicos. De certo modo, elas estão ajudando a respeitar os direitos da liberdade de expressão de uma nova maneira: permitindo que quase todo mundo passe a ser um verdadeiro editor — basta querer.

EDITORAÇÃO ELETRÔNICA VERSUS EDIÇÃO DE TEXTO

O software de editoração eletrônica influenciou outros aplicativos, fazendo-os aperfeiçoar os recursos gráficos e editoriais e transformando-os em algo mais do que simples editores de texto. Características antes exclusivas do domínio da editoração eletrônica, como importação de gráficos e tela WYSIWYG, estão agora presentes nos principais programas de edição de texto; para muitas tarefas simples de edição, você não precisa realmente de um software de editoração eletrônica. Este, por sua vez, apresenta agora importantes recursos de edição de texto, como busca e substituição e verificação ortográfica, obscurecendo ainda mais a linha divisória entre as duas aplicações. Alguns dos recursos agora compartilhados pela editoração eletrônica e pelos principais editores de texto serão relacionados a seguir:

- Configuração do texto em várias colunas, como em um jornal.
- Importação de gráficos em formato eletrônico e sua colocação na página.
- Dimensionamento e redução de gráficos (determinar seu tamanho e reduzi-los de acordo com o espaço disponível).
- Colocação de legendas em gráficos.
- Colocação de texto em torno dos gráficos.
- Formatação de texto em fontes diferentes usando tanto PostScript quanto TrueType.
- Definição de estilos de caracteres e parágrafos (como alinhamento, espaçamento de linha, tabulações e endentações) para formatação de textos.
- Formatação de tabelas.
- Definição de cabeçalhos, rodapés e numeração de página personalizados.
- Geração automática de sumários e índices analíticos.
- Combinação de vários arquivos de texto em um único documento.
- Agrupamento de vários documentos para impressão.

- Criação de gráficos simples dentro de um documento.
- Aplicação de linhas, bordas e sombreado a textos e gráficos.
- Criação e colocação de notas de rodapé.
- Composição de equações e outros símbolos matemáticos e símbolos especiais.
- Configuração de um documento como modelo que servirá de base para outros documentos.

Entretanto, a editoração eletrônica ainda é a melhor, e talvez a única, escolha quando precisa de composição e layout de página de qualidade profissional, quando você precisa usar gráficos ou cores de forma sofisticada, ou quando precisa de impressão com qualidade comercial. E, se você já tem o software, verá que seus recursos lhe permitem um controle muito maior e mais direto sobre a aparência do documento do que os editores de texto. Vamos analisar algumas das diferenças mais importantes entre os programas de editoração eletrônica e os editores de texto.

CONTROLE DOS TIPOS Os editores de texto permitem que você especifique vários detalhes sobre a fonte usada. O software de editoração eletrônica oferece mais dois controles especiais para a composição profissional: kerning e tracking. *Kerning*, como vimos anteriormente neste capítulo, é o ajuste fino no espaço entre cada uma das letras. Por exemplo, talvez você queira aproximar mais um "T" maiúsculo de um "o" minúsculo porque eles normalmente parecem estar sempre muito distantes um do outro. Ou talvez queira aumentar o espaço entre um "r" e um "n", que normalmente parecem estar sempre perto demais um do outro. Ajustar o espaço entre esses e outros pares de letras pode ter grande impacto sobre a aparência de um título, por exemplo, ou sobre os caracteres definidos para efeitos gráficos.

Tracking também é o ajuste no espaçamento entre as letras, mas em vez de ajustar o espaço entre caracteres isolados, ele geralmente ajusta o espaçamento de todo um bloco de texto. O *tight tracking* junta mais as letras, fazendo caber mais caracteres em um determinado espaço (isso pode ser muito importante quando uma cópia tem de ser ajustada em um determinado layout). O loose tracking expande o espaço entre as letras, tornando mais leve a aparência da página (veja a Figura 9.32), o que sempre é um ponto de consideração para os profissionais da área de design.

Outros controles especiais de texto também são encontrados no software de editoração eletrônica. *Capitulares* e *initial caps* são letras maiúsculas de tamanho maior do que o normal colocadas no início de um parágrafo que ocupa duas ou mais linhas de caracteres (drop caps) ou que são mais altas do que o restante da linha (initial caps) (veja a Figura 9.33). A *rotação do texto* permite que você coloque o texto em qualquer ângulo da página (veja a Figura 9.34).

O software de editoração eletrônica permite que você desloque o texto acima ou abaixo da linha de base, force a justificação para que o texto ocupe todo o espaço de uma determinada linha e fixe o texto em uma grade da linha de base (útil para alinhar textos em colunas adjacentes). Você também pode definir linhas de régua de largura específica acima ou abaixo de parágrafos para dar uma aparência mais leve ou mais densa à página. Se estiver trabalhando com cores, o software de editoração eletrônica oferece controles precisos para você definir cores e tons específicos.

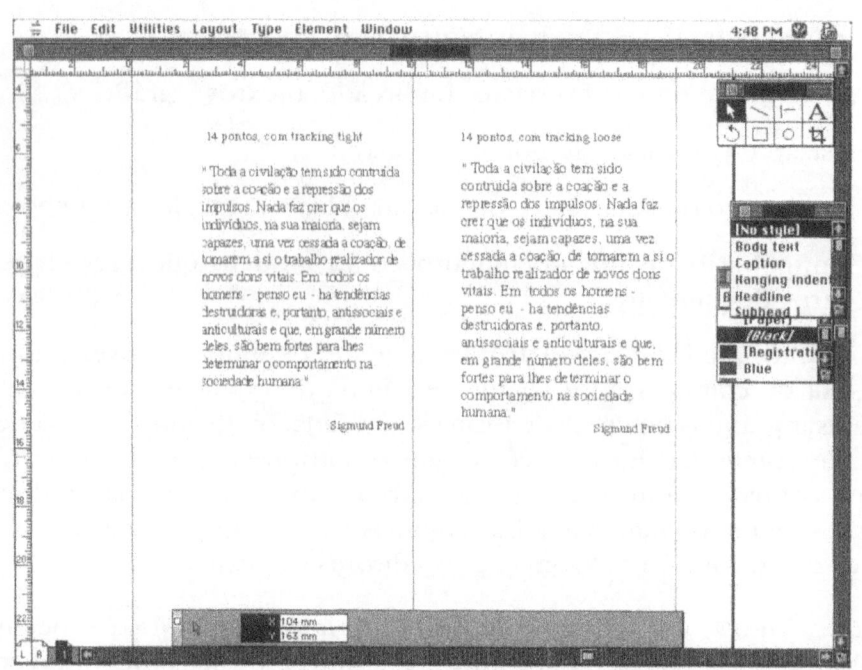

Figura 9.32 O tight tracking coloca mais caracteres no mesmo espaço do que o loose tracking. Este, porém, é em geral mais legível, especialmente quando o tamanho da letra é pequeno.

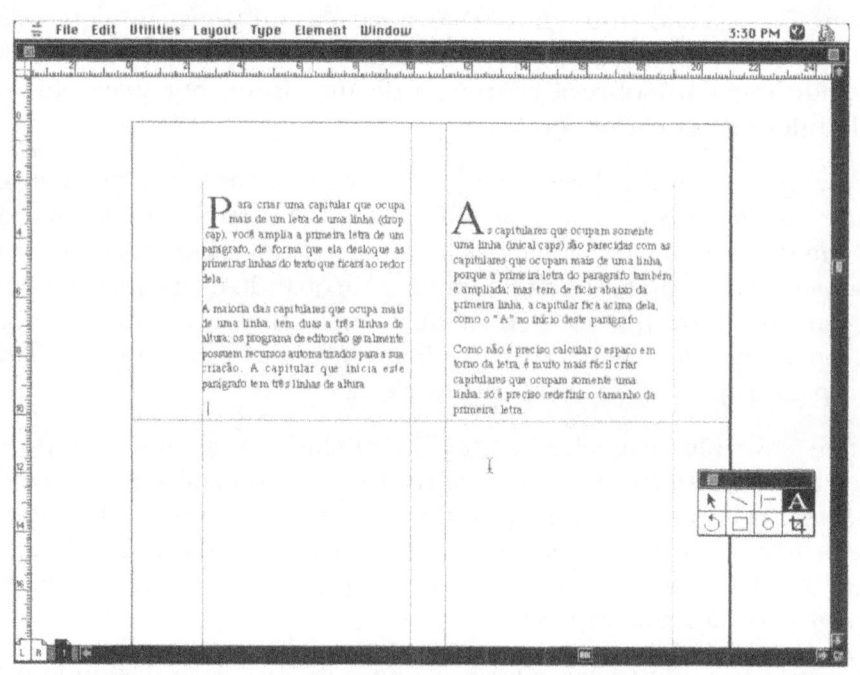

Figura 9.33 As capitulares que ocupam mais de uma linha (drop caps) e as capitulares que ocupam só uma linha (initial caps) são duas maneiras de distinguir caracteres. Elas em geral são usadas apenas no início de um bloco de texto.

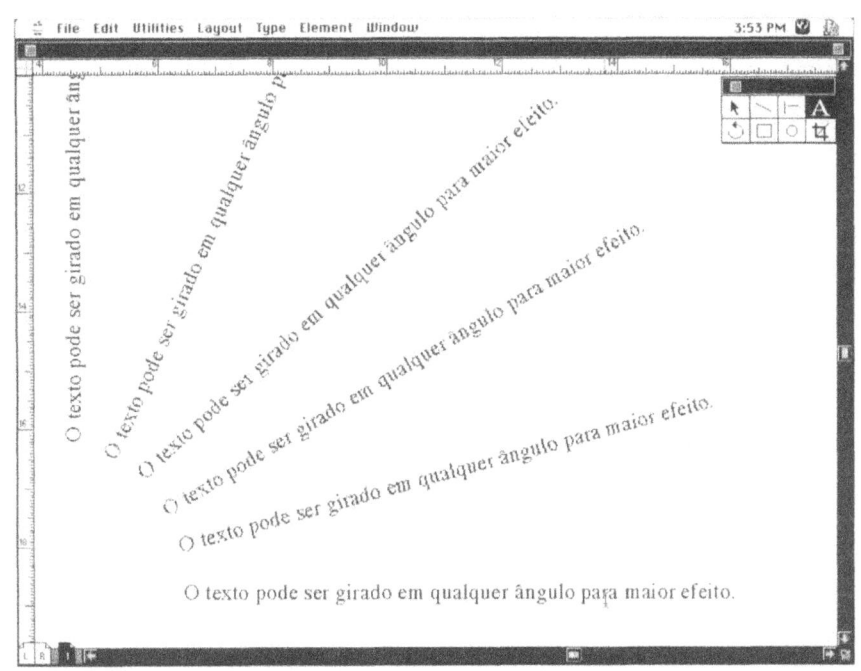

FIGURA 9.34 A maioria dos programas de editoração eletrônica permite que você rotacione o texto em qualquer ângulo.

Embora certos editores de texto apresentem alguns desses controles (por exemplo, capitulares e rotação de texto), eles não são tão sofisticados nem tão precisos quanto os de editoração eletrônica. A mesma regra se aplica a muitos controles de texto comuns do software de editoração eletrônica e dos editores de texto — os controles do software de editoração eletrônica são mais precisos, diretos e flexíveis do que os dos programas de edição de texto.

CONTROLES GRÁFICOS Assim como ocorre com os textos, o software de editoração eletrônica também é mais sofisticado e flexível para controlar gráficos do que os editores de texto. Ele também oferece recursos que não são encontrados nos editores de texto. Por exemplo, tanto programas de editoração eletrônica quanto editores de texto permitem que você importe gráficos, que depois são envolvidos por textos. Os programas de editoração eletrônica, porém, importam gráficos usando formatos de arquivo que os editores de texto não são capazes de gerenciar. Além disso, os programas de editoração eletrônica oferecem controle direto sobre o posicionamento exato do gráfico na página, em vez de forçar o usuário a escolher uma especificação predefinida. Os programas de editoração eletrônica permitem que você especifique exatamente que tipo de borda ou sombreamento deseja, em vez de limitá-lo a algumas opções preestabelecidas. Eles são capazes de ajustar um texto em torno de um gráfico com formato irregular, enquanto os editores de texto exigem que a figura seja retangular (veja a Figura 9.35).

Outros controles gráficos exclusivos do software de editoração eletrônica incluem a aplicação de cores em uma imagem em preto-e-branco ou em tons de cinza, a vinculação de gráficos a elementos de texto para que eles acompanhem o texto quando este for movimentado, o ajuste do brilho, contraste e meio-tom no caso de fotos escaneadas e outras imagens bitmap (*bit-mapped*), a criação de imagens negativas dos gráficos importados e a seleção de modelos de cor que basearão os ajustes de cor (veja

a) Editores de texto colocam texto em torno de um retângulo contendo um elemento gráfico.

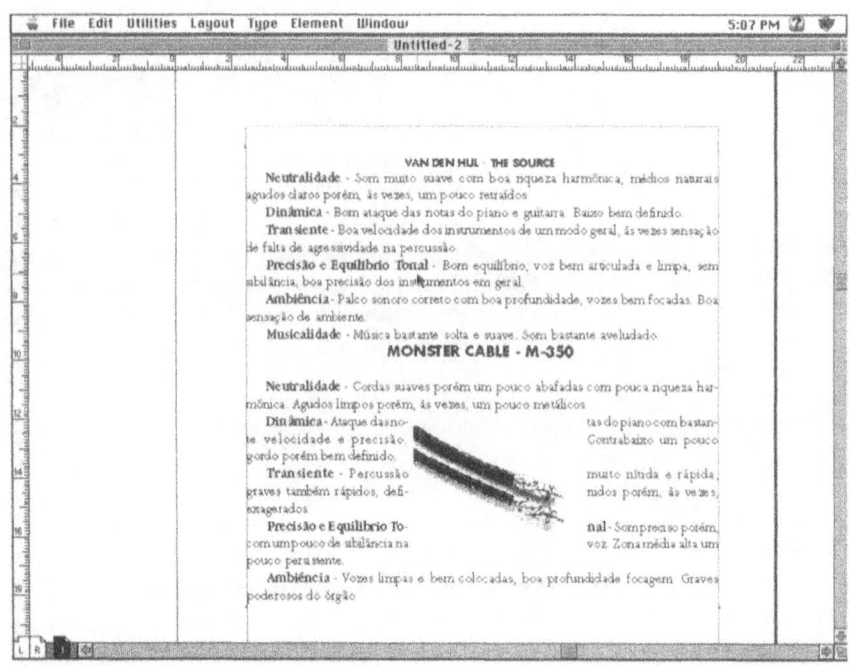

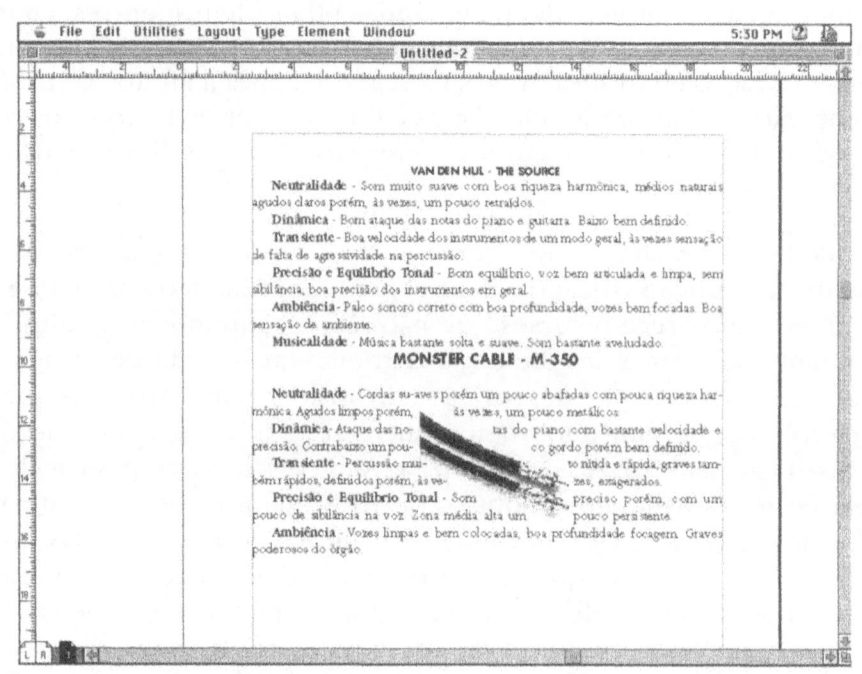

FIGURA 9.35 *b)* Programas de editoração eletrônica como o Aldus PageMaker permitem que você defina pontos de controle personalizados para que o texto se ajuste precisamente em volta do gráfico.

a Figura 9.36). Todos os softwares de editoração eletrônica aceitam o modelo de cor CMYK (Cyan, Magenta, Yellow e Black [Ciano, Magenta, Amarelo e Preto]) usado pelas impressoras para as cores de escala (falaremos sobre isso posteriormente na seção "Controles de Pré-impressão"). Alguns também aceitam os modelos RGB (Red, Green,

Blue [Vermelho, Verde, Azul]), usado para especificar cores nos monitores, e HSB (Hue, Saturation Brilliance [Matiz, Saturação, Brilho]), usado pelos aparelhos de televisão. Alguns programas de editoração eletrônica também catalogam os arquivos gráficos importados, para você saber em que página eles se encontram e também atualizá-los quando os originais forem alterados.

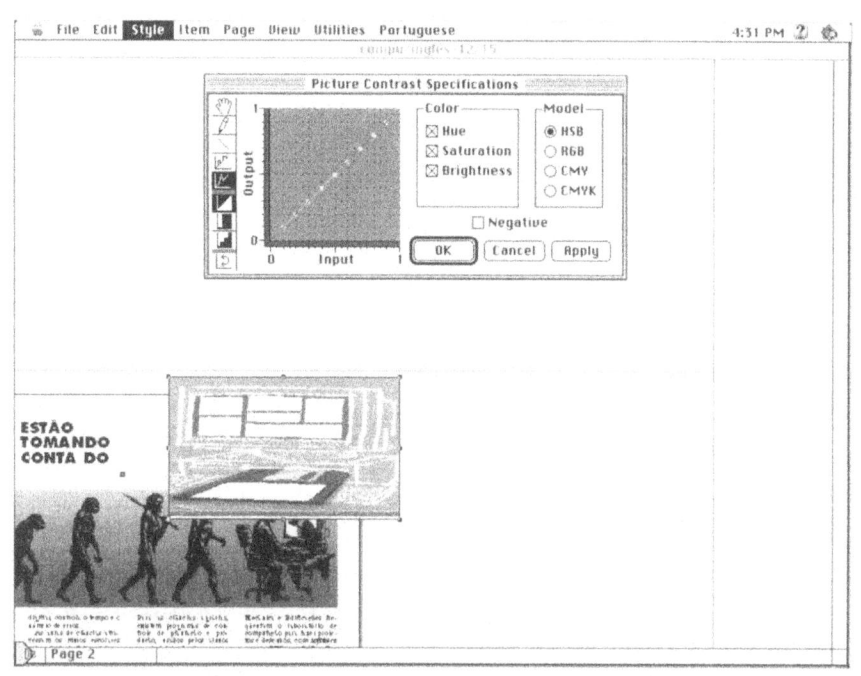

FIGURA 9.36 O QuarkXPress permite que você especifique que modelo de cor será usado para imagens bitmap.

CONTROLE DE LAYOUT DE PÁGINAS E DE DOCUMENTOS Por terem sido criados para atender aos editores, os programas de editoração eletrônica têm controles mais sofisticados e explícitos para configurar o formato dos documentos e também para coordenar vários documentos em uma publicação do que os editores de texto.

Um dos dispositivos mais comuns para layout de página no software de editoração eletrônica é a *página mestra (master page)*. A página mestre é uma página especial dentro do documento usada para a colocação de elementos comuns a todas as páginas, por exemplo, numeração, cabeçalhos e rodapés, linhas de régua, características das margens, imagens especiais e guias de layout (veja a Figura 9.37). Uma vez definidos os itens na página mestra, eles serão automaticamente colocados em todas as páginas. A presença de todos esses elementos em uma página mestra permite que você veja o formato global do documento e faça os ajustes necessários. Os editores de texto geralmente possuem recursos individuais para controlar os elementos comuns a todas as páginas, mas não há como controlá-los coletivamente. Essa característica da editoração eletrônica facilita muito o projeto e layout de uma publicação.

Os editores de texto geralmente possuem recursos para salvar um documento como modelo, mas esses modelos são menos completos do que os modelos dos programas de editoração eletrônica. As páginas mestras dos programas de editoração eletrônica facilitam e aceleram o processo de criar um gabarito.

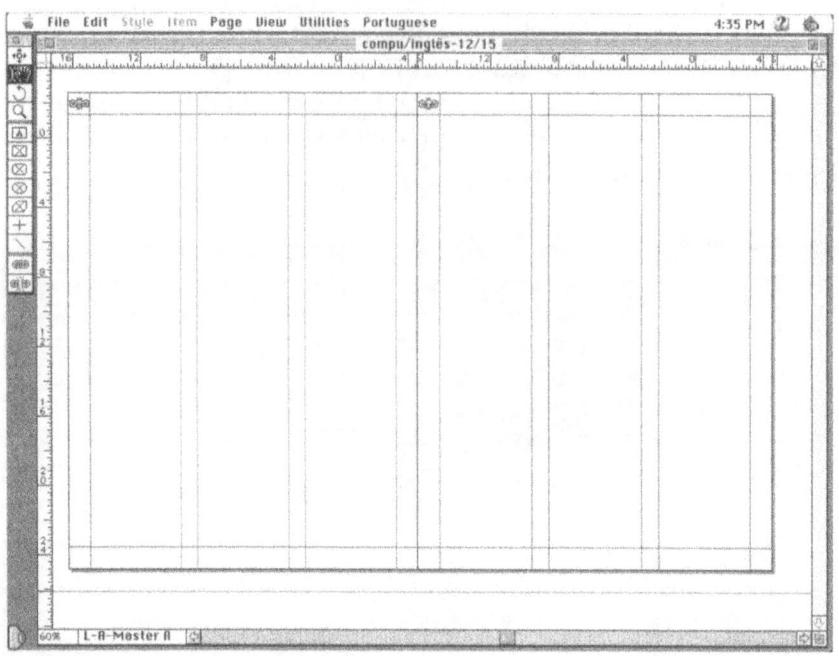

FIGURA 9.37 Um exemplo de página mestra.

CONTROLES DE PRÉ-IMPRESSÃO O software de editoração eletrônica supera em muito os editores de texto quando se trata de preparar o documento para o processo de impressão. Há muitas maneiras de imprimir o documento final e, dependendo da qualidade desejada, você precisará dos recursos de editoração eletrônica destinados a preparar seu documento para impressão.

Se você planeja usar cores no seu documento, o software de editoração eletrônica passa a ser imprescindível. Quando se trata de preparar o documento para impressão, os editores de texto simplesmente carecem dos recursos necessários para controlar a cor adequadamente. O software de editoração eletrônica permite que você especifique as cores de acordo com os padrões da indústria gráfica, como Pantone® e TruMatch (veja a Figura 9.38), para que tanto você quanto a impressora compreendam que cores serão usadas.

Quando os documentos são impressos em cores, páginas separadas precisam ser impressas para cada cor em cada página do documento — esse processo é chamado *separação de cores*. Se você quer que uma determinada cor seja impressa como elemento do design, o software de editoração eletrônica é capaz de imprimir *separações de cores chapadas* (*spot color*), nas quais cada separação representa itens de uma determinada cor. Mas, se você quer usar fotos ou artes *totalmente coloridas* (*full color*), o programa de editoração eletrônica imprime *separações de cores de escala* (*process color*), nas quais, para cada página, é impressa uma separação de cada uma das três cores primárias (ciano, magenta e amarelo) e também do preto. Esse processo chama-se *separação CMYK*. A separação CMYK permite que a impressora combine canetas coloridas para reproduzir um desenho totalmente colorido.

O software de editoração eletrônica também soluciona outros problemas de pré-impressão. Para alinhar as páginas corretamente, as impressoras precisam de *marcas de corte* e de *marcas de registro* em cada página. As marcas de corte mostram

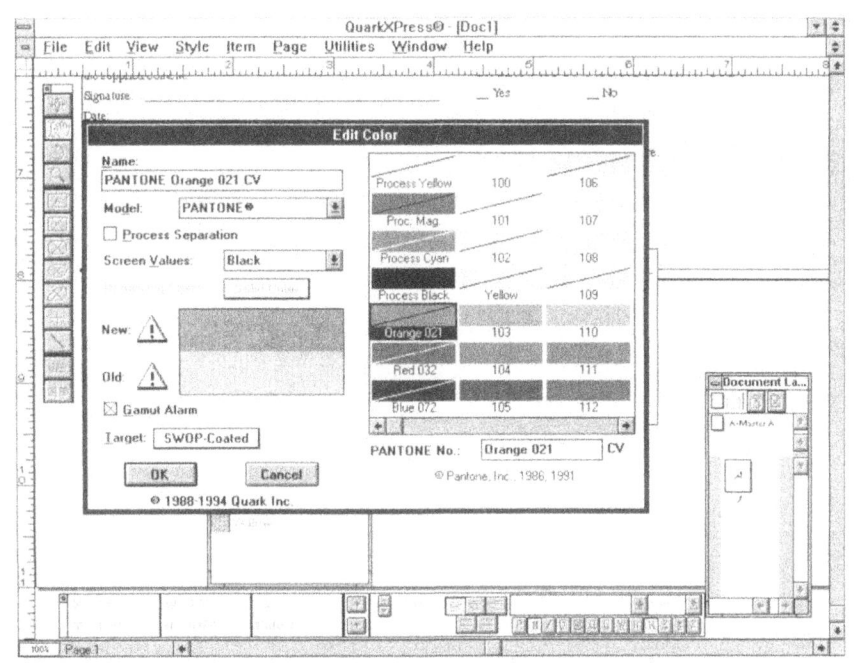

FIGURA 9.38 No QuarkXPress e em outros programas de editoração, você pode selecionar cores personalizadas da paleta Pantone® e de outras paletas padrão.

precisamente onde estão os cantos da página (muito importantes para tamanhos de páginas personalizados), e as marcas de registro possibilitam o alinhamento preciso das separações de cores e dos layouts de várias páginas usados na impressão. Esses conjuntos de marcas são chamados *assinaturas*. A Figura 9.39 mostra uma página com marcas de corte e marcas de registro.

Alguns programas de editoração eletrônica também controlam a *interceptação* (*trapping*), processo de acrescentar uma pequenina sobreposição aos elementos de cor adjacentes com vistas a compensar possíveis erros de alinhamento no momento da impressão. Finalmente, a maioria dos produtos de editoração eletrônica vem com configurações personalizadas para impressão em fotocompositoras digitais, que são usadas pela gráfica (ou pelo fabricante do filme) para criar o filme de impressão sem a necessidade de uma câmera. As fotocompositoras funcionam segundo os mesmos princípios das impressoras a laser, mas em vez de fundir o toner ao papel, elas usam o laser para expor diretamente o filme fotográfico. Elas também operam em uma resolução muito mais alta do que as impressoras a laser e, com isso, o resultado é um produto de qualidade superior.

EDITORAÇÃO ELETRÔNICA NO MUNDO REAL

A conclusão da discussão anterior é que a editoração eletrônica pode ser um processo bastante complexo e especializado. Isso não deve surpreender ninguém, porque o software combina tarefas que costumavam ser especialidade de vários profissionais. Na editoração profissional, apesar de o editor eletrônico integrar todos os elementos gráficos e de texto na página, outros profissionais ainda são requisitados para controlar as outras partes do processo de produção.

FIGURA 9.39 As impressoras usam marcas de corte e marcas de registro para alinhar as páginas corretamente para a impressão.

MINIESTUDO DE CASO: PUBLICAÇÃO DE LIVROS Os autores geralmente escrevem livros usando editores de texto. O original é enviado eletronicamente ao gerente de produção, que imprime uma cópia para o editor de texto que contrata um projetista gráfico para especificar o tipo e o layout. A cópia original é revisada e suas correções são inseridas em um editor de texto e, depois, ela é enviada para uma empresa de editoração eletrônica. Enquanto o original está sendo editado, as ilustrações são criadas, usando-se um programa de ilustração para os desenhos e um programa de captura de telas. Usando um programa de editoração eletrônica, o diagramador cria páginas semelhantes às que você está lendo agora.

Depois de criadas, as páginas são verificadas e corrigidas. Quando o editor as aprova, o documento criado no programa de editoração eletrônica é enviado a um birô de fotolitos, que usa esse documento para produzir a matriz de impressão. A gráfica usa o filme com separação de cores e suas marcas de corte eletrônicas e registro para fazer as chapas de impressão.

Embora haja mais detalhes em cada etapa do processo, este é o esquema geral para que um livro saia do original e chegue às livrarias impresso e encadernado.

PUBLICAÇÃO DE REVISTAS Os editores de revistas e jornais usam os programas de editoração eletrônica e a tecnologia de pré-impressão eletrônica para automatizar ainda mais o processo. Por operarem em um ambiente integrado por computadores, todos os processos que discutimos aqui podem ser realizados eletronicamente. As matérias são escritas e editadas por computador e transferidas eletronicamente para o editor, que também recebe fotos e imagens criadas eletronicamente e integra-as às páginas. Alguns editores usam os softwares de editoração eletrônica disponíveis comercialmente, como QuarkXPress, PageMaker ou FrameMaker; outros usam sistemas personalizados. As provas das páginas eletrônicas são revisadas na tela do computador e enviadas ao departamento de filmes; ou, em certos casos, os editores podem usar os arquivos eletrônicos e equipamentos especiais para criar as chapas de impressão diretamente a partir dos arquivos de editoração eletrônica.

TRABALHANDO COM EDITORAÇÃO ELETRÔNICA

Como você pode usar o software de editoração eletrônica para produzir documentos com qualidade profissional? Os editores usam muitas técnicas e métodos especializados para obter um produto de alta qualidade; e, embora seja possível comprar o software e aprender a usá-lo muito bem, há opções a ser exploradas para você conseguir fazer o melhor uso do seu tempo e do seu dinheiro.

Primeiro, decida se você realmente precisa ou não do software. Qual a complexidade dos documentos que planeja imprimir? Qual a qualidade que espera obter do produto final? Os recursos dos principais editores de texto conseguem facilmente produzir boletins, folhetos e manuais simples; e até mesmo revistas e livros que não utilizem cores nem apresentem projeto muito complexo. Se você planeja imprimir um pequeno número de cópias usando uma gráfica conhecida, ou até mesmo reproduzir as páginas originais em uma fotocopiadora, provavelmente não precisa de software de editoração eletrônica para realizar o seu trabalho. No entanto, se você faz uso significativo de cores, de elementos sofisticados ou se precisa de qualidade que só pode ser oferecida por uma fotocompositora digital e por uma máquina de impressão, então o software de editoração eletrônica é uma necessidade.

Se você decidir que precisa dos recursos de editoração eletrônica, pode tentar aprender a usá-los sozinho; mas, se tiver tempo e planeja publicar muitos documentos, provavelmente valerá a pena investir no software e adquirir o treinamento para usá-lo adequadamente. Se você não tiver nem tempo nem experiência (ou dinheiro), precisará dos serviços de um profissional de editoração (diagramador).

Os diagramadores geralmente são trabalhadores autônomos; eles pegam o seu original e, seguindo suas especificações, transformam-no em um documento de aparência profissional. Um bom diagramador tem familiaridade com os princípios do design editorial e, assim, pode ajudá-lo a definir exatamente como será a forma final do documento, e conhece ainda designers capazes de especificar a aparência do seu documento. Essa pessoa também deve ter condições de ajudá-lo a conseguir uma impressão profissional para o seu documento.

Quando você trabalha com um diagramador, o original precisa ser entregue a ele impresso e em disco em um formato específico. A maioria dos diagramadores terá prazer em trabalhar com você para garantir que os seus arquivos de edição de texto sejam compatíveis com o software que eles usam. No entanto, o formato do arquivo não é a única consideração. O modo como o original é digitado tem um efeito dramático sobre a facilidade com a qual o diagramador trabalha com os seus arquivos, o que, por sua vez, pode afetar diretamente o custo da operação. Práticas como o uso de espaços para alinhar colunas de texto, da tecla Tab sem estabelecer definições adequadas para as tabulações e espaços para endentar parágrafos pendentes podem produzir bons resultados em uma máquina de escrever, mas são um terror para o diagramador. O diagramador poderá aconselhá-lo sobre como preparar os arquivos do editor de texto. Há também livros que mostram como tirar vantagem dos recursos de formatação do editor de texto e criar arquivos que possam ser usados pelo diagramador mais facilmente.

E as ilustrações? Se seu documento precisa de ilustrações, as opções são muitas. A maioria dos documentos comerciais usa ilustrações geradas por dados como impressões de planilhas, relatórios de banco de dados ou gráficos e tabelas criados a partir de dados experimentais. Todos podem ser colocados em um formato eletrônico adequado ao software de editoração; procure saber com antecedência qual é esse formato. Se você precisar de ilustrações criativas, poderá usar *clip art*. *Clip art* são elementos gráficos prontos para ser usados e disponíveis comercialmente em formato eletrônico. O clip art está ficando cada vez mais popular, e muitas empresas de software fornecem fotos e desenhos dessa maneira, em disquetes ou CD-ROM, por preços bastante razoáveis. Você também pode obter catálogos a partir dos quais é possível solicitar imagens específicas.

Se o clip art não atende às suas necessidades, talvez prefira desenhar as ilustrações você mesmo, ou então contratar um artista. Também nesse aspecto seu diagramador poderá ajudá-lo — muitos fazem eles mesmos as ilustrações ou têm contatos profissionais para a elaboração de arte eletrônica que pode ser integrada às páginas do seu trabalho.

Depois que o diagramador cria as páginas eletrônicas do seu original e das suas ilustrações, você recebe uma prova. Esta é revisada por meio de comparação com o original e com as especificações do projeto, e aprovada — caso contrário, você especifica as correções a ser feitas. Quando as páginas estiverem exatamente da maneira como você deseja vê-las, o diagramador irá entregar-lhe os arquivos em disco que deverão ser enviados à empresa que faz os fotolitos — às vezes, ele mesmo poderá encarregar-se disso. Depois, você enviará os fotolitos para a gráfica com as especificações necessárias para que o documento seja impresso corretamente.

Durante todo esse processo, lembre-se de que tempo é dinheiro; os diagramadores, ao fornecerem esse serviço, cobrarão pelo tempo deles e de qualquer outro profissional envolvido — um designer ou um artista, por exemplo. Seja claro e preciso nas suas instruções, trabalhe de acordo com as exigências dos editores e lembre-se de que quaisquer modificações feitas depois de aprovado o projeto terão custo extra.

O QUE ESPERAR DO FUTURO

Assim como no mercado de hardware, a tendência na indústria de software é aumentar os recursos e consolidar a funcionalidade. O que isso significa no caso dos editores de texto e da editoração eletrônica? Já estamos vendo alguns efeitos dessa tendência. Editores de texto de alto desempenho como o Microsoft Word oferecem excelentes recursos de diagramação, além dos recursos gráficos e dos programas de desenho integrado. Os sistemas de editoração eletrônica aos poucos estão sendo usados também na área de redação, integrando verificadores ortográficos e outros recursos tradicionais dos editores de texto.

Se essas tendências persistirem, provavelmente desaparecerão as linhas que separam esses tipos distintos de software. Quando a poeira assentar, talvez tenhamos uma nova classe de software que integre, em um só produto, edição, processamento do texto, ilustrações e composição.

RESUMO

USANDO UM EDITOR DE TEXTO

- Os editores de texto destinam-se à inserção e manipulação de textos.
- A tela de edição de um editor de textos deve ter a aparência de uma página.
- Você pode corrigir erros de digitação facilmente usando as teclas Backspace, Delete, Insert ou digitando sobre o texto antigo.
- A mudança automática de linha move o cursor para o início da linha seguinte, quando o texto alcança o final da linha anterior.
- Há sempre muitas maneiras de se movimentar pelo documento usando o mouse ou o teclado.
- As tabulações e endentações são ferramentas simples de formatação para deslocar parágrafos.
- As ações de recortar, mover e colar aceleram a recolocação de objetos de texto.
- As operações de busca e substituição encontram ou consistentemente modificam uma palavra ou frase em todo o documento.
- Formatar significa alterar estilos, fontes e a justificação das margens.

- Os editores de texto geralmente dão suporte a todas as impressoras mais comuns.

- A visualização da impressão economiza tempo e papel porque permite que você veja o resultado do seu trabalho antes de imprimir o documento propriamente dito.

- Uma boa organização da sua estrutura de armazenamento e a escolha de nomes significativos para cada arquivo faz com que o armazenamento eletrônico dos seus documentos trabalhe a seu favor.

RECURSOS AVANÇADOS DOS EDITORES DE TEXTO

- A verificação ortográfica assegura que todas as palavras usadas coincidam com as inserções presentes no dicionário do editor, mas não substitui a revisão de provas, porque não garante a correção do contexto.

- Os verificadores gramaticais verificam o uso, a correção gramatical e o estilo da escrita.

- O dicionário de sinônimos (thesaurus) on-line oferece palavras alternativas que podem ser mais precisas ou mais interessantes do que a opção original.

- Muitas pessoas usam o recurso da esquematização na edição de textos para organizar suas idéias antes de começar a escrever.

- As folhas de estilos são uma coleção dos elementos de texto e de formatação mais freqüentemente usados.

SOFTWARE DE EDITORAÇÃO ELETRÔNICA

- O software de editoração eletrônica é usado para um layout sofisticado — ele incorpora textos, gráficos e design.

- A editoração eletrônica deu nova vida à área editorial, porque colocou os meios de produção nas mãos de uma só pessoa.

- Embora editores de texto e programas de editoração eletrônica estejam ficando cada vez mais parecidos, o software de editoração eletrônica ainda é melhor para composição e diagramação de qualidade profissional.

- A editoração eletrônica tem controles de caracteres como kerning, tracking, capitulares que ocupam mais de uma linha (drop caps), capitulares que ocupam somente uma linha (initial caps) e rotação do texto.

- Os controles gráficos são usados para posicionamento, margens, rotação do texto, posicionamento personalizado do texto e aplicação e controle de cores.

- As páginas mestras permitem que você especifique elementos comuns a todas as páginas do documento.

- Os controles de pré-impressão incluem separações de cores, marcas de corte, marcas de registro e material destinado a ir diretamente para as máquinas de off-set ou de retogravuras usadas pelas gráficas.

- O software de editoração eletrônica é usado por editores de livros e revistas, por profissionais da área de marketing e por qualquer outro grupo ou indivíduo que precise produzir uma publicação com aparência profissional.

QUESTÕES PARA REVISÃO

1. Explique a comparação entre um programa editor de texto e uma folha de papel em branco. Relacione cinco vantagens que o editor de texto oferece em relação a outros métodos de criação de documentos.

2. Com que tipo de documento o editor de texto pode ser usado?

3. Relacione alguns dos recursos dos editores de texto de alto desempenho que provavelmente não serão encontrados nos sistemas mais simples.

4. Descreva os benefícios do uso de um editor de texto em um ambiente gráfico *versus* o uso de um editor no modo texto.

5. Descreva algumas diferenças entre editores de texto e sistemas de editoração eletrônica.

6. Defina rapidamente cada um dos seguintes termos:

    a) Face de tipo

    b) Família de faces

    c) Fonte

7. Descreva as unidades de medida usadas na editoração eletrônica.

8. Que funções profissionais são combinadas no software de editoração eletrônica?

9. Indique qual a melhor escolha para cada um dos projetos a seguir — editor de texto, editoração eletrônica ou software de ilustração:

    a) Carta pessoal.

b) Fatura de uma empresa.

c) Boletim informativo.

d) Memorando interno.

e) Imagens de clip art modificadas.

f) Um bigode acrescentado a uma imagem importada da Mona Lisa.

g) Um contrato legal.

h) Um artigo de revista.

10. O que é clip art? Descreva como o clip art é usado com editores de texto e no software de editoração eletrônica.

QUESTÕES PARA DISCUSSÃO

1. O que quer dizer WYSIWYG? O que isso significa? Discuta as vantagens de visualizar um documento no modo WYSIWYG.

2. Suponha que você acabou de criar um jornal usando um software de editoração eletrônica. Por que seria interessante usar a visualização de página? O que você poderia estar pretendendo ao usar esse recurso? Por que não criar o documento desde o início no modo de visualização?

3. Suponha que você acabou de criar um relatório de 20 páginas usando um editor de texto. Você executou o verificador ortográfico e o verificador gramatical. É preciso fazer uma revisão de provas? Por quê?

4. Qual é a diferença entre uma folha de estilos e um gabarito? Dê exemplos de como usar cada um deles.

AS ATIVIDADES PRÁTICAS DESTE CAPÍTULO PODEM SER ENCONTRADAS NO APÊNDICE A.

CAPÍTULO 10

PLANILHAS ELETRÔNICAS

OBJETIVOS

Depois de terminar de ler este capítulo, você será capaz de:

- Descrever algumas aplicações comuns de programas de planilhas eletrônicas.
- Discutir as características das planilhas eletrônicas.
- Relacionar e descrever os tipos de inserções nas células.
- Compreender como as planilhas e os gráficos trabalham juntos.
- Explicar o que significa o termo *modelo de planilha*.

Planilha é uma ferramenta para calcular e avaliar números. Ela também oferece recursos para a criação de relatórios e apresentações que comunicam o que a análise revela. O software de planilha eletrônica facilita essas tarefas oferecendo uma estrutura visual de trabalho e as ferramentas necessárias para que o processamento numérico seja realizado em um piscar de olhos.

O VisiCalc (forma reduzida de VISIble CALCulator — Calculadora Visível) foi a primeira planilha eletrônica comercial, e seu sucesso foi generalizado. O VisiCalc obteve popularidade com os computadores Apple II e Apple III. Seu sucesso aguçou o interesse pelas planilhas, porque os usuários começaram a perceber o potencial desse tipo de software e os desenvolvedores logo trataram de colocar seus produtos no mercado. O primeiro produto da Microsoft foi o MultiPlan. Entre os primeiros sucessos também estava um produto desenvolvido pela Lotus Development Corporation chamado 1-2-3.

Hoje, dezenas de empresas competem por uma fatia do mercado de planilhas, e três delas detêm a maior parte: Microsoft Excel, uma planilha gráfica para os ambientes Macintosh e Windows; Lotus 1-2-3, para DOS e para Windows; e Quattro Pro da Borland International, para DOS e para Windows.

UMA CALCULADORA VISUAL

A planilha eletrônica é uma ferramenta de análise numérica. Há não muito tempo, as planilhas de cálculos eram blocos de grades de papel com várias colunas. Os contadores usavam as páginas de tamanho extra para preparar manualmente os relatórios financeiros — eles escreviam os números a lápis nas linhas e colunas, e usavam máquinas de somar para realizar os cálculos.

A planilha eletrônica é um enorme avanço em relação a seus antecessores. O computador cuida das contas; é muito mais fácil corrigir erros e recursos poderosos permitem-lhe automatizar e ilustrar seu trabalho. Se por um lado as planilhas de cálculo foram um dia as ferramentas dos contadores, hoje os programas de planilha eletrônica são as ferramentas de qualquer pessoa que queira registrar, organizar e analisar números.

A idéia básica de uma planilha eletrônica é bastante simples — dar a cada interseção de colunas e linhas um endereço e permitir que o usuário insira informações nessas interseções, que são chamadas *células*. A maioria das planilhas numera as linhas de cima para baixo. Algumas também numeram as colunas da esquerda para a direita, mas o mais comum é que elas rotulem suas colunas com letras, a partir da letra *A*.

Você pode identificar a célula de uma planilha por meio de seu endereço, que é a combinação da letra da coluna com o número da linha. Por exemplo, C4 é o endereço da célula na interseção da terceira coluna (coluna C) com a quarta linha (linha 4). A1 é a célula superior esquerda da planilha, e J40 é a célula na interseção da coluna J (décima coluna) com a linha 40 (veja a Figura 10.1).

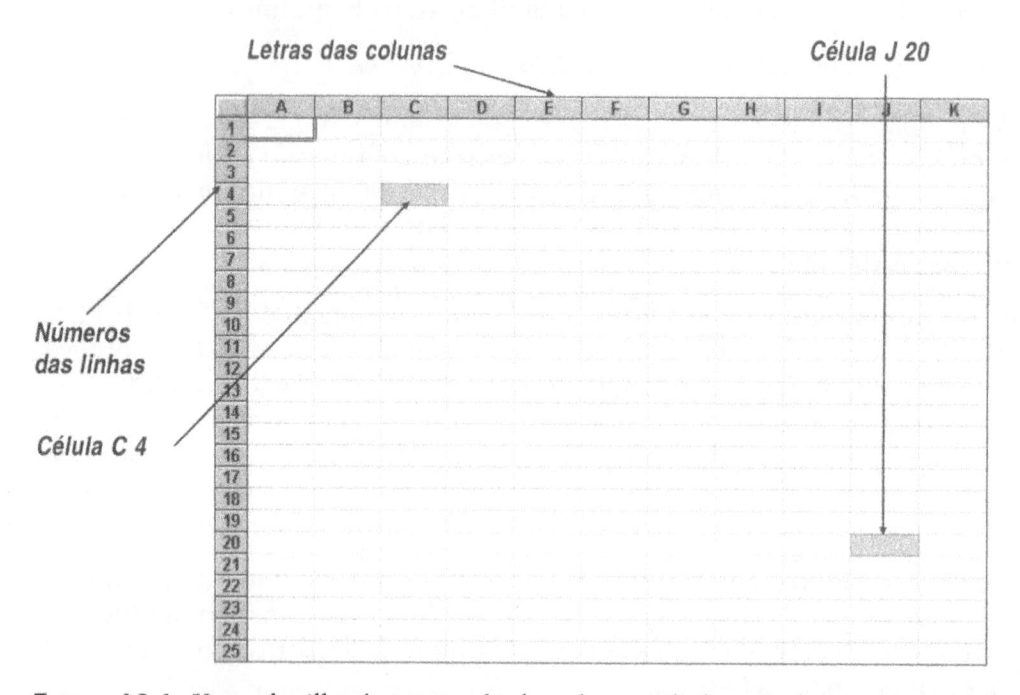

FIGURA 10.1 Uma planilha é uma grade de colunas e linhas. Cada interseção de colunas e linhas é chamada célula. O endereço de uma célula é a combinação do número de sua linha com a letra de sua coluna.

Além de permitir que você insira informações nas células, os programas de planilha eletrônica calculam as fórmulas matemáticas que você insere nas células, imprime as planilhas e também as gravam em disco, com os nomes que você indicar. Assim como os editores de texto, a planilha eletrônica é uma estrutura na qual você cria arquivos de dados, salva-os e recupera-os mais tarde.

A palavra *planilha* normalmente é usada para fazer referência aos arquivos de dados que foram criados e salvos por um programa de planilha eletrônica. Por ser mais comum, daqui para a frente chamaremos esses arquivos de dados de *modelos de cálculo* (*worksheets*). Assim, você saberá se estamos falando de um programa de planilha ou de um arquivo de dado.

As planilhas eletrônicas têm usos tremendamente diversos. Você pode usá-las em cálculos numéricos que só precisam ser efetuados em um determinado momento e não precisam ser gravados, em projetos de longo prazo, que acumulam dados mensais ou anuais, e em uma miríade de outras aplicações, desde a produção de faturas de cobrança até a preparação de relatórios financeiros e cálculos de impostos. Geralmente, você usa uma planilha eletrônica para lidar com dados numéricos e especialmente para efetuar qualquer tipo de análise naqueles dados.

ANÁLISE FINANCEIRA

Se há uma área em que as planilhas têm verdadeira penetração, essa é a área comercial. A grande maioria das empresas da América do Norte usa computadores tipo PC ou Macintosh com softwares de edição de texto e planilha eletrônica. Aqui vão alguns exemplos de como as planilhas são usadas:

- O departamento de marketing de uma empresa de venda direta pode usar uma planilha para registrar o total de vendas da equipe. Essas informações podem ser usadas para calcular comissões e projetar exigências de material e produtos para os departamentos de compra e produção.

- O departamento de compras pode usar uma planilha para registrar as compras feitas junto aos fornecedores, incluindo os totais operacionais de cada um dos fornecedores e os preços pagos por produtos específicos.

- Os empregados do departamento de produção poderiam usar uma planilha para registrar as manutenções efetuadas nos equipamentos e também os recebimentos de mercadorias vindas das docas de carga e transferências de produtos acabados para um armazém.

- O departamento de folha de pagamento pode usar uma planilha para certos tipos de análise, mesmo que o sistema de pagamento já esteja automatizado. Por exemplo, é possível compilar uma lista dos empregados que podem receber uma ajuda de custo para despesas com automóvel, além da comissão, ou para calcular o saldo do fundo de pensão de um funcionário.

- O departamento de contabilidade usa planilhas para calcular o diário ou verificar os saldos das contas. Também é possível usar planilhas para registrar a depreciação e o valor contábil dos ativos da empresa e até mesmo para preparar as demonstrações financeiras anuais, trimestrais ou mensais.

- Os executivos da área de marketing conseguem criar apresentações de slides impressionantes, com gráficos que mostram como os produtos da empresa se comportaram no passado em termos de vendas e qual a previsão para o futuro. Os executivos da área de finanças também podem usar a capacidade gráfica de uma planilha para ilustrar o potencial financeiro de sua empresa, em comparação com outras no mesmo ramo de atividade, e para prever as tendências financeiras.

Como vemos, as empresas podem usar planilhas de várias maneiras. Na verdade, os funcionários de qualquer empresa de porte médio provavelmente criam e mantêm centenas de modelos de cálculo. Um departamento de contabilidade sozinho pode ser responsável por dezenas deles.

ANÁLISES NA ÁREA DE ENGENHARIA

A engenharia é outra área que se beneficia do uso de planilhas para cálculos numéricos.

- Um engenheiro civil pode usar uma planilha para determinar as dimensões de um canal de drenagem para uma dada capacidade de fluxo, para calcular a pressão sobre uma viga de concreto em uma ponte ou para descobrir a capacidade de carga de uma estrada.

- Os engenheiros elétricos podem usar planilhas para calcular tensões ou capacidades em um projeto de circuitos elétricos, ou para criar gráficos tridimensionais da saída de um circuito.

- Um engenheiro mecânico pode usar uma planilha para calcular as dimensões geométricas de certos objetos, ou para calcular a absorção ou dissipação de calor de um material que está sendo exposto a pressões externas.

GRÁFICOS E APRESENTAÇÕES

As planilhas são ferramentas excelentes para você criar gráficos e materiais para apresentações, porque os recursos necessários estão incorporados ao software. Em muitos programas de planilha, criar um gráfico é tão simples quanto usar o mouse para selecionar um bloco de células e dar um clique no botão Gráfico (Graph). A Figura 10.2 mostra um desses gráficos criados exatamente dessa maneira. Para gráficos mais elaborados, você só precisa abrir um menu e escolher o tipo desejado.

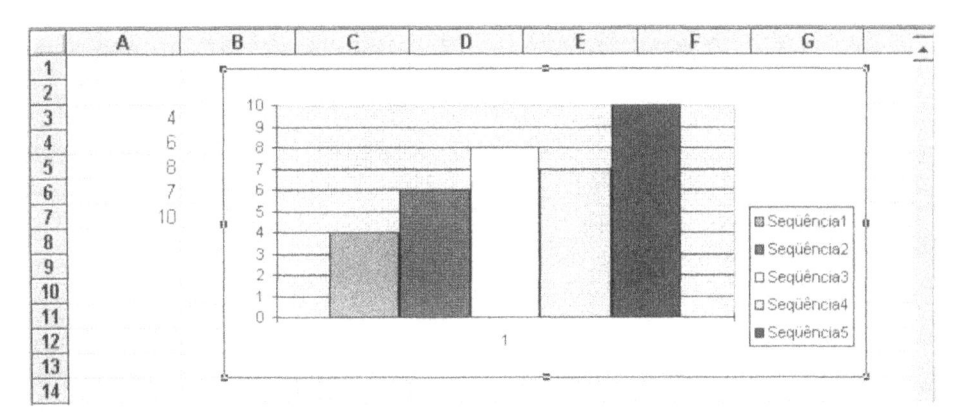

FIGURA 10.2 Na maioria das planilhas, criar um gráfico é tão simples quanto selecionar uma faixa de células e dar um clique no botão apropriado.

Algumas planilhas permitem que você vá ainda mais longe. A Figura 10.3 mostra o Microsoft Excel for Windows. Com o Excel, você pode editar e fazer anotações em gráficos criados da maneira usual e embelezá-los com cores, legendas e imagens personalizadas.

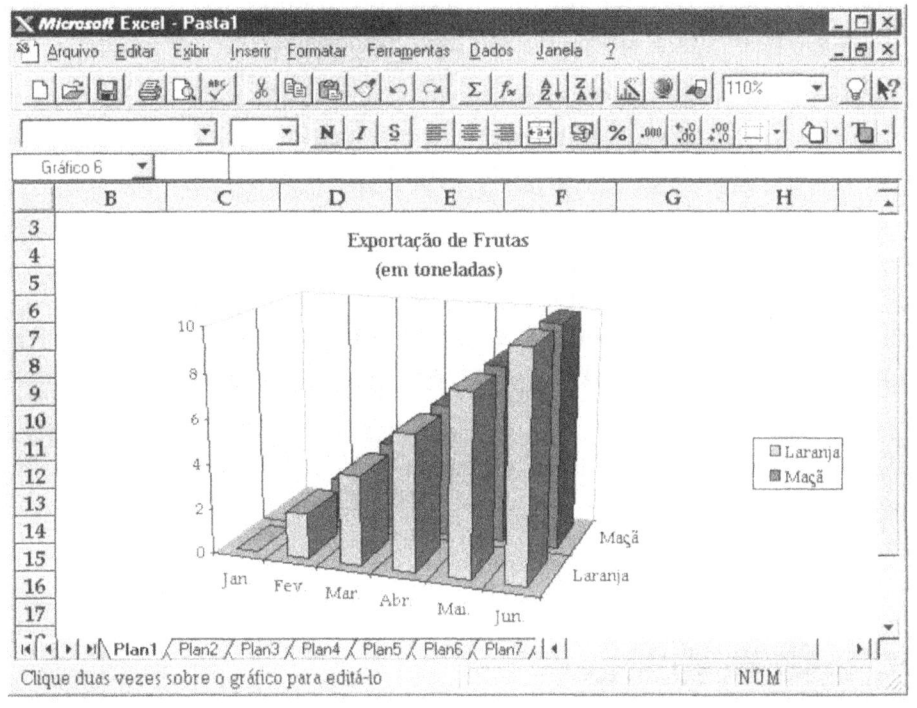

FIGURA 10.3 Quando você edita um gráfico no Microsoft Excel for Windows, utiliza uma barra de ferramentas com botões que lhe permitem selecionar rapidamente comandos ou ações.

Além de oferecer a possibilidade de criar gráficos e imagens, algumas planilhas permitem que você produza apresentações de slides com os gráficos criados. Você define a ordem em que os gráficos devem ser apresentados e pode especificar o intervalo de tempo entre uma exibição e outra, ou então a tecla que deve ser pressionada para que o próximo gráfico seja exibido. As apresentações de slides com planilhas são um excelente meio de apresentar dados técnicos e também demonstrações.

USOS PESSOAIS

As planilhas estão em segundo lugar entre as aplicações mais usadas nos computadores domésticos, perdendo apenas para os editores de texto. Eis algumas maneiras de tirar proveito das planilhas eletrônicas no lar:

- As planilhas são uma ferramenta excelente para você manter seu livro-caixa e para fazer a conciliação mensal quando receber os extratos bancários.

- Se você quiser verificar a programação de pagamentos de um empréstimo bancário ou se desejar ver imediatamente o efeito de uma taxa de juros mais baixa, a planilha é a ferramenta perfeita.

- Algumas pessoas usam os programas de planilha para criar um orçamento mensal. Ao final de cada mês, elas comparam as despesas orçadas com as despesas reais para ver se estão ou não fora do orçamento.

- Muitas pessoas, especialmente as que trabalham por conta própria, criam planilhas que simulam os formulários do Imposto de Renda. Durante o ano, a manutenção da planilha é tão simples quanto acrescentar rendimentos e deduções às listas correspondentes. No final do ano, tudo o que elas devem fazer é copiar a planilha diretamente para os formulários propriamente ditos.

Há muitas outras maneiras de usar planilhas no dia-a-dia, desde o detalhamento dos custos de uma nova varanda para a casa de campo até o registro das despesas de supermercado.

CRIANDO UMA PLANILHA

Normalmente, a tela de abertura de uma planilha é parecida com a Figura 10.4. Em geral, há uma linha de letras ou números na parte superior da janela (cabeçalhos das colunas) e uma linha de números ao longo da margem esquerda (números das linhas). Em algumas planilhas, as colunas e as linhas são separadas por linhas visíveis, que criam uma grade e facilitam a visualização da coluna e da linha de uma célula. Em outras, não há linhas — há apenas uma grade invisível pronta para receber dados.

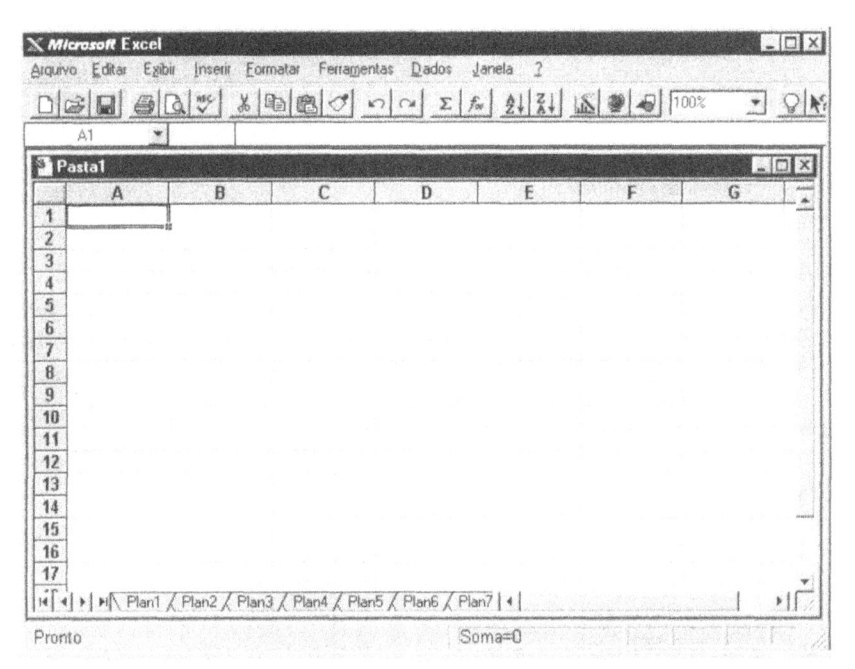

FIGURA 10.4 A área de trabalho de uma planilha eletrônica é uma grade de linhas e colunas. A interseção das linhas e colunas chama-se célula. Na parte de cima da tela, podemos ver o menu no qual são selecionadas ações como carregar planilhas gravadas anteriormente ou formatar inserções nas células.

Mencionaremos a seguir algumas das maneiras mais comuns de você se movimentar por uma planilha. As teclas Page Up e Page Down movem a janela uma tela para cima e para baixo, permitindo-lhe visualizar áreas diferentes da planilha. Algumas vezes, as teclas Tab e Shift-Tab movem a janela para a direita e para a esquerda.

O cursor normalmente é um bloco grande que cobre toda uma célula. Célula é a interseção de uma linha e uma coluna — uma caixa da grade. O cursor indica qual a célula atual. Você deve primeiro mover o cursor para selecionar a célula e depois começar a digitar suas informações.

Algumas planilhas têm um menu na parte superior da tela, no qual você seleciona operações como carregar ou salvar um arquivo de planilha e imprimi-lo. Outras, nem sempre. No Lotus 1-2-3 for Windows, por exemplo, você precisa pressionar uma tecla especial, a barra (/), para ativar o menu. Assim como outros aplicativos, as planilhas também estão migrando para ambientes gráficos, cujos padrões ditam que os menus sempre devem estar visíveis.

INSERINDO INFORMAÇÕES

Então, exatamente o que você deve colocar em uma célula? A resposta é: o que você quiser. O objetivo global de um programa de planilha é dar ao usuário flexibilidade para apresentar textos ou dados numéricos de maneira lógica e atraente. Você pode inserir em uma planilha números, caracteres, frases, datas, símbolos, tudo o que imaginar. O programa, porém, trata suas informações como um dos seguintes tipos de dados:

- Rótulos (textos — palavras ou frases)
- Números
- Datas e/ou horas
- Fórmulas

RÓTULOS *Rótulo* é o texto que você digita em uma célula — qualquer palavra ou seqüência de caracteres que tenha significado para você ou para outra pessoa. O termo rótulo é usado em lugar de texto porque supõe-se que a maior parte do texto usado em uma planilha tem como objetivo rotular colunas ou linhas de números.

Na maioria das planilhas, você não precisa fazer nada especial para inserir um rótulo — você apenas posiciona o cursor na célula onde o rótulo deve ser inserido e começa a digitar. Por exemplo, se você quiser colocar a palavra *Vendas* na célula B2 de uma planilha do Lotus 1-2-3 for Windows, terá de usar as setas do teclado para posicionar o cursor na célula B2 (ou dar um clique na célula B2 com o mouse) e depois digitar "Vendas" e pressionar a tecla Enter. A célula exibirá a palavra ("Vendas").

Há uma área na tela que exibe o conteúdo real das células. Neste momento, você deve estar querendo saber por que a palavra *Vendas* não é o conteúdo verdadeiro da célula. A palavra *Vendas* é o *valor de imagem* (*display value*) da célula — não o seu conteúdo real. Na maioria das planilhas, a área que exibe o conteúdo de uma célula chama-se *linha de entrada* ou *caixa de entrada*. Quando você começa a digitar uma informação em uma célula, a linha (ou caixa) de entrada é ativada e passa a exibir as letras ou números digitados. Na verdade, estes só aparecem na célula quando você pressiona a tecla Enter.

A linha de entrada mostra o conteúdo real da célula atual. Neste caso, acabamos de digitar a palavra *Vendas* na célula B2 e pressionar Enter, sem mover o cursor da célula. Conseqüentemente, o que vemos na linha de entrada (veja a Figura 10.5) é

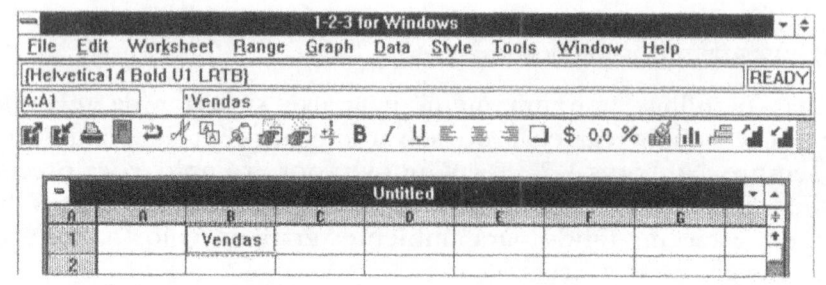

FIGURA 10.5 Em certas planilhas, como o Lotus 1-2-3 for Windows, você consegue ver o prefixo do rótulo (um apóstofro) na caixa de entrada quando o cursor está localizado em uma célula que contenha um rótulo. Quando você insere um rótulo, o apóstrofo não é digitado; o programa insere-o automaticamente.

Note que a única diferença neste exemplo é o apóstrofo antes da palavra. Ele indica ao Lotus 1-2-3 e ao usuário que o conteúdo é uma cadeia de caracteres (string) — ou um rótulo. A maioria dos programas de planilha reconhece que você está inserindo um texto tão logo você começa a digitar caracteres alfabéticos, e acrescenta automaticamente os códigos.

NÚMEROS Quando você inicia uma informação digitando números, os programas de planilha assumem que você está inserindo um número. Toda célula que contém números exibe-os na tela. Em outras palavras, se você insere o número 125 na célula C2, ela exibirá 125 e o conteúdo da linha de entrada também será 125.

A principal diferença entre rótulos e números é que o computador calcula números mas não rótulos. Pode haver uma certa confusão se você quiser digitar um rótulo que exiba o texto *1º Trimestre*. Assim que você digita o primeiro caractere (o algarismo 1), a planilha assume que está sendo inserido um número. O problema com os caracteres alfabéticos que vêm depois só aparece quando você pressiona a tecla Enter — o computador não os reconhece como número. Para a planilha saber de antemão que você digitará um rótulo, inicie a sua inserção com o código que ela reconhece como rótulo — o apóstrofo. No Lotus 1-2-3 for DOS, para inserir o rótulo *1º Trimestre*, você na realidade digita *'1º Trimestre*.

Ao digitar números em uma planilha, tenha em mente que não é necessário digitar nenhum tipo de formatação ou pontuação numérica, com exceção da vírgula decimal (ou ponto, se a planilha não aceitar a vírgula decimal). E não é necessário nem mesmo digitar a vírgula decimal, caso o número não tenha precisão à direita. Por exemplo, para inserir 125, você só precisa digitar 125 — e não 125,00. Mesmo que você queira que a célula exiba uma vírgula decimal e alguns zeros à direita dele, não digite nem a vírgula nem os zeros; seria perda de tempo, porque, para o programa, não há diferença alguma entre 125 e 125,00.

As planilhas também não aceitam números que contêm pontos não-decimais. Para inserir o número *5.280*, simplesmente digite "5280", sem o ponto — mesmo que você realmente queira que o número seja exibido com ele. Se o ponto for digitado, o programa provavelmente irá rejeitá-lo. Há uma maneira melhor de formatar a imagem de números com separadores e com casas decimais (falaremos sobre isso posteriormente na seção "Definindo Formatos de Tela e de Impressão").

DATAS E HORAS É claro que você pode inserir o texto *31 de janeiro de 1994* em uma célula. Também é possível inserir *11:24AM* ou *16:15*. Às vezes, inserir datas e horas dessa maneira não constitui problema algum — mas existe uma maneira melhor. O que acontecerá se você quiser que a planilha exiba a data e a hora real e que ela seja atualizada sempre que for aberta? E se você quiser que a planilha efetue cálculos com a data ou a hora armazenada em uma determinada célula? Por exemplo, digamos que você queira descobrir quantos dias há entre duas datas para que outra célula seja capaz de calcular o valor dos juros devidos naquele período.

É por isso que as datas usadas em cálculos precisam ser de um tipo especial. A maioria das planilhas permite que você insira datas de uma maneira conveniente, como "10/09/95", mas internamente elas são tratadas como números consecutivos a partir do dia zero, 1º de janeiro de 1900. Nessa metodologia, 1º de janeiro de 1995 é na verdade o dia 34.700, 2 de janeiro de 1995 é o dia 34.701 e assim por diante. As datas anteriores a 1º de janeiro de 1900 usam números negativos.

Os valores das horas também funcionam de modo especial. Programas diferentes armazenam horas de maneira diferente, mas o mais comum é um número fracionário que represente a porcentagem decorrida do dia. Nesse método, uma única célula pode conter tanto uma data quanto uma hora. Por exemplo, às 8 horas da manhã, 8 das 24 horas do dia já se passaram, portanto 8 horas pode ser representado pela fração 8/24 ou 1/3 ou 0,333333. Similarmente, às 14h24, 864 dos 1.440 minutos do dia já se passaram, portanto a representação é 0,6. O horário de 3 horas da manhã do dia 2 de janeiro de 1995 é representado como 64.701,125.

FÓRMULAS O tipo final de inserção de célula é o cálculo ou *fórmula*. A fórmula pode ser uma equação matemática simples ou incrivelmente complexa. Ela pode calcular números, datas ou horas. Os programas de planilha reconhecem todos os operadores aritméticos usuais. O sinal de adição (+) soma valores, o sinal de subtração (−) subtrai, o asterisco (*) denota multiplicação e a barra (/) significa divisão.

As fórmulas que efetuam operações aritméticas com números produzem os resultados que se esperam dessas mesmas operações. Se você digitar "4 + 2" em uma célula, ela exibirá "6", mas seu conteúdo continuará sendo a fórmula. (Este é outro exemplo da diferença entre o valor de imagem de uma célula e seu conteúdo propriamente dito.)

Na maioria das vezes, é mais útil fazer *referência* a outras células em uma fórmula em vez de atribuir um *valor fixo (hard-coding)* as suas partes. Por exemplo, a Figura 10.6 mostra uma planilha pequena. As células B2 e B3 contêm números (e exibem-nos na tela). A célula B4 contém a fórmula *+B2+B3*, mas *exibe* o resultado da adição — a soma do valor armazenado na célula B2 e do valor armazenado na célula B3. (Note que deve haver um sinal de adição (+) no início da fórmula para permitir que o programa use um endereço de célula, que começa com uma letra, como valor numérico e não como rótulo.) O cursor da célula está na célula B4, por isso você vê a fórmula na caixa de entrada perto da parte superior da tela. Com fórmulas genéricas (não fixas), você pode facilmente substituir os valores das células B2 e B3 por qualquer valor diferente, sem precisar alterar a fórmula armazenada na célula B4. Se você mover o cursor para a célula B2 e digitar um novo número, a célula B4 recalculará imediatamente a operação e exibirá a nova resposta.

	A	B	C	D	E	F
1		Janeiro	Fevereiro	Março	TRIM1	
2	Vendas	22.500	24.750	25.250	72.500	
3	Benefícios	18.600	19.500	19.800	57.600	
4	Bruto	41.100	44.250	45.050	130.100	
5						
6	Despesas	4.500	5.180	5.200	14.800	
7	Juros	-600	150	250	-200	
8						
9						
10						

FIGURA 10.6 Uma planilha simples.

Também é possível combinar e comparar referências de células e números em equações. Por exemplo, +C5-C4*12/365. Esse exemplo traz à tona um ponto interessante. Às vezes, não percebemos imediatamente em que ordem a planilha efetuará um cálculo. Por exemplo,

6 + 4 * 2

resultará em 20 ou 14? A resposta é 14 — as planilhas (e quase todos os programas que lhe permitem efetuar operações matemáticas) efetuam a multiplicação e a divisão antes da adição e da subtração. Isso chama-se *ordem de precedência*. Às vezes, porém, você quererá que uma fórmula efetue os cálculos forçosamente em uma certa ordem. Você pode anular a precedência padrão colocando as partes de uma fórmula entre parênteses. Se você digitar

(6 + 4) * 2

o resultado será 20, porque os parênteses forçam a fórmula a somar primeiro 6 e 4 para depois efetuar a multiplicação.

Até o momento, analisamos três itens que entram na criação de fórmulas: números (como em "6 + 4"), operadores (+, –, *, /) e referências de células (C2 ou A1). Além desses, há dois outros itens importantes que podem ser usados como valores de fórmulas — referências de bloco (ou faixas) e funções.

REFERÊNCIAS DE BLOCO OU FAIXAS *Referência de bloco* é um endereço de um bloco retangular (não mais de uma única célula) que pode conter muitas células diferentes. Por exemplo, C2 refere-se àquela única célula na interseção da terceira coluna com a segunda linha. C2..D5 é uma referência ao bloco de células que vai desde a célula C2 (canto superior esquerdo do bloco) até a célula D5 (canto inferior direito do bloco).

Na Figura 10.7, o usuário seleciona um bloco de células colocando o cursor do mouse na célula B2, pressionando o botão do mouse e arrastando o cursor para o canto inferior direito do bloco (célula D4). Depois de selecionado o bloco, as células que o formam são exibidas em cor diferente.

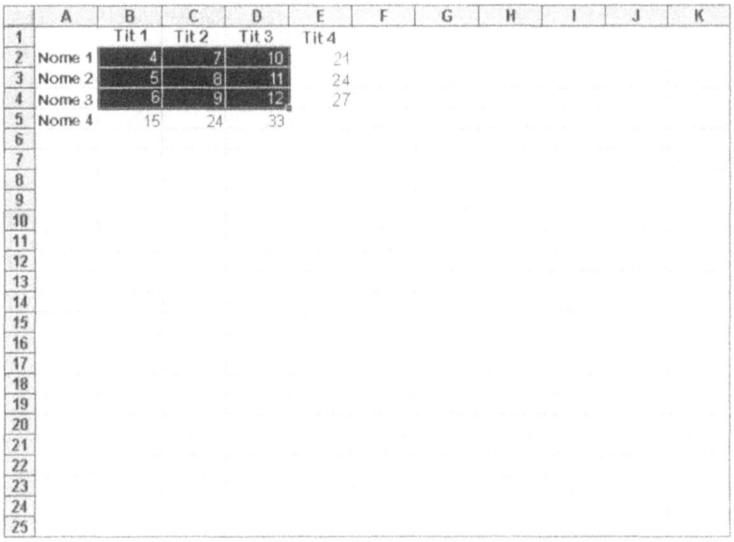

FIGURA 10.7 É fácil selecionar um bloco de células com o mouse.

Por que alguém haveria de querer selecionar um bloco? Daremos a resposta em breve — por ora, no entanto, tenha em mente que a notação de um bloco de células são os endereços das células superior esquerda e inferior direita, separados por dois pontos (B2..D4). Tenha em mente, também, que é muito fácil selecionar um bloco de células usando o mouse ou o teclado.

FUNÇÕES *Função* é uma ferramenta incorporada a um programa de planilha e usada em fórmulas para efetuar operações especiais. Como as funções são parte do programa em si, normalmente você não pode alterá-las nem criar funções personalizadas; só é possível usar as funções que são oferecidas pelo software de planilha. Vamos analisar um exemplo.

Anteriormente, vimos um exemplo de fórmula que somava o conteúdo de duas células. Colocamos a fórmula

+B2+B3

na célula B4 para somar os valores de B2 e B3 e exibir o resultado em B4. Outra maneira de efetuar essa mesma operação é usar uma função especial. No Lotus 1-2-3, a função especial chama-se @SUM. O símbolo @ informa ao programa que a seguir virá uma função. Toda função é precedida por esse símbolo. Outros programas usam outros símbolos — por exemplo, o Excel usa o sinal de igual (=). Lembre-se apenas de que, embora existam várias leituras para uma mesma estrutura, por serem funções, elas podem ser simplesmente chamadas "a função somar", "a função comparar" etc.

Para identificar as células a ser somadas, você coloca as referências dessas células entre parênteses depois do nome da função:

@SUM(B2,B3)

Agora, você provavelmente deve estar querendo saber por que isso é melhor do que simplesmente digitar +B2+B3. Bem, no caso de dois endereços apenas, não há nenhuma vantagem aparente, e quase ninguém usa a função @SUM para somar poucas parcelas. Mas, se você quiser somar toda uma coluna ou bloco de números, é muito mais fácil usar @SUM, porque, em vez de inserir o endereço de cada uma das células, você pode usar uma única referência de bloco.

Por exemplo, no primeiro método, para criar uma fórmula que some os números contidos nas células B2, B3, até B11, e mostre o total na célula B12, você teria de digitar

+ B2 + B3 + B4 + B5 + B6 + B7 + B8 + B9 + B10 + B11

Para fazer a mesma operação com a função @SUM, você só precisa digitar

@SUM(B2,B11)

Na verdade, na maioria dos programas de planilha, as coisas são ainda mais simples, porque você pode usar o mouse ou as setas do teclado para selecionar o bloco a ser somado — sem ter de sair da célula em que a fórmula está sendo inserida. Você inicia a fórmula digitando

@SUM(

Neste ponto você pega o mouse e seleciona o bloco (o programa insere a referência B2..B11 automaticamente). A fórmula que aparece na célula B12 é

@SUM(G2..G11

A Figura 10.8 mostra como tudo isso fica na tela.

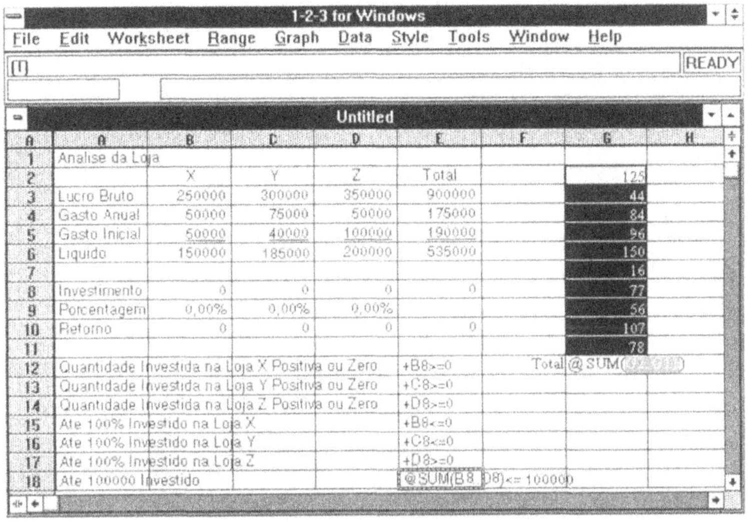

FIGURA 10.8 Você pode criar fórmulas rapidamente usando os ícones na barra de ferramentas e o mouse para selecionar faixas. Aqui, o usuário está usando o mouse para criar uma fórmula na célula B12. Quando você seleciona a faixa para a fórmula @SUM, o programa insere automaticamente a referência de bloco na fórmula.

Os itens, ou lista de itens, separados por vírgulas que aparecem entre parênteses depois do nome da função são chamados *argumentos*. Como acabamos de ver, a função @SUM aceita argumentos na forma de uma lista de endereços de células ou como uma única referência de bloco. Na verdade, ela pode até aceitar uma combinação de endereços de células e referências de bloco. Algumas funções aceitam um número fixo de argumentos, enquanto em outras esse número é variável (como no caso da função @SUM), e outras ainda não aceitam parâmetro algum.

A Tabela 10.1 mostra algumas das funções mais comuns presentes em quase todas as planilhas. Tenha em mente que alguns programas oferecem mais do que outros e às vezes há pequenas diferenças entre eles, mas, em geral, os recursos oferecidos são praticamente os mesmos.

ENDEREÇOS RELATIVOS E ABSOLUTOS Conforme mencionamos anteriormente, o endereço de uma célula é a combinação da letra da coluna com o número da linha que a formam. Quando uma referência de célula é incluída em uma fórmula, por padrão, a referência é relativa à célula que contém a fórmula. Por exemplo, na Figura 10.9, a célula D4 contém uma fórmula que soma o conteúdo das células B4 e C4.

Porém, como a fórmula é relativa, uma tradução mais precisa seria "somar os valores das duas células à esquerda da célula atual". Assim, você poderia copiar essa célula para qualquer outro ponto da planilha, e mesmo assim ela somaria os valores das duas células imediatamente à sua esquerda (e não mais B4 e C4).

TABELA 10.1 Funções @ comuns.

Função	Descrição
@ABS()	Fornece o valor absoluto de um número
@AVG()	Fornece a média de um bloco de números
@COS()	Fornece o co-seno de um número
@COUNT()	Conta o número de valores de um bloco
@DATE()	Converte um número em um valor de data
@DAY()	Retorna o dia do mês de uma data
@FIND()	Encontra a posição de uma subcadeia (substring) em uma cadeia de caracteres (string)
@HOUR()	Retorna a hora do dia em um número DataHora
@IF()	Avalia condicionalmente uma condição
@INT()	Retorna a parte inteira de um número
@LEFT()	Retorna o número de caracteres a partir da esquerda de uma cadeia de caracteres (string)
@LN()	Fornece o logaritmo natural de X (log base e)
@MAX()	Retorna o valor máximo de uma lista de números ou bloco
@MONTH()	Retorna o mês de uma data
@NPV()	Calcula o valor líquido atual de uma anuidade
@PI	Retorna a constante numérica Pi (31415926535)
@PROPER()	Converte o primeiro caractere de cada palavra em letra maiúscula
@RAND()	Gera um número aleatório entre 0 e 1
@RIGHT()	Retorna um número de caracteres a partir do lado direito de uma cadeia de caracteres (string)
@ROUND()	Arredonda um valor
@SQRT()	Retorna a raiz quadrada de um número
@STRING()	Converte um número em cadeia de caracteres (string)
@SUM()	Soma um ou mais números ou blocos de números
@TODAY	Retorna a data atual
@VALUE()	Converte uma cadeia de caracteres (string) em um valor numérico real
@YEAR()	Retorna o ano (dois dígitos) de uma data

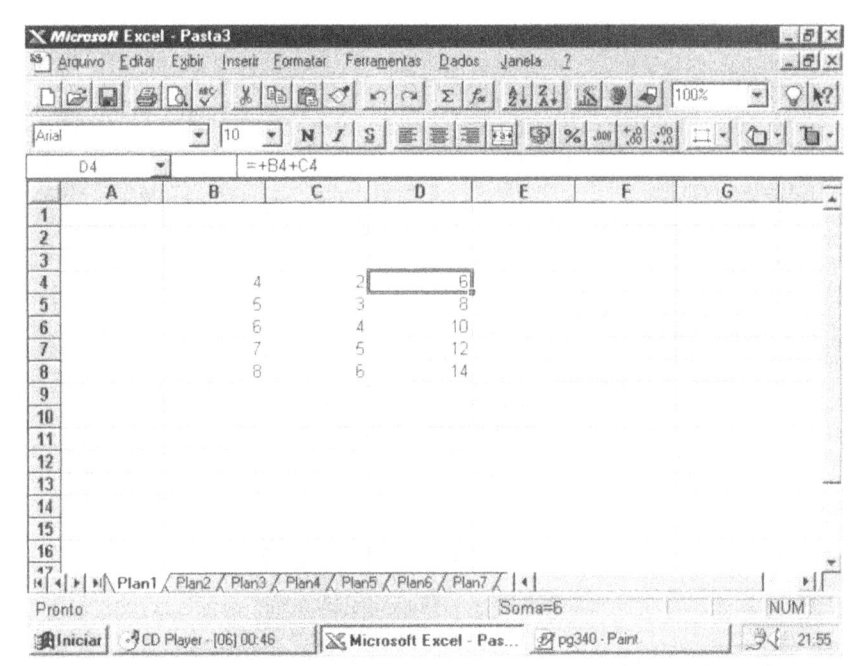

FIGURA 10.9 Nesta figura, o cursor da célula está na célula D4 e você pode ver que a caixa de entrada mostra a fórmula contida naquela célula. A fórmula soma os valores das células B4 e C4. Por ser relativa, não absoluta, esta fórmula pode ser copiada para outros locais — ela sempre somará os valores das duas células que estão imediatamente à sua esquerda.

As referências relativas facilitam e aceleram a criação de planilhas, porque as fórmulas são inseridas apenas uma vez e depois copiadas para outros locais. A Figura 10.10 ilustra que, para criar essa pequena planilha que contém mais de uma dezena de fórmulas, você só precisa realmente digitar duas fórmulas. Primeiro, você insere a fórmula que soma a coluna B na célula B12 e copia-a horizontalmente para cada célula daquela linha até a coluna G. A seguir, você insere a fórmula que soma a linha 2 na célula G2 e copia-a verticalmente para todas as células daquela coluna. Como as referências de células e de bloco contidas na fórmula são relativas, a cópia produz os resultados desejados.

Às vezes, entretanto, você não quererá que a fórmula seja relativa. Por exemplo, cada célula da coluna usa o valor da célula acima (uma referência relativa) e multiplica-o por um número que está na célula B1 (a célula usada sempre será a célula B1 em todas as fórmulas — uma referência absoluta). Se você digitar simplesmente a fórmula

+B1 * B5

na célula B6, o resultado produzido estará correto. Mas, quando você copiar a fórmula até a linha 20, cada célula subseqüente fará referência à célula acima (B2 * B6, B3 * B7, B4 * B8 e assim por diante). E não é isso o que você deseja. A referência à célula B1 tem de ser absoluta na fórmula para não sofrer alterações quando for copiada para outras células.

Para fazer uma referência absoluta, você coloca um cifrão antes da letra da coluna ou do número da linha (ou de ambos). B1 é uma referência à célula B1, absoluta tanto em termos de linha quanto em termos de coluna. Neste exemplo, precisamos de uma referência absoluta apenas ao número da linha, portanto a fórmula correta é

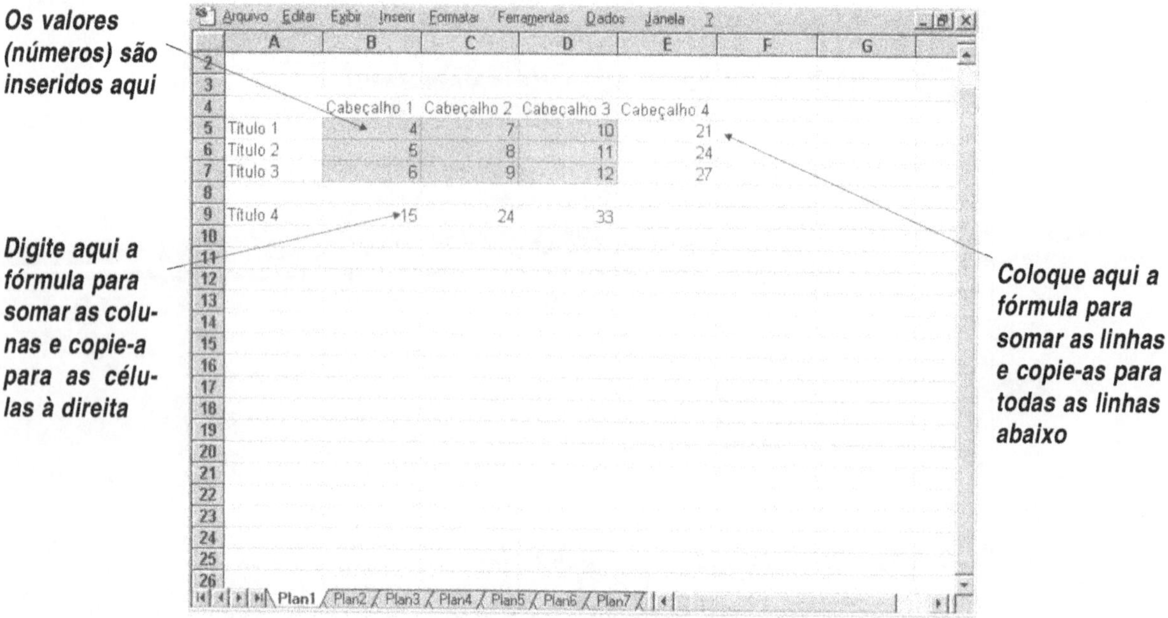

Os valores (números) são inseridos aqui

Digite aqui a fórmula para somar as colunas e copie-a para as células à direita

Coloque aqui a fórmula para somar as linhas e copie-as para todas as linhas abaixo

FIGURA 10.10 Os endereços relativos aceleram a criação das planilhas.

+B$1 * B5

A parte do endereço que se refere à linha fica fixa. Para qualquer local que você copie a fórmula, ela sempre fará referência à célula da linha 1 da coluna atual. Se você copiar essa fórmula para todas as linhas da coluna atual, todas as fórmulas subseqüentes farão referência à célula B1 (B$1 * B6, B$1 * B7 e assim por diante).

Como as fórmulas desse exemplo não são absolutas em termos de coluna (inserimos B$1 e não B1), podemos duplicá-las em todas as colunas à sua direita. As fórmulas farão referência correta à primeira célula de cada uma de suas coluna (C1, D1 etc.), conforme mostra o conteúdo real das células exibidas na Figura 10.11.

O POTENCIAL DE ANÁLISE DE HIPÓTESES A verdadeira força e beleza das planilhas eletrônicas está na possibilidade de explorar como alguns números afetam outros.

Digamos que você esteja administrando um serviço de entregas locais que promete entregas no mesmo dia na área metropolitana. Você acabou de definir o orçamento do próximo ano, usando seu programa favorito de planilha eletrônica. A planilha inclui não apenas dados, mas também fórmulas e funções que calculam totais, médias etc.

O orçamento parece bom, mas ele se baseia em dados incertos. Por exemplo, o custo anual do combustível foi calculado com base no preço atual da gasolina. Se ele subir 20% por litro, como isso afetará seu orçamento? Com as planilhas eletrônicas, essa resposta virá em segundos. Simplesmente digite um novo número na célula intitulada "Custo Médio Comb." e deixe as fórmulas e as funções cuidarem do resto.

Essa possibilidade de fazer experiências com números diferentes é conhecida como *modelagem ou análise de hipóteses (what-if analysis)*. Ninguém consegue prever o futuro, mas, com a análise de hipóteses, você não será pego de surpresa quando ele chegar.

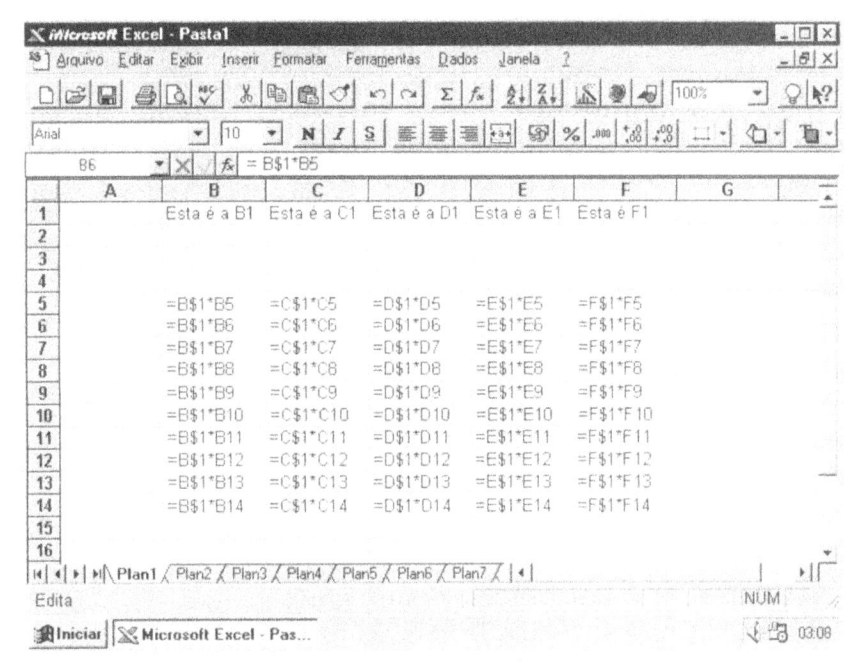

FIGURA 10.11 A fórmula da célula B6 refere-se à célula B$1. O cifrão antes do número 1 indica que, qualquer que seja o local para onde você copiar a fórmula, ela sempre fará referência à linha 1. Quando essa fórmula é copiada até a linha 20, todas as fórmulas resultantes fazem referência à célula B1. Quando essa coluna de fórmulas é copiada para a direita, a referência da coluna muda para a coluna atual, mas a referência da linha permanece inalterada.

DEFININDO FORMATOS DE TELA E DE IMPRESSÃO

Você já percebeu que o conteúdo de uma célula está separado do seu valor de imagem. As células também têm um terceiro atributo, o *formato de tela*. A alteração dos valores de tela não modifica de jeito algum o conteúdo real de uma célula — eles simplesmente alteram a maneira como a célula exibe seu valor. Por exemplo, você pode querer que um número seja exibido como porcentagem e não como valor decimal.

Embora quase sempre o formato de tela seja usado em conexão com as células que exibem valores numéricos, ele também se aplica a células que contém apenas textos. Lembre-se de que valores numéricos podem ser números, horas, datas ou fórmulas.

CÉLULAS NUMÉRICAS Você não precisa preocupar-se com o formato dos números no momento de inseri-los em uma célula, porque os valores serão exibidos da maneira especificada pelo formato de tela que estiver ativo no momento. Os formatos numéricos aplicam-se tanto a células que contêm números quanto a células de cálculo que exibem o resultado numérico de uma fórmula.

Os atributos de formato numérico que especificam o número de casas decimais que serão exibidas à direita da vírgula decimal são os mais comuns. Por exemplo, se você criar uma planilha que tenha valores de células que representem dinheiro, poderá querer que esses montantes sejam exibidos com um cifrão antes e uma vírgula decimal e duas casas depois, mesmo que os valores sejam números redondos.

A Figura 10.12 mostra uma pequena planilha com uma coluna de valores em dinheiro. Nessa figura, as células ainda não foram formatadas — elas apenas exibem os números brutos, exatamente como foram digitados. As células que contêm números redondos não exibem zeros depois da vírgula decimal e as que contêm números com precisão de décimos da unidade monetária exibem apenas uma casa decimal após a vírgula.

A Figura 10.13 mostra essa mesma planilha depois que as células foram formatadas. Agora, todas as células exibem seus valores uniformemente (duas casas decimais). Note também que os valores na casa dos milhares estão separados por pontos.

	A	B
1		
2		
3	145	
4	16,04	
5	1100	
6	67,02	
7	18,76	
8	12	
9	1221,1	
10		
11		

FIGURA 10.12 Uma coluna de valores não formatados.

Formatar números é um procedimento simples. Na maioria dos programas, você seleciona a faixa a ser formatada, escolhe um menu, seleciona Formatar (Format) e escolhe o formato desejado. Você pode formatar células isoladas, independentes, ou selecionar grandes blocos de células (ou até mesmo colunas e linhas inteiras) e formatá-los todos de uma só vez.

Os programas de planilha oferecem uma tremenda flexibilidade na formatação de números, porque possuem vários formatos predefinidos. Alguns sistemas permitem até que você crie formatos personalizados. A Figura 10.14 mostra o menu de formatos do Excel for Windows, um programa popular de planilhas desenvolvido pela Microsoft Corporation.

	A
1	
2	
3	$145,00
4	$16,04
5	$1.100,00
6	$67,02
7	$18,76
8	$12,00
9	$1.221,10
10	
11	

FIGURA 10.13 Os mesmos números da Figura 10.12 formatados para exibir cifrões, pontos entre os milhares e dois zeros depois da vírgula decimal.

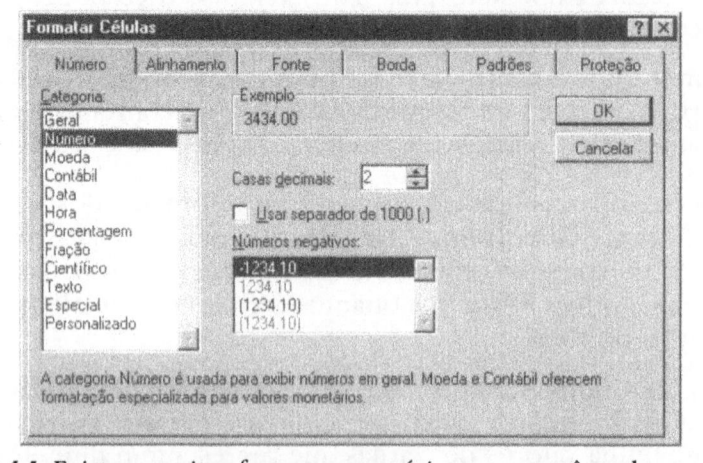

FIGURA 10.14 Existem muitos formatos numéricos que você pode escolher. No Microsoft Excel for Windows, primeiro você escolhe uma categoria de formatos na caixa de lista à esquerda e depois faz uma seleção específica na caixa de lista à direita.

CÉLULAS DE DATA E HORA Conforme explicamos anteriormente, quando você insere uma data ou hora em uma célula da planilha, o programa converte sua inserção em um número e depois aplica um formato especial à célula. O conteúdo da célula, no entanto, é apenas um número (geralmente o número de dias desde o início do século XX ou desde o início de 1980).

Para comprovar, você pode digitar uma data em uma célula e reformatá-la usando um dos formatos numéricos padrão como Geral (General). A data será transformada em número. Como as datas são apenas um tipo especial de formato numérico, você pode abrir o menu de formatos e selecionar Data (Date) para transformar o número novamente em data. Normalmente, quando você seleciona Data no menu de formato, o programa apresenta várias opções de formato de dados, conforme mostra a Figura 10.15. A Tabela 10.2 mostra os resultados de cada um desses formatos em uma célula que contém o número 35000.

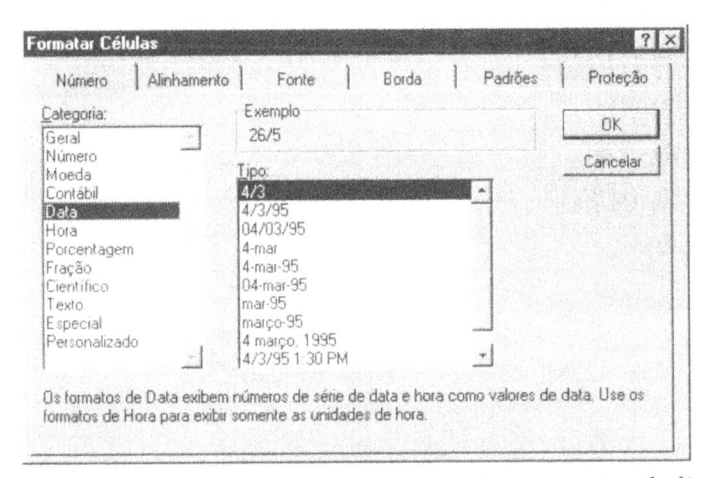

FIGURA 10.15 Quando você seleciona a categoria Data na caixa de lista à esquerda, a caixa de lista Tipo exibe os formatos de data disponíveis. Para escolher um, você seleciona sua opção dando um clique com o mouse e depois dando um clique no botão OK.

Similarmente, um valor de hora em geral é apenas um número fracionário que representa a porcentagem já decorrida do dia. Os formatos de hora estão na Tabela 10.3.

CÉLULAS DE TEXTO Se, por um lado, os formatos numéricos e de data se aplicam apenas às células com valores numéricos, outros tipos de atributos aplicam-se a qualquer tipo de célula, incluindo aquelas que contêm rótulos ou textos. Esses atributos são semelhantes aos atributos que você pode aplicar a um texto em um documento produzido por editores de texto: tipologia e corpos diferentes, negrito, itálico e sublinhado.

Alguns programas de planilha permitem que você use até mesmo cores para embelezar seu trabalho e proporcionar uma apresentação atraente. A Figura 10.16 mostra uma planilha altamente personalizada, que usa várias fontes, estilos e cores diferentes para textos e números.

	A	B	C	D	E
1		Janeiro	Fevereiro	Março	Qtr 1
2	Vendas	22.500	24.750	25.250	72.500
3	Benefícios	18.600	19.500	19.800	57.900
4	Bruto	3.900	5.250	5.450	14.600
5					
6	Despesas	4.500	5.100	5.200	14.800
7	Juros	-600	150	250	-200
8					

FIGURA 10.16 Nesta planilha, os cabeçalhos das colunas, os rótulos das linhas e a tabela de dados têm fontes diferentes. Além disso, os títulos das linhas estão em itálico e os cabeçalhos das colunas estão ampliados.

TABELA 10.2 Formatos de data.

FORMATO	VALOR EXIBIDO
Geral	35000
Ponto (1)	35.000
Vírgula (2)	35.000,00
DD-MMM-AA	28-Out-95
DD-MMM	28-Out
MMM-AA	Out-95
DD/MM/AA	28/10/95
DD/MM	28/10
Mês DD, AAAA	Outubro 28, 1995

TABELA 10.3 Formatos de hora.

FORMATO	VALOR EXIBIDO
Geral	0,58333333333333
Vírgula (4)	0,5833
HH:MM:SS AM/PM	02:00:00 PM
HH:MM AM/PM	02:00 PM
HH:MM:SS 24HR	14:00:00
HH:MM 24HR	14:00

NOTEBOOK DO NORTON

MODELAGEM FINANCEIRA

Modelagem financeira é o processo de simular o desempenho financeiro de uma empresa usando uma planilha. O propósito de um modelo financeiro é projetar o desempenho financeiro futuro da empresa. As planilhas possibilitam essa projeção porque permitem que você veja o efeito de números diferentes nas fórmulas que compõem o modelo.

Aqui está um exemplo altamente simplificado de modelo financeiro. Digamos que você tenha um serviço de entregas com bicicletas. Os mensageiros recebem 50% do preço de cada entrega. Além dos salários dos mensageiros, suas únicas despesas operacionais são o aluguel do escritório, os serviços públicos (luz, telefone, água), um computador e o sistema de rádio que você usa para se comunicar com os mensageiros.

Você pode lançar volumes de vendas diferentes e determinar o lucro. Essas informações podem ser vitais caso você esteja planejando alugar um escritório novo ou comprar um novo sistema de rádio.

Naturalmente, os modelos financeiros para empresas grandes podem ser muito mais complicados. O tipo mais comum tem áreas para cada um dos principais relatórios financeiros — balanço, Imposto de Renda e fluxo de caixa. Cada relatório pode estar ligado a outras planilhas para permitir a importação automática dos dados e sua análise na planilha em questão.

O modelo pode ficar tremendamente complicado, mas a meta continua sendo a mesma. Seu objetivo ainda é ver como dados diferentes afetam a lucratividade da empresa. Os resultados do modelo financeiro ajudam a tomar decisões básicas como:

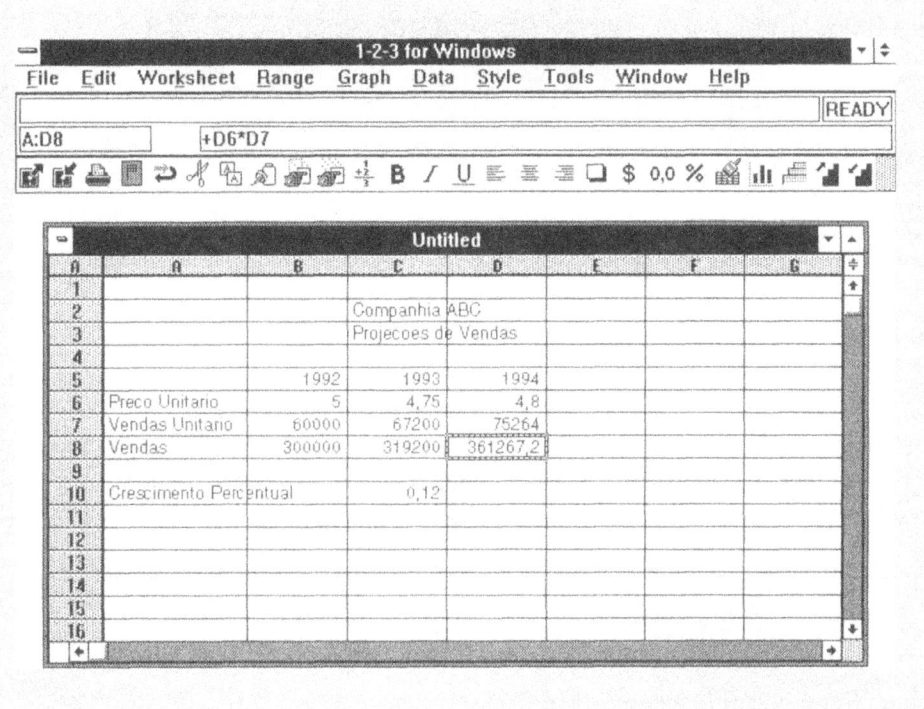

	A	B	C	D	E	F	G
1							
2			Companhia	ABC			
3			Projecoes de Vendas				
4							
5			1992	1993	1994		
6		Preco Unitario	5	4,75	4,8		
7		Vendas Unitario	60000	67200	75264		
8		Vendas	300000	319200	361267,2		
9							
10		Crescimento Percentual		0,12			

EMPRESAS PEQUENAS USAM PLANILHAS PARA REGISTRAR VENDAS E DESPESAS.

- Qual o estoque máximo que a empresa pode manter?

- Qual o valor do bônus a ser concedido aos funcionários?

- É melhor diminuir os custos ou aumentar o preço?

Antigamente, os modelos financeiros usados para responder a esses tipos de pergunta eram criados por contadores ou pelo gerente financeiro de uma empresa. Mas, com o uso cada vez mais difundido dos computadores, todas as pessoas de negócios estão agora criando e ganhando com os modelos financeiros. As grandes empresas assumem que os novos funcionários têm experiência suficiente com planilhas para criar os modelos financeiros. Os donos e gerentes de empresas pequenas provavelmente também usam tais modelos para ajudá-los a tomar decisões. Dado o grande valor que o modelo financeiro pode ter nas decisões comerciais e à facilidade com que eles podem ser criados com programas modernos, a capacidade de criar modelos financeiros tornou-se uma qualidade essencial — e básica.

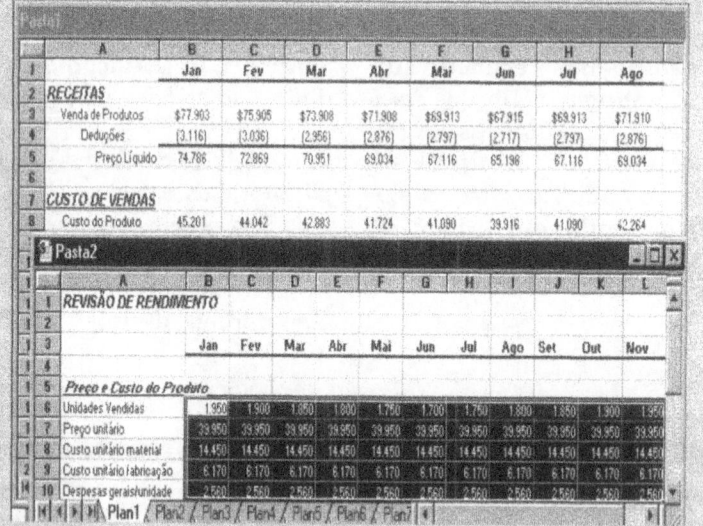

CORPORAÇÕES GRANDES USAM PLANILHAS PARA PREPARAR RELATÓRIOS FINANCEIROS.

IMPRIMINDO SUA PLANILHA

Nos primeiros programas de planilha, às vezes era um verdadeiro desafio produzir exatamente o resultado desejado. Hoje, os recursos de impressão são muito mais poderosos, especialmente nos ambientes gráficos como o Macintosh e o Microsoft Windows.

Imprimir uma planilha é basicamente um processo de duas etapas:

1. Selecionar a faixa ou bloco de células a imprimir.

2. Emitir o comando de impressão.

Infelizmente, nem sempre as faixas a ser impressas têm o formato de uma folha de papel — uma situação que, às vezes, exige uma certa ginástica para você obter exatamente o que deseja.

A Figura 10.17 ilustra como uma planilha grande pode ser dividida em páginas. Para um controle ainda maior sobre a paginação, você pode inserir quebras de página diretamente na planilha, ou especificar a faixa e imprimir cada página independentemente.

Dois recursos que a maioria das planilhas gráficas oferece são *Reduzir/ampliar para* (*Scaling*) e *Ajustar para* (*Print to fit*). A opção Reduzir/ampliar para permite que você encolha ou amplie uma planilha, especificando uma porcentagem do tamanho normal. Por exemplo, um fator de 90% reduzirá o texto da planilha para 90% do seu tamanho normal. A opção Ajustar para basicamente calcula um fator que fará a planilha caber em uma página. Outra tática que você pode usar para reduzir uma planilha na página impressa é virá-la de lado. Esse processo chama se *orientação paisagem* (*landscape*). A impressão no modo paisagem pode ser especialmente útil no caso de planilhas largas.

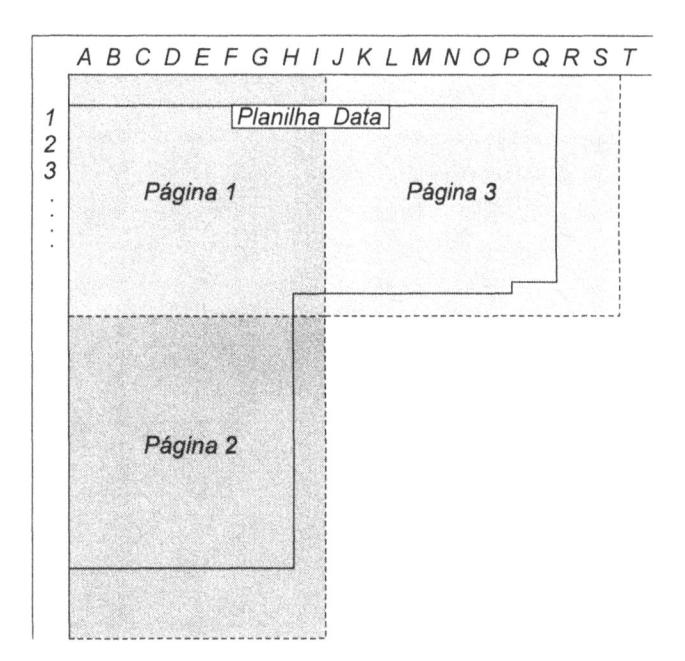

FIGURA 10.17 Se você especificar uma faixa grande demais para ser impressa em uma página, o programa de planilha escolherá o melhor método para colocar os dados nas páginas.

Algumas planilhas oferecem um modo de visualização da impressão parecido com os modos de visualização dos editores de texto. A visualização da impressão permite que você veja como o seu modelo de cálculo será dividido e como as margens, cabeçalhos e rodapés afetarão o documento impresso.

O Microsoft Excel for Windows permite que você ajuste as margens e outras opções de configuração diretamente no modo de visualização da impressão (veja a Figura 10.18). Quando você estiver satisfeito com as opções de impressão, poderá imprimir sua planilha dando um clique no ícone da impressora na janela de visualização.

AMPLIANDO A PLANILHA

Nesta seção, examinaremos alguns recursos que são equipamentos padrão na maioria das planilhas e outros que só estão disponíveis em produtos específicos.

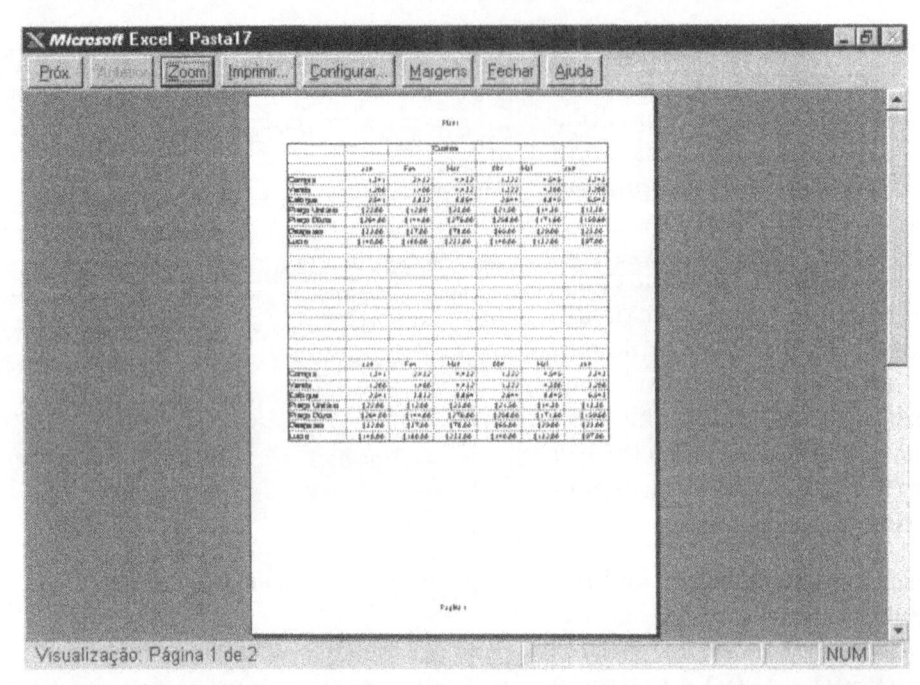

FIGURA 10.18 A visualização da impressão permite que você veja na tela como sua planilha ficará quando impressa. A visualização da impressão economiza tempo e papel porque revela resultados inesperados ainda na tela, onde você pode ajustar suas faixas de impressão, margens e outros parâmetros.

MACROS

Macros são recursos que permitem que você emita uma seqüência de comandos ou toques de tecla automaticamente. Por exemplo, no Lotus 1-2-3, o conjunto de comandos que converte uma fórmula em valor é "/ Intervalo | Valores | Enter | Enter". Se você usa esses comandos com muita freqüência, pode automatizar o processo definindo uma macro.

Para criar uma macro para esses comandos, você posiciona o cursor em uma célula vazia e digita o rótulo '/FV~~. O rótulo tem de vir precedido do apóstrofo porque, caso contrário, assim que você digitar a barra, o menu do Lotus 1-2-3 surgirá na tela. A letra "F" representa a opção "Intervalo" no menu superior e a letra "V" representa o comando "Valores" no menu "Intervalo". O til (~) representa a tecla Enter, que tem de ser pressionada duas vezes depois que o comando é emitido para selecionar a célula atual.

Com esse rótulo em uma célula, basta denominar a célula em que ele está armazenado. Chamaremos esta macro de "C", de "Conversão". Ainda com o cursor na célula, emita o comando "/Intervalo | Nome | Criar". Depois, digite o nome da macro precedido de uma barra invertida (\) como em "\C". Assim, você estará atribuindo o nome "\C" à célula que contém os toques de tecla do comando. A barra invertida informa ao 1-2-3 que a célula contém uma macro que deve ser chamada toda vez que o usuário pressionar "Alt C".

Agora, para usar a macro, você posiciona o cursor em uma célula que contenha uma fórmula que queira converter em valor e pressiona "Alt C". O Lotus 1-2-3 fará surgir na tela o menu apropriado e emitirá os comandos representados pelo rótulo da macro, como se você mesmo estivesse pressionando as teclas necessárias.

Na maioria dos programas de planilha, você também pode criar uma macro ativando um "gravador" e emitindo os comandos desejados. Depois disso, você poderá "executar" os toques de tecla — bastará chamar a macro. É muito mais fácil criar macros com um gravador do que digitar letras e símbolos em uma célula.

FERRAMENTAS MATEMÁTICAS

A maioria das planilhas oferece ferramentas matemáticas avançadas para operações cuja execução seria especialmente difícil com fórmulas ou macros. Por exemplo, solucionar uma equação simultânea ou determinar a mistura ideal de produtos que uma empresa deve produzir para maximizar os lucros.

Uma maneira de solucionar equações simultâneas com uma planilha é usar a inversão e a multiplicação de matrizes. Por exemplo, uma empresa produz tortas de maçã e cidra de maçã, e são necessários 2,5 quilos de maçã para fazer uma torta e 1,5 quilo para 1 litro de cidra. Se a empresa receber uma encomenda de 10 tortas e 100 litros de cidra, quantos quilos de maçã terá de comprar? Embora esse exemplo seja simples e pequeno, problemas semelhantes podem rapidamente tornar-se complexos com mais variáveis e mais encomendas. A inversão e a multiplicação de matrizes fazem esses cálculos rapidamente.

Algumas planilhas oferecem uma solução para problemas que exigiriam inúmeros cálculos com fórmulas. Por exemplo, digamos que você queira comprar um carro por meio de financiamento que deverá ser pago em dois anos. Você sabe que só pode pagar uma prestação de 250 reais por mês, e que o banco cobrará juro de 12% ao ano. Qual será o valor do financiamento?

Sem a ferramenta certa, você poderia digitar um valor estimado para a compra em uma célula e então digitar uma fórmula para calcular o pagamento com base no preço estimado, taxa de juro e período de 24 meses (veja a Figura 10.19). Depois, por tentativa e erro, você iria alterando o preço de compra até que o pagamento chegasse em 250 reais.

Com a ferramenta adequada, esse processo é muito mais simples (e rápido). A Figura 10.20 mostra a caixa de diálogo Atingir Meta (Goal Seek) do Excel.

Usando essa ferramenta, você encontra rapidamente o preço de compra — basta identificar a célula da fórmula, o valor-objeto e a célula variável e dar um clique em OK. O Excel faz o cálculo e coloca a resposta na célula variável (veja a Figura 10.21).

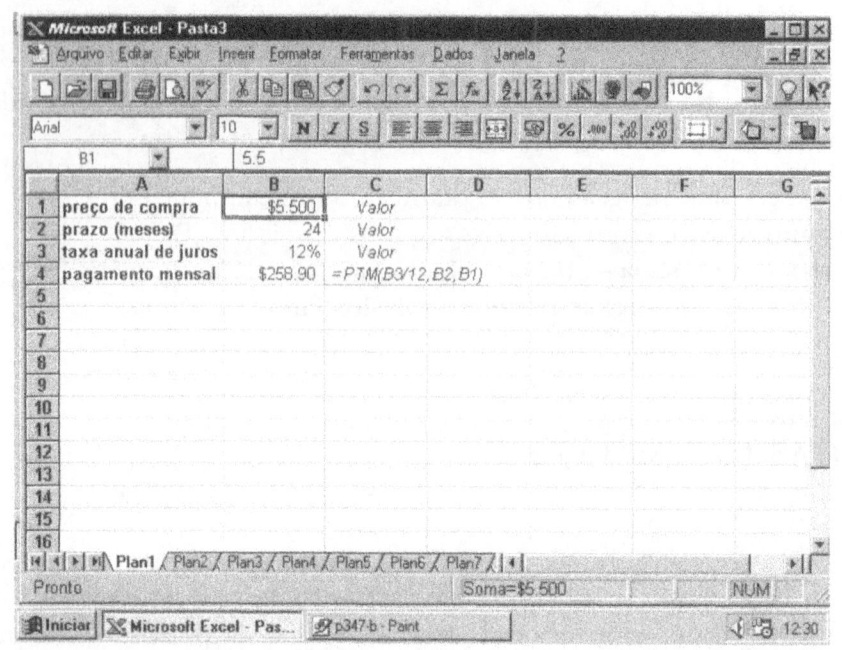

FIGURA 10.19 Para descobrir o valor do financiamento que resultará no pagamento mensal desejado, você pode criar uma planilha que calcule o pagamento. Depois, terá de alterar o preço de compra até que o pagamento fique igual ao valor desejado.

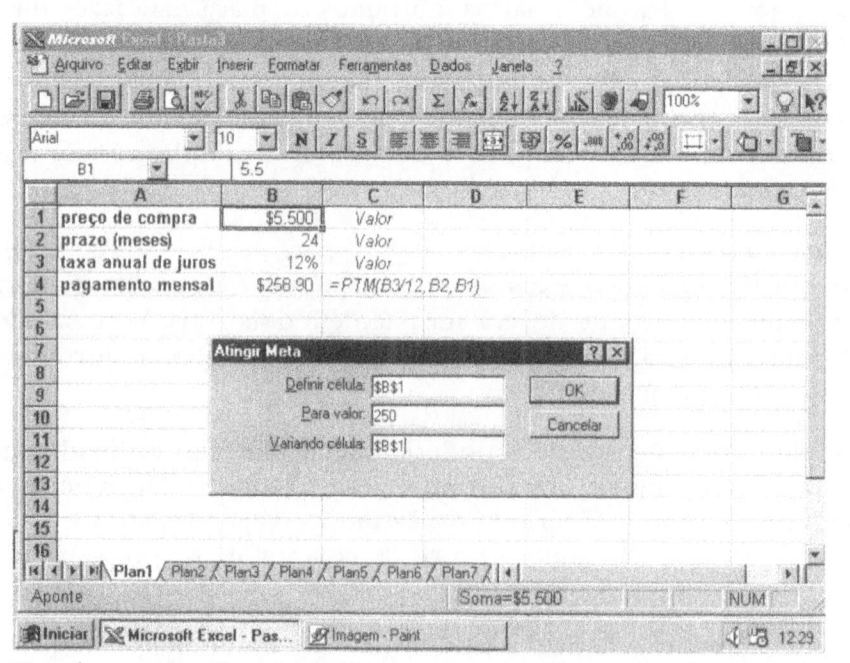

FIGURA 10.20 Usando o comando Atingir Meta ou o comando Solver, fica mais fácil encontrar o preço de compra. Aqui, Atingir Meta alterará o valor da célula B1 até que a célula B4 exiba exatamente R$ 250,00.

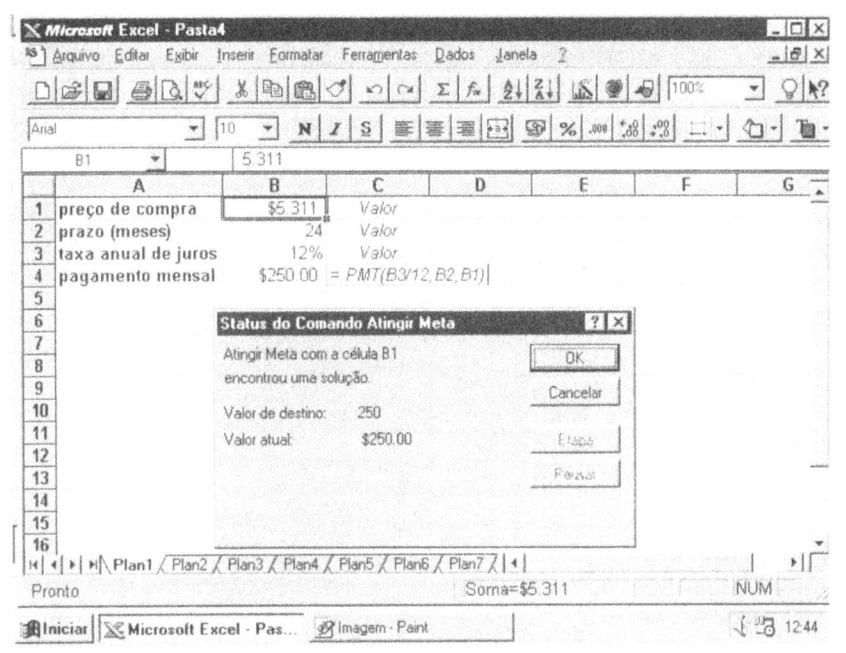

FIGURA 10.21 O comando Atingir Meta descobriu que um preço de compra de R$ 5.311,00 resultará em pagamentos mensais de exatamente R$ 250,00.

LIGUE-SE

DICAS PARA ELABORAR BOAS APRESENTAÇÕES

Suas apresentações não são mais como antes. Com programas gráficos como o Harvard Graphics, PowerPoint e Freelance Graphics, até mesmo uma reunião semanal da área de vendas pode incluir uma apresentação que pareça ter sido criada por uma equipe de publicitários profissionais.

As planilhas adquiriram tanta sofisticação, entre outros motivos, porque os programas gráficos estão cada vez mais poderosos e fáceis de usar e também porque toda apresentação profissional precisa causar maior impacto que a anterior para ter chance de impressionar a audiência.

Mesmo parecendo uma habilidade sofisticada, os programas gráficos para apresentações estão sendo cada vez mais usados em inúmeras situações profissionais. (Não se preocupe: as coisas não são tão difíceis assim.) Para ajudá-lo nos seus primeiros esforços, aqui vão algumas sugestões. Primeiro, há duas táticas que você sempre deve seguir, mesmo que não esteja usando um computador:

1. *Desenvolva um tema central.* O tema irá ajudá-lo a manter o foco quando você estiver preparando o seu trabalho e o público terá um maior interesse durante a apresentação.

2. *Tenha sempre o público em mente.* Quem é o seu público? Estudantes? Investidores nervosos? Clientes ansiosos? Que suposições básicas eles trazem para a apresentação? Quais são as preocupações deles?

As outras sugestões são especialmente relevantes para a criação de apresentações baseadas em computadores.

3. Quase todas as apresentações consistem em slides que você reúne usando o programa gráfico. *Todos os slides usados na apresentação devem ser visualmente atraentes.*

4. Se você usar gráficos, *os dispositivos devem estar relacionados com o tema do gráfico.* Por exemplo, se você está usando um gráfico de barras que mostra o índice pluviométrico dos últimos meses, tente fazer com que as barras lembrem um béquer com água dentro. Esse tipo de desenho é altamente eficaz porque oferece indicações não-verbais sobre o significado do gráfico. Alguns pacotes de apresentação dão sugestões sobre como incluir esses elementos. Para mais idéias e exemplos, observe os gráficos em revistas e jornais de grande circulação.

5. *Mantenha uma aparência consistente nas várias partes da sua apresentação.* A continuidade das suas idéias será interrompida caso não haja similaridade entre elas. Uma maneira de criar consistência é usar um slide no fundo e criar os outros como camadas do primeiro.

6. *Se possível, considere sempre usar multimídia.* A combinação de gráficos animados com som sempre causa um grande impacto. A música de fundo pode ser altamente eficaz para estabelecer o clima da apresentação e até mesmo os tópicos áridos ganham vida com movimentos.

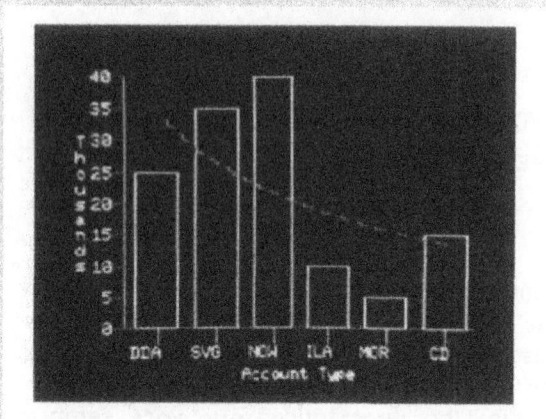

AS PRIMEIRAS PLANILHAS SÓ CONSEGUIAM PRODUZIR GRÁFICOS BIDIMENSIONAIS COMO ESTE QUE MOSTRAMOS À ESQUERDA. AS PLANILHAS DE HOJE TÊM POTENCIAL PARA PRODUZIR IMAGENS GRÁFICAS DE ALTA DEFINIÇÃO COMO A QUE MOSTRAMOS À DIREITA. (À ESQUERDA, APPLE COMPUTER; À DIREITA, MICROGRAFX)

INTEGRANDO GRÁFICOS

Quase todas as planilhas lançadas no mercado, especialmente as gráficas, permitem que você integre gráficos diretamente na planilha. Na maioria dos sistemas, você pode importar todos os formatos de arquivos gráficos padrão e em alguns você pode até criar e modificar imagens gráficas sem sair do programa de planilha.

Em muitos sistemas, a importação de uma imagem gráfica é um procedimento direto. Você abre um menu, seleciona um comando para importar um arquivo gráfico e escolhe o arquivo que será importado — ele aparece em uma caixa no centro da planilha (veja a Figura 10.22). Depois, você pode mover o gráfico arrastando-o com o mouse e alterar sua forma e tamanho arrastando os cantos da caixa.

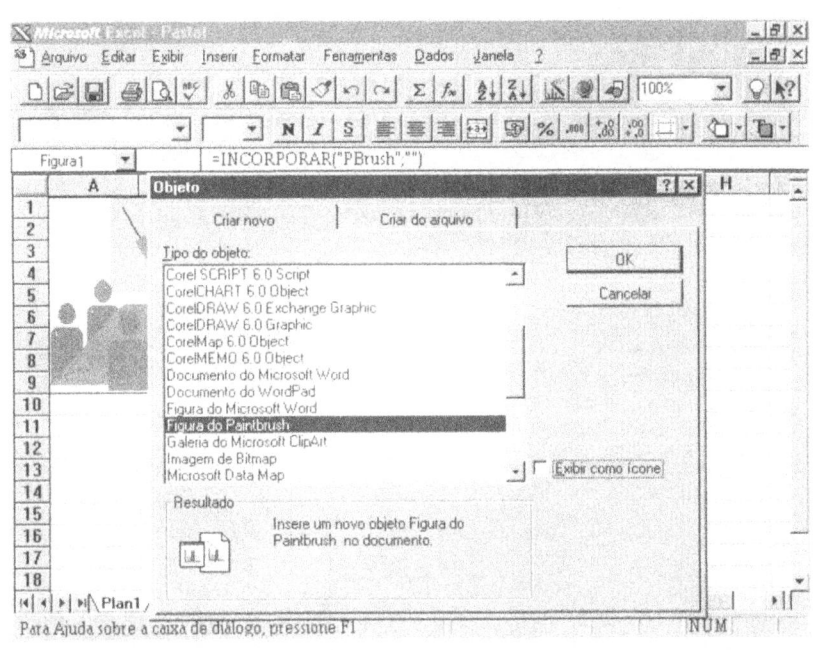

FIGURA 10.22 Você importa imagens gráficas para uma planilha escolhendo-as em uma caixa de diálogo. Em certos casos, você pode redimensioná-las e até mesmo alterá-las sem sair do programa de planilha.

Com recursos gráficos, você pode transformar uma planilha simples em um ambiente gráfico altamente personalizado. A Figura 10.23 mostra um exemplo de arquivo de planilha do Quattro Pro for Windows. A planilha é um catálogo eletrônico de um importador fictício de automóveis exóticos e apresenta botões nos quais você pode dar um clique para obter mais informações sobre um dos carros e outros avanços em termos de interface com o usuário.

As planilhas usam dois tipos de imagem gráfica. A estrutura superior da figura é a página de título. Ela é uma grande imagem gráfica criada em um programa de desenho como o CorelDRAW! e posicionada sobre um fundo colorido. A segunda página (a página das opções) também tem uma imagem como esta (a caixa que contém o texto Drive Line).

A terceira estrutura da figura contém outro tipo de imagem gráfica. O gráfico de desempenho à esquerda da tela é um gráfico padrão baseado nos números de desempenho que estão embaixo do gráfico. Se você alterar um número dessa tabela, o gráfico será imediatamente alterado para refletir os novos valores de desempenho.

À direita da tela, há um objeto gráfico que contém uma foto escaneada de uma Ferrari. Para o programa, na verdade não há diferença alguma entre uma imagem gráfica criada com um programa de desenho e uma foto escaneada, mas elas certamente são bem diferentes.

a)

b)

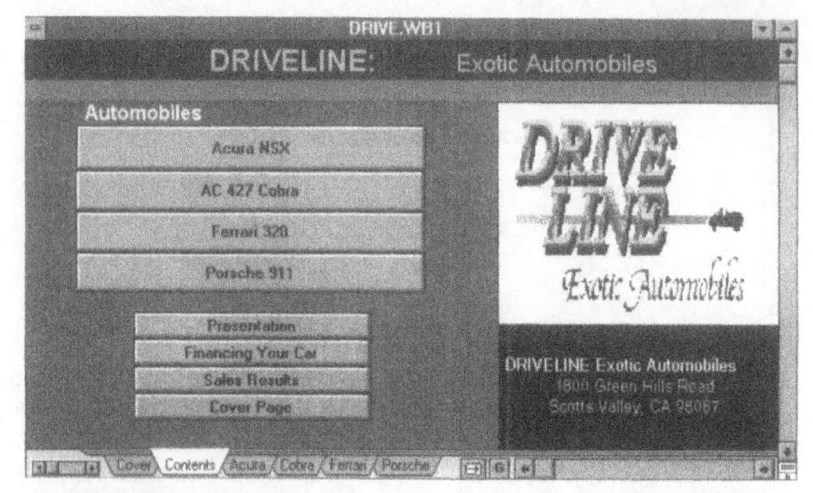

c)

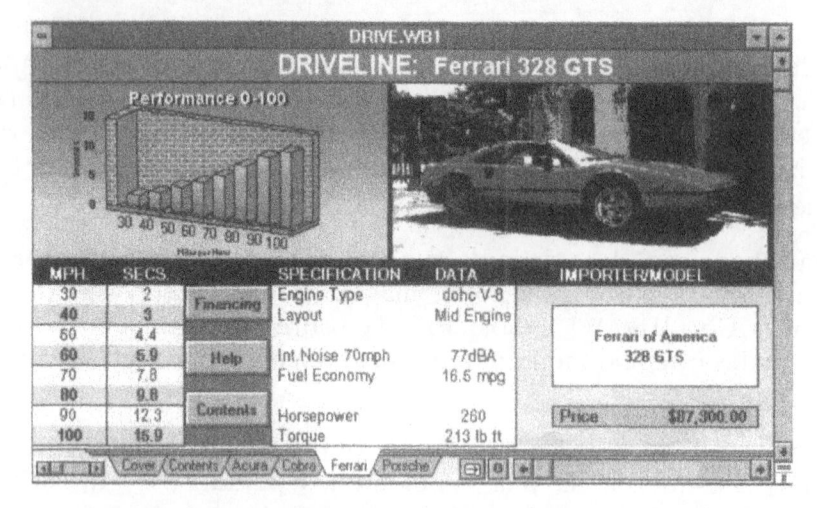

FIGURA 10.23 As planilhas gráficas possibilitam a personalização do seu trabalho e até a criação de uma interface com o usuário. Esta figura mostra três páginas de um "catálogo" de produtos. Na página da capa (*a*), você pode dar um clique em botões que o levarão para outras páginas ou mostrarão uma apresentação de slides. Nas outras páginas (*b*) e (*c*), você pode dar um clique em botões para obter outras informações ou para retornar à página da capa.

PLANILHAS TRIDIMENSIONAIS (3D)

Alguns lançamentos em termos de planilha oferecem uma terceira dimensão além da clássica matriz bidimensional de linhas e colunas. Essas planilhas transportam o modelo de cálculo de uma folha de papel colunar para o bloco inteiro. Nelas, a terceira dimensão representa páginas de um caderno (veja a Figura 10.24). Na parte superior ou inferior da janela da planilha, há uma linha de tabulações como aquelas que você encontra em uma agenda de endereços. Para mudar de página, você dá um clique na tabulação da página desejada.

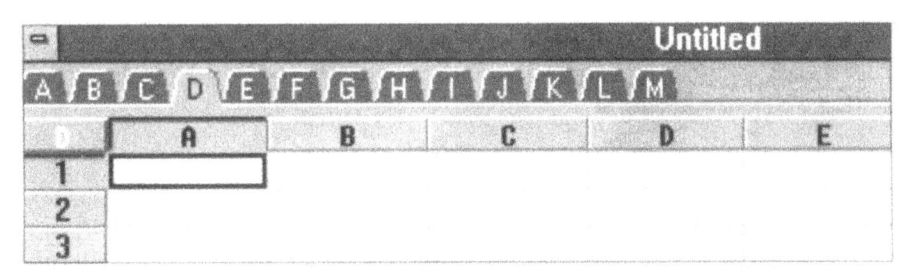

FIGURA 10.24 As planilhas tridimensionais (3D) têm ícones de tabulação ao longo da margem superior ou inferior da janela. Você pode ir de uma página para outra dando cliques nos ícones correspondentes com o mouse. Cada página é uma planilha de tamanho normal e as fórmulas podem fazer referência a células de outras páginas.

Nas planilhas tridimensionais, os comandos e as fórmulas das células conseguem acessar células e blocos em outras páginas. A página é apenas um terceiro componente do endereço da célula. Por exemplo, o endereço completo da célula C4 na primeira página A é A:C4. A célula D20 na página E é E:D20. Para somar essas células, a fórmula seria

   +A:C4 + E:D20

Entretanto, as referências de página só são necessárias quando é preciso acessar outra página. Elas podem ser omitidas nas referências de células na página atual.

Assim como as referências de células em uma página são relativas, permitindo a inserção de linhas e colunas, as referências de páginas também são relativas. Sempre é possível inserir novas páginas e excluir páginas existentes — as fórmulas permanecerão relativas à página em que se encontram.

Com uma planilha tridimensional, você pode usar páginas para armazenar os detalhes dos cálculos que serão usados em outra página, ou para armazenar planilhas inteiras. A Figura 10.25 mostra uma planilha do Lotus 1-2-3 for Windows na qual cada página contém um conjunto inteiro de relatórios financeiros de uma seqüência de meses.

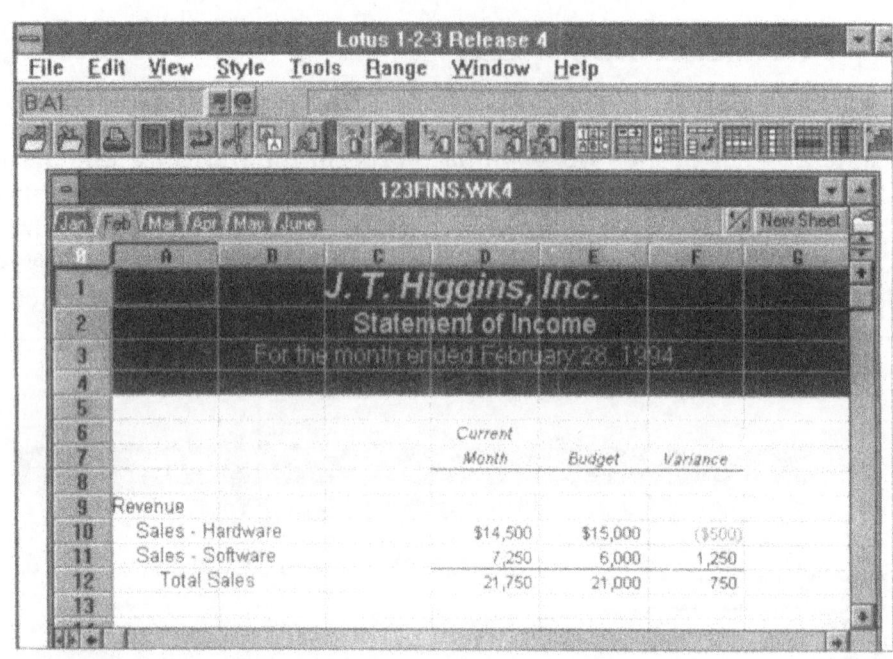

FIGURA 10.25 As planilhas tridimensionais têm muitas aplicações diferentes. Aqui, uma página diferente é usada para cada mês da declaração de Imposto de Renda de uma empresa. A página que aparece na figura é a segunda da planilha. Por padrão, as páginas são rotuladas com letras a partir da letra A, mas é fácil renomeá-las. A página que mostramos aqui chama-se "Feb".

NOTEBOOK DO NORTON

A GUERRA DAS PLANILHAS: EVOLUÇÃO DE UMA NOVA INDÚSTRIA

As planilhas existem há mais tempo do que quase todos os outros aplicativos comerciais para microcomputadores. Na verdade, os únicos aplicativos comerciais mais antigos do que as planilhas são os editores de texto e o BASIC (uma linguagem de programação). O que torna as planilhas tão importantes é o fato de que muitas pessoas e empresas começaram a usar microcomputadores porque queriam desfrutar os recursos que as planilhas ofereciam. E, ainda hoje, mais de uma década depois, muitas empresas desenvolvem projetos vitais nas planilhas eletrônicas. Elas podem ser usadas em análises financeiras, livros contábeis, entrada e gerenciamento de dados e em muitas outras situações. Na verdade, as planilhas de hoje em dia são capazes até de escrever programas.

No processo de tornar as planilhas tão poderosas e tão populares, várias empresas tentaram dominar o mercado. A primeira empresa foi a Lotus Development Corporation. Apesar de não ter sido a primeira a lançar uma planilha eletrônica no mercado (este título pertence à VisiCorp), a Lotus lançou uma planilha que adquiriu popularidade rapidamente — o Lotus 1-2-3. Em parte, essa popularidade deveu-se ao fato de que essa planilha exibia gráficos com os dados armazenados em suas células. O VisiCalc (produto da VisiCorp) não tinha essa capacidade. O Lotus 1-2-3 também rodava no novo computador IBM PC, e o VisiCalc só rodava no antigo CP/M dos computadores pessoais Apple II. Por quase dez anos, a Lotus manteve o controle do mercado de planilhas. Era ela quem ditava as normas: qualquer novidade que lançasse passava a ser o novo padrão na indústria. Mas a Lotus não estava sozinha.

Sorcim, Borland e Microsoft aguardavam um erro da Lotus. Durante essa espera, a Sorcim foi comprada pela Computer Associates (CA), mas seu produto, o SuperCalc, não parou de crescer. Similarmente, o Quattro da Borland (nas versões posteriores seu nome mudou para Quattro Pro) e o Microsoft Excel sofriam contínuo aperfeiçoamento, aumentando o número de recursos disponíveis e pressionando a Lotus.

A essência do plano da Borland para capturar uma parte do gigantesco mercado do Lotus 1-2-3 foi oferecer o Quattro a um preço significativamente mais baixo do que o do concorrente para os usuários que estavam adquirindo o produto pela primeira vez. Para os usuários do Lotus 1-2-3, a Borland ofereceu um plano no qual a troca saía quase de graça. O Quattro tinha capacidade de rodar as planilhas do Lotus 1-2-3, e a Borland acrescentou mais alguns recursos e aumentou a velocidade de cálculo do programa. Assim, quando os usuários experimentavam o Quattro, a tendência era ficar com ele.

A Microsoft, por outro lado, não parava de acrescentar recursos ao Excel, oferecia trocas a um custo baixo e simplesmente esperava. Esperava o quê? Ela continuava esperando que a Lotus cometesse um erro, e foi exatamente isso o que aconteceu. Pensando que podia dar um enorme salto tecnológico, a Lotus anunciou que em breve estaria lançando uma versão do Lotus 1-2-3 que, entre outras coisas, criava planilhas tridimensionais. O problema é que ela não conseguiu colocar esse produto no mercado no tempo prometido. Na verdade, foram necessários mais 18 meses para que isso ocorresse. Nesse ínterim, a Microsoft apresentou uma nova versão do Excel que incluía muitos recursos prometidos pelo novo Lotus 1-2-3. Os usuários adoraram. O Excel abocanhou uma imensa fatia do mercado do Lotus 1-2-3 e a Microsoft nunca mais olhou para trás.

Mais tarde, a Lotus lançou uma planilha que, na verdade, dá assistência aos usuários na criação das planilhas desejadas. O produto, Improv, foi lançado primeiro na estação de trabalho NeXT de Steve Jobs. Hoje, porém, está disponível na plataforma PC — IBM PC e compatíveis.

Será que o Improv ajudará a Lotus a retomar o mercado de planilhas? Veremos; nesta guerra, há espaço para vários vencedores e a lealdade dos clientes é um fator quase inexistente.

PLANILHAS INTELIGENTES

Com o Improv, a Lotus Development Corporation definiu um conceito novo e inovador em termos de planilhas. No Improv, as linhas e colunas só surgem na tela quando você as cria. A primeira coisa que você faz no Improv é atribuir nomes descritivos às colunas e linhas da sua planilha, como "Pedidos" e "Tipos". Depois, você cria seus itens (linhas e colunas) e dá-lhes nomes significativos como "Pedido 1", "Maçãs" e assim por diante. Daí para a frente, você só se refere a esses itens pelo nome (não há realmente números de linhas ou letras de colunas).

Quando você cria uma fórmula no Improv, a fórmula é associada ao nome de um item e se aplica à coluna ou à linha inteira. Você também insere fórmulas por referência aos nomes dos itens em vez de usar letras de colunas e números de linhas. Por exemplo, a fórmula para "Total de Frutas" na planilha é

Pedidos.Total de Frutas = Pedido 1 + Pedido 2

Você insere a fórmula apontando para os itens e dando um clique com o mouse — não é preciso digitá-la. Para inserir essa fórmula, você dá um clique em "Total de Frutas" e depois no ícone "=". Então, você dá um clique no item "Pedido 1", no ícone "+" e, por fim, no item "Pedido 2".

No Improv, você também pode criar categorias e grupos. Você pode converter um item em um grupo de itens com um subtotal e depois reduzi-lo para visualizar apenas o subtotal ou expandi-lo para visualizar os detalhes.

O Improv provavelmente mostrará que é uma ferramenta valiosa para modelos de planilhas grandes e complexos, mas não há muitas chances de ele alterar completamente o rumo que as planilhas tomarão no futuro. Motivo: o custo da potencialidade do Improv é a flexibilidade e a simplicidade que você encontra nas planilhas convencionais. Além disso, serão necessários altos investimentos no treinamento de pessoal e na conversão dos dados.

INTEGRAÇÃO COM OUTROS PROGRAMAS

Um aspecto poderoso dos ambientes gráficos como o Macintosh, Microsoft Windows e Windows NT é que os programas escritos nesses ambientes têm capacidade de trocar dados dinamicamente. Por exemplo, você pode criar uma planilha que inclua uma tabela de dados como aquela mostrada na Figura 10.26, ir para um editor de texto, como o Microsoft Word for Windows, e criar um vínculo com a tabela no programa de planilha. Com isso, você estará colocando os dados em um documento Word. Na verdade, o que ocorre é apenas a criação do vínculo com os dados. Assim, o editor de texto será notificado caso os dados da planilha sofram alteração e a tabela no documento será atualizada para refletir as alterações feitas na planilha. Essa técnica de integração de uma planilha e um documento de processamento de texto chama-se *DDE (Dynamic Data Exchange — Intercâmbio Dinâmico de Dados)*.

Outro termo usado para descrever a integração entre aplicações é *OLE (Object Linking and Embedding — Vinculação e Incorporação de Objetos)*. A OLE é um termo amplo que engloba tanto os vínculos dinâmicos criados entre aplicações, como no exemplo anterior, quanto a *incorporação de objetos*, que é o processo de realmente integrar uma cópia dos dados de uma aplicação à outra.

Por exemplo, se você tem um arquivo de imagem gráfica criado com um programa de desenho ou um programa de ilustração como o CorelDRAW ou o Adobe Illustrator, é possível incluir essa imagem gráfica na sua planilha, por meio da criação de um vínculo com o arquivo original, ou por meio da incorporação de uma cópia dela diretamente à planilha.

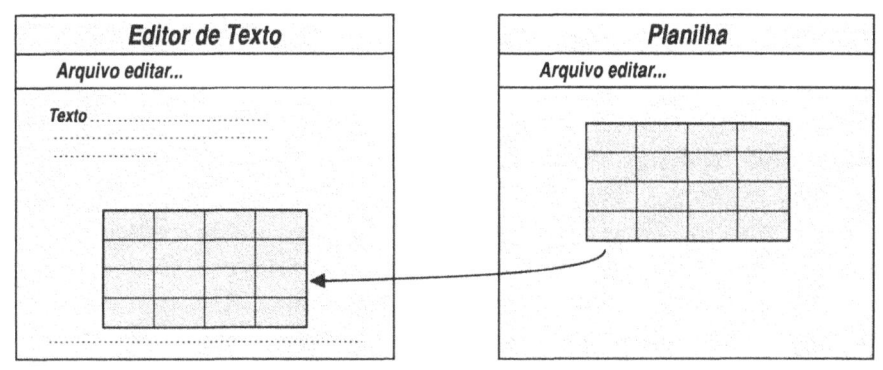

FIGURA 10.26 Com a vinculação de objetos, a comunicação entre os programas passa a ser dinâmica — sempre que a tabela da planilha sofre alterações, elas são enviadas para o editor de texto. A tabela é gravada com o arquivo de planilha.

Se você optar por criar um vínculo com o arquivo original, sua planilha não aumentará de tamanho e qualquer mudança feita no arquivo gráfico irá refletir-se automaticamente na planilha (veja a Figura 10.27). Entretanto, o sucesso do vínculo dependerá do fato de o arquivo gráfico estar sempre disponível.

Se você optar por incorporar o objeto gráfico à sua planilha, o arquivo de planilha aumentará de tamanho para acomodar a imagem, mas não dependerá da disponibilidade do arquivo gráfico. Entretanto, como a incorporação do objeto cria uma cópia do original, as mudanças feitas no original não se refletem na sua planilha.

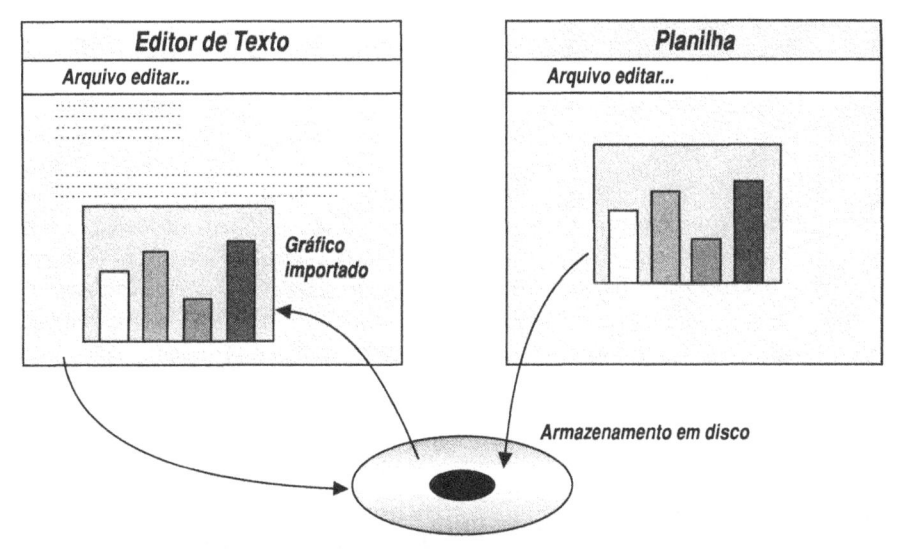

FIGURA 10.27 Com a incorporação dos objetos, uma cópia do objeto é duplicada no editor de texto. Não há vínculo, portanto as alterações feitas no objeto do arquivo de planilha não têm efeito sobre o documento do editor de texto.

O QUE ESPERAR DO FUTURO

Há anos, os desenvolvedores de software vêm tentando superar uns aos outros e produzir planilhas melhores. Isso resultou em programas cada vez mais poderosos e fáceis de usar. No entanto, o grande investimento feito pelas empresas em termos de coleta de dados e treinamento de funcionários na criação e manipulação dos programas tradicionais de planilha tem impedido avanços nessa área. Um número assombroso de pessoas está totalmente familiarizado com as ferramentas existentes e por isso menos disposto a aprender novos métodos e abordagens.

Algumas empresas tentaram quebrar o molde tradicional das planilhas, mas seus esforços obtiveram sucesso comercial apenas limitado. A Lotus Development, por exemplo, está tentando levar a comunidade das planilhas na direção de uma abordagem completamente nova com o Improv. Ainda não se pode afirmar se ela conseguirá convencer a comunidade a voltar sua atenção para algo diferente dos padrões que a própria Lotus criou com o 1-2-3.

O certo é que a tendência na direção de uma melhor integração com gráficos e com outros programas continuará. Talvez o futuro traga monitores e máquinas de impressão padronizados com a precisão e a qualidade dos melhores sistemas de editoração eletrônica. As funções de edição de texto, planilhas, gerenciamento de banco de dados e diagramação poderão tornar-se meras extensões do processo básico de criação de documentos.

LIGUE-SE — PLANILHAS EM OUTROS DOCUMENTOS USANDO OLE & DDE

As planilhas são ferramentas extraordinárias, mas quando entram em combinação com os recursos do Windows, realmente se superam. Se não, vejamos: as planilhas são ferramentas poderosas quando usadas isoladamente, mas são ainda mais poderosas se tivermos condições de mover os dados por elas criados para outras aplicações — especialmente editores de texto ou programas de editoração eletrônica.

Por que editores de texto e editoração eletrônica? Porque assim os dados da planilha podem ser usados para criar relatórios que falem por si mesmos. Eles não apenas discutem os problemas, comprovam-nos.

Além das simples operações de recortar e colar, o Windows tem dois métodos para mover dados de uma aplicação para outra. Um deles chama-se *OLE* (Object Linking and Embedding — Vinculação e Incorporação de Objetos) e o outro chama-se *DDE* (Dynamic Data Exchange — Intercâmbio Dinâmico de Dados).

A OLE permite que você crie algo em uma aplicação, como uma planilha, e depois incorpore aquele objeto a outra aplicação. Uma vez incorporado à outra aplicação, o objeto é tratado como um elemento gráfico. Você pode movê-lo, dimensioná-lo, esticá-lo e encolhê-lo. Não pode, porém, alterar os dados que ele contém. Se em um determinado momento você decidir que precisa alterar os dados do objeto, terá de dar um clique duplo nele para fazer surgir na tela a aplicação original que o criou,

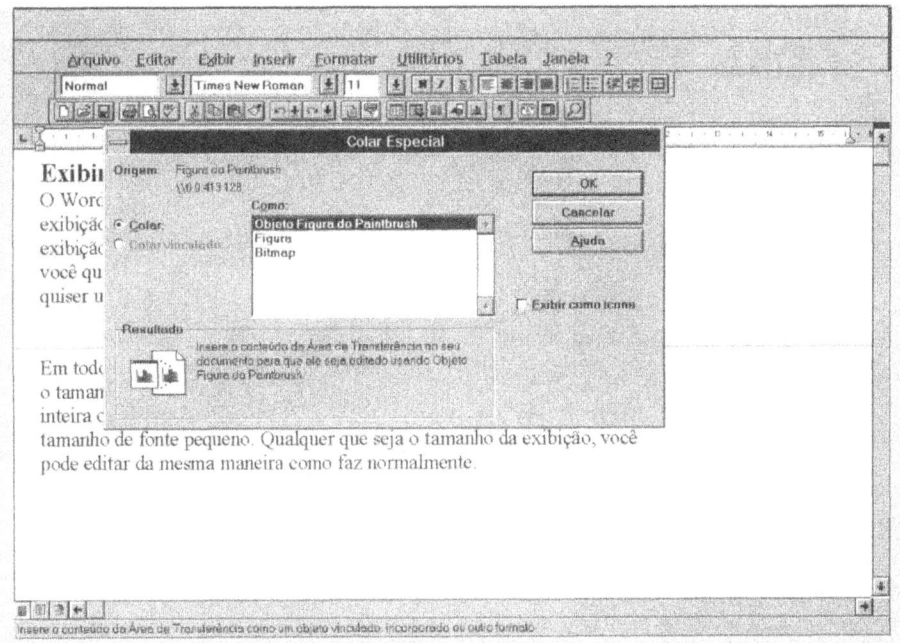

A OLE É UMA OPÇÃO PARA INCORPORAR DADOS DE UMA FONTE EXTERNA A UM DOCUMENTO.

apresentando o arquivo pronto para receber as modificações. Mas note que as mudanças feitas só aparecem na cópia incorporada do arquivo. O arquivo original permanece inalterado. Isso ocorre porque a OLE só vincula as aplicações, não os dados.

A DDE, por outro lado, possui outros recursos. Toda aplicação que tem uma cópia dos dados vinculados dinamicamente será atualizada da próxima vez em que for aberta. Se você vincular dinamicamente uma planilha ou um gráfico da sua planilha a um relatório, a um anúncio e a uma apresentação, todos esses arquivos serão alterados se você alterar a planilha ou gráfico original. O vínculo é dinâmico — todos mudam juntos. Com a OLE, apenas a aplicação com a qual você está trabalhando sofre modificações. Os outros objetos que foram colados em outros documentos permanecem inalterados.

A DDE é um processo mais novo que a OLE. Algumas aplicações permitem os dois, mas algumas permitem apenas a OLE. A DDE é melhor que a OLE? Certos programadores farão você acreditar que sim. Na verdade, porém, há momentos em que você não deseja modificar todas as cópias de um arquivo. Digamos, por exemplo, que você esteja elaborando relatórios mensais. Por um lado, você quer que todos os elementos que sofreram modificações sejam atualizados no decorrer do mês, mas, por outro, depois de pronto o relatório final de cada mês, você o quer congelado.

Como decidir entre usar OLE ou DDE? Geralmente, essa decisão deve basear-se no que você fará com o objeto. Vamos examinar um exemplo ainda mais simples. Digamos que você esteja vinculando um logotipo com o nome, endereço e telefone da sua empresa a um modelo de papel de carta. Você sabe que em breve o número do telefone mudará. Se você vincular dinamicamente esse elemento (o número do telefone), poderá criar cartas no computador e postar aquelas que precisam ser enviadas hoje; quando o número do telefone mudar, tudo o que você precisará fazer será alterá-lo em uma cópia do endereço — todas as cartas que ainda não tiverem sido postadas serão automaticamente atualizadas.

A presença da OLE e da DDE em aplicações possibilita a reutilização dos dados criados

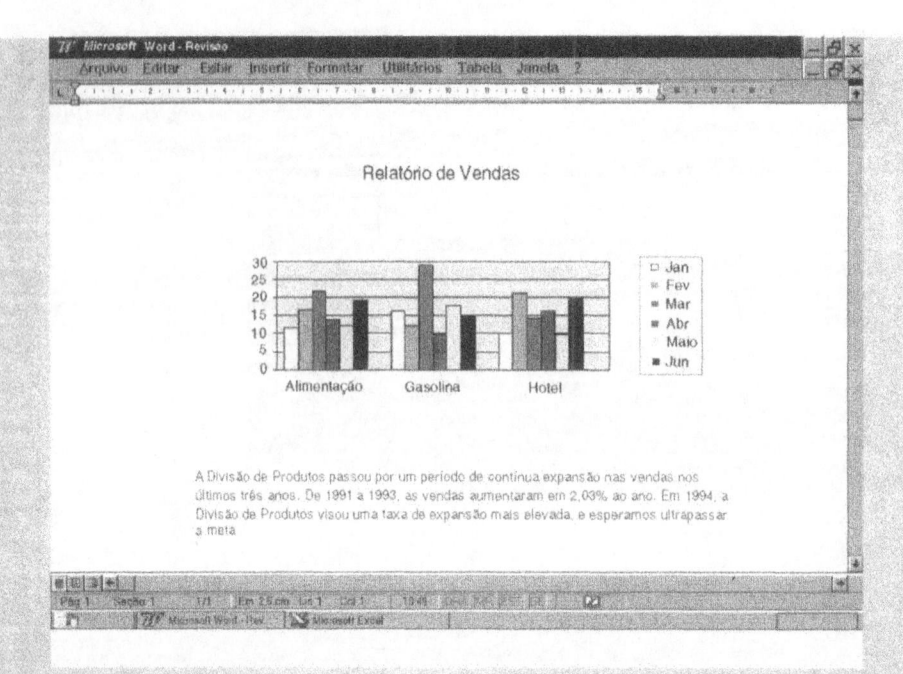

VOCÊ PODE USAR O COMANDO COLAR ESPECIAL NO MICROSOFT WORD FOR WINDOWS PARA REALIZAR UM VÍNCULO DDE.

por aplicações diferentes, economizando tempo considerável, já que você só precisa executar cada tarefa uma vez. E, se você selecionar o método correto de vincular os dados (OLE ou DDE) entre arquivos, poderá decidir se esses dados serão atualizados automaticamente ou se permanecerão fixos.

RESUMO

UMA CALCULADORA VISUAL

- As planilhas são usadas principalmente como ferramenta para analisar e calcular números.
- As planilhas foram criadas para emular modelos de cálculo de várias colunas compreendidos entre colunas e linhas.
- A menor parte de uma planilha chama-se célula.
- Cada célula tem endereço exclusivo.
- Marketing, compras, produção, engenharia, folha de pagamento e contabilidade são apenas algumas funções comerciais que usam planilhas efetivamente todos os dias.

- Controles de talão de cheque, orçamentos e impostos estão entre as funções que as planilhas podem desempenhar no âmbito doméstico.

- As três inserções básicas que podem ser feitas em uma célula são rótulos, números e fórmulas.

- As fórmulas contêm números brutos, referências a outras células e funções que a aplicação oferece como a função @.

- As referências a outras células podem ser relativas ou absolutas.

- A análise de hipóteses é uma ferramenta poderosa para que previsões sólidas sobre o futuro sejam feitas.

- A escolha do melhor formato para a apresentação de rótulos, números, datas, horas e fórmulas é a chave para se entender claramente o que a planilha representa.

- Você pode imprimir uma planilha inteira ou um bloco dela, mas é importante planejar as quebras de página cuidadosamente para que o produto final fique legível.

- A maioria das planilhas tem recursos de ajuste, ampliação/redução e orientação paisagem (landscape) para ajudá-lo na legibilidade do seu trabalho.

AMPLIANDO A PLANILHA

- Macros são uma combinação executável de comandos ou toques de tecla.

- A maioria das planilhas tem ferramentas matemáticas para operações difíceis.

- A integração de gráficos ou de imagens escaneadas a uma planilha pode fazer muita diferença em termos de clareza da apresentação.

- As planilhas tridimensionais podem ser comparadas a um documento com várias páginas, no qual as páginas adicionais são usadas para armazenar os detalhes de cálculo que são utilizados nas outras páginas.

- As planilhas inteligentes, como o Improv, dão um passo além na direção da interação intuitiva com o usuário final.

- A OLE e a DDE são um meio poderoso de vincular planilhas a outras aplicações.

QUESTÕES PARA REVISÃO

1. Explique as maiores diferenças entre a tela de um editor de texto gráfico e a tela de um programa de planilha gráfico.

2. Dê três exemplos de como você poderia usar uma planilha no seu dia-a-dia.

3. Quais são alguns benefícios que as planilhas oferecem em relação a outros tipos de programa?

4. Dê um exemplo de aplicação de computador que *não* seja adequada a um programa de planilha.

5. Relacione os tipos de inserções que você pode fazer nas células de uma planilha.

6. Explique como o formato de exibição de uma célula altera o conteúdo dessa célula.

7. O que é função?

8. O que é argumento de função?

9. Relacione e explique quatro funções comuns das planilhas.

10. O que é macro? Quando você usaria uma macro?

QUESTÕES PARA DISCUSSÃO

1. Explique o que deve ser levado em conta no momento de decidir se você deve usar uma planilha ou um editor eletrônico para produzir um documento altamente formatado que contenha blocos de números e cálculos.

2. Dê um exemplo de processo ou sistema (diferente dos já descritos) que poderia ser moldado com uma planilha. Quais seriam os benefícios da criação de tal modelo?

AS ATIVIDADES PRÁTICAS DESTE CAPÍTULO PODEM SER ENCONTRADAS NO APÊNDICE A.

CAPÍTULO 11

MANIPULANDO DADOS COM UM GERENCIADOR DE BANCO DE DADOS

OBJETIVOS

Depois de terminar de ler este capítulo, você será capaz de:

- Discutir algumas aplicações comuns do software de sistema de gerenciamento de banco de dados — *SGBD* (ou *DBMS — DataBase Management System — Sistema de Gerenciamento de Banco de Dados*).

- Descrever algumas características de um SGBD.

- Relacionar e descrever os tipos de dados que um banco de dados pode armazenar.

- Explicar como um SGBD pode recuperar dados rapidamente.

- Compreender como usar tabelas, campos, registros, formulários (forms) e consultas.

Os computadores são particularmente adequados para armazenar e manipular dados. Por serem capazes de classificar e recuperar rapidamente grandes volumes de dados, possuem as características exatas necessárias para que os dados sejam gerenciados eficientemente.

Um *sistema de gerenciamento de banco de dados* é a ferramenta que os computadores usam para obter o processamento e o armazenamento organizado dos dados. O *banco de dados* é um depósito de conjuntos de dados relacionados. Por exemplo, uma agenda de endereços pode ser um banco de dados no qual são armazenados os nomes, endereços e números de telefones de amigos e contatos comerciais. O banco de dados de uma empresa pode conter informações sobre clientes, fornecedores, empregados, vendas e estoque. As informações podem ser acrescentadas ao banco de dados e mais tarde extraídas sem perder seu significado. O SGBD é o programa (ou conjunto de programas) que permite aos usuários (e a outros programas) acessar e trabalhar com um banco de dados.

Os programas de banco de dados para computadores pessoais são apresentados de muitas formas, tamanhos e variações diferentes. Alguns programas de banco de dados populares para micros são desenvolvidos pelas mesmas empresas que criam planilhas, editores de texto e outros programas tão conhecidos do mercado. Entre eles estão o dBase IV e o Paradox da Borland International; Access e FoxPro da Microsoft; Q & A da Symantec; Lotus Approach e FileMaker Pro da Claris. No caso de sistemas de maior porte e dos computadores Unix e OS/2, Oracle, Ingres, Informix e OS/2 Database Manager são alguns dos SGBDs disponíveis.

Neste capítulo, vamos explorar o mundo dos SGBDs. Primeiro, veremos como eles são usados e como funcionam. Depois, analisaremos os detalhes da criação e o uso dos bancos de dados.

COMO OS SGBDS SÃO USADOS

Os SGBDs são as aplicações mais difundidas para o uso de computadores. Desde o surgimento do primeiro computador comercial, os SGBDs têm sido um dos principais motivos do uso dos computadores no mundo dos negócios. Empresas de todas as áreas de atividade dependem fortemente de seus SGBDs. Os milhares de bancos nacionais e locais que se ligam por meio de redes bancárias mundiais, empresas do setor de manufatura e companhias e instituições no campo da saúde, para citar apenas alguns exemplos, armazenam volumes incontáveis de transações e informações todos os dias.

Uma empresa do setor varejista pode usar um SGBD para registrar toda a transação feita em cada terminal de ponto-de-venda. Depois de cada venda, é rodado um programa que atualiza o banco de dados que contém informações de venda, que então atualiza o banco de dados de estoque para remover os itens vendidos do estoque atual. Uma vez armazenados esses registros no banco de dados da empresa, eles podem ser chamados novamente a qualquer momento.

Além desses sistemas especializados, há centenas de aplicações de propósito geral que toda empresa e instituição pode usar, incluindo contabilidade, gerenciamento de funcionários e folha de pagamento.

Os microcomputadores trouxeram o gerenciamento de banco de dados para as mesas dos indivíduos comuns, tanto na área comercial quanto na doméstica. Embora normalmente ninguém precise de um sistema de controle de estoque em casa, há inúmeros usos pessoais para os SGBDs. Muitas pessoas que têm computadores em casa usam produtos comerciais para gerenciar as compras do mês, registrar contatos comerciais e telefones de amigos e até mesmo para preparar menus e listas de compras e classificar e ordenar cupons de promoções.

O SGBD

SGBD é um programa, ou conjunto de programas, que armazena dados de modo a permitir que eles sejam acessados a qualquer momento. Como os arquivos de banco de dados podem ficar extremamente grandes — talvez contendo até muitos gigabytes em sistemas de maior porte —, recuperar esses dados rapidamente não é um assunto simples. O banco de dados é capaz de proporcionar acesso rápido, especialmente quando executado em computadores poderosos.

Na verdade, um dos melhores motivos para usar um banco de dados não é apenas a velocidade de recuperação dos dados, mas também sua manipulação rápida e fácil. Hoje, mesmo nos sistemas domésticos, a capacidade de alterar a organização dos dados ou de editar dados isolados é o que torna tão atraente o uso de um SGBD eletrônico.

Além de permitir acesso rápido e manipulação de dados, o SGBD também oferece um meio de juntar (ou relacionar) dados em bancos de dados separados. Por exemplo, você pode analisar rapidamente os tipos de produtos que um cliente compra com maior freqüência relacionando informações do cliente e informações dos pedidos. Vamos falar mais sobre esses recursos posteriormente, neste capítulo, na seção "Vinculando Tabelas de Bancos de Dados".

PROGRAMAS E O SGBD

Assim como os sistemas operacionais, o SGBD é capaz de prestar serviços tanto a usuários quanto a outros programas. Em geral, quando os usuários pensam que estão usando um SGBD diretamente, na verdade estão usando um programa que fornece uma interface que funciona com o SGBD para lhes permitir acesso direto aos bancos de dados.

No coração de um SGBD está um programa chamado *gerenciador de banco de dados*. O gerenciador de banco de dados é semelhante ao kernel do sistema operacional, no sentido de que ambos acessam e manipulam dados em um nível baixo: o hardware no caso do sistema operacional e os arquivos que contêm dados no caso de um gerenciador de banco de dados. O gerenciador de banco de dados recebe instruções de outros programas. As instruções recebidas podem incluir "abrir um arquivo", "ir para cliente X", "acrescentar novo cliente" e assim por diante.

BANCOS DE DADOS INTERATIVOS

A maioria dos SGBDs para micros inclui programas poderosos para acessar dados em bancos de dados. Em alguns deles, o programa é simplesmente o SGBD, e você pode nem mesmo perceber a distinção entre o gerenciador de banco de dados e a interface. No Microsoft Access, por exemplo, você vê na tela uma interface padrão do Windows que contém a opção Arquivo (File) no menu. Com essa opção, você pode abrir bancos de dados e alterar, eliminar ou acrescentar novas informações (veja a Figura 11.1).

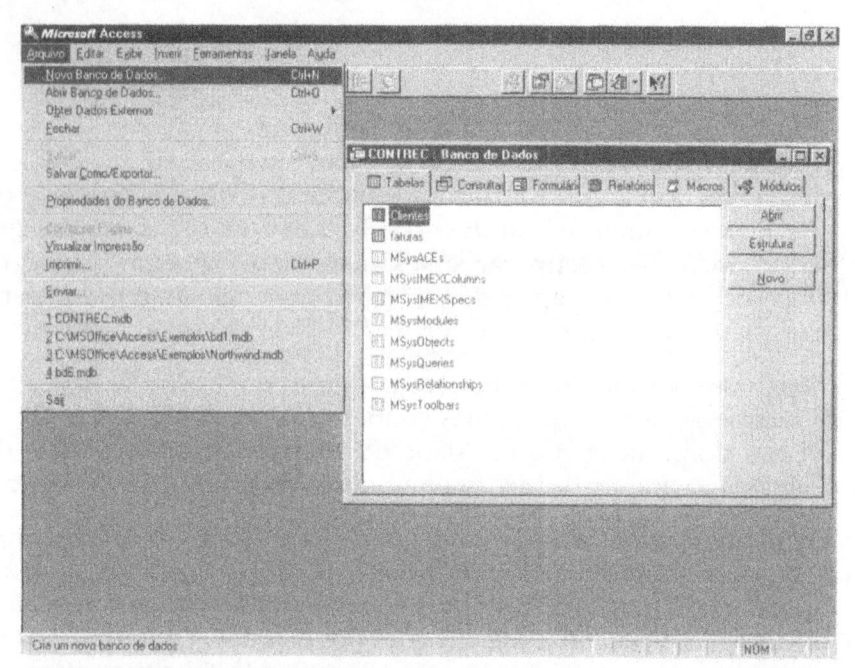

FIGURA 11.1 A maioria dos sistemas de gerenciamento de banco de dados oferece programas, ou interfaces com o usuário, para acessar os bancos de dados. No caso do Microsoft Access, quando o banco de dados é aberto, surge na tela uma caixa de diálogo na qual é possível escolher o componente do banco de dados com o qual trabalhar.

FUNDAMENTOS DE BANCOS DE DADOS

Nesta seção, iremos diretamente aos detalhes dos SGBDs, para ver o que os faz funcionar. Começaremos analisando a estrutura das tabelas dos bancos de dados, incluindo os campos para o armazenamento de tipos de dados diferentes, e depois discutiremos chaves e índices — as ferramentas que o SGBD usa para classificar dados e recuperá-los de forma rápida. Finalmente, examinaremos os formulários — nossa janela para o banco de dados — e discutiremos algumas das técnicas e métodos para criar relacionamentos entre tabelas.

A ESTRUTURA DO BANCO DE DADOS

A Figura 11.2 mostra uma tabela composta de linhas e colunas. Essa tabela é um banco de dados de informações sobre clientes. Um determinado conjunto de dados como esse é chamado *tabela*: um arranjo de colunas e linhas. Cada cliente da tabela aparece em uma linha separada. As colunas da tabela são chamadas *campos* e as linhas, *registros*. Quando você acrescenta um cliente ao banco de dados de clientes, acrescenta uma nova linha que contém um espaço para cada campo do novo registro. Igualmente, quando você processa uma venda e gera uma fatura, um registro é acrescentado ao banco de dados de faturas.

Cód Cliente	Nome da Empresa	Nome do Contato	Cargo do Contato	Endereço	Cidade
ALFKI	Alfreds Futterkiste	Maria Anders	Representante de V	Obere Str. 57	Berlin
ANATR	Ana Trujillo Emparedad	Ana Trujillo	Proprietário	Avda. de la C	México D.F.
ANTON	Antonio Moreno Taque	Antonio Moreno	Proprietário	Mataderos 23	México D.F.
AROUT	Around the Horn	Thomas Hardy	Representante de V	120 Hanover	London
BERGS	Berglunds snabbkop	Christina Berglund	Administrador de Pe	Berguvsväge	Luleå
BLAUS	Blauer See Delikatesser	Hanna Moos	Representante de V	Forsterstr. 57	Mannheim
BLONP	Blondel père et fils	Frédérique Citeaux	Gerente de Marketi	24, place Klét	Strasbourg
BOLID	Bólido Comidas prepara	Martin Sommer	Proprietário	C/ Araquil, 67	Madrid
BONAP	Bon app'	Laurence Lebihan	Proprietário	12, rue des B	Marseille
BOTTM	Bottom-Dollar Markets	Elizabeth Lincoln	Gerente Financeiro	23 Tsawassen	Tsawassen
BSBEV	B's Beverages	Victoria Ashworth	Representante de V	Fauntleroy Ci	London
CACTU	Cactus Comidas para lle	Patricio Simpson	Agente de Vendas	Cerrito 333	Buenos Aire
CENTC	Centro comercial Mocte	Francisco Chang	Gerente de Marketi	Sierras de Gr	México D.F.
CHOPS	Chop-suey Chinese	Yang Wang	Proprietário	Hauptstr. 29	Bern
COMMI	Comércio Mineiro	Pedro Afonso	Assessor de Vendas	Av. dos Lusia	São Paulo
CONSH	Consolidated Holdings	Elizabeth Brown	Representante de V	Berkeley Gar	London
DRACD	Drachenblut Delikatesse	Sven Ottlieb	Administrador de Pe	Walserweg 2	Aachen
DUMON	Du monde entier	Janine Labrune	Proprietário	67, rue des Ci	Nantes
EASTC	Eastern Connection	Ann Devon	Agente de Vendas	35 King Geor	London
ERNSH	Ernst Handel	Roland Mendel	Gerente de Vendas	Kirchgasse 6	Graz

FIGURA 11.2 O banco de dados pode conter muitas tabelas como esta aqui. Tabela é uma coleção de dados semelhantes. Esta tabela contém informações sobre clientes, e os dados de cada cliente estão em uma linha separada. As colunas diferenciam certos tipos de dados de cada cliente, como nome, endereço etc. Em certos sistemas, as linhas são chamadas registros e as colunas, campos; alguns desses sistemas também chamam a tabela de banco de dados.

CAMPOS Os *campos* de uma tabela separam os tipos de informações contidos naquela tabela. Por exemplo, cada registro da tabela de cliente tem um nome, endereço e número de telefone, e todos esses campos são encontrados em todos os registros. A seqüência de campos de um banco de dados é definida estritamente para cada registro. O campo número de telefone, por exemplo, precisa conter um número de telefone em todos os registros do banco — não pode conter um número de telefone em certas linhas e um número da carteira de identidade em outras.

Os campos de uma tabela de banco de dados são definidos pela pessoa que cria a tabela. Diferentes produtos de SGBD oferecem uma variedade de tipos de campo. O tipos mais comumente usados são os campos de texto, os campos de data e os campos numéricos, mas em algumas situações são necessários outros tipos especializados.

CAMPOS DE TEXTO O *campo de texto* contém uma cadeia de caracteres (string) alfanuméricos. Ele pode conter o nome de uma pessoa, o nome de uma empresa, um endereço ou qualquer outra informação textual significativa. O campo de texto pode também ser usado para números, mas trata-os como uma cadeia de caracteres de dígitos e não como um número. Se os dados numéricos não forem usados para cálculos, é possível armazená-los, sem problemas, em campos de texto — por exemplo, o código de endereçamento postal. Ninguém vai usar um código de endereçamento postal para cálculo; como campo de texto, ele acomodará endereços estrangeiros que às vezes contêm letras; e no caso dos códigos de endereçamento usados no nosso país, os zeros iniciais seriam mantidos no lugar correto. O campo numérico eliminaria automaticamente o zero (ou zeros) inicial.

CAMPOS NUMÉRICOS E CAMPOS DE MOEDA Os *campos numéricos* contêm números. Na maioria dos programas, é possível escolher um formato para a exibição dos números. O número propriamente dito no campo numérico não contém formatação alguma, mas quando o programa o exibe, pode acrescentar um ponto separando o milhar do milhão, exibir ou não precisão à direita da casa decimal e incluir outros caracteres especiais como um cifrão.

Alguns programas de banco de dados oferecem mais de um tipo de campo numérico. O campo numérico pode estar limitado pela escala de valores que pode conter. Por exemplo, o campo *short number (número pequeno)* no Paradox pode conter apenas números inteiros entre –32.767 e +32.767, porque ele usa apenas dois bytes para armazenar o número. Se você sabe que seu banco de dados usará esse campo apenas para números inteiros naquele intervalo, poderá economizar espaço de armazenamento e algum tempo de processamento se usar aquele campo. No caso de números maiores e de números que necessitam de uma casa decimal flutuante, você terá de usar um campo numérico comum, que usa mais bytes de espaço de armazenamento.

O *campo de moeda* é um campo numérico cujo formato de exibição é definido pelo software para representar dinheiro. O campo de moeda exibe seu valor com separadores de milhares, duas casas decimais para precisão dos centavos e, às vezes, um cifrão. Internamente, os programas SGBD tratam os dados nos campos de moeda como um tipo especial de número. Em geral, o número propriamente dito que está armazenado no campo não é um número com ponto flutuante (com casa decimal). Os números com ponto flutuante ocupam mais espaço de armazenamento do que é necessário para números que nunca terão mais de duas casas decimais de precisão. Normalmente, o SGBD converte reais e centavos para centavos multiplicando o valor por 100. É preciso menos espaço para armazenar um número inteiro 100 vezes maior do que para armazenar números com casa decimal flutuante.

CAMPOS DE DATA E HORA Os *campos de data* e os *campos de hora* são especializados. Assim como as datas e as horas armazenadas nas células de uma planilha, as datas e as horas em um banco de dados são armazenadas internamente como números, mas exibidas como data ou hora. Quando você digita uma data ou uma hora em um campo de data/hora, o SGBD aceita sua inserção no formato de uma data ou hora, mas converte-a em número antes de armazená-la no banco de dados. Assim, os dados ocupam menos espaço em disco e você pode usá-los facilmente em cálculos de data ou hora.

Além de converter datas em números para fins de armazenamento e computação, a maioria dos produtos de SGBD proporciona a verificação automática de erros em datas e horas. Por exemplo, quando você insere uma data em um campo de data, o programa de SGBD verifica a informação para ver se a data é válida. A maioria dos sistemas sabe quais são os anos bissextos, assegurando, assim, que todas as datas inseridas sejam válidas.

CAMPOS LÓGICOS O *campo lógico* (às vezes chamado de *campo sim/não*) é um campo que pode armazenar apenas dois valores. Os campos lógicos podem ser usados para qualquer tipo de dado no qual apenas dois valores são possíveis, mesmo que as descrições fornecidas para as opções sejam ilimitadas (sim ou não, verdadeiro ou falso, ligado ou desligado, atacado ou varejo etc.)

Uma vez que o campo lógico só pode conter dois valores possíveis, é preciso apenas um único bit (1/8 de byte) para armazenar um valor lógico.

CAMPOS MEMO O *campo memo* é um campo especial que pode conter informações de comprimento variável. Por exemplo, em uma caderneta de endereços, você pode usar campos de texto para o nome, endereço e telefone das pessoas. Os campos de texto geralmente têm comprimento fixo e, na maioria das vezes, definir o comprimento máximo não constitui problema algum. Mas digamos que você queira criar um campo para comentários ou observações. É impossível saber antecipadamente qual o tamanho que um campo de texto deve ter para armazenar esse tipo de dado. Em muitos registros, talvez você não insira observação alguma, mas em outros você poderá querer salvar algumas palavras ou frases curtas. Ainda em outros, você poderá querer fazer comentários e observações mais significativos.

O campo memo soluciona esse problema. Ele foi projetado exatamente para esse fim — armazenar informações de comprimento variável. O campo memo pode parecer um campo de texto comum que rola para a direita ou para a esquerda, ou uma caixa que pode ser rolada verticalmente. Alguns SGBDs armazenam os campos memos internamente em uma tabela; outros criam um arquivo separado para inserções no campo memo e estabelecem e mantêm um vínculo interno com elas.

CAMPOS BINÁRIOS O *campo binário* é um campo especial para o armazenamento de objetos binários, ou *BLOBs (Binary Large OBject)*. O BLOB pode ser um arquivo de imagem gráfica como um clip art, uma fotografia ou imagem de tela, ou qualquer outra arte gráfica ou texto formatado. O BLOB pode ser também uma trilha sonora ou um arquivo de vídeo, objetos OLE como gráficos ou planilhas criadas com um programa de planilha ou de edição de texto, ou até mesmo arquivos binários externos como um documento de planilha ou edição de texto.

O banco de dados de informações usado por um centro de atendimento infantil mostrado na Figura 11.3 contém um campo binário que inclui uma foto escaneada de uma criança.

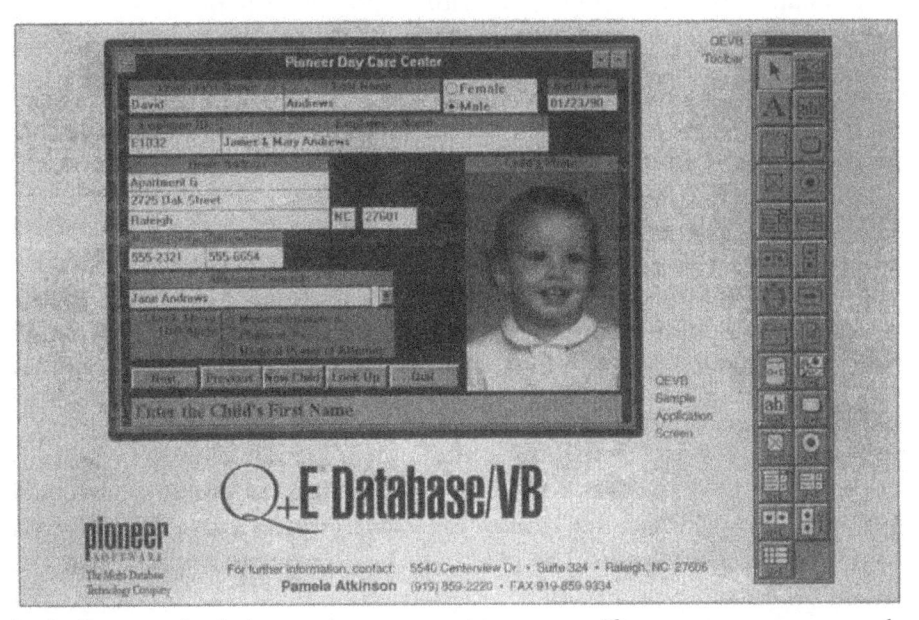

FIGURA 11.3 Os bancos de dados podem conter imagens gráficas, como, por exemplo, fotos, em campos binários. (Q & E Software)

CAMPOS CALCULADOS Alguns SGBDs permitem que você crie campos especiais que efetuam cálculos. O cálculo pode ser a soma de outros campos numéricos, ou uma fórmula que calcule a taxa sobre um subtotal. Na Figura 11.4, os campos Subtotal e Total são campos calculados. Os cálculos estão associados à tela, ou *formulário*, que o programa exibe, e não à tabela do banco de dados propriamente dita.

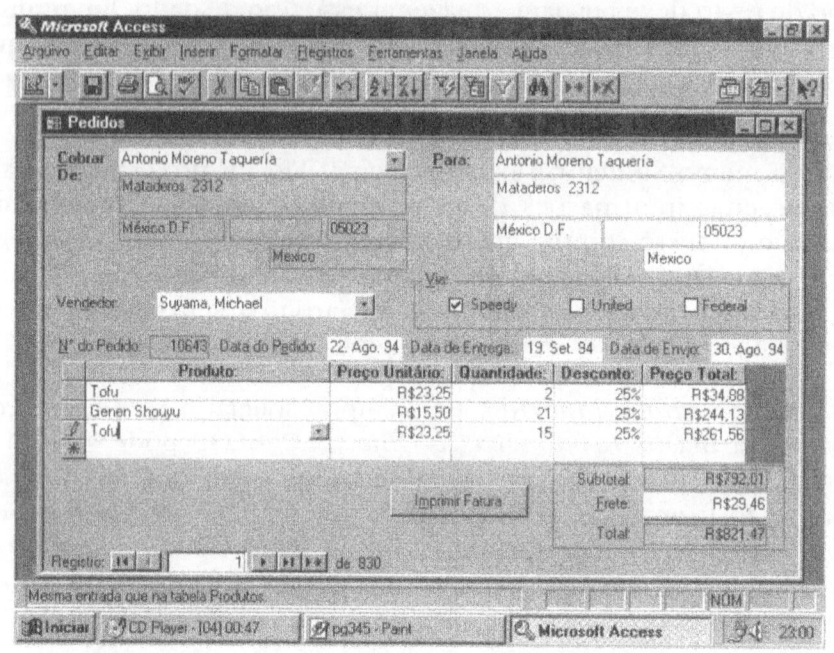

FIGURA 11.4 Este formulário de entrada de dados contém dados de várias tabelas de banco de dados. Os campos do registro do cabeçalho são Cobrar, Para, Vendedor, Via, Nº do Pedido, Data de Entrega e de Envio. Os itens de linha estão na tabela de Produtos e o nome e o endereço do cliente estão na tabela Clientes. Os campos Subtotal e Frete são campos calculados. O total da fatura não é um campo, mas um cálculo inserido no formulário.

Nem todos os SGBDs oferecem campos calculados. Nesse caso, os cálculos são efetuados pelo programa que cria e atualiza a tela ou que gera os relatórios.

CAMPOS DE CONTAGEM O *campo de contagem* contém um valor numérico único que o SGBD atribui a cada registro. Quando você insere um registro em uma tabela nova e vazia com um campo de contagem, esse campo será definido em 1 para aquele registro. O segundo registro será 2, e assim por diante. O campo de contagem em uma tabela assegura que todo registro terá um valor completamente exclusivo naquele campo.

O campo de contagem pode ser usado para classificar registros para um relatório. A classificação pelo campo de contagem ordenará os registros na ordem em que foram originalmente inseridos. Os campos de contagem também podem ser usados para criar registros que precisam ser numerados seqüencialmente. Por exemplo, se você usar um campo de contagem em números de fatura, estará garantindo que cada fatura nova receberá um número seqüencial.

ORDENANDO OS DADOS

Um dos recursos mais poderosos dos SGBDs é a capacidade que eles têm de ordenar as informações armazenadas para que você imprima um relatório ou examine-as, simplesmente, na tela do computador. Os SGBDs usam chaves ou índices para produzir dados classificados. Vamos ver como isso funciona.

A CHAVE PRIMÁRIA A *chave primária* define uma ordem padrão para a ordenação de uma tabela. É essa a ordem em que os registros de uma tabela são exibidos na tela ou impressos em um relatório caso nenhuma ordem alternativa seja especificada. A chave primária geralmente é associada a um único campo da tabela (como, por exemplo, o número de código do cliente), e os valores inseridos naquele campo precisam ser exclusivos — diferentes para cada registro da tabela. Definir o campo de código do cliente como chave primária impede que os usuários insiram inadvertidamente números duplicados (dois clientes com o mesmo código). A tabela de dados de clientes que examinamos anteriormente na Figura 11.2 tem um campo chamado "Código do Cliente" que é um campo de texto de cinco caracteres definido como chave primária daquela tabela.

A chave primária de uma tabela também pode ser formada por mais de um único campo. Esse tipo de chave primária é chamado *chave composta*. Por exemplo, a chave primária pode conter três campos — sobrenome, nome e nome do meio. Com esse arranjo, a ordem padrão de ordenação da tabela será primeiramente pelo sobrenome e, no caso de sobrenomes idênticos, os registros serão classificados pelo primeiro nome, e assim por diante. Por exemplo, "Santos, Alberto" virá antes de "Santos, Teresa", e "Junqueira, Ana J." virá antes de "Junqueira, Ana T." Não é muito prático definir uma chave primária apenas com sobrenome ou com uma combinação sobrenome-nome, porque com isso você ficará impedido de inserir dois registros com o mesmo nome e sobrenome.

NOTEBOOK DO NORTON LÓGICA DIFUSA

Que horas são?

Se você tem um relógio digital, sua resposta pode não ser tão significativa quanto se você tivesse um relógio com ponteiros porque "cinco para as cinco" tem mais significado do que "quatro e cinqüenta e cinco." Quando você olha a posição dos ponteiros em um relógio analógico, é possível ver muito mais do que a hora numérica exata (embora essa informação também esteja lá). Você pode compreender instantaneamente a hora em relação à hora anterior ou à hora seguinte, ou até mesmo em relação ao dia como um todo. Você pode dizer se é cedo ou se é tarde e quanto tempo falta para a sirene das cinco tocar. O tempo que falta está exibido graficamente no seu pulso por meio de um ângulo e uma distância.

Os números sozinhos não são capazes de transmitir essa mensagem. Para obter em um relógio digital o mesmo entendimento que temos com um relógio analógico, precisamos primeiro digerir os números e depois colocá-los na perspectiva do dia.

Com os modernos computadores digitais, temos acesso a mais informações do que nunca. E, mesmo assim, muitas vezes deixamos de compreender o real significado de uma informação, simplesmente porque os dados estão armazenados e são processados digitalmente.

A lógica digital — sistema binário que constitui o alicerce de quase todos os computadores que usamos hoje em dia — baseia-se em fatos numéricos. Uma informação precisa ser representada por um número ou outro; não há espaço entre o preto e o branco. É claro que conseguimos simular o cinza, mas, para tanto, tivemos de separar o espaço em incrementos numéricos iguais e atribuir valores a todos esses incrementos.

Mas o mundo não é dividido em incrementos e não é assim que nosso cérebro o vê. Há coisas que são simplesmente muito complexas para a lógica digital e para as expressões numéricas convencionais.

É aí que entra a lógica difusa. Ela oferece aos computadores digitais um meio de lidar com dados imprecisos. Os computadores baseados na lógica difusa foram projetados para tomar decisões com base em condições infinitamente variáveis e nas informações atuais.

Digamos que você queira usar a lógica digital para controlar um carro que está em uma auto-estrada. Você programa o computador para esperar o carro chegar a uma determinada saída e depois fazer uma curva de 90 graus. Desnecessário dizer que, a 80 quilômetros por hora, os resultados seriam desastrosos. É claro que, se você sabe o caminho, pode pedir para o sistema digital diminuir a velocidade para 70 km/h a 100 metros antes da saída, depois para 50 km/h a 30 metros do ponto de saída, para 30 no momento de fazer a curva e depois para acelerar novamente para 50 km/h, até você emitir os comandos necessários para que o carro pare no próximo cruzamento.

Essas instruções têm de ser precisas e complexas. O que aconteceria se você precisasse um dia fazer um caminho ligeiramente diferente? Seu sistema falharia, a menos que fosse totalmente reprogramado.

Se você criasse um sistema usando a lógica difusa, porém, poderia usar comandos como "diminuir a velocidade um pouco". Como é que um sistema de lógica difusa compreende suas informações? Ele usa definições programadas para relacionamentos em vez de números fixos. Por exemplo, para um sistema digital compreender o aviso "Quente! Não toque!", ele precisa ter como referência básica à temperatura precisa. O sistema de lógica difusa é capaz de reconhecer a relação entre "quente" e "tocar" e entender que o objeto citado está quente o suficiente para queimar a pele humana.

A lógica difusa está sendo usada atualmente em aplicações que precisam responder a informações variáveis — especialmente aquelas que podem sofrer alterações em relação a outras informações. Por exemplo, a lógica difusa utilizada no controle de circuitos de uma secadora de roupas pode ser usada para decidir quando é hora de desligar o equipamento. Ao contrário do circuito digital que examina coisas como calor e umidade, o sistema de lógica difusa examina fatores como "as roupas já estão secas?".

Considerando-se sua capacidade de responder ao mundo físico, será que existe alguma possibilidade de a lógica difusa substituir a lógica digital? Provavelmente não. A lógica digital ainda é mais eficiente na maioria das tarefas e requer um computador muito mais simples para operar. Mas no caso de sistemas de controle que precisam interagir diretamente com dispositivos físicos, a lógica difusa pode ser uma abordagem mais eficiente.

Na maioria dos bancos de dados, quando você insere um registro novo, ele é anexado ao final do arquivo que contém os dados da tabela. A ordenação ou a alteração das chaves nunca afetará a ordem física dos registros no arquivo, porque o banco de dados mantém as informações sobre as chaves separadas dos dados. A chave é uma representação em miniatura da tabela de dados, mas contém apenas o campo de chave e um número que corresponde ao número físico do registro na tabela (veja a Figura 11.5). Entretanto, a tabela de chaves está classificada. Para encontrar um registro usando um valor específico de chave, o SGBD encontra as informações necessárias na tabela de chaves (porque ela está ordenada), toma nota do número físico do registro e depois retorna para o arquivo de dados e move diretamente para os dados daquele registro usando o número anotado.

Área de armazenamento de Dados

#	Sobrenome	Nome	Nome da Empresa
1	Sobrenome	Nome	Nome da Empresa
2	Soares	Fabio	Empresa de Transp
3	Guimarães	Ernesto	Camafeus Artesana
4	Silva	João Roberto	Ceú Azul Empreen
5	Teixeira	Silvia	Cosméticos e Perfu
6	Andrade	Mario Sergio	Coferraz Com. de F
7	Alves Siqueir	Ana Lúcia	Bordados Lúcia Ltd
8	Amaral	Carlos Henrique	Confecções Mascu
9	Conde	Celso	Cervejaria Conde Lt
10	Raimann	José Augusto	Raimann Sapatos e
11	Assis	Marcelo	Fortes Segurança E
12	Curtis	Denise Maria	Laboratório de Anál
13	Vicente	Rodrigo	Vicente Despachan
14	Saito	Wilson A.	Drogaria Na Hora Lt
15	Ducanski	Geraldo	Mil Cores Com. de
16	Campos	Zilda	Campos Imobiliária

Índice pelo nome

#	Sobrenome
24	Adib Jafa
18	Albertina
6	Alves Siqueira
7	Amaral
5	Andrade
17	André
10	Assis
22	Cabrini
15	Campos
8	Conde
19	Costa e Silva
11	Curtis
14	Ducanski
2	Guimarães
16	Paulo

Índice pelo nome da empresa

Nome da Empresa	#
Adib Rolamentos Ltda	24
Bordados Lúcia Ltda	6
Camafeus Artesanato Ltda Me	2
Campos Imobiliária Ltda	15
Cervejaria Conde Ltda	8
Ceú Azul Empreendimentos Ltda	3
Cine & Ação Vídeo Locadora	17
Coferraz Com. de Ferragens Ltda	5
Confecções Masculinas Ltda	7
Cosméticos e Perfumes Silvia Ltda Me	4
Costa Advogados Associados	19
Drogaria Na Hora Ltda Me	13
Empresa de Transportes Soares Ltda	1
Fortes Segurança Empresarial Ltda	10
Gráfica e Editora Cabrini Ltda	22

FIGURA 11.5 Os bancos de dados usam tabelas de chaves para classificar dados rapidamente. Estas tabelas contêm apenas o campo de chave e um ponteiro para encontrar o registro na tabela de dados principal.

ÍNDICES Índice é essencialmente a mesma coisa que chave. No Microsoft Access, a chave primária é especial. É necessário haver uma chave primária em cada tabela para assegurar que os registros sejam únicos — ela também especifica a ordem padrão dos registros. Mas você também pode acrescentar outras chaves, chamadas *índices*, para outras ordens de classificação que você queira especificar para relatórios, ou para acelerar as pesquisas.

Por exemplo, na nossa tabela de clientes, a chave primária é o código do cliente. Escolhemos esse campo como nossa chave primária porque queríamos que a ordem padrão fosse determinada por aquele campo. No entanto, às vezes você pode querer imprimir uma lista de clientes ordenada pelo nome da empresa, cidade ou por algum outro campo. Para tanto, você terá de definir um índice para o campo (ou campos) segundo o qual você deseja que a classificação seja feita.

A definição de índices também traz outro benefício. Ela pode acelerar muito a busca de registros específicos no banco de dados. Por exemplo, se você procura com freqüência valores em um determinado campo (como um sobrenome no campo Sobrenome), se o campo não tiver sido definido como índice, a localização dos registros pode levar de alguns segundos a vários minutos, dependendo do tamanho da tabela e do número de registros que ela contém. Procurar um valor específico em um campo indexado é muito mais rápido — na verdade, é um processo quase imediato, porque o SGBD usa as informações pré-classificadas para encontrar valores-chave rapidamente e determinar a localização física dos dados no arquivo.

FORMULÁRIOS (FORMS)

Anteriormente, você viu uma tabela de banco de dados parecida com uma planilha, mas na maioria das vezes, não é conveniente trabalhar com um banco de dados dessa maneira. Os programas de banco de dados oferecem-lhe ferramentas para criar *formulários (forms)* — telas personalizadas para exibir e inserir dados. O formulário pode estar vinculado a uma única ou a várias tabelas, com relacionamentos definidos pelo usuário.

O FORMULÁRIO PADRÃO A maioria dos programas de banco de dados oferece uma maneira rápida de criar automaticamente formulários rudimentares para a entrada de dados. A Figura 11.6 mostra um formulário criado dessa maneira pelo Microsoft Access para uma tabela de agenda de endereços. Esses formulários "padrão" não são muito bonitos, mas sua criação é rápida e fácil. Você também pode criar seus próprios formulários, mas é mais fácil criar primeiro um padrão e depois personalizá-lo ao seu próprio gosto.

FERRAMENTAS PARA CAMPOS E CONTROLE Nos bancos de dados gráficos, quando você coloca um campo em um formulário, seleciona uma ferramenta de entrada de dados apropriada para aquele campo. A *ferramenta de entrada de dados* é o mecanismo que o usuário utiliza para inserir dados no campo. Por exemplo, em um formulário de faturas, os campos do nome e do endereço do cliente devem ser caixas de texto. Nenhum controle especial é necessário aqui, porque todas as informações sobre novos clientes serão inseridas manualmente. Nos outros campos, porém, poderá haver necessidade de certos controles. O campo "Condições de Pagamento" receberá um valor que indica o número de dias que o cliente terá para pagar a fatura. A política de venda dessa empresa inclui pagamentos dentro de 10, 20 ou 30 dias. A *caixa de lista* é um controle de campo que relaciona várias opções que podem ser selecionadas pelo usuário. Se você criar o campo Condições de Pagamento com uma caixa de lista e carregá-lo com os valores "10 dias", "20 dias" e "30 dias", o usuário terá condições de dar um clique na opção apropriada para aquele cliente (veja a Figura 11.7).

A Figura 11.8 mostra vários outros tipos de controles de campo. Um deles é a caixa de verificação, apropriada para campos lógicos. A *caixa de verificação* exibe uma marca de verificação quando é dado um clique na opção. Na Figura 11.4, por exemplo,

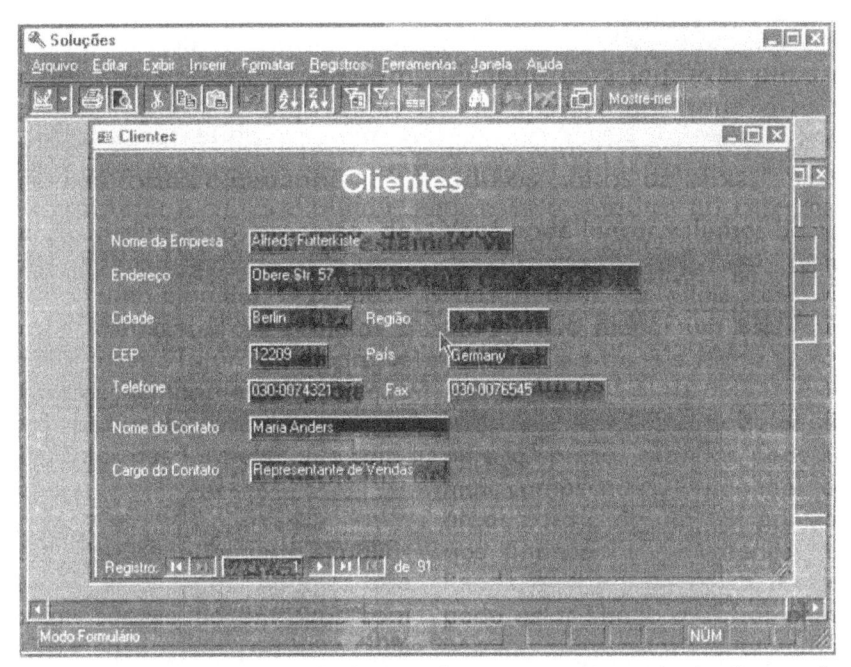

FIGURA 11.6 Muitos sistemas de banco de dados oferecem um meio rápido de criar formulários para tabelas. Esta figura mostra o formulário que o Microsoft Access criou automaticamente para o banco de dados de contatos. Note que o formulário contém tanto a tabela do cabeçalho quanto a de detalhes. A maneira mais fácil de criar um formulário personalizado é criar um formulário padrão, como este que mostramos aqui, e depois adaptá-lo alterando a localização dos campos e acrescentando recursos de embelezamento.

a "Via", ou modo de entrega escolhido foi Speedy. Os *botões de opção* são convenientes quando apenas uma opção entre várias for possível, como na Figura 11.7. A *caixa drop-down* parece um campo de edição, mas tem uma seta para baixo na margem direita. Se você der um clique na seta, fará com que uma lista de opções apareça embaixo do campo. Se você selecionar uma opção, a caixa será fechada e a opção levada para o campo. A *caixa de combinação* combina um campo de edição e uma caixa drop-down. Com ela, você pode dar um clique na seta para exibir uma lista de valores comuns para o campo, ou digitar um novo valor na caixa de edição.

VERIFICANDO INSERÇÕES COM UMA MÁSCARA Além de selecionar um controle para um campo para facilitar a entrada de dados, se você usar uma *máscara* de especificação, poderá fazer com que o formulário efetue validações e conversões nos dados inseridos. Em alguns sistemas, as máscaras são associadas a formulários de entrada de dados e você as especifica durante a criação deles; em outros, as máscaras são associadas a campos da tabela e você

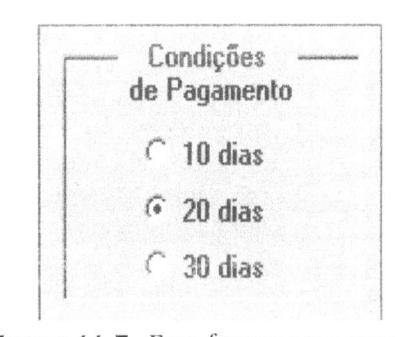

FIGURA 11.7 Esta ferramenta mostra um conjunto de "botões de opção ou de rádio". Como nos antigos auto-rádios, você faz uma seleção, mas apenas um botão pode ser pressionado em um determinado momento qualquer. Esta ferramenta, neste caso, está anexada a um campo que só pode ter três valores possíveis.

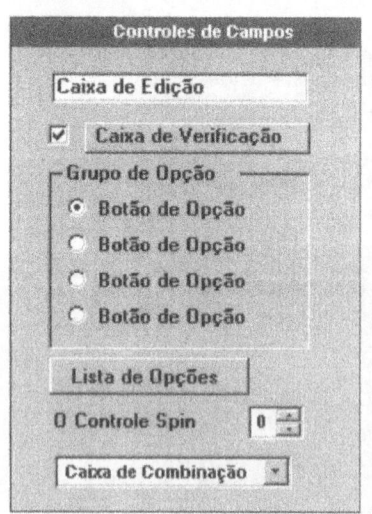

FIGURA 11.8 A caixa de texto serve para digitar informações; as caixas de verificação são apropriadas para campos lógicos ou do tipo sim/não; os botões de opção servem para fazer uma seleção entre vários valores possíveis. Quando você dá um clique em uma lista de opções (pick list), surge na tela um menu de opções no qual a sua seleção é feita. O controle spin é usado para valores numéricos e a caixa de combinação combina um campo de edição e um menu drop-down.

as especifica na hora de definir o campo durante a criação da tabela.

A máscara pode ter uma função simples como converter os caracteres digitados para letras maiúsculas ou minúsculas. O campo "Estado" na tabela de clientes tem esse tipo de máscara. Se o usuário digitar "sp", "Sp" ou "sP", a máscara converterá a inserção para "SP". Se o usuário digitar "SP", a máscara não efetuará conversão alguma. O uso de máscaras para gerenciar conversões de letras maiúsculas para minúsculas e vice-versa facilita muito e garante uniformidade ao processo de entrada de dados (o que mais tarde, na hora de procurar dados específicos, é de importância crítica).

A máscara também pode exibir o conteúdo de um campo em um certo formato. Por exemplo, o campo "Telefone" na tabela de clientes é um campo de texto com a máscara

(###) ###-####

O formulário interpreta os caracteres literais da máscara (parênteses, espaço e hífen) como caracteres que devem ser exibidos em cada posição da série de números que forma o número do telefone do cliente. Com essa máscara, o usuário só precisa digitar os dígitos do número telefônico no campo. A máscara fará com que ele seja exibido com os caracteres literais inseridos. Por exemplo, para digitar o telefone "(065) 555-1234", o usuário só precisa digitar

0655551234

A máscara fará com que o formulário exiba

(065)555-1234

As máscaras também são usadas para fins mais complexos — por exemplo, para forçar que qualquer caractere em uma determinada posição seja uma letra ou um algarismo, ou para forçar que uma inserção tenha um número específico de caracteres de comprimento.

A sintaxe das especificações das máscaras, como também os recursos que elas oferecem, varia muito de um produto para outro. Na verdade, até mesmo o nome do recurso varia. No Microsoft Access, a máscara é chamada *formato de campo*. No Paradox, ela é chamada *pictures (figuras)*.

O Paradox for Windows tem um método especialmente amigável para desenvolver uma figura para um campo, testá-la e usá-la. Na Figura 11.9, vemos uma caixa de diálogo que você chama a partir da tela de definição de tabelas. Com essa única caixa de diálogo, você pode escolher figuras predefinidas, escolher figuras personalizadas que já tenham sido desenhadas anteriormente, ver exemplos ou criar uma nova figura personalizada e testá-la ali mesmo, antes de salvá-la.

EMBELEZANDO UM FORMULÁRIO A maioria dos programas de banco de dados para ambientes gráficos permite que o usuário personalize quanto quiser os formulários criados. Além de associar controles a campos, você pode especificar cores para o texto e para o segundo plano ou fontes e faces do texto, e até mesmo incluir imagens gráficas como logotipos ou desenhos. A Figura 11.10 mostra um formulário de uma tabela de funcionários com caixas de texto sombreadas, fontes de texto personalizadas e uma fotografia (que é realmente um campo do formulário — não é um objeto permanente).

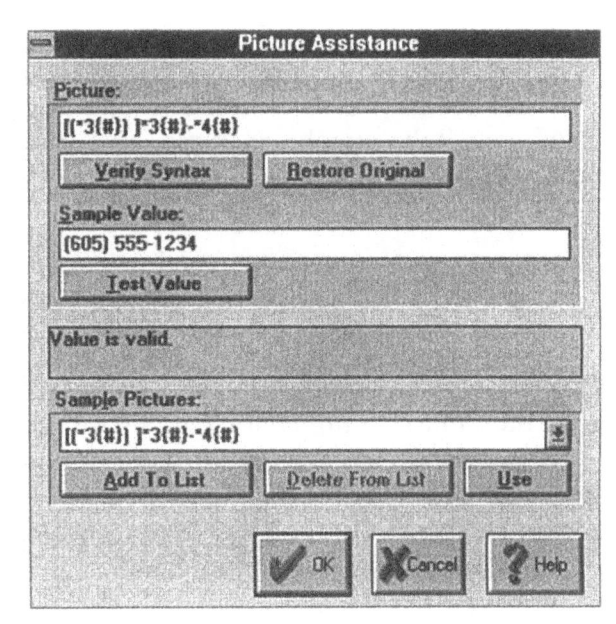

FIGURA 11.9 O Paradox for Windows possui uma caixa de diálogo chamada Picture Assistance para criar e testar máscaras de campo. A definição da máscara está na caixa de texto chamada "Picture". Essa máscara formata os números que deverão ser exibidos como números de telefone. O valor digitado em "Sample Value" foi "6055551234".

FIGURA 11.10 Os formulários podem apresentar imagens gráficas, as fontes do texto podem ser estilizadas e os campos podem ser sombreados ou modificados para que vários outros efeitos sejam obtidos.

É claro que a beleza de um formulário depende do ambiente no qual seu sistema opera. Produtos para o ambiente Windows ou para o Macintosh têm inúmeros recursos. Em SGBDs não-gráficos, você fica limitado a gráficos baseados em textos, que incluem caixas com linha simples e dupla e os outros caracteres disponíveis no conjunto de caracteres ASCII.

VINCULANDO TABELAS DE BANCOS DE DADOS

Até o momento, examinamos bancos de dados, tabelas, campos e os formulários que nos permitem acessar uma tabela e seus campos. Além disso, observamos que, em certos bancos de dados de microcomputadores, o termo banco de dados refere-se a um único arquivo do computador que contém uma tabela de informações. Entretanto, a definição mais abrangente de banco de dados agrupa mais de uma tabela de informações relacionadas. Em um sistema de contabilidade, por exemplo, você precisa de um lugar para armazenar os nomes, endereços e outras informações pertinentes de cada cliente. Igualmente, você precisa armazenar informações sobre fornecedores (empresas ou pessoas das quais você adquire produtos). Além disso, você precisa armazenar informações sobre os produtos de sua empresa, preços, custos de transporte etc. Como essas informações são diferentes, você precisa de uma tabela separada para cada uma delas (veja a Figura 11.11). Mas embora o sistema use várias tabelas para armazenar cada informação separadamente, os dados que cada tabela contém estão relacionados. Todas essas tabelas como um todo constituem o banco de dados. Nesta seção, veremos como unir ou relacionar tabelas para colher informações úteis e reduzir o tempo de entrada de dados.

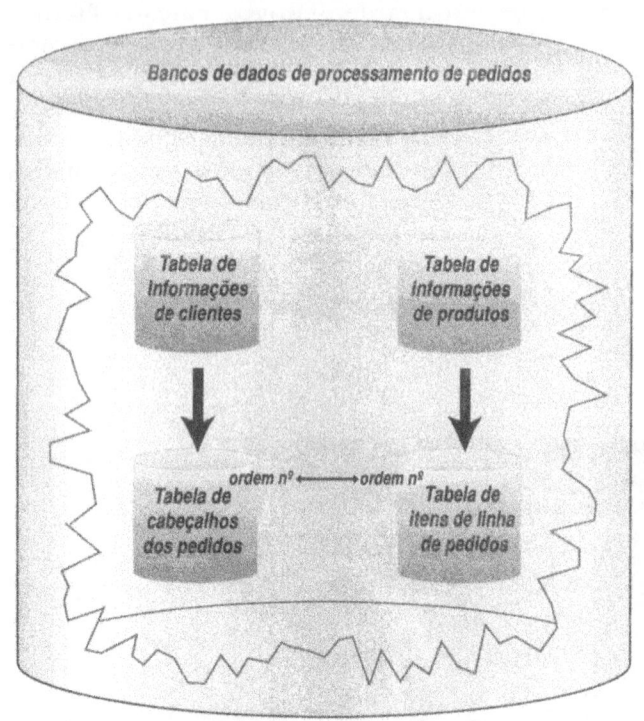

FIGURA 11.11 Banco de dados é uma coleção de tabelas de dados relacionados. Os formulários e os relatórios conseguem unir as tabelas de acordo com as necessidades do sistema. Em um sistema de processamento de pedidos, as tabelas principais são as tabelas de cabeçalhos dos pedidos e as tabelas de detalhes dos pedidos (tabela dos itens de linha), mas outras informações importantes são fornecidas por tabelas suplementares.

Ao examinar uma tabela de dados simples, talvez você fique impressionado com a praticidade de ter informações em um banco de dados, no qual é fácil ordená-las por campos diferentes para obter outras perspectivas dos dados. Mas a real potencialidade de um SGBD vem de sua capacidade de criar vínculos entre tabelas. O SGBD capaz de fazer isso é chamado *sistema gerenciador de banco de dados relacional — SGBDR* (*RDBMS — Relational DataBase Management System*).

Os bancos de dados não-relacionais são chamados *bancos de dados simples (flat-file databases)*. Os bancos de dados simples são ideais para muitas aplicações, especialmente listas de clientes ou contatos. Nos últimos anos, os bancos de dados simples estão ficando cada vez mais populares por causa, exatamente, de sua simplicidade. Eles são adquiridos e usados por muitas pessoas em seus sistemas domésticos ou em pequenas empresas. O Q&A da Symantec e o Lotus Approach são dois exemplos populares.

Os bancos de dados relacionais, no entanto, oferecem muito mais potencialidade e flexibilidade e, como resultado, em geral são a opção preferida no caso de sistemas de bancos de dados abrangentes. Anteriormente, mencionamos que um sistema de contabilidade tem muitas tabelas de dados — uma para clientes, outra para vendedores, outra para produtos, preços etc. Em um sistema complexo como esse, o programa de contabilidade normalmente opera com várias dessas tabelas ao mesmo tempo.

O RELACIONAMENTO UM-PARA-MUITOS Uma fatura impressa tem uma área de cabeçalho que contém informações sobre o cliente, o número do pedido, a data da fatura, data em que o produto será enviado e outras informações relacionadas à venda em geral. Além disso, há uma área de detalhes na qual são relacionados os itens de linha dos produtos que o cliente está comprando (veja a Figura 11.12).

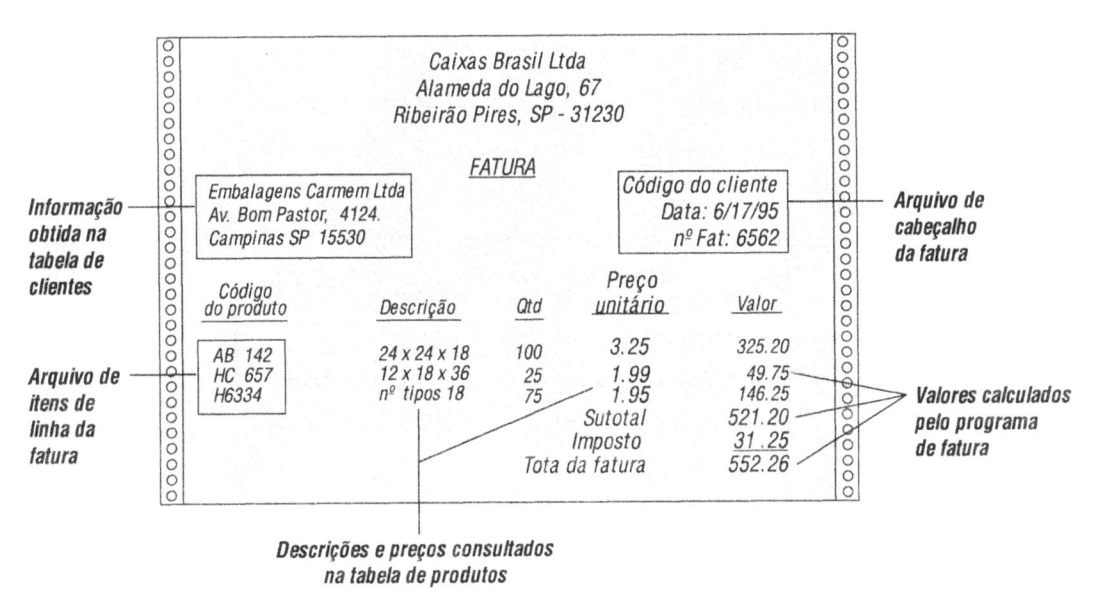

FIGURA 11.12 Grande parte das informações presentes em uma fatura é obtida por meio de consulta a tabelas ou calculada no momento da impressão. Neste exemplo, apenas o número da fatura, a data e o código do cliente são obtidos no arquivo de cabeçalho da fatura. O arquivo de itens de linha oferece os códigos dos produtos e a quantidade de cada um deles. As outras informações são obtidas nas tabelas de clientes e produtos.

Pense um momento na estrutura de banco de dados que você precisaria ter para armazenar as informações que deverão constar das faturas emitidas pela sua empresa.

Se você criasse uma única tabela para essas duas áreas, teria de decidir antecipadamente quantos itens de linha poderiam ser incluídos em uma fatura. Isso desperdiçaria espaço em disco e complicaria o processamento da fatura.

Por exemplo, se você limitasse uma fatura a um item de linha, teria de duplicar a informação do cabeçalho para cada item de linha adquirido (veja Figura 11.13). Se criasse uma tabela para acomodar 100 itens de linha, um espaço tremendo seria desperdiçado na ampla maioria das faturas — e a tabela ficaria muito maior e mais difícil de controlar do que o necessário (veja a Figura 11.14).

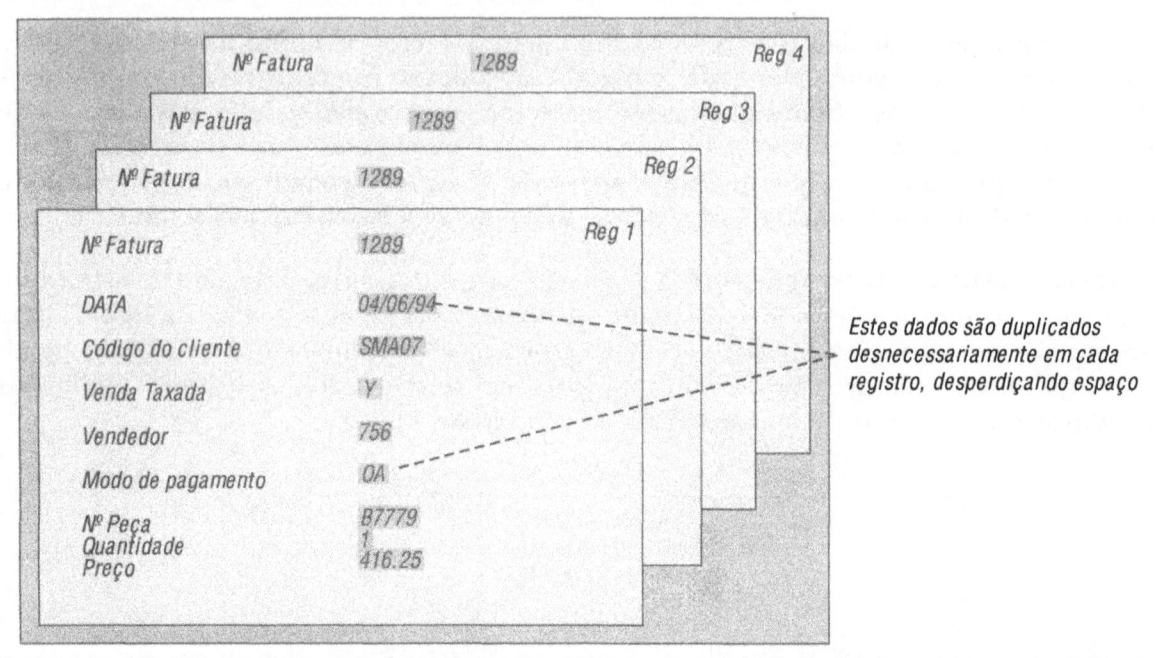

FIGURA 11.13 Se um arquivo de fatura só armazenar um item de linha, todo o registro terá de ser duplicado para cada item de linha vendido em uma fatura. A data, o código do cliente e outras informações são simplesmente repetidas em cada registro. Essa redundância desperdiça espaço em disco.

A solução é criar duas tabelas separadas e definir um relacionamento entre elas. Esse é o tipo mais comum de relacionamento entre tabelas de bancos de dados, é chamado relacionamento um-para-muitos ou *relacionamento cabeçalho/detalhes*. Com esse método, as informações do cabeçalho são armazenadas em um arquivo de cabeçalho e as informações de detalhe são mantidas em uma tabela de detalhes. As duas tabelas são ligadas por um campo comum, neste caso o campo "Nº Fatura" (veja a Figura 11.15). Nenhum dado é duplicado e nenhum espaço, desperdiçado, independentemente de quantos itens de linha um cliente venha a comprar.

Na maioria dos sistemas de banco de dados, criar um vínculo é um procedimento simples. A Figura 11.16 mostra um formulário de banco de dados para gerenciar pedidos de clientes. Esse formulário usa duas tabelas ligadas por um relacionamento um-para-muitos. Uma tabela contém dados dos pedidos e a outra tabela vinculada pode armazenar uma quantidade ilimitada de produtos e descrições de cada registro encontrado na primeira tabela.

Arquivo de fatura

	Nº Peça	Qtd	Preço
1	B779	1	416.25
2	B323	3	27.41
3	C25801	2	88.16
4	X221	1	22.05
5			
6			
7			
8			
9			
10			
11			
12			
95			
96			
97			
98			
99			
100			

Nº Fatura 1289
Data 06/04/94
Código do cliente SMA07
Venda Taxada Y
Vendedor 756
Modo de pagamento 10A

Cada registro deixa espaço para inúmeros itens de linha, desperdiçando uma quantidade enorme de espaço em disco.

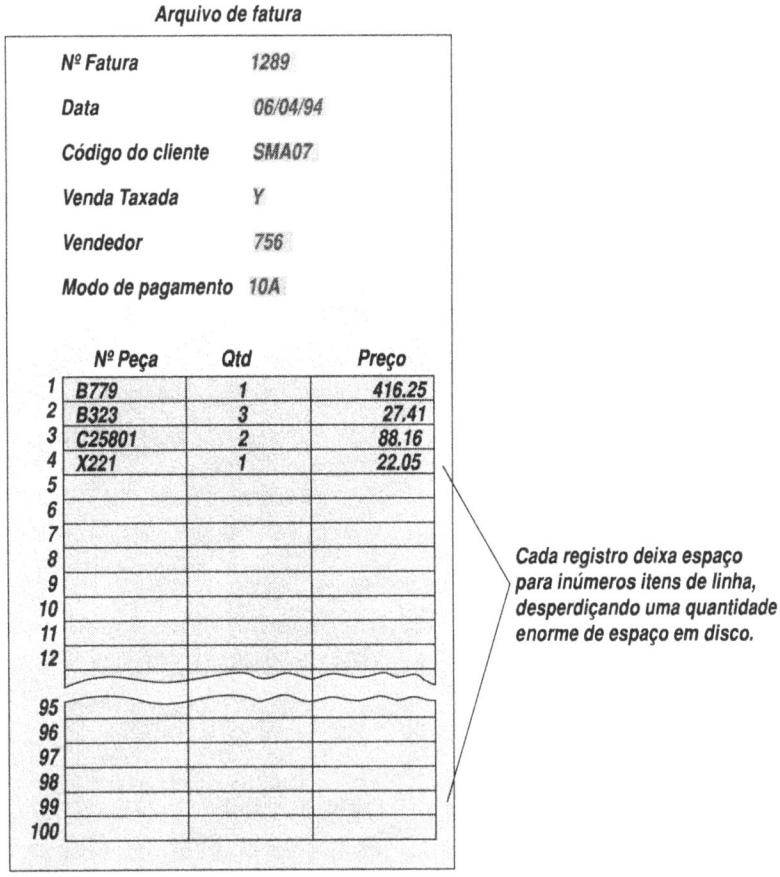

FIGURA 11.14 Se o arquivo de fatura é projetado para acomodar muitos itens de linha, uma quantidade imensa de espaço em disco é desperdiçada quando os campos não são utilizados.

Para criar esse formulário de duas tabelas no Microsoft Access, você primeiro desenha dois formulários independentes: um formulário principal associado à tabela principal (cabeçalho) e um outro formulário associado à tabela de detalhes (número de telefone). Neste exemplo, o formulário de detalhes (que é chamado *subformulário*) é idealizado para exibir vários registros simultaneamente em organização tabular. Uma vez criados ambos os formulários, você arrasta o subformulário com o seu mouse e solta-o no formulário principal. O Microsoft Access estabelecerá o vínculo automaticamente.

Arquivo de cabeçalho da Fatura

Nº Fatura 1289
Data 06/04/94
Código do cliente SMA07
Venda Taxada Y
Vendedor 756
Modo de pagamento OA

Arquivo de detalhes da Fatura

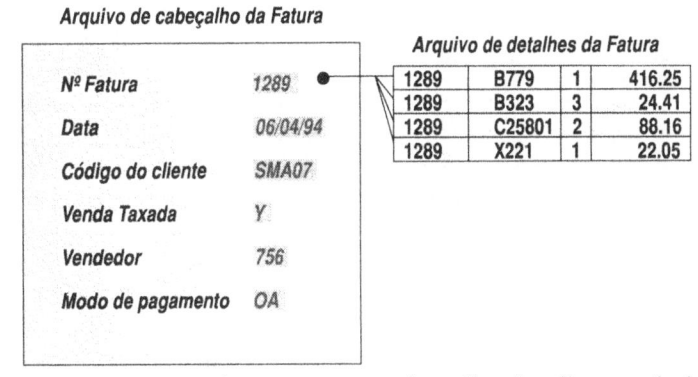

1289	B779	1	416.25
1289	B323	3	24.41
1289	C25801	2	88.16
1289	X221	1	22.05

FIGURA 11.15 O relacionamento cabeçalho-detalhes estabelece um vínculo entre dois arquivos com base em um campo comum a ambos. Assim, dados que se repetem podem ser movidos para outro arquivo, minimizando os dados redundantes e o desperdício de espaço em disco.

NOTEBOOK DO NORTON

CRISE DE INFORMAÇÃO NO DEPARTAMENTO DE ADMINISTRAÇÃO PÚBLICA DE NOVA IORQUE

De acordo com um artigo na *InfoWorld*, em 1989, o Departamento de Administração Pública de Nova Iorque estava enfrentando uma crise financeira que criou um déficit de 320 milhões de dólares. Os responsáveis acreditavam que o problema estava sendo causado por ineficiência no programa de benefícios na área de saúde para os empregados. Então, contrataram um consultor, Henry Nahal, para desenvolver um programa mais eficaz em termos de custo.

Mas Nahal descobriu que o departamento tinha um problema mais profundo do que o programa de saúde. O problema estava na maneira como as informações eram gerenciadas.

As informações não estavam disponíveis onde e quando necessário, e com isso empregados que deveriam receber benefícios na área da saúde não os recebiam no momento correto, contas de pessoas que não estavam cobertas pelo programa não eram pagas e nem médicos nem hospitais eram capazes de determinar se os pacientes tinham ou não direito àquele tipo de cobertura.

Essas ineficiências eram resultado de dois problemas básicos com o sistema de informações usado pelo departamento. Primeiro, todas as informações básicas eram gerenciadas por um único mainframe, acessado por 3.270 terminais. Outro problema era a utilização, no mainframe, de um programa de banco de dados simples baseado na linguagem COBOL, cujo acesso aos dados era limitado. Com esse sistema, em caso de queda do mainframe, todo o sistema caía junto. E se houvesse muitos pedidos de informação, o sistema tinha seu desempenho comprometido. Também por causa do software antigo e limitado, encontrar e atualizar informações era um processo lento e repleto de erros.

Nahal percebeu que o sistema tinha de ser otimizado. O software de banco de dados precisava ser substituído por um banco de dados relacional que permitisse aos usuários acessar e atualizar informações com muito mais eficiência. O sistema de processamento centralizado também tinha de ser substituído por um sistema de processamento distribuído — formado por um grande arquivo servidor e milhares de estações de trabalho totalmente funcionais.

Nahal idealizou um sistema que consistia em 4 mil dispositivos de ponto de serviço (PDS) e 1.100 computadores pessoais. Todos esses dispositivos seriam conectados a uma rede Ethernet, o que garantiria a cada estação a possibilidade de trabalhar independentemente e, ao mesmo tempo, compartilhar informações com outras estações e com o servidor principal.

Seria simplificar demais toda essa situação dizer que o problema do departamento foi solucionado com a substituição do sistema central por um sistema distribuído, mas essa etapa foi um passo-chave para a recuperação do déficit. Além disso, a redução do número de formulários exigidos pelo departamento, a substituição menos freqüente dos cartões de saúde pessoais e o aperfeiçoamento da comunicação entre os escritórios contribuíram para melhorar a operação do departamento. Depois, passou a registrar um superávit anual de 1 milhão de dólares em vez daquele déficit astronômico.

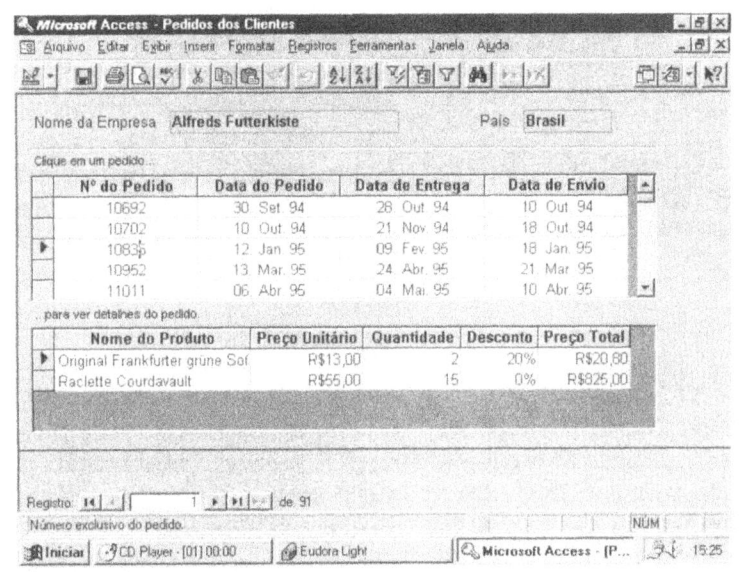

FIGURA 11.16 Este formulário do banco de dados de pedidos possui duas tabelas. Cada pedido numerado na tabela superior está relacionado em detalhes na tabela inferior.

VINCULANDO TABELAS PARA CONSULTAS Outra maneira de um formulário usar várias tabelas é validar as inserções e simplificar a entrada de dados com *campos de consulta*. No formulário de faturas, por exemplo, é no campo "Código do produto" no subformulário que você insere o número de identificação de cada produto encomendado pelo cliente (veja a Figura 11.17). Os números inseridos aqui têm de ser válidos. Na verdade,

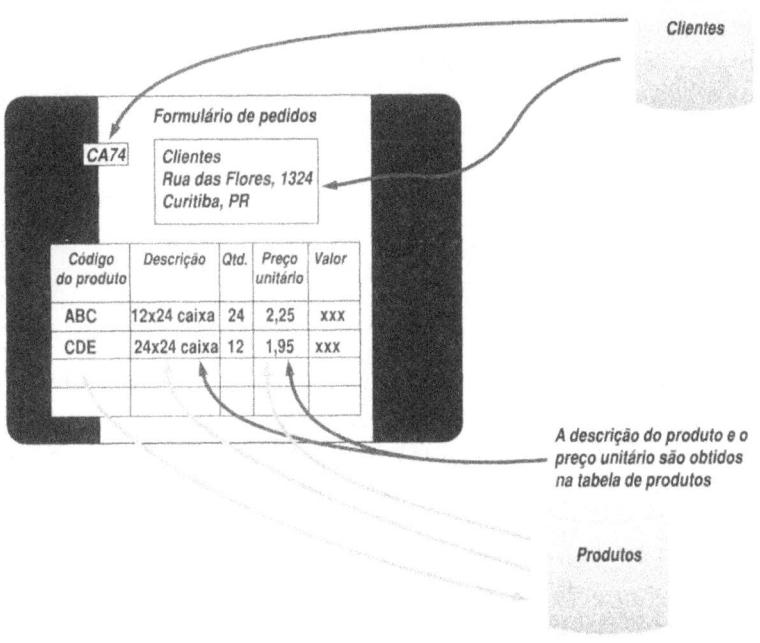

FIGURA 11.17 O formulário é uma interface para uma ou mais tabelas. As duas tabelas mostradas aqui são as tabelas suplementares deste formulário. Quando o usuário digita um código de cliente, o formulário consulta o nome e o endereço daquele cliente na tabela de clientes. Quando o usuário digita um código de produto, o formulário consulta a descrição e o preço daquele item.

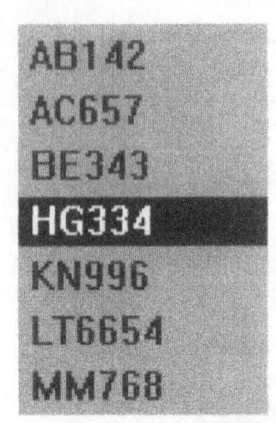

FIGURA 11.18 O campo Código Produto está vinculado à tabela de produtos. Quando o usuário abre a caixa de combinação dando um clique na seta apropriada, ela exibe os números de identificação dos produtos armazenados na tabela de produtos.

a única maneira de exibir a descrição e o preço de um produto é inserir um código válido. Quando o número de um produto é digitado, o programa examina o arquivo de produtos para encontrar um que tenha um código de identificação coincidente. Quando o encontra, recupera e retorna a descrição e o preço do produto. Caso contrário, deverá emitir um bip ou então não efetuar operação alguma.

As consultas também podem ser utilizadas em conjunto com caixas drop-down e de combinação. Assim, a vinculação não somente validará uma entrada de campo, mas também ajudará o usuário a fazer uma seleção. Ao pressionar a seta para baixo no controle da caixa, você pode exibir as ferramentas na tabela de referência cruzada e fazer uma seleção com o mouse (Figura 11.18).

INTERAGINDO COM O BANCO DE DADOS

A maior parte do tempo em que usa um banco de dados, você trabalha interativamente com os formulários para atualizar os registros existentes e para criar registros novos. Nesta seção, descreveremos alguns dos procedimentos que um usuário de banco de dados efetua durante uma sessão de trabalho.

NAVEGANDO, VISUALIZANDO E EDITANDO REGISTROS

Nesta seção, examinaremos os comandos mais simples de movimento — ir diretamente para o primeiro ou último registro de uma tabela e dar uma rápida olhada nos registros, um de cada vez. Investigaremos também a mecânica de usar um formulário para acrescentar novos registros e atualizar os existentes.

MOVIMENTANDO-SE ENTRE REGISTROS Uma vez carregada uma tabela ou executado um formulário, o programa de banco de dados oferece meios de você se movimentar pela tabela. O Microsoft Access usa a barra de botões, mostrada no canto inferior esquerdo do formulário na Figura 11.19. Os botões na barra representam os comandos que levam o usuário de um registro para outro. Da esquerda para a direita, eles significam

| ◄| | Ir para o primeiro registro da tabela.

| ◄ | Ir para o registro anterior.

| ► | Ir para o próximo registro.

| ►| | Ir para o último registro.

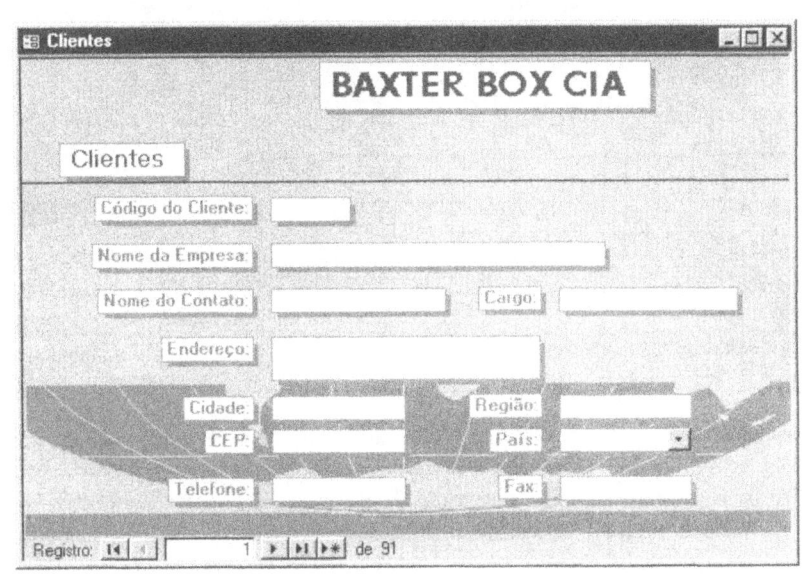

FIGURA 11.19 Para se movimentar por entre os registros no Microsoft Access, o usuário pressiona as setas no canto inferior esquerdo do formulário.

Para acrescentar um registro novo, você vai para o último registro da tabela, dando um clique no botão do último registro, e depois dá um clique no botão do próximo registro. Um formulário em branco aparece na tela e você o preenche digitando informações por intermédio do teclado.

No FoxPro, esses botões só existirão se você criá-los. A tela mostrada na Figura 11.20 tem uma linha horizontal de botões perto do centro da tela. Se você der um clique em Next (Próximo), Prior (Anterior), Top (Primeiro) ou Bottom (Último), poderá exibir registros diferentes para verificá-los ou alterá-los.

ACRESCENTANDO UM REGISTRO Para acrescentar um registro em certos sistemas, você vai para o último registro da tabela e depois dá um clique no botão que vai para o registro seguinte ou, como no FoxPro, pressiona a seta para baixo. Quando estamos no último registro, não há registro seguinte e, portanto, essa ação indica que você deseja acrescentar um registro novo — então, o SGBD acrescenta um registro em branco e coloca um cursor no primeiro campo do formulário. Alguns sistemas têm uma opção de menu para a adição de registros novos. Quando essa opção é selecionada, o sistema coloca na sua frente um formulário em branco.

Quando você cria um formulário, determina a ordem em que os dados dos campos serão inseridos. Essa ordem é chamada *ordem de tabulação*, porque em alguns sistemas mais antigos a tecla de tabulação (Tab) era o único meio de pular de um campo para outro em um formulário de banco de dados. No formulário de contatos, o campo

"Nome" é o primeiro ponto de tabulação e, como tal, quando você dá um clique no botão Next Record (Próximo Registro) para acrescentar um registro novo, o cursor aparecerá nesse campo, mas em um formulário em branco.

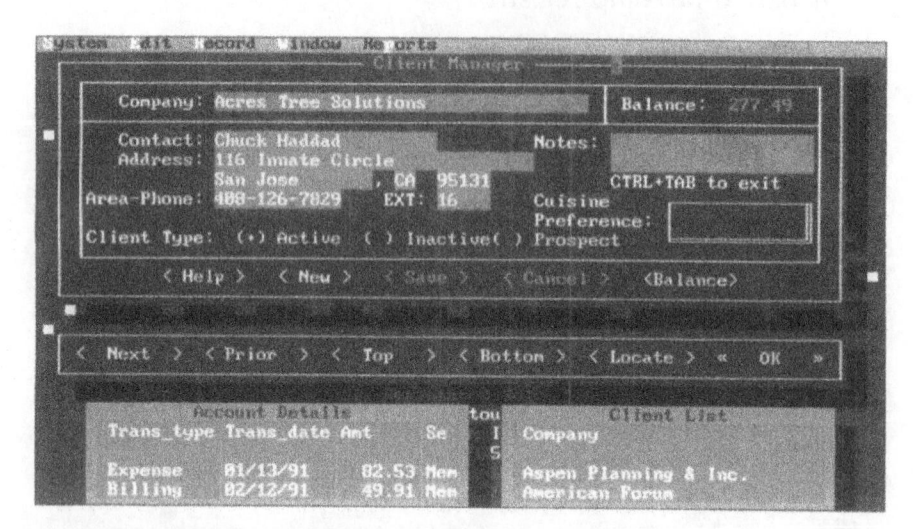

FIGURA 11.20 Esse formulário do FoxPro foi idealizado com botões nos quais se deve dar um clique para mover para o próximo registro, para o registro anterior e para o primeiro e último registros da tabela principal. Se você der um clique em Locate (Localizar), verá na tela a caixa de diálogo Find (Encontrar) para a localização de um registro.

Para inserir um novo registro, digite um nome no campo. Quando tiver terminado, pode pressionar a tecla Tab ou a tecla Enter para ir para o campo seguinte (veja a Figura 11.21). Para voltar (mover-se para um campo anterior), pressione a tecla Shift juntamente com a tecla Tab (Shift+Tab).

Em formulários com apenas uma tabela, se você pressionar Enter ou Tab no último campo do formulário, salvará o registro e irá para um formulário novo, em branco. Em formulários que contêm campos de mais de uma tabela (como o formulário de contatos), quando você completa o último campo do formulário principal, o cursor vai para o primeiro campo do subformulário (neste caso, Telefone), para permitir que você insira os números de telefones desse contato. Quando você completa o último campo de uma linha do subformulário, o cursor cria uma nova linha, em branco, para um outro número de telefone. Para limpar o formulário e inserir um novo contato, dê um clique no botão do próximo registro na parte inferior do formulário.

Além de usar Tab (ou Enter) para avançar pelos campos de um formulário, ou Shift+Tab para retroceder, você pode ir diretamente para qualquer campo a qualquer momento dando um clique nele com o mouse.

MODIFICANDO E ELIMINANDO REGISTROS É fácil alterar um registro existente. É claro que, primeiro, você precisa exibir na tela o registro que deseja alterar. Nos bancos de dados gráficos como o Paradox for Windows e Access, dar um único clique com o mouse no campo "seleciona-o". Quando um campo é selecionado, sua cor pode mudar e um cursor aparece no ponto em que foi dado um clique nele. Você pode usar o mouse novamente para posicionar o cursor no local da alteração ou usar as setas do teclado, se preferir. Depois, apenas digite a alteração no campo.

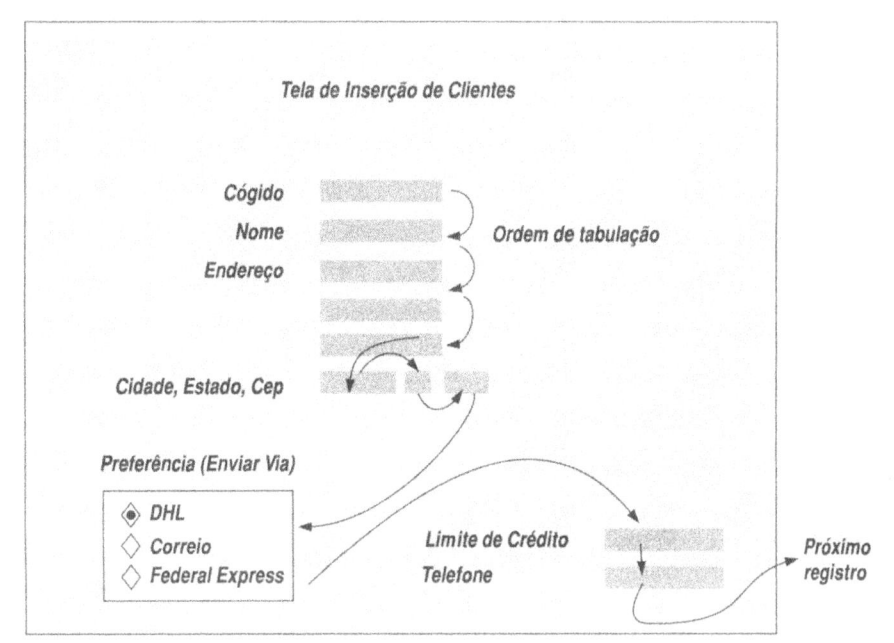

FIGURA 11.21 Quando você cria um formulário para entrada de dados, quase sempre o cursor vai para o primeiro campo da tabela. Se você pressionar a tecla Enter ou a tecla Tab, o cursor irá para o campo seguinte. Em geral, se você pressiona Shift+Tab, o cursor volta um campo para trás.

Depois de concluída a alteração, você pode prosseguir. Em certos sistemas, você pode ter de pressionar a tecla Enter para que a alteração entre em efeito; em outros, você precisa confirmar as alterações antes de ter permissão para prosseguir para outro registro.

Para eliminar um registro, você também precisa, primeiro, exibi-lo. Depois, você seleciona o comando Excluir (Delete) no menu, e o registro é eliminado. Quando criar seu formulário, especifique se os registros que representam referências cruzadas em um subformulário devem ou não ser eliminados juntamente com o registro do formulário principal. Novamente, certos sistemas pedem-lhe para confirmar a exclusão antes de efetuá-la.

USANDO UM FILTRO A especificação de um *filtro* permite que você examine apenas os registros que satisfaçam um certo critério. Por exemplo, se você deseja ver apenas os contatos na cidade de Salvador, pode definir um filtro para o campo "Cidade" e apenas os registros que contenham "Salvador" naquele campo serão exibidos (veja a Figura 11.22).

Enquanto um filtro está ativo, você não pode acessar nenhum registro que não satisfaça aquele critério. Em certos sistemas, os filtros são gravados como parte da definição de um formulário ou tabela. Em outros, eles são totalmente independentes e definidos quando necessário.

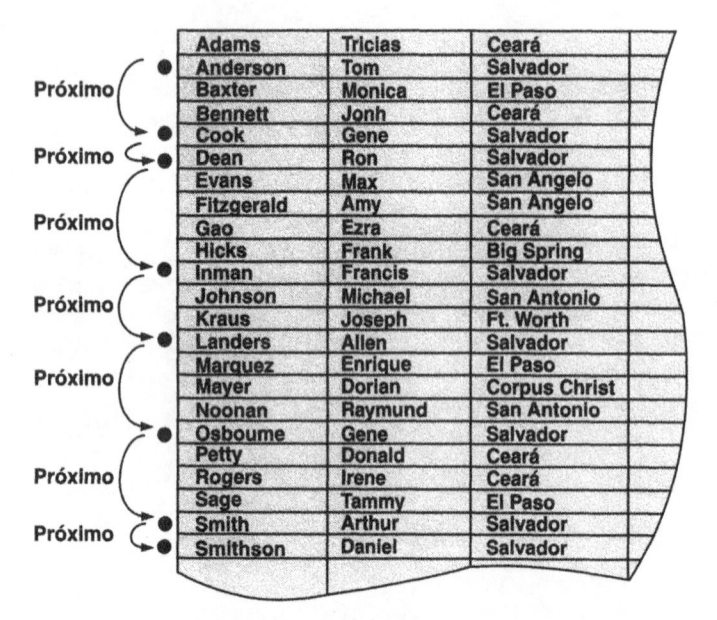

Adams	Tricias	Ceará
Anderson	Tom	Salvador
Baxter	Monica	El Paso
Bennett	Jonh	Ceará
Cook	Gene	Salvador
Dean	Ron	Salvador
Evans	Max	San Angelo
Fitzgerald	Amy	San Angelo
Gao	Ezra	Ceará
Hicks	Frank	Big Spring
Inman	Francis	Salvador
Johnson	Michael	San Antonio
Kraus	Joseph	Ft. Worth
Landers	Allen	Salvador
Marquez	Enrique	El Paso
Mayer	Dorian	Corpus Christ
Noonan	Raymund	San Antonio
Osbourne	Gene	Salvador
Petty	Donald	Ceará
Rogers	Irene	Ceará
Sage	Tammy	El Paso
Smith	Arthur	Salvador
Smithson	Daniel	Salvador

FIGURA 11.22 Os filtros definem critérios específicos para os dados que você deseja ver.

Os filtros são uma maneira rápida e conveniente de restringir o número de registros com os quais você tem de trabalhar, mas não são adequados no caso de critérios elaborados. Se você precisar de conjuntos de critérios mais complexos, deverá usar consultas (queries), sobre as quais falaremos na próxima seção.

PESQUISANDO UM BANCO DE DADOS

Procurar um registro de cada vez em um banco de dados não é a maneira mais eficiente de encontrar os dados que você deseja localizar. Os bancos de dados contêm centenas (se não milhares) de registros e, portanto, encontrar um certo registro dessa maneira pode ser um processo lento e cansativo. Felizmente, há ferramentas que lhe permitem encontrar um registro específico com rapidez e facilidade.

A maioria dos programas de banco de dados oferece duas maneiras básicas de localizar registros — com um comando Localizar ou com consultas (queries). O comando Encontrar é rápido quando se quer localizar um registro sem passar por procedimentos complexos. As queries são um método mais versátil, mas de elaboração ligeiramente mais complexa, portanto, depois de ter o trabalho de defini-las, salve-as para uso futuro.

USANDO O COMANDO ENCONTRAR   Os comandos Encontrar ou Localizar são comumente usados na maioria dos sistemas de banco de dados. No Microsoft Access e no FoxPro o comando Encontrar (Look For), está no menu Editar (Edit) na barra principal de menus (veja a Figura 11.23). O comando Encontrar abre o menu drop-down ou a caixa de diálogo Encontrar, onde você especifica os critérios de busca (veja a Figura 11.24).

Para usar Encontrar, você digita o texto a ser localizado em uma caixa de texto e depois indica que campo deve ser pesquisado. Você pode especificar um único campo ou todos eles. Além disso, pode especificar se a operação deve começar no registro atual e seguir até o final do arquivo (para a frente ou para baixo) ou começar no registro atual e voltar ao começo do arquivo (para trás ou para cima). A direção padrão é do registro atual até o final do arquivo.

O comando Encontrar é conveniente para procuras rápidas de uma palavra ou nome, mas não aceita nenhum conjunto elaborado de critérios. Ele procura apenas uma única cadeia de caracteres (string), seja em um ou em todos os campos. O comando Encontrar também pode operar em uma tabela de cada vez, e você não pode salvar os critérios especificados para uso futuro.

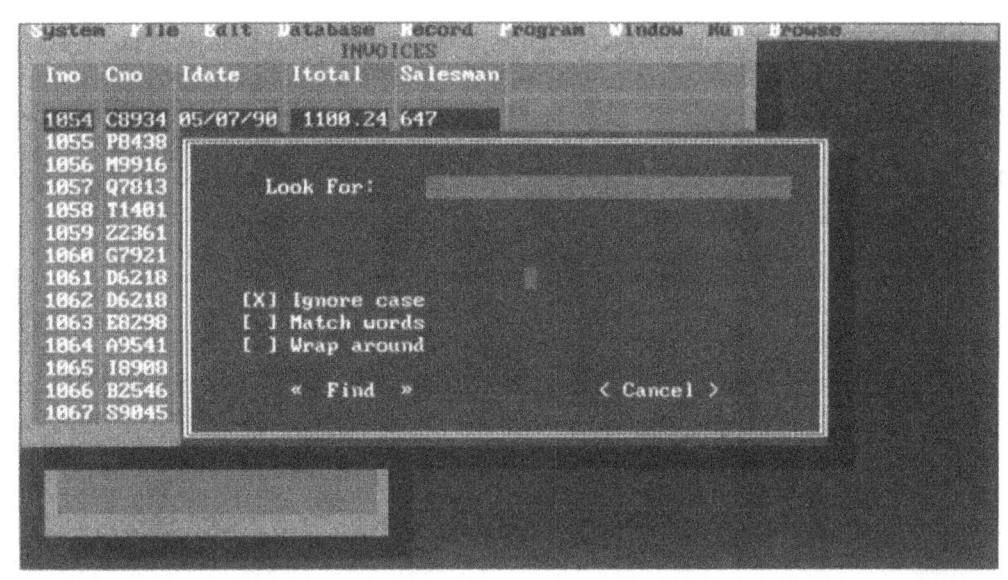

FIGURA 11.23 A caixa de diálogo Look For (Encontrar) do FoxPro. Os usuários acessam esta caixa de diálogo selecionando Edit | Find no menu principal. Os usuários podem procurar um registro digitando uma string de caracteres (ou palavras ou uma frase) na caixa e dando um clique em Find. Note as opções para que letras maiúsculas e minúsculas sejam tratadas igualmente.

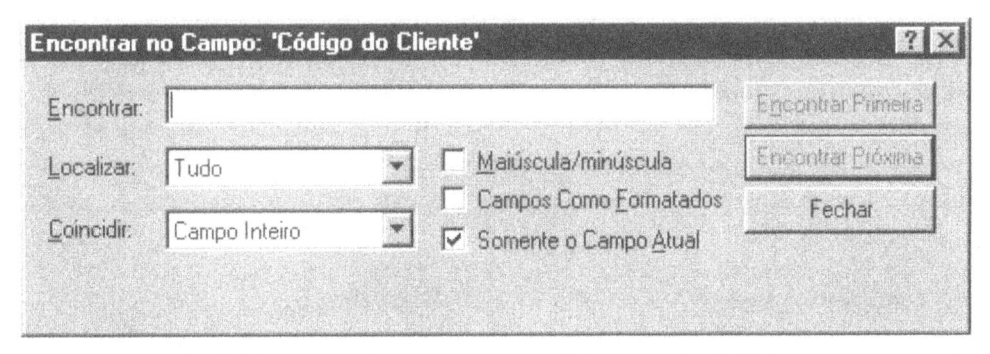

FIGURA 11.24 A caixa de diálogo Encontrar no Microsoft Access. Você digita o texto a ser localizado na caixa de texto Encontrar, define as opções e depois dá um clique em Encontrar Primeira ou Encontrar Próxima.

SQL No coração de todo SGBD, há uma linguagem que é parecida com uma linguagem de programação, mas diferente no sentido de que foi projetada especificamente para se comunicar com um banco de dados. No início, não havia linguagem padrão alguma. Cada desenvolvedor de SGBD criava métodos para permitir aos usuários procurar e selecionar registros e campos nas tabelas.

Entretanto, uma linguagem acabou por emergir como padrão. Essa linguagem (como tantas outras no mundo dos computadores) foi desenvolvida originalmente pela IBM. A linguagem chama-se *SQL* (pronuncia-se "S-Q-L"). A IBM desenvolveu a SQL no final da década de 1970 e início da década de 1980 como meio de padronizar as linguagens de consulta nas muitas plataformas de mainframes e minicomputadores que a empresa produziu. A SQL baseou-se em uma linguagem de consulta mais antiga chamada SEQUEL, que era um acrônimo de "Structured English QUEry Language" — daí a idéia comum de que SQL significa "Structured Query Language". SQL, no entanto, não significa nada. O nome apenas foi um derivado da pesquisa da linguagem SEQUEL — e SQL é tudo, menos uma linguagem estruturada. Na verdade, SQL é a antítese da estrutura. Quando a organização ANSI aprovou-a em 1986, ela tornou-se padrão, e esse padrão desde então já foi atualizado duas vezes com o ANSI SQL-89 e o ANSI SQL-92.

A SQL difere significativamente das linguagens de programação. Primeiro, a maioria das linguagens de programação ainda é procedimental. Uma linguagem baseada em *procedimentos* consiste em comandos que dizem ao computador o que fazer — instrução por instrução, passo a passo. Uma instrução em SQL não é realmente um comando ao computador. É, sim, uma descrição de algum dado contido no banco de dados. A SQL *não é baseada em procedimentos* porque não dá comandos passo a passo para o computador ou banco de dados — ela apenas descreve os dados e, *às vezes*, instrui o banco de dados a fazer algo com eles.

A maneira mais simples de explicar como usar uma linguagem de consulta é dizer que você retira termos e estruturas de frase da linguagem para perguntar, ou *consultar*, o banco de dados sobre as informações que ele contém. Se você formulasse uma pergunta ao banco de dados, essa pergunta poderia ser:

Será que existem no banco de dados "Contatos" registros em que o campo "Cidade" contenha "Campinas" e o nome do campo "Nome" comece com "R"?

Essa simples formulação de pergunta já é um grande passo na direção de ajudar a criar uma consulta (query) em uma linguagem de consulta como a SQL. A primeira etapa exigida para traduzir essa pergunta para SQL é reconhecer que as instruções dessa linguagem não são verdadeiramente perguntas — elas são instruções (a resposta à pergunta anterior pode ser "Sim" — o que provavelmente não ajudaria muito). Na SQL, você diz ao banco de dados

- Com que campos você quer que ele trabalhe.
- A tabela (ou tabelas) com que ele trabalhará.
- Os critérios de seleção dos registros

Se você reescrever a frase, poderá produzir:

Mostre-me os campos "Nome", "Sobrenome" e "Nome da Empresa" da tabela "Contatos" em que o campo "Cidade" contenha "Campinas" e o campo "Nome" comece com "R".

Traduzir a instrução deste ponto para SQL é simples.

```
SELECT [Nome],[Sobrenome],[Nome da Empresa]
FROM Contatos
WHERE ((Cidade="Campinas" AND ([Nome]="R.."))
```

As palavras-chave "SELECT", "FROM" e "WHERE" informam à SQL como interpretar cada parte da instrução. Neste exemplo, os colchetes antes e depois dos nomes dos campos só são necessários por causa dos espaços nos nomes desses campos e porque ajudam o banco de dados a interpretar cada nome corretamente.

A SQL não chega a nenhum ponto muito mais complexo do que este exemplo. Na verdade, ela tem apenas algumas dezenas de palavras-chave básicas, se tanto. A palavra chave SELECT informa que a linguagem deve exibir os registros que coincidem com os critérios estabelecidos. SELECT pode ser substituída por UPDATE e usada com a palavra-chave SET para alterar o conteúdo de um campo de uma tabela. Por exemplo,

```
UPDATE Contatos
SET [Cidade] = "Porto Alegre"
WHERE (Números.[DDD] = "051...")
```

Essa instrução coloca os caracteres *Porto Alegre* no campo "Cidade" de qualquer registro cujo código de DDD seja "051".

Embora a linguagem SQL seja um padrão amplamente aceito, nem todo SGBD a aceita. Entre as empresas que aceitam esse padrão estão a Microsoft, Borland, Oracle, Informix e Ingres. O Paradox, no entanto, não permite a SQL diretamente. Para usá-la com o Paradox, você precisa adquirir um pacote complementar. Mas a SQL já está no mercado há bastante tempo e a cada ano ela consegue um novo apoio — um exemplo recente é o Microsoft Access.

CONSULTA POR EXEMPLO Embora a SQL e as linguagens de consulta em geral sejam uma parte importante dos SGBDs, muitos usuários de PC e Macintosh que trabalham com bancos de dados nunca precisarão escrever uma instrução em SQL (ou em qualquer outra linguagem de consulta). Isso ocorre porque os desenvolvedores de bancos de dados oferecem *interfaces* que coletam fatos sobre a consulta que o usuário deseja fazer e compõem, eles mesmos, as instruções em SQL ou qualquer que seja a linguagem de consulta utilizada. Esse recurso é chamado *consulta por exemplo (QBE — Query by Example)*.

Com a QBE, você especifica os critérios de pesquisa digitando valores ou símbolos nos campos de um *formulário QBE*. Em certos sistemas, esse formulário parece o formulário em branco que você cria para entrada de dados. Em outros, ele pode ser uma caixa de diálogo completamente diferente, com uma lista dos campos das suas tabelas — caso do FoxPro (veja a Figura 11.25). No Microsoft Access, o formulário QBE é uma grade vazia que você usa para criar sua consulta (veja a Figura 11.26).

No formulário QBE do Microsoft Access, os campos ou colunas têm caixas de verificação que você pode marcar para indicar os campos com os quais deseja trabalhar (para exibir ou atualizar). No FoxPro, todos os campos são relacionados e você pode selecioná-los um de cada vez, para trazê-los para a sua instrução de consulta. No Access, você começa com uma grade vazia e arrasta cada campo desejado da caixa de lista de campos para a grade e marca-o quando quiser que ele seja exibido. Para especificar seus critérios de pesquisa, você apenas digita-os no campo ou caixa de critérios. A Figura 11.27 mostra a tela da QBE no FoxPro com a instrução equivalente em SQL em uma caixa.

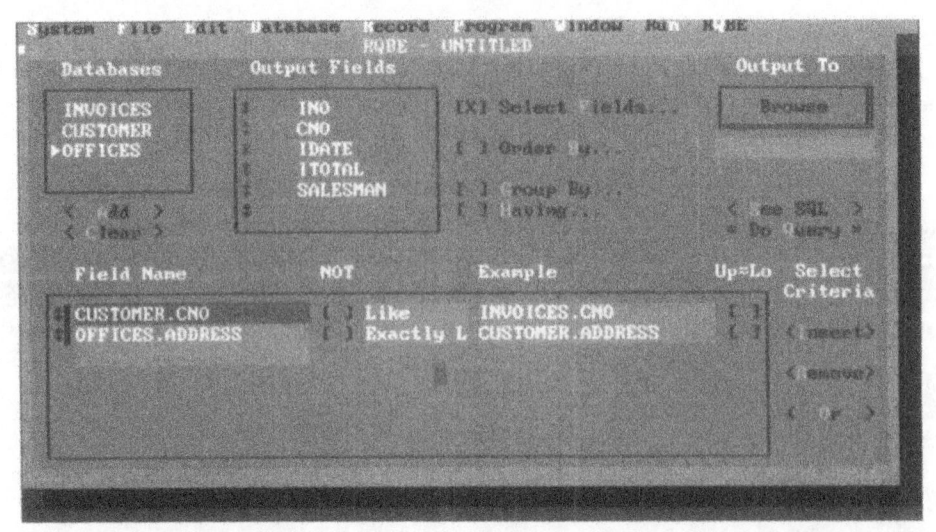

FIGURA 11.25 A consulta por exemplo no FoxPro chama-se RQBE (Relational Query by Example). Usando esta caixa de diálogo, o usuário pode selecionar campos de várias tabelas de banco de dados, especificar os critérios de pesquisa, escolher a ordem de classificação e selecionar o destino. A saída padrão é Browse, que é um comando do FoxPro para exibir os registros na tela.

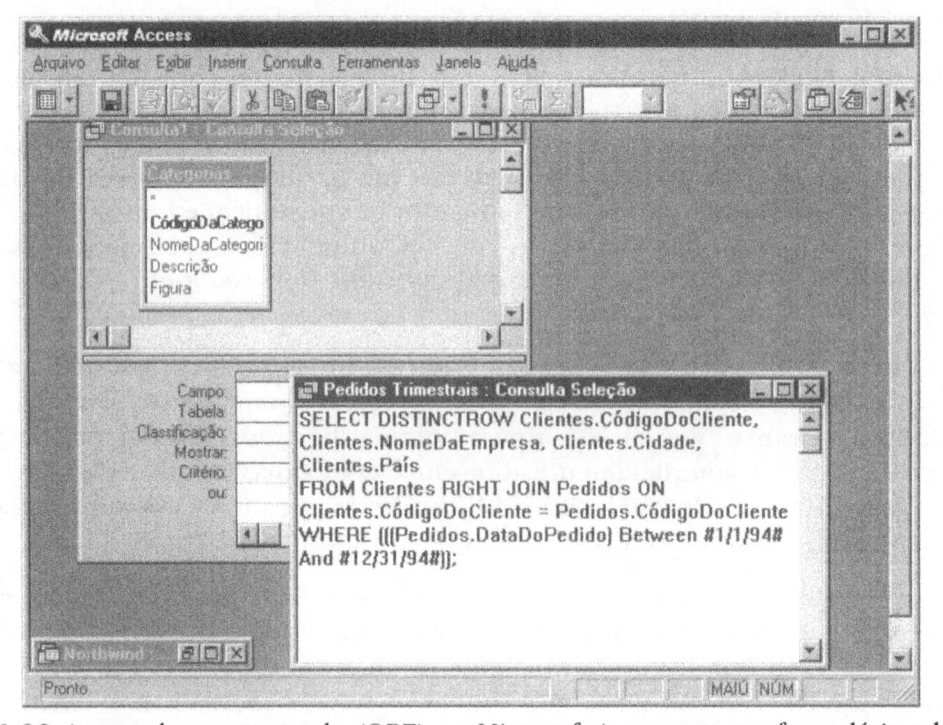

FIGURA 11.26 A consulta por exemplo (QBE) no Microsoft Access usa um formulário tabular que exibe os campos do formulário atual. Você pode inserir critérios para cada campo e depois selecionar uma ordem de classificação. Alternativamente, você pode optar por trabalhar diretamente com as instruções em SQL, como aquelas mostradas na janela desta figura.

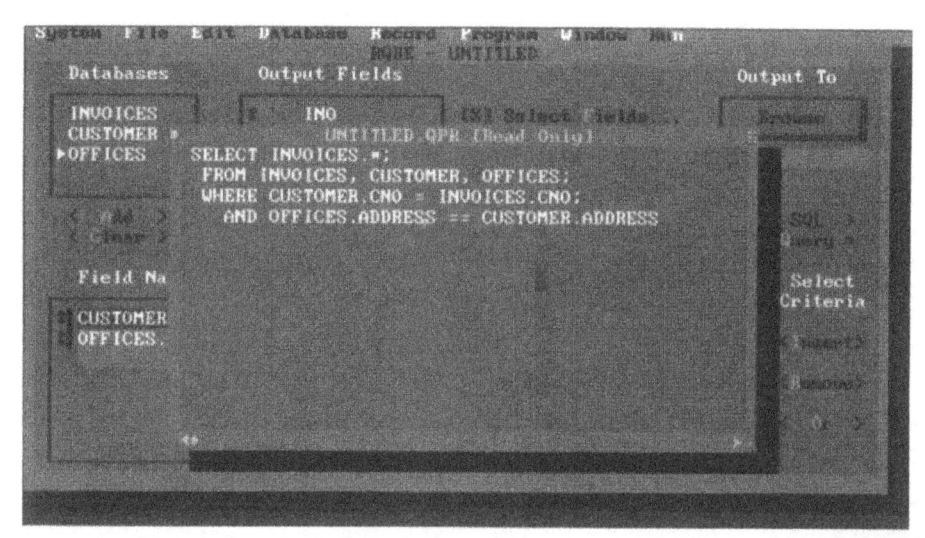

FIGURA 11.27 No FoxPro você pode visualizar o equivalente em SQL de uma definição QBE, mas não é possível inserir uma instrução em SQL digitando-a diretamente na caixa. É possível, no entanto, criar uma consulta e copiar a instrução em SQL para um programa.

Para compensar a menor área de armazenamento de dados, os pesquisadores desenvolveram melhores técnicas de compressão para o CD-ROM. A compressão de dados oferece dois benefícios. Primeiro, ela permite que os editores obtenham mais informações em um único CD. Segundo, permite que os dados sejam carregados mais rapidamente. Uma vez lidos todos os dados, eles podem ser descompactados quase que instantaneamente.

As técnicas e padrões do CD-ROM não param de progredir (o padrão mais recente é o ISO 9660). O tempo de acesso está sendo constantemente reduzido, e novos títulos em CD-ROM são lançados. Como resultado, as unidades CD-ROM estão entre os periféricos mais populares e muitos novos sistemas estão sendo vendidos já com unidades CD-ROM internas. Até mesmo laptops estão surgindo com recursos internos de CD-ROM. Essa onda parece que nunca parará de crescer.

Para executar uma consulta no FoxPro, você dá um clique no botão "Do Query" (Figura 11.25) no formulário de consulta. O FoxPro executa a consulta e cria uma nova janela com os resultados. Se a janela contiver exatamente os registros que você queria que sua consulta produzisse, poderá usar os dados resultantes como se fossem outra tabela para criar um relatório, ou para visualizar e editar os registros. Se a consulta não produzir exatamente os registros desejados, você poderá dar um clique no formulário RQBE para retornar a ele e revisar seus critérios até que a consulta produza os resultados que você está procurando.

Anteriormente, você aprendeu que formulário é uma tela que você projeta para a entrada de dados, e que ele está intimamente ligado a uma ou mais tabelas de banco de dados. Na verdade, os formulários também podem estar baseados na definição de uma consulta. Por exemplo, em uma tabela "Contatos", alguns registros se referem a indivíduos e outros, a companhias. Seria fácil elaborar uma consulta chamada "Indivíduos" que selecionasse todos os registros nos quais o campo "Nome da Empresa" estivesse vazio. Igualmente, podemos criar outra consulta chamada "Companhias" que selecione todos os registros nos quais o campo "Nome da Empresa" não esteja em branco. Depois, poderíamos criar um formulário separado para cada consulta. Quando abríssemos os formulários, as consultas seriam executadas automaticamente, oferecendo-nos uma visão das informações mais atuais do banco de dados. Podemos também definir que esses formulários consultem novamente o banco de dados quando da ocorrência de certos eventos, como a adição de um novo registro, ou podemos dar um clique em um simples botão para que a consulta seja repetida periodicamente.

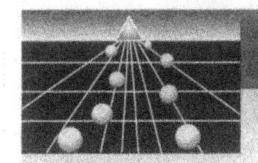

VISÃO TÉCNICA — CD-ROM

Para muitas pessoas, os computadores são mais máquinas de dados do que máquinas de cálculo. Com sua grande velocidade e capacidade de armazenar e recuperar informações rapidamente, os computadores conseguem guardar bibliotecas inteiras de informação. No entanto, a capacidade de armazenamento de um computador normal era pequena demais para guardar algo próximo a tanta informação. E quando os computadores realmente começaram a ter capacidade suficiente de armazenamento, esse recurso era caro demais para ser usado com coisas "frívolas" como história, dicionários e outros assuntos que usuários não-comerciais talvez tivessem o desejo de armazenar. A capacidade de armazenamento tinha de ser usada para fazer dinheiro — ela tinha de se pagar por causa de seu alto custo. Então, era usada para faturamento, estoque e outras tarefas geradoras de dinheiro.

Depois, os compact disks (CDs) foram inventados. O CD é uma fina camada de alumínio entre duas camadas de plástico. O alumínio tem uma trilha espiral que contém milhões de pequeninas depressões (pits). Quando o CD gira, um raio laser é refletido na trilha. Dependendo da localização das depressões, o laser lê um número 1 ou 0.

Os CDs tornaram-se populares na indústria de música porque são mais duráveis do que seus antecessores, os discos de vinil. Os CDs também são muito menores e capazes de armazenar mais músicas do que um LP (disco de 12 polegadas). Apesar de armazenar dados apenas de um lado, os CDs conseguem armazenar aproximadamente 75 minutos de música.

Setenta e cinco minutos de música é uma quantidade imensa de dados, e a indústria dos computadores logo tirou vantagem desse novo meio de armazenamento. Mas havia dois problemas básicos. Primeiro, o CD oferece um grande espaço de armazenamento, mas é muito difícil alterar os dados lá armazenados. Na indústria dos computadores, os CDs ficaram conhecidos como compact disc, read-only memory (CD-ROM). A princípio, não ficou muito claro se haveria ou não utilidade para um dispositivo de armazenamento que não permitia a alteração dos dados nele armazenados.

O segundo problema era que o uso dessa tecnologia como dispositivo de armazenamento na área de computação é muito mais complicado do que na área musical. Um CD player lê a música gravada no CD mais ou menos da mesma maneira que você lê o texto de um romance, do início até o fim. Mas os computadores usam o

CD-ROM mais ou menos como você usaria uma enciclopédia ou almanaque, pulando de um lugar para outro e complicando as coisas. Essa complicação dificultou muito a definição de um padrão para a criação e uso dos CD-ROMs.

O padrão atual dos CD-ROMs provavelmente levaria muito tempo para surgir se não fossem os esforços de algumas das maiores empresas de software, incluindo a Microsoft e a Apple, que acreditaram que os CD-ROMs poderiam ser um meio perfeito para o fornecimento de programas grandes. Em vez de usar 15 ou 20 disquetes, um conjunto inteiro de programas e dados poderia residir em um único CD-ROM. Além de sua enorme capacidade (aproximadamente 600MB), os CD-ROMs não são vulneráveis a campos magnéticos, capazes de destruir os dados gravados em um disquete.

Então, a Microsoft passou a defender o CD-ROM, patrocinando uma série de eventos: as conferências sobre CD-ROM. Nesses eventos, fabricantes e fornecedores de software foram reunidos para que pudessem desenvolver um formato padrão para o armazenamento de dados e as especificações físicas para o novo meio. Foi nessas conferências que os padrões foram desenvolvidos. Eles foram chamados de "Padrões High Sierra", para homenagear o local onde nasceram: as montanhas no noroeste da Serra Nevada.

Os participantes dessas conferências tiveram de cobrir um campo técnico muito grande. A tecnologia por trás dos CD-ROMs é muito mais lenta do que a dos dispositivos convencionais de armazenamento de massa como os discos rígidos. Conseqüentemente, a leitura dos CD-ROMs seria um processo lento e doloroso, caso fossem adotadas as mesmas técnicas de armazenamento convencional. Para ajudar a gerenciar os enormes arquivos de dados nos CD-ROMs, usamos métodos especiais de indexação. Os índices nos CD-ROMs contêm informações sobre como encontrar virtualmente cada palavra armazenada naquele meio. É claro que, com isso, os índices ficam enormes. Mas a localização dos dados em CD-ROM também é extremamente rápida. Na verdade, é possível localizar dados tão depressa que o computador é capaz de manter o vídeo em total movimento e as seqüências sonoras continuamente. Essa capacidade de execução contínua é definida como multimídia e significa que os computadores com CD-ROM conseguem exibir gráficos com uma qualidade tão alta quanto aquela que vemos na televisão.

Uma vez que ficou claro que havia demanda considerável para programas que contivessem figuras em movimento e som sincronizado, os comitês de High Sierra começaram a trabalhar em outro padrão. Este tinha de ser muito mais abrangente do que o primeiro, já que definiria não uma única tecnologia, mas todo um sistema de tecnologias que trabalhariam juntas para criar um computador que gereciasse com eficiência e baixo custo os volumes de dados necessários para produzir a verdadeira multimídia (som e figuras em movimento).

O gerenciamento dos dados de multimídia é provavelmente o tipo mais desafiador de gerenciamento de dados, porque os dados têm de ser lidos em bloco: primeiro o som, depois o vídeo e então os dados do programa. Uma vez carregado cada bloco para o computador, aquela parte do programa pode ser executada. E enquanto aquela parte é executada, o sistema de multimídia lê o próximo bloco no CD-ROM, que precisa entrar em execução ao final do segmento anterior, sem nem mesmo um instante de intervalo. Ao mesmo tempo, o computador tem de ler e processar todas as informações necessárias para recuperar aqueles dados (como os índices) e rodar o programa que informa o que o computador deve fazer com os dados recuperados. Em alguns casos, aproximadamente metade do espaço de um CD é usada por índices e informações de programa e não por dados.

CRIANDO RELATÓRIOS

Assim como um formulário pode estar baseado em uma consulta, os relatórios baseiam-se em consultas. Um relatório pode usar uma única tabela ou várias tabelas vinculadas por meio de relacionamentos um-para-muitos. Outras tabelas podem também ser incluídas em um relatório como fonte adicional de dados semelhantes para um campo de consulta em um formulário.

Vamos usar como exemplo uma fatura. A fatura impressa é um tipo de relatório como muitos outros. A tabela de faturas é a tabela principal desse relatório. Os itens de linha da fatura são trazidos para o relatório com um vínculo entre a tabela de fatura e a tabela de itens de linha. Outras informações são obtidas também em outras tabelas. Os detalhes do nome e endereço da empresa de um cliente também podem vir de uma tabela separada, juntamente com as descrições associadas a códigos de condições de pagamento e códigos de produto.

A criação de um relatório é muito semelhante à criação de um formulário. Há, porém, vários critérios adicionais que você precisa considerar. Primeiro, a ordem em que os registros aparecem em um relatório é mais importante do que em um formulário. No caso de relatórios que efetuam cálculos numéricos, a ordem pode ser especialmente significativa. Por exemplo, considere o relatório "Vendas" mostrado na Figura 11.28. Esse relatório baseia-se em uma tabela "Fatura" — tabela de cabeçalho para o relacionamento um-para-muitos entre os cabeçalhos das faturas e os itens de linha detalhados.

Algumas variações nesse relatório poderiam ser úteis. Por exemplo, a classificação por número de fatura produz uma seqüência cronológica de faturas (veja a Figura 11.29). Se você aplicar essa classificação e estabelecer que o critério de seleção do campo "Data da Fatura" deve ser igual a um determinado dia, produzirá um relatório de vendas para o dia especificado. O relatório também pode ser classificado por cliente ou número do cliente, e pode abranger um período grande (como, por exemplo, um mês), para exibir um resumo periódico (digamos, mensal) das compras de cada cliente.

Os campos calculados podem ser incluídos em um relatório com SGBDs que os aceitem. Nos outros sistemas, os cálculos são incorporados diretamente à definição do relatório.

PROGRAMAS QUE USAM BANCOS DE DADOS

Na seção anterior, vimos como as pessoas podem usar um SGBD diretamente — utilizando formulários para visualizar e atualizar registros e consultas para selecionar registros específicos e criar relatórios. Entretanto, muitas pessoas usam um SGBD sem se preocupar com tabelas, campos, formulários e consultas, porque existe um programa atuando como interface entre elas e o banco de dados. Nesta seção, analisaremos algumas das maneiras pelas quais as pessoas utilizam os bancos de dados indiretamente, por meio de programas que usam bancos de dados.

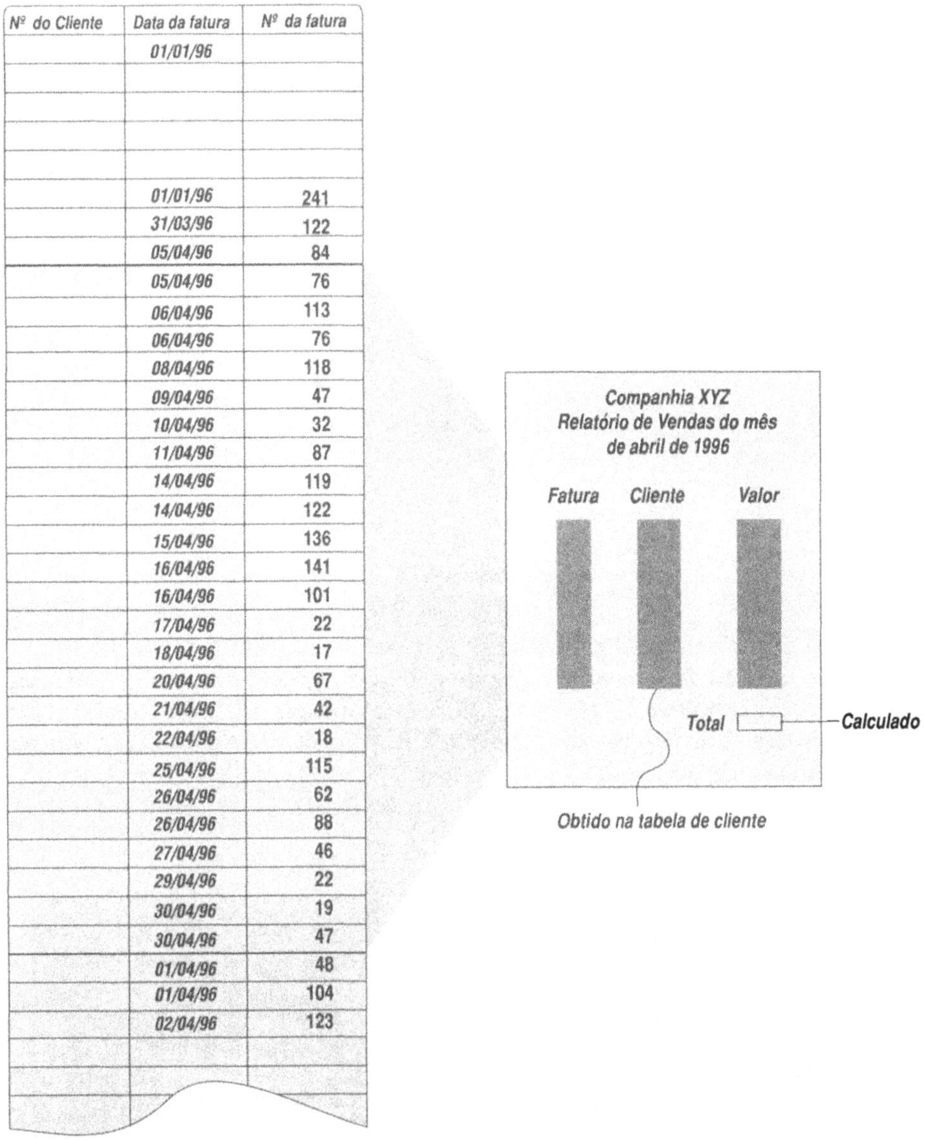

Nº do Cliente	Data da fatura	Nº da fatura
	01/01/96	
	01/01/96	241
	31/03/96	122
	05/04/96	84
	05/04/96	76
	06/04/96	113
	06/04/96	76
	08/04/96	118
	09/04/96	47
	10/04/96	32
	11/04/96	87
	14/04/96	119
	14/04/96	122
	15/04/96	136
	16/04/96	141
	16/04/96	101
	17/04/96	22
	18/04/96	17
	20/04/96	67
	21/04/96	42
	22/04/96	18
	25/04/96	115
	26/04/96	62
	26/04/96	88
	27/04/96	46
	29/04/96	22
	30/04/96	19
	30/04/96	47
	01/04/96	48
	01/04/96	104
	02/04/96	123

Companhia XYZ
Relatório de Vendas do mês de abril de 1996

Fatura   Cliente   Valor

Total ☐ — Calculado

Obtido na tabela de cliente

FIGURA 11.28 Este é um exemplo de relatório baseado em uma tabela de cabeçalhos.

USANDO BANCOS DE DADOS DENTRO DE UM PROGRAMA

Os programas que usam bancos de dados podem proteger o usuário dos detalhes do banco de dados. Os programadores criam um ambiente de trabalho para os usuários especificamente preparado para permitir que eles se concentrem nas tarefas que precisam ser executadas e não no projeto e criação do banco de dados propriamente dito.

Na Figura 11.30, temos um exemplo de tal programa. O usuário pode executá-lo dando um clique em um ícone na área de trabalho. Depois que o programa entra em execução, o usuário simplesmente escolhe as operações desejadas na barra de menu. As operações executadas pelo usuário podem ser agrupadas sob uma opção do menu e

FIGURA 11.29 A classificação de uma tabela de cabeçalhos de faturas pelo número da fatura produz uma lista cronológica das vendas. Note que as datas no campo "Data da Fatura" estão em ordem. Um arquivo de cabeçalhos de faturas ordenado dessa maneira é a base dos relatórios de venda.

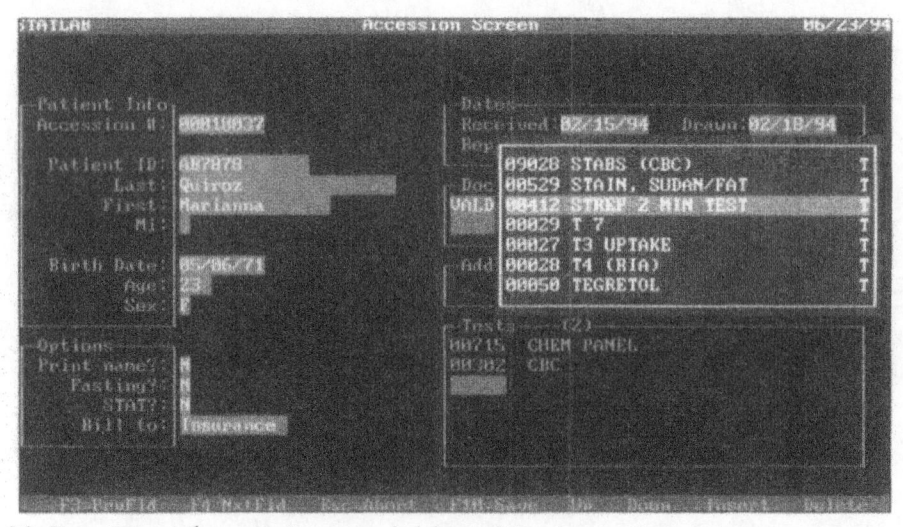

FIGURA 11.30 Este sistema de gerenciamento de laboratórios para redes baseadas em DOS usa um sistema de gerenciamento de banco de dados multiusuário. Esta tela liga sete tabelas separadas do banco de dados, mas o usuário não precisa preocupar-se com esses detalhes.

a lista de relatórios predefinidos, em outra. Muitos produtos comerciais que armazenam dados em computadores usam um esquema como esse para proporcionar ao usuário uma interface intuitiva com o SGBD.

Programas e bancos de dados andam juntos com tanta freqüência que virtualmente qualquer SGBD sério tem linguagem de programação própria. Na verdade, em certos produtos, a máquina do banco de dados, a linguagem de consulta e a linguagem de programação procedimental estão tão intimamente ligadas que não é possível fazer distinções entre esses componentes de um SGBD. A linguagem de programação xBASE é um exemplo.

O PADRÃO xBASE

O primeiro SGBD de grande sucesso e popularidade para micros foi um programa chamado dBASE. O dBASE combinava linguagens de programação e de consulta com um SGBD, e tornou-se tão popular que logo passou a ser distinguido como SGBD e linguagem de programação mais usados em micros no mundo comercial. Esse sucesso provocou a concorrência de produtos de inúmeras outras empresas que desenvolveram sistemas parecidos com o dBASE e que usavam a mesma linguagem de programação e de consulta. Um desses produtos foi o Foxbase da Fox Software. O Foxbase era totalmente compatível com arquivos do dBASE e com a linguagem dBASE, mas era mais rápido. Conseqüentemente, ganhou uma porção significativa do mercado de SGBDs para micros. Como o Foxbase e outros produtos usavam a linguagem dBASE, mas não eram o dBASE, o nome *xBASE* foi cunhado para descrever essa linguagem.

Mais tarde, a Borland International comprou a Ashton Tate, companhia que desenvolveu o dBASE. A versão atual do programa é o dBASE IV for Windows. Igualmente, a Microsoft comprou a Fox Software e fez uma ligeira alteração no nome do produto, que hoje chama-se Microsoft FoxPro.

A interface original do dBASE era chamada de *dot prompt*. Quando o usuário rodava o programa, a interface limpava a tela e só deixava visível um ponto (dot) no canto inferior esquerdo da tela. Nesse aviso de comando, o usuário digitava os comandos — incluindo os comandos que criavam e usavam tabelas, formulários e relatórios e os comandos que criavam vínculos entre as tabelas. As seqüências desses comandos podiam ser gravadas em arquivos e executadas como programas. O sistema interpretava e executava os comandos. As versões posteriores do dBASE incluíam um sistema de menu para facilitar o trabalho de usuários novatos. O Microsoft FoxPro combina uma interface de menu e uma interface de linha de comando (veja a Figura 11.31).

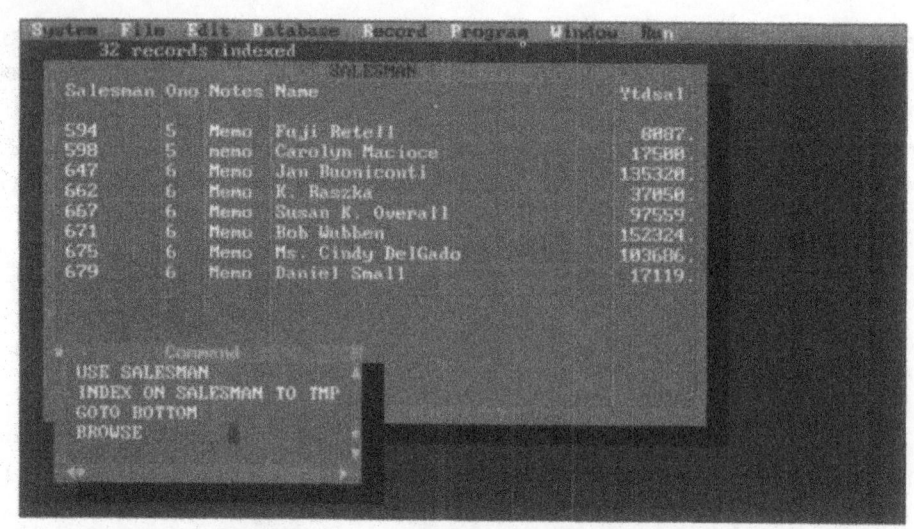

FIGURA 11.31 O FoxPro para DOS combina SGBD e interface do usuário. Os comandos podem ser digitados na caixa de comandos no canto esquerdo da tela ou emitidos por meio do sistema de menu na parte superior da tela. Na caixa de comandos exibida aqui, você pode ver os comandos que foram emitidos para carregar o banco de dados Salesman, para classificá-lo por vendedor (campo mais à esquerda exibido na tabela), para ir para o último registro da tabela e para escolher a opção Browse, que exibe os registros na tela.

BANCOS DE DADOS DISTRIBUÍDOS E O RELACIONAMENTO CLIENTE-SERVIDOR

No Capítulo 7, falamos rapidamente do relacionamento cliente-servidor na nossa discussão sobre redes. A rede pode ser a casa de um tipo especial de sistema de banco de dados. O sistema de *banco de dados distribuído* integra, sem emendas, bancos de dados localizados em computadores diferentes. Conforme mostra a Figura 11.32, um banco de dados distribuído pode integrar bancos de dados de diferentes departamentos de uma organização, ou até mesmo bancos de dados em computadores geograficamente separados por grandes distâncias.

O processo de configuração de um sistema de banco de dados distribuído pode ser muito complexo e, por isso, quase sempre é automatizado por programas.

Uma configuração típica de rede local é um grupo de micros que usa servidor de arquivos comum para armazenar programas e dados. O servidor de arquivos é um cidadão relativamente não-inteligente de uma rede. Ele espera que uma estação de trabalho da rede peça acesso a um arquivo e, quando isso ocorre, concede o acesso solicitado. Para a estação de trabalho da rede, o servidor de arquivos é simplesmente outra unidade de disco para armazenamento.

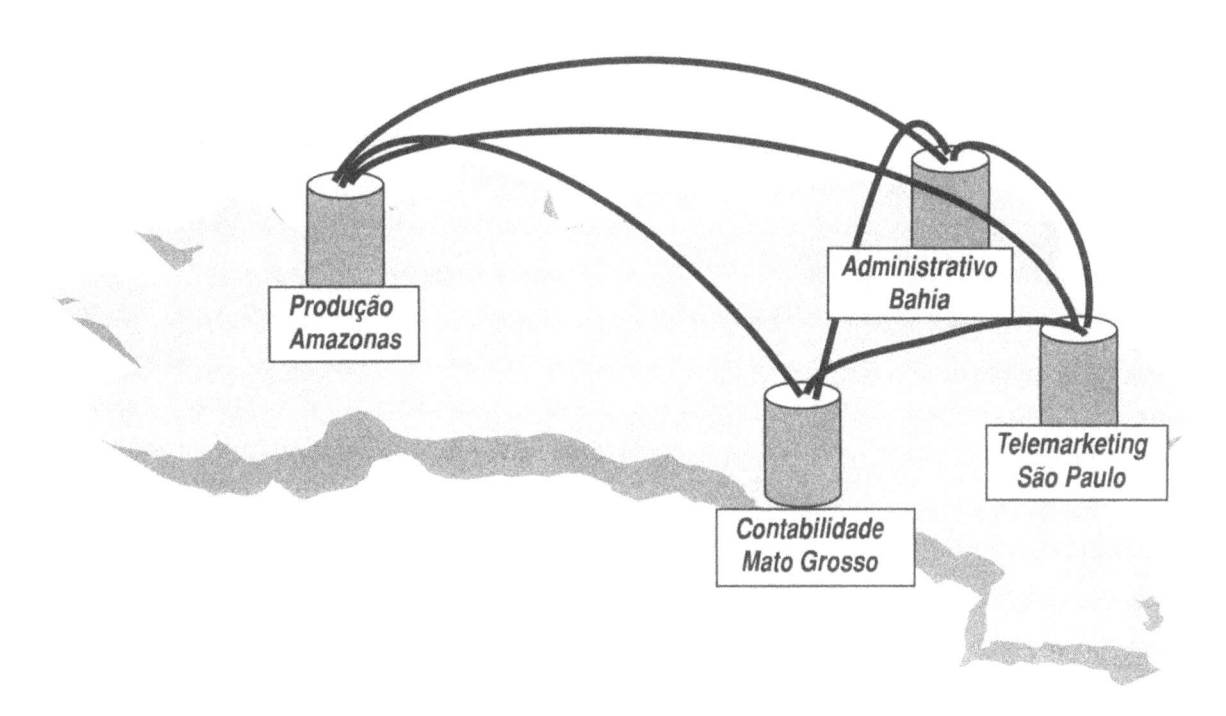

FIGURA 11.32 Um banco de dados distribuído pode integrar bancos de dados de departamentos diferentes localizados em partes diferentes do país.

Quando as organizações dependem fortemente de um SGBD, há um novo esquema que faz melhor uso do potencial de processamento do computador que armazena os dados. O *servidor de bancos de dados* não apenas permite que os computadores compartilhem arquivos — ele roda uma parte importante do SGBD. Os programas que são executados em estações de trabalho da rede chamam-se *clientes de bancos de dados* e servem como linha de frente para o banco de dados. Quando um cliente do banco de dados precisa de dados, ele os solicita ao servidor, que recupera as informações solicitadas e envia-as ao cliente.

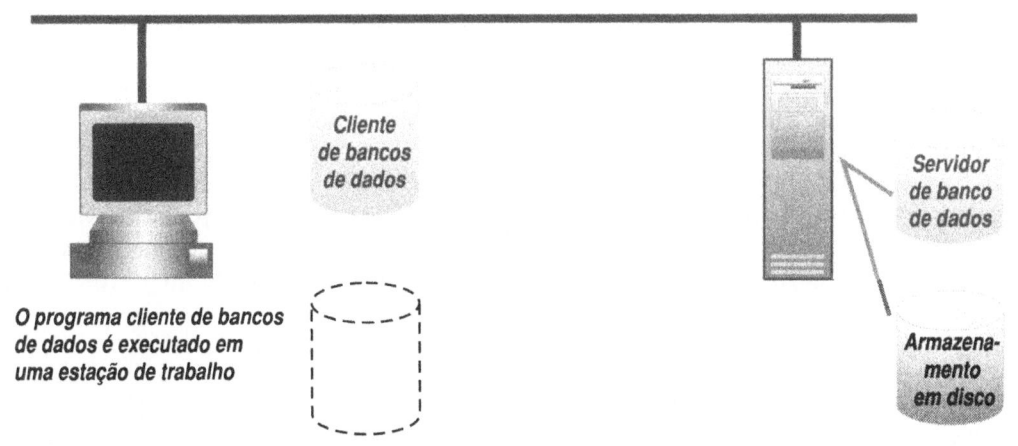

FIGURA 11.33 Um banco de dados com relacionamento cliente-servidor processa informações centralizadamente, o que reduz o tráfico na rede.

Esse arranjo, ilustrado na Figura 11.33, é muito mais eficiente do que um servidor de arquivos, porque o processamento é feito onde os dados estão armazenados e apenas um pequeno tráfego é gerado na rede, mesmo no caso de operações complexas. Isso resulta não apenas em eficiência, mas em maior velocidade e segurança.

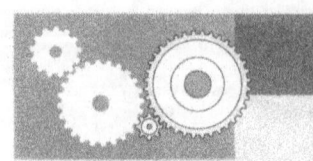

LIGUE-SE: PLANILHA OU BANCO DE DADOS?

O programa responsável por todo o sucesso dos microcomputadores foi a planilha eletrônica. Antes do surgimento do Lotus 1-2-3, os softwares para micros eram quase sempre pouco profissionais. O Lotus estabeleceu novos padrões de excelência na qualidade e estabilidade das aplicações e também de sua documentação, embalagem e marketing. Antes do Lotus 1-2-3, havia no mercado gerenciadores de banco de dados, pacotes gráficos e até mesmo planilhas, mas a Lotus monopolizou o mercado em todas essas três categorias de softwares com um único produto.

A idéia básica do Lotus 1-2-3 era a de três produtos em um. A Lotus exaltava as virtudes de seu programa como uma planilha com gráficos e um gerenciador de banco de dados. Hoje, essa reivindicação seria considerada um exagero, mas a indústria era nova e os usuários ingênuos em relação a softwares em geral e à capacidade de seus computadores.

O total domínio da Lotus no mercado de software para micros ensinou à indústria de softwares duras lições sobre desenvolvimento e marketing de produtos. Os desenvolvedores de software para gerenciamento de banco de dados tinham diante de si o desafio de convencer os usuários a usar bancos de dados, e não planilhas, para gerenciar dados.

Parte do problema originava-se do fato de que os primeiros sistemas de gerenciamento de banco de dados (SGBDs) exigiam que o usuário aprendesse uma linguagem totalmente nova para trabalhar no ambiente não-visual e multidimensional de um SGBD. Os usuários sentiam-se à vontade com o conceito bidimensional das planilhas, e aprender a usar um SGBD seria trabalhoso demais.

Muitos usuários dos programas de planilha desenvolveram planilhas intrincadas e complexas para registrar e manter conjuntos de dados. Por exemplo, alguns usuários chegaram até a desenvolver planilhas que funcionavam como completos sistemas de contabilidade — desde lançamentos até balanços e demonstrações financeiras. Apesar do enorme feito e da demonstração de domínio do programa de planilha, os esforços desses desenvolvedores trariam maiores benefícios se aplicados no aprendizado de um SGBD. Os bancos de dados são criados para gerenciar volumes de dados que nenhuma planilha seria capaz de controlar e com o máximo de velocidade, eficiência e flexibilidade.

Via de regra, não devemos usar uma planilha apenas para guardar dados. É claro que esta não é uma regra rígida. Se a quantidade de dados que você precisa manter é tão pequena que não vale a pena o trabalho de criar um banco de dados, então, por favor, não deixe de usar sua planilha favorita. Mas em geral, se você precisa armazenar informações que mais tarde serão recuperadas, ou se você precisa produzir relatórios a partir dos dados armazenados, o banco de dados será uma ferramenta mais eficiente e flexível. O banco de dados permite que você insira um

> volume virtualmente ilimitado de dados, que ele sempre será capaz de controlar com rapidez e facilidade. Os bancos de dados relacionais vão ainda mais longe, permitindo-lhe juntar tabelas separadas e visualizar seus dados sob perspectivas diferentes. Finalmente, as planilhas não chegam nem perto da capacidade de permitir consultas e elaborar relatórios oferecida pelos bancos de dados.
>
> Hoje, os bancos de dados são muito mais fáceis de usar do que aqueles de uma década atrás. Na verdade, a maioria deles nem requer o aprendizado de uma linguagem, caso não seja essa a sua inclinação. Além disso, o nível de interação entre as planilhas e os bancos de dados dos nossos dias é impressionante. Algumas planilhas e bancos de dados são capazes de trabalhar tão perto um do outro que você pode até mesmo iniciar consultas a bancos de dados a partir de planilhas e automaticamente importar os resultados dessa consulta para a planilha na qual esteja trabalhando. Esse nível de interação é uma razão forte para usar bancos de dados para armazenar seus dados.
>
> Mas apesar dos bancos de dados melhores, mais rápidos e fáceis de usar, os usuários de computadores ainda tendem a se ater ao conhecido e ao visual. Faça um favor a você mesmo e aprenda a usar um banco de dados — o esforço valerá a pena.

O QUE ESPERAR DO FUTURO

Os computadores de mesa e os sistemas maiores estão ficando cada vez mais potentes e fáceis de usar e, com isso, mais pessoas começarão a recorrer às vastas quantidades de informação armazenadas nos SGBDs. Isso ocorre porque os computadores estão cada vez mais fáceis de usar, os próprios SGBDs estão mais amigáveis e mais acessíveis e, a cada ano, volumes crescentes de informação estão ficando disponíveis em formato eletrônico.

Em termos de software para banco de dados, a tendência é um movimento contínuo na direção dos ambientes gráficos, tanto para usar o software de banco de dados quanto para criar bancos de dados, formulários e relatórios. Interfaces cada vez mais amigáveis atrairão os usuários mais tímidos para o mundo dos SGBDs. Os SGBDs que permitem que os campos contenham dados binários, como fotos escaneadas, são comuns nos dias de hoje, mas esses campos binários podem conter mais do que simples fotos. Um campo binário pode conter vídeo com som e com movimento. Os SGBDs deverão ficar mais sofisticados e diferenciados em sua capacidade de usar tais campos, incluindo a "execução" de dados de vídeo em uma janela do formulário.

As máquinas dos bancos de dados e as linguagens de consulta também ficarão mais capazes por causa da evolução dos padrões e da aceitação por parte dos desenvolvedores. Isso poderá resultar em formatos comuns de arquivos de dados, em bancos de dados diferentes sendo capazes de consultar um ao outro e recuperar dados ou até mesmo em SGBDs capazes de se conectar a uma rede de banco de dados nacional ou mundial e localizar rapidamente inúmeras informações sobre qualquer assunto.

RESUMO

COMO OS BANCOS DE DADOS SÃO USADOS

- Os bancos de dados são usados para armazenar e manipular dados.

- Uma aplicação de banco de dados pode ser usada em muitas funções comerciais, incluindo vendas e controle de estoque, contabilidade, benefícios a funcionários, folha de pagamento, produção e muito mais.

- SGBD é um programa ou conjunto de programas que armazena dados e permite acesso a esses dados.

- O SGBD presta serviços tanto a usuários quanto a outros programas.

- O coração de um SGBD é a máquina do banco de dados.

FUNDAMENTOS DE BANCOS DE DADOS

- O conjunto de dados organizados em colunas e linhas em um banco de dados chama-se tabela.

- As colunas são campos que se combinam para formar linhas de registros.

- Os campos podem conter textos, números ou informações lógicas.

- Usando chaves e índices, você pode classificar as informações de muitas maneiras.

- Formulários são telas personalizadas para exibir e inserir dados.

- No momento de criar um formulário, você precisa primeiro considerar o tipo de dado que será inserido e que ferramenta de entrada de dados é mais adequada: digitar texto; marcar uma caixa de verificação; dar um clique em um botão de opção; ou fazer escolhas em uma caixa de lista, caixa drop-down ou caixa combinada.

- As máscaras efetuam validações ou conversões nos dados inseridos em um campo.

- Os bancos de dados relacionais são muito poderosos porque têm a capacidade de formar vínculos entre tabelas.

- Os bancos de dados de arquivo simples não formam vínculos entre tabelas e são mais adequados para uso doméstico ou em pequenas empresas.

- O tipo mais comum de relacionamento entre tabelas é o relacionamento um-para-muitos, no qual a tabela de cabeçalhos é vinculada à tabela de detalhes por meio de um campo comum.
- Várias tabelas também podem ser usadas para validar inserções com campos de consulta.

INTERAGINDO COM O BANCO DE DADOS

- Cada interface de banco de dados oferece muitas maneiras de navegar pelos registros e editá-los.
- Adicionar, modificar e eliminar registros são operações comuns de edição.
- Os filtros permitem que você examine os registros que satisfazem um conjunto de critérios.
- As pesquisas são um modo de definir critérios complexos e examinar registros bastante específicos.
- A SQL é uma linguagem de consulta não-procedimental para a comunicação com bancos de dados.
- A SQL descreve dados e às vezes instrui o banco de dados a fazer algo com eles.
- A QBE é um avanço na linguagem de consulta e coleta os fatos para compor sozinha a instrução da consulta (query).
- Os formulários para a entrada de dados podem ser criados usando-se consultas.
- Os relatórios para a apresentação dos dados processados também são criados usando-se consultas.

PROGRAMAS QUE USAM BANCOS DE DADOS

- Os programas que usam bancos de dados protegem os usuários dos detalhes da interação com o banco de dados em si.
- O termo xBASE foi criado para descrever a linguagem de programação dBASE.
- O sistema de banco de dados distribuído integra bancos de dados localizados em computadores diferentes.
- O sistema distribuído é formado por servidores, que armazenam e gerenciam os dados, e clientes, que fornecem a interface.

QUESTÕES PARA REVISÃO

1. Defina os termos *banco de dados, tabela, registro, linha* e *campo*.

2. Dê exemplos de como uma companhia ou uma pessoa pode usar um SGBD.

3. O que significa "relacional" em conexão com o software de gerenciamento de banco de dados?

4. Cite quatro tipos de dados que podem ser armazenados nos campos de um banco de dados.

5. O que é uma *chave de tabela*? No que ela difere de um índice e de uma *chave primária*?

6. O que é formulário?

7. Os formulários estão associados a tabelas ou a consultas (queries)? Justifique sua resposta.

8. Descreva o que significa o termo *relacionamento cabeçalho/detalhes*. O que cria esse relacionamento? Por que o relacionamento é importante?

9. Descreva uma maneira rápida, baseada em um nome, de encontrar um registro em uma tabela.

10. O que é linguagem de consulta?

QUESTÕES PARA DISCUSSÃO

1. Tente traduzir a seguinte consulta (query) para SQL: mostre os campos "Cidade", "Estado" e "CEP" dos registros da tabela "Clientes" em que "Sobrenome" começa com as letras *Sil*.

2. Explique, com suas próprias palavras, duas maneiras pelas quais as tabelas de um banco de dados podem ser vinculadas. Discuta a finalidade (benefício) do vínculo e dê exemplos de tabelas vinculadas.

3. Em uma folha separada (uma só), esboce um desenho de banco de dados, incluindo tabelas e campos. Pense em uma aplicação para esse banco de dados. Mostre como e por que certas tabelas seriam vinculadas.

AS ATIVIDADES PRÁTICAS DESTE CAPÍTULO PODEM SER ENCONTRADAS NO APÊNDICE A.

Parte IV

Trabalhando como um profissional de informática

CAPÍTULO 12

SISTEMAS DE INFORMAÇÕES GERENCIAIS

OBJETIVOS

Depois de terminar de ler este capítulo, você será capaz de:

- Descrever o papel dos sistemas de informações gerenciais (SIG).
- Explicar algumas das deficiências do SIG tradicional.
- Discutir como o conceito de SIG está sendo alterado.
- Definir o termo *sistema de apoio à decisão*.
- Explicar o impacto da computação em grupos de trabalho na área comercial.
- Dar um exemplo de sistema de apoio à decisão em grupo.

Se existe uma área da nossa sociedade que tenha sido afetada pela tecnologia dos computadores, essa área é a comercial. A capacidade dos computadores de armazenar e recuperar informações rapidamente e de efetuar cálculos complexos fazem deles e do gerenciamento de informações ferramentas essenciais para empresas determinadas a competir no mercado moderno.

Neste capítulo, analisaremos os sistemas de informações gerenciais — *SIG (MIS — Management Information Systems)* —, sistemas que as empresas usam para controlar e distribuir informações. No processo, examinaremos o papel tradicional do SIG e veremos como essa definição está mudando com as formas e recursos dos equipamentos que fazem uso desses sistemas de informação.

O QUE É UM SISTEMA DE INFORMAÇÃO?

Os sistemas de informação não são novos. Eles existem há muito mais tempo que os computadores, telefones, aparelhos de fax e máquinas copiadoras. Um *sistema de informações gerenciais* é um sistema, ou conjunto de regras e procedimentos, para o fornecimento preciso e oportuno de informações às pessoas de uma organização — basicamente a área administrativa, mas também qualquer funcionário que precise ou use informações. Qualquer empresa ou organização que tenha uma estrutura administrativa também possui um sistema de informações gerenciais, formal ou não, documentado ou não. Toda vez que funcionários têm de se reportar ou responder a seus superiores, temos SIG.

RESPONSABILIDADES DA GERÊNCIA

A filosofia da administração empresarial agrupa as funções administrativas em cinco categorias principais:

1. Planejamento
2. Organização
3. Colocação de funcionários
4. Direção
5. Controle

Essa mesma filosofia também classifica os gerentes de três maneiras:

1. Executivos
2. Nível médio
3. Supervisores de linha

Cada tipo de gerente é responsável por executar toda e qualquer função administrativa que seja necessária em suas respectivas áreas. De uma perspectiva organizacional, porém, as funções administrativas não se aplicam igualmente a cada tipo de gerente.

A responsabilidade de um executivo pesa mais na direção de visualizar e planejar o futuro. Ele define e elabora as metas da organização e as estratégias que serão usadas para atingir essas metas.

O gerente médio é responsável por executar os objetivos da organização. Para atingi-los, ele tem de se concentrar nas funções administrativas de organização e colocação de pessoal.

Os gerentes de linha, ou supervisores, implementam os planos organizados pelos gerentes médios. Freqüentemente, isso envolve treinar e orientar funcionários, coletar informações sobre o progresso que está sendo feito na direção das metas organizacionais e relatar esse progresso.

Os planos para a obtenção das metas organizacionais raramente funcionam de maneira perfeita logo de início. Assim como muitos aspectos da vida, atingir metas é um processo contínuo de tentativa e erro. Primeiro, você elabora o melhor plano possível, com base nas informações disponíveis e na sua experiência. Depois, você implementa seu plano e monitora o progresso na direção das metas estabelecidas. Eventos e obstáculos inesperados sempre aparecem. Na área comercial, é responsabilidade do gerente aprender com esses eventos e ajustar e revisar os planos para levar essas mudanças em consideração no futuro.

Em qualquer empresa ou organização, as metas, planos e cronogramas, assim como o progresso obtido e as barreiras encontradas no caminho, são informações. Relatar essas informações de maneira precisa e oportuna constitui-se na força vital de qualquer organização. Além disso, é importante que as informações fornecidas ao usuário sejam concisas, completas e relevantes. Mas, precisas ou não, se demorar muito tempo para que as informações sejam compiladas e apresentadas aos organizadores e planejadores da empresa, as decisões estratégicas poderão chegar em um momento tardio, resultando em perda de produtividade e oportunidades. Informações oportunas, mas imprecisas podem ter conseqüências ainda mais sérias. Qualquer que seja o caso, o resultado são decisões infundadas.

Um sistema de informações gerenciais formaliza o processo de capturar, armazenar, resumir e relatar informações. É mais fácil estudar, analisar e alterar uma estrutura formal de reportação de informações do que uma estrutura informal ou não-documentada. Em uma estrutura formal de SIG, existem instruções, ou *regras*. Se as regras são obedecidas, as informações são fornecidas no momento oportuno e de maneira precisa.

Antes do advento das máquinas eletrônicas, o meio por intermédio do qual um SIG funcionava era amplamente diferente do que temos hoje. Há menos de 50 anos, os sistemas usados para coletar, resumir e fornecer informações gerenciais ainda dependiam muito de escriturários que mantinham catálogos manuscritos ou datilografados e arquivos com um volume enorme de pastas. Isso só começou a mudar no final dos anos 50 e início da década de 1960, com o aparecimento dos computadores.

ENTRA EM CENA O COMPUTADOR

Os primeiros computadores usados em empresas eram equipamentos grandes e muito caros. De acordo com os padrões de hoje, os primeiros computadores não eram altamente capazes. Podiam, no entanto, controlar as tarefas administrativas e escriturais de arquivar informações e recuperá-las mais tarde para produzir relatórios (veja a Figura 12.1).

De fato, os computadores executavam essas tarefas tradicionais tão bem que começaram a revolucionar o conceito dos sistemas de informações gerenciais. Não tardou para que muitas pessoas começassem a chamar os sistemas de computador das organizações de *sistemas de informações gerenciais*. Na realidade, o computador era apenas uma ferramenta de valor — uma parte importante do sistema de informações gerenciais.

FIGURA 12.1 Os mainframes, principal elemento do departamento de SIG tradicional, eram ferramentas excelentes para coletar volumes de dados, resumi-los e produzir relatórios de rotina. (IBM)

Quando as empresas e as organizações entraram na era dos computadores, elas passaram a requisitar pessoas com habilidade e conhecimento para gerenciar, manter e adaptar os sistemas computacionais às metas e funções da organização. Essas pessoas tinham de ser dirigidas por gerentes com habilidades e conhecimentos semelhantes. Assim, a informatização veio com uma hierarquia departamental de pessoas centralizadas em torno do computador. Em termos organizacionais, os departamentos de SIG formaram um novo ramo na estrutura da organização (veja a Figura 12.2).

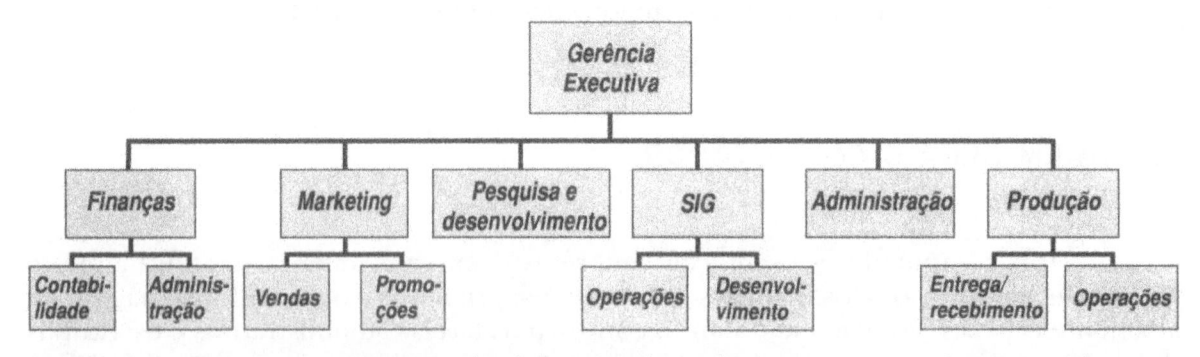

FIGURA 12.2 Muitas empresas estão divididas em vários departamentos ou divisões autônomas. Quando as informações e os computadores tornaram-se domínio dos departamentos de SIG, outro departamento autônomo foi criado.

Apesar da definição clássica de que o SIG é um modo de vida presente em toda a organização, a responsabilidade e o controle dos computadores ficaram a cargo de poucas pessoas no departamento de SIG. De uma certa maneira, técnicas administrativas antigas e comprovadamente eficazes foram abruptamente alteradas quase que do dia para a noite, para que se adequassem a uma nova ferramenta — o computador, que ainda engatinhava.

Nesta seção, analisaremos o processo tradicional de organizações de SIG para desenvolver softwares que solucionem problemas de informação. Depois, analisaremos um estudo de caso para examinar alguns defeitos da abordagem tradicional ao SIG.

O PROCESSO DE DESENVOLVIMENTO DE SISTEMAS

O tradicional *ciclo de vida do desenvolvimento de sistemas, CVDS (SDLC — Systems-Development Lifecycle)*, é um procedimento formal para automatizar sistemas manuais e solucionar problemas com programas de computador. Um sistema formal é necessário porque as empresas ou organizações não podem dar-se ao luxo de cometer erros durante esse processo. O objetivo precisa estar claro desde o início, e não são permitidos desvios do plano — ou, pelo menos, os desvios devem ser mínimos.

Os analistas de sistemas e os profissionais de SIG concordam que o sistema deve ser formal, mas não existe realmente uma abordagem única ao processo. Cada organização talha o ciclo de vida do desenvolvimento de acordo com as circunstâncias e necessidades. Além disso, cada organização pode refinar e adaptar o processo caso as situações sejam alteradas.

FASE I: PLANEJAMENTO É na primeira fase do ciclo de vida de desenvolvimento do sistema que se estabelece a necessidade de um sistema ou modificação. Isso inclui a identificação de uma falha no sistema existente ou a observação, por parte de qualquer pessoa na organização, de que existe um problema ou de que as necessidades não estão sendo satisfeitas. Quando tal situação é identificada, o processo pode passar para a etapa seguinte — análise das necessidades.

No estágio da análise das necessidades, os analistas de sistemas trabalham com as pessoas que estão diretamente envolvidas com o problema, para identificar e documentar como um programa ou sistema computacional pode ajudar a solucionar o problema. Por exemplo, o analista de sistemas pode trabalhar com um gerente de contabilidade para saber ao certo que relatórios são necessários à área contábil e exatamente como eles devem ser formatados. O gerente de contabilidade presta sua experiência em um campo específico, enquanto o analista de sistemas atua como moderador e traduz as necessidades contábeis com o conhecimento que possui das limitações e recursos do sistema computacional da organização.

Em resumo, o analista de sistemas determina a melhor maneira de solucionar o problema em questão, que informações devem ser capturadas pelo sistema informatizado e que relatórios o sistema precisa produzir para solucionar o problema. Ele documenta essas descobertas e acumula as informações detalhadas que serão necessárias ao desenvolvimento do sistema. Essas informações detalhadas às vezes são chamadas *especificações funcionais* do projeto.

LIGUE-SE
QUANDO CONTRATAR UM CONSULTOR DE INFORMÁTICA

Raramente é fácil tomar a decisão de contratar um consultor. Consultores geralmente são profissionais caros, ou pelo menos é essa a impressão que eles nos passam. E, para piorar as coisas, em geral não sabem exatamente o que esperamos que eles façam.

O problema é que os projetos sempre excedem o orçamento e estão atrasados em termos de cronograma. Os departamentos nunca parecem ter dinheiro suficiente para fazer o trabalho que deles é exigido e quase sempre há menos funcionários do que o necessário. Dada essa escassez de orçamento e mão-de-obra, geralmente acabamos por fazer coisas que não sabemos realizar direito ou que não temos tempo para aprender.

A idéia por trás desse tipo de política corporativa normalmente se origina da crença de que os atuais funcionários podem e devem realizar qualquer tarefa que surja diante deles. O fato é que as pessoas nem sempre são contratadas por causa de sua capacidade de fazer coisas fora das exigências específicas de seus cargos. Como tal, pedir para que essas pessoas executem serviços que estão além dos limites normais geralmente é um erro.

Por quê?

Há duas razões. Primeiro, embora valha a pena oferecer treinamento aos funcionários para expandir sua capacidade de trabalho, esse processo é caro e pode levar muito tempo. Mesmo depois de concluído o treinamento, os funcionários treinados ainda serão inexperientes. Esse tipo de treinamento é melhor quando usado para ajudar os funcionários a progredir na organização e não quando a organização quer progredir na indústria.

Quando uma empresa expande seus recursos, ela precisa fazer a transição rapidamente e com um mínimo de erros. Em geral, ela não pode interromper as operações atuais, para não parar de fazer dinheiro.

Um exemplo é uma empresa que quer expandir uma rede existente em uma única divisão a fim de interconectar todas as divisões corporativas. Alguns escritórios são locais e outros estão em posições remotas como a Europa, Japão e Índia. O atual administrador de sistemas consegue gerenciar bem a pequena rede local, mas a expansão ultrapassa a experiência que ele possui.

Colocar essa tarefa nos ombros do administrador atual é, conseqüentemente, um erro. Durante o processo de instalação, seu trabalho regular quase que certamente sofrerá e, como ele estará ainda aprendendo como funcionam esses sistemas, a nova rede por certo não será instalada tão bem quanto poderia.

Nessas circunstâncias, faz sentido contratar um consultor que realmente entenda da instalação desse tipo de rede multimídia multinacional. O trabalho será concluído mais rapidamente, sua instalação custará menos e estará em pleno funcionamento mais depressa do que se a companhia tentasse usar o administrador atual. Além de instalar o sistema, um bom consultor pode treinar o administrador atual no gerenciamento da nova rede, agora de maior porte.

Embora possa parecer loucura, bons consultores quase *nunca* nos custam dinheiro. Apesar de normalmente cobrarem caro por hora de trabalho, os melhores consultores farão o serviço em uma fração do tempo que gastaríamos sem eles e muito melhor do que nós o faríamos. No final, um bom consultor pode acabar por economizar dinheiro para a empresa. Na verdade, o consultor certo pode até nos ajudar a ganhar dinheiro.

Como?

Vamos analisar outro exemplo. Um pequeno fabricante de semicondutores produz, há alguns anos, circuitos personalizados para companhias eletrônicas inovadoras. Mas, como é quase sempre o caso na indústria de semicondutores, novos métodos de produção foram introduzidos para baratear o processo de produção dos chips e torná-lo mais eficiente.

Para permanecer competitiva, então, a pequena indústria de semicondutores precisa agora adotar o novo processo ou desenvolver um método semelhante para não ficar fora do mercado. O problema é que os engenheiros contratados pela companhia são especialistas em transformar os projetos dos clientes em circuitos operacionais, não em desenvolver novos processos. Mas foi exatamente por isso que eles foram contratados — porque sabem trabalhar com projetos dos clientes. Se os gerentes optarem por usar os funcionários atuais para desenvolver a nova tecnologia, precisarão dar aos engenheiros a oportunidade de conhecê-la e depois desenvolver um novo método de produção. Alternativamente, se a companhia contratar um consultor com experiência na nova tecnologia, o novo processo poderá ser implementado e os funcionários atuais poderão ser treinados em um tempo muito menor. Isso não apenas deixa os funcionários livres para continuar a ganhar dinheiro para a empresa enquanto o novo processo é instalado, mas também significa que ele será instalado e terá retorno muito mais rapidamente do que com o plano anterior. Além disso, devido à alta experiência do consultor, o novo sistema poderá ser mais eficiente do que se a companhia tivesse tentado desenvolvê-lo, resultando em níveis mais altos de lucro daquele ponto em diante.

Portanto, se você está trabalhando em um processo que exija que você faça coisas que estão além da sua capacidade ou que requeira mais tempo do que os seus recursos permitem, a regra é contratar um consultor, certo?

Mas (é aqui que vem a parte mais difícil) o que fazer se o trabalho que você tem diante de si não é apenas um projeto? Suponha que seja um trabalho já em andamento e que você não consiga encontrar ninguém, no atual quadro de funcionários, para realizá-lo. Em geral, é caro demais manter um consultor além do âmbito de um projeto. No caso de necessidades de longo prazo, você provavelmente precisará contratar novos funcionários. Mas contratar alguém com a capacidade de um consultor é difícil, e também dispendioso.

Há uma solução alternativa: contratar um consultor para desenvolver um processo que simplifique aquela tarefa. Isso pode incluir o desenvolvimento de um sistema robotizado ou informatizado, ou simplesmente um programa de treinamento. Veja, por exemplo, a situação enfrentada pela divisão de calculadoras da Hewlett-Packard (HP). Historicamente, esse grupo sempre produziu as melhores calculadoras do mundo — elas eram conhecidas pela alta qualidade do seu equipamento. O problema é que a concorrência de empresas como a Sharp, Tandy e Texas começou a transformar o mercado de calculadoras em uma "batalha de recursos". Em outras palavras, os concorrentes da HP estavam acrescentando mais e mais recursos às calculadoras, sem com isso elevar seu preço. Para satisfazer a base de clientes existentes, a HP precisava continuar a produzir calculadoras com a melhor qualidade possível. Mas, para continuar competitiva, ela precisava produzi-las a um custo menor.

A fabricação de calculadoras era um processo que exigia muito trabalho das pessoas e uma mão-de-obra cara. Finalmente, a HP decidiu mecanizar o processo de

> produção — usar menos pessoas para fazer mais calculadoras, mais depressa.
>
> Para avaliar essa abordagem, a HP desenvolveu uma linha de produção robotizada criada por especialistas que conheciam os processos de montagem automatizada — e que tinham condições de realmente criar novos processos apenas para essa tarefa. Esses engenheiros trabalharam juntos com os projetistas das calculadoras para produzir um sistema que exigisse um mínimo de funcionários treinados.
>
> Eles tiveram muito sucesso; no final, o sistema ficou tão refinado que foi possível instalar um no Extremo Oriente e fazer com que sua operação fosse eficiente com um mínimo de funcionários técnicos no local.
>
> A chave para decidir contratar um consultor é você fazer primeiro o seu dever de casa. Avalie a tarefa, os funcionários atuais, os fundos disponíveis e o cronograma do projeto. Se você decidir contratar consultores, não deixe de integrá-los aos membros-chave de sua equipe durante o processo de desenvolvimento.

FASE II: PROJETO E DESENVOLVIMENTO A fase de projeto e desenvolvimento de um processo de desenvolvimento de sistemas é onde se investe a maior parte do tempo e das despesas de um projeto. Por esse motivo, os analistas de sistemas e os programadores procuram alternativas para evitar que um sistema totalmente novo tenha de ser desenvolvido. Em alguns casos, os programas comercialmente disponíveis satisfazem os requisitos estabelecidos. Às vezes, sistemas baseados em micros ou redes locais são soluções ainda melhores, mas, em organizações que continuam a concentrar suas informações em sistemas grandes e centralizados, a integração de micros com um SIG baseado em minicomputadores ou mainframes pode ser um processo difícil e dispendioso.

Além disso, os analistas de sistemas e os programadores geralmente não possuem as habilidades necessárias para levar a cabo tal projeto de integração. Eles são engenheiros de software, cujo repertório de ferramentas consiste quase sempre em soluções na área de software — novos programas e alterações em programas que já são executados nos computadores existentes. Projetos em larga escala que integram micros, redes de micros, software para micros e minicomputadores e mainframes em geral requerem a experiência adicional de integradores e consultores de sistemas que vivem desses projetos de integração.

Mesmo quando se determina que o melhor curso a seguir é criar um programa novo ou modificar um programa existente, os analistas e programadores ainda procuram meios de agilizar o processo e minimizar tempo e despesas. Para facilitar o processo de projeto de um sistema, eles criam software de prototipação.

O *protótipo* de um sistema de software é um modelo que personifica os conceitos, aparência e filosofia de um produto eventual — assim como um protótipo de um produto tangível. Com o protótipo de um sistema, os usuários podem sentir e familiarizar-se com o produto final muito antes de ele ser realmente desenvolvido. Isso lhes permite determinar se o produto resultante satisfará suas necessidades e ainda sugerir alterações antes que os programadores entrem pelo caminho errado, o que poderá custar caro a todos.

Para criar o protótipo de um sistema, os engenheiros de software geralmente usam produtos disponíveis no mercado especialmente para esse fim. As publicações e os catálogos sobre programação e desenvolvimento de software divulgam programas que permitem aos usuários criar rapidamente telas de entrada e sistemas de menu. Entretanto, devido ao crescente potencial e facilidade de uso dos sistemas de engenharia de software auxiliados por computador (CASE — Computer-Aided Software Engineering), provavelmente os produtos de software de prototipação se tornarão menos importantes.[1]

Hoje, os sistemas de desenvolvimento de software — pelo menos aqueles que existem no mundo dos microcomputadores — estão tão sofisticados que incluem ferramentas, como a tecnologia CASE que acabamos de mencionar, que antes eram tidas como um recurso altamente especializado. No Capítulo 13, examinaremos os sistemas de desenvolvimento em maior profundidade; como exemplo, o sistema de desenvolvimento Visual C++ da Microsoft é tão poderoso que você pode criar um programa completo de edição de textos para o ambiente Microsoft Windows dando 33 cliques com o mouse e com duas linhas de código de programa digitadas. O programa resultante inclui um sistema de menu padrão e tudo o mais que você possa esperar de um programa do Windows.

Com ferramentas de desenvolvimento tão poderosas, diminui a necessidade de softwares de prototipação. Hoje, existem ferramentas CASE disponíveis para virtualmente todos os ambientes, incluindo sistemas de minicomputadores e mainframes. Usando uma ferramenta CASE, os programadores produzem rapidamente uma interface operacional.

Os sistemas CASE, porém, são muito mais do que um sistema de prototipação. Embora possam ser usados para criar telas, muitos deles também permitem ao programador criar sistemas de banco de dados que serão ligados a campos específicos daquelas telas. Além disso, a maioria das ferramentas CASE hoje possui um *gerador de código* — um programa que examina as especificações de um projeto e gera, ou produz, o código-fonte daquele programa. O código-fonte é formado pelas instruções que os programadores criam quando escrevem um programa (veja a Figura 12.3). Em outras palavras, usando uma ferramenta CASE e um gerador de código, o programador cria telas, menus e bancos de dados e faz com que o próprio computador escreva o programa!

Outra tarefa da fase de desenvolvimento de um projeto de desenvolvimento de sistemas é a produção da *documentação técnica* do sistema. A documentação técnica é amplamente diferente da *documentação do usuário*, que descreve aos usuários finais como usar o sistema. Documentos detalhados descrevendo estruturas de bancos de dados, sistemas de menus, layouts de tela, dados e fluxo de processamento precisam ser compilados para o benefício de todas as pessoas envolvidas no projeto. Historicamente, esse processo sempre foi uma etapa cansativa, mas necessária.

No caso dos sistemas CASE, porém, a produção de documentação detalhada está ficando uma tarefa cada vez menos onerosa. Quando um programador usa um sistema CASE para criar interativamente bancos de dados, telas, relatórios e processos, o sistema coleta essas informações. Daí por diante, a produção da documentação pode ser apenas uma questão de imprimir o relatório desejado.

---

[1] N.R.T.: Há autores renomados que apontam para uma tendência contrária, isto é, a prototipação será cada vez mais usada, e ferramentas cada vez mais "amigáveis" e funcionais estarão disponíveis.

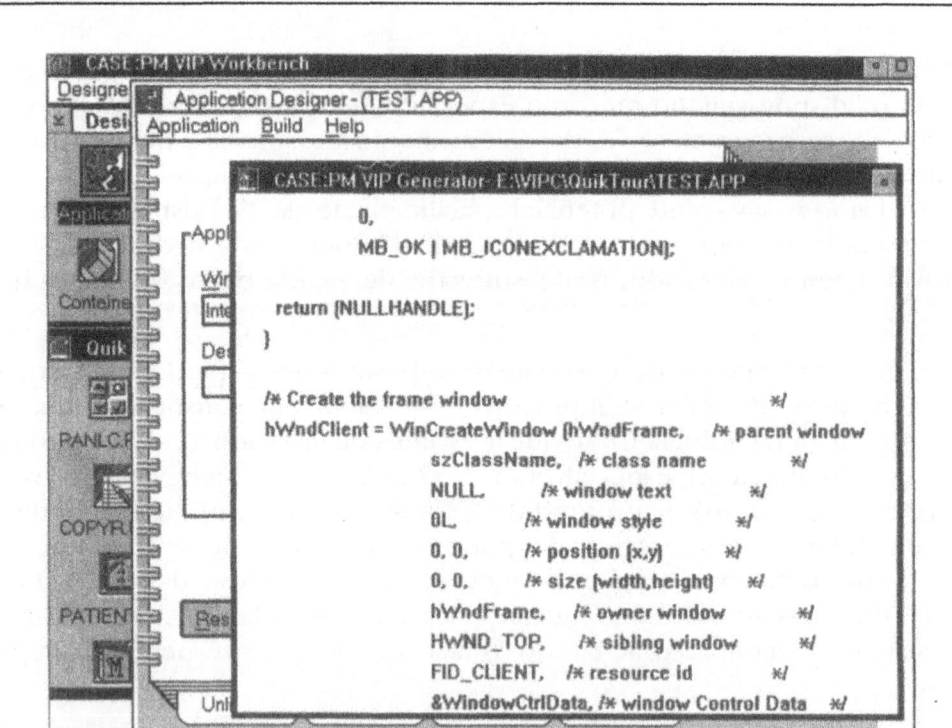

FIGURA 12.3 O gerador de código é normalmente parte integrante do software CASE. O gerador de código examina as especificações de um programa e cria (ou gera) o programa.

Apesar de economizarem muito tempo e permitirem que o processo de desenvolvimento flua mais suavemente, as ferramentas CASE não são resposta para toda situação e, mesmo em sistemas produzidos substancialmente com elas, às vezes há a necessidade de codificação manual. Na rotina tradicional do SIG, os programadores dividem os projetos, e cada um trabalha em um módulo separado. Os prazos são observados com muito rigor, para que todos os programadores concluam seus módulos dentro do cronograma, para poder combiná-los e compilá-los para teste e avaliação.

FASE III: IMPLEMENTAÇÃO É claro que, a cada etapa do processo de desenvolvimento, o teste e a avaliação estão presentes. Depois de elaborarem telas e relatórios, os programadores testam os resultados para ter certeza de que a aparência e a função estão de acordo com as exigências estabelecidas. Mas o sistema como um todo só poderá ser testado quando a programação estiver concluída. Apenas nesse ponto é que os componentes se juntam para formar o sistema global.

A maioria das organizações que possuem um departamento formal de SIG tem áreas separadas em seus computadores, ou até mesmo computadores separados, para os sistemas que estão desenvolvendo e para o sistema principal de produção. Essa distinção garante a segurança e a estabilidade do sistema de produção, do qual depende a confiabilidade da organização.

Além disso, os funcionários da área de SIG (que geralmente não são programadores) são responsáveis pela produção da documentação do usuário. A documentação do usuário é o conjunto de instruções (ou manuais) que os usuários finais precisam para ser capazes de usar o novo sistema. Idealmente, esses manuais são entregues para os usuários finais com uma dose maciça de treinamento prático, que também é administrado pelo departamento de SIG.

Finalmente, os usuários e os funcionários da área de SIG testam o novo sistema. Eles testam os procedimentos básicos, avaliam o desempenho e julgam a qualidade do resultado do sistema — os relatórios e outros produtos. Em geral, esses testes revelam problemas de funcionalidade ou desempenho que precisam ser solucionados antes de o sistema ser considerado concluído e apto para implementação.

ESTUDO DE CASO: O SIG CLÁSSICO É HOJE MAIOR QUE SUA UTILIDADE?

Embora esse estudo de caso seja fictício, ele se baseia na vida real e destina-se a ilustrar por que é tão crucial que os gerentes obtenham informações oportunas e precisas.

Em 1984, a Central Health Plans — CHP — surgiu como projeto de um pequeno grupo de médicos liderados pelo dr. Allen Freeman, conhecido e respeitado cirurgião de Fort Simmons, grande cidade do noroeste dos Estados Unidos. A idéia do dr. Freeman era transformar o cuidado com a saúde em um empreendimento lucrativo. Se os tratamentos preventivos de saúde são verdadeiramente mais eficazes e mais baratos do que o tratamento de uma doença já instalada, então uma organização com essa meta seria capaz de oferecer um serviço mais acessível às pessoas, de dar emprego a mais pessoas e talvez de obter lucro ao longo do caminho.

O dr. Freeman reuniu seus associados e sócios para organizar o novo empreendimento e planejar sua implementação. Os médicos concordaram que deveriam divulgar os serviços de sua nova organização de saúde às empresas da comunidade local. Pagando uma taxa mensal para cada empregado, as empresas ganhariam o direito de oferecer os serviços da CHP como um benefício aos seus funcionários.

O dr. Freeman e seus colegas concordaram que o controle rígido dos custos seria essencial ao sucesso da CHP. Regras tiveram de ser desenvolvidas para que os médicos as seguissem em termos dos procedimentos adotados, medicamentos prescritos e referências a outros médicos especializados em uma determinada área da medicina.

Os médicos perceberam que a única maneira prática de impor o cumprimento das regras do plano e de controlar os custos era usar um sistema computacional para manter uma história detalhada de cada encontro entre um membro do plano e um médico. Os médicos seriam pagos pelos seus serviços, enviando faturas ou fichas de cobrança para a CHP, onde seriam inseridas no computador pelo departamento de processamento de cobranças.

O dr. Freeman e seus associados recrutaram médicos da comunidade que concordavam em seguir as regras da CHP e aceitar as taxas estipuladas em troca da prestação de seus serviços aos membros da empresa. A próxima etapa foi colocar em campo uma equipe administrativa. O dr. Freeman contratou Anthony Garza para ser presidente da recém-criada CHP, Inc.

A primeira missão de Garza foi formar a estrutura da nova companhia. Ele contratou pessoas para chefiar os departamentos de marketing, finanças e serviços de saúde. Contratou Steve Jackson para assumir os domínios do departamento de SIG. A primeira obrigação de Jackson foi adquirir um sistema computacional e implantar o software de processamento de cobranças. O orçamento de Jackson permitia um minicomputador IBM, e ele rapidamente contratou uma equipe de programadores para lidar com o programa de processamento de cobranças. Tanto na visão de Garza como na de Jackson, o departamento de SIG tinha duas funções: processar e armazenar informações de cobrança e imprimir os cheques para pagamento dos serviços médicos.

Em grande parte por causa da habilidade do departamento de marketing, a CHP cresceu mais depressa do que qualquer um dos sócios poderia prever. O departamento de finanças, que começou com um único contador, logo passou a contar com um contador responsável apenas pelo pagamento das faturas, outro para a preparação dos relatórios financeiros e vários outros escriturários. A cobrança das empresas participantes não demorou para fugir ao controle dos responsáveis. Como algumas das companhias membro tinham centenas — até milhares — de empregados, a simples manutenção das listas dos participantes era trabalho para ninguém botar defeito. O número de funcionários que cuidavam da cobrança das companhias membro cresceu tão depressa que foi preciso tirá-los do departamento de contabilidade e criar um departamento separado só para cobrança.

Enquanto a CHP desfrutava um crescimento sem precedentes, o departamento de SIG continuava a refinar seu software de processamento de cobranças. Como as listas dos membros tinham de ser armazenadas no computador para o processamento das cobranças, os gerentes financeiros acharam que seria razoável que o computador produzisse automaticamente as cobranças para as companhias participantes. Naquele momento, porém, o departamento de SIG estava tão atrasado em termos das modificações que precisavam ser feitas no sistema que as aplicações totalmente novas estavam fora de questão. Afinal, eles ainda não tinham conseguido reparar os problemas que já havia algum tempo estavam presentes em suas listas. O software de processamento de cobranças ainda estava aprovando automaticamente, em alguns casos, as referências a médicos especialistas, e os programas de impressão de cheques ainda imprimiam cheques para valores negativos — com isso, o pessoal da área contábil tinha de cancelar esses cheques manualmente e acrescentar os valores novamente aos totais dos relatórios.

Todos estavam certos de que a solução era investir em computadores mais potentes e contratar mais programadores. O minicomputador havia atingido várias vezes o máximo de sua capacidade de processamento e armazenamento. Era hora de algo maior — um mainframe. A programação no antigo minicomputador tinha ficado tão conturbada com todas as mudanças e aperfeiçoamentos feitos no sistema que os responsáveis tomaram a decisão de começar tudo de novo no mainframe. Adotando uma abordagem totalmente nova em relação às exigências de gerenciamento de informações da CHP, o departamento de SIG seria capaz de proporcionar os serviços necessários a todos os departamentos.

Os funcionários do departamento de SIG começaram a se incomodar com as críticas dos outros departamentos, de que eles não estavam conseguindo suprir suas necessidades de serviço. Como resultado, passaram à defensiva e agitavam-se facilmente nas reuniões. O departamento de contabilidade há muito já havia perdido a esperança de usar o minicomputador ou o mainframe na sua área, um ponto muito doloroso para Lynn Simpson, a controladora. Ela instalou uma rede de micros e implementou neles um sistema de contabilidade.

VISÃO TÉCNICA

ADMINISTRADOR DE SISTEMAS PARA UMA REDE LOCAL DE PEQUENO PORTE

Um dos maiores problemas que as companhias enfrentam é contratar a pessoa certa para gerenciar sua(s) rede(s) local(is). Quase sempre, os gerentes subestimam o trabalho que deve ser feito para manter até mesmo uma pequena rede em operação. Embora esta deva ser capaz de fazer essencialmente as mesmas coisas que as redes de maior porte, a rede de uma empresa pequena não é gerenciada da mesma maneira que as redes das grandes indústrias. Normalmente, as grandes indústrias contratam pelo menos um especialista para se dedicar exclusivamente ao gerenciamento da rede; às vezes, elas contratam uma equipe inteira.

As pequenas redes, por outro lado, normalmente são gerenciadas por alguém que já trabalha na empresa. E embora esse serviço seja freqüentemente designado à pessoa com mais experiência na área de informática, esse nível de experiência pode variar de anos a apenas meses.

A falta de experiência pode ser um problema real em um sistema pequeno, porque a tarefa do gerente da rede local é enorme, mesmo com redes de pequeno porte. Independentemente do tamanho do sistema, todas as redes locais têm um número mínimo de funções que precisam ser executadas. Por exemplo, mesmo uma rede local que consista em duas estações de trabalho precisa ser capaz de compartilhar arquivos de dados e de programas. Além disso, a rede local precisa ser mantida livre de vírus, softwares incompatíveis e usuários desautorizados.

Para tornar a rede local segura, o administrador do sistema precisa ser responsável por instalar (e remover, se for o caso) todos os produtos de software do sistema e, ao mesmo tempo, assegurar que os programas existentes não deixem de funcionar e que sejam feitas cópias de segurança (backup) regulares de todos os arquivos de dados.

Mas o compartilhamento de arquivos é apenas um dos motivos pelos quais as empresas optam pela instalação de redes locais. As redes locais oferecem recursos para enviar mensagens entre estações de trabalho, compartilhar recursos como modems e impressoras e manter a programação do sistema para que as reuniões da companhia não entrem em conflito com outras operações da empresa. O gerente da rede precisa garantir que todos os componentes da rede estejam trabalhando corretamente.

É claro que o tamanho médio de uma rede pequena não é de apenas duas estações de trabalho. Em geral, ele varia de 4 a 20 estações. E, embora a maioria das estações de trabalho hoje seja usada por apenas um usuário, geralmente um sistema com dez usuários controla aproximadamente uma vez e meia a duas vezes mais usuários do que aqueles que estão conectados às estações. Isso ocorre porque muitos usuários também têm sistemas remotos e microcomputadores operados remotamente. E, embora os sistemas remotos não necessariamente façam coisas diferentes dos sistemas locais, é necessário acrescentar uma camada de segurança adicional ao sistema no nó remoto, já que qualquer pessoa pode, potencialmente, tentar entrar no sistema.

Considerando-se a quantidade de trabalho exigida de um administrador de rede local, fica claro que as pequenas empresas que estejam pensando em instalar e manter uma rede local de pequeno porte devem examinar todo o trabalho que seus sistemas exigirão *antes* de nomear alguém para o cargo. E, se por acaso a pequena rede local tiver de executar um grande trabalho, mesmo as pequenas empresas irão beneficiar-se da contratação de um administrador qualificado, cuja função principal é manter a rede local em operação.

Um ano e meio mais tarde (e depois de mais três atualizações no minicomputador), o sistema em mainframe estava quase pronto para ser implementado. Nessa época, a CHP já tinha mais de 250 empregados. O departamento de cobrança ainda mantinha a lista de membros manualmente e ainda armazenava os nomes das empresas alfabeticamente em enormes arquivos de aço. Depois de calculadas as faturas, elas eram enviadas a um funcionário, que as datilografava em uma máquina de escrever.

O departamento de SIG finalmente encontrou tempo para corrigir o problema dos cheques com valores negativos — pelo menos eles pararam de ser impressos. Mas o departamento de contabilidade ainda somava o valor total disperso a cada emissão de cheque, porque os valores negativos ainda apareciam nos totais do relatório.

A implementação do novo sistema em mainframe foi tranqüila em termos de processamento de cobrança e das companhias membro. Entretanto, logo ficou aparente que a possibilidade de o sistema novo oferecer serviços integrados a todos os departamentos não era diferente daquela apresentada pelo antigo minicomputador. O departamento de SIG basicamente transferiu a funcionalidade do antigo sistema em minicomputador para o novo mainframe — uma mudança que durou mais de um ano e meio. Segundo estimativas do próprio SIG, a lista atual de alterações na programação do sistema, novos relatórios e novas aplicações iria mantê-los ocupados pelos próximos dois anos e meio.

Nesse momento, havia sentimentos antagonistas profundos entre o departamento de SIG e os departamentos a que ele deveria supostamente estar atendendo. O conselho de administração pediu para Garza substituir Jackson no SIG.

A sucessora de Jackson, Joanne Reed, sabia que estava diante de um grande desafio. O departamento com 44 empregados tinha muito mais trabalho do que era possível aceitar. O ponto de vista do conselho administrativo era de que a companhia já havia gasto aproximadamente 9 milhões de dólares em todos os anos de operação da empresa e, em troca, tinha dois computadores obsoletos, um software muito pouco eficaz e um departamento com um número considerável de pessoas para dar suporte aos equipamentos.

No seu quarto ano de vida, a CHP deveria virar uma companhia de capital aberto. O processo preliminar incluía extensa auditoria de uma empresa pública. Como parte de seu trabalho, os auditores fizeram uma análise operacional do departamento de SIG, que finalmente documentou algumas das fraquezas do sistema. Mais notadamente, eles relataram total falta de relatórios financeiros adequados. Simpson afirmou que já sabia de tudo isso. Como controladora, ela sabia que tinha de fazer o melhor possível na contabilidade. Todo mês, quando relatava os resultados financeiros, ela estimava os custos dos serviços como sendo muito mais altos do que a documentação poderia comprovar. E todo mês, por falta dessa mesma documentação, ela era desautorizada pela administração.

Não era tão difícil para o SIG produzir os relatórios de que Simpson precisava. Para tanto, porém, o departamento precisaria passar alguns dias estudando o relatório com ela e programando-o no computador. Mas as instruções eram para que eles se dedicassem aos problemas existentes — e não a problemas novos. Mesmo assim, era muito difícil conseguir que um programador corrigisse as listagens das emissões de cheques. Simpson não teve a sorte de convencer o departamento de SIG de que seus relatórios eram muito mais importantes do que os relatórios estatísticos da área assistencial sobre estadas de pacientes em hospitais, ou os relatórios com a arrecadação dos vários planos de preços diferenciados que o departamento de marketing estava vendendo.

A auditoria financeira revelou que a CHP estava subestimando seus custos seriamente. O número de associados cresceu de maneira estável durante tanto tempo que os recibos de pagamento de mensalidade estavam sempre muito à frente do dinheiro desembolsado para pagar as contas médicas, mas esse crescimento finalmente se nivelou — e, quando isso ocorreu, as obrigações relativas a pagamento de pendências empataram e até mesmo suplantaram o recebimento das mensalidades. De repente, e pela primeira vez, a CHP enfrentava problemas. Ações corretivas precisavam ser tomadas imediatamente e a opção de se tornar uma companhia de capital aberto deixou de existir.

O departamento de marketing recebeu ordens de elevar suas taxas imediatamente em 10%. Mas, como os contratos da CHP com seus membros eram válidos por um ano, as únicas taxas que poderiam ser afetadas eram as contas novas e as renovações. Todo mês, apenas um doze avos da base de associados renovava seus contratos, e o número de contas novas caiu vertiginosamente com a notícia de que a empresa enfrentava problemas financeiros. Alguns dos clientes em época de renovação de contrato resistiram ao aumento de preço e recusaram-se a renovar o contrato por mais um ano, mitigando ainda mais os efeitos do aumento de preço das mensalidades. O resultado do aumento de preços foi que a arrecadação começou a declinar.

Os departamentos de serviços médicos e cobrança receberam ordens para adotar linha dura com os fornecedores (médicos, hospitais e farmácias que ofereciam produtos ou serviços). Eles foram instruídos a cumprir as regras com rigidez e a não ter medo de não aceitar reivindicações. Era preciso cortar custos. Os prestadores de serviços não viram com bons olhos essa atitude. Alguns médicos já estavam sendo reembolsados em níveis muito abaixo dos valores normais. Alguns simplesmente pararam de atender pelo plano. Outros permaneceram, mas sua insatisfação ficou aparente quando os associados visitaram seus médicos. Quando alguns membros relataram a amigos e patrões suas experiências desagradáveis e a curta duração da consulta, as renovações de contrato começaram a declinar de maneira ainda mais aguda.

Enquanto isso, Simpson vinha melhorando e expandindo sua rede de micros. Tudo começou como um simples sistema de contabilidade para compilar os relatórios financeiros da companhia, mas, com o tempo, Simpson e outros funcionários reconheceram o valor desses pequenos sistemas, que poderiam ser prontamente adaptados a novas tarefas. Como ela supervisionava o departamento de faturas e também o de contabilidade, decidiu atualizar o primeiro, como já havia feito com o segundo. Ela conseguiu que o departamento de SIG fornecesse, em disquete, uma lista com os membros do plano, e importou esses dados para um gerenciador de banco de dados do micro. Logo a lista de associados estava rodando em rede no departamento de faturas, e estas finalmente puderam ser impressas automaticamente.

O sucesso de Simpson com a rede de micros não passou despercebido pelo departamento de SIG nem pela administração, e o uso extensivo de micros na área financeira deixou claro os defeitos do sistema de SIG. Não demorou muito para que o sucesso de Simpson começasse a ser duplicado em outros departamentos da CHP — as pessoas começaram a aprender a usar computadores e a satisfazer suas próprias necessidades de informação.

Este estudo de caso ilustra um conjunto extremo de circunstâncias, mas mostra como são importantes informações precisas e oportunas. O declínio da CHP não foi responsabilidade exclusiva do departamento de SIG. A administração deu seu aval para a compra e implementação do sistema — mas ele não atendia a todas as pessoas que precisavam beneficiar-se de um sistema de informações.

NOTEBOOK DO NORTON — Computação Empresarial

Computação empresarial é apenas uma das centenas de novas palavras que foram lançadas pelo mercado da computação comercial. E como muitas delas, não tem um significado estrito, técnico. Sua definição é ampla e vem evoluindo com o uso. O termo refere-se a todas as questões computacionais enfrentadas pelas grandes corporações e organizações. Aqui está uma pequena lista dessas questões.

- *Proporcionar aos empregados acesso aos dados corporativos.* O principal problema da computação empresarial é que a maioria dos funcionários hoje usa micros, e não mais o mainframe da corporação. Essa migração é muito boa em termos de flexibilidade, mas dificulta o controle, já que todos têm acesso a importantes dados corporativos.

- *Garantir a segurança dos dados pessoais e corporativos.* O fato de ser importante que os funcionários tenham acesso aos dados não significa que qualquer pessoa possa acessar qualquer dado desejado. A computação empresarial deve enfrentar a questão de que certos dados devem ser protegidos enquanto outros podem ser disponibilizados.

- *Criar conexões entre redes locais, mainframes e micros independentes.* Muitas companhias ainda têm seu "legado" de computadores — em geral, um mainframe obsoleto que ainda atende a uma finalidade valiosa. Essas companhias também podem ter algumas redes locais que conectam grupos de microcomputadores. Os funcionários que tentam configurar sistemas para computação empresarial geralmente se preocupam em conectar todos os diversos sistemas para que as informações possam correr livremente por toda a empresa.

- *Controlar várias configurações de hardware e software.* Parte do problema com a conexão de redes diferentes é que talvez cada uma delas esteja baseada em hardware e software diferentes. O departamento de marketing pode ter uma rede AppleTalk de Macs, enquanto o departamento de vendas usa PCs conectados por meio de rede Novell. A verdadeira computação empresarial pode tentar estabelecer uma ponte que permita a esses dois departamentos compatilhar dados.

- *Estabelecer e manter sistemas de correio eletrônico.* O correio eletrônico é uma das ferramentas fundamentais da empresa moderna. Mas configurar um sistema de correio eletrônico que envolva a empresa inteira pode ser difícil quando partes diferentes da companhia estão conectadas a tipos diferentes de rede local.

- *Acompanhar as licenças de uso de software.* Os contratos de licenciamento de todo software usado por uma grande organização podem ser incrivelmente complicados. Alguém com conhecimento de sistemas de computador precisa acompanhar essas informações para que a organização não viole nenhuma das licenças.

- *Oferecer treinamento e suporte aos funcionários.* Tradicionalmente, o departamento de informações gerenciais sempre foi responsável por treinar funcionários em como usar os novos softwares implantados no mainframe central. Os funcionários agora estão usando mais software para microcomputadores, porém às vezes ainda precisam de ajuda.

Se você deseja ter uma noção completa do que significa *computação empresarial*, consulte *InfoWorld*, uma revista mensal dedicada à computação comercial. Toda edição da *InfoWorld* apresenta uma seção chamada "Enterprise Computing" (computação empresarial). Quem sabe até a revista não seja responsável pela contínua popularidade desse termo de definição tão genérica.

A NOVA CARA DO SIG

O *downsizing* (redução de tamanho) que ocorre entre os equipamentos de informática tem muito que ver com a nova cara dos sistemas de informações gerenciais. A disponibilidade de computadores menores e mais baratos significa que mais pessoas têm acesso a computadores relativamente livres do controle de uma estrutura de SIG. Muitos mainframes e minicomputadores continuam sendo ferramentas de valor — consideradas até mesmo indispensáveis — para empresas e organizações, e esses sistemas ainda exigem que pessoas com habilidades e conhecimentos especiais os controlem e os administrem.

O foco está mudando, porém. As redes de computadores Macintosh, PCs e estações Unix já provaram ser estáveis, confiáveis e mostraram que são plataformas desejáveis tanto para indivíduos quanto para complexos sistemas multiusuários, como contabilidade e produção. Essa mudança está exigindo que também os gerentes de SIG ampliem seus horizontes. Além de manter e administrar computadores de grande porte, eles estão tendo de aprender a integrar mainframes e minicomputadores a vários tipos de redes baseadas em micros.

SISTEMAS DE APOIO À DECISÃO

Trabalhando dentro dos canais costumeiros de processamento de dados, os gerentes normalmente têm estado sujeitos à estrutura, condições, limitações de tempo e vontade política do departamento de SIG. O prazo exigido para a criação e depuração de novos relatórios que proporcionarão visões diferentes dos dados é muito grande para que sejam testadas novas idéias que talvez não funcionem logo da primeira vez. A estrutura do SIG clássico criou um clima no qual o produto final do sistema era produzir relatórios de rotina — relatórios de rotina que os gerentes só podiam usar para tomar decisões de rotina.

A automação de processos repetitivos e o armazenamento de dados são sempre alardeados como o ponto forte dos computadores. Os gerentes fora dos departamentos tradicionais de SIG, porém, há muito tempo já perceberam que a tecnologia dos computadores tem potencial para muito mais. Os computadores pessoais começaram a aparecer em abundância fora do controle dos departamentos de SIG, porque os gerentes queriam usar essas ferramentas de uma maneira que os departamentos de SIG não eram capazes de duplicar.

Os microcomputadores quase sempre oferecem resultados imediatos, porque as sessões no computador são experiências interativas. Com micros, é barato experimentar e, por isso, os gerentes podem brincar com os dados e usar o computador para tomar decisões fora de sua rotina. Os sistemas de apoio à decisão baseados em micros geralmente produzem resultados com muito mais rapidez do que os sistemas de maior porte.

Sistema de apoio à decisão é um software que ajuda o usuário que toma decisões. De uma certa forma, os programas de planilha podem ser considerados uma ferramenta genérica de apoio à decisão quando usados para analisar um problema. O termo normalmente é usado, porém, para aplicações mais específicas — por exemplo, um software destinado a agilizar um processo complexo como a criação do orçamento anual de uma organização. Tal processo é uma tarefa árdua. Entretanto, os programas escritos especialmente para esse fim podem ajudar o usuário a produzir um produto de qualidade superior — basta acompanhar os detalhes e deixar o usuário concentrar-se nas questões imediatas.

COMPUTAÇÃO EM GRUPOS DE TRABALHO E SISTEMAS DE APOIO À DECISÃO Com as redes, a flexibilidade e a capacidade dos sistemas de apoio à decisão cresceram enormemente. A *computação em grupo de trabalho (workgroup computing)* amplia a capacidade dos micros conectados em rede para além de simples programas multiusuários, para permitir que grupos de pessoas trabalhem em projetos com facilidade e sem interrupções. Uma dessas aplicações é o Lotus Notes, que permite que grupos de pessoas acessem, acompanhem, atualizem, compartilhem e organizem informações, e também participem de discussões em grupo, distribuam relatórios e gerenciem projetos. O software aplicativo que tira proveito do conceito da computação em grupo de trabalho é às vezes chamado *groupware*.

O correio eletrônico não apenas documenta a correspondência, mas também facilita e agiliza a comunicação. As planilhas que antigamente eram ferramentas de usuários isolados hoje são aplicações robustas para grupos de trabalho. Enviar uma planilha ou página de uma planilha a um colega ou grupo de colaboradores para modificações e aperfeiçoamento agora é uma atitude rotineira.

No Capítulo 2, vimos como um dos resultados de um sistema eficaz de informações é "achatar" uma hierarquia organizacional e como a alta gerência pode "penetrar" na organização, examinando informações em diversos níveis de detalhe para tomar decisões fundamentadas. Nos parágrafos a seguir, veremos um exemplo de sistema de apoio à decisão em grupo que facilita todo esse processo. Em essência, ele é um software multiusuário para criar o orçamento de uma empresa, mas a maneira como funciona torna-o especial — é um sistema de apoio à decisão em grupo.

Muitas empresas criam e usam orçamentos. Criar um orçamento anual, porém, é uma tarefa difícil. Infelizmente, o receio de preparar um orçamento em geral tem impacto negativo sobre a qualidade do produto final.

Os gerentes empregam muitas técnicas diferentes para preparar orçamentos. Alguns começam com o orçamento do ano anterior e ajustam-no para refletir uma nova "contagem de cabeças". Outros começam um novo orçamento todos os anos e identificam laboriosamente os dólares necessários para sustentar cada empregado, item do estoque e gasto de capital. Muitas empresas tentam padronizar o procedimento implementando políticas, mas é difícil impor um método.

Normalmente, a responsabilidade por consolidar orçamentos recai sobre alguém do departamento financeiro. Essa pessoa pega o orçamento de cada departamento e resume-os em um relatório que é submetido à direção da empresa — geralmente ao diretor financeiro da companhia.

No entanto, na maioria das vezes, o orçamento de uma companhia não é uma simples compilação de listas contendo o que os chefes desejam para seus departamentos. Uma perspectiva global precisa ser trazida para o processo; além disso, os chefes de departamento normalmente nem estão cientes dos planos de novos empreendimentos ou novos produtos que afetarão suas áreas.

O diretor financeiro analisa o orçamento consolidado e faz ajustes para alinhá-lo com os objetivos da empresa. Depois, ele se reúne com os chefes de departamento para avaliar o orçamento e fazer as alterações necessárias. Finalmente, o diretor financeiro apresenta o orçamento para a cúpula administrativa.

O software de apoio à decisão em grupo pode automatizar o processo de preparação de orçamentos — ele pode entregar as ferramentas apropriadas diretamente às pessoas envolvidas. Com esse software, alguém é nomeado administrador do orçamento. Essa pessoa é responsável por preparar os dados brutos do orçamento — o quadro de contas, salários dos empregados e metodologias para calcular receitas, custos e despesas. Além disso, o administrador é responsável por identificar usuários do sistema e conceder-lhes acesso aos dados que tenham permissão de ver e alterar.

O administrador do orçamento prepara o orçamento de nível mais alto, identificando os principais departamentos e áreas de responsabilidade. Depois, ele entrega o controle desses orçamentos aos chefes de departamento. Por exemplo, um "orçamento" separado pode ser distribuído a cada diretor (marketing, produção, administração etc.). Os diretores de cada área (ou seus assistentes) dividem o orçamento em áreas menores e designam cada uma delas aos gerentes de primeiro nível ou aos supervisores de linha de frente.

Cada gerente só pode ver e trabalhar com os dados sobre os quais tem responsabilidade direta — que devem ser tudo de que eles precisam para concluir seus orçamentos. Quando isso ocorre, o controle pode ser transferido novamente para o supervisor imediato. Cada supervisor examina os orçamentos a ele submetidos. Se houver necessidade de mudanças, ele assinala os itens e retorna o orçamento à pessoa que o preparou. Quando estiver satisfeito e achar que o orçamento departamental está completo, o supervisor envia-o ao nível seguinte.

Em cada nível hierárquico acima, orçamentos subsidiários são combinados (ou "agrupados"). No final, o orçamento volta ao administrador, que pode então analisá-lo como um todo e ver se ele resultará em lucro ou perda para a empresa.

Antes de existirem sistemas eficazes de apoio à decisão em grupo, como o que analisamos aqui, o processo de elaboração de orçamentos talvez fosse considerado completo neste ponto, porque seria trabalhoso demais revê-lo manualmente várias vezes. Em grandes empresas, então, os métodos antigos de vetar e consolidar orçamentos eram extremamente demorados, e sempre foi um desafio convencer gerentes a dispor de seu tempo para analisar os orçamentos de suas áreas. Entretanto, a computação para grupos de trabalho não apenas simplifica o processo, como também resulta em maior qualidade, devido ao nível de atenção que ela concede aos detalhes.

Quando um gerente de nível superior analisa o orçamento consolidado, em caso de dúvida em relação a um item de linha que pareça muito alto, ele pode simplesmente "penetrar" nos detalhes daquela linha para descobrir sua origem. Qualquer número pode ser acompanhado até o nível departamental, no qual os gerentes lêem notas explicativas e justificativas para suas dúvidas. E mais, se o gerente decidir cancelar certos gastos, ele poderá fazer modificações diretamente, ou marcar as áreas problemáticas e enviar o orçamento de volta a seus criadores para que façam as modificações necessárias.

Os sistemas de apoio à decisão em grupo (e a computação em grupos de trabalho em geral) representam uma nova abordagem ao SIG. Com o SIG tradicional, as informações são centralizadas e controladas com rigidez. Além disso, as experimentações são desencorajadas, porque o processo de desenvolvimento é longo e dispendioso. Os sistemas de apoio à decisão em grupo promovem o fluxo livre das informações por toda a hierarquia da organização, e isso encoraja as experimentações e a descoberta de novas maneiras de usar informações.

MODELOS E SIMULAÇÕES No Capítulo 10, examinamos o software de planilhas eletrônicas. No mundo comercial, as planilhas foram o catalisador que deu início à proliferação dos microcomputadores. Inicialmente, os gerentes usavam planilhas para criar seus próprios sistemas de apoio à decisão.

Os gerentes de marketing descobriram que podiam usar planilhas para analisar suas taxas e honorários, para dimensionar a concorrência e planejar estratégias eficazes para penetrar nesses mercados. Os engenheiros e pesquisadores usavam planilhas para efetuar cálculos complexos. Gerentes de virtualmente todas as áreas descobriram que poderiam beneficiar-se do uso de um computador pessoal e um programa de planilha. A área financeira e contábil, porém, foi a que, no início, mais tirou proveito desse tipo de programa.

Os gerentes financeiros perceberam que podiam usar o software de planilhas para criar modelos detalhados e complexos de suas empresas. A criação de modelos financeiros permitia-lhes prever o desempenho e a posição financeira da companhia em qualquer ponto futuro. Além disso, podiam simular o impacto de eventos — planejados e inesperados — e obter resultados imediatos. Em resumo, pela primeira vez, estavam tendo condições de usar um computador para perguntar "o que acontece se...".

SISTEMAS ESPECIALISTAS

Quando gerentes e profissionais de muitos campos começaram a usar computadores, uma aplicação que eles desejavam ter em mãos era o sistema especialista. Um *sistema especialista* é um programa de computador que sintetiza o conhecimento que um especialista humano teria de um determinado assunto. Por exemplo, um sistema especialista em medicina pode ajudar médicos a diagnosticar doenças e condições. O médico pode focalizar rapidamente os possíveis diagnósticos inserindo os sintomas de um paciente e sua história médica.

Alguns sistemas especialistas funcionam com um banco de dados grande e altamente detalhado, chamado *base de conhecimentos*. O sistema especialista em medicina, por exemplo, teria como um de seus componentes um banco de dados com milhares de sintomas. Muitos desses sintomas poderiam resultar de várias causas: a febre pode ser sintoma de centenas de doenças ou condições diferentes. A cada sintoma inserido pelo médico, porém, o sistema especialista pode estreitar o número de causas possíveis, porque o enfoque é direcionado aos diagnósticos comuns. Depois de inserir o último sintoma observado, o médico poderá analisar uma lista com os diagnósticos mais prováveis da doença do paciente. É claro que é o médico quem faz o julgamento final sobre o diagnóstico do paciente, mas o sistema especialista economiza horas do seu tempo de pesquisa.

Outro tipo de sistema especialista não depende tanto dos bancos de dados quanto dos cálculos e algoritmos que precisa efetuar. A American Express, por exemplo, usa um sistema especialista para decidir se deve ou não aprovar as compras feitas com seus cartões de crédito. Ainda há envolvimento de um banco de dados. O sistema verifica se o cartão é válido e se o cliente está em dia com seus pagamentos, mas, além de tudo isso, o sistema especialista da American Express efetua uma extensa análise das circunstâncias de cada compra. Por exemplo, o sistema verifica se a compra se adequa ao perfil de consumo do cliente para determinar se o cartão pode ter sido roubado.

NOTEBOOK DO NORTON — SISTEMAS ESPECIALISTAS

A Inteligência Artificial vem dando asas à imaginação das pessoas há décadas. Desde os primeiros computadores, cientistas e não-cientistas vêem tanto com entusiasmo quanto com apreensão a possibilidade da criação de máquinas capazes de "pensar".

A apreensão tem a mesma origem do entusiasmo. Os computadores executam muitas de suas tarefas milhões de vezes mais depressa que nós o faríamos. Se um computador pudesse realmente pensar, existe a preocupação de que ele fosse capaz de superar os seres humanos. Você já deve ter observado que essa é a maneira pela qual os computadores geralmente são representados na área de ficção.

Mas a verdadeira Inteligência Artificial (IA) — capacidade que um computador tem de imitar as ações do cérebro humano — ainda está muito distante. O que há de mais próximo da Inteligência Artificial hoje em dia é o sistema especialista. Os sistemas especialistas são sistemas baseados em conhecimento, que tomam decisões de acordo com uma lista de regras compiladas por pessoas que são especialistas em um determinado campo de ação. Um exemplo é o Gate Assignment Display System (GADS), um sistema computacional usado pela United Airlines para gerenciar a chegada e a saída de vôos em aeroportos.

Hoje, as companhias aéreas são essencialmente locadoras de aeroportos. Elas pagam aluguel pelos terminais que usam. Como desejam fazer o melhor uso possível do dinheiro que arrecadam, é do interesse de todas manter cada terminal ocupado o máximo possível. Elas organizam o horário de chegada e saída de seus vôos de modo que nenhum avião fique esperando por um terminal disponível e que nenhum terminal fique vago por muito tempo.

As companhias aéreas precisam, então, considerar várias questões, como:

- Quanto tempo demora para reabastecer cada tipo de avião?

- Quanto tempo demora para carregar e descarregar passageiros e cargas?

- Há alguma manutenção programada para a aeronave?

No passado, pessoas com anos de experiência juntavam esses fatores — e muitos outros — para determinar que aviões seriam colocados em quais locais e em que horário. O problema é que, com o aumento do número de pousos e decolagens, as variáveis começaram a ficar cada vez mais complexas. As pessoas que gerenciavam o sistema ficaram atoladas nas decisões que precisavam ser tomadas, e o sistema começou a ficar menos eficiente. A United Airlines analisou o problema e viu que os dados só sobrecarregam as pessoas, mas não os computadores. Controlar quantidades maciças de dados é o que os computadores melhor fazem.

O GADS examina todas as variáveis que afetam o processo de aterrissagem, carga, descarga e decolagem dos aviões e é capaz de criar horários eficientes para cada uma dessas operações. Para criar a programação das aeronaves, o GADS toma decisões rápidas com base em regras que foram estabelecidas por profissionais experientes que, um dia, executaram todo esse trabalho manualmente.

Sistemas como esse também estão sendo considerados em outras áreas, como a medicina e a mecânica. No caso de tarefas como diagnósticos e consertos mecânicos, os sistemas baseados em sintomas funcionam muito bem, desde que conheçam bem o equipamento que está sendo reparado. Mas se o número de variáveis for grande, a confiabilidade do sistema especialista pode diminuir.

Outro fator que pode afetar a confiabilidade de um sistema especialista é a própria base de conhecimentos. Os especialistas nem sempre têm consciência dos fatores nos quais se baseiam suas decisões. Os fatores que não são reconhecidos ou que não podem ser adequadamente expressos não são incluídos corretamente no sistema especialista (podendo até mesmo ficar fora dele), o que diminui a eficácia do sistema especialista.

Para solucionar esse problema, já existem trabalhos para combinar sistemas especialistas com redes neurais (veja Notebook do Norton – Redes Neurais – no Capítulo 13). A combinação dará ao sistema uma base de conhecimentos e a capacidade de aprender mais com a experiência. Os sistemas especialistas e as redes neurais não formarão a verdadeira IA, mas serão capazes de lidar com uma ampla variedade de situações. E, quanto mais tempo os sistemas estiverem em serviço, mais competentes ficarão. Talvez o computador não esteja realmente pensando, mas estará aprendendo.

O QUE ESPERAR DO FUTURO

Os sistemas de informações gerenciais — sistemas que acumulam, organizam e distribuem informações — ficarão cada vez mais dependentes de e interligados a computadores, redes, aplicações de computação em grupo de trabalho e sistemas de apoio à decisão. Mas vimos que o modelo estruturado e centralizado não é a melhor maneira de implementar um sistema de informações gerenciais. Os sistemas modernos de informações gerenciais falam sobre a comunicação entre as pessoas — compartilhar e usar informações para tomar decisões fundamentadas.

O modelo clássico de SIG para administrar sistemas de computador sobreviveu à sua utilidade corporativa e social. Na retrospectiva, porém, não existia realmente uma alternativa melhor naquela época. Os computadores eram máquinas grandes e caras que não poderiam ficar nas mãos de qualquer pessoa. No início, era preciso haver controle e conformidade. Como sociedade, entretanto, superamos o modelo centralizado. Agora sabemos que indivíduos e grupos de trabalho que usam uma variedade de programas aplicativos podem ser muito mais produtivos quando cada um tem potencial de computação próprio e acesso às informações necessárias.

RESUMO

O QUE É UM SISTEMA DE INFORMAÇÃO?

- Sistema de informação é um conjunto de regras e procedimentos para o fornecimento de informações precisas e oportunas às pessoas de uma organização, particularmente os gerentes.

- Um sistema de informações gerenciais formaliza o processo de capturar, classificar, resumir e relatar informações.

- Hoje em dia, os sistemas computacionais das organizações são geralmente chamados sistemas de informações gerenciais, e os departamentos de SIG são uma ramificação da estrutura organizacional.

- O CVDS é um procedimento formal para automatizar sistemas manuais e resolver problemas com programas de computador.

- As três fases do CVDS são: planejamento, projeto e desenvolvimento e implementação.

- As informações detalhadas que resultam do estágio de planejamento chamam-se especificações funcionais.

- O protótipo de um software é um modelo desenvolvido no estágio de projeto que personifica os conceitos, aparência e filosofia do produto final.

- As ferramentas CASE são ferramentas de projeto poderosas que minimizam a importância da prototipação.

- A maioria das ferramentas CASE encontradas hoje em dia inclui um gerador de código que examina as especificações do projeto e produz o código-fonte do programa.

- Tanto a documentação técnica quanto a documentação do usuário são críticas para qualquer software.

- Testes e treinamentos são partes vitais do processo de implementação.

- Como um SIG mal projetado e mal implementado pode afetar adversamente o desempenho de uma empresa, ele precisa ser desenvolvido de maneira a atender a todas as pessoas que necessitam dele.

A NOVA CARA DO SIG

- A ampla disponibilidade de computadores pequenos e baratos significa que mais pessoas têm acesso a computadores que estão relativamente livres do controle de um departamento de SIG.

- O aparecimento das redes forçou os gerentes de SIG a aprender novas técnicas e alterar seu enfoque.

- Uma maior interação com os dados permite aos gerentes fazer experiências e criar relatórios personalizados sem ter de submetê-los aos canais costumeiros do processamento de dados, repletos de restrições.

- O software de apoio à decisão ajuda os gerentes porque agiliza os processos complexos.

- A computação em grupo de trabalho amplia a capacidade dos micros conectados em rede, que deixam de ser simples programas multiusuários para permitir que grupos de pessoas trabalhem em parceria em seus projetos.

- Muitos tipos de profissionais usam modelos e simulações, na forma de questões hipotéticas (O que acontece se...?), para estimar o impacto de eventos tanto planejados quanto inesperados.

- Um sistema especialista sintetiza o conhecimento que um especialista humano tem de um determinado assunto.

- O banco de dados volumoso e altamente detalhado com que certos sistemas especialistas trabalham é chamado base de conhecimentos.

- Alguns sistemas especialistas dependem mais de cálculos e algoritmos do que de bancos de dados.

QUESTÕES PARA REVISÃO

1. Identifique e descreva cinco categorias de funções administrativas.

2. Em que funções cada uma das três categorais de gerentes tende a se concentrar mais?

3. Defina o termo *sistema de informações gerenciais*.

4. O SIG foi um subproduto dos computadores que estavam sendo introduzidos nas empresas? Justifique sua resposta.

5. Como as informações eram coletadas e transmitidas para a administração antes do surgimento dos computadores?

6. Explique a função dos sistemas especialistas.

7. Defina o termo *sistema de apoio à decisão*.

8. Quais são algumas aplicações dos sistemas de apoio à decisão em grupo?

9. Como a modelagem e a simulação afetaram a maneira pela qual as pessoas executam seu trabalho?

10. Cite algumas aplicações nas quais o modelo tradicional de administração do SIG, com dados centralizados e controlados, ainda é necessário e eficaz.

QUESTÕES PARA DISCUSSÃO

1. Discuta o papel que a tecnologia dos computadores teve na evolução dos sistemas de informações gerenciais.

2. Se os primeiros computadores não fossem máquinas grandes e caras que exigiam grande habilidade e treinamento para operá-las, você acha que o SIG teria evoluído diferentemente? Como?

3. Explique o efeito que os microcomputadores, as redes e o groupware tiveram sobre as operações organizacionais.

As atividades práticas deste capítulo podem ser encontradas no Apêndice A.

CAPÍTULO 13

CRIANDO PROGRAMAS DE COMPUTADOR

OBJETIVOS

Depois de terminar de ler este capítulo, você será capaz de:

- Explicar o que é programa de computador e como funciona.
- Definir os termos *programação estruturada* e *programação orientada a objetos*.
- Explicar como é controlado o fluxo do programa.
- Denominar e discutir várias das linguagens de programação mais importantes.
- Descrever como são criados os programas de computador.
- Relacionar as ferramentas necessárias para criar um programa de computador e discutir as ferramentas adicionais que deixam a programação mais produtiva.

Você pode comprar um programa de computador para quase qualquer finalidade imaginada. Uma viagem pelas gôndolas de um supermercado de computadores pode abrir muito os olhos dos consumidores potenciais. Além das principais aplicações na área de produtividade (planilhas, editores de texto e sistemas gerenciadores de bancos de dados), você encontrará programas especializados para administrar empresas, gerenciar as finanças e as tarefas domésticas ou apenas para entretenimento. Diante de tantos programas, você pode perguntar quem os cria e qual o motivo que os leva a fazê-lo.

A indústria de software é única. Qualquer pessoa pode escrever um programa de computador — e, se a idéia for boa e sólida, o resultado poderá ser um produto de sucesso no mercado. O tamanho da organização não importa. A indústria de software está repleta de histórias de sucesso de pessoas que desenvolveram e promoveram uma boa idéia. Algumas dessas histórias de sucesso já se tornaram folclóricas.

Bill Gates, co-fundador da Microsoft, começou desenvolvendo software para o computador Altair que ele viu na capa da revista *Popular Electronics* em 1974. Mais tarde, sua companhia assegurou os direitos de um sistema operacional chamado "Q-DOS", que significava "Quick and Dirty Operating System", e a pequena empresa de Gates começou a crescer para se transformar em uma das maiores corporações mundiais.

Em 1982, Mitch Kapor e companhia escreveram uma planilha melhor do que o Visicalc, popular na época. Eles chamaram o novo programa de Lotus 1-2-3, e a Lotus Development Corporation decolou. Estes são apenas dois dos mais sugestivos exemplos. Milhares de empresas inicialmente minúsculas conseguiram desenvolver software para as massas da informática.

Os produtos mais conhecidos são geralmente as aplicações básicas que se enquadram em uma das seguintes categorias:

- Sistemas operacionais
- Utilitários
- Editores de texto
- Planilhas
- Gerenciadores de banco de dados
- Comunicações
- Gráficos
- Sistemas para o desenvolvimento de software

Além disso, há centenas de categorias mais especializadas, às vezes chamadas *mercados verticais*, incluindo:

- Sistemas de contabilidade
- Sistemas de gerenciamento bancário
- Sistemas de ponto-de-venda
- Software de planejamento financeiro
- Sistemas de gerenciamento de consultórios médicos e escritórios de advocacia
- Software de diagnóstico médico
- Sistemas de processamento de indenizações de seguro
- Acessórios para o desenvolvimento de software

Muitos desses sistemas de finalidade específica foram desenvolvidos por empresas pequenas, ou relativamente pequenas, que divulgam seus produtos em revistas e jornais especializados. Via de regra, esses produtos são o projeto de estimação de alguém com habilidade em uma determinada área, como medicina, direito, contabilidade ou comércio, e que também tenha interesse em computadores e desejo de criar ferramentas úteis. Tais projetos podem crescer em sofisticação e recursos até que seu criador perceba sua viabilidade comercial e ofereça-os ao mercado.

Empresas em situações ou áreas muito específicas podem contratar programadores para desenvolver, manter e atualizar os produtos desenvolvidos na própria empresa. No início da explosão dos micros, essa prática era comum até mesmo em empresas pequenas. Hoje, porém, ela está limitada às organizações de médio e grande porte. Grande parte das necessidades de uma pequena empresa pode ser satisfeita pelas aplicações encontradas nas lojas especializadas ou em feiras e revistas da área. Mas, quando nenhum produto disponível comercialmente satisfaz uma determinada necessidade, as empresas recorrem à programação personalizada, aos desenvolvedores de software independente ou a funcionários contratados especialmente para desenvolver e manter um programa.

Neste capítulo, vamos examinar algumas das linguagens que os programadores usam para escrever programas, incluindo FORTRAN, COBOL, BASIC, Pascal, C, C++ e Hypermedia. Depois, veremos o que são programas de computador e discutiremos duas abordagens básicas à programação: o método estruturado tradicional e o método orientado a objetos. Em seguida, exploraremos os fundamentos da criação de um programa e examinaremos ferramentas especiais que agilizam e facilitam a tarefa de programar.

NOTEBOOK DO NORTON — REDES NEURAIS

Como é que pensamos? O que existe de diferente no modo como as pessoas e os computadores processam informações?

Ninguém sabe responder a essas perguntas, mas as informações de que dispomos conduzem a algumas pesquisas bastante interessantes. Os cientistas acreditam que cada um dos neurônios do nosso cérebro tem capacidade de processar uma informação de cada vez. Similarmente, os microprocessadores processam informações, uma de cada vez.

Uma diferença muito importante entre o computador e o cérebro é que a maioria dos computadores depende de um único processador, que trabalha sozinho. Mesmo quando as máquinas estão ligadas em rede, o processamento de informações segue esse mesmo padrão. Cada computador é capaz de processar dados e depois compartilhar os resultados com os outros computadores da rede.

As células do cérebro, por outro lado, são capazes de examinar os dados em termos globais. Em outras palavras, qualquer que seja o evento a ser processado, dezenas, centenas ou até milhares de neurônios podem processar informações sobre aquele evento ao mesmo tempo. Juntos, os neurônios formam um quadro mais completo daquele evento do que qualquer um deles teria condições de formar isoladamente.

O neurônio artificial, ou nó neural, é como um processador bastante simples. Ele pega as informações do mundo exterior ou de outros nós, toma uma única decisão sobre elas e passa o resultado, por meio de um único canal de saída, para o próximo nó neural. Quando muitos desses nós neurais são ligados para formar uma rede, o efeito combinado é a capacidade de tomar decisões complexas.

A rede neural não é uma configuração especial de hardware e software. Ela é uma abstração matemática que pode ser implementada em um micro ou em um computador especializado, ou até mesmo usando-se lápis e papel. É claro que a complexidade dos problemas geralmente faz da velocidade de processamento um assunto de extrema importância. Conseqüentemente, a maior parte do trabalho realizado com redes neurais é feita com equipamentos especializados que usam inúmeros chips que dividem a carga de processamento.

Usando redes neurais, os computadores são capazes de executar novas tarefas sem precisar ser reprogramados pelas pessoas. Em essência, eles mesmos se reprogramam — aprendem a fazê-lo. Então, em vez de escrever programas que ensinam esses computadores a executar tarefas específicas, os programadores estabelecem metas e depois corrigem o computador até ele ser capaz de atingir a meta, mais ou menos da mesma maneira que o professor guia os esforços da criança para que ela aprenda a ler, por exemplo. Essa técnica permite que os sistemas de redes neurais sejam adaptados a diferentes situações.

No momento, a NASA está investigando as redes neurais como meio de controlar missões espaciais não-tripuladas. No caso de grandes distâncias, os comandos telemétricos apresentam atrasos significativos. Mas os equipamentos remotos às vezes precisam tomar decisões imediatas, com base em circunstâncias que se alteram rapidamente. Para esse tipo de problema, as redes neurais podem representar a solução, porque se adaptam a uma grande variedade de situações e aprendem com a experiência.

Os militares também estão interessados em usar redes neurais. Por exemplo, se eles ensinarem uma rede neural a reconhecer um "tanque inimigo", poderão enviar equipamentos não-tripulados a territórios perigosos para não colocar em risco a vida de pessoas nessas missões.

O maior problema com o treinamento de redes neurais é que elas podem aprender conceitos errados. Por exemplo, quando os militares estavam treinando um sistema de rede neural a identificar tanques inimigos, eles mostraram à rede figuras de tanques diferentes em fundos diferentes. Usaram um projetor para os tanques e outro para o fundo. Naquele momento, os treinadores não perceberam que as imagens sobrepostas produziam um zumbido de 60Hz. A rede neural passou com louvor nos testes com as imagens projetadas. Infelizmente, nos testes de campo, os tanques usados eram de verdade e não produziam zumbido algum — a rede neural não obteve sucesso.

Apesar das dificuldades que enfrentamos no treinamento de redes neurais, porém, elas têm uma vantagem clara sobre os sistemas tradicionais — são capazes de aprender com base nas novas situações com que se deparam. Além disso, depois de um certo período de treinamento, a rede dá continuidade a ele sem auxílio humano algum. Isso lhe dá a capacidade de controlar certos programas especiais — tarefa que já foi considerada impossível. Entre esses programas especiais incluem-se esforços de exploração incrivelmente longos (maiores do que o período de duração das nossas vidas), extremamente curtos (como as reações atômicas que ocorrem em microssegundos) ou muito perigosos para os pesquisadores humanos (como o vôo ao Sol programado para o fim desta década).

AS LINGUAGENS DO COMPUTADOR

A única verdadeira linguagem de computador é a *linguagem de máquina*, mas, para muitas pessoas, a linguagem de máquina é completamente ininteligível. Mesmo procedimentos muito simples e curtos podem ocupar páginas e páginas de números que representam os comandos e os dados com os quais a CPU trabalha diretamente. Escrever um programa em linguagem de máquina é tão difícil que os computadores seriam simplesmente uma curiosidade interessante, caso essa fosse a única maneira de fazê-los funcionar.

Os programadores precisam de um intermediário entre eles e a máquina. Para transformar os computadores em máquinas úteis, os primeiros programadores tiveram de desenvolver um programa que fosse capaz de traduzir para a linguagem nativa do computador as instruções que para eles eram mais fáceis de ler, escrever e compreender — os comandos do *conjunto de instruções* do computador. É claro que, como no início esse tipo de ferramenta não existia, os primeiros programas tiveram de ser escritos da maneira mais difícil — em linguagem de máquina.

Essa abordagem estratificou o conceito das linguagens de computador. Em última análise, todo programa tem de existir em linguagem de máquina para que o computador seja capaz de usá-lo, mas para as pessoas escreverem programas eficientemente, elas precisam de uma *linguagem de alto nível* — uma linguagem que eleve o processo para além do atoleiro de dígitos que compõem as instruções de máquina.

LIGUE-SE — QUEM PRECISA APRENDER A PROGRAMAR?

Há 16 anos, a indústria de software para microcomputadores estava engatinhando. Os pacotes que podiam ser adquiridos nas prateleiras das lojas eram amadores, segundo os padrões de hoje, e simplesmente inexistiam programas para necessidades especializadas. Como resultado, a solução era escrever os próprios programas, particularmente se suas necessidades fossem bastante específicas ou incomuns. Naquela época, algumas pessoas achavam que os novos usuários só poderiam aprender a mexer com computadores se tivessem sólida formação em pelo menos uma linguagem de programação.

Hoje, porém, é possível comprar software para qualquer coisa que você queira fazer com o computador. As prateleiras das lojas de software estão repletas de produtos para qualquer finalidade imaginável, desde aqueles que ajudam a controlar seu tempo e seus compromissos até programas completos de contabilidade — sem mencionar as aplicações básicas de planilhas, edição de texto, software gráfico e gerenciadores de banco de dados, todas permitindo maior facilidade que nunca nas adaptações. Conseqüentemente, cada vez menos pessoas estão tendo necessidade de escrever seus próprios programas.

Será que a programação é uma ciência morta? Longe disso. Na verdade, hoje existem mais usuários do que nunca que conhecem e usam as técnicas de programação. Há dois motivos para a sua contínua popularidade.

Primeiro, os sistemas de desenvolvimento de software progrediram muito. Softwares para criar programas — compiladores, ligadores (linkers) e ambientes de desenvolvimento — evoluíram de ferramentas arcaicas com comandos enigmáticos para ambientes com interfaces gráficas, botões e sistemas de ajuda on-line. As companhias que criam sistemas operacionais (Microsoft, Apple, IBM, entre outras) estão constantemente incentivando o software de desenvolvimento. Elas querem encorajar os empreendedores (isto é, os programadores) a criar novos programas que rodem em seus respectivos sistemas operacionais. Lembre-se de que o DOS tornou-se o sistema operacional mais usado no mundo na década de 1980, em parte porque havia mais software disponível para o DOS do que para qualquer outro sistema operacional. Com a maior potência de processamento e facilidade de uso desses kits, novas companhias de software — em geral do tamanho de um único programador — surgem todos os dias.

O outro motivo para a popularidade da programação é que o termo *programador* não mais se refere apenas a pessoas que escrevem aplicações e utilitários complexos. Muitos programadores são usuários que aplicam suas técnicas de programação para personalizar determinados programas, adaptando-os a finalidades específicas. Quase todos os programas de planilha têm uma linguagem de comando interna chamada linguagem de macros. Muitos editores de texto estão seguindo o mesmo caminho. O Microsoft Word for Windows, por exemplo, tem uma linguagem interna chamada "WordBasic", que é muito mais sofisticada do que a maioria das linguagens de macros. Como você viu no Capítulo 11, a maioria dos sistemas de gerenciamento de banco de dados tem linguagens próprias de programação e muitos deles estão até mesmo adotando linguagens de consulta padronizadas como a SQL e têm interfaces gráficas que os tornam extremamente fáceis de usar, por mais inexperiente que seja o usuário.

Mesmo problemas que não são claramente solucionados pelos recursos de uma única aplicação podem encontrar soluções de implementação mais fáceis do que escrever um programa próprio. O HyperCard, e a hipermídia em geral, é um exemplo. Com o HyperCard, os usuários criam programas com a metáfora visual de uma pilha de fichas. Na verdade, o programa HyperCard é chamado "pilha", para perpetuar a metáfora. Usando o HyperCard, as pessoas que não entendem muito de programação tradicional criam pilhas de comandos que integram gráficos, imagens em vídeo e som para executar tarefas que seriam muito difíceis de executar com uma linguagem de terceira geração.

LINGUAGEM ASSEMBLY

A definição de uma *linguagem de alto nível* está em constante movimento. Para os cientistas que desenvolveram o primeiro programa para traduzir instruções em código de máquina, qualquer linguagem mais fácil de compreender do que a linguagem de máquina teria sido considerada uma linguagem de alto nível. O programa que eles criaram chama-se *assembler* (*montador*), porque ele pega as instruções que têm significado para as pessoas e monta-as em linguagem de máquina. É claro que, para tanto, as instruções de alto nível precisam estar de acordo com regras rígidas de gramática. A linguagem que o montador pega como entrada chama-se *linguagem assembly (montagem)*.

Segundo os padrões dos dias de hoje, a linguagem assembly é uma linguagem de nível muito baixo, porque seus comandos correspondem, um a um, ao conjunto de instruções de uma CPU. Na verdade, não existe apenas uma linguagem assembly. Cada tipo de CPU que tem um conjunto de instruções exclusivo tem sua própria linguagem assembly.

Quando os programadores escrevem um programa em linguagem assembly, usam um editor de texto (que armazena apenas texto puro em ASCII) para criar um arquivo-fonte. Depois, eles rodam o programa assembly, passando-lhe o nome do arquivo de texto que contém o código-fonte e o nome que eles desejam dar ao arquivo de programa executável que a montagem produzirá. O assembly traduz o código-fonte, linha por linha, para código de máquina e cria o arquivo de programa executável.

A Figura 13.1 mostra um programa em linguagem assembly escrito para a família de processadores Intel 80×86. Esse pequeno programa pega alguns inteiros, calcula sua média e retorna o resultado. Como você pode ver, a linguagem assembly ainda é altamente detalhada e codificada, mas sua leitura é muito melhor do que lidar com linguagem de máquina.

```
     DOSSEG
     .MODEL     SMALL
     EXTRN      _IntDivide:PROC
     .CODE
     PUBLIC     _Average
_Average        PROC
     push       bp
     mov        bp, sp
     Les        bx,[bp+4]         ;Apontar ES:BX para uma matriz de valores
     Mov        cx,[bp+8]         ;Número de valores cuja média será calculada
     mov        ax,0              ;Limpar total atual
AverageLoop:
     add        ax,es:[bx]        ;Somar valor atual
     add        bx,2              ;Apontar para próximo valor
     Loop       AverageLoop
     push       WORD PTR [bp+8]   ;Obter de volta o número de valores passados
                                  ;para IntDivide como parâmetro mais à direita
     push       ax                ;Passar o total como parâmetro mais à esquerda
     call       _IntDivide        ;Calcular a média do ponto flutuante
     add        sp,4              ;Descartar os parâmetros
     pop        bp
     ret                          ;A média está no registro TOS do 8087
_Average        ENDP
     END
```

FIGURA 13.1 Esta rotina em linguagem assembly calcula a média de uma lista de números e retorna o resultado. Os comandos da linguagem assembly são muito parecidos com o conjunto de instruções da CPU para a qual o programa está sendo escrito.

Os programadores raramente escrevem programas de tamanho significativo em linguagem assembly. Eles a usam para refinar partes importantes de programas escritos em linguagem de nível mais alto. A linguagem assembly continua a ser importante, porque dá aos programadores total controle sobre a CPU do computador e, conseqüentemente, produz um código compacto, rápido e eficiente.

LINGUAGENS DE ALTO NÍVEL

A *linguagem de alto nível* está muito mais distante do código de máquina do que a linguagem assembly. As linguagens de alto nível usam palavras e frases mais significativas e também oferecem as facilidades para alteração do fluxo de programa sobre as quais falamos anteriormente neste capítulo.

Nesta seção, focalizaremos as principais linguagens usadas para programar computadores. A maioria dos programas de computador foi escrita em uma das linguagens apresentadas aqui; entretanto, existem muitas outras. Daremos uma rápida olhada em algumas delas depois que tivermos falado sobre as mais conhecidas.

FORTRAN A linguagem *FORTRAN* foi desenvolvida na IBM por John Backus e uma equipe de programadores. FORTRAN (que significa FORmula TRANslator — Tradutor de Fórmulas) foi uma das primeiras linguagens de alto nível e foi especificamente criada para programas matemáticos e da área de engenharia. Como uma das primeiras linguagens de alto nível, ela desfrutou aceitação ampla e imediata depois de ser lançada em 1957. Ela foi aperfeiçoada e padronizada em 1966 e, novamente, em 1977 e 1990. Uma das últimas versões é a FORTRAN-90.

Por causa de seu foco quase exclusivo nas aplicações das áreas de matemática e engenharia, a linguagem FORTRAN não tem sido muito usada com computadores pessoais. Ela permanece uma linguagem comum nos sistemas mainframes, especialmente aqueles usados em pesquisa e educação.

A Figura 13.2 mostra um pequeno programa escrito em FORTRAN que simula a escolha aleatória de uma carta de baralho. As linhas que começam com o caractere C são comentários.

COBOL A linguagem *COBOL* (que significa *COmmon Business Oriented Language — Linguagem Comum para a Área Comercial*) foi desenvolvida em 1960 por um comitê designado pelo governo americano. Sob a liderança de Grace Hopper, matemática e oficial aposentada da Marinha, o comitê tinha como meta solucionar o problema das incompatibilidades entre fabricantes de computadores. Naquela época, o governo dos EUA era um dos maiores compradores de computadores. Por não querer favorecer nem uma companhia nem outra, ele comprava máquinas de muitos fornecedores. Infelizmente, cada fabricante usava linguagens projetadas para suas máquinas em particular, o que criou um problema monumental para as pessoas encarregadas de implementar programas governamentais padronizados.

```fortran
    implicit none
    integer suit, value           ! Declara as variáveis
    real randval(2)               !Array para obter dois números aleatórios

    call random_seed
    write(*,'(a)' )'Escolha uma carta -- qualquer carta.'
c
    call random_number(randval)
    value = mod(int(ranval(1) * 32768), 13) + 1 ! Calcula uma carta aleatória
    suit  = mod(int(randval(2) * 32768), 4) +1   ! Calcula um naipe aleatório
    write(*,'(a)',advance='no'Sua carta é '
c
    select case (value)           ! Imprime o nome das cartas
    case (1)
 Write(*,'(a)',advance='no')'As'
    case (11)
 Write(*,'(a)',advance='no')'Valete'
    case (12)
 Write(*,'(a)',advance='no')Dama'
    case (13)
 Write(*,'(a)',advance='no')'Rei
    case default
 Write(*,'(i2)',advance='no' value    !ou imprime o número
    end select
    write(*,'(a)',advance='no')' of '
    select case (suit)            ! Imprime o nome do naipe
    case (1)
 Write(*,'(a)')'Copas'
    case (2)
 Write(*,'(a)')'Espadas'
    case (3)
 Write(*,'(a)')Ouros'
    case (4)
 Write(*,'(a)')'Paus'
    end select
    end                           ! Fim do programa
```

FIGURA 13.2 Este pequeno programa de cartas escrito em FORTRAN simula a distribuição aleatória de uma carta de baralho. Você pode embutir comentários no FORTRAN iniciando uma linha com o caractere *C*, caso em que toda a linha é considerada um comentário, ou colocando um ponto de exclamação no meio de uma linha, o que indica que o texto inserido daquele ponto até o final da linha é um comentário e deve ser ignorado.

Em parte devido ao apoio do governo, a linguagem COBOL obteve ampla aceitação como linguagem padronizada. É interessante notar que essa linguagem de alto nível tem algumas das instruções mais parecidas com o inglês comum dentre todas as linguagens de programação. Embora isso torne os programas em COBOL fáceis de ler (para quem sabe inglês), escrevê-los é um processo tedioso, porque exige muita prolixidade. A Figura 13.3 mostra o mesmo programa da Figura 13.2 escrito em COBOL.

```
WORKING STORAGE SECTION.
01  PEGUE-UMA-CARTA.
    05  FILLER PIC X(24)  VALOR 'Pegue uma carta -- qualquer carta'.
    05  FILLER PIC X(108) VALOR ESPAÇO.
01  LINHA-FINAL-SAIDA.
    05  FILLER      PIC X(17) VALOR 'Sua carta é a '.
    05  VALOR-SAIDA PIC X(05)
    05  FILLER      PIC X(04) VALOR ' of '
    05  NAIPE-SAIDA PIC X(08).
    05  FILLER      PIC X(98) VALOR ESPAÇO.
01  SUITS.
    05  COPAS       PIC X(6) VALOR 'Copas'.
    05  ESPADAS     PIC X(6) VALOR 'Espadas'.
    05  OURO        PIC X(8) VALOR 'Ouro'.
    05  PAUS        PIC X(5) VALOR 'Paus'.
01  VALOR.
    05  AS          PIC X(3) VALOR 'As'
    05  DOIS        PIC X(3) VALOR 'dois'
    05  TRES        PIC X(5) VALOR 'tres'
*         ( ... )
    05  DEZ         PIC X(3) VALOR 'dez'
    05  VALETE      PIC X(4) VALOR 'Valete'
    05  DAMA        PIC X(5) VALOR 'Dama'
    05  REI         PIC X(4) VALOR 'Rei'
01  TEMP-WS         PIC 9(9)
01  INDICE-NAIPE-WS PIC 9.
01  INDICE-VALOR-WS PIC 99.
*
PROCEDURE DIVISION.
MAIN.
    OPEN OUTPUT OUTPUT-FILE.
    WRITE OUTPUT-REC FROM PICK-A-CARD-OUT.
    DIVIDE RAND BY 13
      GIVING TEMP-WS
      REMAINDER VALUE-INDEX-WS.
    DIVIDE RAND BY 4
      GIVING TEMP-WS
      REMAINDER SUIT-INDEX-WS.
    IF VALUE-INDEX-WS=0
      MOVE ACE TO VALUE-OUT
    ELSE
    IF VALUE-INDEX-WS=1
      MOVE TWO TO VALUE-OUT
    ELSE
    *     ( ... )
    IF SUIT-INDEX-WS=2
      MOVE DIAMONDS TO SUIT-OUT
    ELSE
      MOVE CLUBS TO SUIT-OUT.
*
    WRITE OUTPUT-REC FROM FINAL-LINE-OUT.
    CLOSE OUTPUT-FILE.
    STOP RUN.
```

FIGURA 13.3 A linguagem COBOL é uma das mais prolixas. O código mostrado aqui é apenas parte do programa de cartas de baralho (Figura 13.2) escrito em COBOL. Nesta linguagem, os comentários são marcados com asteriscos e as instruções da linguagem geralmente são escritas em letra maiúscula.

BASIC A linguagem *BASIC* surgiu como ferramenta para ensinar programação. Significa *Beginners All-purpose Symbolic Instruction Code* (*Código de Instruções Simbólicas de Caráter Geral para Principiantes*) e foi desenvolvida por John Kemeny e Thomas Kurtz no Dartmouth College em 1964. Kemeny e Kurtz queriam uma linguagem que fosse adequada ao ensino de programação nos computadores de tempo compartilhado daquela instituição. A linguagem BASIC é realmente uma linguagem de fácil aprendizado para os principiantes.

Por causa de sua simplicidade, a linguagem BASIC rapidamente tornou-se popular e, quando os computadores pessoais decolaram, ela foi a primeira linguagem de alto nível a ser implementada naquelas novas máquinas. Versões de BASIC foram incluídas em todos os computadores compatíveis com IBM PC desde o primeiro IBM PC. Até recentemente, a linguagem BASIC era inserida diretamente na memória ROM das verdadeiras máquinas IBM. Nas máquinas mais novas, duas versões de BASIC são incluídas no sistema operacional DOS: QBasic e GW-Basic.

A disponibilidade da linguagem BASIC em virtualmente todos os computadores IBM PC e compatíveis fez dela uma das linguagens mais usadas e mais populares entre os programadores amadores. Existem também versões maiores e mais poderosas de BASIC que são usadas por programadores profissionais e por companhias de desenvolvimento de software.

A mais nova encarnação da linguagem BASIC, criada pela Microsoft, é chamada Visual Basic, e dá suporte a métodos da programação orientada a objetos. A programação orientada a objetos emprega novos métodos e envolve uma nova maneira de encarar a tarefa. Falaremos mais sobre programação orientada a objetos mais adiante neste capítulo.

Devido à popularidade da linguagem BASIC, é grande o apoio oferecido ao programador. Há muitos livros no mercado para todos os níveis da programação em BASIC, e certas revistas focalizam unicamente os detalhes dessa linguagem.

Apesar de ser uma linguagem extremamente popular e amplamente usada na área de educação e entre programadores amadores, ela não se firmou como linguagem viável para aplicações comerciais — principalmente porque não oferece um repertório tão grande de ferramentas quanto as outras linguagens. Além disso, os compiladores BASIC não produzem arquivos executáveis tão compactos, rápidos ou eficientes quanto aqueles produzidos pelas linguagens C e C++.

A Figura 13.4 mostra o programa de cartas de baralho escrito em BASIC.

PASCAL Em 1971, um cientista de computação suíço chamado Niklaus Wirth lançou a linguagem *Pascal*. O nome foi dado em homenagem ao inventor francês do século XVII Blaise Pascal, e a linguagem pretendia superar as limitações das outras linguagens de programação e demonstrar a maneira correta de implementar uma linguagem de computação. A linguagem Pascal é altamente estruturada e, como tal, é considerada excelente para que se aprenda programação estruturada.

Os seus pontos fortes são a impecável verificação de tipos e os recursos para controle de fluxo. Essas características serão discutidas um pouco mais adiante. Recentemente, a linguagem Pascal tornou-se muito conhecida e popular devido à sua

```
PRINT "Escolha uma carta -- Qualquer carta."  'Começo do programa

value = INT(rnd(1) * 13 + 1)    'Calcula um valor aleatório para a carta
suit = INT (RND(1) * 4 + 1)     'Calcula um naipe aleatório

PRINT "Sua carta é ";
  SELECT CASE value             'imprime o nome da figura da carta
    CASE IS = 1
      PRINT "As";
    CASE IS = 1
      PRINT "As";
    CASE IS = 11
      PRINT "Valete";
    CASE IS = 12
      PRINT "Dama";
    CASE IS = 13
      PRINT "Rei";
    CASE ELSE
      PRINT  valor;             'ou o número da carta
END SELECT

PRINT " of ";
SELECT CASE  suit               'Imprime o nome do naipe
    CASE IS = 1
      PRINT "Copas"
    CASE IS = 2
      PRINT "Espadas"
    CASE IS = 3
      PRINT "Ouro"
    CASE IS = 4
      PRINT "Paus"
END SELECT                      'Fim do programa
```

FIGURA 13.4 O programa de cartas de baralho em BASIC. O estilo da linguagem BASIC pede que os comandos sejam escritos em letras maiúsculas. As variáveis, porém, podem ser escritas tanto em letra maiúscula quanto em minúscula. Os comentários podem ser marcados pelo comando "REM" na margem esquerda da linha, ou por um apóstrofo no meio da linha.

implementação de extensões orientadas a objetos. Mas ela continua a ser uma linguagem em grande parte educacional, função para a qual foi criada. No caso de desenvolvimento de aplicações comerciais, a filosofia acadêmica da linguagem Pascal pode atrapalhar e torná-la inadequada.

A Figura 13.5 mostra o programa de cartas aleatórias escrito em Pascal.

C A linguagem *C*, que normalmente é vista como o puro-sangue das linguagens de programação, foi desenvolvida no início dos anos 70, no Bell Labs, por Brian Kernighan e Dennis Ritchie. Ritchie, com Ken Thompson, também desenvolveu o sistema operacional Unix. Kernighan e Ritchie precisavam de uma linguagem melhor para integrar ao Unix, de modo a permitir que os usuários pudessem facilmente fazer modificações e aperfeiçoamentos. Eles desenvolveram a linguagem C a partir de outra linguagem, chamada B, que, por sua vez, derivou de uma linguagem chamada BCPL.

```
program randcard;              { Nome do programa }
var suit,value:integer;        { Declaração das variáveis }

begin                          { Ponto de entrada principal do programa }
  randomize;
  writeln('Escolha uma carta -- Qualquer carta');

  value := random(13)+1;       { Calcula valor aleatório da carta }
  suit  := random(4)+1;        { Calcula um naipe aleatório }

  write('Sua carta é ');

  case value of                { Imprime o nome da figura }
     1: write('As');
    11: write('Valete');
    12: write('Dama');
    13: write('Rei');
    else write(valor);         { ou imprime o número da carta }
  end; {of case }
  write(' of ');

  case suit of                 { Imprime o nome do naipe }
     1: write('Copas');
    11: write('Espadas');
    12: write('Ouros');
    13: write( 'Paus' );
  end; {of case }
  writeln;                     { Fim do programa }
end.
```

FIGURA 13.5 Esta é a versão em Pascal do programa de cartas de baralho. Em Pascal, os comentários aparecem entre os símbolos { e }, e o final das instruções é marcado com ponto-e-vírgula.

Antes de ser integrado à linguagem C, o sistema operacional Unix estava escrito em linguagem assembly, que exigia uma trabalhosa modificação para cada processador em que ele fosse executado. Por outro lado, o desenvolvimento de um compilador C para cada computador permitia que o código-fonte fosse facilmente transferido de máquina para máquina e depois recompilado. Essa capacidade conferiu à linguagem C a reputação de linguagem *portátil*, porque os programas escritos naquela linguagem podiam ser facilmente portados para outros computadores equipados com um compilador C — especialmente para outras máquinas Unix.

Os programas escritos em C produzem um código executável rápido e eficiente. Ela também é uma linguagem muito poderosa — com C, você pode levar o computador a fazer quase tudo o que é possível. Devido a essa liberdade de programação, a linguagem C tornou-se extremamente popular e é ainda hoje a linguagem mais comum entre os desenvolvedores de software profissional para aplicações comerciais. O custo dessa linguagem potente e capaz é que ela não é particularmente fácil de aprender. Esse processo pode ser desencorajador para as pessoas que estão aprendendo a programar um computador.

A Figura 13.6 mostra o programa de cartas de baralho escrito em C.

```
#include .h                 /* Inclui cabeçalhos para bibliotecas
                               externas */
#include .h

int main(void               /* Ponto de entrada principal do programa */
{
  int suit, value;          /* Declara as variáveis */

  printf("Escolha uma carta -- qualquer carta.\n");

  value = (rand() % 13) +1; /* Calcula um valor aleatório para a carta
  suit = (rand() % 4) +1;   /* Calcula um naipe aleatório */

  printf("Sua carta é ");

  switch(value) {           /* Imprime o nome das figuras */
    case 1:
      printf("As");
      break;
    case 11:
      printf("Valete");
      break;
    case 12:
      printf("Dama");
      break;
    case 13:
      printf("Rei");
      break;
    default:
      printf("%d", value);  /* ou imprime o número da carta */
  }
  printf(" de ");

  switch(suit) {            /* Imprime o nome do naipe */
    case 1:
      printf("Copas");
      break;
    Case 2:
      printf("Espadas");
      break;
    case 3:
      printf("Ouros");
      break;
    case 4:
      printf("Clubs");
      break;
  }
  printf("\n");
}            /* Fim do programa */
```

FIGURA 13.6 Esta é a versão em C do programa de cartas de baralho. Na linguagem C, os comentários aparecem entre os símbolos /* e */ e o final das instruções é marcado com ponto-e-vírgula.

C++ Como a linguagem C derivou da linguagem B, que, por sua vez, baseava-se na linguagem BCPL, alguns programadores se perguntavam se sua sucessora poderia ser chamada D ou P. No final ela acabou sendo chamada *C++* (pronuncia-se "C mais mais"). A linguagem C++ foi desenvolvida por Bjarne Stroustrup, no Bell Labs, no início da década de 1980. Na linguagem C (e em C++), ++ é um operador que incrementa uma variável em 1. Por exemplo, para aumentar o valor de uma variável chamada *página*, o comando seria *página++*. Portanto, a linguagem C é incrementada para o nível seguinte com C++.

C++ traz à linguagem C a orientação a objetos. A maioria das linguagens de programação (incluindo C) tem várias instruções para a alteração do fluxo do programa, incluindo *laços for* e *laços while*, mas, na maioria das vezes, os programas escritos nessas linguagens instruem o computador passo a passo. Os objetos são uma maneira totalmente nova de encarar os programas.

A Figura 13.7 mostra o programa de cartas aleatórias escrito em C++. Note que, ao contrário das outras linguagens, a versão em C++ não flui do começo ao fim. O ponto principal de entrada do programa está perto do fim e a maior parte do trabalho executado pelo programa é incluída na classe das cartas. A função main declara um objeto do tipo carta e isso faz com que o construtor da classe carta seja executado. O construtor seleciona uma carta e imprime a mensagem que indica qual carta foi escolhida.

Assim como a linguagem C, C++ é extremamente poderosa e eficiente. Mas é ainda mais difícil de aprender do que a C. Por ser um superconjunto de C, aprender C++ significa aprender tudo sobre C e depois estudar a programação orientada a objetos e sua implementação com C++. Aprender as extensões de C++ orientadas a objeto pode ser difícil até mesmo para programadores experientes. Não obstante, muitos programadores mudam para C++ todos os anos, e em breve C++ poderá substituir C como linguagem preferida das empresas de desenvolvimento de software.

HIPERMEDIA Um tipo diferente de ambiente de programação promete deixá-la ao alcance de todos por meio da simplificação do processo. *Hipermedia* é um ambiente de programação que permite aos não-programadores criar aplicações personalizadas.

A hipermídia é uma extensão de uma tecnologia mais antiga, chamada *hipertexto*, que é usada para criar livros eletrônicos. Com o hipertexto, o autor cria vínculos entre partes de um livro ou documento. Os leitores navegam rapidamente pelo documento até chegar exatamente ao texto desejado. Um exemplo de hipertexto é o sistema de ajuda de muitos programas aplicativos e ambientes gráficos, como a área de trabalho do Macintosh e o Microsoft Word (veja a Figura 13.8). Nesses sistemas de ajuda, certas palavras e frases estão em destaque. Se você der um clique em uma frase em destaque, obterá mais informações sobre aquele assunto.

A hipermídia traz os recursos multimídia de gráficos, vídeo e som para o hipertexto, e também uma linguagem de programação baseada em objetos, ícones e metáforas. O primeiro produto hipermídia foi um programa da Apple Computer para o Macintosh, chamado HyperCard.

```
#include <stdio.h>              /* Inclui cabeçalhos para bibliotecas externas
#include <stdlib.h>

                                / Declara as variáveis
char* naipes[4]       = {"Copas", "Espadas", "Ouros", "Paus" };
char* valores[13]     = {"As", "dois", "tres", "quatro", "cinco", "seis",
                         "sete", "oito", "nove", "dez", "Valete", "Dama",
                         "Rei" };
class card {                    //Definição de classe
    int sIdx, VIdx;
  Public:
    card();
    void print();
};

card::card()                    // Construtor de classe
{

  vIdx = (rand() % 13);         // Calcula um valor aleatório para a carta
  sIdx = (rand() %  4);         // Calcula naipe aleatório
  print();
}

void card::print(void)          //  Função membro
{
  printf("Sua carta [é %s de %s\n", valores [ind-valor], naipes [ind-naipe]);
}

int  main(void)                 /* Ponto de entrada principal do programa */
{
  printf("Escolha uma carta -- qualquer carta.\n")
  card your_card;               // Cria objeto de carta
  return(∅);                    /* Fim do programa */
```

FIGURA 13.7 Versão em C++ do programa de escolha aleatória de cartas de baralho. Nesta versão do programa orientado a objetos, o ponto de entrada principal está perto do final do programa e a função main contém apenas duas linhas de código. O objeto propriamente dito foi criado para escolher a carta e depois exibir a mensagem indicando a carta que foi sorteada.

O HyperCard usa a metáfora de uma pilha de fichas para um programa. Na verdade, o programa é chamado *pilha*. Os usuários colocam instruções nas fichas de uma pilha para chamar caixas de diálogo e videoclipes e para definir botões e procedimentos (veja a Figura 13.9).

Há ambientes de programação como o HyperCard para outros computadores que não o Macintosh. Sistemas de hipermídia estão disponíveis para o Microsoft Windows, Windows NT e também para os vários ambientes gráficos dos computadores Unix.

Apesar de ser importante, por permitir o acesso de usuários, até mesmo novatos, aos recursos da programação, a hipermídia não é uma linguagem de programação no mesmo sentido das outras linguagens que examinamos. Os motivos são vários. Mais notadamente, para funcionar, as aplicações de hipermídia precisam ter acesso ao ambiente hipermídia. Esse ambiente atua como intermediário entre os programas de hipermídia e o computador. Os programas de hipermídia não são traduzidos para código de máquina por um compilador e ligador.

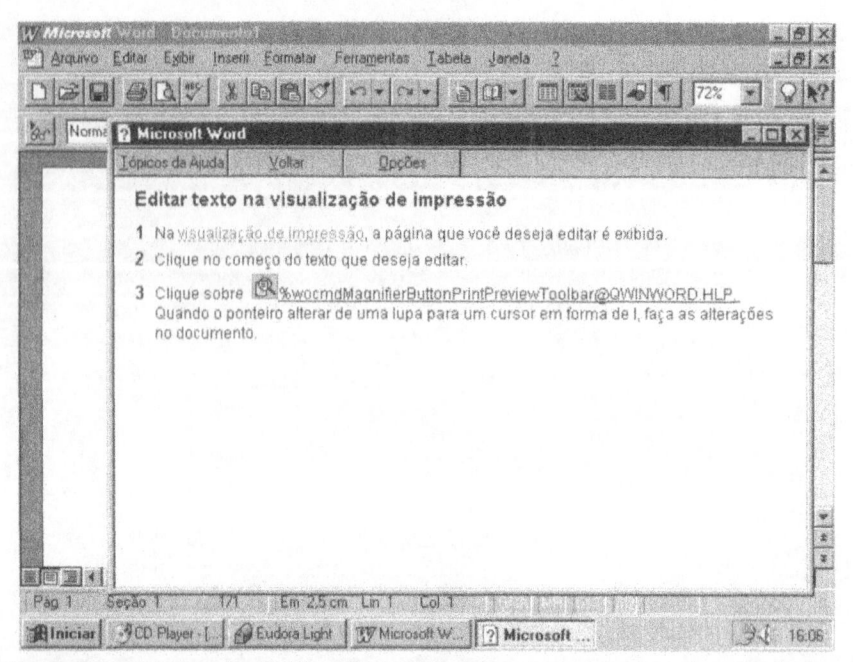

FIGURA 13.8 Os sistemas de ajuda do Microsoft Windows são exemplos da tecnologia de hipertexto, que permite aos usuários acessar a documentação de ajuda de maneira não-linear. Certas palavras e frases do documento estão em destaque, sublinhadas com uma linha pontilhada. Se você der um clique no texto destacado, poderá acessar rapidamente informações a ele relacionadas.

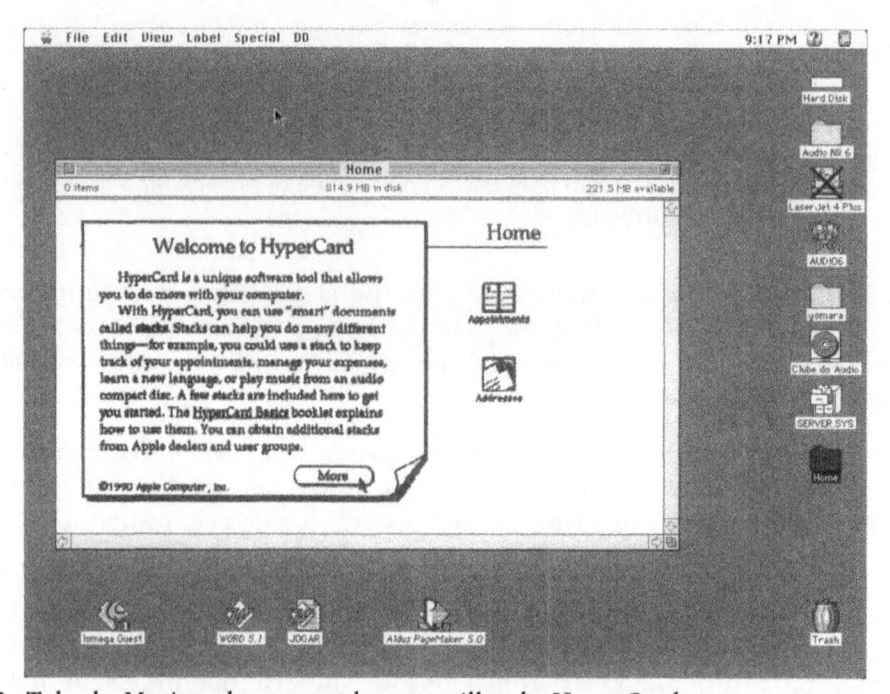

FIGURA 13.9 Tela do Macintosh mostrando uma pilha do HyperCard.

O QUE É UM PROGRAMA DE COMPUTADOR?

Neste livro, discutimos muitos tipos de programas de computador — programas que operam o computador, programas que classificam dados ou atuam como interfaces para outros programas, editores de texto e assim por diante. Mas o que é exatamente um programa? *Programa de computador* é uma coleção de instruções que, quando executadas pela CPU de um computador, cumpre uma tarefa ou função específica.

No Capítulo 4, analisamos de perto a CPU — o cérebro do computador — e identificamos o seu conjunto de instruções como um repertório de comandos. Os primeiros computadores só podiam ser programados por iniciação direta desses comandos, ligando e desligando interruptores ou, pior ainda, por meio da ligação física dos fios de uma placa de circuito (veja a Figura 13.10). Para descrever "programação", o computador amplia a definição de programação.

Os conjuntos de instruções que compõem os programas passaram a ser armazenados em arquivos em disco. Os arquivos em disco às vezes são chamados arquivos *executáveis* porque, se você digitar o nome deles (ou der um clique no ícone correspondente em um ambiente gráfico), é possível fazer com que o computador carregue e rode, ou *execute*, as instruções nele contidas.

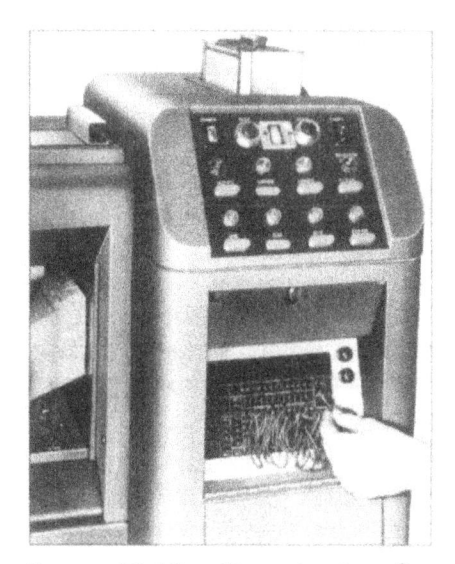

FIGURA 13.10 Nos primeiros dias dos computadores, a programação era feita por meio da ligação física dos fios de uma placa de circuito. (Hagley Museum & Library)

O conteúdo propriamente dito de um arquivo executável é ininteligível para nós, porque esse código não se destina a ser lido por pessoas, mas, sim, pelo computador. Os arquivos de programa executável contém o *código de máquina*, que a CPU reconhece como suas instruções. Como seria muito difícil para os programadores criarem programas diretamente em código de máquina, eles usam linguagens que são mais fáceis para as pessoas lerem, escreverem e compreenderem.

O programador digita *instruções* — linhas de texto que representam comandos — em um *editor*, que é um programa simples de edição de texto. A Figura 13.11 mostra o editor que vem com o Microsoft Visual C++. Na janela de edição, você vê algumas linhas de código que formam um programa em C++.

Conforme mostra o código do programa na Figura 13.11, um programa de computador é bastante estruturado. Algumas linhas começam na margem esquerda da tela, outras são endentadas. As linhas endentadas geralmente representam instruções que podem ser executadas repetidamente, ou que não podem ser repetidas de jeito algum, dependendo das circunstâncias. Na maioria das linguagens de programação, as regras que ditam as linhas que devem ou não ser endentadas não são rígidas — é mais uma questão de estilo e convenção e, até certo ponto, de gosto individual de cada programador.

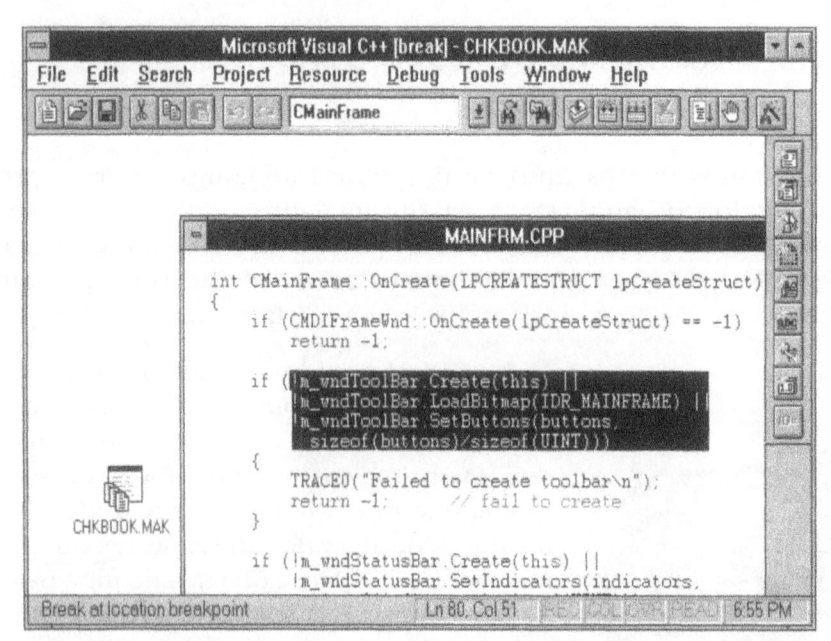

FIGURA 13.11 O Microsoft Visual C++ é uma aplicação baseada no Microsoft Windows para escrever programas em C++. Aqui, você pode ver uma janela aberta, com o código-fonte do programa. O ambiente toma nota dos arquivos que foram alterados e os programas podem ser compilados, ligados e até mesmo executados diretamente desse ambiente.

O texto das instruções de um programa, porém, é mais importante. Comandos com erro de ortografia de lógica produzirão erros que, mais tarde no processo, terão de ser corrigidos. Entretanto, os programadores não precisam ser perfeitos. Todo programa começa com o programador digitando instruções. Antes de o programador terminar de escrever o programa, haverá inúmeras oportunidades de ele testar sua lógica e corrigir erros.

Quando os programadores terminam de digitar as instruções do programa no editor, eles salvam aquela coleção de instruções em um arquivo em disco, mais ou menos da maneira como um usuário de editor de texto salva um documento em um arquivo em disco. O arquivo onde está armazenado o código do programa é chamado *código-fonte* do programa. Se o programador precisar alterar o programa mais tarde, ele rodará o editor novamente e carregará o arquivo do código-fonte (ou *arquivo-fonte*) para fazer as alterações necessárias.

Um programa simples e pequeno pode caber inteiro em um arquivo-fonte. Os programas mais reais (como as aplicações comerciais), porém, consistem em muitas linhas de código — milhares, até mesmo dezenas de milhares, de linhas. No caso de programas desse tamanho, é impraticável armazenar todo o código-fonte em um único arquivo em disco por duas razões.

Primeiro, o próprio tamanho do arquivo faz com que seja difícil, se não impossível, trabalhar com ele. As limitações de memória impõem restrições, e encontrar uma certa linha de código seria muito cansativo. Programas desse tamanho são geralmente mantidos por uma equipe de programadores. Seria impraticável que vários programadores trabalhassem ao mesmo tempo no mesmo arquivo-fonte.

Segundo, as ferramentas que convertem o código-fonte em programas executáveis foram criadas para trabalhar com vários arquivos-fontes. Assim, elas têm de trabalhar apenas com os arquivos-fontes que sofreram alterações desde a última conversão. Se o código-fonte de um programa for colocado inteiro em um único arquivo-fonte, o programa de conversão não poderá aproveitar ao máximo todo o seu potencial. Qualquer mudança no arquivo-fonte, por menor que seja, exigirá que o programa inteiro seja reconvertido para linguagem de máquina — o que normalmente é um processo lento, no caso de programas grandes.

O processo de conversão de arquivos de código-fonte em arquivos executáveis tem duas etapas. A primeira etapa chama-se *compilação* e é feita por um programa chamado *compilador*. O compilador pega um arquivo-fonte e o traduz para outra forma, chamada *código-objeto*. Pense no código-objeto como o *objetivo* (meta ou produto) do compilador. O código-objeto é armazenado em outro arquivo em disco chamado *arquivo de código-objeto* ou *módulo-objeto*.

Podemos descrever o código-objeto como sendo o código-fonte traduzido parcialmente para programa executável. Mais precisamente, o código-objeto é a forma necessária para a etapa final do processo de criação do arquivo executável. A etapa final chama-se *ligação* (linking) e é realizada por um programa chamado *ligador (linker)*. O ligador pega os módulos-objetos, ou arquivos-objetos, e junta-os como se fossem peças de um quebra-cabeça para montar a forma final do programa — o arquivo executável.

Já que a conversão dos arquivos-fontes de um programa em arquivos executáveis é um processo de duas etapas, quando os programadores fazem mudanças em um arquivo-fonte, ele pode ser recompilado e religado de modo modular (Figura 13.12). Apenas o arquivo-fonte que foi alterado precisa ser recompilado para produzir um novo módulo-objeto para aquele arquivo-fonte. O ligador cria um novo arquivo de programa executável remontando os módulos-objetos.

VALORES VARIÁVEIS

Um elemento que a maioria das linguagens de computador tem em comum é a variável. *Variáveis* são uma parte da memória do computador que um programa reserva para uso próprio. Especificamente, é um número de bytes de memória que pode armazenar um valor que talvez seja alterado. Quando os programadores escrevem um programa, eles criam variáveis *declarando*-as (ou *definindo*-as) no programa. Por exemplo, no código-fonte de um programa, o programador pode incluir a instrução

```
int velocAr;
```

Essa instrução reserva parte da memória do computador para uma variável inteira e associa a essa parte da memória a palavra *velocAr*. Daí para a frente, o programador pode fazer referência àquela área da memória usando o nome *velocAr* nas instruções do programa. O compilador usa o tipo da variável para determinar a quantidade de memória que a ela deve ser alocada e para saber como tratá-la quando o programador usá-la no programa. Nesse exemplo, o compilador reservará dois bytes de memória porque, na maioria dos sistemas, um inteiro usa dois bytes de memória.

O programador pode atribuir um valor inicial à variável com uma instrução de atribuição.

```
velocAr = 0;
```

Essa instrução armazena o número "0" na variável *velocAr*. Outras instruções do programa podem alterar o valor de uma variável. Por exemplo, outro conjunto de instruções pode recorrer a variáveis semelhantes para definir aceleração e altura e efetuar cálculos matemáticos para estabelecer novos valores para *velocAr*. Ainda, outras instruções podem *usar* o valor de *velocAr* para calcular o tempo necessário para chegar a um destino, ou o programa pode usar o valor armazenado na variável para acionar um visor digital de um sistema de aeronave real, ou para desenhar um indicador de velocidade do ar na tela do computador de um simulador de vôo.

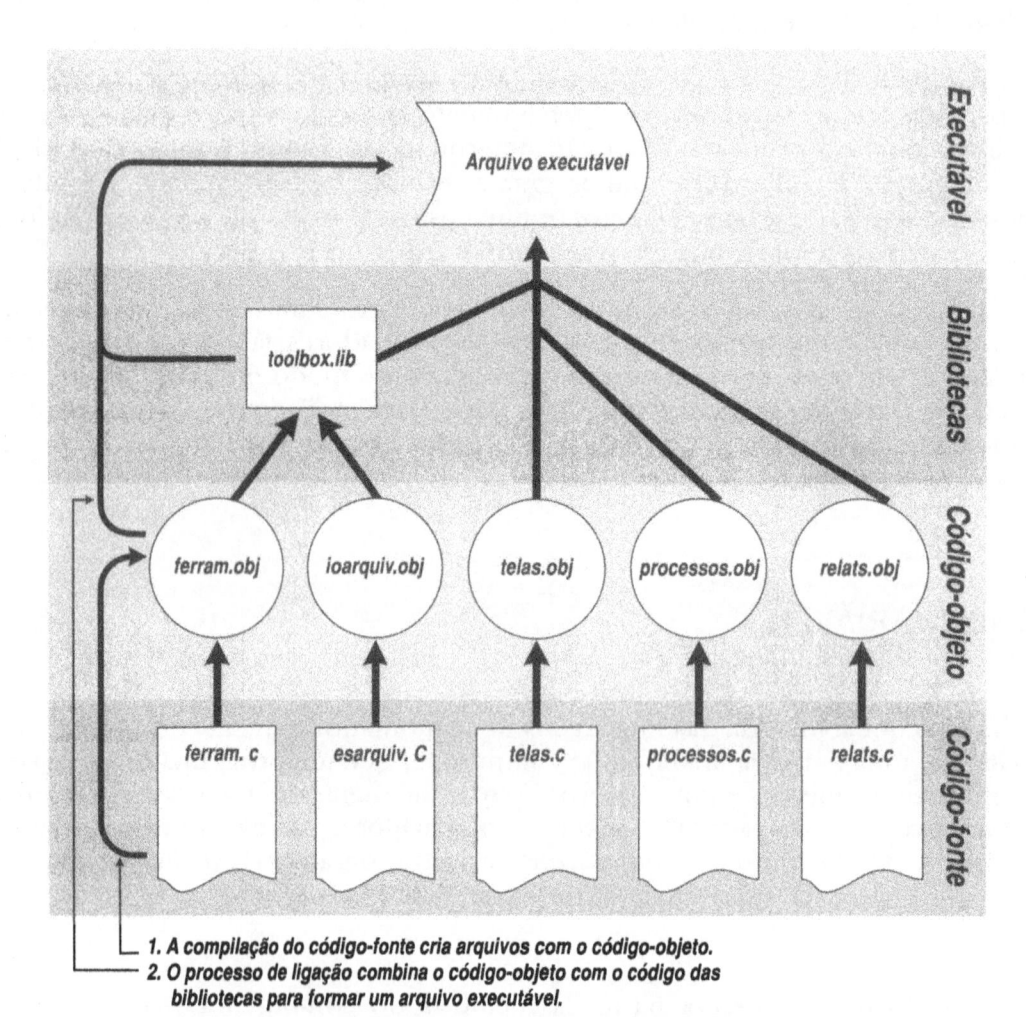

1. A compilação do código-fonte cria arquivos com o código-objeto.
2. O processo de ligação combina o código-objeto com o código das bibliotecas para formar um arquivo executável.

FIGURA 13.12 A criação de um programa é um processo de duas etapas que inclui compilação e ligação. A maioria dos ambientes de desenvolvimento toma nota do que ocorre com o código-fonte e com o código-objeto para que, se um arquivo for alterado, apenas aquele arquivo seja recompilado.

Nesse exemplo, associamos o nome *velocAr* a um tipo de variável chamada inteiro, na instrução de declaração de variáveis. Esse tipo de variável geralmente é um número inteiro de dois bytes capaz de armazenar um valor de 0 a 65.535, se o número for sempre positivo, ou de –32.768 a +32.767, para valores que possam ser negativos. Como os aviões não voam para trás, um número negativo nunca será possível no valor da velocidade do ar e, assumindo-se que as unidades de velocidade são quilômetros por hora, o limite máximo de 65.353 jamais será problema. Além disso, se a velocidade da aeronave variar de 0 a, digamos, 1.500 quilômetros por hora, qualquer parte fracionária de 1 quilômetro por hora será insignificante, portanto um número com ponto flutuante também não é necessário. O equipamento físico que mede a velocidade do ar também não é preciso em uma escala tão pequena. Conseqüentemente, um inteiro é o tipo apropriado de variável para armazenar a velocidade de um avião.

Outro tipo de variável é o tipo *caractere*, que armazena um único byte de oito bits. No Capítulo 4, dissemos que o maior valor que pode ser armazenado em um byte é 255 (ou 127, caso haja necessidade de números negativos). Uma variável do tipo caractere, que às vezes também é chamada *char*, é apropriada para valores entre –127 e +127, ou entre 0 e +255. As planilhas tridimensionais têm uma variável que armazena o número da página atual da planilha. A maioria das planilhas tridimensionais tem até 256 páginas, portanto a variável que armazena a página atual provavelmente é do tipo char, que contém um valor de 0 a 255.

Outros tipos de variáveis incluem o *inteiro longo (long int)*, que tem quatro bytes e é usado para números realmente grandes; o *ponto flutuante (float)*, que pode armazenar números com casas decimais; e *cadeia de caracteres (strings)*, que são uma seqüência de caracteres e em geral armazenam textos.

A declaração de uma variável em um programa na verdade atende a dois objetivos. Como vimos, ela aloca a quantidade de memória exigida para aquele tipo de variável e associa um nome à memória. Além disso, ela notifica o compilador sobre o tipo de dado que a variável pode armazenar. Assim, se o programador cometer um erro e tentar armazenar outro tipo de dado naquela variável, o compilador saberá reconhecer o erro e exibirá uma mensagem informando o problema. Isso é chamado *verificação de tipo de dados (type checking)*.

ESTRUTURA DOS PROGRAMAS

Na hora de rodar um programa, a CPU começa executando as instruções no ponto de entrada principal. Em geral, podemos considerar o ponto de entrada de um programa como sendo a primeira linha (ou instrução) do arquivo-fonte, embora em algumas linguagens o principal ponto de entrada possa ser diferente, identificado por uma palavra-chave como "main" (principal). Depois da execução da primeira instrução, o controle vai para a instrução seguinte e assim por diante, até que a última instrução seja executada. O programa, então, termina.

No entanto, poucos programas executam realmente uma única seqüência de comandos em sucessão do início ao fim. É fácil para os programadores escreverem um programa desse tipo, mas ele não é muito útil. Mesmo o programa mais simples precisa testar certas condições e depois fazer uma coisa ou outra. Para tanto, a CPU tem de ser capaz de pular de um lugar para outro do programa.

Por exemplo, a Figura 13.13 mostra o fluxo de um programa pequeno que controla um forno. O programa verifica constantemente o termostato e a temperatura atual e depois compara os dois e liga ou desliga o forno. A execução é contínua e o programa está sempre executando laços e desempenhando sua função. Isso é chamado *fluxo de controle*. O fluxo de controle de um programa refere-se à ordem em que suas instruções são executadas.

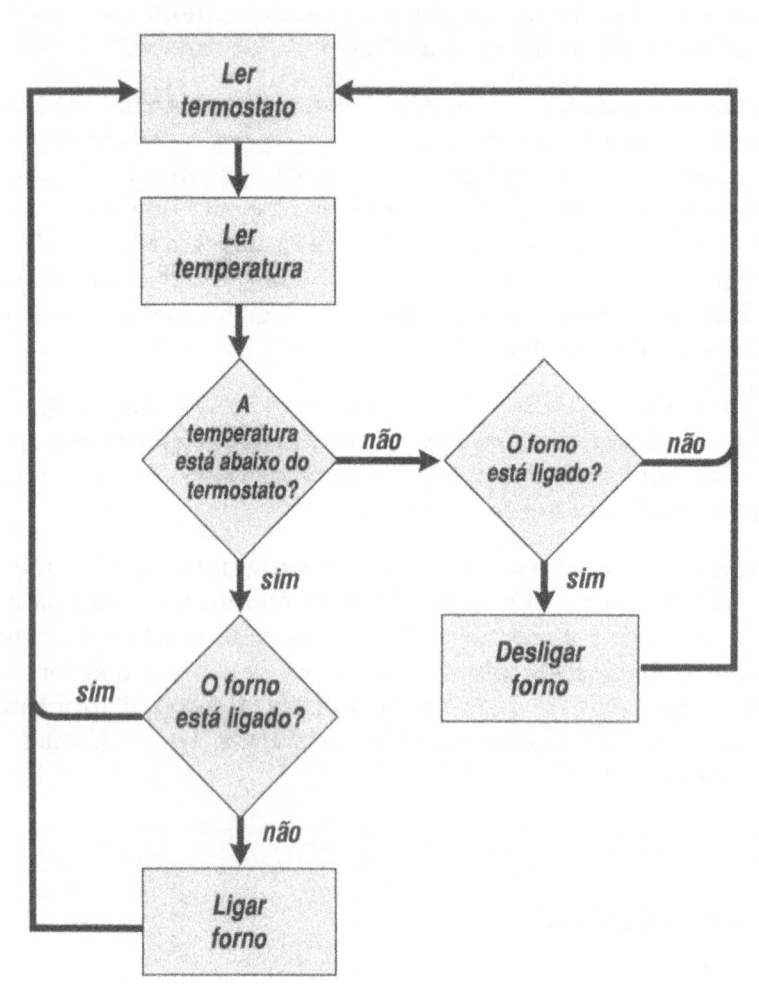

FIGURA 13.13 Este é o fluxograma de um software de controle de fornos. Um programa que controla a operação de um forno pode executar um laço sem fim. A cada passagem pelo laço, o programa lê a temperatura do ar, o termostato e o estado atual do forno e toma a ação apropriada.

O fluxo de um programa é controlado com vários tipos de instruções. Às vezes, essas instruções são chamadas genericamente construtores. *Construtores* são uma estrutura para um determinado tipo de manipulação do fluxo de controle.

Nas próximas seções, analisaremos as maneiras como os programadores gerenciam o fluxo de controle com funções, lógica e laços. Incluídos em nossa discussão estarão vários exemplos de códigos de programas em várias linguagens de programação. Indicaremos qual, linguagem está sendo usada, e você será capaz de ver características distintivas de estilo e forma. Por exemplo, o estilo da linguagem BASIC é que as instruções sejam escritas em letra maiúscula, enquanto em C, C++ e Pascal elas são escritas em letra minúscula.

FUNÇÕES OU SUB-ROTINAS   Toda linguagem de programação oferece um meio de isolar grupos de instruções do resto de um programa. Esses "blocos" de instruções são análogos a miniprogramas, ou subprogramas, que podem ser chamados de qualquer parte do programa. Linguagens diferentes usam nomes diferentes para fazer referência a esses miniprogramas. Em BASIC, eles são chamados *sub-rotinas* e *funções*. Em C, C++ e Pascal, são chamados *funções*. Outras linguagens os chamam de *procedimentos, rotinas* ou até mesmo *parágrafos*. Daqui para a frente, neste capítulo, chamaremos esses grupos de *funções*, a menos que estejamos examinando uma determinada linguagem que use outro nome.

As funções são importantes por várias razões. Primeiro, facilitam a elaboração dos programas, porque o programador escreve menos código. O mesmo código pode ser "chamado" de vários lugares de um programa, em vez de ser duplicado em cada ponto necessário (veja a Figura 13.14). Veremos um exemplo disso em breve.

As funções são chamadas com uma única linha de código — uma instrução. Normalmente, a instrução é o nome da função, seguido de um par de parênteses e um símbolo que marca o final da instrução (em C, C++ e Pascal, um ponto-e-vírgula marca o final da instrução):

```
minha_função();
```

Os parênteses servem para passar argumentos, ou informações adicionais, à função. Os *argumentos* podem ser nomes específicos de variáveis, valores numéricos ou outros dados que você queira que a função use no momento de executar suas funções. (Mesmo que você não queira ou não precise passar argumento algum, os parênteses vazios ainda são exigidos, para que a instrução seja reconhecida como chamada de uma função.).

Por exemplo, se você escreve um programa que toca uma música, a execução de cada nota é uma "função" que você desejará executar muitas vezes dentro do programa. Portanto, o código para a execução das notas deve ser logicamente armazenado em uma função própria. Como você não quer que o programa toque a mesma nota toda vez que a função é chamada, é preciso dizer à função qual nota deve ser executada, quanto tempo ela deve ser mantida e talvez o volume de sua execução. Essa função pode ser chamada assim:

```
tocar_nota(RE, MEIA_NOTA, MEDIA_INTENSIDADE);
```

Em BASIC, a palavra-chave para se chamar uma função é "CALL". Essa mesma chamada de função em BASIC seria:

```
CALL TOCAR_NOTA(RE, MEIA_NOTA,MEDIA_INTENSIDADE)
```

```
Começo  programa_relatório
   cabeçalho_página
   corpo_relatório
fim programa_relatório


cabeçalho_página
   de linha-cabeçalho=1 até 3, faça:
      imprima_linha cabeçalho[linha-cabeçalho]
fim cabeçalho_página

corpo_relatório
   enquanto (não fim_de_arquivo)
      leia registro
      imprima_linha registro
   fim_enquanto
fim corpo-relatório

imprima_linha
   se as linhas_impressas >= 50)
      avançar página
      linhas_impressas = 0
      página = página + 1
   senão
      escrever_linha
      linhas_impresas = linhas_impressas + 1
   fim-se
fim imprima_linha
```

FIGURA 13.14 Neste pseudocódigo para imprimir um relatório, a função ou sub-rotina que imprime cada uma das linhas é chamada tanto a partir da função "cabeçalho_página" quanto da função "corpo_relatório". Na verdade, ela é chamada três vezes a partir da função "cabeçalho_página" e repetidamente a partir da função "corpo_relatório" até o final do arquivo ser alcançado.

As funções também podem retornar um valor. Por isso é conveniente usar uma função para definir o valor de uma variável. Por exemplo, digamos que você escreva uma função que calcule a área de um círculo. Você fornece o raio do círculo e a função retorna a área. Quando você estudou geometria no colégio, aprendeu que, para calcular a área de um círculo, você multiplica o valor constante π pelo quadrado do raio do círculo, ou

$$área = \pi \cdot raio^2$$

Eis como a função ficaria em C ou C++:

```
double area_circulo(float raio)
{
    esta_area = 3.1415926535 * pow(raio, 2);
    return(esta_area);
}
```

A primeira linha tem várias finalidades. Ela identifica a função por um nome (area_circulo) e a palavra "double" indica que a função retornará um resultado de precisão dupla (muito preciso). Entre parênteses estão as informações sobre o único argumento que a função receberá quando for chamada no programa. Nesse caso, a função receberá um número com casa decimal e esse número será citado no corpo da função pelo nome "raio".

O corpo da nossa função está contido em duas linhas nesse exemplo. A primeira instrução faz o cálculo e atribui o resultado à variável "esta_area" e a instrução "return" retorna o valor de "esta_area". Note que a primeira instrução contém outra chamada de função. A função *pow(x,y)* eleva *x* à potência *y* e retorna o resultado. Nesse caso, estamos elevando o raio ao quadrado e depois multiplicando o resultado pelo valor de π. Como nossa função retorna o resultado de seu cálculo, podemos usar sua chamada para atribuir a resposta diretamente a uma variável. A instrução

```
area = area_circulo(10.0);
```

calculará a área de um círculo com raio igual a 10 e atribuirá esse valor a uma variável chamada "area". Com uma única instrução, o fluxo do programa foi alterado significativamente. Quando o computador encontra uma chamada de função como essa, o fluxo de controle salta para onde a função é definida, executa as instruções contidas na função e depois retorna à instrução onde a função foi chamada.

ALTERNÂNCIA OU DESVIO CONDICIONAL Outra maneira de alterar o fluxo de um programa envolve a lógica. Os programadores quase sempre precisam fazer o computador testar uma condição e depois executar alternadamente um conjunto de instruções ou outro. Isso às vezes é chamado *alternância* ou *desvio condicional* e, na maioria das linguagens, é implementado com o construtor "if-then-else" ou "if".

A instrução if é uma instrução comum, encontrada em todas as linguagens de alto nível e praticamente em todos os programas. A instrução if testa uma expressão e, caso essa expressão seja verdadeira, executa um comando. Por exemplo,

```
if (codigochave == 123)
    abrir_porta();
```

Esse fragmento de código em C/C++ testa o valor atual de uma variável identificada como "codigochave". Se a variável chamada "codigochave" contiver o número "123", então o programa chamará a função "abrir_porta()".

Nesse exemplo, quando o valor de "codigochave não é "123", o programa simplesmente pula a instrução que manda abrir a porta. Mas a instrução if também pode conter uma cláusula "else" — outro comando que será executado caso a avaliação seja falsa. Se o "codigochave" contiver qualquer outro valor, o programa saltará para uma função que aciona o alarme.

```
if (codigochave == 123)
    abrir_porta();
else
    soar_alarme();
```

Em BASIC, este fragmento de código é parecido com:

```
IF CODIGOCHAVE = 123 THEN
    GOSUB abrir_porta
ELSE
    GOSUB soar_alarme
END IF
```

Em Pascal, o fragmento de código é

```
if codigochave = 123
    then abrir_porta;
    else soar_alarme;
```

Os blocos if e then desse construtor também podem conter várias instruções, incluindo outras instruções if:

```
if (codigochave == 123) {
    obter_estado_atual_portas();
    if (estado_portas == TRAVADO)
        abrir_porta()
} else
    if (tentativas > 3)
        soar_alarme();
```

Com esse fragmento de código modificado, quando o código-chave correto é inserido, o programa primeiro testa para verificar se a porta já não está aberta antes de tentar destravá-la e abri-la. O alarme também só é disparado depois de mais de três tentativas erradas de digitar o código-chave.

A instrução if altera o fluxo do programa porque testa uma expressão e depois salta alternadamente para um ou outro conjunto de comandos. Os comandos contidos em uma instrução if podem ser instruções regulares do programa, chamadas função, ou outras instruções if.

REPETIÇÃO, LAÇO OU LOOPING Os programadores quase sempre precisam fazer um programa executar repetidamente um conjunto de instruções até que uma condição seja verdadeira, ou enquanto ela for verdadeira. Isso às vezes é chamado *construção de repetição, laço* ou *looping*. As linguagens implementam laços com as instruções "while", "do while" e "for".

O laço faz com que o fluxo de controle execute repetidamente uma ou mais instruções, e é usado em conjunto com um teste lógico para determinar se o programa deve continuar a executar o laço. Por exemplo, talvez você queira que um programa leia todos os caracteres pressionados no teclado até que a tecla Enter seja pressionada. Essa é uma aplicação natural dos laços. Se você colocar um comando para ler uma tecla do teclado dentro de um laço, o programa executará aquele comando repetidamente (veja a Figura 13.15). Se você incluir um teste imediatamente após o comando de leitura da tecla, o programa poderá determinar se o laço deve ser executado novamente ou se ele deve sair do laço e continuar na próxima linha do programa depois do final do laço.

O laço for é uma construção comum. Você pode usá-lo quando quiser que uma variável seja iniciada com um valor conhecido, seja alterada de acordo com um valor conhecido e encerre o laço quando o valor chegar a um limite conhecido. Por exemplo, um laço que soma os números inteiros de 1 a 100 pode ficar assim em C:

```
for (x=1; x<=100; x++) {
    total = total + x;
}
```

Em C, a instrução "for" aceita três argumentos separados por ponto-e-vírgulas: o valor inicial da variável, a condição de teste ou valor final da variável e a expressão para alterar o valor da variável (lembre-se de que ++ em C significa incrementar o valor da variável em 1). O corpo do laço está entre chaves, { e }. A Figura 13.16 ilustra as etapas que o computador seguirá para executar esse laço.

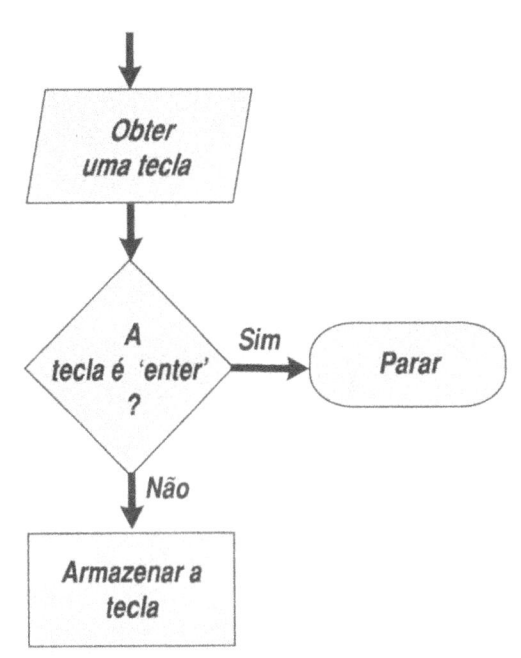

FIGURA 13.15 O laço é um grupo de comandos que é executado repetidamente até que uma determinada condição seja verdadeira, ou enquanto ela for verdadeira. Este fragmento de fluxograma ilustra um laço durante a leitura das teclas digitadas em um teclado. Cada toque de tecla é examinado para determinar se a tecla digitada foi a tecla Enter. Quando essa tecla é pressionada, o laço acaba.

Em BASIC, o laço "for" funciona da mesma maneira, mas sua estrutura e estilo são ligeiramente diferentes:

```
FOR X=1 TO 100
    total = total + X
NEXT X
```

Em BASIC, a instrução "FOR" marca o início de um laço e inclui os valores inicial e final da variável. A instrução "NEXT" marca o final do laço e incrementa a variável X.

Um laço for também pode conter outro laço for. Um laço for dentro de outro laço for é chamado *laço for embutido*. Isso é conveniente quando o programador precisa trabalhar com duas ou mais variáveis que são incrementadas ao mesmo tempo. Por exemplo, para exibir a letra Z em todas as posições de uma tela de 80 caracteres por 25 linhas, o programador pode aninhar um laço for para cada posição de *coluna* dentro de um outro laço for para cada *linha* e "criar" o endereço de coordenada de cada posição:

```
for (linha=1; linha<=25; linha++) {
    for (coluna=1; coluna<=80; coluna++) {
        gotoxy(coluna, linha);
        putch('Z');
    }
}
```

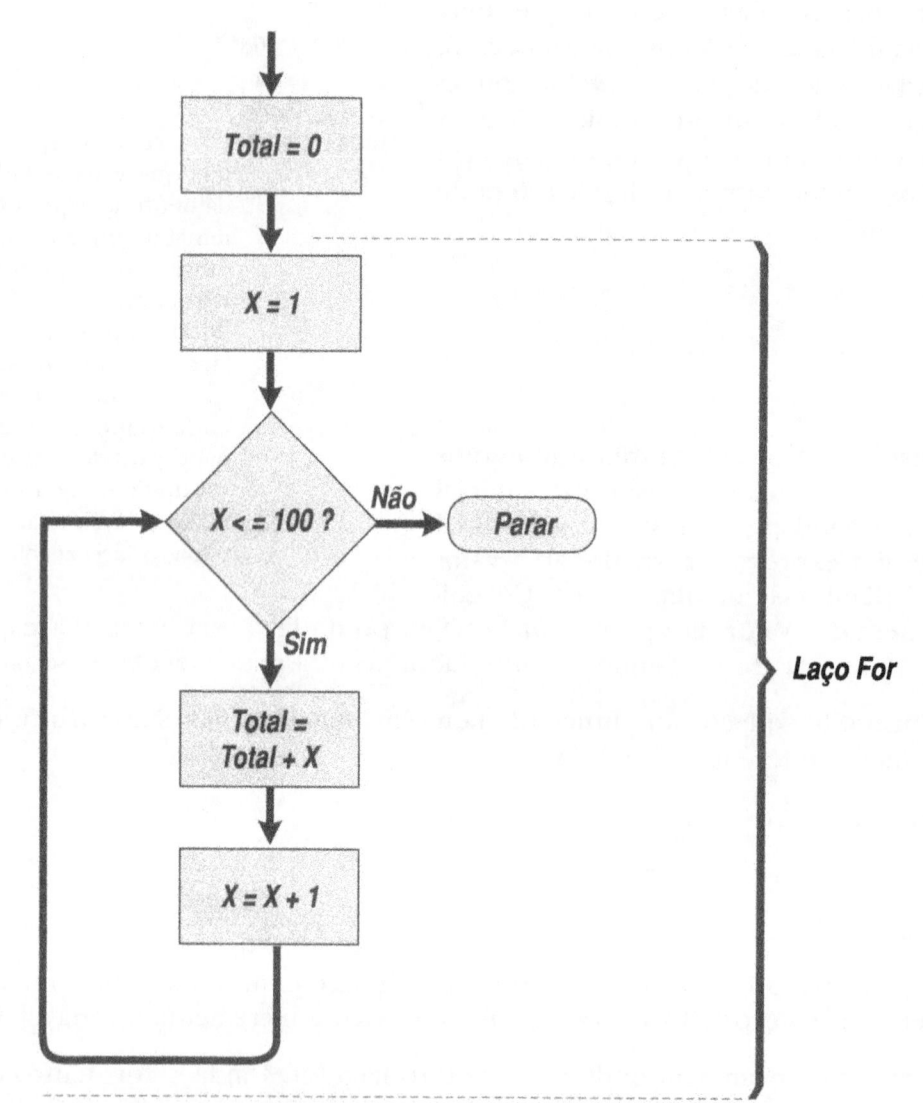

FIGURA 13.16 O laço for inicializa uma variável, testa se a condição é verdadeira e, em caso positivo, executa um conjunto de ações; depois, ele incrementa a variável e testa a condição novamente.

Em BASIC, o código é

```
FOR linha=1 TO 25
    FOR coluna=1 TO 80
        LOCATE linha, coluna
        PRINT "Z"
    NEXT coluna
NEXT linha
```

O laço "while" funciona de modo um pouco diferente. Os programadores usam o laço while quando precisam testar uma condição, mas não sabem necessariamente os valores das variáveis, ou não querem controlá-los. O laço while é mais apropriado quando você deseja testar só uma certa condição. O fragmento de código a seguir lê as teclas digitadas no teclado até que a tecla Esc seja pressionada:

```
while (tecla != ESC) {
    obtertecla(x);
}
```

O caractere != significa "não igual a". O laço while primeiro testa a expressão e depois executa o código no corpo do laço while, caso a condição seja verdadeira (enquanto — *while* — a tecla não é igual a Esc, neste exemplo). Outra variação do laço while é o laço "do while". O laço do while inverte a ordem: primeiro ele executa o código no corpo do laço e depois testa a expressão.

```
do {
    obtertecla(x);
} while (tecla != ESC)
```

Os laços alteram o fluxo do programa porque fazem com que uma ou mais instruções sejam executadas repetidamente até que certas condições sejam satisfeitas, ou enquanto as condições forem satisfeitas. Assim como nas outras condições que examinamos aqui, qualquer tipo de instrução pode ser colocado dentro de um laço, incluindo instruções if, chamadas função e outras instruções de laço.

ALGORITMOS Às vezes, você verá o termo *algoritmo* ligado a programas de computador. Os algoritmos são diferentes das construções de controle de fluxo que acabamos de examinar. O algoritmo tem implicações matemáticas, estatísticas ou procedimentais que podem ou não ter alguma coisa que ver com as construções de controle de fluxo exigidas para implementá-lo em um programa de computador. Por exemplo, o algoritmo para calcular a área de um retângulo multiplica a largura e a altura do retângulo. Isso pode ser realizado com uma única linha de código de programa:

```
area = largura * altura;
```

Nenhuma construção de controle de fluxo é necessária. Algoritmos mais complexos, contudo, podem ter interligações delicadas com desvios condicionais, laços e funções. Um algoritmo famoso, o algoritmo de compressão de dados de Lempel-Ziv, que é usado para comprimir dados em discos e para efetuar transmissões por meio de modems, analisa estatisticamente os dados e determina o melhor método de codificação para comprimi-los. O algoritmo de Lempel-Ziv é implementado com muitos laços aninhados, funções e testes condicionais.

Por ora, você pode estar vendo mais semelhanças do que diferenças entre as linguagens mais comuns de programação. Nesta seção, estaremos focalizando os conceitos de programação estruturada e as construções de controle de fluxo que os implementam, que são realmente parecidas em todas as linguagens. Entretanto, é aí que acaba a maioria das semelhanças. Cada linguagem tem pontos fortes e fracos que a torna apropriada a diferentes tipos de programação. Discutiremos algumas das linguagens mais importantes em maior detalhe, incluindo o melhor uso para elas e algumas de suas desvantagens.

PROGRAMAÇÃO ORIENTADA A OBJETOS

Nos últimos 20 anos mais ou menos, *estrutura* tem sido a palavra de ordem na programação de computadores. A estrutura sempre foi consistente com nossa visão de computadores. Eles são projetados e construídos por cientistas, engenheiros e, em grande parte, por outros computadores. Isso levou a nossa filosofia sobre linguagens de computação a um caminho de planejamento, organização — e estrutura — imaculados.

As linguagens de programação estruturada são funcionais por natureza. Em outras palavras, baseiam-se em funções, sub-rotinas ou procedimentos que fazem alguma coisa, como exibir uma mensagem na tela, receber informações que o usuário digita no teclado ou efetuar algum processo matemático ou algorítmico. Um programa comum pode facilmente ter centenas de funções isoladas. Além disso, os dados com os quais as funções trabalham residem em um ponto comum da memória que é criado quando o programa é iniciado, ou são definidos temporariamente nas próprias funções e depois desaparecem quando termina a execução da função. Na programação estruturada, dados e funções são distintos. As funções realizam seu trabalho e podem, ou não, alterar alguns dos dados do pool de dados, enquanto executam suas tarefas.

A *programação orientada a objetos* (às vezes chamada de POO) adota uma abordagem diferente. Na programação orientada a objetos, os programas são montados com peças chamadas *objetos*. Afinal de contas, o mundo real é formado de objetos, então por que não os programas de computador? Os programas que usam as técnicas da programação orientada a objetos ainda têm funções e sub-rotinas, e certamente têm estrutura, no sentido de que as suas instruções precisam ter uma gramática, ou *sintaxe*, precisa e clara. A orientação a objetos é diferente no sentido de que permite ao programador pensar modularmente — dividir um projeto de programação em componentes.

Em geral, a programação orientada a objetos não oferece recurso novo algum. O exemplo que apresentaremos na próxima seção, e virtualmente qualquer projeto de programação, também pode ser desenvolvido eficientemente com a programação estruturada. Entretanto, a orientação a objetos oferece uma abordagem nova e elegante à programação. Ela ajuda os programadores a *compartimentalizar* seus programas muito melhor. Além disso, os programas orientados a objetos são robustos — são muito menos suscetíveis aos problemas que infestam os programas escritos estruturadamente. Por exemplo, em um programa tradicional, é comum solucionar um problema e, no processo, criar outro. Quando você programa com objetos, não é tão fácil assim destruir um programa.

Os conceitos da programação orientada a objetos podem parecer abstratos a princípio, mas são muitos os benefícios resultantes. Os programas ficam mais simples, a programação, mais rápida, e a carga de manutenção do programa diminui.

A primeira linguagem a suportar especificamente os métodos de POO chamava-se Smalltalk. A Smalltalk foi desenvolvida na década de 1970 no Centro de Pesquisas da Xerox em Palo Alto (*PARC — Palo Alto Research Center*). Levou algum tempo, porém, para que a abordagem da programação orientada a objetos decolasse. Na metade dos anos 80, versões de linguagens existentes começaram a aparecer com recursos orientados a objetos. Novas versões de C, Pascal e até mesmo BASIC começaram a incorporar extensões orientadas a objetos, e a Apple Computer lançou o HyperCard. Hoje, a principal linguagem orientada a objetos é a linguagem C++ implementada pela Microsoft com o seu Visual C++, pela Borland International com o Borland C++ e pela Symantec com o C++ para Macintosh.

OBJETOS

Pense, por um momento, no que você percebe quando olha para um carro. O carro representa para você um objeto inteiro. Quando o vê, não pensa nas milhares de peças que ele contém, nem no aço, cromo e plástico das peças que o formam. O que você registra na sua mente é a unidade como um todo — não precisa se preocupar com os detalhes. Se algo em particular — como a cor ou a forma do carro — chamar a sua atenção, talvez você venha a observar aquela determinada característica.

Quando você olha o carro mais de perto, porém, percebe que ele é formado por um número de pequenos componentes. Ele tem um chassi, um conjunto propulsor, uma carroceria e um interior, e cada um desses componentes, por sua vez, é formado por outros objetos. O conjunto propulsor é formado pelo motor, transmissão e eixo. O ponto aqui é que focalizamos objetos, e um objeto pode ser uma unidade inteira e também um componente de outros objetos, e pode incluir vários objetos.

Todo objeto tem características próprias. O pneu, por exemplo, pode ser preto, ter muitas letras e desenhos e, muito provavelmente, o nome do fabricante. Ele tem uma especificação de tamanho e pode conter ar que está a uma determinada temperatura e pressão. O pneu também tem funções — ele gira, pára, esvazia, esquenta e derrapa. Um pneu é um objeto; tem suas próprias características, ou dados, e suas próprias funções.

Na programação orientada a objetos, não é necessário haver uma separação entre dados e funções. O *objeto* é uma unidade independente, definida com instruções do programa, e contém funções e dados que descrevem as suas características. Em outras palavras, o objeto *engloba* dados e funções.

VISÃO TÉCNICA — O QUE É OBJETO?

Quando você usa um programa escrito com técnicas orientadas a objetos, talvez não tenha nem idéia de que isso esteja acontecendo; mas todo botão, ícone, opção de menu e advertências que você vê na tela podem ser um objeto. As caixas de lista e os campos de texto são provavelmente objetos, as caixas de diálogo que contêm as caixas de lista e os campos de texto são objetos, e os arquivos de dados que o programa usa são tratados como objetos. Na verdade, a tela inteira da aplicação pode ser representada por um objeto.

Os conceitos da programação orientada a objetos (POO) não são fáceis de entender a princípio — mesmo no caso de programadores experientes, que ainda não aprenderam as técnicas relativamente novas da POO. Parte do problema surge do fato de que os programas de computador são comumente descritos como "listas de comandos" que os computadores executam. Embora esta não seja uma analogia de todo ruim para descrever um programa estruturado e tradicional, ela fica longe de retratar as técnicas orientadas a objetos. Outra parte do problema é que a descrição dos objetos pode soar muito como as descrições das funções ou sub-rotinas das linguagens tradicionais, um erro de conceito que nos faz perguntar qual a diferença entre as tênicas orientadas a objetos e as técnicas tradicionais.

Para ser conciso, *objeto* é um tipo especial de dado. O termo *tipo de dado* refere-se ao tipo de valor que é associado a um nome de variável. Por exemplo, um inteiro de dois bytes é um tipo de dado e um número com casa decimal é outro tipo de dado. Objeto é uma estrutura capaz de conter qualquer número de elementos de tipos diferentes. Por exemplo, vamos examinar a definição de objeto.

A definição de um objeto chama-se *classe*. A definição de classe simplesmente relaciona os componentes do objeto, que podem ser inteiros, números com casa decimal, cadeias de caracteres ou qualquer outro tipo de dado. A definição de classe também inclui descrições de função, ou *protótipos*. Você pode pensar na lista dos tipos de dados como as *partes* do objeto e nas descrições de função como os procedimentos que dizem ao objeto de que forma realizar seu trabalho.

Na Figura 13.17, você pode ver uma definição em C++ de uma classe chamada *arquivodado*. Quando um objeto do tipo *arquivodado* é criado pelo programa, ele recebe um nome e depois aparece com cada um dos componentes da classe. O objeto *arquivodado* na figura contém vários inteiros, duas cadeias de caracteres, um outro tipo de dado chamado *struct* e aproximadamente uma dezena de descrições de função.

Duas funções membro são especiais — *construtor* e *destrutor*. A função construtor é executada quando o objeto é criado. Um objeto é criado com uma simples instrução no programa, como

```
meuObjetoArquivo = novo arquivodado;
```

Essa instrução cria um objeto da classe *arquivodado* chamado *meuObjetoArquivo*. O construtor pode alocar qualquer quantidade de memória que o objeto venha a necessitar, inicializar variáveis e preparar o objeto para seu trabalho. O destrutor é executado quando o objeto é destruído, liberando memória e efetuando uma faxina para deixar tudo limpo depois de sua execução.

Entre o momento em que o objeto é criado e destruído, ele permanece na memória do computador que está executando o programa. De uma certa forma, o objeto é como um programa pequeno e independente. Ele pode comunicar-se com as outras partes e os outros objetos do programa chamando suas funções membro. A maior parte do código de um programa escrito em uma linguagem orientada a objetos e usando técnicas orientadas a objetos não se parece de jeito algum com uma "lista de comandos", porque a funcionalidade do programa é incorporada ao projeto dos objetos ou, mais precisamente, às definições das classes nas quais os objetos são criados e de onde derivam.

Os programas escritos com técnicas orientadas a objetos podem conter dezenas — até centenas — de objetos diferentes. Como os objetos são formados por unidades independentes de código de programa, os programas escritos com técnicas orientadas a objetos são muito mais modulares do que os programas estruturados tradicionais. Na verdade, uma vez totalmente depuradas as definições de classe, criar novos programas é mais rápido e mais fácil, porque o processo passa a ser a montagem de um novo programa a partir dos componentes (objetos) necessários.

CLASSES E HERANÇA DE CLASSE

Classe é a definição de um objeto. Para implementar um objeto em um programa, você define uma classe com uma seqüência de instruções no código-fonte do programa.

Em C++, a definição de classe é essencialmente a descrição de um objeto, incluindo seus dados e a descrição de suas funções. A Figura 13.17 mostra parte de um programa em C++ que define um objeto chamado *arquivodado*. A maioria dos programas armazena os dados do usuário em um tipo de arquivo de dados. Essa classe trabalha com um sistema gerenciador de banco de dados para representar um arquivo de banco de dados. Ele contém informações sobre o arquivo, como, por exemplo, o número de registros que ele contém, seu comprimento e a chave ativa corrente. Além disso, contém também descrições, ou *protótipos*, das funções que um *objeto arquivodado* pode executar, como, por exemplo, ir para o primeiro, último ou próximo registro, alterar a chave atual, procurar um registro e inserir, atualizar e eliminar registros. A classe contém dados e descrições de funções. Quando um objeto é criado a partir de uma classe arquivodado, ele se torna um componente totalmente funcional do programa.

Outra característica dos objetos é que os dados e funções podem ser declarados *privados* na definição de classe. Na verdade, o padrão é que todos os componentes de uma classe sejam privados. Ser privado significa que os dados estão protegidos do acesso de qualquer outra instrução do programa que não tenha sido iniciada pela própria classe. Note, na Figura 13.17, a palavra-chave "public:" várias linhas depois do início da definição de classe. Essa palavra-chave indica ao compilador que as funções e os dados *daquele ponto em diante* podem ser acessados por instruções que estejam fora do objeto. Mas os dados e funções acima de "public:" são estritamente privados e só podem ser acessados e alterados pelas *funções membro* — as funções definidas na classe. Essa privacidade significa segurança para os dados.

```
class arquivodado {
  int descArq;
  int chrCorr;
struct caractArq;
char *campoAto
char *bufChv
public:
  datafile (int DSCARQ);              // Construtor
  ~datafile();                        // destrutor
   int sites;
   int situação (void);
   int obter_primeiro (void);
   int obter_ultimo (void);
   int obter_proximo (void);
   int obter_anterior (void);
   int obter_igual (char *valChk);
   int obter_igual_maior (char *valChv);
   int inserir_registro    (void);
   int atualizar_registro  (void);
   int eliminar_registro (void);
   void novaChv (int newVal);
};
```

FIGURA 13.17 Classe é a definição de um objeto em C++. O objeto pode conter tanto dados quanto as funções que o operam, tornando-o uma unidade independente. A classe define um objeto, mas não o cria. O objeto é criado por uma instrução no corpo de um programa e, quando um novo objeto é criado, uma função membro especial, chamada construtor, é executada. Quando o objeto é destruído no programa, ele executa uma outra função especial, chamada destrutor.

Em um programa orientado a objetos, o programador não tem de criar uma definição de classe para cada objeto. Os objetos podem ser derivados de outras classes. Podem ser idênticos ou derivados com modificações. Por exemplo, vamos supor que tenhamos decidido acrescentar à classe arquivodado uma função que elimine todos os registros do banco de dados. Essa nova função será chamada "limpar()". Para tanto, temos duas opções. A primeira é definir a nova função e simplesmente acrescentá-la à lista de funções públicas da classe arquivodado. A outra alternativa é derivar uma nova classe da classe arquivodado, idêntica, mas com uma nova função (veja a Figura 13.18). Este último método é melhor porque deixa a classe original intacta, garantindo que uma mudança no programa, como a adição de uma função, não danifique o código.

```
class novoArquivodado : public arquivodado {
  public:
   zap();  // adiciona nova função para eliminra todos os registro no arquivo
};
```

FIGURA 13.18 Para derivar uma nova classe de uma classe existente, o programador de C++ declara a nova classe conforme mostramos aqui. Essa classe chama-se "novoArquivodado" e é derivada da classe "arquivodado". Qualquer dado ou função membro da nova classe com o mesmo nome de um membro da classe original (ou base) é anulado por uma nova definição. Os novos dados e funções membro são simplesmente acrescentados à classe. Isso se chama "herança de classe". A classe "novoArquivodado" herda todas as propriedades da classe original e ainda tem uma nova função membro que elimina os registros do banco de dados.

MENSAGENS

Uma vez que os objetos podem conter tanto os dados como as funções que executam, eles são, na verdade, unidades independentes. Então, como usá-los? Você usa um objeto a partir de um programa enviando-lhe uma mensagem. A primeira mensagem que você envia a um objeto é a mensagem que o cria. Por exemplo, em C++, a linha a seguir cria um objeto da classe "arquivodado" e denomina-o "cliente".

```
arquivodado cliente (CLIENTE);
```

Neste exemplo, a palavra "CLIENTE" entre parênteses é uma variável que contém um número que identifica qual arquivo em disco deve ser aberto e associa-o ao objeto "cliente".

Dissemos que os objetos ou classes podem conter funções. Além das funções comuns, há duas funções especiais que se aplicam aos objetos: os *construtores* e os *destrutores*. O *construtor* é uma função executada automaticamente na criação do objeto. Esse recurso responde por grande parte do potencial dos objetos. O construtor pode alocar automaticamente a memória de que o objeto precisará, abrir arquivos de dados e executar qualquer outra tarefa que deva ocorrer automaticamente quando o objeto é criado. O construtor de uma classe é identificado com o mesmo nome da classe em si. Na nossa classe arquivodado, o nome do construtor é "arquivodado".

No nosso exemplo, o construtor ativa o SGBD, caso ele ainda não esteja sendo executado, aloca memória para si mesmo, abre o arquivo de banco de dados especificado e verifica a situação do arquivo para obter informações, como o número de registros que o arquivo contém, o comprimento do registro, o número de chaves etc. Depois, ele armazena essas informações em suas próprias variáveis internas. Finalmente, o construtor chama o primeiro registro do banco de dados.

O *destrutor* roda automaticamente quando um objeto é destruído ou quando o programa é encerrado. Os destrutores podem recuperar a memória previamente alocada e executar outras operações de "faxina". Ele tem o mesmo nome da classe em si, mas é precedido de um til, "~". Na nossa classe arquivodado, ~arquivodado() é o destrutor.

Para usar as funções contidas em um objeto, você envia uma mensagem ao objeto. Por exemplo, para chamar o último registro do banco de dados, você emite o seguinte comando:

```
cliente.obter_ultimo();
```

A primeira parte da instrução (antes do ponto) identifica o objeto para o qual estamos enviando a mensagem, e a última parte chama uma das funções membro do objeto arquivodado. Na verdade, essa linha de código envia uma mensagem ao objeto cliente, informando-o de que deve chamar o último cliente do banco de dados.

CRIANDO UM PROGRAMA

Agora que você já sabe alguma coisa sobre as linguagens que os programadores usam, vamos ver como eles realmente escrevem um programa. Primeiro, analisaremos o ciclo de desenvolvimento de programas (as etapas que os programadores seguem no processo de criação de seus programas). Depois, veremos algumas ferramentas que podem facilitar a vida do programador e torná-la mais produtiva.

PLANEJAMENTO

Criar um programa de computador não é mágica, nem particularmente difícil. É necessária, porém, uma certa paciência para aprender uma linguagem de programação — pelo menos o mesmo nível de paciência que você esperaria ter para aprender qualquer novo idioma. Em alguns aspectos, aprender uma linguagem de programação pode ser mais difícil do que aprender um idioma falado, mas, uma vez dominados os conceitos básicos, programar pode ser muito divertido.

IDENTIFICANDO UMA NECESSIDADE Nos currículos da programação clássica, identificar uma necessidade ou problema é a primeira etapa na criação de um programa. Entretanto, raramente alguém tenta pensar em um problema para solucioná-lo com um programa de computador — o que ocorre é exatamente o contrário. Digamos que você queira abrir uma cadeia de videolocadoras. Seria uma carga enorme manter todos os registros manualmente por causa do alto volume de locações que você espera ter; então, você começa a pensar em escrever um programa que automatizasse essa tarefa. Ou então talvez você tenha excluído acidentalmente um arquivo valioso; sabe que os dados ainda estão no disco, mas não há como acessá-los. Ou, ainda, você pode perceber que a velocidade e a eficiência dos computadores dariam à sua empresa uma vantagem sobre os concorrentes, mas descobre que não existe software apropriado. Os problemas ou necessidades que podem fazer surgir um programa aparecem no curso das nossas vidas, à medida que saímos em busca de nossas metas e interesses.

Em geral, quando essas necessidades aparecem, percebemos que outras pessoas já enfrentaram o mesmo problema e desenvolveram uma solução — mas nem sempre. É aí que tem início o impulso para desenvolver um programa.

FLUXOGRAMA DO PROGRAMA Entender por completo a tarefa ou o problema em questão é uma etapa tão importante na criação de um programa quanto saber como usar uma linguagem de programação. Tudo começa com seus pensamentos e idéias, que você desenvolve e refina durante o projeto. Infelizmente, é raro ser capaz de pensar em tudo antecipadamente — há variáveis demais em quase todos os projetos —, mas ainda assim é importante e valioso tentar. No decorrer de um projeto, não é incomum encontrar obstáculos imprevistos e ter de voltar à prancheta.

A primeira etapa que muitos programadores cumprem é desenhar o *fluxograma* do programa, ou desenhar um quadro do problema em questão. Ele representa uma ajuda imensa na elaboração dos detalhes de como o programa deve funcionar. Vejamos um exemplo. Digamos que você queira escrever um programa que converta totais expressos em uma medida em outra — especificamente, temperatura de Celsius para Fahrenheit, e vice-versa. Quando você rodar o programa, ele deverá pedir um valor e depois perguntar se esse valor está expresso em grau Celsius ou em Fahrenheit. De posse dessa informação, o programa converte a temperatura para a escala oposta e exibe os resultados na tela do computador. Finalmente, o programa pede outra temperatura a ser convertida; se pressionarmos a tecla Escape ou a tecla Enter sem informar valor algum, o programa terminará.

O fluxograma do nosso programa está ilustrado na Figura 13.19. Os paralelogramos representam um processo de entrada-saída, os losangos são pontos de decisão e os retângulos representam processos. Quando executamos o programa, ele exibe o aviso de comando para o primeiro valor. Esse aviso é o primeiro comando de um laço. Depois de cada ciclo de instruções que lidam com uma determinada conversão, o programa volta para esse ponto.

Depois de obter um valor, nosso programa precisa examiná-lo para determinar se é um número válido ou um sinal para terminar. Se o número não for válido e a tecla pressionada não indicar que o programa deve terminar, ele volta para pegar outro número e retorna uma mensagem informando o problema ao usuário. Se o valor for um sinal de saída, o programa termina; caso contrário, ele prossegue e obtém as unidades do valor — um C para grau Celsius ou um F para Fahrenheit.

A etapa seguinte requer um pouco de lógica. Se o valor informado for um C, o programa terá de convertê-lo para Fahrenheit, mas, se for um F, a conversão será para grau Celsius. Depois da conversão, o programa deve exibir o resultado e o controle volta ao aviso de comando para que um novo valor seja informado.

Apesar da ilustração clara de fluxograma na Figura 13.19, muitos programas têm seu início nas costas de um guardanapo. A finalidade do fluxograma não é produzir um documento, mas colocar o usuário no lugar do computador e analisar os processos, a lógica e o fluxo do programa.

PSEUDOCÓDIGO Outra maneira de facilitar a elaboração de um programa é escrevê-lo primeiro em pseudocódigo. *Pseudocódigo* é uma espécie de ponto intermediário entre o português e o código do programa propriamente dito. É outra maneira de colocar as idéias no papel sem se preocupar com a sintaxe e as regras da linguagem de programação escolhida. Alguns programadores escrevem programas em pseudocódigo em vez de usar o fluxograma; outros usam os dois.[1]

A Figura 13.20 mostra o programa de conversão de temperatura em pseudocódigo. Como você pode ver, as instruções são mais parecidas com a língua portuguesa do que com uma linguagem de computador, mas elas ajudam os programadores a fazer a transição de um fluxograma ou idéia para a estrutura de linguagem que escolheram para escrever o programa.

---

[1] N.R.T.: Hoje em dia, o pseudocódigo é visto como uma alternativa superior ao fluxograma. O pseudocódigo é usado, neste caso, sem a elaboração prévia de fluxogramas.

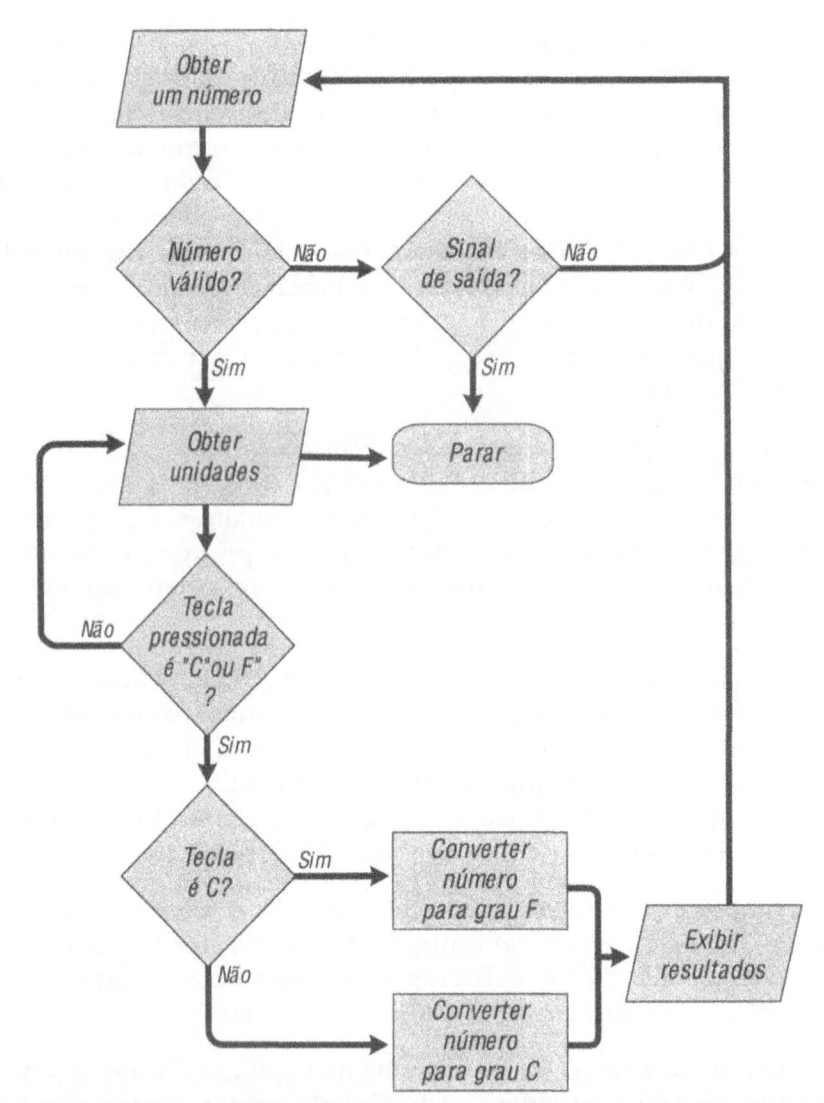

FIGURA 13.19 Este programa simples aceita um número digitado por meio do teclado e um "C" ou um "F" para indicar grau Celsius ou Fahrenheit. Depois, o programa converte o número digitado para a escala oposta e volta para aceitar outro número.

Muitos programadores não perdem tempo escrevendo pseudocódigo e, quando o fazem, é apenas para uma parte do programa, em particular as partes que contêm rotinas ou procedimentos especialmente complexos, difíceis de visualizar. Em termos formais, produzir pseudocódigo para um programa inteiro pode ser considerado um pré-requisito para o desenvolvimento de qualquer programa. Na prática, porém, o benefício dessa produção dogmática não vale o tempo ocupado. O pseudocódigo deve ser encarado como uma ferramenta útil para a transição do fluxograma ou conceito para o código do programa.

Um aviso sobre o termo *pseudocódigo*: alguns ambientes e produtos de programação usam esse termo com um significado totalmente diferente. Nesses ambientes, *pseudocódigo* significa *pseudolinguagem de máquina* — instruções de linguagem que foram compiladas para uma forma que será executável, desde que esteja em execução o ambiente em que o pseudocódigo foi criado.

```
LAÇO obter valor numérico:
  obtenha um número do usuário
  SE o número for válido
     ENTÃO saia do laço
  SENÃO (o número é inválido)
     repita o laço obter valor númerico


LAÇO obter unidade
  obtenha a unidade
  repita o laço obter unidade até a unidade obtida ser um C
ou F

SE unidade for C
  converta para graus Fahrenheit
SENÃO
  converta para graus Celsius (centígrados)

Imprima o resultado
```

FIGURA 13.20 Rotina de conversão de temperatura em pseudocódigo. A versão em pseudocódigo da rotina de conversão de temperatura é muito parecida com um rascunho escrito em português, o que não ocorrerá com o código final do programa. Escrever um programa ou rotina em pseudocódigo ajuda o programador a focalizar o que o programa deve fazer e não a sintaxe de uma linguagem. Uma vez determinado o problema e reduzido a um pseudocódigo como este, o programador pode facilmente traduzi-lo para qualquer linguagem de programação.

DESENVOLVIMENTO

É na segunda fase de um projeto de desenvolvimento de programas que o programador realmente escreve o programa. É aí que ele passa a maior parte do tempo necessário para criar um programa. Grande parte do tempo é dedicada à codificação e teste iniciais, mas os programadores também fazem uso extensivo dos códigos que já foram escritos para outros programas — especialmente quando estão programando em uma linguagem orientada a objetos. Integrar e adaptar códigos existentes a novas aplicações pode economizar muito trabalho aos programadores.

ESCREVENDO O PROGRAMA Como vimos na primeira seção deste capítulo, muitos programas são formados por inúmeros arquivos-fontes independentes, mas todos começam com um único arquivo. Em C e C++, em que tudo é função, o programa "main" é definido como qualquer outra função, mas com um nome, "main( )". O principal ponto de entrada em um programa do Microsoft Windows é uma função chamada "WinMain( )".

Escrever um programa de computador é um processo contínuo, que envolve a elaboração de um código e a sua compilação. *Compilador*, como você deve lembrar, é um programa que pega um arquivo do código-fonte e o traduz para código-objeto, que é a última parada de um programa a caminho de sua execução. Só é possível escrever um programa inteiro sem compilá-lo se ele for muito pequeno. A compilação ocasional ajuda a revelar erros de sintaxe e a descobrir outros problemas incomuns e inesperados.

Muitas empresas vendem compiladores. O compilador geralmente é um componente de um sistema maior de desenvolvimento, que inclui todas as ferramentas de que você precisa para criar programas. Os fabricantes de mainframes fornecem compiladores junto com seus sistemas.

Uma vez compilados os arquivos-fontes, tudo o que você tem a fazer para concluir o programa é ligar os módulos-objetos. O ligador pega os módulos-objetos produzidos pelo compilador, combina-os e converte-os no programa final executável, que às vezes é chamado *módulo de carga*. Muitos ambientes integrados de desenvolvimento permitem que você ligue seu código-objeto com a simples seleção da opção "Link" em um menu. O processo leva apenas alguns momentos para produzir um arquivo executável pronto para entrar em operação.

Os ligadores são fornecidos com os sistemas de desenvolvimento que incluem um compilador. Você também pode adquirir ligadores de terceiros, que às vezes melhoram o desempenho de um programa em relação aos ligadores padrão fornecidos com os sistemas de desenvolvimento. O sistema operacional DOS possui um ligador que só é adequado a projetos muito pequenos.

TESTANDO O PROGRAMA É claro que os programadores se esforçam para escrever um código-fonte sem erros, mas os erros, ou *bugs*, são inevitáveis. O processo de compilação e ligação revela todos os erros de sintaxe de um programa, mas existem outros tipos de erros que às vezes são mais difíceis de detectar. O *erro de lógica* é aquele no qual o código está sintaticamente correto, mas informa ao computador para fazer a coisa errada.

Por exemplo, a Figura 13.21 mostra um programa em BASIC que pega até cinco números digitados pelo usuário e depois calcula a média deles e imprime o resultado na tela. O programador sai do laço muito cedo quando o usuário digita menos de cinco números. Infelizmente, o programa não conta o número de entradas válidas antes de calcular a média; ele sempre divide a soma dos números por cinco. Esse é um erro de lógica. Não há nada de errado com a sintaxe do código do programa, mas a lógica do programador é falha, e por isso o programa não cumpre a sua finalidade.

Esse é um exemplo simples, mas com programas complexos de 5 mil ou 10 mil linhas, encontrar um erro desse tipo pode ser muito difícil. Para evitá-lo, os programadores devem analisar profundamente as operações antes de codificá-las e depois testá-las exaustivamente antes de considerá-las corretas.

Depurador, ou debugger, é um programa que executa todos os comandos de um programa, um de cada vez, para permitir ao programador acompanhar o código-fonte na tela e encontrar os erros de lógica. Usando um depurador, os programadores podem estabelecer pontos de intervalo nos quais a execução do programa pára e exibir o conteúdo das variáveis, observando as alterações que elas sofrem a cada instrução executada pelo depurador.

A maioria dos sistemas de desenvolvimento oferece depuradores. Alguns estão perfeitamente integrados. Em certos sistemas, os programadores podem produzir versões "depuradas" de um programa até ficarem satisfeitos com a sua operação. Então, compilam e ligam a versão "final".

```
DIM nums(5)
sum = 0

PRINT "Insira até 5 números separados por vírgulas"
FOR i% = 1 to 5
   INPUT nums(i%)
   IF nums(i%) = THEN EXIT FOR
NEXT i%

PRINT "A média de ";
FOR i% = 1 TO 5
     PRINT nums(i%);
     sum = sum + nums(i%)
NEXT i%
PRINT "is "; sum / 5
```

FIGURA 13.21 Este programa em BASIC obtém até cinco números inseridos pelo usuário por meio do teclado. Depois, ele imprime os números e a média deles. Infelizmente, o programador permitiu ao usuário digitar menos de cinco números, mas o programa sempre divide a soma por cinco, independentemente de quantos números tenham sido informados. Este é um erro de lógica. O programa parece executar sem problemas e efetua o cálculo da média, mas o resultado será incorreto se menos de cinco números forem inseridos.

A precisão pura e simples não é a única meta da programação. O *profiler* coleta estatísticas sobre um programa que ajudam o programador a fazer com que o sistema rode mais eficientemente. Por exemplo, o profiler pode mostrar quanto tempo a CPU leva para executar cada parte do programa, o que pode revelar pontos problemáticos e gargalos. Os profilers também oferecem informações valiosas sobre quantas vezes cada função é chamada.

As empresas de desenvolvimento de software geralmente têm equipes de pessoas, ou até mesmo departamentos inteiros, comprometidas com o teste do software que produzem. Mesmo depois de o produto já ter passado por esse estágio, há muito o que fazer antes de lançá-lo no mercado. A maioria dos produtos passa por um procedimento extenso de teste de campo, que conta com duas ou três fases, nas quais usuários finais típicos colocam o software à prova.

FERRAMENTAS DE PROGRAMAÇÃO DE PROPÓSITO ESPECÍFICO

Além das ferramentas necessárias, existem inúmeras ferramentas sem as quais os programadores não conseguiriam viver. Na verdade, algumas delas são mais do que simplesmente ferramentas para facilitar a vida do programador. Elas são produtos importantes e, em certos casos, representam o futuro das ferramentas de desenvolvimento de software.

Talvez você ainda não tenha percebido como alguns programas de computador são imensos. Você pode perceber alguns programas como um enorme feito das grandes companhias. A Microsoft, por exemplo, emprega centenas de programadores. É claro que eles trabalham em projetos diferentes, mas alguns dos projetos têm proporção descomunal. A equipe de desenvolvimento do Windows é um exemplo de um grande grupo trabalhando em um grande projeto. Mas companhias de grande porte e produtos incríveis como o Windows são apenas uma parcela incomensurável das milhares de pequenas companhias com talvez um ou apenas alguns produtos e programadores.

Para companhias pequenas, com um produto para manter e aperfeiçoar e apenas alguns programadores, fazer o melhor uso dos recursos humanos é uma questão essencial. É comum um software conter 50 mil, 100 mil ou até mais linhas de código-fonte, espalhadas por centenas de arquivos. A simples familiarização com programa desse tamanho pode consumir muito tempo, quanto mais efetuar grandes mudanças e preparar novos rascunhos.

BIBLIOTECAS DE TERCEIROS

As bibliotecas de terceiros são uma das maneiras que as pequenas empresas encontram para fazer melhor uso de seu tempo. *Biblioteca* é uma coleção de funções que foram compiladas para código-objeto. Algumas companhias de software escrevem funções úteis que podem ser usadas com outros programas e as vendem para outras companhias de software. Elas nem sempre vendem o código-fonte dessas funções, mas uma versão

NOTEBOOK DO NORTON — ENSINANDO CRIANÇAS COM COMPUTADORES

Imagine um professor que conheça quase tudo sobre um determinado assunto. Agora, imagine que esse professor conheça centenas de jogos baseados nesse assunto e saiba como usá-los para ensinar aquela matéria a crianças. Durante a brincadeira, esse professor é capaz de medir o progresso de cada criança que participa dos jogos, determinar exatamente quanto ela está aprendendo e fazer mudanças sutis para deixá-los um pouco mais difíceis ou um pouco mais fáceis para que a criança progrida e nunca sinta frustração ou cansaço.

Impossível? Não. Os computadores são, de muitas maneiras, o assistente perfeito de um professor. Eles brincam, prendem a atenção das crianças e nunca ficam impacientes. Por mais que uma criança cometa o mesmo erro, o computador nunca se cansa de repetir. Mas, na verdade, ele pode nem precisar repetir porque, com a programação adequada, é capaz de encontrar centenas de maneiras diferentes de ensinar a mesma coisa.

Os computadores nunca substituirão o professor (pelo menos, não a curto prazo), mas são companheiros excelentes na sala de aula. Na verdade, muitos dos jogos educacionais desenvolvidos hoje em dia são tão bons que as crianças querem jogá-los mesmo quando não estão na escola. Essa classe de software chama-se "entretenimento", e pode tornar-se popular a ponto de ser transformada em programa de TV.

Mas os jogos de computador não são a única maneira de usar computadores para ensinar crianças. Os computadores estão sendo usados mais e mais por professores para desenvolver programas de aprendizado, testes de projetos e para rodar algumas simulações bastante interessantes.

Em uma sala de aula no centro-oeste dos Estados Unidos, o professor não estava gostando do uso que os alunos faziam de sapos em laboratórios. Os sapos eram usados para dissecação, mas em alguns casos os alunos acharam repulsiva a idéia de abri-los. Este e outros problemas na sala de aula levaram o professor a pensar em alternativas ao uso (na verdade, desperdício e abuso) dos sapos.

Então, juntamente com alguns desenvolvedores locais, o professor ajudou a desenvolver um programa que permitia aos alunos dissecar sapos (e outros animais e plantas) usando o computador. O sucesso foi instantâneo. Ninguém teve problemas com o programa e, com a adição de recursos como o "microscópio", para que os alunos pudessem ver mais de perto o que estavam "cortando", todos aprenderam coisas que talvez não fossem possíveis se tivessem ficado limitados aos sapos vivos e aos equipamentos de sala de aula.

Outro excelente programa de aprendizagem usando computadores foi desenvolvido pela Lego Company, a mesma empresa que produz os populares blocos para montar. Mas, ao contrário do Lego convencional, esses kits especiais incluem interfaces com o computador, componentes motorizados e um software que permite aos alunos projetar e construir seus próprios dispositivos controlados pelo computador. O programa Lego ensina às crianças uma variedade de técnicas, incluindo projeto, construção e controle do computador.

Finalmente, os computadores ensinam às crianças tudo sobre computadores. Hoje, os computadores são encontrados em quase toda a parte. Eles estão sobre nossas mesas e em nossos carros; viajam conosco e estão embutidos na maioria dos eletrodomésticos. São usados para cronometrar lavadoras e secadoras. Ligam e desligam luzes e controlam o aquecimento ou a refrigeração doméstica. As crianças modernas estão crescendo em um mundo repleto de computadores e PRECISAM aprender a usá-los eficientemente.

Quando as crianças têm acesso logo cedo aos computadores, ganham a oportunidade de aprender como funcionam e como podem trabalhar para nós. Algumas habilidades básicas que os computadores ensinam às crianças são:

- Gerenciar arquivos.

- Carregar programas.

- Salvar dados.

- Usar o teclado e outros dispositivos de entrada.

- Manutenção simples (isto é, desligar o monitor quando sair).

- Telecomunicação básica.

Essas são práticas que as crianças conseguem aprender efetivamente antes dos 10 anos de idade. Mas, para ensiná-las, as escolas precisam ensinar os professores. Além disso, elas precisam estar de posse do equipamento. Muito poucas escolas têm computadores suficientes para oferecer a toda criança o nível de prática de que ela precisa para obter um alto nível de competência logo cedo.

Os computadores são o lápis e o papel, são nossas réguas e, até certo ponto, nossos livros. Hoje, o mais importante é dar às crianças o tempo de que elas precisam para aprender a usar computadores com a facilidade que nossos pais usavam as ferramentas de sua época.

compilada. Se você colocar essas bibliotecas no seu sistema, poderá "chamar" as funções que elas contêm e conectá-las ao seu programa durante a fase de ligação.

A maioria das bibliotecas disponíveis no mercado é, de certa maneira, especializada. Por exemplo, as funções que lidam com comunicações de dados são altamente especializadas e complexas. Várias empresas vendem bibliotecas que possuem todas as funções de comunicação de que você possa vir a precisar para desenvolver um programa de comunicação. Outras bibliotecas oferecem rotinas de tela e de teclado para entrada e saída, rotinas de som e vídeo para sistemas MIDI e multimídia, e assim por diante.

ANALISADORES DE CÓDIGO-FONTE

O *analisador de código-fonte* pode representar um verdadeiro poupador de tempo quando você resolve otimizar um programa. Os analisadores de código-fonte examinam um programa e geram um relatório sobre muitos aspectos daquele programa. A interdependência das funções, o número de vezes que cada uma é chamada e a interdependência dos arquivos (quando uma função em um arquivo chama uma função em outro arquivo) são apenas algumas das várias estatísticas que um analisador oferece.

Essas informações são importantes por muitos motivos. Se um programador acredita ser necessário modificar uma função, os dados estatísticos de um analisador de código-fonte podem mostrar que outras partes do programa serão afetadas por aquela mudança. Eles também podem revelar estruturas inúteis, como, por exemplo, funções que nunca são chamadas, ou linhas de código que nunca são alcançadas.

CASE E GERADORES DE CÓDIGO

Como você já aprendeu, os computadores são máquinas de finalidade geral que podem ser usadas para criar qualquer objeto, incluindo software. As ferramentas *CASE (Computer-Aided Software Engineering — Engenharia de Software Auxiliada por Computador)* ajudam os programadores a projetar programas complexos. Eis como funcionam.

Com uma ferramenta CASE, grande parte do trabalho detalhista e cansativo de projetar e escrever um programa pode ser evitada. O software CASE permite que o programador desenhe telas, menus, tabelas de banco de dados, relatórios, caixas de diálogo e outros componentes-chave de um programa. Com cada um desses componentes definidos, o programador pode juntá-los e depois testar a operação do programa, sem escrever uma única linha de código do programa.

Uma vez satisfeito com estrutura, projeto e componentes de um programa, o programador chama um gerador de código, que cria o código-fonte automaticamente.

As ferramentas CASE e a geração de código já foram altamente especializadas e caras, mas hoje estão conseguindo encontrar seu caminho entre os produtos básicos de desenvolvimento de software. No Microsoft Visual C++, por exemplo, você pode usar o recurso "AppWizard" para iniciar rapidamente um novo projeto de programa. Fazendo uma escolha em uma lista de opções, você descreve algumas das características do seu programa e rapidamente produz a estrutura de um programa para Windows. Ele cria o novo projeto e todo o código-fonte e arquivos de suporte associados. Você pode compilar e ligar o novo programa imediatamente — basta escolher "Build" no menu. Depois, o programa pode ser executado.

O QUE ESPERAR DO FUTURO

Assim como a indústria de hardware, a indústria de software está avançando a passos largos. Como resultado, a qualidade dos programas aplicativos disponíveis aos usuários aumenta todo o ano. Conforme vimos nos capítulos sobre software, tanto os sistemas operacionais quanto os pacotes de produtividade não apenas estão ganhando novos recursos, mas também estão mais integrados e cada vez mais fáceis de usar, dando aos usuários maior flexibilidade no modo como querem trabalhar.

O progresso nas ferramentas de desenvolvimento de software — nas linguagens e nos ambientes de desenvolvimento que usamos — não é assim tão óbvio, mas existe. E as implicações desses avanços são ainda mais significativas. A programação de computadores deixou de ser uma tarefa obscura e esotérica para se transformar na profissão e passatempo de milhões de pessoas. À medida que as linguagens de programação se adaptam para se adequar ao que para nós é a melhor maneira de programar um computador, o processo torna-se mais fácil e acessível a mais pessoas.

Logo no início de sua carreira, Bill Gates, co-fundador da Microsoft, teria dito que a corrida do software estaria terminada em 20 anos — até lá, os computadores estariam escrevendo programas melhores do que aqueles desenvolvidos pelas pessoas. Pelo menos em termos mecânicos, estamos nesse limiar agora com as ferramentas CASE e o AppWizards, que produzem códigos-fontes livres de erros. Mas os computadores provavelmente continuarão a carecer por muito tempo ainda da imaginação, criatividade e força de vontade de seus criadores.

RESUMO

AS LINGUAGENS DO COMPUTADOR

- A única real linguagem de computador é a linguagem de máquina, uma série de dígitos ininteligíveis às pessoas.

- As linguagens de nível mais alto foram desenvolvidas para agir como intermediárias entre o programador e a máquina.
- A primeira linguagem de alto nível foi a linguagem assembly (de montagem).
- As linguagens de alto nível incluem FORTRAN, COBOL, BASIC, Pascal, C, C++ e Hypermedia, entre outras.

O QUE É UM PROGRAMA DE COMPUTADOR?

- Programa de computador é uma coleção de instruções que a CPU de um computador é capaz de interpretar e executar.
- Os programadores criam programas digitando instruções em um editor.
- O conjunto inteiro de comandos, representado pelas instruções, é armazenado em um arquivo e chamado *código-fonte* de um programa.
- Compilação é o processo de converter o código-fonte em código-objeto e armazená-lo em um arquivo-objeto, metade do caminho para um arquivo executável.
- O ligador junta os arquivos-objetos para formar um arquivo executável.
- A maioria das linguagens de computador tem variáveis, que são partes da memória do computador que um programa reserva para uso próprio.
- Os programadores precisam declarar as variáveis no programa para alocar a quantidade de memória necessária e associar um nome a ela.
- Os tipos de variáveis incluem caractere, inteiro longo, ponto flutuante e cadeia de caracteres.
- Os programas raramente executam uma única seqüência de comandos do começo ao fim; usam sub-rotinas, desvios condicionais e laços como forma de controlar o fluxo.
- Algoritmo é outro tipo de estrutura de programa que usa uma implementação matemática, estatística ou procedural em vez do fluxo de controle.

PROGRAMAÇÃO ORIENTADA A OBJETOS

- As linguagens de programação estruturada baseiam-se em funções, sub-rotinas ou procedimentos.

- A programação orientada a objetos permite que o programador pense modularmente, porque os programas são montados a partir de componentes chamados objetos.

- Os programas compartimentalizados que resultam da programação orientada a objetos são muito menos suscetíveis a problemas e mais fáceis de modificar.

- Objeto é uma unidade independente que contém funções e dados.

- Para implementar um objeto em um programa, o programador define uma classe com uma seqüência de instruções no código-fonte do programa.

- O programador não precisa criar uma definição de classe para cada objeto usado, porque os objetos podem ser derivados de outras classes.

- Os programadores usam um objeto em uma classe enviando-lhe uma mensagem.

CRIANDO UM PROGRAMA

- Planejar, primeira etapa do ciclo de desenvolvimento de um programa, significa identificar uma necessidade e depois elaborar o fluxograma ou usar pseudocódigo para estruturar o programa.

- Desenvolver, a segunda etapa, é escrever o programa propriamente dito e testá-lo.

FERRAMENTAS DE PROGRAMAÇÃO DE PROPÓSITO ESPECÍFICO

- Há no mercado bibliotecas — coleções de funções que já foram compiladas em código-objeto — de terceiros.

- Você pode usar analisadores de código-fonte para examinar um programa e gerar um relatório sobre muitos aspectos daquele programa.

- As ferramentas CASE permitem que você crie telas, menus, tabelas de banco de dados, relatórios, caixas de diálogo e outros componentes-chave de um programa.

QUESTÕES PARA REVISÃO

1. Defina os termos *linguagem de baixo nível* e *linguagem de alto nível*. Dê exemplos de cada uma.

2. Por que as linguagens de alto nível foram desenvolvidas?

3. Relacione cinco linguagens de programação de alto nível.

4. Para que finalidade a linguagem assembly é mais freqüentemente usada?

5. Relacione as etapas envolvidas na criação de um programa de computador.

6. Defina o termo *variável*.

7. O que significa o termo *programação estruturada*?

8. O que significa o termo *programação orientada a objetos*?

9. Quais recursos a programação orientada a objetos oferece que não são oferecidos pelas técnicas da programação estruturada tradicional?

10. Relacione algumas vantagens da programação orientada a objetos sobre a programação estruturada.

11. Defina *controle do fluxo*. Como é que você controla o fluxo de um programa de computador?

12. Relacione dois conceitos de controle do fluxo. Discuta os construtores que os implementam.

13. Discuta os termos *classe* e *herança* na programação orientada a objetos. Discuta como esses termos estão relacionados.

14. Defina *CASE*. Explique o que é e como usar.

15. Descreva por que os computadores e os programas de computador provavelmente nunca serão capazes de substituir os programadores.

QUESTÕES PARA DISCUSSÃO

1. Você preferiria escrever programas com uma linguagem de programação estruturada ou orientada a objetos? Explique os motivos da sua opção.

2. Usando técnicas estruturais (alternância e repetição), crie um fluxograma para um programa que você mesmo tenha projetado e definido. Explique a função dele.

3. Escreva um programa de computador em pseudocódigo para somar todos os números pares entre 0 e 100. Use o laço while (ou do while) e o desvio condicional para controlar o fluxo. Antes de terminar, seu programa deve exibir o resultado do cálculo.

4. Explique como um computador é capaz de escrever um programa. Como essa idéia poderia progredir no futuro? Quais seriam alguns benefícios e desvantagens de os computadores escreverem seus próprios softwares?

As atividades práticas deste capítulo podem ser encontradas no Apêndice A.

CAPÍTULO 14

COMPUTADORES E O MERCADO DE TRABALHO

OBJETIVOS

Depois de terminar de ler este capítulo, você será capaz de:

- Discutir algumas das áreas disponíveis na indústria da informática.

- Relacionar algumas áreas que, embora não diretamente relacionadas a computadores, dependem fortemente deles.

- Descrever algumas áreas onde existem oportunidades envolvendo informática, hoje e no futuro.

Quando você escolheu este livro, demonstrou que reconhece a importância de entender de informática. Você assumiu um compromisso com a sua educação e com o seu futuro. Neste ponto do livro, você provavelmente também está percebendo que os computadores continuarão a ser uma parte cada vez mais importante da sua vida e da sua carreira.

Entender de informática, porém, é apenas uma parte do processo. Ainda mais importante é colocar esse conhecimento a seu serviço. Assim como qualquer grande corpo do conhecimento ou da ciência, quando há tantas informações e tantos cursos de ação a escolher que fica difícil até mesmo saber por onde começar, há um caminho que sempre funciona — começar aqui e agora.

Seja um usuário inteligente. Pegue o conhecimento e a experiência que você adquiriu neste livro por meio dos textos, perguntas e exercícios práticos e coloque tudo isso a seu serviço. Assuma o compromisso de garantir seu acesso a um computador e comece a usá-lo para estudar e se preparar para os próximos desafios. Você ficará impressionado com a rapidez com que será capaz de usar o que aprendeu neste livro. E, quanto mais usar um computador, mais depressa aumentará seu conhecimento.

Neste capítulo final, veremos como os computadores tornam-se parte da sua carreira, independentemente do campo de estudo que você venha a seguir. Analisaremos uma empresa comum para ver os efeitos de longo alcance do uso dos computadores. Depois disso, analisaremos alguns cargos na própria indústria de informática — cargos que exigem muito em termos de habilidade e conhecimentos técnicos, mas que também resultam em carreiras gratificantes e compensadoras.

COMPUTADORES NO AMBIENTE CORPORATIVO

Nossa sociedade e cultura são altamente influenciadas pelo modo como usamos nosso tempo. Muitas pessoas passam um terço de suas vidas trabalhando em companhias cujo tamanho varia das grandes corporações internacionais a pequenas empresas. Diante dessa realidade, devemos examinar como essas organizações usam computadores. Nesta seção, analisaremos o funcionamento interno das empresas — o que fazem alguns de seus departamentos e funcionários e como eles usam computadores, tanto coletiva quanto individualmente.

FINANÇAS E CONTABILIDADE

De todas as áreas que usam computadores em uma empresa, nenhuma depende mais fortemente deles do que os departamentos de contabilidade e finanças. Desde os funcionários da área contábil até os diretores financeiros, praticamente toda a área de finanças está lotada de computadores. Os programas aplicativos que o pessoal de finanças usa em seus computadores também fazem parte da variedade de produtos oferecidos pela indústria de software.

Conforme discutimos no Capítulo 10, as planilhas foram os catalisadores que fizeram explodir a indústria do micro na América corporativa. Hoje, aplicações de cliente-servidor e de grupo de trabalho são tão importantes quanto as testadas e comprovadas planilhas. Nesta seção, analisaremos o grupo de trabalho (groupware) — software criado para ser usado em uma rede por várias pessoas simultaneamente. Depois, analisaremos alguns indivíduos no departamento que possam usar software especializado e discutiremos as habilidades e os conhecimentos especiais de que essas pessoas precisam para realizar seu trabalho.

A espinha dorsal do departamento financeiro de uma corporação é o software contábil. O software contábil hoje deixou muito para trás o guarda-livros eletrônico. Quando os mainframes dominavam o mundo corporativo, era comum um software contábil custar de 50 mil a 500 mil dólares, dependendo da necessidade da empresa. Hoje, sistemas de contabilidade com a mesma funcionalidade estão disponíveis por menos de 5 mil dólares. Os micros oferecem um potencial enorme para o processamento numérico, e as redes permitem que vários usuários de micros usem o sistema ao mesmo tempo.

As empresas mostram semelhanças entre si, mas têm também aspectos exclusivos; por isso, o software contábil é vendido em módulos. O coração de todo sistema de contabilidade é o razão geral — livro de escrituração mercantil que contém o resumo das lançadas no diário —, mas esse é apenas o núcleo. O sistema de contabilidade ajuda o contador a acompanhar as transações financeiras de uma empresa, que depois são resumidas para produzir os relatórios financeiros. As transações financeiras incluem as vendas dos produtos e serviços da empresa, compras de suprimento e controle do estoque, folha de pagamento e até acordos assumidos pela empresa, em que não exista a transferência imediata de dinheiro ou obrigações.

Como é de se imaginar, registrar transações com tão alto grau de detalhe seria uma tarefa avassaladora sem a ajuda dos computadores. Mesmo com eles, já é desencorajador definir um sistema que capture com confiabilidade todas as informações importantes. A abordagem adotada por contadores e desenvolvedores de software é classificar e capturar as transações de acordo com suas origens. Assim, os dados podem ser verificados e validados antes de ser transferidos para o razão geral, onde são novamente sumariados e usados para produzir os relatórios financeiros. Os primeiros módulos que muitas companhias acrescentam ao razão geral são programas genéricos para gerenciar as contas a pagar e a receber.

NOTEBOOK DO NORTON — Preparando-se para uma Carreira na Área de Educação

Hoje, a única coisa que podemos dizer com certeza sobre o sistema americano de educação de primeiro e segundo graus é que ele está mudando. A falta de estabilidade torna arriscada, mas também entusiasmante, a busca de uma carreira na área de educação. As chances são grandes de que mudanças importantes — se não uma completa revisão — ocorram nesse campo. Ao seguir uma carreira na área de educação, você se torna parte dessas mudanças — e ajuda a determiná-las.

Um fator com potencial para ajudar o sistema educacional americano é o imenso poder dos computadores. Se usado com sabedoria, o computador pode ser o maior assistente do professor. Ele é capaz de proporcionar acesso instantâneo a um mundo de fatos e idéias. Ele pode transformar apresentações de vídeo em sessões interativas de aprendizagem. Pode ensinar aos alunos novas técnicas, testar a compreensão deles sobre um determinado assunto e avaliar seu progresso. E consegue oferecer aos alunos uma oportunidade de vivenciar eventos e fenômenos — desde voar em um avião até observar uma reação nuclear — que nunca ocorrem realmente em uma sala de aula.

Por outro lado, a tecnologia dos computadores representa um custo alto para as escolas, sem nenhum benefício garantido. O valor da tecnologia depende verdadeiramente da qualidade do software usado e da maneira como ele é integrado ao currículo. É preciso muito tempo para encontrar bons programas e aprender a usá-los eficientemente na classe. Para ajudá-lo a evitar alguns dos erros mais comuns, aqui vão algumas dicas:

- Explore os programas educacionais existentes para qualquer que seja o nível ou assunto que você planeja ensinar. Há milhares de jogos, tutoriais e simulações disponíveis, e novos produtos surgem todos os dias. É preciso tempo para examinar tudo o que existe no mercado e descobrir o software que realmente tem valor e se adequa ao seu currículo.

- Procure um produto que satisfaça as metas educacionais específicas que você traçou para o seu currículo. Evite usar programas apenas porque eles parecem interessantes ou porque seus alunos gostam; certifique-se de que eles se encaixam ao que já está sendo feito na sala de aula.

- Há muita coisa sendo escrita sobre software educacional. Procure jornais que falem sobre ou analisem programas que tratam do nível ou assunto que você leciona. Essas publicações podem ajudá-lo a encontrar produtos realmente valiosos com muito mais rapidez.

- Não deixe de explorar e testar qualquer novo equipamento ou software antes de usá-lo na sua classe. Equipamentos que não funcionam adequadamente ou software que responde diferentemente daquilo que você esperava levarão a um desperdício de tempo.

- Antes de usar um novo software na sua sala de aula, relacione os benefícios que você espera que seus alunos obtenham com ele. Depois de usar o novo produto, teste seus alunos para ver se eles realmente colheram esses benefícios. Em caso negativo, não use o software novamente.

- Converse com professores que lecionam matérias semelhantes. Descubra que produtos eles usam e o que é bom e o que é ruim. Conte-lhes sobre o software que você testou. Há muitos programas no mercado — programas demais para você testar sozinho. Você precisa tirar proveito da experiência de outras pessoas.

- Em alguns casos, você pode levar todos os seus alunos a um laboratório de informática e cada um deles pode usar um equipamento. Em outros casos, há uma máquina para grupos de dois ou três alunos. A eficácia de um programa geralmente depende de quantos alunos estão usando o mesmo equipamento. Às vezes, o programa só vale o tempo a ele dedicado se cada aluno puder dispor de uma máquina própria. Às vezes, é melhor dois ou três alunos trabalharem em grupo. Não existem regras rígidas, mas este é um assunto que você deve avaliar à medida que aumentar a sua experiência com programas educacionais. Observe atentamente o que funciona melhor para a sua classe.

As transações relativas às vendas de uma empresa são primeiro capturadas por um programa chamado contas a receber. O *módulo de contas a receber* processa as vendas à vista, as vendas a prazo e os subseqüentes recebimentos, e mantém os bancos de dados que refletem as contas e a história dos clientes.

No outro extremo está o módulo de contas a pagar. O *módulo de contas a pagar* registra as transações que representam compras de fornecedores, obrigações junto a funcionários e credores e pagamentos dessas obrigações.

Você pode ter notado que tanto o módulo de contas a pagar quanto o de contas a receber afetam o caixa. Na verdade, o caixa não é a única área afetada pelos eventos que ocorrem nesses dois módulos. Os registros de estoques também dependem totalmente dessas transações. A Figura 14.1 ilustra como esses módulos estão inter-relacionados e como as transações afetam cada um dos outros módulos antes que eles possam ser sumariados e inseridos no razão geral.

Você pode estar perguntando a si mesmo o que toda essa teoria contábil tem que ver com o modo como as pessoas usam computadores em suas carreiras. Essas informações aplicam-se em especial à área de negócios — particularmente dentro das empresas. Conforme mencionamos, o sistema de contabilidade é a espinha dorsal de uma companhia. Ele abrange toda a empresa. Se você conhecer e compreender seu funcionamento, terá um ponto a seu favor quando se encontrar em um ambiente corporativo, qualquer que seja a sua área de atuação — finanças, marketing etc.

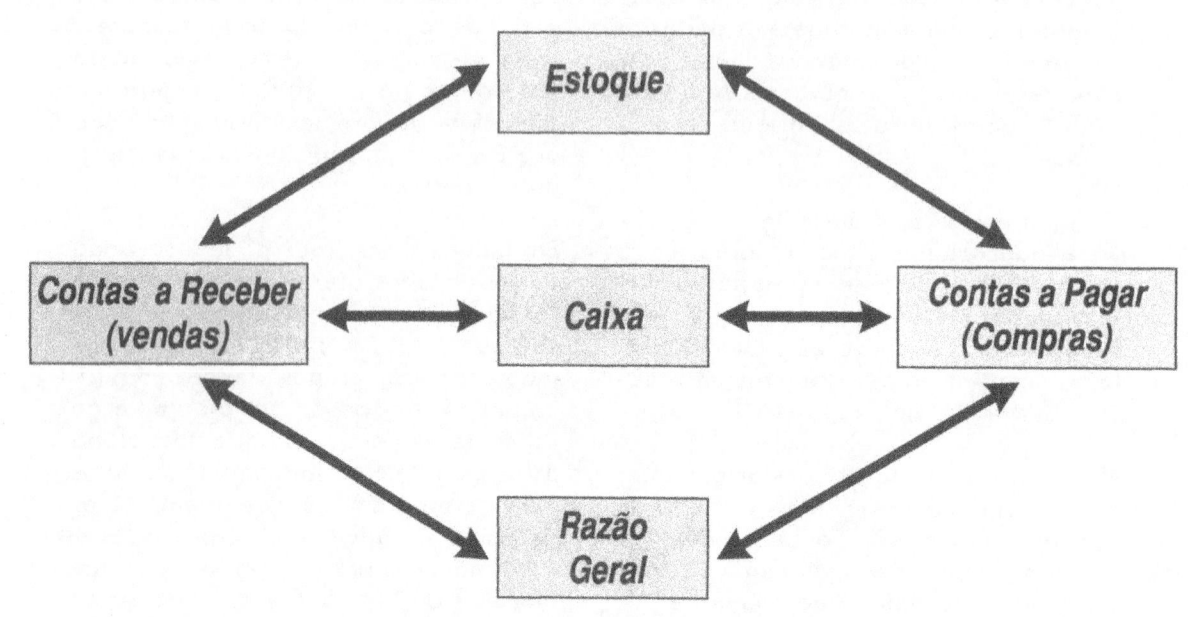

FIGURA 14.1 Como os módulos de um sistema de contabilidade interagem.

VENDAS A VAREJO

Quantas vezes você já entrou em uma loja, comprou alguma coisa e pagou em uma caixa registradora informatizada? Na grande maioria das lojas, essas caixas registradoras informatizadas estão ligadas diretamente ao sistema de contabilidade da empresa. Na verdade, elas não são mais chamadas de caixas registradoras. Hoje, chamam-se *terminais de ponto-de-venda (PDV)*. Toda vez que o vendedor procura por um item, o terminal verifica seu preço e descrição no sistema central (contabilidade) da companhia e, quando a venda é concluída, cada item é removido dos registros de estoque. No caso de uma loja, o ponto-de-venda é o principal ponto de inserção para transações nos registros de contas a receber.

A maioria das empresas, porém, não é de varejo, portanto vamos analisar outros exemplos. Companhias que manufaturam produtos também podem vendê-los diretamente aos usuários finais, ou despachar quantidades maciças a um distribuidor — ou ambos.

VENDAS NO ATACADO

Um dos muitos produtos que a 3M Corporation fabrica são disquetes para computadores. A 3M vende uma quantidade imensa de disquetes para fabricantes de computadores e para empresas de software, que neles distribuem seus produtos. Além disso, a 3M vende disquetes para distribuidores que os revendem a lojas de computadores e suprimentos em todo o mundo. A transação de vendas que um funcionário da 3M efetua é semelhante àquela do vendedor no terminal PDV. A principal diferença é que o vendedor no atacado precisa usar um terminal de computador para verificar o estoque, programar a data de entrega e obter informações cadastrais em vez de receber dinheiro ou cheque.

Quando o vendedor conclui uma venda no atacado, aquela mercadoria é reservada no estoque para não ser vendida novamente. Às vezes, os vendedores das corporações são chamados *gerentes de conta* ou *representantes de cliente*, porque suas responsabilidades englobam não apenas tirar pedidos, mas também garantir que esses pedidos sejam atendidos e que os clientes fiquem satisfeitos e paguem suas contas em dia. Essa tarefa seria muito mais difícil se o vendedor não tivesse ao seu alcance informações superatualizadas sobre estoque, cadastro e clientes.

ENTREGA E RECEBIMENTO

Os depósitos armazenam mercadorias acabadas (produtos que estão prontos para ser vendidos) e também matérias-primas, no caso de uma empresa de manufatura. As docas de embarque são o centro de controle de um depósito; hoje, funcionários de armazéns sempre usam computadores extensivamente. Algumas das transações mais importantes ocorrem quando as mercadorias são despachadas e recebidas.

Quando o vendedor conclui uma venda e programa a data de entrega, essa informação chega ao depósito no dia do embarque da mercadoria e também é usada para determinar quando o estoque está em seu nível de reabastecimento. Embora a mercadoria seja reservada quando a venda é efetuada, a transação contábil só ocorre quando a mercadoria é carregada fisicamente em um caminhão e sai do depósito. Quando os produtos são despachados, o funcionário do depósito insere o evento no computador, criando a transação contábil.

Quando as mercadorias compradas chegam à doca de recebimento, os funcionários daquele armazém verificam o conteúdo e inserem o recibo das mercadorias no computador. Tanto em uma loja quanto em uma empresa que opera no atacado, os recebimentos em geral são produtos acabados, prontos para ser imediatamente vendidos ou redespachados. Nesse tipo de empresa, os bens recebidos vão diretamente para o sistema de estoque computadorizado.

NOTEBOOK DO NORTON
PREPARANDO-SE PARA UMA CARREIRA NA ÁREA DE NEGÓCIOS

Poucas carreiras envolvem mais os computadores do que aquelas na área de negócios. Em todo este livro, você tem visto a importância dos computadores para as empresas, que deles dependem fortemente, e também por que os indivíduos precisam saber como usá-los. A pessoa de negócios precisa entender de computadores e identificar novas maneiras de usá-los no ambiente comercial.

Um diploma na área de negócios, ou em administração de empresas, é evidência de educação sólida e excelente trampolim para a sua carreira. Mas só isso não abre automaticamente as portas da sua vida profissional. Durante sua vida estudantil, é preciso lembrar que a área de negócios é incrivelmente diversa e que os diplomas nesse campo são comuns; você tem de encontrar meios de se destacar da multidão.

Uma maneira de tirar o máximo proveito de um diploma na área de negócios é especializar-se. Finanças e contabilidade, por exemplo, são duas áreas que atrairão o interesse de quem estiver lendo seu currículo. Há, porém, outra coisa que você pode fazer — saber informática.

Muitas pessoas com quem você estará competindo por um emprego mencionarão em seus currículos que sabem usar planilhas e editores de texto, mas você pode fazer muito mais. O conhecimento de editores de texto deve estar implícito, mas não ser mencionado expressamente em um currículo, porque assume-se que o graduado em administração tenha também outras habilidades na área de informática que são muito mais relevantes para uma carreira nesse campo. Saber lidar com planilhas é muito mais relevante, mas as empresas presumem que você tem pelo menos o conhecimento básico; por isso, não é preciso mencionar uma simples capacitação com planilhas. Em geral, quanto mais alta a posição desejada, mais o conhecimento básico deve ser subentendido em vez de enfatizado.

Para cargos de início de carreira, enfatize sua habilidade com planilhas e bancos de dados para solucionar problemas. É claro que para enfatizar esses atributos, você precisa dominar o software, e a única maneira de conseguir isso é usando o produto. A maioria das instituições educacionais oferece equipamentos e softwares a preços convidativos, como incentivo para os alunos usarem computadores. Mesmo que você tenha de emprestar dinheiro para comprar um micro, a longo prazo, o benefício de ter seu próprio sistema valerá o investimento.

Aprenda a operar as melhores planilhas do mercado; seja capacitado em todas elas, mas se especialize em uma. Analise problemas, faça planos de amortização, crie relatórios financeiros e calcule retornos de investimentos. Você pode até voltar aos livros de escola e usar o computador para solucionar alguns dos problemas lá apresentados.

No caso do software de gerenciamento de banco de dados, é menos importante ser um especialista, mas você deve conhecer o produto com detalhes suficientes para poder criar tabelas, formulários e relatórios. Os conceitos são cruciais. Você também deve obter informações sobre os melhores sistemas de contabilidade para micros. Mesmo que o foco da sua atividade principal não seja contabilidade, os sistemas contábeis geralmente são o coração do sistema de SIG de uma empresa. Saber

> como eles funcionam pode ser valioso. Por exemplo, como os sistemas de contabilidade são essencialmente programas especializados, escritos com base em um sistema de gerenciamento de banco de dados, normalmente é possível abrir os arquivos de dados desses sistemas para criar relatórios personalizados. Esse tipo de conhecimento pode ser extremamente útil para candidatos a um emprego.
>
> Acima de tudo, aprenda a aplicar o conhecimento que você tem de computadores às áreas comerciais que mais lhe interessam. Aprenda como os computadores são usados nessas áreas agora e investigue como o processo pode ser integrado e aperfeiçoado. Independentemente do que você venha a descobrir, o que foi aprendido no processo será o seu diferencial em relação aos outros candidatos.

No caso das empresas na área de produção, os recebimentos são matérias-primas ou componentes de um produto acabado que precisam passar primeiro pelo processo de manufatura. De qualquer maneira, o recebimento de mercadorias representa uma dívida em que a empresa incorre assim que o caminhão é descarregado, e o custo dessas mercadorias é imediatamente registrado no estoque de produtos acabados ou no estoque de matéria-prima.

Isso nos leva de volta ao departamento de contabilidade e ao software de contabilidade central que resume as transações que ocorrem em uma empresa. Fizemos essa viagem para mostrar não apenas que pessoas de vários departamentos de uma empresa usam computadores, mas também que, pelo menos nas situações ideais, funcionários de toda uma organização têm acesso aos computadores da empresa, onde inserem informações vitais.

PRODUÇÃO

Nos departamentos de produção, os gerentes usam o computador para planejar a fabricação de produtos ou componentes. Suas instruções para fabricar produtos acabados resultam dos pedidos recebidos pelo departamento de vendas e também das estratégias nas mentes da alta cúpula, que pode exigir um aumento nos níveis de estoque.

Os gerentes de produção usam computadores e uma técnica chamada *planejamento de exigência de material (MRP — Materials-Requirement Planning)* para garantir que o material necessário para fabricar produtos esteja disponível no momento em que for solicitado no processo de produção. Matérias-primas e componentes são cuidadosamente programados para chegarem no momento certo, mas não muito antes disso. O excesso de material em estoque desperdiça não apenas espaço de produção, como também recursos da companhia, que precisa pagar por eles mais cedo.

COMPRAS

O departamento de compras tem por obrigação comprar materiais e componentes para a produção e também equipamentos de capital. Os funcionários do setor de compras têm por obrigação adquirir mercadorias e serviços para uma companhia ao melhor preço e condições possíveis.

No caso de materiais e componentes de produção, a compra deve ser intimamente coordenada com os departamentos de produção ou manufatura, para assegurar que eles cheguem no momento certo, sem muita antecedência. Os compradores programam a entrega da mercadoria e a data de chegada nos computadores centrais. Assim como uma venda só é concluída quando o produto é despachado, uma compra só é concluída quando o produto é recebido na doca de recebimento.

DEPARTAMENTO DE PESSOAL E RECURSOS HUMANOS

A tecnologia dos computadores permitiu que a área de gerenciamento de recursos humanos se mostrasse mais eficiente do que nunca. Especialmente nas grandes empresas, os computadores ajudam os gerentes de recursos humanos a tomar decisões mais fundamentadas sobre que candidatos devem ser contratados e, uma vez contratados, determinar que eles recebam todo o treinamento e orientação necessários.

Os sistemas de gerenciamento de recursos humanos geralmente se baseiam em software de banco de dados que oferece acesso rápido aos registros e histórico dos funcionários. Usando esses sistemas, os gerentes de recursos humanos conseguem assegurar que os funcionários sejam avaliados no momento programado e não percam as oportunidades de promoção e aumento salarial.

COMPUTADORES NAS PEQUENAS EMPRESAS

As pequenas empresas têm todos os elementos de uma empresa de grande porte. A principal diferença é que há menos pessoas trabalhando e, portanto, os funcionários conseguem identificar-se mais com a empresa do que seus colegas de grandes corporações. Assim, é ainda mais importante que cada membro de equipe seja flexível e informado sobre o sistema de informática da organização. As grandes corporações ainda fazem uso extensivo de mainframes e minicomputadores, mas as pequenas empresas em geral dependem totalmente das redes de micros.

As pequenas empresas também dependem muito de programas comerciais menos sofisticados, adquiridos em lojas especializadas, e de grupo de trabalho, como sistemas de contabilidade, que são adquiridos em VAR *(Value-Added Resellers — Revendas com Valor Agregado)*. Para a pequena empresa, o representante VAR pode trabalhar como consultor, integrador de sistemas ou como técnico, e pode até treinar os usuários no software de propósito específico que a empresa adquiriu. Alguns VARs cobram taxas extras para ajudar seus clientes a tomar decisões e para fazer o trabalho de integração, mas o principal objetivo de um VAR é vender hardware e software. Uma vez implementado o sistema, a pequena empresa precisa de pelo menos um indivíduo versado em computadores para funcionar como administrador do sistema.

NOTEBOOK DO NORTON: PREPARANDO-SE PARA UMA CARREIRA DE PROFISSIONAL LIBERAL

Se você planeja seguir uma carreira profissional na área de medicina, direito, contabilidade ou engenharia, poderá ficar surpreso com o número de diferentes técnicas necessárias para operar computadores nessas áreas.

Tradicionalmente, os profissionais liberais têm-se isolado da tecnologia dos computadores. É claro que os computadores já são usados há muito tempo nesses campos, mas as pessoas que trabalham com eles quase sempre são técnicos, assistentes e secretárias. Se um engenheiro precisasse desenhar, era o desenhista que sentava na estação de trabalho e usava o programa CAD. Quando um advogado precisava saber algo sobre um precedente, era um recém-formado que pesquisava o sistema de jurisprudências à procura da decisão relevante. Quando um médico solicitava um exame a um paciente, um técnico operava a máquina de ressonância magnética ou de tomografia. E, é claro, quando um profissional precisava enviar uma carta, criar um relatório ou arquivar um depoimento, sempre era mais eficaz usar uma secretária do que perder tempo valioso fazendo edição de texto.

Os tempos estão mudando, porém. Hoje, o jovem médico, advogado, contador ou engenheiro em início de carreira provavelmente já usa editores de texto há anos. A quantidade de trabalhos que foram escritos durante a graduação faz da digitação rápida e da edição de texto quase uma conclusão inevitável. A maioria das escolas de direito oferece treinamento em sistemas de jurisprudência e espera que seus alunos saibam como usá-lo. Quase todos os engenheiros e arquitetos aprendem a usar o programa CAD na universidade, e muitos engenheiros têm experiência em programação. Os contadores aprendem a usar planilhas e softwares especializados em cálculos financeiros e escrituração contábil.

Uma vez dominadas essas técnicas especiais, a conveniência econômica de contar com assistentes, técnicos e secretárias para fazer todo o trabalho junto ao computador torna-se altamente questionável. Afinal, contratar essas pessoas ainda custa dinheiro. E o profissional que depende delas precisa dedicar tempo extra para lhes dar instruções específicas e checar o trabalho depois de concluído. Se o profissional já conhece as técnicas necessárias, ele é capaz de fazer o trabalho melhor, aplicando sua experiência, em vez de supervisionar e corrigir o trabalho de funcionários que não possuem treinamento tão qualificado.

A informatização das profissões liberais provavelmente será um processo mais lento do que a informatização do mundo dos negócios. Os profissionais mais velhos, em especial, provavelmente não sairão correndo para aprender a operar computadores porque (em geral) são bem remunerados e estão isolados da competição direta com profissionais que acabaram de sair da universidade. Você, porém, não tem a mesma sorte. Para competir com seus colegas, provavelmente terá de contar com menos apoio de assistentes, técnicos e secretárias. E isso significa dominar todas as técnicas necessárias para lidar com o computador na sua profissão.

COMO OS PROFISSIONAIS LIBERAIS USAM COMPUTADORES

Assim como todos os segmentos da sociedade, as profissões liberais sofreram mudanças dramáticas com o desenvolvimento da tecnologia dos computadores. Como em outras áreas, entretanto, o computador não tem condições de substituir os profissionais liberais, mas ajuda a aliviar os aspectos tediosos de suas carreiras e oferece acesso rápido a informações vitais.

MÉDICOS Nos capítulos anteriores, vimos como a tecnologia dos computadores afetou a medicina em geral — como novos dispositivos e procedimentos assistidos por computadores oferecem aos médicos ferramentas que até alguns anos atrás eles nunca sonharam ter. Mas o próprio trabalho dos médicos também se beneficiou dessa tecnologia.

Hoje, o *Physician's Desk Reference (PDR)*, uma publicação enorme e permanente sobre a utilização de drogas e remédios, já está disponível em CD-ROM. Os médicos usam o *PDR* para verificar aplicação, doses e efeitos colaterais dos medicamentos.

ADVOGADOS Os advogados usam computadores há muito tempo em seus escritórios para edição de texto. Mais há pouco, porém, começaram a perceber o potencial que os computadores têm de encontrar rapidamente casos nos quais jurisprudências foram estabelecidas. Os muitos volumes de estudos de casos legais não mais são necessários, porque todos os casos já julgados podem agora ser encontrados em CD-ROM. O advogado consegue encontrar rapidamente os casos relevantes que sustentam uma determinada posição legal. No tribunal, ele também pode ter acesso a testemunhos já prestados, para encontrar referências a um termo ou frase específica em um depoimento.

Os advogados também usam outra aplicação para diminuir o trabalho de preparação de testamentos, procurações e contratos. Eles, ou seus assistentes, inserem os dados específicos de um contrato, ou os nomes do proprietário e beneficiários, e o software produz imediatamente o testamento, procuração ou contrato pronto.

CONTADORES Os contadores profissionais e os escritórios de contabilidade normalmente oferecem três categorias de serviços ao mundo dos negócios: auditorias ou algum nível de análise do balanço financeiro da empresa, preparação da declaração do imposto de renda e consultoria fiscal e consultoria administrativa em geral.

A *auditoria* financeira é o procedimento que testa a escrituração e as práticas contábeis de uma empresa para determinar o nível de confiabilidade dos seus relatórios financeiros. Os procedimentos seguidos pelos contadores são estritamente definidos pela profissão e, até recentemente, eles usavam computadores apenas raramente. Hoje, porém, muitos auditores já usam computadores em suas auditorias para ajudar a organizar as informações e a testar os computadores da empresa do cliente.

Os escritórios de contabilidade usam computadores na *preparação da declaração do imposto de renda*. Na verdade, muitos escritórios pertencem a um birô de serviços que processa as declarações. O contador, ou assistente, insere as informações fiscais no computador e em pouco tempo a declaração é impressa. Muitos escritórios estão começando a comprar softwares de preparação do imposto de renda para seus próprios computadores, para reduzir o tempo necessário para produzir uma declaração.

CARREIRAS NA INDÚSTRIA DE INFORMÁTICA

Os economistas estimam que um em cada quatro empregos nos Estados Unidos está na indústria automobilística. Se você contasse o número de pessoas empregadas pelas três maiores montadoras, porém, ficaria muito aquém dessa estimativa. Isso ocorre porque observar a força de trabalho das principais montadores equivale a observar nada mais do que a superfície da indústria. Por exemplo, as empresas automobilísticas raramente produzem os componentes que vão nos carros. Elas não fazem a tinta, não moldam os vidros dos pára-brisas nem produzem os pneus que são colocados nos carros. Por esse motivo, elas não vendem carros diretamente ao público nem dão manutenção direta, não são diretamente responsáveis pelos reparos necessários nem os abastecem. A maioria dos empregos produzidos pela demanda de automóveis está nas indústrias-satélites.

O mesmo ocorre na indústria dos computadores. As principais empresas de computadores, apesar de grandes empregadoras, não contratam nem de perto tantas pessoas quanto as muitas companhias que desenvolvem software e produzem dispositivos periféricos como placas, impressoras, monitores etc. Muitas empresas de pequeno porte também produzem muitos dos componentes para sistemas completos, como placas-mães, teclados e gabinetes. Outras ainda compram esses componentes como matéria-prima, montam-nos para formar computadores completos e competem com os grandes fabricantes de computadores.

Com muita freqüência, os grandes avanços têm origem nas grandes companhias, por causa dos vastos recursos que elas investem em pesquisa e desenvolvimento. Mas na indústria de computadores, a tecnologia não tende a permanecer proprietária por muito tempo mais. A compatibilidade é tão importante que padrões precisam ser sempre estabelecidos, publicados e atualizados. É isso que cria tantas oportunidades para empresas grandes e pequenas, e também para indivíduos com boas idéias.

Muitas pessoas, se não a maioria, que trabalham nas empresas de manufatura para projetar e produzir produtos de hardware são engenheiros e cientistas. Diplomas em ciência da computação, informática e engenharia (de muitos tipos) são o bilhete de entrada para essas empresas. Nosso objetivo nesta seção, no entanto, estará no lado mais suave — na programação, nas empresas que possuem departamentos próprios de SIG e nas empresas menores que precisam ser capazes de gerenciar e manter seus próprios computadores e redes. Apesar de diplomas em ciência da computação, informática e em matemática serem comuns entre programadores e analistas de sistemas, a nova face dos departamentos corporativos de SIG e as muitas novas ferramentas de programação e manutenção de sistemas permitiram que pessoas de diversas disciplinas e formações se envolvessem com a indústria da computação como mais do que simples usuários de computadores.

Nesta seção, focalizaremos quatro carreiras que predominam no cenário das grandes corporações e também nas pequenas empresas. A primeira carreira, programação, é, obviamente, a espinha dorsal da indústria de software. Mas fora dela, programadores são necessários em empresas de todos os tamanhos e em muitas indústrias. Assim como a necessidade de conhecimento em computação geralmente abrange várias linhas operacionais, a necessidade de programadores se estende por várias linhas industriais. Empresas e organizações em todas as áreas precisam de programadores, em um nível ou outro. As únicas organizações que não precisam de programadores são aquelas que conseguem funcionar completamente com software adquirido nas lojas especializadas. Na área de produção, varejo, saúde, pesquisa e em muitas outras, as grandes companhias com departamentos próprios de SIG e com seus próprios sistemas integrados geralmente empregam muitos programadores.

O domínio do analista de sistemas é ligeiramente menor do que o do programador. Os analistas de sistemas normalmente estão limitados às empresas e organizações maiores, com um departamento de SIG e um trabalho considerável de desenvolvimento. Os integradores de sistema podem ser funcionários de organizações com substanciais instalações de computadores, podem ser independentes ou funcionários de um revendedor de software ou de computadores que ofereça serviços aos clientes, entre os quais se incluem empresas pequenas e de médio porte. Finalmente, os administradores de sistema são necessários em qualquer organização que faça uso de computadores e redes.

CARREIRAS NA ÁREA DE PROGRAMAÇÃO

Conforme vimos no Capítulo 13, o desenvolvimento de software percorreu um longo caminho desde que surgiu como ciência misteriosa. Qualquer pessoa que tenha interesse pode aprender a escrever programas para computadores. Milhões de pessoas escrevem programa como hobby, pelo simples prazer de fazê-lo. Para outras, o desenvolvimento de software é a sua sobrevivência.

Um dos aspectos interessantes da programação profissional é a diversidade de projetos nos quais um programador pode trabalhar. Relativamente poucos projetos de programação requerem apenas experiência em matemática ou em engenharia de software. A maioria deles tenta melhorar situações ou solucionar problemas do mundo real e, para escrever um programa que afetará a vida e a carreira de outras pessoas, o programador tem de saber algo sobre elas.

Por exemplo, os programadores que trabalham em um pacote de software contábil precisam saber qual é sua meta — e, se ainda não conhecerem a mecânica fundamental da contabilidade, terão de aprender. Os programadores que trabalham em um projeto comercial precisam conhecer a concorrência para poder produzir um produto superior.

Os programadores que trabalham em um software de editoração eletrônica não podem simplesmente pegar as instruções de uma especificação produzida por outras pessoas e traduzi-la em programa de computador. Eles precisam conhecer a área editorial; precisam familiarizar-se com os termos e problemas e precisam saber como deve funcionar o software de editoração — do que as pessoas gostam, do que não gostam e os produtos existentes.

Os arquitetos dizem que se chateiam muito pouco em sua profissão. São continuamente inspirados e desafiados por novos projetos e possibilidades. A área de programação é semelhante. Quando os projetos se encontram na fase de acabamento, novas idéias e inspirações surgem para abrir novos caminhos.

TRABALHANDO COMO ANALISTA DE SISTEMAS

Conforme vimos no Capítulo 12, muitas companhias que programam seus próprios computadores empregam pessoas chamadas *analistas de sistemas* para selecionar hardware e software, entrevistar usuários, definir os caminhos a ser seguidos pelos programadores e solucionar os problemas encontrados ao longo do caminho. Os analistas de sistemas geralmente, mas nem sempre, têm experiência em programação para poder entender os problemas enfrentados pelos programadores e as limitações e recursos dos computadores usados pela organização.

Antes de os computadores serem comuns nos locais de trabalho, a informatização podia transformar-se em processo traumático. Os analistas de sistemas às vezes eram chamados *agentes de mudança* — um termo que realmente alarmava as pessoas que temiam ser substituídas por um computador. Na verdade, *agente de mudança* é qualquer pessoa na organização que efetue algum novo procedimento ou maneira de realizar um negócio.

Hoje, a maioria das pessoas sente-se à vontade com computadores no local de trabalho. Reconhecendo que o computador as ajuda a fazer seu trabalho com maior facilidade e eficiência, as pessoas que um dia se sentiram ameaçadas por essas máquinas agora nem pensam em trabalhar sem elas.

Entretanto, o analista de sistemas ainda tem um papel importante. Ele ainda precisa avaliar as necessidades dos departamentos e indivíduos e determinar a melhor maneira de automatizar as tarefas dos funcionários e torná-los mais produtivos.

O INTEGRADOR DE SISTEMAS

Para projetar um sistema inicialmente e implementá-lo, as companhias contam com o *integrador de sistemas*. Os integradores de sistemas geralmente são consultores independentes, mas às vezes são funcionários de outra empresa que vende hardware e software. Os integradores de sistemas podem ter muitas das habilidades dos técnicos que instalam computadores e redes, mas geralmente também têm um alto conhecimento de software e experiência em equipamentos especializados que ligam computadores e redes não-compatíveis.

Por exemplo, muitas empresas que resolvem instalar uma rede têm vários tipos de microcomputadores e talvez um mainframe ou uma rede local que atenda a um único departamento. Não raro, as companhias têm seus sistemas de contabilidade e produção em um mainframe, enquanto o departamento de marketing usa computadores Macintosh ligados a uma rede LocalTalk, o departamento de pesquisa e desenvolvimento usa estações de trabalho Sun Unix e há inúmeros micros baseados em DOS espalhados por todo o resto da organização.

O integrador de sistemas precisa projetar uma rede apropriada para todos os diversos sistemas da organização e ligá-los eficientemente com os dispositivos de hardware e os utilitários de software. Para tanto, ele tem de conhecer os mais recentes dispositivos de hardware e protocolos de software. E pode ser bastante desafiador ficar a par dessas novas informações, porque elas estão em constante alteração.

O ADMINISTRADOR DE SISTEMAS

Quando os sistemas estão prontos e entram em execução, a responsabilidade de mantê-los em operação recai sobre o *administrador de sistemas*. Hoje, praticamente toda empresa e organização, desde as grandes da *Fortune 500* até as companhias pequenas, dependem fortemente de redes locais. Em muitas empresas pequenas, a rede local é o principal sistema da organização e, mesmo nas maiores empresas de hardware e de software, os departamentos às vezes operam como unidades autônomas com redes e problemas próprios.

Embora a maioria dessas redes locais baseadas em micros não exija o trabalho em tempo integral de programadores, operadores e analistas de sistemas para mantê-las em funcionamento, elas precisam de manutenção ocasional, e os problemas têm de ser solucionados por alguém que saiba o que fazer quando as coisas não dão certo. As organizações menores normalmente indicam um funcionário que tenha demonstrado apreço por computadores para trabalhar como administrador de sistemas, além de suas obrigações usuais. Essa é uma solução prática para redes locais pequenas, com menos de 20 computadores na rede. Nesses casos, não há realmente muito o que fazer, mas alguém deve ser capaz de reparar os problemas surgidos, incorporar novos usuários, fornecer senhas e instalar novos softwares.

Os sistemas maiores, porém, precisam de atenção total. Nas organizações com várias redes locais, redes remotas, pontes e gateways para outros sistemas ou inúmeros usuários, um grupo de administradores de sistemas em tempo integral geralmente é uma necessidade. Os administradores de grandes sistemas quase sempre precisam de mais treinamento e conhecimento mais profundo de tecnologia de computadores do que os administradores de sistemas menores. Essas pessoas podem ter formação diferente, incluindo SIG, programação, revenda de produtos e até mesmo fabricação de hardware.

APLICANDO SUAS HABILIDADES COM O COMPUTADOR À SUA CARREIRA

Assim como você aprende a ler e a se comunicar com os outros, a aplicação do conhecimento e habilidades com o computador abrange diferentes linhas ocupacionais. Pessoas de todas as ocupações, profissões e ramos de atividade já perceberam que os computadores aumentam diretamente sua eficiência e produtividade. E o modo como elas usam computadores em empresas e organizações varia desde os sistemas pessoais com pacotes básicos de produtividade até os grandes sistemas integrados que as organizações usam para gerenciar suas operações.

Nesta seção, veremos como as pessoas usam o conhecimento e as habilidades básicas que têm com computadores, independentemente de sua ocupação. Compradores, corretores de seguros, vendedores, despachantes, corretores e executivos, todos podem beneficiar-se da familiaridade com computadores.

EDIÇÃO DE TEXTO

No Capítulo 9, analisamos em detalhes tanto a edição de texto quanto os editores de texto. Não vimos, porém, como a habilidade de escrever é importante em muitos ramos de atividade e profissões. Com a possível exceção da comunicação oral, nenhuma outra habilidade é tão importante para o sucesso profissional quanto a comunicação escrita. Palavras, frases, parágrafos e números em uma folha de papel são a linguagem universal dos negócios. Sua capacidade de organizar e apresentar a linguagem escrita terá efeito imediato e profundo no seu relacionamento com colegas, clientes e empresas.

Quando você começa a procurar aquele emprego importante na área profissional que escolheu seguir, seu primeiro contato com empregadores potenciais talvez ocorra por meio do seu currículo. É quase um adágio dizer que um currículo fala muito mais sobre seu conteúdo do que a página ou duas de texto que ele contém. O peso da apresentação dos fatos é substancial. O que poucas pessoas reconhecem, no entanto, é que a importância da apresentação de informações é a mesma em todo tipo de comunicação. Cartas, memorandos, relatórios e jornais que você vier a preparar na sua carreira levarão com eles seu estilo e talento.

Hoje, saber tirar vantagem de um editor de texto anda lado a lado com o conhecimento dos fundamentos básicos de uma língua. Quer você tenha optado por seguir carreira na área de medicina, marketing ou produção, saber manipular um editor de texto irá ajudá-lo a obter um emprego e, depois disso, a progredir na sua área.

PLANILHAS

As planilhas ajudam o usuário a preparar um tipo diferente de documento. As mesmas técnicas de comunicação têm influência nos documentos que você produz com uma planilha. É claro que a diferença está no fato de que as planilhas permitem ao usuário lidar com números — sua finalidade principal.

Não se iluda achando que, se você não está estudando contabilidade ou finanças, nunca precisará usar planilhas. A planilha é uma dessas incríveis ferramentas que, quanto mais você usa, mais encontra motivos para usá-la. Ela é a calculadora da era moderna. E, como a antiga calculadora manual, é uma ferramenta de propósito geral. Na verdade, a planilha tem mais usos genéricos do que as calculadoras antigas. Você pode usá-la para administrar seu talão de cheques, para calcular a capacidade de carga de vigas de concreto ou para determinar o empuxo necessário para colocar uma cápsula em órbita.

Pense no que significa saber usar uma planilha. Saber usar uma planilha não significa memorizar as funções e recursos, mas saber usar certas funções e saber onde encontrar as outras e como procurá-las. Quando você sabe usar uma planilha, tem em mãos uma calculadora personalizada, que poderá solucionar virtualmente qualquer problema matemático, geométrico, algébrico ou financeiro.

NOTEBOOK DO NORTON — PREPARANDO-SE PARA UMA CARREIRA NA ÁREA EDITORIAL

Os computadores viraram a indústria de publicações de cabeça para baixo por dois motivos.

Primeiro, o surgimento do software de editoração eletrônica deixou ao alcance de todos os tipos de empresas e organizações os recursos da editoração profissional. Escritórios de advocacia, agências de propaganda, organizações governamentais — virtualmente todas as grandes organizações — agora criam seus próprios boletins informativos, manuais de treinamento e outros materiais com alta qualidade de apresentação. A qualidade visual dos documentos do dia-a-dia melhorou incrivelmente, e materiais que costumavam ser enviados para uma gráfica agora podem ser produzidos na própria empresa. Como resultado, indivíduos fora da indústria gráfica formal mostram-se hoje muito versados no processo editorial. Qualquer que seja o tipo de organização no qual você venha a trabalhar, há boas chances de que seu trabalho envolva usar um programa de editoração eletrônica, um programa gráfico ou um editor de imagens. Saber usar qualquer um desses programas passou a ser um ponto de valor.

O segundo motivo para a mudança da indústria de publicações é que, nas gráficas tradicionais — aquelas que produzem livros, revistas e jornais —, grande parte do processo editorial está informatizada. O processo agora é muito mais rápido e muitas funções foram alteradas.

Como sempre, o processo editorial começa com autores e ilustradores. Mas as ferramentas do ofício agora incluem os computadores. Hoje, espera-se que os autores apresentem seu trabalho em formato eletrônico, o que significa que eles precisam ser capacitados a usar um editor de textos. Os editores vêm logo atrás dos autores. É interessante observar que a edição ainda é feita da maneira tradicional, em geral com uma caneta vermelha. Os copidesques e os revisores, especialmente, tendem a trabalhar na cópia impressa, técnica que permite ao autor examinar o trabalho por eles realizado. A edição na cópia impressa criou uma área totalmente nova no desenvolvimento de livros: o revisor de emendas. O revisor de emendas insere as alterações feitas pelo copidesque e pelo revisor no arquivo eletrônico do manuscrito.

Os ilustradores e os artistas, que geralmente trabalham em paralelo com autores e editores, formam um grupo misto. Alguns usam técnicas eletrônicas e alguns ainda se atêm às ferramentas tradicionais. Mas mesmo quando técnicas tradicionais, como fotografia ou pincel e tinta, são usadas, as imagens quase sempre precisam ser transferidas para formato eletrônico com o uso de um scanner. Com um software de edição de imagens, como o Photoshop, as imagens podem ser manipuladas ou editadas.

Quando tanto o texto quanto a arte estão concluídos e armazenados em formato eletrônico, o livro ou revista (e um número crescente de jornais) está pronto para a produção. Os computadores tomaram conta do processo de produção. A pedra fundamental da produção de livros e revistas modernos são os programas de editoração eletrônica, como o Aldus PageMaker e o QuarkXPress. Os desenhistas gráficos criam a "aparência" das páginas de livro ou revista. Freqüentemente, eles criam arquivos de modelo usando o software de composição de página.

Uma vez criados os modelos, os artistas da área de composição "despejam" o texto e a arte na página. Em outras palavras, combinam os arquivos de texto e de arte para formar um único arquivo de composição de página, dentro dos limites do modelo. Quando as páginas estão prontas, elas são impressas (geralmente em uma impressora a laser) para poder ser verificadas e revisadas por autores, artistas e editores. A capacidade de fazer alterações nas páginas editando os arquivos de composição, em vez de redefinir o tipo e colar novamente a arte, significa uma tremenda vantagem sobre os métodos tradicionais de edição.

Mesmo o processo de impressão é feito eletronicamente. Na maioria dos casos, as páginas ainda saem de uma prensa mecânica de offset. Mas o filme usado pela gráfica normalmente é impresso usando-se impressoras a laser de altíssima qualidade.

Em poucas palavras, se você planeja entrar na área editorial, estará exposto e terá de compreender e usar uma ampla variedade de tecnologias de informática. E mesmo que você não siga esse cami-

CONHECIMENTO DE OUTROS PROGRAMAS E SISTEMAS OPERACIONAIS

Você provavelmente verá que o conhecimento obtido neste livro irá beneficiá-lo de muitas maneiras no futuro. Você aprendeu como funciona o hardware e o que são sistemas operacionais, redes e sistemas gerenciadores de bancos de dados. Agora, quando encontrar computadores na escola e na sua carreira, reconhecerá sistemas e produtos de software pelo que eles são, e será mesmo capaz de usá-los muito mais eficientemente do que se não tivesse lido este livro.

O QUE ESPERAR DO FUTURO

No futuro, não há dúvidas de que os computadores serão uma parte cada vez mais importante das nossas vidas. Hoje, conhecer computadores — saber como funcionam, o que podemos fazer com eles e como eles nos ajudam na nossa vida e carreira — é tão importante quanto saber ler e escrever. Na verdade, entender de computadores já se fundiu com o que chamamos de conhecimento geral.

Daqui a um século, nossos descendentes estudarão nosso tempo nos livros de história e refletirão sobre o século XX como o despertar da era do computador. É difícil imaginar agora porque os computadores já são ferramentas muito importantes na indústria e na sociedade, mas isto é apenas o começo. Os computadores que usamos hoje em dia serão tão engraçados para nossos netos quanto as antigas fotos em preto-e-branco que vemos dos computadores dos anos 40 e 50. E a cada década, um segmento cada vez maior da população estará envolvido com a tecnologia da informática — direta ou indiretamente.

Ao decidir qual carreira você seguirá, lembre-se do ditado "sem trabalho nada se alcança". Os cargos mais recompensadores na nossa sociedade quase sempre exigem as maiores habilidades e treinamento. Para o candidato sem habilidade e formação educacional, será cada vez mais difícil encontrar as portas abertas, e os empregos atrás delas nunca serão tão recompensadores nem gratificantes.

A leitura deste livro indica um compromisso com a sua educação, com a ampliação de seus horizontes. Mas este é apenas o primeiro passo. Se você ainda não o fez, logo terá de tomar a difícil decisão sobre o curso que dará à sua educação e carreira. Onde você quer estar daqui a uma década? Ou, talvez mais importante, o que você gostará de estar fazendo? Qualquer que seja o caminho escolhido, é provável que os computadores estejam lá. E caso não estejam, talvez seja você quem os fará presentes.

RESUMO

COMPUTADORES NO AMBIENTE CORPORATIVO

- As funções financeira e contábil de qualquer empresa dependem fortemente dos computadores.

- Estabelecimentos na área de varejo usam computadores em muitos setores, particularmente em transações de ponto-de-venda.

- As empresas de atacado usam computadores para verificação do estoque, cronogramas de entrega e informações de crédito.

- As docas de recebimento e embarque dependem dos computadores para acompanhar o fluxo de materiais que entram e saem de um armazém.

- As fábricas recebem ajuda do planejamento de exigência de materiais para garantir a disponibilidade da matéria-prima no processo de produção.

- Os departamentos de compra usam computadores não apenas para adquirir mercadorias, mas também para coordenar com os outros departamentos a entrega oportuna dos itens adquiridos.

- Os departamentos de recursos humanos podem cuidar de milhares de funcionários com a ajuda de aplicações especializadas.

- As pequenas empresas beneficiaram-se da flexibilidade e acessibilidade das aplicações de grupos de trabalho e dos serviços das revendas com valor agregado.

- Profissionais liberais como médicos, advogados e contadores beneficiam-se dos produtos de software especializados e dos bancos de dados disponíveis.

CARREIRAS NA INDÚSTRIA DE INFORMÁTICA

- Você não precisa trabalhar na indústria de informática para trabalhar com computadores; muitos tipos de empresas empregam profissionais de informática.

- As carreiras na área da informática incluem programadores, analistas de sistemas, integradores de sistemas e administradores de sistema.

APLICANDO SUAS HABILIDADES COM O COMPUTADOR À SUA CARREIRA

- Com o predomínio cada vez maior dos computadores em todas as áreas comerciais, você pode usar suas habilidades com esses equipamentos em quase qualquer emprego.

- O conhecimento de editores de texto e planilhas é exigido na maioria das posições profissionais.

- Você pode aprimorar suas habilidades para progredir profissionalmente.

QUESTÕES PARA REVISÃO

1. Relacione alguns campos de estudo que são seguidos por aqueles que desejam ser programadores.

2. O que significa o termo *agente de mudança*?

3. Qual é o papel de um integrador de sistemas no mundo dos negócios?

4. Relacione vários exemplos de departamentos ou áreas fora dos típicos departamentos de contabilidade e finanças de uma empresa que usam computadores para inserir transações relacionadas à área contábil.

5. Discuta como os departamentos de manufatura ou os gerentes de produção usam computadores para realizar seu trabalho mais eficientemente.

QUESTÕES PARA DISCUSSÃO

1. Explique, com suas próprias palavras, o papel de um analista de sistemas dentro de uma grande empresa. Com o tempo, que alteração o papel tradicional do analista de sistema poderá sofrer?

2. Explique por que um sistema integrado de contabilidade pode ser visto como a espinha dorsal das informações de uma empresa. Desenhe um diagrama que ilustre sua resposta.

APÊNDICE A

EXPLORANDO SEU COMPUTADOR

DOS

CAPÍTULO 1

INICIALIZANDO E REINICIALIZANDO O COMPUTADOR

Conforme você aprendeu no Capítulo 1, o sistema operacional é o primeiro programa carregado para a memória quando você liga o computador. Os microcomputadores são configurados para carregar o sistema operacional automaticamente assim que você aperta o botão liga/desliga. Esse processo é chamado *inicializar* (boot) o computador. O processo de ligar o computador e carregar o sistema operacional chama-se *inicialização fria* (cold boot), porque o equipamento está frio quando você o liga pela primeira vez durante o dia, esquentando depois.

Para ver o que acontece na inicialização fria:

1. Ligue o computador. Tipos diferentes de computador são ligados de maneiras diferentes; portanto, peça ao seu instrutor que lhe ensine a ligar seu equipamento.

Alguns segundos depois de ligada a máquina, o processador começa a procurar o sistema operacional. Primeiro, ele procura na unidade de disco principal, geralmente chamada unidade A:. Assumindo que sua unidade A: esteja vazia (que deve ser o seu caso), o computador passa a procurar no disco rígido interno, conhecido como unidade C:. Se o DOS estiver armazenado no disco rígido, você verá a indicação C: aparecer na tela. Esse conjunto de sinais chama-se "aviso de comando do DOS", porque é como o DOS avisa ao usuário que está à espera de um comando. Se o seu aviso de comando do DOS tiver uma letra diferente, o computador provavelmente encontrou o DOS em um dispositivo de armazenamento em rede, ao qual outros computadores também estão ligados. Se o seu computador exibir um sistema de menu (um conjunto de opções na tela), seu instrutor poderá dizer-lhe como obter o aviso de comando comum.

Há várias maneiras diferentes de usar o DOS; a mais comum é simplesmente digitar comandos no aviso de comando. Por exemplo:

2. Digite **VER** no aviso de comando do DOS e pressione a tecla Return ou Enter. O DOS não diferencia letras maiúsculas de minúsculas, portanto você não precisa usar letras maiúsculas se não quiser.

O DOS deve responder com uma linha do tipo

```
MS-DOS Version 6.22
```

As versões comuns do DOS incluem 3.3, 5.0, 6.0 e 6.24. O número da versão é importante porque alguns programas requerem versões recentes do sistema operacional.

Por melhor que você trate seu computador, ele ocasionalmente "travará". Em certas circunstâncias, o processador fica confuso com o software e recusa-se a aceitar comandos do teclado ou mouse. Nesses casos, você precisará efetuar uma *inicialização quente* (warm boot), processo que recarrega o sistema operacional sem que o equipamento precise ser desligado. Ligar e desligar o computador várias vezes sobrecarrega o hardware, portanto, se o seu congelar, tente sempre uma inicialização quente antes de recorrer à inicialização fria.

Para efetuar uma inicialização quente em um computador DOS, faça o seguinte:

3. Pressione o botão Control e o botão Alt ao mesmo tempo. Com ambos os botões ainda pressionados, pressione a tecla Delete.

O computador provavelmente fará soar um bip; você ouvirá a unidade principal sendo ativada (ela deve estar vazia) e depois verá o mesmo aviso de comando que apareceu na tela quando você efetuou a inicialização fria. Verifique sempre se o aviso de comando do DOS está na tela na hora de desligar o computador. Se seu instrutor quiser que você desligue a máquina quando terminar este exercício, você poderá fazê-lo agora.

Para concluir este exercício, responda às seguintes perguntas em uma folha de papel:

1. Descreva como ligar o computador que você está usando.

2. Que versão do DOS está sendo executada no computador que você está usando?

3. A combinação de teclas para efetuar uma inicialização quente em geral é "Ctrl-Alt-Del". Dadas as instruções na etapa 3 desta atividade, descreva como você executaria a combinação de teclas Ctrl-X.

4. Tente efetuar uma inicialização quente com o disco de atividades na unidade de disco flexível. O que acontece?

5. Por que você acha que o computador é projetado para procurar o sistema operacional primeiro na unidade de disco flexível e depois no disco rígido?

CAPÍTULO 2

USANDO A AJUDA

A interface do DOS não é famosa por ser fácil de usar, especialmente no caso de principiantes. Com as várias atualizações do DOS ao longo de sua existência, uma das inovações mais importantes foi a ajuda on-line.

Para usar a ajuda, você digita a palavra HELP, um espaço, o nome de qualquer comando do DOS e a tecla Enter. Uma boa maneira de começar é dar uma olhada na lista de todos os tópicos para os quais há ajuda disponível. Para ver a lista:

1. Digite **HELP** e depois pressione Enter.

Com a versão 6.0, você pode usar o mouse para dar um clique no comando do DOS sobre o qual você deseja obter informações ou pode usar as setas para mover o cursor para o tópico desejado e pressionar Enter. Depois de ler a tela de ajuda, digite Alt-A (pressione a tecla Alt juntamente com a tecla A) para acessar o menu Arquivo e depois pressione R para sair do modo de ajuda. Para se familiarizar, escreva os seguintes comandos em uma folha separada e use o modo de ajuda para descobrir o que eles fazem. Não copie tudo o que aparecer na tela. Explique apenas a finalidade básica de cada comando:

CLS

FIND

DATE

MEM

TREE

CAPÍTULO 3

USANDO O UTILITÁRIO ANTIVÍRUS DO DOS 6.0

No DOS 6.0, a Microsoft incluiu vários programas utilitários populares — programas que protegem software, dados e hardware ou que facilitam o uso do sistema. Um dos mais populares é o Microsoft Antivirus.

Há muitas opções diferentes disponíveis no Microsoft Antivirus, mas a maneira mais fácil de rodar o programa é simplesmente usar os parâmetros padrão. Torne ativo o disco que você deseja examinar e depois digite MSAV no aviso de comando do DOS. Muitas das atividades deste apêndice usam o disco de atividades fornecido com este livro. Antes de começar a usá-lo, porém, você deve verificar se ele está livre de vírus.

Para examinar o disco:

1. Coloque o disco na unidade A: (ou na unidade B:, caso ele não caiba na unidade A:).

2. Digite **A:** no aviso de comando (se o disco só puder ser inserido na unidade B:, digite B: no aviso de comando.)

3. Pressione Enter. Quando o aviso de comando aparecer como A:, você saberá que essa é a unidade ativa.

4. Digite **MSAV** no aviso de comando para iniciar o Microsoft Antivirus.

A tela Menu Principal aparece. A opção Encontrar está selecionada na coluna da esquerda e uma explicação desse item aparece na coluna da direita. Use a seta para baixo para selecionar as outras opções e descobrir o que elas fazem. Depois:

5. Selecione Encontrar e Remover e pressione Enter ou dê um clique em Encontrar e Remover com o mouse.

O Microsoft Antivirus começa examinando a memória do computador (RAM); depois ele passa para o disquete. Quando o exame termina, ele exibe um relatório mostrando quantos arquivos foram verificados, quantos vírus foram encontrados e quantos foram removidos. Em uma folha separada, relacione as seguintes informações, que são encontradas no relatório:

1. Total de vírus encontrados no setor de inicialização (boot).

   Total de vírus removidos do setor de inicialização (boot).

2. Total de arquivos.

3. Total de vírus de arquivo encontrados.

   Total de vírus de arquivo removidos.

Depois:

6. Dê um clique em OK ou pressione Enter para fechar o relatório.

7. Dê um clique na opção Listar na parte inferior da tela ou pressione F9.

Na folha separada que você usou para escrever as informações apresentadas no relatório, relacione os nomes de dez vírus que você encontrou na lista. Use o botão de informações na lista de vírus para descobrir como pelo menos dois vírus operam. Quando terminar:

8. Dê um clique em OK para fechar a lista de vírus.

9. Dê um clique no botão Sair na parte inferior da tela ou pressione a tecla F3.

CAPÍTULO 4

USANDO O PROGRAMA DE DIAGNÓSTICO DA MICROSOFT

Se você tiver alguma dúvida sobre o equipamento de processamento do seu computador, poderá consultar o programa Microsoft Diagnostic, um utilitário que foi incorporado ao DOS 6.0. Usar esse programa é apenas uma questão de digitar **MSD** no aviso de comando e depois fazer uma certa exploração.

Quando o programa utilitário começa, você vê uma interface gráfica com 13 caixas de assunto. Para descobrir mais sobre qualquer um dos 13 assuntos, pressione a letra que está selecionada na caixa. Você pode obter mais informações explorando os menus relacionados na parte superior da tela. Para acessar os menus, pressione a tecla Alt e depois a letra selecionada no nome do menu.

Use o programa de diagnóstico para responder a estas cinco perguntas em uma folha separada.

1. Que tipo de processador seu computador usa?

2. Existe um co-processador aritmético no seu computador?

3. Quem é o fabricante do BIOS? (BIOS significa Basic Input/Output System — Sistema Básico de Entrada/Saída. É um conjunto de instruções contidas em um chip da ROM e que são carregadas antes do sistema operacional. O fabricante do BIOS é o fabricante do chip da ROM.)

4. Qual o total de memória convencional do seu computador?

5. Qual o total de memória estendida?

CAPÍTULO 5

APRENDENDO SOBRE DISPOSITIVOS DE ENTRADA E SAÍDA COM O PROGRAMA MICROSOFT DIAGNOSTIC

Na seção anterior sobre o Capítulo 4, você conheceu o MSD, o utilitário de diagnóstico incorporado ao DOS 6.0; onde pedimos que você respondesse a várias perguntas sobre os componentes de processamento do seu computador. O utilitário de diagnóstico também pode fornecer muitas informações sobre os dispositivos de entrada e saída conectados ao seu equipamento. Para concluir essa atividade, inicie o utilitário de diagnóstico ligando seu computador e digitando **MSD** no aviso de comando. Explore as várias caixas de assunto para responder às seguintes perguntas:

1. Que tipo de teclado está conectado a seu computador?

2. Que tipo de placa de vídeo seu computador usa?

3. Quem fabrica o monitor de vídeo?

4. Qual é o tipo do monitor de vídeo?

5. Se há um mouse conectado a seu computador, qual é o tipo dele e quem é o fabricante?

CAPÍTULO 6

USANDO O COMANDO CHKDSK PARA EXPLORAR E REPARAR DISCOS

Quando você decidir comprar um disco rígido, a filosofia a ser seguida será "Nunca se pode ter espaço suficiente". Por maior que seja o disco rígido, sempre haverá necessidade de mais espaço. Uma maneira de economizar espaço e obter o máximo de duração do seu disco rígido é fazer uso de todas as ferramentas disponíveis no DOS.

Um dos comandos mais práticos — e menos utilizado — é CHKDSK, que significa "check disk" (verificar disco). O comando CHKDSK é capaz de informar o total de espaço de um disco, quanto espaço ainda está disponível e se ele apresenta partes danificadas. Se você só precisa saber o espaço livre que ainda resta em um disco, digite **DIR**. Ao final da listagem de diretórios, o comando DIR sempre informa quantos bytes ainda há livres. Mas CHKDSK também fornece informações sobre as condições do disco. O melhor de tudo é que, se houver áreas danificadas, CHKDSK normalmente consegue repará-las.

Para usar CHKDSK em qualquer disco, simplesmente torne o disco ativo e digite CHKDSK no aviso de comando. Para ver o recurso em ação:

1. Coloque o disco de atividades na unidade A:.

2. No aviso de comando, digite **A:** e pressione Enter para tornar ativa a unidade A:.

3. Quando aparecer o aviso de comando A:\>, digite **CHKDSK** e pressione Enter.

Depois de alguns segundos, sua máquina exibirá um relatório que mostra estatísticas vitais sobre o disco. No relatório, "unidades de alocação" (allocation units) significa "agrupamentos" (clusters).

Se houver áreas danificadas no disco, o DOS começa o relatório com o número de unidades de alocação danificadas. Se você quiser repará-las, use o comando CHKDSK novamente, desta vez seguido de um espaço e /F, parâmetro conhecido como switch F (F significa Fix, reparar, consertar). Não deve haver erros no disco de atividades, portanto essa mensagem não deverá aparecer na sua tela.

Para concluir esta atividade:

4. Volte ao dispositivo de armazenamento que estava ativo quando você ligou o computador (a unidade C: ou uma unidade da rede). Esse é o dispositivo

de armazenamento onde o DOS está instalado, também conhecido como disco de inicialização.

5. Digite **CHKDSK** e pressione Enter.

Use as informações na sua tela para responder às seguintes perguntas em uma folha separada.

1. Qual a capacidade total de armazenamento do disco de inicialização?
2. Quantos setores há em cada unidade de alocação?
3. Existem erros no disco?
4. Qual o espaço de armazenamento livre no disco de inicialização?
5. Qual a memória ainda disponível?

CAPÍTULO 8

EXPLORANDO O CONTEÚDO DOS DISCOS

Antes de mais nada, o DOS destina-se a ajudá-lo a controlar o armazenamento de arquivos. Afinal, *DOS* significa *Disk Operating System* (Sistema Operacional de Disco): o DOS opera onde você armazena os arquivos. Não deve causar supresa alguma, portanto, que os comandos mais comumente usados desse sistema operacional sejam aqueles que obtêm listas de arquivos e que movem arquivos de um local para outro. Dois dos comandos mais comuns são:

DIR   Relaciona o conteúdo do diretório atual

CD *diretório* Torna *diretório* o diretório corrente ou ativo

Você pode aprender muito sobre o sistema de armazenamento do seu computador apenas com esses dois comandos. Para ver como eles trabalham:

1. Inicie seu computador e espere surgir na tela o aviso de comando do DOS.

Conforme vimos no Capítulo 6, os arquivos contidos em um dispositivo de armazenamento grande geralmente são organizados em diretórios. Para descobrir que arquivos e diretórios estão armazenados no disco de atividades:

2. Insira o disco na unidade A:.

3. Digite **A:** no aviso de comando e depois pressione Enter.

4. Quando aparecer na tela o aviso de comando A:\>, digite **DIR** e pressione Enter. Seu computador deverá exibir uma lista mais ou menos como a da Figura A.1.

A lista não mostra todos os arquivos do disco; mostra apenas aqueles que estão no diretório-raiz. Para ver os outros arquivos, você terá de tornar ativo o diretório desejado. Para mudar de diretório, você pode:

```
C:\>dir a:

 O volume da unidade A não tem nome
 Diretório de A:\

EMPACOT  XLS         4.630  11/11/96  19:52 EMPACOT.XLS
ARQSNDW       <DIR>         18/11/96  13:34 ARQSNDW
ARQSWIN       <DIR>         18/11/96  13:34 ARQSWIN
EFF-HIST TXT        34.185  10/10/94   5:18 EFF-HIST.TXT
EFF-PLTC DOC        17.875  12/10/94  11:04 EFF-PLTC.DOC
ARQSDOS       <DIR>         18/11/96  13:34 ARQSDOS
FIN_VNDA XLS         5.211  11/11/96  19:52 FIN_VNDA.XLS
FUNDACAO TXT         5.116  03/10/94  21:13 FUNDACAO.TXT
I_STATIO TXT         1.804  03/10/94   3:26 I_STATIO.TXT
MEMO3-12 DOC         4.278  12/10/94   8:06 MEMO3-12.DOC
ORIENTAI XLS         4.174  11/11/96  19:52 ORIENTAI.XLS
PERFIL   DOC         2.843  12/10/94   7:19 PERFIL.DOC
PN       ZIP        50.871  11/11/96  19:59 pn.zip
RELATDIA TXT           308  03/10/94   1:51 RELATDIA.TXT
SISTEMA  TIF        19.157  16/08/93  22:29 SISTEMA.TIF
       12 arquivo(s)          150.452 bytes
        3 diretório(s)      1.250.304 bytes livres

C:\>
```

FIGURA A.1

- Digitar **CD** seguido do nome de qualquer diretório relacionado no diretório atual. Por exemplo, se você digitar **CD ARQSDOS**, fará do diretório ARQSDOS o diretório corrente.

- Digitar **CD..** para mover para o diretório-pai do diretório atual (supondo-se que você não esteja no diretório-raiz). Dois pontos, um ao lado do outro, são o símbolo que o DOS adota para o diretório-pai.

- Digite **CD** para mover para o diretório-raiz (supondo-se que este não seja o diretório corrente). A barra invertida é o símbolo do DOS para o diretório-raiz.

Use os comandos DIR e CD para explorar em sua totalidade o disco de atividades. Em uma folha separada, faça um diagrama da estrutura de diretório, com o diretório-raiz em cima do diagrama e cada subdiretório relacionado embaixo do diretório-pai. Se você tiver problemas, digite **TREE** no aviso de comando.

CAPÍTULO 9

CRIANDO DOCUMENTOS COM O EDITOR DE TEXTO DO DOS

Você pode ficar surpreso ao saber que o DOS possui um programa simples para criar e editar arquivos de texto. Ele não é considerado um editor de texto completo, porque contém muito poucos recursos. Não há verificador ortográfico, não há como colocar negrito ou itálico em um texto nem como alterar a fonte ou o tipo de letra. O Editor do DOS destina-se à simples edição de arquivos de texto em ASCII e não à criação de documentos aprimorados. A criação de documentos simples pode ser útil quando desejamos enviar rapidamente fax ou mensagens por meio de correios eletrônicos, acrescentar observações em outros documentos ou criar documentos simples para impressão, como memorandos. A vantagem do Editor do DOS sobre um editor de texto completo é que ele é rápido e fácil de usar.

Digamos que você queira criar um pequeno memorando para marcar uma reunião com três colegas de trabalho. O arquivo será chamado MEMO.TXT e será armazenado no diretório ARQSDOS do seu disco de atividades.

Para começar:

1. Ligue seu computador e espere até ver na tela o aviso de comando do DOS.

2. Coloque o disco de atividades na unidade A:.

3. No aviso de comando, digite **EDIT A:\ARQSDOS\MEMO.TXT**. Este indica que o DOS deve usar o Editor para iniciar a criação de um arquivo chamado MEMO.TXT no diretório ARQSDOS.

4. Pressione Enter e a tela do Editor aparecerá.

Quando isso acontecer, você poderá começar a inserir o texto. O Editor funciona exatamente como um editor de texto sofisticado, mas não possui o recurso de mudança automática de linha; portanto, você precisa pressionar Enter ao final de cada linha.

5. Use o Editor para inserir o seguinte texto, exatamente como aparece aqui. Use a tecla Tab para alinhar os nomes relacionados no memorando.

```
        MEMO
        PARA:           Janete Rosa
                        Felipe Cardoso
                        Emília Sousa
        DE:             Pedro Palmeira
        DATA:           12/08/96
```

Nossa reunião mensal está marcada para a próxima quinta-feira, 15 de agosto, às 13h30 na sala 2030. Por favor, almocem antes desse horário. Até quinta.

Se você tiver problemas, pressione F1 para obter ajuda. Corrija os erros cometidos usando as setas para mover o cursor e a tecla Backspace ou Delete para eliminar os caracteres incorretos. Quando terminar de inserir o texto, selecione Salvar no menu Arquivo na parte superior da tela. Se você não estiver usando um mouse, poderá ativar o menu Arquivo pressionando Alt-A. Selecione Salvar pressionando S.

Depois de salvar o arquivo, você pode imprimi-lo selecionando Imprimir no menu Arquivo (se seu instrutor pedir). Para sair do Editor, selecione Sair no menu Arquivo.

WINDOWS 3.1

CAPÍTULO 1

PROCURANDO APLICAÇÕES NO MICROSOFT WINDOWS

Conforme explicamos no Capítulo 1, os computadores são usados para efetuar todos os tipos de tarefas. As aplicações que foram carregadas, ou instaladas, no disco rígido do computador são os melhores indicadores do uso dessas máquinas. Nesta atividade, você usará o Windows para descobrir que aplicações foram instaladas no computador que você está usando. Fazendo isso, você também começará a aprender a usar o Windows. Para começar:

1. Ligue seu computador.

Nestes exercícios, estamos supondo que o Windows está configurado para ser carregado automaticamente quando o computador é ligado. Neste caso, a tela que você tem agora à sua frente deve ser parecida com a da Figura A.2. Se a tela não aparecer até 60 segundos após ligado o computador, pergunte ao seu instrutor o que fazer.

NOTA: Se você nunca usou o Windows antes, dê uma passada pelo tutorial. Dê um clique em **?** na parte superior da tela. Quando o menu aparecer, dê um clique em Tutorial do Windows. Estudar todo o tutorial leva cerca de 10 minutos.

No Gerenciador de Programas, há vários ícones, como Acessórios, Jogos, Aplicativos etc. Se você der um clique duplo com o mouse, eles irão abrir-se em janelas de grupo.

Para descobrir quais aplicações estão instaladas no seu computador:

2. Abra todas as janelas de grupo que contenham a palavra "Aplicativos", como, por exemplo, "Aplicativos do Windows", "Aplicativos não-Windows" ou simplesmente "Aplicativos".

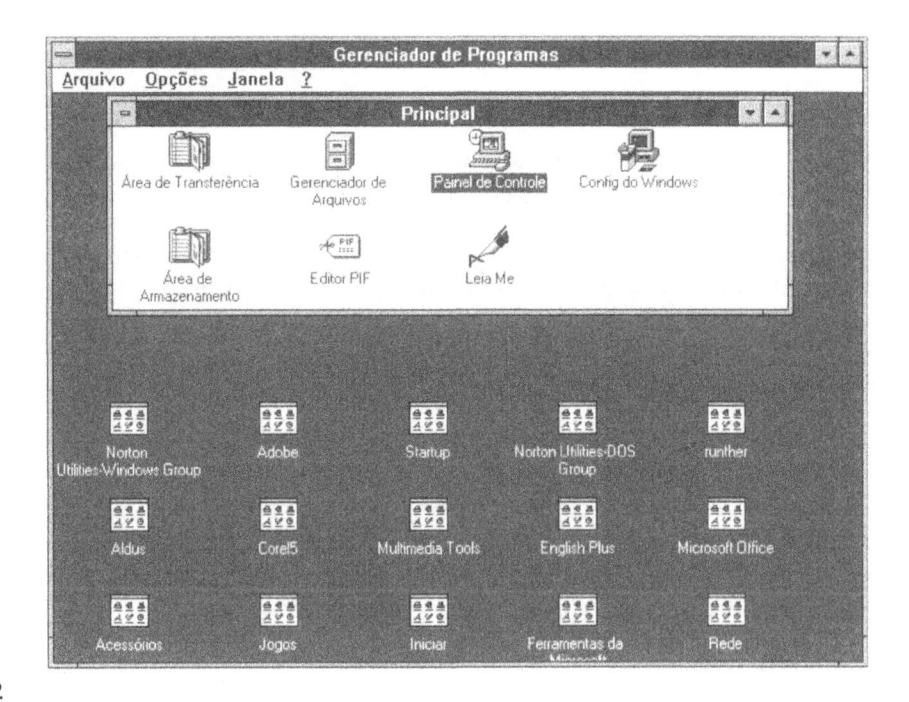

FIGURA A.2

Em uma folha separada, escreva o nome de todos os ícones que podem ser encontrados nesses grupos. Ao lado do nome da aplicação, escreva o que você acha que ela faz. Se não souber, tente iniciá-la dando um clique duplo no ícone correspondente. É possível sair de uma aplicação dando um clique na caixa do Menu de Controle no canto superior esquerdo da janela da aplicação ou escolhendo Sair no menu Arquivo.

CAPÍTULO 2

MICROSOFT WINDOWS E O MERCADO COMERCIAL

Apesar de o Microsoft Windows oferecer uma interface excepcionalmente bem projetada para qualquer pessoa que use um PC, ele é especialmente talhado para o mercado comercial. A indicação mais óbvia desse fato é o conjunto de ferramentas encontrado no grupo Acessórios.

O grupo Acessórios tem muitas das mesmas ferramentas que a maioria das pessoas que trabalham em escritórios tem sobre suas mesas, incluindo Bloco de Notas, Arquivo de Fichas, Agenda, Calculadora e Relógio. Para ver como essas ferramentas podem ser úteis, você criará sua própria agenda nesta atividade. Para começar:

1. Ligue seu computador e entre no Windows.

2. Abra o grupo Acessórios.

3. Dê um clique duplo no ícone Agenda.

4. No menu Arquivo da janela Agenda, selecione Salvar Como.

5. Verifique se o disco de atividades está na unidade de disco e selecione-a na caixa Unidade.

6. Na caixa de lista Nome do arquivo, dê um clique duplo no diretório ARQWINS para torná-lo ativo.

7. Na caixa de texto Nome do arquivo, digite seu primeiro nome. Caso ele tenha mais de oito letras, use as oito primeiras apenas. O acessório Agenda acrescenta automaticamente a extensão .CAL ao nome do arquivo.

8. Dê um clique em OK.

O acessório Agenda começa exibindo o dia atual. Para inserir texto ao lado de uma determinada hora, aponte o cursor para a hora desejada, dê um clique para definir o ponto de inserção e comece a digitar. Você pode ir para dias diferentes dando um clique na seta para a direita ou para a esquerda que é encontrada ao lado do nome do dia atual. Você também pode visualizar um mês inteiro. Para alternar entre dia e mês, selecione a visualização que você deseja ter no menu Visualizar.

Para concluir esta atividade:

9. Digite prazos, compromissos, reuniões que você tenha agendado para a próxima semana.

10. Quando terminar de preencher a agenda para a próxima semana, imprima-a selecionando Imprimir no menu Arquivo.

11. Quando a caixa de diálogo Imprimir aparece na tela, a data atual é automaticamente inserida na caixa De. Dê um clique na caixa Até e digite a data de uma semana a partir de hoje, no mesmo formato encontrado na caixa De.

12. Dê um clique em OK.

13. Salve o arquivo novamente e saia do acessório Agenda selecionando Sair no menu Arquivo.

CAPÍTULO 5

AJUSTANDO PARÂMETROS PARA DISPOSITIVOS DE ENTRADA E SAÍDA

No Painel de Controle do Windows, você pode ajustar vários parâmetros que controlam a aparência e o comportamento da interface do usuário. Muitos usuários alteram esses parâmetros simplesmente para adequá-los ao seu próprio gosto. Outros fazem ajustes devido a deficiências físicas. Quando você estiver aprendendo a usar o Windows, deve fazer experiências com três parâmetros: Cor, Teclado e Mouse.

Para alterar qualquer um desses parâmetros:

1. Com o Gerenciador de Programas na tela e a janela Principal aberta, dê um clique duplo no ícone Painel de Controle.

2. Dê um clique duplo no ícone que corresponde ao parâmetro que você deseja alterar.

Quando dá um clique duplo no ícone Cor, você muda a combinação de cores que está sendo usada na tela do Windows (supondo-se que você tenha um monitor colorido). Embora muitos usuários façam ajustes nesses parâmetros por uma simples questão de preferência, para os usuários que têm problemas de visão, como os daltônicos, esses ajustes podem significar uma tela mais fácil de visualizar.

O parâmetro Teclado no Painel de Controle permite que você ajuste a velocidade com a qual os caracteres se repetirão quando você pressionar uma tecla. Se você digita devagar, se tem alguma deficiência física que dificulte o uso do teclado, talvez seja útil ajustar os itens Intervalo Antes da Primeira Repetição ou Taxa de Repetição da Tecla.

Finalmente, o parâmetro Mouse permite que você controle a sensibilidade do ponteiro da tela aos movimentos do mouse. Se você ainda não tem muita experiência com o mouse, talvez seja melhor retardar o item Velocidade de Movimentação do Mouse ou Velocidade do Duplo Pressionamento para facilitar o controle do dispositivo.

Para concluir esta atividade, responda às seguintes perguntas em uma folha separada.

1. Ative a opção Rastro do Mouse na caixa de diálogo Mouse. Explique o que ela faz.

2. Ative o recurso Inverter Botões Esquerdo/Direito na caixa de diálogo Mouse para ver o que ele faz. Por que alguém haveria de querer inverter os botões do mouse?

3. Se você tem um monitor colorido, experimente os vários esquemas de cor da caixa de diálogo Cores. Escolha seu esquema favorito. Justifique sua preferência.

CAPÍTULO 6

EXPLORANDO OS DISPOSITIVOS DE ARMAZENAMENTO COM O GERENCIADOR DE ARQUIVOS

O Windows foi criado para substituir a interface de usuário do DOS. Uma de suas principais funções é ajudá-lo a gerenciar arquivos. Para tanto, você deve usar uma ferramenta chamada Gerenciador de Arquivos. Para iniciá-lo:

1. Dê um clique duplo no ícone Gerenciador de Arquivos no grupo Principal.

Você verá na tela uma janela parecida com a da Figura A.3. Essa janela de diretório tem três partes principais: a área da unidade de disco, a árvore do diretório e o diretório atual. A área da unidade de disco permite que você exiba discos diferentes. Por exemplo, para exibir o disco de atividades:

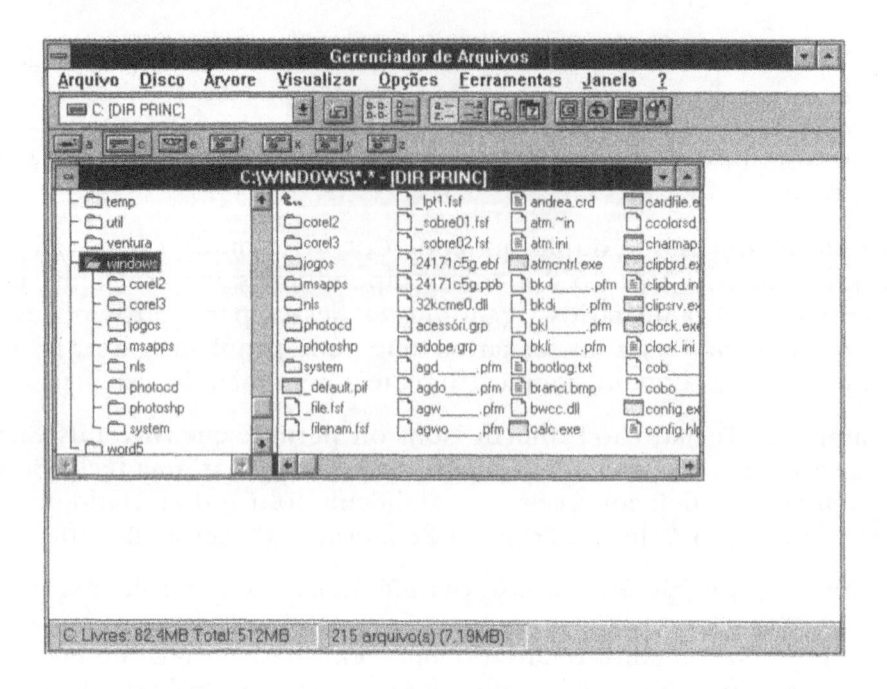

FIGURA A.3

2. Verifique se o disco de atividades está na unidade A:.

3. Dê um clique no ícone da unidade à esquerda do "a" na área da unidade de disco.

Agora, a árvore do diretório mostra a estrutura do disco de atividades. A área do diretório atual mostra o conteúdo do diretório atual, ou ativo. Abaixo dessas duas áreas, há uma barra de status que fornece informações sobre o disco atual e sobre os arquivos do diretório atual.

- O primeiro número informa o espaço disponível no disco atual. O total é fornecido em KB.

- O segundo número informa a capacidade total do disco, em KB.

- Se não houver nenhum arquivo selecionado (iluminado) na área do diretório atual, o terceiro número informará quantos arquivos existem no diretório atual. Caso contrário, ele informará o número de arquivos selecionados.

- O quarto número mostra o total de bytes usados pelos arquivos do diretório atual ou o número de bytes usados pelos arquivos selecionados.

Use os números que aparecem na barra de status para responder às seguintes perguntas em uma folha separada:

1. Qual a capacidade total de armazenamento do disco de atividades?

2. O disco de atividades é um disco de densidade alta ou de densidade dupla?

3. Quantos bytes ainda estão livres no disco?

4. Quantos bytes estão ocupados pelos arquivos do diretório-raiz?

5. Quantos bytes estão ocupados pelos arquivos do diretório ARQSNDW?

6. Qual a capacidade total de armazenamento do disco que estava ativa quando você iniciou o Gerenciador de Arquivos?

7. Quantos bytes ainda estão disponíveis naquele disco?

CAPÍTULO 8

COPIANDO, MOVENDO E EXCLUINDO ARQUIVOS USANDO O GERENCIADOR DE ARQUIVOS

Nas atividades do Capítulo 6, você aprendeu a usar o Gerenciador de Arquivos para obter informações sobre os dispositivos de armazenamento e sobre os arquivos neles gravados. O Gerenciador de Arquivos, porém, é usado mais freqüentemente para fazer o que seu nome indica — copiar, mover e excluir arquivos.

Com o Gerenciador de Arquivos, todas essas três atividades são tão fáceis quanto mover o mouse:

- Para mover um arquivo, arraste-o da área do diretório atual para qualquer outra pasta na árvore do diretório ou qualquer subdiretório na área do diretório atual.

- Para copiar um arquivo, arraste-o da área do diretório atual para qualquer outra unidade de disco. Quando você arrasta um arquivo para um disco diferente, o Gerenciador de Arquivos assume que você deseja copiá-lo, não movê-lo.

- Para excluir um arquivo, selecione-o na área do diretório atual e pressione a tecla Delete. O Gerenciador de Arquivos pode exibir uma advertência para assegurar que você deseja realmente apagar aquele arquivo.

- Se você quiser mover um arquivo (em vez de copiá-lo) para um disco diferente ou copiar um arquivo (em vez de movê-lo) para outro local no mesmo disco, selecione o arquivo e o comando Mover ou Copiar no menu Arquivo. É preciso completar a caixa de diálogo digitando o caminho do destino.

- Às vezes, você pode querer criar um diretório para poder mover os arquivos para lá. Nesse caso, selecione o diretório-pai do novo diretório e depois selecione Criar Diretório no menu Arquivo. Uma caixa de diálogo pedirá para você informar o nome do diretório novo.

Para concluir esta atividade:

1. Ligue seu computador e abra o Gerenciador de Arquivos do Windows.

2. Coloque o disco de atividades na unidade A: e ative-a.

3. Localize o arquivo MEMO3-12.DOC no diretório-raiz do disco de atividades.

4. Mova o arquivo MEMO3-12.DOC para o diretório ARQSWIN.

5. Crie um novo diretório, chamado CAP8, no diretório-raiz do disco de atividades.

6. Selecione o arquivo MEMO3-12.DOC e faça uma cópia dele no novo diretório CAP8.

7. Com o disco de atividades ainda ativo, selecione Expandir Tudo no menu Árvore.

8. Em uma folha separada, faça um diagrama, em forma de árvore, da estrutura de diretório do disco de atividades. Relacione os nomes de cada arquivo do disco sob o nome do diretório que os contém.

CAPÍTULO 9

EDITOR DE TEXTO INTERNO: WINDOWS WRITE

O Windows vem equipado com um editor de texto próprio, chamado Write. Para a maioria das tarefas de edição de texto, o Write é mais do que adequado. Se você precisar criar documentos enfeitados ou complicados, porém, talvez seja melhor usar um programa mais poderoso, como o WordPerfect ou o Word.

Para iniciar o Write:

1. Ligue seu computador, abra o grupo Acessórios no Gerenciador de Programas e dê um clique duplo no ícone Write.

O Write assume que você quer criar um documento novo, portanto, quando o programa começa, você já pode ir logo inserindo o texto desejado. Se você quiser ver algum documento que já tenha sido criado usando o Write, selecione Abrir no menu Arquivo e vá para o diretório Windows (se ele ainda não estiver ativo). O arquivo chamado LEIAME.WRI mostra algumas coisas que você pode fazer com o Write. Quando concluir o documento:

2. Selecione Novo no menu Arquivo.

Para concluir esta atividade, digite o seguinte bilhete, exatamente como ele aparece aqui. O Write avança automaticamente para a linha seguinte quando o texto digitado não cabe na linha atual. Portanto, você não precisa presssionar a tecla Enter ao final de cada linha.

```
1º de abril de 40.023 AC

Caro Barney

Vilma e eu vamos encontrar você e Betty no boliche às 8h45.
Wilma comprou uma bola nova e eu tenho treinado bastante. Pre-
pare-se para perder.

Seu amigo

Fred
```

Se você cometer erros, pode usar o mouse ou as setas para mover o cursor. Use a tecla Backspace ou Delete para apagar qualquer caractere incorreto. Veja se você consegue descobrir como fazer com que a frase "Prepare-se para perder" apareça em negrito. Depois, faça com que a palavra Fred apareça em itálico. Quando terminar:

3. Selecione Salvar Como no menu Arquivo.

4. Digite **BARNEY** na caixa de texto Nome do Arquivo.

5. Verifique se o disco de atividades está na unidade A:.

6. Selecione A: na caixa drop-down Unidade e verifique se o diretório ARQSWIN do disco de atividades está ativo.

7. Dê um clique em OK.

8. Imprima o documento selecionando Imprimir no menu Arquivo.

9. Aceite os parâmetros padrões dando um clique em OK.

10. Selecione Sair no menu Arquivo quando terminar.

CAPÍTULO 10

OBTENDO RESPOSTAS RÁPIDAS COM A CALCULADORA DO WINDOWS

Nos microcomputadores, as planilhas são os programas mais usados para analisar conjuntos de números. Mas isso não significa que você deve usar uma planilha toda vez que precisar fazer cálculos numéricos. Às vezes, tudo o que você precisa é de uma calculadora. Com o Windows, você tem uma sempre à mão.

Para iniciar o acessório Calculadora:

1. Ligue seu computador.

2. Quando o Gerenciador de Programas aparecer na tela, abra o grupo Acessórios e dê um clique duplo no ícone Calculadora.

A Calculadora do Windows funciona exatamente como uma calculadora de bolso. Você pressiona qualquer botão dando um clique com o mouse. Para pressionar os botões numéricos, você também pode usar o teclado numérico reduzido. O mesmo vale para os operadores numéricos padrão: +, –, * (multiplicar), / (dividir) e =. Se errar, pressione a tecla Backspace ou dê um clique no botão Back.

A calculadora padrão oferece botões de memória além dos quatro operadores matemáticos e dos botões de Raiz Quadrada, Percentual e Inverso. Se você precisar de mais funções, vá para a Calculadora Científica selecionando Científica no menu Visualizar. Você usará a calculadora científica em alguns exercícios desta atividade.

Para concluir esta atividade, use a Calculadora do Windows para simplificar os seguintes números (arredonde suas respostas até três casas decimais). Escreva suas respostas em uma folha separada.

1. (1/16)*52

2. $\sqrt{700}$

3. (19*45)/17

4. 41^3

5. tan120

6. 10!

Quando terminar, saia da Calculadora selecionando Sair no menu Arquivo.

CAPÍTULO 11

UM SGBD BASTANTE SIMPLES: O ARQUIVO DE FICHAS DO WINDOWS

Assim como a Calculadora é uma alternativa simples aos cálculos matemáticos que não exigem o uso de planilhas, o Arquivo de Fichas do Windows é uma maneira simples de organizar endereços e telefones sem que seja necessário usar um sistema gerenciador de banco de dados. Muitas pessoas, tanto em casa quanto no trabalho, mantêm um arquivo de endereços em suas mesas. O arquivo eletrônico pode ser facilmente modificado; ele sempre está em ordem alfabética e você pode imprimi-lo toda vez que precisar de uma cópia impressa. Você também pode manter arquivos diferentes para cada uma das pessoas que usam o computador, e pode fazer cópias deles com a mesma facilidade com que copia qualquer outro arquivo.

Nesta atividade, você começará a criar seu próprio arquivo de fichas e a salvá-lo no disco de atividades. Para começar:

1. Ligue seu computador.

2. Quando o Gerenciador de Programas aparecer, selecione o grupo Acessórios e dê um clique duplo no ícone Arquivo de Fichas.

3. Selecione Salvar Como no menu Arquivo.

4. Na caixa de texto Nome do arquivo, digite seu primeiro nome. Talvez você precise abreviá-lo, caso seja muito longo. O aplicativo Arquivo de Fichas acrescenta automaticamente a extensão .CRD ao arquivo, portanto o nome fornecido não pode ter mais de oito caracteres.

5. Salve o arquivo no diretório ARQSWIN do disco de atividades.

6. Para começar a criar o novo arquivo, selecione Índice no menu Editar.

7. Digite o sobrenome da primeira pessoa que você deseja incluir no arquivo, seguido de vírgula, um espaço e depois o primeiro nome. Pressione Enter quando terminar de digitar.

8. Use o restante da ficha para digitar o endereço e o telefone dessa pessoa (você pode usar informações fictícias, se quiser).

9. Para criar a próxima ficha, selecione Adicionar no menu Ficha, digite o sobrenome dessa pessoa e o primeiro nome, pressione Enter e digite endereço e telefone correspondentes.

10. Siga as mesmas etapas para incluir pelo menos mais quatro fichas.

11. Quando terminar, salve o arquivo novamente.

12. Imprima o arquivo de fichas selecionando Imprimir Tudo no menu Arquivo.

13. Quando terminar, selecione Sair no menu Arquivo.

CAPÍTULO 12

Usando o Grupo Iniciar para Programas que Você Utiliza Todos os Dias

Há inúmeras maneiras de fazer com que o Windows automatize sua rotina diária. Se você usa o computador todos os dias, um modo fácil de economizar tempo pela manhã é configurar o Windows para que ele carregue os programas mais usados sempre que é iniciado. Tudo o que você precisa fazer é arrastar os ícones desses programas para o grupo Iniciar.

Por exemplo, digamos que você use o Write, o Arquivo de Fichas e a Calculadora todos os dias no seu trabalho. Para carregar esses programas automaticamente:

1. Ligue o computador.

2. Quando o Gerenciador de Programas aparecer na tela, abra o grupo Acessórios.

3. Arraste o ícone Write do grupo Acessórios para o ícone Iniciar na parte inferior da tela.

4. Arraste o ícone Calculadora do grupo Acessórios para o ícone Iniciar.

5. Arraste o ícone Arquivo de Fichas do grupo Acessórios para o ícone Iniciar.

6. Feche o grupo Acessórios e abra o grupo Iniciar. O Write, o Arquivo de Fichas e a Calculadora devem estar agora nesse grupo.

7. Para ver como essas mudanças afetam o Windows, selecione Sair no menu Arquivo do Gerenciador de Programas.

8. Dê um clique em OK na caixa de diálogo que aparece pedindo a confirmação do final de sua sessão no Windows.

9. Quando surgir o aviso de comando do DOS, digite WIN e pressione Enter.

Quando o Windows acabar de ser carregado, todos os três programas no grupo Iniciar deverão estar sendo executados. Um problema que surge quando carregamos programas dessa maneira é que sua tela fica congestionada quando o Windows é iniciado. Se você deseja que os programas sejam reduzidos a ícones, selecione cada ícone, selecione Propriedades no menu Arquivo do Gerenciador de Programas e selecione a caixa de verificação Executar Minimizado.

10. Para remover cada programa do grupo Iniciar, abra o grupo e arraste cada ícone de volta para o grupo Acessórios.

Para concluir esta atividade, redija um parágrafo ou dois descrevendo uma tarefa que lhe seja interessante e que envolva o uso diário do computador. Na explicação, descreva o software que a tarefa exige e as técnicas para automatizar a rotina diária.

CAPÍTULO 13

CRIANDO UMA MACRO SIMPLES COM O GRAVADOR DO WINDOWS

Uma maneira de começar a ganhar experiência prática em programação é automatizar alguns procedimentos diários usando o Gravador do Windows, uma ferramenta de programação de quarta geração que ajuda a criar macros para as aplicações do Windows. As macros lembram muito os arquivos de lote (batch): ambos são séries de comandos específicos de um programa. A única diferença é que as macros geralmente são específicas de uma aplicação, enquanto os arquivos de lote normalmente são grupos de comandos do sistema operacional. Nesta atividade, você criará uma macro que insere um cabeçalho de memorando no início de um novo documento do Write. Para começar:

1. Ligue seu computador.

2. Quando o Gerenciador de Programas aparecer, abra o grupo Acessórios e dê um clique duplo no ícone Gravador.

3. Dê um clique no botão Minimizar (a seta para baixo) no canto superior direito para reduzir o Gravador a um ícone na parte inferior da tela.

4. Abra o grupo Acessórios e dê um clique duplo no ícone Write.

5. Dê um clique na caixa do menu de controle na janela Write (no canto superior esquerdo).

6. Selecione Alternar Para.

7. Dê um clique duplo no Gravador na Lista de Tarefas.

8. Na janela do Gravador, selecione Gravador no menu Macro.

9. Na caixa de diálogo sob Gravar Nome da Macro, digite **Write: Cabeçalho Memo.**

10. Em Tecla de Atalho, digite **m**. (Como a caixa Ctrl está marcada, a tecla de atalho para essa macro será Ctrl-M. Você usará essa combinação de teclas para ativar a macro.)

11. Dê um clique no botão Iniciar.

O Gravador agora tomará nota de tudo o que você faz na janela do Write. Você pode gravar movimentos do mouse e toques de tecla no teclado, mas o melhor é evitar o mouse. Siga estas instruções cuidadosamente:

12. Pressione Alt-C (pressione as duas teclas ao mesmo tempo).

13. Pressione Ctrl-N para selecionar Negrito.

14. Pressione Alt-C e depois A para selecionar Ampliar Fonte.

15. Digite **MEMO**.

16. Pressione Alt-C e depois Ctrl-N para cancelar a seleção de Negrito.

17. Pressione Alt-C e depois R para selecionar Reduzir Fonte.

18. Pressione Enter duas vezes.

19. Digite **Inserir data** para você não se esquecer de digitar a data sempre que criar um memorando.

20. Pressione Enter duas vezes.

21. Digite **Para:** e pressione Enter duas vezes.

22. Digite **De:**, pressione a tecla Tab, digite seu nome e pressione Enter duas vezes.

23. Digite **Ref.:**.

24. Pressione Control-Break para interromper a gravação (a tecla Break geralmente está no canto superior direito do teclado).

25. Quando aparecer na tela uma caixa de diálogo com a observação *A gravação da macro foi suspensa*, dê um clique no botão Salvar Macro e depois dê um clique em OK.

26. Use o menu de controle para voltar à janela do Gravador.

27. Selecione Salvar Como no menu Arquivo.

28. Salve o arquivo como WRITE.REC no diretório ARQSWIN do seu disco de atividades.

Você acabou de criar sua primeira macro no Windows. Para usá-la, é preciso abrir o arquivo que a contém. Como esse arquivo já está aberto:

29. Reduza o Gravador a um ícone dando um clique no botão Minimizar.

30. Na janela do Write, selecione Novo no menu Arquivo.

31. Quando o Write perguntar se você deseja salvar as alterações que foram feitas no documento atual, dê um clique no botão Não.

32. Quando o novo documento for exibido, pressione Ctrl-M para ativar a macro e verificar se ela está funcionando corretamente.

33. Quando terminar, saia do Write salvando o documento.

Para concluir esta atividade, descreva (em uma folha separada) pelo menos três outras macros que poderiam ajudá-lo a automatizar seu trabalho com o Write.

NORTON DESKTOP FOR WINDOWS

CAPÍTULO 1

Usando a Ajuda On-Line para Estudar o Norton Desktop for Windows

Uma das tendências mais importantes no desenvolvimento de software durante os últimos 20 anos vem sendo os programas descritos como "amigáveis". O software de hoje não é apenas muito mais poderoso do que os de 10 ou 20 anos atrás, mas também mais fácil de usar. Em muitos casos, os programas podem ser usados por pessoas com pouca experiência com computadores e que nunca consultam o manual do produto.

O Norton Desktop for Windows (NDW) é amigável por dois motivos. O primeiro é o projeto básico do programa. A finalidade central do NDW é oferecer uma interface mais natural do que a do Microsoft Windows. O outro motivo é o recurso de ajuda extenso, poderoso e fácil de usar e que pode ser acessado a qualquer momento durante a execução do NDW.

A ajuda on-line é o melhor lugar para começar a estudar o NDW por três razões:

- Há vários arquivos escritos especificamente para usuários principiantes.

- Como você já está no computador, pode usar imediatamente o que é aprendido no modo de ajuda. Você pode alternar entre o modo de ajuda e outros pontos da área de trabalho dando um simples clique com o botão do mouse.

- Saber usar a ajuda efetivamente já é uma habilidade por si só — algo que você desejará sempre, seja principiante seja especialista. E você pode começar a aprender a usar tudo isso agora mesmo.

NOTA: Se você ainda não sabe usar o mouse, os menus do Windows e as partes padrão da tela do Windows, talvez seja melhor passar pelo Tutorial on-line. Para acessá-lo a partir do NDW, selecione Run no menu File. Digite **program** na caixa de texto e pressione Enter. Quando o Gerenciador de Programas aparecer na tela, use a barra de menu e selecione Tutorial do Windows no menu Ajuda (?).

O melhor lugar para começar a estudar o Norton Desktop for Windows é a tela de ajuda chamada "Introducing NDW".

1. Ligue seu computador.

2. Quando o NDW entrar em execução (as palavras "Norton Desktop" devem aparecer na parte superior da tela), dê um clique no menu Help (em outras palavras, dê um clique na palavra "Help" que está abaixo e à esquerda da palavra "Norton" na parte superior da tela).

3. No menu Help, dê um clique em Introducing NDW.

   A tela que aparece tem um conjunto de oito botões ao longo do lado esquerdo.

4. Dê um clique no botão "Introduction".

A tela mostrada na Figura A.4 aparece. Leia-a com atenção. Quando terminar:

5. Dê um clique no botão Forward (botão com o símbolo », perto da parte superior do menu Help).

A janela de ajuda tem vários recursos que a tornam poderosa e fácil de usar. Os mais importantes são as palavras com referência cruzada. Se seu monitor for colorido, essas palavras aparecerão em verde. Se você mover o ponteiro do mouse para uma delas, ele deixará de ser uma seta para se transformar em mão. Dê um clique no botão do mouse e o modo de ajuda exibirá informações relacionadas àquele termo.

Além da referência cruzada, há três outras maneiras de se movimentar no modo de ajuda:

- Dê um clique no botão Contents para navegar pelo Sumário, uma lista organizada de todos os tópicos disponíveis.

- Dê um clique em Search e digite um tópico específico a respeito do qual você precisa de informações ou encontre-o na lista alfabética e dê um clique duplo nele.

- Qualquer diagrama que apareça na janela Help também contém informações específicas que você pode acessar dando um simples clique. Por exemplo, na tela que está ativa neste momento, você pode dar um clique em qualquer parte do diagrama para descobrir mais sobre aquela parte da área de trabalho.

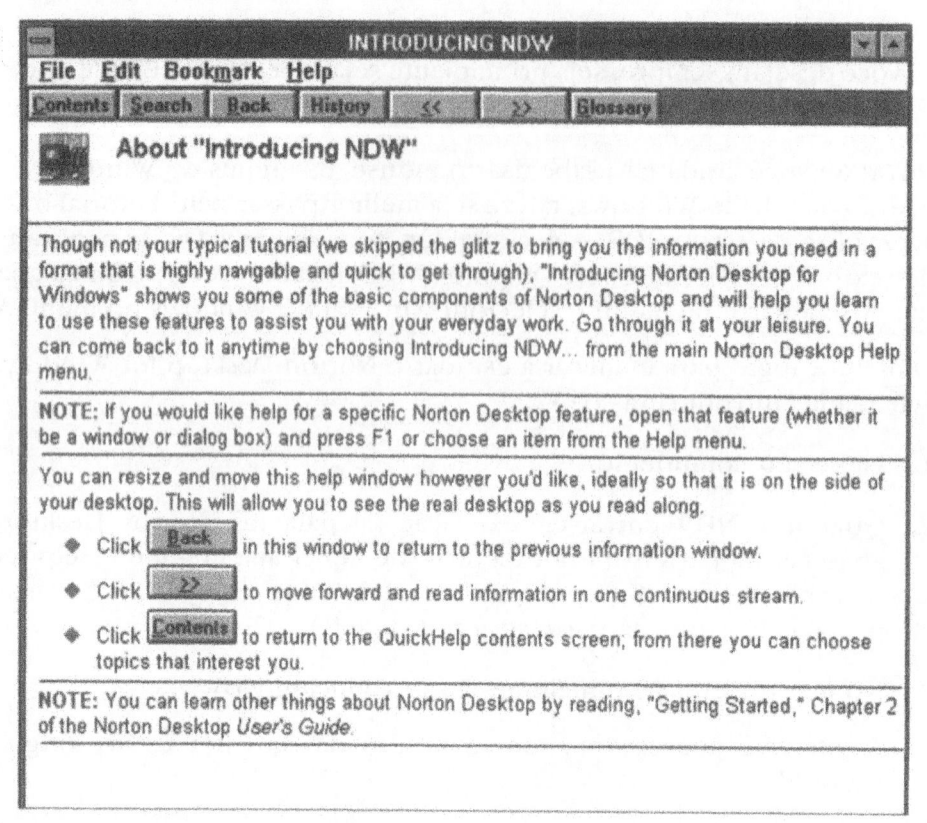

FIGURA A.4

Finalmente, há comandos de menu que dão ao modo de ajuda ainda mais potência. Por exemplo, você pode imprimir uma janela de ajuda ou copiar o texto de uma tela de ajuda para um documento.

Esses são os rudimentos do recurso Help. Se você algum dia tiver dúvidas sobre como usá-lo, ou se esquecer do que aprendeu, tente selecionar How to Use Help no menu Help da janela Help.

Para concluir este exercício, use o recurso Help para encontrar as respostas às perguntas que se seguem. Responda-as em uma folha separada.

1. O que acontece quando você dá um clique em um ícone de unidade de disco?

2. Em geral, qual é a finalildade do recurso File Assist?

3. Qual a finalidade do Norton Disk Doctor?

4. Descreva pelo menos duas maneiras de lançar um programa no Norton Desktop for Windows. (Você encontrará a resposta procurando o tópico "launching".)

5. Use o botão do Glossary para definir os seguintes termos:

- Arrastar-e-soltar
- Janela da unidade de disco
- Botão Minimizar
- Botão Maximizar
- Lista de Tarefas

CAPÍTULO 2

ENCONTRANDO DOCUMENTOS COM O SUPERFIND E O NORTON VIEWER

Quando você tiver mais experiência com computadores, provavelmente verá que precisa de vários aplicativos diferentes no seu trabalho diário. Se você usa o computador todos os dias, o número de documentos criados com esses programas pode, em muito tempo, transformar-se em uma grande confusão. Então, o que acontece quando você precisa voltar e encontrar um determinado documento, mas não consegue lembrar-se do nome dele ou de onde ele está armazenado na sua estrutura de diretório? Para encontrá-lo, talvez seja necessário examinar uma centena de documentos. E, para piorar as coisas, talvez você tenha de iniciar vários programas diferentes para examinar os vários documentos, porque a maioria deles só pode ser lida pelos programas usados para criá-los.

O Norton Desktop for Windows oferece duas ferramentas que combatem esse problema muito comum: SuperFind e Norton Viewer. O SuperFind é um programa utilitário que vasculha discos à procura de arquivos que satisfaçam os critérios definidos pelo usuário. Os critérios do SuperFind podem incluir:

- Um nome de arquivo ou partes de um nome de arquivo.
- A data, ou intervalo de datas, em que o arquivo foi criado.
- Uma unidade de disco ou apenas parte de uma estrutura de diretório.
- O tamanho do arquivo, ou um intervalo de tamanhos.
- Atributos específicos que estão armazenados com os arquivos do DOS.
- Qualquer cadeia de caracteres de texto dentro do arquivo.

Este último critério pode ser incrivelmente útil. Por exemplo, você pode procurar arquivos que contenham qualquer menção ao nome "Bernadete Fernandes" ou "Brilho Limpadora". Você também pode combinar critérios, de modo a localizar um arquivo que contenha o nome Bernadete Fernandes e que tenha sido criado depois de 2 de janeiro de 1994.

Para ver o SuperFind em ação, você procurará o nome de um artigo escrito por John Barlow sobre computadores e cumprimento da lei. As informações estão em alguma parte do disco de atividades.

1. Ligue seu computador e verifique se o Norton Desktop for Windows entrou em execução.

2. Coloque o disco de atividades na unidade de disco. Estes exercícios assumem que você está usando a unidade A:. Se o disco de atividades só entra na unidade B:, substitua A: por B: quando apropriado.

3. Selecione Find no menu File.

4. Quando a caixa de diálogo SuperFind aparecer na tela, dê um clique no botão More para exibir todas as opções. Você não precisará desses critérios adicionais para esta atividade, mas deve saber que eles estão disponíveis.

A caixa de diálogo agora está parecida com a da Figura A.5. O conteúdo exato pode ser ligeiramente diferente.

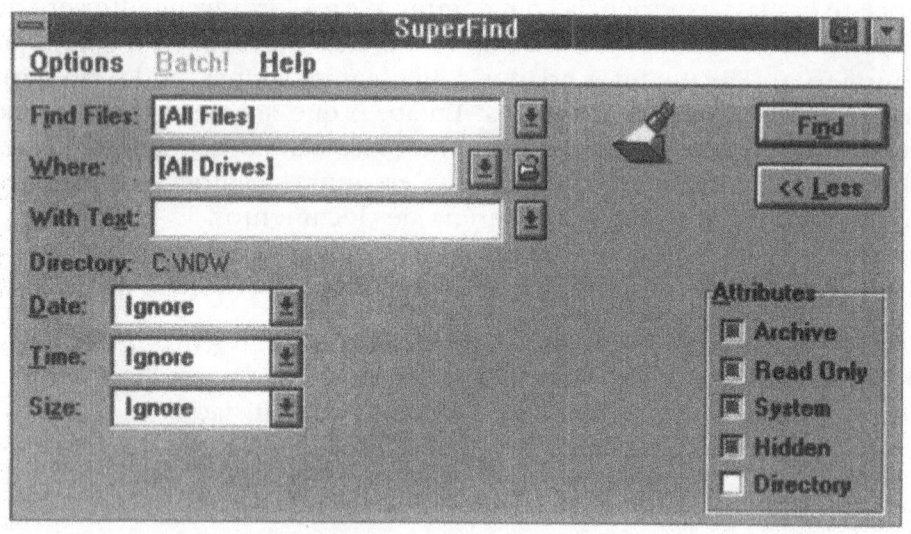

FIGURA A.5

5. Selecione o conteúdo da caixa Where e digite **A:** (ou **B:**).

6. Na caixa With Text, digite **Barlow**.

7. Dê um clique no botão Find.

Depois de alguns segundos, o SuperFind exibirá uma lista de quatro documentos no disco de atividades que contêm o nome "Barlow". Para saber ao certo qual o arquivo que você está procurando, é preciso ver o conteúdo de cada um dos quatro. Mas, a julgar pelas extensões desses quatro arquivos, você precisará abrir três aplicações diferentes. Felizmente, o Norton Viewer permite que você examine os arquivos sem carregar as aplicações a eles relacionadas — uma enorme economia de tempo, caso várias aplicações tenham sido usadas.

O Viewer pode ser acessado de duas maneiras diferentes. Você pode iniciá-lo selecionando primeiro Norton Desktop Applications no menu Window e depois dando um clique duplo no ícone Viewer (uma lente de aumento). Pode também abrir um painel View na janela da unidade dando um clique no botão View (na barra de botões na parte inferior da janela da unidade). A principal diferença entre o utilitário Viewer e o painel View é que este só o deixa ver um arquivo de cada vez; no utilitário Viewer, você pode abrir vários arquivos.

O SuperFind apresenta os resultados de sua pesquisa em uma janela Drive, portanto tudo o que você tem de fazer é selecionar um arquivo e dar um clique no botão View. Por exemplo, para ver o conteúdo do arquivo ORIENTAI.XLS no disco de atividades (o primeiro arquivo que o SuperFind localizou):

9. Dê um clique no arquivo ORIENTAI.XLS na janela da unidade do SuperFind para selecioná-lo.

10. Dê um clique no botão View na janela da unidade do SuperFind.

No painel View, aparece uma planilha. O Viewer tem sua própria função Find que pode ajudá-lo a encontrar um texto específico dentro de um arquivo. Para usá-la:

11. Selecione Viewer no menu View.

12. No submenu que aparece, selecione Find.

13. Na caixa de texto Find, digite **Barlow** (veja a Figura A.6) e dê um clique em OK.

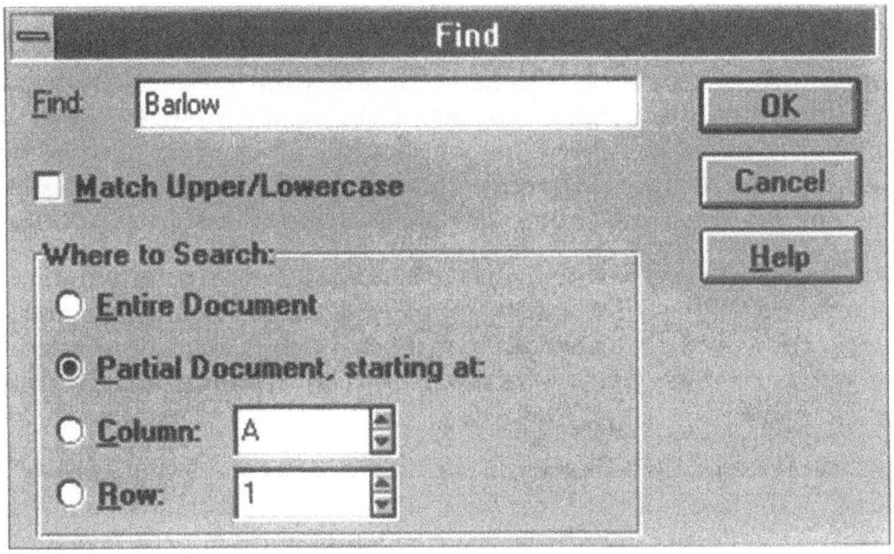

FIGURA A.6

O painel View mostra ao usuário onde "Barlow" aparece no documento. Infelizmente, esse documento nada tem que ver com o artigo escrito por Barlow. Para ter certeza de que essa é a única menção ao nome Barlow nesse documento:

14. Selecione Find Next no submenu da opção View do menu Viewer.

Como não há mais ocorrências do nome nesse documento, você pode passar para o próximo documento relacionado no painel View. Use a mesma técnica para encontrar onde o nome Barlow aparece. Siga as mesmas etapas com cada documento até encontrar a referência ao livro de Barlow.

Para concluir esta atividade, responda às seguintes perguntas:

1. Qual o nome do artigo de Barlow?

2. Em que arquivo o artigo é mencionado?

3. Use o SuperFind e o recurso Find do Viewer para descobrir quem fabrica a i.Station.

4. Procure referências ao termo "propriedade intelectual" para descobrir onde fica a Electronic Frontier Foundation nesta questão. Explique a posição da fundação em um pequeno parágrafo.

CAPÍTULO 3

SmartErase por proteção; Shredder por Segurança

Há dois motivos principais para a eliminação de um arquivo em disco. O mais comum é, de longe, o espaço. O disco rígido, por maior que seja, é rapidamente preenchido se a pessoa ou pessoas que o usam não eliminam os arquivos que não são mais necessários, em termos de rapidez de acesso. O outro motivo é que eles podem conter informações confidenciais que um usuário não quer que sejam vistas por outros usuários.

Cada um desses motivos tem suas armadilhas. No caso de um gerenciamento normal de arquivos, o perigo é que você pode apagar um arquivo que ainda seja necessário. Quando você exclui arquivos por motivo de segurança, o perigo é que uma pessoa com acesso ao disco rígido seja capaz de reconstruí-los, mesmo depois de sua eliminação.

O NDW oferece duas ferramentas capazes de enfrentar esses perigos. A primeira chama-se SmartErase, um utilitário que facilita a recuperação de um arquivo que tenha sido excluído — desde que você não espere muito tempo para fazê-lo. A segunda ferramenta chama-se Shredder, um utilitário que destrói completamente um arquivo, impossibilitando sua recuperação. Para compreender como funciona o SmartErase e por que o Shredder é necessário, você precisa conhecer um pouco o modo como a unidade de disco registra os arquivos nela armazenados (falaremos mais sobre isso no Capítulo 6).

Para registrar todos os arquivos armazenados em um disco, a unidade mantém um diretório. Entre outras coisas, o diretório contém o nome do arquivo e o local no disco onde ele começa. Quando você exclui um arquivo, tudo o que a unidade de disco faz é apagar o começo do nome do arquivo. O restante do arquivo permanece no disco, mas sem um nome válido; a unidade está livre para gravar um novo nome de arquivo no lugar do nome antigo no diretório e para usar o espaço ocupado por ele no disco. Esse método de exclusão de arquivos é muito eficiente para a unidade de disco, porque o arquivo pode ser excluído com a simples alteração da primeira letra do seu nome para um caractere inválido. Mas os dados que compõem o arquivo — até mesmo grande parte do nome — permanecem intactos até que outro arquivo seja gravado sobre eles.

Para ver como funcionam o SmartErase e o Shredder:

1. Ligue seu computador.

2. Coloque o disco de atividades na unidade A:.

3. Quando o NDW entrar em execução, dê um clique duplo no ícone da unidade A: para abrir uma janela de unidade para o disco de atividades.

4. Dê um clique no arquivo chamado FIN_VNDA.XLS para selecioná-lo.

5. Dê um clique no botão Delete na parte inferior da janela da unidade.

6. O NDW agora pode perguntar se você realmente deseja excluir o arquivo. Responda às caixas de diálogo para concluir a exclusão.

Quando você terminar, o arquivo não aparecerá mais na janela da unidade. Entretanto, é fácil recuperá-lo:

7. No menu Tools, selecione UnErase. A caixa de diálogo UnErase aparece, conforme mostra a Figura A.7.

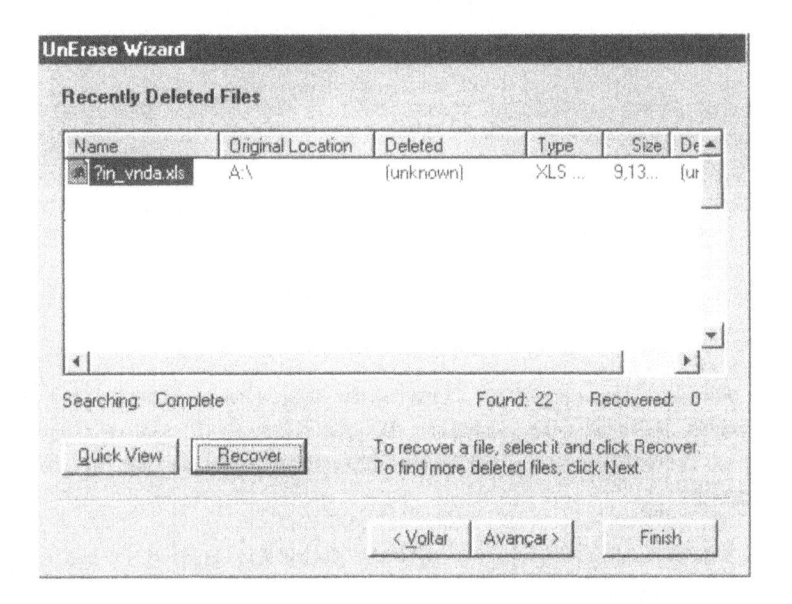

FIGURA A.7

8. Dê um clique no arquivo IN_VNDA.XLS para selecioná-lo (se ainda não estiver selecionado).

9. Dê um clique no botão UnErase.

10. Quando o SmartErase informar que o arquivo foi recuperado, dê um clique em OK.

11. Dê um clique no botão Done para fechar a caixa de diálogo UnErase.

12. Se FIN_VNDA.XLS não aparecer na janela da unidade, dê um clique no botão Refresh para atualizar a listagem de arquivos.

E isso é tudo. Se o arquivo aparecer na janela SmartErase, ele poderá ser recuperado. FIN_VNDA.XLS está como novo.

Entretanto, se você realmente quiser livrar-se de um arquivo, poderá usar o Shredder. Siga estas etapas para se livrar de um arquivo por completo:

13. Dê um clique em FIN_VNDA.XLS na janela da unidade A: para selecioná-lo.

14. Selecione Shredder no primeiro menu Tools.

15. Quando a ferramenta Shredder exibir uma caixa de diálogo verificando o nome do arquivo, dê um clique em OK.

Antes de o arquivo ser realmente destruído, o Shredder exibe mais duas caixas de diálogo: uma advertência e uma advertência final.

16. Responda Yes em ambas as caixas de diálogo.

Agora, tente usar o comando UnErase para recuperar o arquivo destruído.

17. Selecione UnErase no menu Tools.

O SmartErase informa que nenhum arquivo foi encontrado para recuperação.

Para concluir esta atividade, responda à seguintes perguntas em uma folha separada.

1. Exatamente que parte de um arquivo é apagada quando você o exclui sem usar o Shredder?

2. Dê duas razões lógicas para uma unidade de disco excluir arquivos da maneira como o faz?

3. Se você acabou de fazer cópias de segurança (backups) de um grupo de arquivos antigos que gostaria de guardar, você agora deverá usar a função normal de exclusão ou o Shredder para remover os arquivos do seu disco rígido?

4. O que você acha que a unidade de disco faz quando você exclui um arquivo com o Shredder?

CAPÍTULO 4

USANDO KEYFINDER PARA EXPLORAR DIFERENTES CONJUNTOS DE CARACTERES

Conforme vimos no Capítulo 4, o conjunto de caracteres ASCII atribui um caractere exclusivo a cada um dos 256 valores que podem ser representados por um único byte de dado. Entretanto, quando você trabalha com software aplicativo, geralmente usa fontes cujos caracteres não correspondem ao conjunto ASCII. Na verdade, eles podem nem mesmo corresponder às letras do teclado.

Por exemplo, as fontes Symbol e Wingdings, que vêm com o Windows, são formadas inteiramente por caracteres especiais; não há letras, números ou pontuações. Obviamente, você não usará essas fontes para digitar uma carta, mas elas podem ser muito úteis quando você deseja usar bullets, moedas estrangeiras, letras gregas e muitos outros caracteres que não aparecem na maioria dos conjuntos de fontes.

Mesmo fontes comuns, como a Times New Roman — que contém todas as letras, números e pontuações da língua portuguesa — possuem outros caracteres, como símbolos de copyright e marca registrada e vogais de outros idiomas, que requerem trema e crase.

O problema com todos esses caracteres especiais é que eles não estão no teclado e, portanto, não há uma maneira óbvia de saber como criá-los. É exatamente por isso que o Norton Desktop for Windows possui um utilitário chamado KeyFinder. Com o KeyFinder, você pode ver o conjunto completo de caracteres de cada fonte instalado no seu sistema. E, uma vez encontrado o caractere de que você precisa no seu documento, é possível copiá-lo e colá-lo onde necessário. O KeyFinder também mostra que teclas — ou combinação de teclas — correspondem a cada caractere. Portanto, da próxima vez que você precisar do mesmo caractere, só terá de digitá-lo no teclado em vez de consultar o KeyFinder novamente.

Para acessar o KeyFinder, simplesmente selecione KeyFinder no menu Tools para exibir a janela mostrada na Figura A.8.

Para concluir esta atividade, explore o KeyFinder para descobrir a fonte e a combinação de teclas dos caracteres a seguir. Escreva sua resposta em uma folha separada.

1. ♣
2. ≅
3. £
4. ✌
5. ○
6. ±
7. ➑

8. ™

9. ✂

10. ∀

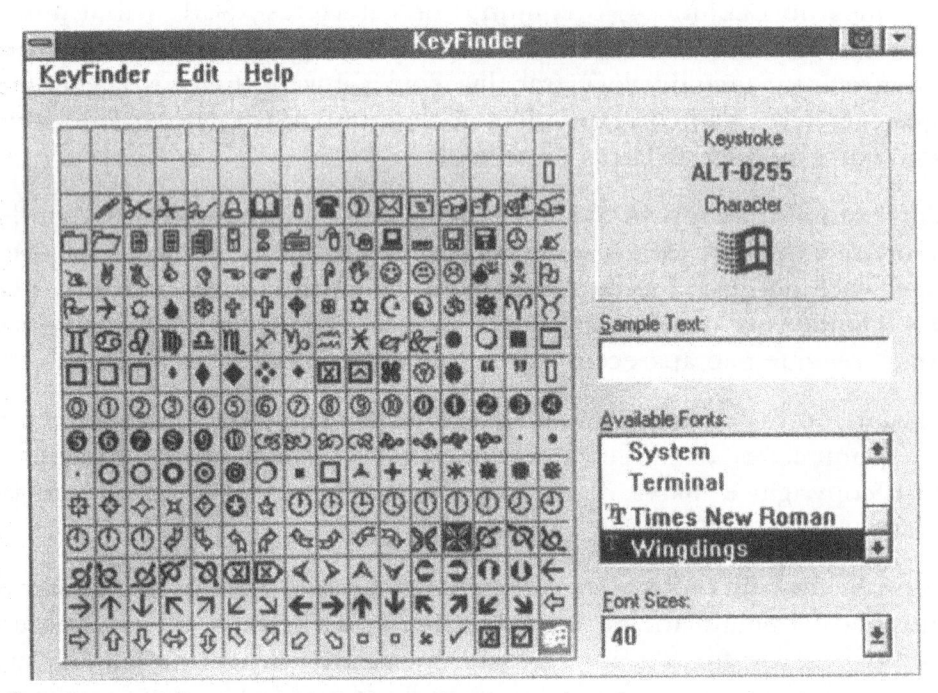

FIGURA A.8

CAPÍTULO 5

EXPLORANDO DISPOSITIVOS DE ENTRADA E SAÍDA COM O UTILITÁRIO DE INFORMAÇÕES DO SISTEMA

O Norton Desktop for Windows vem com uma ferramenta poderosa para a análise de hardware e software. A ferramenta chama-se, com muita propriedade, System Information (Informações do Sistema), e pode informar muito mais do que você pensa em saber sobre o processador, memória, armazenamento em disco, dispositivos de comunicação, dispositivos de entrada e saída e programas que estão sendo executados no sistema. Como você acabou de ler sobre teclado, mouse, monitores e impressoras, usaremos agora a ferramenta System Information para examinar os dispositivos de entrada e saída que estão conectados ao seu computador.

Para iniciar a ferramenta System Information,

1. Ligue seu computador.

2. Quando o Norton Desktop for Windows entrar em execução, selecione System Information no primeiro menu Tools.

Uma tela parecida com a da Figura A.9 aparecerá. As informações exibidas provavelmente são diferentes, mas a janela básica é igual.

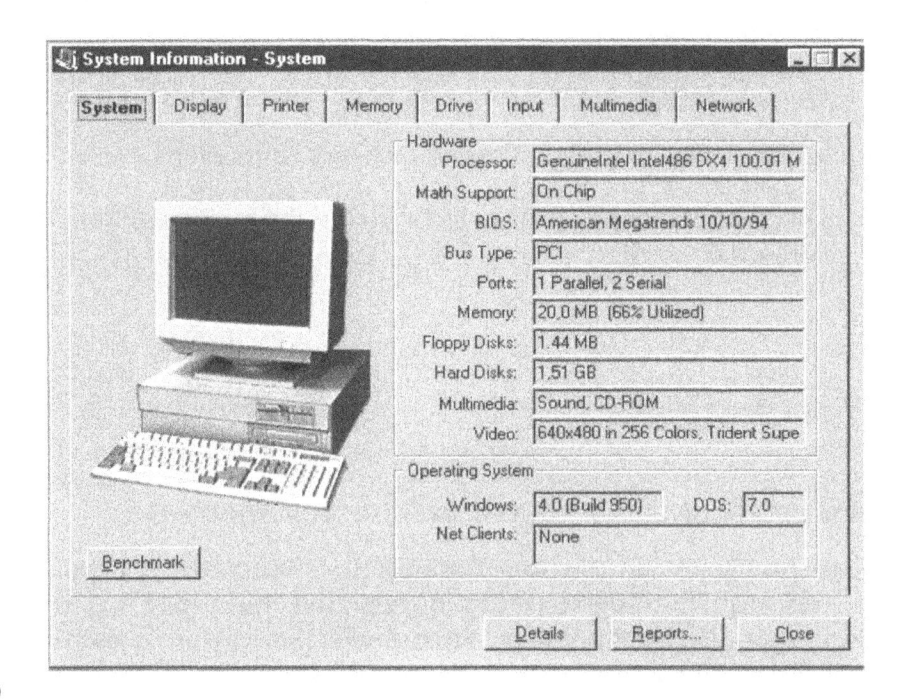

FIGURA A.9

Cada um dos 8 botões ao longo da parte superior da janela System Information exibe um relatório diferente relacionado a um aspecto específico da configuração de hardware ou software. Por padrão, o primeiro botão, System Summary, está selecionado. Esse relatório geralmente oferece informações genéricas que cobrem muitos aspectos do seu computador. Grande parte das informações contidas nesse relatório aparece novamente em outros relatórios, mais específicos.

Para ver os outros relatórios, dê um clique no botão correspondente. A melhor maneira de descobrir que botões fornecem que tipo de informação é explorá-los todos. Mas, se você estiver com pressa de encontrar uma determinada informação, procure o tópico System Information no menu Help.

Para concluir esta atividade, responda às seguintes perguntas em uma folha separada. As informações podem ser encontradas nos relatórios System Summary, Display Summary e Printer Summary. Entretanto, recomendo firmemente que você examine os outros relatórios, mesmo que ainda não saiba ao certo o que poderá ser encontrado lá.

1. Que tipo de teclado está conectado a seu computador?

2. Que tipo de mouse está conectado a seu computador?

3. Quantas portas seriais e paralelas seu computador possui?

4. Que tipo de placa de vídeo seu computador está usando?

5. Qual é a largura e a altura, em pixels, da tela do seu monitor?

6. Quantos pixels por polegada (vertical e horizontalmente) são exibidos no seu monitor?

7. Que modelo de impressora está conectada a seu computador?

8. A que porta de saída a impressora está conectada?

9. Quantos pixels por polegada (horizontal e verticalmente) a sua impressora cria?

CAPÍTULO 6

Gerenciamento de Arquivos no Norton Desktop for Windows

Uma das metas principais do Norton Desktop for Windows é a simplificação do gerenciamento de arquivos. Algumas das ferramentas que você viu nos exercícios anteriores deste apêndice — Shredder, SmartErase, SuperFind e Norton Viewer — ajudam a facilitar o gerenciamento de arquivos. Mas a parte mais importante desse processo é simplesmente ser capaz de mover, copiar e excluir arquivos. O NDW torna essas tarefas disponíveis por meio de simples ações com o mouse:

- Para copiar um arquivo, arraste seu ícone do painel de arquivos para qualquer outro local do painel de árvore ou para qualquer outro ícone de unidade ou janela.

- Para mover um arquivo, pressione a tecla Alt e arraste seu ícone do painel de arquivos para qualquer outro local do painel de árvore ou para qualquer outro ícone de unidade ou janela.

- Para excluir um arquivo, selecione-o no painel de arquivos e dê um clique no botão Delete ou pressione a tecla Delete. Dependendo de como estiver configurado, o NDW pode exibir uma caixa de diálogo avisando que o arquivo será excluído. Dê um clique no botão Yes da caixa de diálogo.

O gerenciamento de arquivos também requer, com bastante freqüência, a criação de diretórios. Para criar um diretório novo, selecione o diretório que conterá o diretório novo e depois selecione Make Directory no menu File. O NDW exibirá uma caixa de diálogo pedindo o nome do diretório novo. Os nomes de diretório seguem as mesmas convenções dos nomes de arquivo (11 caracteres no máximo, nenhum espaço, nenhum caractere especial do DOS, como *, ? ou \).

Use essas técnicas para fazer as seguintes alterações no seu disco de atividades:

1. Crie um diretório chamado EFF no diretório-raiz.

2. Mova os seguintes arquivos do diretório-raiz para o diretório EFF:

   EFF_HIST.TXT

   EFF_PLTC.DOC

   FUNDACAO.TXT

3. Crie um diretório chamado EXCEL no diretório-raiz.

4. Mova os arquivos com extensão XLS para o diretório EXCEL.

5. Copie o arquivo chamado RELATDIA.TXT para o diretório ARQSNDW.

Para concluir esta atividade, desenhe um diagrama que mostre toda a estrutura de diretório do disco de atividades depois das alterações propostas. Relacione os arquivos de cada diretório.

CAPÍTULO 7

Usando o Norton AntiVirus para Evitar Infecções

A conectividade cada vez maior é boa para todos: todos colhem mais fartamente os benefícios da informatização. Mas é claro que há um preço a pagar. Um perigo de conectar seu computador a outros — por meio de modem ou de rede — é o risco sempre crescente de infectar seus arquivos com vírus de computador. Assim como os vírus que causam doenças se espalham em lugares como escolas e hospitais, onde há muitas pessoas aglomeradas, os vírus de computador espalham-se rapidamente em locais onde muitos computadores estão ligados entre si.

A única maneira de garantir segurança é usar um utilitário antivírus, como o Norton AntiVirus, um programa incorporado ao Norton Desktop for Windows. Esse utilitário possui duas partes distintas. A primeira é o AntiVirus AutoProtect, um programa que é carregado para a memória quando você liga o computador. O AntiVirus AutoProtect atua como sentinela incansável, examinando cada arquivo à procura de sinais de vírus antes de ele ser carregado para a memória. Essa parte do programa é capaz de detectar vírus e advertir o usuário, mas não consegue erradicá-los.

A outra parte do Norton AntiVirus é o programa que você controla ativamente, instruindo-o a examinar discos específicos ou erradicar vírus. Nesta atividade, você usará o Norton AntiVirus para procurar vírus no disco de atividades. Se seu instrutor pedir, você também poderá examinar o disco rígido do seu computador.

Para iniciar o Norton AntiVirus,

1. Ligue seu computador.

2. Quando o Norton Desktop for Windows entrar em execução, coloque o disco de atividades na unidade A:.

3. Selecione o Norton AntiVirus no menu Tools.

Depois de alguns segundos, aparecerá na tela a caixa de diálogo Norton AntiVirus.

4. Dê um clique na unidade A: para selecioná-la (ou B:, caso o disco de atividades esteja na unidade B:).

5. Dê um clique em qualquer outra unidade selecionada, para desativá-la.

6. Nenhuma caixa de verificação deve estar marcada.

7. Quando a caixa de diálogo mostrada na Figura A.10 aparecer, dê um clique em Scan Now.

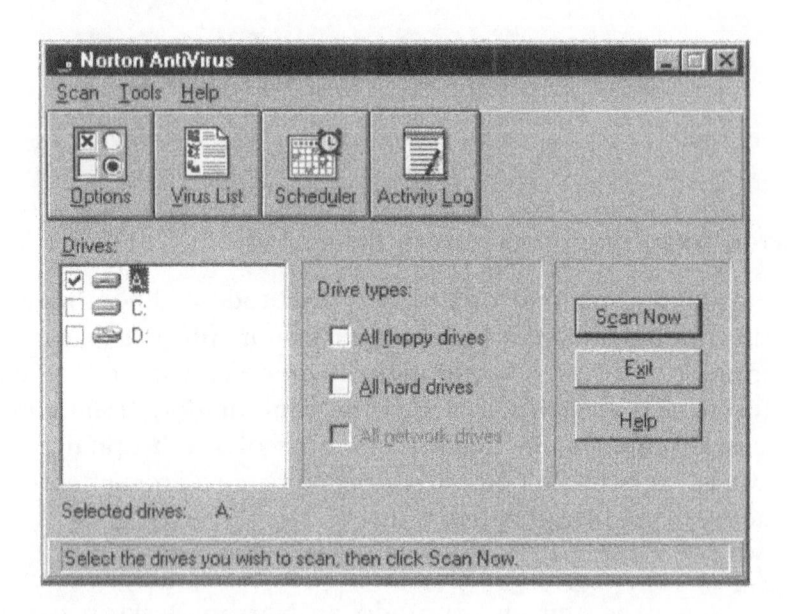

FIGURA A.10

Antes de o NDW começar a examinar o disco de atividades, ele examina a memória ativa. Você verá na tela a caixa de diálogo Memory Scan enquanto esse processo estiver em ação. A seguir, o NDW exibe a caixa de diálogo Scan Results. Se seu disco de atividades não estiver infestado por um vírus no setor de inicialização (boot sector), o Norton AntiVirus não encontrará vírus algum no disco. Não pode haver vírus no disco de atividades, porque ele não possui arquivos executáveis.

Para concluir esta atividade:

8. Imprima os resultados do exame (Scan Results) dando um clique no botão Print e depois no botão OK na caixa de diálogo Print Scan Summary.

CAPÍTULO 8

OBTENDO O AVISO DE COMANDO DO DOS

Quando o Microsoft Windows é executado no seu computador, fica um pouco mais difícil descrever o sistema operacional. O Windows usa o kernel do DOS mas substitui a interface com o usuário do DOS, uma interface de linha de comando controlada pelo arquivo COMMAND.COM, por uma interface gráfica com o usuário poderosa. Quando o Norton Desktop for Windows também é executado, a situação fica ainda mais complicada, porque ele aproveita parte da funcionalidade do Windows, acrescenta mais alguns recursos e substitui a interface gráfica por outro shell que facilita ainda mais o uso e a personalização do Windows.

A idéia mais importante aqui é que o kernel do sistema operacional pode usar qualquer shell que tenha sido criado para ele. Usar o DOS significa que você está executando o kernel do DOS, apesar de talvez estar usando um shell diferente.

Para ver uma demonstração de como esses shells diferentes podem ser misturados, você rodará a interface padrão do DOS a partir do Norton Desktop for Windows. Quando você der um clique no botão DOS no NDW, o Dekstop rodará o programa COMMAND.COM como se você estivesse em uma aplicação. Para vê-lo em ação:

1. Ligue seu computador.

2. Quando o NDW entrar em execução, localize o botão DOS na barra de botões.

3. Dê um clique no botão DOS.

O NDW desaparece e é substituído pelo aviso de comando do DOS. Entretanto, você sabe que o NDW ainda está sendo executado por causa da mensagem que aparece na parte superior da tela.

4. Pressione Alt-Enter para que o aviso de comando do DOS apareça em uma janela do Norton Desktop. A janela deve ser semelhante à da Figura A.11.

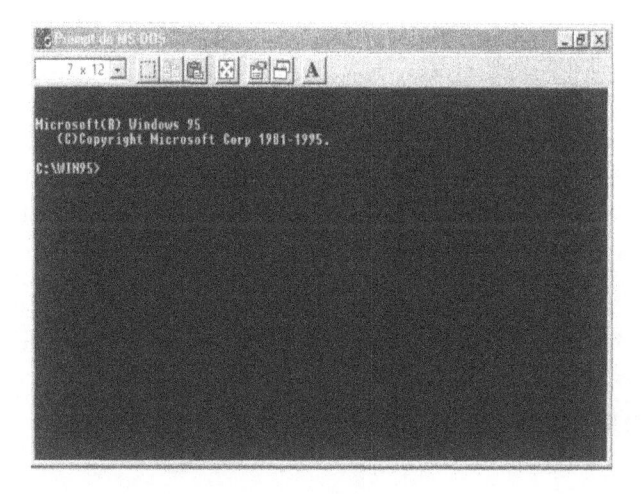

FIGURA A.11

5. Dê um clique no botão Minimizar na janela do aviso de comando do DOS para reduzi-la a um ícone.

Quer o aviso de comando do DOS seja exibido em uma janela ou ocupe toda a tela, você pode fazer com ele qualquer coisa que faz no aviso de comando padrão que aparece na tela quando não há nenhum outro shell em ação (entretanto, algumas ações causarão conflitos entre os shells).

Enquanto você estiver explorando todos os shells possíveis de ser usados, também poderá ver mais um: o shell padrão do Microsoft Windows, chamado Gerenciador de Programas. Assim como ocorre no aviso de comando do DOS, você pode abrir o Gerenciador de Programas em uma janela do Norton Desktop.

6. Selecione Run no menu File.

7. Na caixa de texto Command Line, digite PROGMAN.

8. Dê um clique em OK.

Se você receber uma mensagem de erro, terá de encontrar o caminho correto para o arquivo chamado PROGMAN.EXE no seu diretório Windows. Tente usar o SuperFinder, caso as coisas fiquem complicadas.

Se você só usou o Norton Desktop, mas não o Windows, este é um bom momento para brincar com o shell do Microsoft e descobrir no que ele é diferente do shell do NDW.

Feche o Gerenciador de Programas do Windows dando um clique duplo na caixa do menu de controle. Feche o DOS Shell ativando sua janela e selecionando Exit no menu File. Feche a janela do aviso de prontidão do DOS ativando-a, digitando EXIT e pressionando Enter. Você acabou de ver quatro shells diferentes: a interface padrão do DOS, a interface gráfica do DOS Shell, o Gerenciador de Programas do Windows e o Norton Desktop for Windows. Para concluir esta atividade, resuma, em uma folha separada, quais parecem ser as vantagens e desvantagens de cada um deles.

CAPÍTULO 9

Usando o Desktop Editor

Na hora de criar o Norton Desktop for Windows, os desenvolvedores adotaram um ponto de vista diferente do da Microsoft em termos do que era necessário para um editor de texto interno. Eles assumiram a posição de que muitos usuários provavelmente já têm um editor de textos que usam para documentos formatados. Então, em vez de incluir um editor de textos como o do Windows, o NDW possui um editor de texto, chamado Desktop Editor, que é parecido com aquele fornecido com o DOS. O Desktop Editor, porém, é mais poderoso que o programa de edição do DOS. Ele também atua como outros programas do Windows e do Norton Desktop, rodando em uma janela padrão com os menus usuais e muitos dos comandos mais comuns.

Se você fez a atividade do DOS proposta neste capítulo, já sabe que os editores de texto mais simples foram criados especificamente para editar simples arquivos de texto em ASCII. Eles não contêm todos os recursos de um editor de texto como o Word, o WordPerfect ou o Ami Pro. Você não pode alterar fontes, não pode aumentar ou diminuir os tipos, colocar negrito, itálico ou sublinhar caracteres, nem configurar formatos avançados de parágrafos ou páginas. Essas coisas não são possíveis nos editores de texto simples porque o conjunto ASCII é apenas um conjunto de códigos que traduz bytes em texto. Não há códigos ASCII para formatação de texto.

Por outro lado, os editores de texto simples permitem que você recorte, copie e cole texto, procure e substitua um texto e crie macros complexas para a edição de texto. Em outras palavras, você tem todos os recursos de edição de um editor de texto sofisticado, mas nenhum recurso de formatação.

Nesta atividade, você usará alguns dos recursos de edição do Desktop Editor, em vez de digitar um documento totalmente novo. Para começar:

1. Ligue seu computador.

2. Quando o Norton Desktop for Windows entrar em execução, selecione Desktop Editor no menu Tools.

Uma janela de documento sem título aparecerá na tela. Neste ponto, você pode começar a inserir texto ou abrir um documento existente. Para abrir o documento que preparamos para você:

3. Verifique se o disco de atividades está na unidade A:

4. Dê um clique no botão Open no Desktop Editor.

5. Na seção Drives na caixa de diálogo Open File, selecione a unidade A:.

6. Na caixa de lista Files, dê um clique no arquivo chamado I_STATIO.TXT.

7. Quando sua caixa de diálogo Open estiver igual à da Figura A.12, dê um clique em OK.

O documento que aparece na tela é um rascunho de um artigo usado neste livro. Para concluir esta atividade, você usará os recursos Time/Date, Cut and Paste e Search and Replace para revisar o artigo. A primeira alteração a ser feita é inserir a data e a hora atual, para você saber quando o artigo foi revisado pela última vez. Para acrescentar essas informações,

8. Use o mouse para colocar o ponto de inserção no final da primeira linha, à direita do "n" de "i.Station".

9. Pressione a tecla Enter duas vezes para inserir duas linhas em branco.

10. Selecione Time/Date no menu Edit para inserir a data e a hora atual. Esse recurso é um meio excelente de saber exatamente quando você criou ou alterou um documento pela última vez.

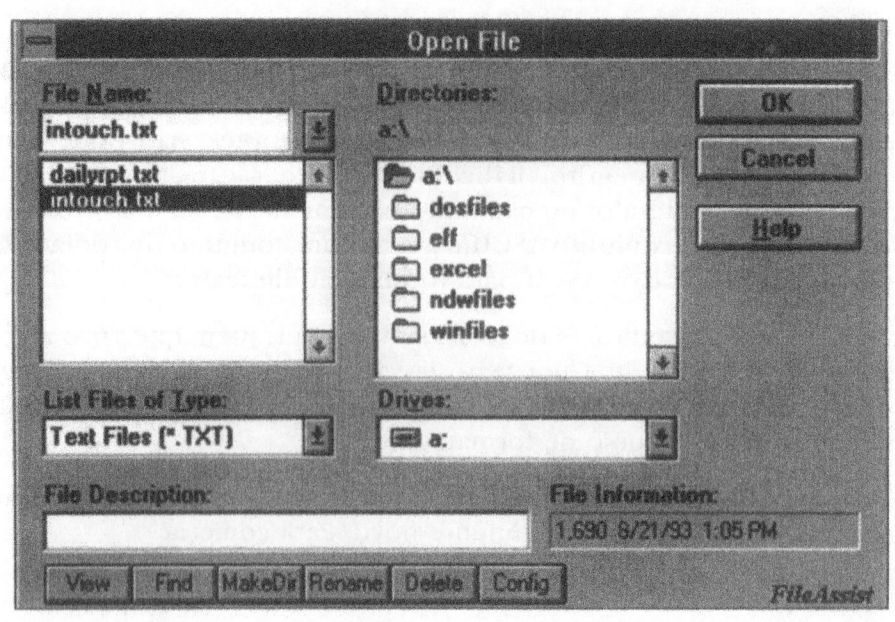

FIGURA A.12

Para ver como funciona o recurso Cut and Paste, você moverá uma frase do último parágrafo.

11. Selecione a segunda frase do terceiro parágrafo arrastando o ponteiro do mouse do começo para o final da frase. Quando ela estiver selecionada, deverá ficar igual à da Figura A.13.

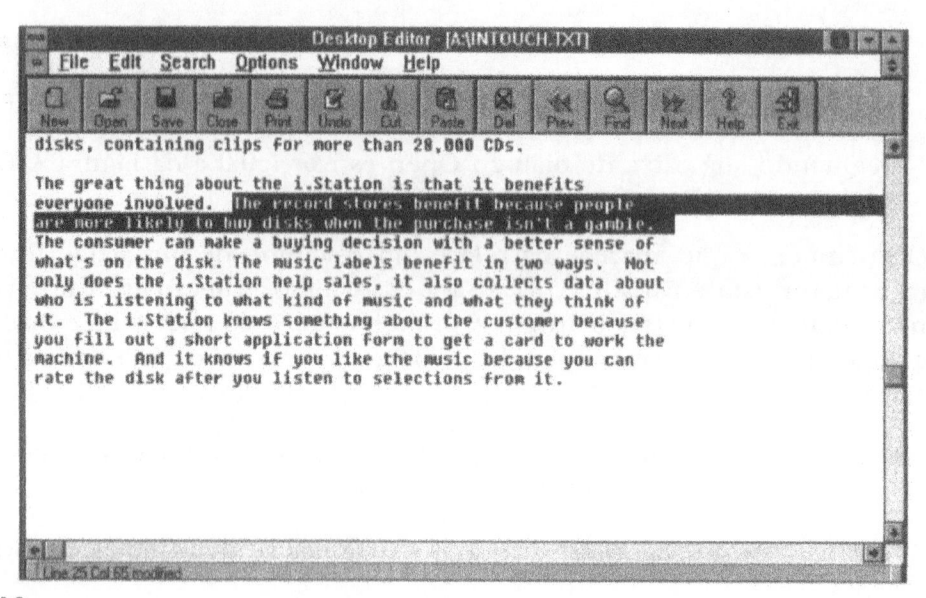

FIGURA A.13

12. Dê um clique no botão Cut.

13. Use o mouse para colocar o cursor à esquerda da letra "A" na frase "As gravadoras ganham...".

14. Dê um clique no botão Paste.

As frase agora estão na ordem correta, mas as linhas não estão quebrando no lugar correto. Para reparar o problema, você precisa ativar o recurso de avanço automático de linha e dizer ao Editor que ele precisa alinhar o parágrafo atual.

15. Abra o menu Edit e verifique se há uma marca de verificação ao lado da opção Word Wrap. Em caso negativo, selecione a opção.

16. Selecione Wrap Paragraph no menu Edit.

Todas as linhas do parágrafo (exceto a última) devem ter agora aproximadamente o mesmo tamanho.

Agora é hora de alterar todas as ocorrências da palavra "disco" para "Disco". É muito mais fácil fazer essa alteração usando o recurso Search and Replace.

17. Use o mouse para colocar o cursor no início do documento.

18. Selecione Replace no menu Search.

19. Na caixa de texto Search, digite **disco**.

20. Na caixa de texto Replace, digite **Disco**.

21. Quando a caixa de diálogo estiver igual à da Figura A.14, dê um clique em OK.

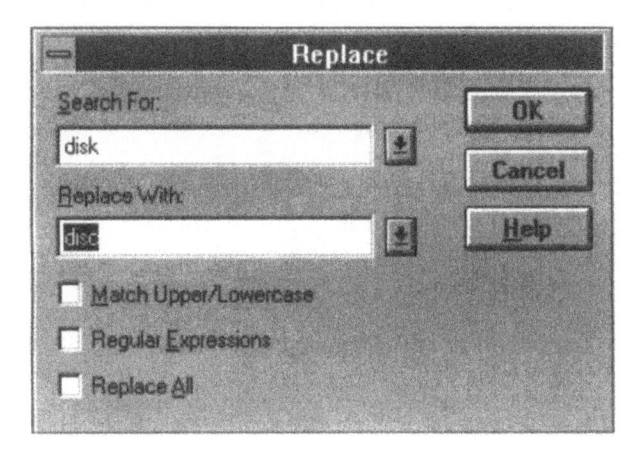

FIGURA A.14

22. Dê um clique no botão Yes para certificar-se de que você quer que todas as ocorrências de "disco" sejam substituídas por "Disco".

23. Quando terminar, dê um clique no botão Save.

24. Dê um clique no botão Print.

25. Dê um clique no botão Exit.

CAPÍTULO 12

Usando o Scheduler para Sistemas de Informações Pessoais

Um sistema eficaz de gerenciamento de informações oferece informações valiosas para as pessoas certas no momento certo. Essa sincronização é um ingrediente essencial. Quando você se torna parte de um negócio, a hora exata em que seu trabalho é concluído será crucial para o sistema de informações para o qual você contribui ou do qual se beneficia. O Norton Desktop for Windows pode ajudá-lo a estar sempre em dia com seu cronograma de trabalho se você usar o Scheduler. Com um pouco de prática, você poderá usá-lo para configurar o que, em essência, é um sistema de informações pessoais.

Com o Scheduler, você pode:

- Usar o computador para se lembrar de prazos, reuniões ou outros eventos.
- Enviar lembretes de hora em hora, diária, semanal e mensalmente.
- Carregar programas específicos ou até documentos específicos regularmente.

Talvez o uso mais comum do Scheduler seja para efetuar cópias de segurança automáticas de um disco rígido. Na verdade, quando o NDW é instalado, o Scheduler é automaticamente configurado para executar o utilitário Backup todos os dias às 16 horas. Mas há muitos outros usos para ele. Por exemplo, digamos que você seja vendedor de telefones. Para manter seu supervisor a par do seu trabalho, você deve entregar relatórios diários relacionando as novas contas. Esses relatórios devem ser enviados a seu supervisor, via correio eletrônico, todos os dias às 17 horas. Mas, às 17 horas, é fácil distrair-se com o final do expediente e esquecer-se do relatório. Para que isso não aconteça, você configurará o Scheduler para carregar o Desktop Editor e um arquivo chamado RELATDIA.TXT às 16h45 todos os dias da semana. Eis como fazê-lo:

1. Ligue seu computador.

2. Quando o Norton Desktop for Windows entrar em execução, coloque o disco de atividades na unidade A:.

3. Selecione Scheduler no primeiro menu Tools.

4. Quando a janela Scheduler aparecer na tela, dê um clique no botão Add.

5. A caixa de diálogo Add event aparece, conforme mostra a Figura A.15.

Para acrescentar um evento ao Scheduler, você precisa cumprir duas etapas básicas: precisa dizer a ele o que fazer e quando. O lado esquerdo da caixa de diálogo é onde você diz ao Scheduler o que fazer.

6. Na caixa Description, digite Carregar Relatório Diário.

7. Por padrão, a opção Type of event já está ajustada para Run program, portanto não é necessário alterar nada.

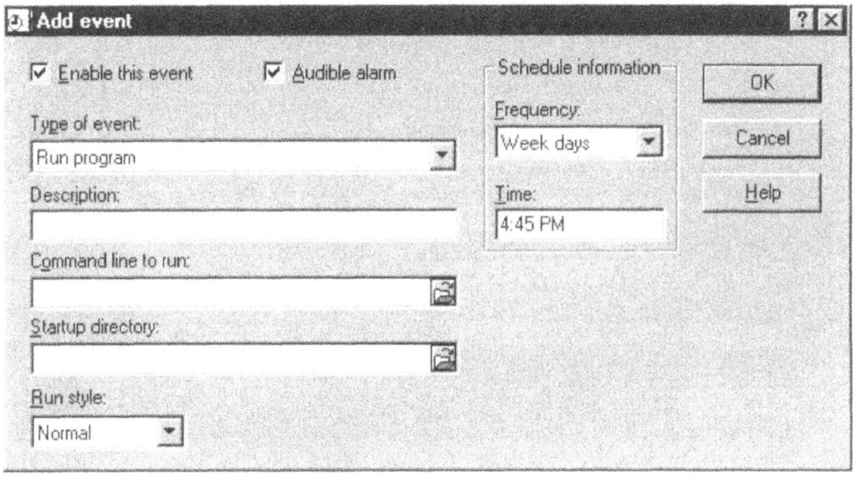

FIGURA A.15

8. Na caixa Command line to run, digite **A:\RELATDIA.TXT**. Este, na verdade, é o nome de um arquivo e não de um comando, mas o NDW associa os arquivos de texto ao Desktop Editor. Para concluir o comando, o NDW carrega o Desktop Editor e abre o arquivo chamado RELATDIA.TXT.

Agora, você precisa informar ao Scheduler quando ele deve iniciar o comando. A primeira etapa importante é fazer a seleção correta na caixa Frequency.

9. Como você quer que o relatório diário seja carregado todos os dias às 16h45, selecione Week days na caixa Frequency.

10. Digite a hora como 4:45 PM.

A caixa de diálogo Add event agora deve estar igual à da Figura A.16. Neste ponto, se você realmente quisesse que o computador carregasse o relatório às 16h45 todos os dias, deveria dar um clique em OK, acrescentando o evento ao Scheduler.

O Scheduler precisa estar sendo executado para carregar o evento. Portanto, depois de acrescentar o evento, o Scheduler deve simplesmente ser minimizado. Você também teria de dar um clique na caixa de verificação Load with Windows na janela do Scheduler, para que ele fosse carregado sempre que você usasse o computador.

Entretanto, como esta atividade serve apenas para você ver o Scheduler em ação, não dê um clique em OK ainda. Em vez de ajustar a hora para 4:45 PM,

11. Altere a hora para aproximadamente dois minutos da hora atual.

12. Dê um clique em OK para fechar a caixa de diálogo Add event.

13. Dê um clique no botão minimizar para reduzir a janela do Scheduler a um ícone.

Assim que o relógio interno do computador atinge a hora para a qual você ajustou o Scheduler, o NDW carrega o Desktop Editor e você vê o documento mostrado na Figura A.17.

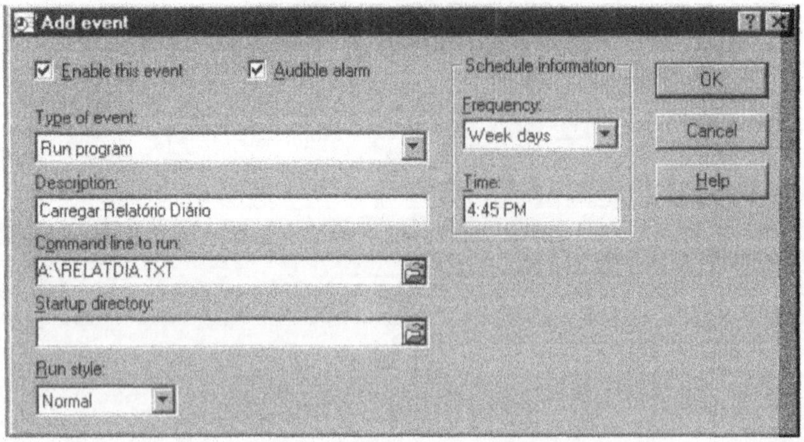

FIGURA A.16

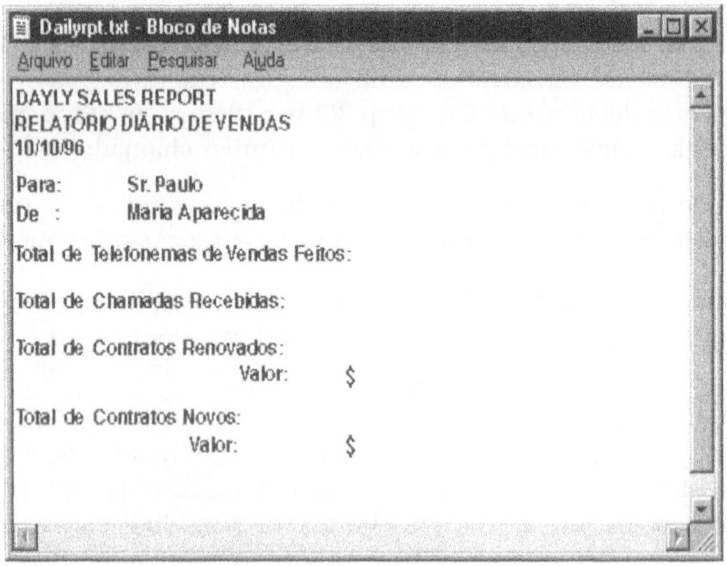

FIGURA A.17

14. Selecione Exit no menu File do Desktop Editor.

Para concluir esta atividade, acrescente mais três eventos ao Scheduler. Em uma folha separada, copie as informações exibidas na janela do Scheduler que estão relacionadas a cada evento, explique o que cada evento faz e por que ele é útil. Quando terminar, siga estas duas etapas para excluir todos os eventos criados nesta atividade:

15. Dê um clique na janela do Scheduler no evento que você deseja excluir.

16. Dê um clique no botão Delete.

Para sair do Scheduler:

17. Dê um clique duplo na caixa do menu de controle no canto superior esquerdo da janela do Scheduler.

APÊNDICE B

HISTÓRIA DO MICROCOMPUTADOR

Comparado a outras tecnologias, o microcomputador evoluiu em curto período de tempo. Os avanços foram significativos e não acabaram. Em apenas duas décadas, o micro deixou de ser uma novidade para aficionados para se transformar em uma ferramenta de grande flexibilidade e recursos que alcançam milhões de lares e empresas. Vamos rever a seqüência de alguns dos principais eventos que moldaram o desenvolvimento dessa máquina maravilhosa.

1974

A Intel lança o microprocessador 8080, que incorpora avanços significativos em termos de desempenho e capacidade sobre o antigo 8008. Na época, os microprocessadores eram usados principalmente em máquinas de propósito específico, como aquelas que controlam os sinais de trânsito.

Facilidade de Utilização

Cientistas da computação → Usuário final

1974 → 1994

Ed Roberts, proprietário da MITS, em Albuquerque, Novo México, trabalha construindo um computador em torno do processador 8080. Les Solomon, da revista *Popular Electronics*, fica sabendo dos esforços de Roberts e voa para Albuquerque para ver a nova máquina. Solomon quer apresentar o computador em uma próxima edição da revista e pressiona Roberts a terminar antes do final do ano a máquina, que ainda não tem nome. A filha de Solomon sugere o nome "Altair", depois de ver um episódio de *Jornadas nas Estrelas*.

Gary Kildall, consultor e professor de Ciência da Computação em Pacific Grove, Califórnia, tenta escrever um sistema operacional para um computador similar, alimentado pelo processador Intel 8080. Ele dá ao sistema operacional o nome de Control Program for Micros (Programa de Controle para Micros), ou CP/M. Kildall e sua esposa criam uma empresa chamada Intergalactic Digital Research. Mais tarde, reduzem o nome para Digital Research.

1975

A edição de janeiro da revista *Popular Electronics* apresenta em sua capa o computador Altair. O interesse que a revista desperta motivará muitas pessoas a se envolverem com computadores.

Duas pessoas grandemente influenciadas pelo artigo da *Popular Electronics* são Paul Allen e Bill Gates, ambos estudantes da Universidade de Harvard. Gates telefona a Ed Roberts, no Novo México, e diz que ele e Allen desenvolveram uma linguagem BASIC que pode ser adaptada para o computador Altair. Roberts diz a Gates que ele já foi abordado por pelo menos 50 pessoas que alegam ter desenvolvido uma linguagem operacional e que a primeira pessoa que realmente apresentar uma linguagem poderá fazer um contrato com a MITS para comercializar o software juntamente com o equipamento. Na verdade, Gates e Allen ainda não desenvolveram a linguagem BASIC. Eles nem mesmo têm um processador 8080. Por isso, Allen passa a desenvolver um emulador 8080 para o microcomputador DEC PDP-10 em Harvard, enquanto Gates trabalha na linguagem BASIC. Allen voa para Albuquerque para demonstrar a linguagem BASIC que ele e Gates desenvolveram. Miraculosamente, ela funciona logo na primeira tentativa. Roberts fica tão impressionado que oferece a Allen um cargo na MITS. Allen deixa a Universidade de Harvard para aceitar a oferta. Nas suas férias de verão na universidade, Gates viaja para o Novo México e forma a Micro-Soft, uma parceria entre ele e Paul Allen. Depois, a companhia terá seu nome alterado para Microsoft.

O Homebrew Computer Club é formado em uma garagem de Menlo Park, Califórnia, como fórum para troca de informações técnicas, idéias e entusiasmo sobre o novo hobby de brincar com computadores como o Altair. Um dos presentes à primeira reunião é um funcionário da Hewlett-Packard chamado Steve Wozniak.

1976

Steve Wozniak, com seu amigo Steve Jobs, desenvolve um computador completo em um circuito integrado. Ao contrário do Altair, o computador de Wozniak e Jobs não tem caixa, luzes, interruptores nem qualquer outra atração especial, e foi criado em torno de um microprocessador 6502 da MOS Technology. O 6502 é um clone melhorado do Motorola 6800 e muito mais barato do que o Intel 8080. Wozniak e Jobs decidem criar um negócio e chamam sua operação de Apple.

1977

O computador Apple decola exatamente como seu antecessor, o Altair. Wozniak e Jobs produzem a próxima geração de seu computador — o Apple II. O Apple II é apresentado em uma caixa com teclado embutido. O monitor é um televisor comum conectado à máquina. O Apple II vem com 4K de memória e pode gerar gráficos coloridos; os usuários conectam as máquinas a gravadores ou então compram unidades de disco para armazenar programas.

1978

A Intel lança o microprocessador 8086. Esse processador de 16 bits incorpora mais potência, capacidade e velocidade do que qualquer processador disponível no mercado até então, e dá início a uma série de processadores que ficam conhecidos como família 80×86, cujos membros mais modernos são o Intel 80486 e o Pentium, usados em virtualmente todos os novos PCs padrão da indústria.

1979

A Intel lança o processador 8088, versão de oito bits do processador 8086 lançado um ano antes. Apesar de o 8086 representar um novo campo a ser explorado, o distanciamento da arquitetura de oito bits cria problemas, porque a maioria dos equipamentos periféricos disponíveis é compatível apenas com processadores de oito bits.

Em maio do mesmo ano na West Coast Computer Fair, Dan Bricklin e Bob Frankston apresentam o primeiro programa comercial para microcomputadores. Desenvolvido para o Apple II, o VisiCalc destina-se a ser um programa que qualquer um pode usar. O nome "VisiCalc" deriva do termo "Visible Calculator" (calculadora visual) e descreve muito bem o programa. O VisiCalc é a primeira planilha eletrônica do mercado e torna-se um sucesso imediato tanto nos lares quanto nas empresas. Esse programa aplicativo é largamente responsável pelo significativo aumento da popularidade do Apple II.

Bob Metcalfe forma uma empresa de tecnologia em Santa Clara, Califórnia. Sua empresa, a 3Com Corporation, desenvolve tecnologia de rede para a conexão de computadores que compartilharão dados.

1980

Neste ponto da história do micro, ninguém aposta em nenhum sistema operacional padrão, nem mesmo em um computador padrão. A Microsoft, famosa então por ser uma desenvolvedora de linguagens e produtos de aplicação, decide aventurar-se pela arena dos sistemas operacionais. Ela garante uma licença com a AT&T para uma versão do sistema operacional Unix para computadores baseados nos processadores Intel. O Unix já estava no mercado desde a década de 1960, tendo sido desenvolvido pela AT&T e também por outras licenciadas. Ele é, no entanto, um sistema operacional de grande porte, cuja implementação requer recursos significativos do computador. A maioria dos equipamentos que executam o Unix são estações de trabalho científicas e minicomputadores. O desenvolvimento de uma versão do Unix para micros certamente exigirá grandes alterações. A licença que a AT&T concede à Microsoft estipula que esta não pode dar à sua versão o nome de "Unix". A Microsoft resolve então chamá-la Xenix.

A IBM decide que o mercado de microcomputadores é grande demais para ser ignorado. Ela começa a desenvolver um microcomputador próprio. Decide também que não pode esperar o desenvolvimento de uma máquina totalmente nova. Para entrar no mercado o mais depressa possível, ela tem de montar uma máquina a partir de componentes amplamente disponíveis. Devido à contínua disponibilidade de dispositivos de oito bits, a IBM resolve apostar no processador 8088 de oito bits, deixando de lado o 8086, mais capaz.

Mais tarde, no mesmo ano, a IBM procura a Microsoft para tentar conseguir linguagens de programação e um sistema operacional para seu novo computador pessoal. Gates concorda em ajudar a IBM com as linguagens, mas sugere que ela entre em contato com Gary Kildall, da Digital Research, para conversar sobre o sistema operacional CP/M. Gates marca uma reunião com os representantes da IBM, mas Kildall não comparece. O CP/M é, até certo ponto, o sistema operacional padrão da indústria para microprocessadores Intel. Entretanto, foi escrito para o Intel 8080 e não foi atualizado para o novo 8086 de 16bits. A IBM quer o CP/M para seu novo computador por causa de seu status de padrão, mas deseja realmente uma versão atualizada. Ela então retorna à Microsoft. Gates concorda em fornecer o sistema operacional, mas não tem idéia de como pode desenvolvê-lo a tempo do lançamento da nova máquina.

Tim Patterson, da Seattle Computer Products, também está atrás de uma versão de 16 bits do CP/M para 8086. Mas a Digital Research está ocupada desenvolvendo um produto novo, a versão de 16 bits do CP/M. Patterson, cansado, pega seu manual de CP/M e resolve ele mesmo escrever o sistema operacional, certificando-se de incorporar toda a funcionalidade do CP/M, melhorando, também, alguns aspectos. Ele dá ao produto o nome de 86-QDOS (de Quick and Dirty Operating System). Patterson chama a Microsoft para ver se ela gostaria de adaptar seu software ao novo sistema operacional. Em vez disso, a Microsoft licencia o 86-QDOS, adapta-o para a nova máquina da IBM, muda o nome do produto para MS-DOS e sublicencia-o para a IBM, permitindo que ela use o nome PC-DOS.

Em dezembro, a Apple Computer abre seu capital e é avaliada em mais de 1,8 bilhão de dólares — mais do que muitas das 500 maiores empresas norte-americanas. Steve Jobs, co-fundador da Apple, vale aproximadamente 250 milhões de dólares.

1981

Em agosto, a IBM apresenta o IBM Personal Computer. A configuração padrão do PC original inclui uma unidade de sistema com CPU Intel 8088, 16KB de memória, um teclado e uma porta para a conexão de um gravador para o armazenamento de programas e dados. O computador é ligado a um aparelho de TV, que funciona como monitor. Essa configuração padrão custa 1.565 dólares. A versão expandida inclui 64KB de memória, uma unidade de disco flexível de 160K e ainda continua sem monitor. O modelo topo de linha possui mais uma unidade de disco flexível, um monitor monocromático e uma impressora matricial; o custo é de 4.425 dólares. No lançamento, os compradores têm a opção de levar o IBM DOS, adaptado ao PC pela Microsoft, ou um interpretador de linguagem BASIC, semelhante ao sistema do Apple II. Logo depois do lançamento, entra no mercado o UCSD p-System, e a Digital Research finalmente conclui a versão de 16 bits do CP/M. Naquele momento, porém, o padrão DOS já havia sido estabelecido.

Os programas aplicativos para o IBM PC incluem software de contabilidade da Peachtree, um editor de texto simples chamado Easy Writer, desenvolvido por um presidiário, software de comunicação e um jogo chamado Adventure, escrito pela Microsoft. O popular programa de planilha, VisiCalc, é rapidamente adaptado para a nova máquina da IBM e as vendas de PCs, DOS e programas para esse ambiente disparam.

Em julho, Steve Jobs deixa Bill Gates dar uma espiada no protótipo de um novo computador que será conhecido como Macintosh, a ser lançado em 1984.

A Microsoft dá início a um projeto secreto chamado Interface Manager, uma interface gráfica para o IBM PC.

1982

A Intel lança o 80286, um processador pleno de 16 bits, como o 8086, mas com melhorias significativas. Entre outras coisas, melhoraram o gerenciamento de memória, a capacidade multitarefa e uma velocidade maior do que a dos processadores anteriores.

Peter Norton apresenta o Norton Utilities, uma coleção de ferramentas de software para usuários de PCs. Estão inclusos programas para ajudar o usuário a recuperar dados eliminados, limpar espaço em disco e aumentar a segurança de programas e dados armazenados em disco.

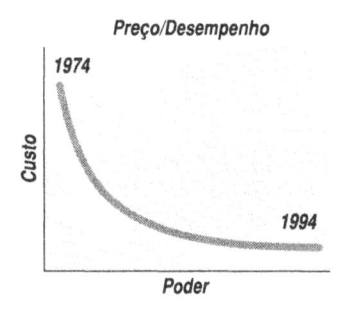

Em agosto, a Hercules Company lança uma placa gráfica que permite que textos e gráficos sejam combinados em um monitor ao mesmo tempo. O padrão Hercules, como se tornou conhecido, é o primeiro padrão de vídeo criado por uma companhia que não a IBM.

Na Comdex de novembro, em Las Vegas, a Lotus Development Corporation apresenta um novo programa de planilha que tomou de assalto a indústria de software. O produto, chamado Lotus 1-2-3, é mais rápido e mais capaz do que o Multiplan da Microsoft e supera em muito o velho VisiCalc. Apesar do prêmio de "software do ano" concedido ao Multiplan pela revista *InfoWorld*, as vendas do Lotus 1-2-3 decolam e o mercado de planilhas nunca mais foi o mesmo.

1983

No início do ano, a Apple lança o Lisa, primeiro computador comercial com um sistema operacional puramente gráfico. O preço astronômico de 10 mil dólares contribui para a falta de popularidade do computador. O sistema operacional gráfico, porém, cria uma revolução na indústria.

A IBM lança o IBM PC-XT. Essencialmente um PC com unidade de disco rígido e mais memória, o XT é capaz de armazenar um volume sem precedentes de programas e dados no seu disco rígido de 10MB. Ele também vem com 128K de memória de 250 nanossegundos e uma única unidade de disco flexível de 360KB.

O interesse e o falatório da mídia em relação ao PC-XT e ao Lotus 1-2-3 fomentam a sensação entre os gerentes comerciais de grandes corporações e de pequenas empresas, que, se não comprarem um PC e o Lotus 1-2-3, ficam para trás, dando uma margem competitiva aos concorrentes.

A Lotus Development e a Ashton-Tate, criadores da planilha e sistema de gerenciamento de dados padrão da indústria, abrem seu capital.

Philippe Kahn, um matemático francês que estudou com Niklaus Wirth, pai da linguagem de programação Pascal, cria a Borland International na Califórnia. O primeiro produto da Borland, o Turbo Pascal, mostra-se um grande sucesso.

A Microsoft anuncia publicamente que um novo produto está sendo desenvolvido — uma interface gráfica para PCs baseados em DOS.

1984

A Apple lança o Macintosh com um comercial surrealista e orsonwelliano na TV durante o SuperBowl em janeiro. O comercial cria interesse sem precedentes pelo novo computador.

Em março, a Adobe Systems lança o PostScript, uma linguagem de impressão que permite impressão em várias fontes e tipos e também imagens gráficas elaboradas.

A IBM lança o PC-AT. O PC-AT usa o novo processador Intel 80286 e é muito mais rápido que o XT. Em questão de meses, o PC-AT torna-se o novo padrão para microcomputadores. O PC-AT padrão vem equipado com 512KB de memória RAM de 250 nanossegundos, uma unidade de disco rígido de 30MB, um monitor gráfico EGA e uma unidade de disco flexível de 5,25" de 1,2MB.

Um repórter da *InfoWorld* usa o termo *vaporware* para fazer referência à nova interface gráfica da Microsoft para DOS chamada Windows.

1985

A Intel lança o processador 80386. Um verdadeiro processador de 32 bits, o 386 representa um grande salto no estado da tecnologia dos microprocessadores. Com barramento de endereço de 32 bits, o 386 é capaz de endereçar mais de 4 bilhões de bytes de memória. Tem também um novo modo de operação chamado modo virtual 86, que permite a emulação simultânea de 16 processadores 8086 independentes.

Em julho, a Aldus lança o PageMaker para o Macintosh, o primeiro software de editoração eletrônica para microcomputadores.

A Commodore anuncia o Amiga e apelida-o de computador doméstico. O Amiga é equipado com um processador Motorola, um sistema operacional multitarefa e com recursos de multimídia.

Em novembro, com quase dois anos de atraso, a Microsoft lança o Windows 1.0. O produto não é bem recebido pelo mercado e a imprensa critica o mau desempenho do software. O TopView da IBM e o DeskView da QuarterDeck também não são muito melhores.

A Apple Computer ameaça a Microsoft com uma ação legal pela aparência e características do Windows. A Microsoft ameaça parar o desenvolvimento do Excel e do Word para Mac, aplicações de que a Apple precisa desesperadamente para alavancar as vendas fracas do Macintosh. A Apple retira a ameaça de processo.

1986

Em março, as ações da Microsoft são oferecidas pela primeira vez na bolsa de Nova Iorque. O preço de abertura é de 27,75 dólares por ação. Um ano depois, o preço de mercado chegaria a 90 dólares por ação.

O MIT lança a primeira versão de uma interface gráfica chamada X Window. O X Window é um motor gráfico destinado a rodar em uma variedade de plataformas de hardware. Em última análise, ele é adotado por estações de trabalho Unix.

Em abril, a IBM entrega ao mercado o PC Convertible, o primeiro laptop da IBM e o primeiro computador baseado em processadores Intel com unidades de disco flexível de 3,5".

1987

A IBM lança o PS/2, uma nova linha de computadores equipados com uma nova arquitetura interna chamada Microchannel Architecture, ou barramento MCA. O barramento MCA representa um grande avanço tecnológico sobre o barramento AT, que já havia se tornado padrão da indústria. Somente os membros mais inferiores da família PS/2 não usam o novo barramento MCA. Infelizmente, nenhuma das muitas placas periféricas de terceiros pode ser usada em computadores com o barramento MCA. O novo PS/2 também exibe uma nova unidade de disco — uma versão de 1,44MB das unidades de 3,5".

A nova linha também apresenta uma nova placa gráfica, chamada VGA. Os monitores VGA são capazes de exibir gráficos coloridos de alta resolução. No modo gráfico mais elevado, o adaptador VGA é capaz de gerar 640 pontos coloridos horizontais por 480 pontos coloridos verticais na tela do monitor. O adaptador VGA é rapidamente adotado como padrão da indústria.

Bill Atkinson, um programador da Apple, conclui um produto chamado HyperCard. O HyperCard, linguagem de programação para o Macintosh, usa a metáfora de uma pilha de fichas para representar um programa — um tipo de linguagem de programação visual. O sucesso do Hypercard gera uma enxurrada de hipermídia.

A Novell Corporation passa a dominar o mercado de redes para PCs com seu produto NetWare. O NetWare conecta PCs baseados em DOS para que eles compartilhem um servidor de arquivos central e comum. O número de aplicações que funcionam com o NetWare cresce rapidamente, transformando os PCs monousuários em robustas redes multiusuários.

1988

Em abril, a Microsoft e a IBM lançam o OS/2 1.0, um sistema operacional multitarefa há muito aguardado. O OS/2 tem uma interface gráfica chamada Presentation Manager. Infelizmente, os programas aplicativos para o OS/2 são raros e o sistema operacional não consegue atender às expectativas.

Em outubro, a Adobe System lança o Display Postscript no novo computador NeXT. O Display Postscript é a primeira linguagem unificada de impressão e tela para que se obtenha o verdadeiro modo WYSIWYG.

1989

A Intel lança o microprocessador 80486. O 486 integra uma CPU 386 e um co-processador aritmético 387 no mesmo chip. Os benefícios da combinação desses chips, além da adição da cache no próprio chip, resultam em uma melhoria significativa em termos de desempenho.

Em abril, a Video Electronic Standard Association anuncia o segundo importante padrão de vídeo não-IBM. O novo padrão, chamado SVGA (de Super VGA), define a maneira como os fabricantes de placas e monitores de vídeo devem produzir seus equipamentos para exibir imagens de resolução mais alta e com mais cores.

Bill Gates pede a John Warnock, da Adobe System, para incluir o Adobe Type Manager e as fontes de tela e de impressão da Adobe no Windows 3.0. Warnock se recusa e a Microsoft junta-se à Apple para desenvolver suas próprias fontes e gerenciadores de fontes. Quando essa novidade chega à imprensa, as ações da Adobe caem mais de 30%.

Em outubro, a Adobe System anuncia o Adobe Type Manager e fontes Adobe para o Microsoft Windows. O Type Manager e as fontes, porém, não são incluídos no pacote do software.

A Microsoft e a 3-Com lançam o LAN Manager, uma rede para o OS/2, na esperança de colocar um pé no lucrativo mercado de software para rede da Novell. O LAN Manager é um fracasso quase imediato, devido, pelo menos em parte, às vendas virtualmente inexistentes do OS/2.

1990

Em maio, a Microsoft lança o Windows 3.0 no evento mais badalado da história da indústria de computadores. O produto encontra altos níveis de comercialização e impulsiona as vendas dos programas aplicativos para Windows. Quatro meses após o lançamento do produto, a Microsoft já havia vendido mais de 1 milhão de cópias do Windows 3.0.

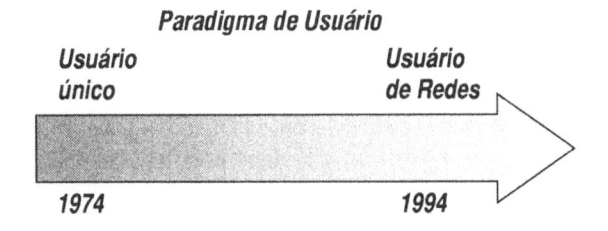

Paradigma de Usuário

Usuário único — 1974 ⟶ Usuário de Redes — 1994

Pressionada pela crescente concorrência dos fabricantes de clones e pelo fraco desempenho do OS/2, a IBM tentou encontrar um nicho no mercado de computadores domésticos com a introdução da linha de computadores PS/1. Em uma drástica guinada em relação à linha PS/2, os PS/1s passaram a não mais ser equipados com o barramento de arquitetura de microcanal (bus Microchannel), e sim com o barramento ISA (Industry Standard Architecture bus).[1]

Em outubro, a IBM lança o padrão de vídeo XGA para o Microsoft Windows e para o Presentation Manager do OS/2 em computadores com arquitetura MCA.

Em novembro, a especificação PC Multimídia é anunciada na Microsoft Multimedia Developer's Conference. A especificação estipula a exigência mínima em termos de hardware para um PC ser considerado adequado para uso com sons e gráficos. A conferência adota um logotipo que é oferecido aos desenvolvedores para reprodução em seus produtos — para os usuários finais, o logotipo é a garantia de que o produto terá desempenho adequado em um PC multimídia.

1991

A Symantec lança o Norton Desktop for Windows, um software que complementa o Microsoft Windows. O Norton Desktop for Windows, ou NDW, dá ao usuário de Windows um melhor ambiente na área de trabalho, incluindo ícones para unidades de disco e muitas ferramentas como visualizador de arquivos, ícone de impressora, destruidor de arquivos e muitas outras melhorias em relação ao Windows padrão.

Em março, a Microsoft e a Apple anunciam o resultado de sua união para desenvolver fontes escalonáveis. A tecnologia chama-se TrueType e é anunciada como um padrão aberto para fontes escalonáveis.

O Joint Photographic Expert Group (JPEG) estabelece um padrão importante para a compressão digital de imagens, abrindo caminho para novas tecnologias e produtos serem integrados ao PC. Tais tecnologias incluem a exibição de imagens com movimento na tela do computador.

A IBM e a Apple Computer entram em acordo para o desenvolvimento conjunto de um computador e sistema operacional, apelidado de PowerPC, que executará software para Macintosh, Unix, OS/2 e Windows.

Em outubro, a Borland International adquire a Ashton-Tate, desenvolvedora do dBASE, grande sucesso em gerenciamento de banco de dados.

Outros fabricantes de hardware começam a lançar placas aceleradoras em grande volume para o Microsoft Windows e a adotar os padrões SVGA atualizados, que suportam resoluções de tela de 1.280 pixels horizontais por 1.024 pixels verticais.

---

[1] N.R.T.: As linhas de microcomputadores posteriormente lançadas pela IBM (Aptiva e PC300) mantiveram o barramento ISA para expansão, usando para vídeo e disco rígido o barramento VESA local bus.

1992

A IBM anuncia uma nova linha de PCs chamada ValuePoint, parecida com a linha PS/1, mas voltada para os usuários mais experientes. A linha ValuePoint, como a linha PS/1, leva a IBM de volta à arquitetura padrão da indústria, ou aos computadores com barramento ISA. Em março, a IBM lança o OS/2 versão 2.0. A nova versão atende a muitas reivindicações dos usuários em relação ao OS/2 1.0. O Presentation Manager é aperfeiçoado e todo o sistema operacional é revisado para funcionar melhor. Ao contrário do que fez com o OS/2 1.0, a IBM divulga e encoraja os usuários de PC a adotarem o OS/2 versão 2.0, com qualquer computador compatível com o IBM PC — e não apenas com os IBM PS/2.

A IBM anuncia uma importante reestruturação corporativa e, pela primeira vez na sua história, redução de mão-de-obra e perdas financeiras.

A Microsoft conclui a aquisição da Fox Software e, no processo, adquire o popular Foxbase, um sistema gerenciador de bancos de dados. Com essa aquisição, a Microsoft torna-se a maior figura de todo o mercado de software para PCs.

1993

A Intel lança o processador Pentium, a quinta geração de processadores para PCs. Com isso, ela quebra sua tradição de numerar modelos, em grande parte para desencorajar os outros fabricantes de chips a darem o mesmo nome dos processadores da Intel. O Pentium tem mais de 4 milhões de transistores e é aproximadamente quatro vezes mais rápido que o 486.

A Microsoft lança o Microsoft Windows for Workgroups, uma versão especial para rede da popular interface gráfica para o sistema operacional DOS. O Windows for Workgroups facilita a configuração e a manutenção de uma rede pequena e é voltado para o lucrativo mercado de redes low-end.

A Novell, Inc., empresa de software para redes, compra a Unix System Laboratories da AT&T e vários outros donos. A fusão dessas duas rivais de longa data preocupa os usuários do Unix com relação aos benefícios de longo prazo de uso do sistema operacional Unix. Outros dizem que é uma estratégia da Novell, que se distanciará da tecnologia obsoleta do NetWare para se posicionar como a grande concorrente da Microsoft no mercado de sistemas operacionais.

A IBM lança o OS/2 versão 2.1. A nova versão incorpora melhorias significativas sobre a versão anterior. A disponibilidade de produtos aplicativos para o OS/2 começa a aumentar significativamente.

Mais tarde, a Microsoft lança o sistema operacional Windows NT. A interface, virtualmente idêntica à do Windows, é agora um verdadeiro sistema operacional multitarefa preemptivo. Além disso, recursos de rede foram incorporados diretamente ao sistema operacional.

Em setembro, a IBM lança vários sistemas PowerPC. Esses sistemas rodam o sistema operacional Unix e usam a CPU multichip desenvolvida pela *joint-venture* com a Apple Computer. Versões que rodam software para Macintosh e Windows aparecem a partir de 1995.

1994

A Internet sofre uma explosão de popularidade, especialmente devido à World Wide Web, um recurso que permite a distribuição e exibição de "páginas" gráficas multimídia e vinculadas entre si. Com um simples clique do mouse em pontos específicos de uma página é possível acessar outros recursos que podem estar em qualquer lugar do mundo.

1995

Em agosto de 1995, apoiada em grande campanha publicitária, a Microsoft lançou o Windows 95, um sistema operacional baseado em janelas (e não apenas em uma interface gráfica), de 32 bits para usuários finais, que incorpora inovações importantes como a multitarefa preemptiva (isto é, realmente multitarefa), melhor proteção de memória e maior facilidade de instalação de novos dispositivos de hardware. O Windows 95 trouxe uma forma de interação com o sistema bastante diferente daquela do Windows 3.1 (exigindo certa adaptação por parte dos usuários da versão anterior), e passou a exigir uma capacidade significativa maior de hardware (para desempenho aceitável, pelo menos 12MB de memória principal e um processador 486 DX2).

No mesmo semestre, a Internet foi disponibilizada ao grande público no Brasil. É lançada a linguagem Java, que independe de plataforma, facilita o desenvolvimento e agiliza a execução de aplicativos interativos e animações pela Internet. Aparecem os Network Computers, computadores supostamente mais baratos especializados no acesso à Internet.

1996

O foco da Informática está na Internet e na Web. Além do enorme aumento no número de páginas disponíveis – de empresas, instituições e pessoas físicas, empresas de Informática disputam para impor padrões e dominar o mercado de browsers. A mais notória disputa ocorre entre a Microsoft e a Netscape Corporation, com os browsers Internet Explorer e Netscape. Novas versões de ambos os browsers foram constantemente lançadas em intervalo de meses, inclusive com ampla distribuição gratuita.

GLOSSÁRIO

10Base-T: padrão da rede Ethernet que usa concentradores e oferece a conveniência da topologia estrela ao barramento linear da rede Ethernet.

80286: processador da Intel lançado em 1982; tem um barramento de dados de 16 bits e é mais rápido e mais eficiente do que o 8086 ou o 8088.

80386: processador da Intel lançado em 1985; processador de 32 bits capaz de acessar aproximadamente 4GB de memória e que apresenta o modo virtual 86; *veja também 80386DX, 80386SX.*

80386DX: nome do 386 depois da apresentação do 386SX em 1988.

80386SX: um 386 de custo mais baixo, com barramento de dados de 16 bits; lançado em 1988.

80486: processador da Intel lançado em 1989; combina um processador 386DX, um co-processador aritmético 80387 e um controlador de memória de cache em um único chip; é mais rápido que o 386; *veja também 80486DX, 80486SX.*

80486DX: nome do 486 depois da apresentação do 486SX em 1990.

80486SX: um 486 de custo mais baixo com co-processador aritmético desativado; lançado em 1990.

8086: primeiro membro da família de processadores 80×86, lançado pela Intel em 1978; tem um barramento de dados de 16 bits.

A

acesso aleatório: método usado para acessar um registro de um arquivo diretamente por meio de seu endereço, em vez de usar a ordem seqüencial.

acesso seqüencial: método usado para acessar dados movendo-se através dos dados na ordem em que eles foram armazenados; método usado em unidades de fita.

acionador (driver): programa que aceita solicitações de um programa aplicativo e faz com que um dispositivo, como placa de som ou vídeo, execute essas solicitações.

adaptador: placa que é ligada a um slot de expansão de um computador e que pode ter várias finalidades; também chamado *placa* ou *placa de expansão*.

administrador de rede local: pessoa responsável pela configuração, operação e manutenção de uma rede local, ou LAN.

administrador de sistemas: pessoa responsável por manter e dar suporte a um sistema de computador.

agente de mudança: qualquer pessoa em uma organização — como, por exemplo, um analista de sistemas — que efetue algum procedimento novo.

agregar valor: processar dados de entrada para que as informações resultantes tenham formato útil.

agrupamento (cluster): no DOS, grupo de setores de um disco.

algoritmo: conjunto de etapas ordenadas, ou procedimentos, para solucionar um problema.

alternância: uma maneira de alterar o fluxo de um programa na qual o computador testa uma condição e depois executa um conjunto de instruções ou outro; geralmente implementada com o construtor "if-then-else" ou "if"; mais comumente chamada *desvio condicional*.

ALU: *veja unidade lógico-aritmética*

American Standard Code for Information Interchange: *veja ASCII*.

analisador de código-fonte: ferramenta de desenvolvimento de software que examina um programa e gera um relatório sobre muitos aspectos daquele programa.

análise de requisitos: processo de definir as necessidades dos usuários como base para o desenvolvimento de sistemas; gerentes de departamento e usuários do sistema dizem do que precisam para executar uma determinada função comercial que está para ser automatizada.

analista de sistemas: indivíduo que analisa e projeta sistemas de software e oferece manutenção e suporte aos usuários.

APA (All Points Addressable — Todos os Pontos Endereçáveis): refere-se aos modos gráficos que permitem que um usuário altere a cor de qualquer pixel da tela por meio de um programa de computador.

aplicação baseada em terminais: aplicação na qual a entrada e a saída ocorrem em um terminal, enquanto o processamento ocorre em um mainframe, em geral em outra localização geográfica.

aplicação com missão crítica: *veja aplicação vertical*.

aplicação de produtividade pessoal: programa que focaliza uma tarefa realizada por um indivíduo e envolve muita interface com o usuário — por exemplo, um editor de texto, planilhas eletrônicas ou banco de dados.

aplicação gráfica: software que permite ao usuário criar ilustrações totalmente novas ou a partir de informações de outro programa; *veja também aplicação para gráficos de apresentação*.

aplicação para gráficos de apresentação: software que permite ao usuário criar gráficos coloridos e profissionais, com base nos dados numéricos importados de outro programa, como uma planilha.

aplicação vertical: programa que executa todas as fases de uma função comercial importante, e em geral é desenvolvido especialmente para o cliente; focaliza o processamento de dados; também chamado *aplicação com missão crítica*.

apontar: colocar o cursor sobre um item ou posição da tela com o mouse.

apresentação: maneira como as informações aparecem (como quando os dados são apresentados em um gráfico).

ARCNET (Attached Resource Computer NETwork): protocolo de rede (que caiu em termos de popularidade) baseado na topologia estrela; barato e fácil de configurar e expandir, mas lento e confuso na hora de se manter e detectar problemas.

área de dados: parte do sistema de formatação lógica de um disco; parte do disco que permanece livre para armazenar dados depois de criados o setor de inicialização, a tabela de alocação de arquivos e o diretório-raiz.

área de transferência (clipboard): área de armazenamento mantida na memória e usada para armazenar textos, gráficos, som ou vídeo que tenham sido copiados ou recortados.

argumento: (1) na linha de comando do DOS, informação específica exibida para concluir um comando; (2) em uma planilha, informação necessária para executar uma função; (3) em programação, informação necessária para que uma função, ou sub-rotina, execute suas instruções.

aritmética de ponto flutuante: técnica que o co-processador aritmético usa para traduzir números para notação científica.

armazenamento: retenção dos dados que não estão sendo usados no momento pelo computador; *veja também armazenamento magnético, armazenamento óptico, meio de armazenamento*.

armazenamento magnético: tipo de tecnologia de armazenamento de dados que funciona polarizando minúsculas partículas de ferro no meio magnético; *veja também disco magnético, fita magnética*.

armazenamento óptico: principal alternativa ao armazenamento magnético; usa um raio laser para ler, gravar e/ou transferir dados para o meio apropriado; *veja também compact disc, memória somente de leitura*.

arquivo de código-objeto: arquivo em disco que armazena código-objeto; também chamado *módulo-objeto*.

arquivo de dados: coleção de dados armazenados pelo usuário.

arquivo de planilha: modelo de planilha criado em um programa de planilha eletrônica e gravado em disco; às vezes chamado apenas *planilha*.

arquivo-fonte: arquivo onde está armazenado o código do programa; também chamado *código-fonte* ou *arquivo de código-fonte*.

arranjo redundante de discos baratos (RAID — Redundant Array of Inexpensive Disks): conjunto de discos rígidos, todos funcionando juntos, com um arquivo espalhado por todos eles; também chamada *agrupamento de discos* ou *matriz de discos*.

arrastar: colocar o ponteiro do mouse sobre um item na tela, pressionar o botão do mouse, mantê-lo pressionado e mover o mouse; pode ser usado para definir blocos ou para mover objetos, entre outras coisas.

ASCII (American Standard Code for Information Interchange — Código Padrão Americano para o Intercâmbio de Informações): inicialmente um código de sete bits (e o oitavo bit era conhecido como bit de paridade) usado para representar 128 símbolos, incluindo todos os caracteres alfanuméricos básicos, com bits de dados; formalizado pelo Instituto Americano de Padrões, porém mais tarde aprimorado pela IBM; agora um sistema de oito bits que descreve 256 símbolos.

assembler (montador): programa de computador que pega instruções em linguagem assembly que têm significado para as pessoas e converte-as em linguagem de máquina.

assinatura: layout de várias páginas.

assistente pessoal digital (PDA — Personal Digital Assistant): menor computador portátil, aproximadamente do tamanho de um talão de cheques; muito menos potente que o notebook ou o laptop; *veja também comunicador pessoal inteligente*.

auditoria: procedimento de examinar e validar os registros, em geral contabilidade ou práticas comerciais de uma empresa para determinar o nível de confiabilidade, precisão e adequação das funções da empresa.

aviso de comando (prompt): símbolo exibido na tela que diz ao usuário onde digitar um comando em uma interface de linha de comando.

aviso de comando de ponto: ponto no qual o usuário digita comandos (especialmente no dBASE).

B

banco de dados: (1) coleção integrada de dados armazenados em um dispositivo de armazenamento com acesso direto; conjunto de informações relacionadas; (2) software aplicativo que permite ao usuário inserir, atualizar e recuperar dados e organizar e pesquisar esses dados de várias maneiras.

banco de dados de arquivos simples: banco de dados não-relacional; os dados não conectados ou ligados a outros bancos de dados relacionais.

banco de dados distribuído: sistema que integra bancos de dados localizados em diferentes computadores em uma rede.

banco de dados relacional: banco de dados capaz de vincular tabelas; coleção de arquivos relacionados que têm pelo menos um campo em comum; também chamado *sistema de gerenciamento de banco de dados relacional*.

barra de menu: barra na parte superior da tela de um programa aplicativo com sistema de menus suspensos; exibe os tipos de comandos disponíveis ao usuário.

barra de rolagem: barra vertical ou horizontal na margem direita ou inferior da tela que permite ao usuário movimentar a tela, deixando visíveis partes ocultas de um documento; *veja também botão de rolagem, seta de rolagem*.

barramento (bus): caminho eletrônico na placa-mãe que permite a comunicação entre os componentes de um computador; *veja também barramento de dados, barramento de endereço*.

barramento de dados: caminho eletrônico que conecta CPU, memória e outros dispositivos de hardware da placa-mãe; às vezes chamado simplesmente *barramento* ou *bus*; *veja também Extended Industry Standard Architecture (EISA), Industry Standard Architecture (ISA), Microchannel Architecture (MCA)*.

barramento de endereço: caminho eletrônico que leva dados da CPU do computador para a sua memória.

barramento EISA: *veja Extended Industry Standard Architecture*.

base de conhecimentos: banco de dados grande e altamente detalhado; às vezes usado com sistemas especialistas.

BASIC (Beginners All-purpose Symbolic Instruction Code — Código de Instruções Simbólicas de Finalidade Geral para Principiantes): linguagem de programação popular e fácil para principiantes; desenvolvida em 1964.

BBS (Bulletin Board System): serviço de informações on-line que pode ser acessado via modem ou rede.

biblioteca: coleção de funções que foram compiladas para código-objeto.

bit (BInary digiT): um dado; menor unidade de informação; pode ser um 0 ou um 1.

bit de paridade: bit extra em um byte, usado para detectar erros; usado na versão original do conjunto ASCII.

BLOB: *veja objeto binário grande*.

bloco: grupo contínuo de letras, palavras, frases ou parágrafos selecionados em um documento ou planilha para vários fins, como mover ou recortar e colar.

botão de opção: em banco de dados, ferramenta convencional de entrada de dados usada quando apenas uma opção entre várias é possível.

botão de rolagem: retângulo localizado na barra de rolagem; permite que o usuário se movimente rapidamente por um documento grande até a posição desejada, bastando para tanto arrastar o botão ao longo da barra de rolagem.

buffer de teclado: parte da memória do computador que recebe um código de varredura de controladora do teclado quando uma tecla é pressionada.

bug: erro em um programa; *veja também erro lógico*.

Bulletin Board System: *veja BBS*.

byte: oito bits; quantidade de memória exigida para armazenar um único caractere; unidade de dado capaz de armazenar 256 valores únicos.

C

C: linguagem de programação desenvolvida no início da década de 1970; atualmente, a linguagem escolhida por muitas empresas de desenvolvimento de software; *veja também C++, linguagem portável*.

C++: linguagem de programação extremamente poderosa e eficiente desenvolvida no início da década de 1980; um superconjunto da linguagem C com extensões orientadas a objetos.

cabeçote de leitura/gravação: dispositivo magnético que flutua ligeiramente acima ou abaixo da superfície de um disco magnético e que lê, grava e apaga informações; contém um eletroímã que cria uma carga magnética em um meio de armazenamento.

cabo coaxial: cabo composto de um único fio no centro de um isolador envolto em malha; também chamado *coax*.

cabo de fibra óptica: fios finos de vidro envoltos em coberturas protetoras; transfere dados por meio da pulsação de raios de luz em vez de freqüências eletrônicas; eficiente, rápido e preciso, mas menos flexível do que os cabos comuns.

cache: tipo de memória de alta velocidade que contém os dados e instruções mais recentes acessados pela CPU.

cadeia de caracteres (string): seqüência de caracteres, em geral usada para armazenar texto.

caixa de combinação (combo): ferramenta de entrada de dados que combina um campo de edição e uma caixa de lista drop-down.

caixa de diálogo: menu especial que fornece ou solicita informações ao usuário e que é sensível ao contexto em que é usado; também chamado *painel* ou *menu suspenso*.

caixa de lista: em banco de dados, um controle de campo que relaciona várias opções que o usuário pode selecionar para entrada de dados.

caixa de verificação: ferramenta de software que exibe uma marca de verificação ou "x" na tela quando um clique é dado nela; usada para a inserção de dados em campos lógicos em que apenas dois valores são possíveis — sim ou não, ligado e desligado etc.

caixa drop-down: janela usada em programas aplicativos como ferramenta de entrada de dados; exibe opções que o usuário pode escolher para sua seleção.

CAM: *veja Manufatura Auxiliada por Computador*.

campo: uma ou mais categorias de dados em um banco de dados; coluna em uma tabela; *veja também campo de consulta, campo de contagem, campo de data, campo de hora, campo de moeda, campo de número, campo de texto, campo lógico, campo memo*.

campo binário: em um banco de dados, campo especial para o armazenamento de um objeto binário grande.

campo de consulta: em banco de dados, campo que contém algum fator de identificação que pode ser usado para validar inserções e simplificar a entrada de dados.

campo de contagem: em um banco de dados, campo que contém um valor numérico único e incremental (como o número de uma fatura) que o SGBD atribui automaticamente a cada novo registro.

campo de data: em um banco de dados, campo especial que armazena a data.

campo de hora: em um banco de dados, campo especial que armazena a hora.

campo de moeda: em um banco de dados ou planilha, campo numérico com o formato de tela configurado pelo software para representar dinheiro.

campo de número: em um banco de dados, campo que armazena números; também chamado *campo numérico*.

campo de texto: em um banco de dados, campo que guarda uma cadeia de caracteres alfanuméricos.

campo lógico: em um banco de dados, campo que pode conter apenas dois valores — sim ou não, verdadeiro ou falso, ligado ou desligado, varejo ou atacado etc.; também chamado *campo sim/não*.

campo memo: em um banco de dados, campo especial que contém informações de tamanho variável, como comentários ou observações.

campo sim/não: *veja campo lógico.*

caneta: dispositivo de entrada que permite ao usuário escrever ou apontar em uma almofada especial ou na tela de um computador baseado em caneta, como o PDA.

caneta eletrônica: *veja caneta.*

capitular: letra maiúscula ampliada, que pode ocupar duas ou mais linhas no início de um parágrafo.

caractere: (1) número, letra, símbolo ou pontuação; (2) variável simples de oito bits; também chamada *char*.

caractere de controle: caractere invisível que o computador exibe e a impressora interpreta; também chamado *código de controle*.

carregar (upload): enviar um arquivo para um computador remoto.

CASE: *veja Engenharia de Software Apoiada por Computador.*

CD-I: *veja Compact Disc Interativo.*

CD-ROM (Compact Disc, Read-Only Memory): tipo mais comum de armazenamento óptico, no qual um laser lê plataformas (lands) e fossos (pits) na superfície de um disco (como em um CD musical); capaz de armazenar mais 600MB, mas não pode ser gravado; *veja também armazenamento óptico.*

célula: área de uma planilha onde uma coluna e uma linha se encontram para formar uma caixa na qual o usuário insere fórmulas, textos ou números.

CFC: *veja clorofluorcarbono.*

chamada ao sistema operacional ou **chamada de sistema (system call):** instruções escritas em um programa de computador para solicitar serviços do sistema operacional, como a gravação de um arquivo em disco.

char: *veja caractere.*

chave composta: em um banco de dados, uma chave primária formada por mais de um campo.

chave primária: em uma tabela de banco de dados, elemento que determina a classificação padrão ou principal; geralmente um único campo; *veja também índice.*

chip: plaquinha de silício ou outro material gravado com circuitos eletrônicos que executam as operações de um computador; *veja também microprocessador.*

choque do cabeçote: o cabeçote choca-se contra o disco e destrói todos os dados armazenados naquela área; pode também destruir o cabeçote de leitura e gravação.

ciberespaço: rede eletrônica agora disponível para usuários de computadores.

ciclo de vida do desenvolvimento de sistemas — CVDS (SDLC — Systems-Development Lifecycle): metodologia e processo formais para a análise, projeto, desenvolvimento e manutenção de sistemas de computador.

cilindro: termo usado para fazer referência à mesma trilha em todos os lados de um disco rígido.

CIM: *veja manufatura integrada por computador.*

CISC (Complex Instruction Set Computting — Computação com Conjunto Complexo de Instruções): uma das metodologias segundo a qual as CPUs dos microcomputadores são projetadas; tipo mais comum de microprocessador encontrado nos computadores pequenos; contém conjuntos grandes com centenas de instruções.

classe: no código-fonte de um programa orientado a objetos, seqüência de instruções que define um objeto.

cliente de banco de dados: programa em execução em um computador conectado a uma rede e que recebe dados acessando o servidor do banco de dados.

clip art: trabalho de arte criativo pronto fornecido comercialmente em formato eletrônico; usado em editoração eletrônica.

clorofluorcarbono (CFC): composto usado para limpar chips de computador e conhecido por destruir a camada de ozônio.

co-processador aritmético: chip ou parte de um chip que acelera o processamento aritmético usando a aritmética de ponto flutuante para efetuar cálculos para a CPU.

coax: *veja cabo coaxial.*

COBOL (COmmon Business Oriented Language): linguagem de programação de alto nível usada para desenvolver aplicações comerciais de processamento de dados; originalmente desenvolvida por um comitê nomeado pelo governo norte-americano em 1960 para solucionar o problema de incompatibilidade entre fabricantes de computadores; fácil de ler (para quem conhece inglês), mas chata de usar.

código de controle: *veja caractere de controle.*

código de identificação do usuário: código que identifica uma pessoa a um sistema de computador antes desta poder entrar (dar logon ou login) no sistema.

código de máquina: código que a CPU reconhece como suas instruções nos arquivos executáveis.

código de varredura: código que diz ao buffer de teclado que tecla foi pressionada; *veja também controlador de teclado.*

código fixo (hard code): em uma planilha, valor constante usado como parte de uma fórmula.

código-fonte: instruções que o programador cria quando escreve um programa; *veja também arquivo-fonte.*

código-objeto: código usado para gerar um programa em linguagem de máquina; tradução de um arquivo de código-fonte.

coerente: perfeitamente alinhado na mesma direção (referindo-se à luz do laser); capaz de focar precisamente uma área minúscula.

comando Colar: recurso que permite ao usuário remover texto da área de transferência e colocá-lo em um documento na posição do cursor.

comando externo: um dos cerca de 45 comandos que são programas separados incluídos no DOS, e que não residem na memória.

comando interno: um dos cerca de 25 comandos do DOS cujo código de programa é incorporado ao interpretador de comandos do DOS; permanece residente na memória depois de ligado o computador.

comando Recortar: recurso que permite que o usuário remova texto ou dados de um documento ou planilha e coloque-o em uma área de transferência.

Compact Disc Interativo (CD-I): aplicação da tecnologia CD-ROM que armazena audiodigital, vídeo e gráficos com movimento, animação, textos e dados em um CD, permitindo aos usuários interagir com um programa que usa um volume tremendo de dados.

Compact Disc, Read-Only Memory: *veja CD-ROM.*

compatibilidade ascendente ou retroativa: capacidade de o hardware ou software interagir com todos os equipamentos e software iguais com os quais seus precedessores interagiam.

compilação: primeira etapa do processo de conversão dos arquivos de código-fonte de um programa em programa executável.

compilador: programa que traduz um arquivo de código-fonte de um programa para código-objeto.

compressão de dados: redução no volume dos dados realizada por um algoritmo que codifica seqüências repetidas de dados; reduz a quantidade de tempo necessária para transferir os dados.

computação cliente-servidor: rede de computadores que consiste em um servidor de arquivo e nós isolados que podem compartilhar programas e dados com o servidor; o servidor normalmente executa um programa de gerenciamento de banco de dados e os clientes solicitam e processam dados específicos.

computação ponto a ponto (peer-to-peer): organização de rede na qual cada computador tem acesso a todos ou alguns recursos encontrados nos outros nós.

computação distribuída: sistema que permite aos usuários recorrer à capacidade de processamento de outros computadores em uma rede.

computação orientada a documentos: computação organizada com a meta de produzir um documento corporativo.

computador pessoal: computador pequeno, comumente encontrado em escritórios, salas de aula ou em lares; também chamado de microcomputador; *veja também PC.*

computador portátil: computador que pode ser facilmente carregado de um lado para outro; *veja também assistente pessoal digital, laptop, notebook.*

comunicação de dados: transferência eletrônica de informações entre computadores.

comunicação full-duplex: comunicação, ou transmissão, simultânea entre um computador emissor e um computador receptor por meio de um caminho de dados ou vínculo de comunicação comum.

Comunicador Pessoal Inteligente (PIC — Personal Intelligent Communicator): mais novo tipo de PDA; pode usar luz infravermelha para se comunicar com computadores próximos e pode incorporar recursos para telefonia celular e fax.

concentrador: painel centralizado usado em uma rede Ethernet 10Base-T.

configurar: adaptar um computador às necessidades particulares de um usuário.

conjunto de comandos Hayes AT: conjunto de comandos que definiu o padrão para as comunicações via modem entre computadores; AT significa "atenção" e precede todos os comandos; também chamado de *conjunto de comandos AT.*

conjunto de instruções: lista de todas as operações, ou conjunto de instruções, que a CPU pode executar; gravado no circuito.

conjunto reserva (backup set): grupo de arquivos de programas ou arquivos de dados que o usuário deseja copiar rotineiramente.

construtor: estrutura de um tipo particular de manipulação do fluxo de controle.

construtor de repetição: programa que executa repetidamente um conjunto de instruções até que, ou enquanto, uma condição seja verdadeira; também chamado *laço*; *veja também laço for, laço for aninhado*.

consulta (query): em um banco de dados, consulta que instrui o programa a localizar registros que satisfaçam exigências específicas; *veja também consulta por exemplo*.

consulta por exemplo (QBE — Query By Example): em um banco de dados, recurso que permite ao usuário inserir fatos sobre uma consulta em um formulário, a partir do que o programa aplicativo compõe uma instrução de consulta para processamento.

controlador de teclado: chip minúsculo — dentro de um computador ou teclado — que observa quando uma tecla é pressionada e coloca um código de varredura no buffer do teclado.

controladora de vídeo: interface que conecta o monitor e a CPU e que contém a memória e outros circuitos necessários para enviar informações ao monitor, que as exibirá na tela; *veja também memória de porta dual*.

cópia de segurança (backup): cópia de um programa ou arquivo de dados, em geral em disquete ou fita magnética, que é mantida como reserva no caso de danos no original; *veja também cópia de segurança completa, cópia de segurança incremental*.

cópia de segurança completa (full backup): cópia de todos os arquivos de um disco transferidos e armazenados em um meio de reserva para fins de segurança; *veja também cópia de segurança*.

cópia de segurança incremental: cópia apenas dos arquivos que foram criados ou alterados desde a última cópia de segurança; *veja também cópia de segurança*.

correio eletrônico (e-mail): sistema para a troca de mensagens escritas entre usuários de uma rede de computadores, como a Internet.

CPU (Central Processing Unit — Unidade Central de Processamento): componente de processamento, (em geral chamado *chip*) localizado na placa-mãe; interpreta e executa instruções de programa e comunica-se com dispositivos de entrada, saída e armazenamento.

criptografia: forma de proteção em que os dados são codificados para impedir que sejam usados por indivíduos desautorizados; os usuários precisam decodificar os dados.

CRT (Cathode Ray Tube — Tubo de Raios Catódicos): habitáculo de vidro em forma de sino que usa um canhão de elétrons para criar uma imagem clara e brilhante na tela de um monitor; usado com os monitores mais comuns de computador.

cursor: destaque na tela de um monitor que mostra onde os caracteres digitados serão inseridos; pode aparecer em forma de quadrado, linha, seta, barra ou, no caso das planilhas, como um grande bloco cobrindo toda uma célula.

CUDS: *Veja ciclo de vida do desenvolvimento de sistemas.*

D

dados: fatos, números, letras ou símbolos que se transformam em informações utilizáveis quando processados.

dar um clique: pressionar e soltar o botão do mouse uma vez com o cursor sobre um item ou seleção na tela.

dar um clique duplo: pressionar e soltar o botão do mouse duas vezes em rápida sucessão sobre um item na tela.

DAT (Digital Audio Tape — Fita Digital de Áudio): unidade de fita que normalmente tem dois cabeçotes de leitura e dois cabeçotes de gravação, e uma capacidade de armazenamento muito alta.

DDE (Dynamic Data Exchange — Troca Dinâmica de Dados): técnica para vincular aplicações que permite que o usuário mova dados de uma aplicação para outra, ou outras, como de uma planilha para um documento de edição de texto; alterações feitas em uma aplicação são automaticamente refletidas nas aplicações a ela vinculadas.

declarar: criar uma variável em um programa; o mesmo que *definir*.

definir: *veja declarar*.

demodulação: processo de converter novamente para som ou outro tipo de dado um sinal eletrônico que tenha atravessado uma linha telefônica.

densidade: medida da qualidade da superfície de um disco; quanto maior a densidade, mais próximas ficam as partículas de óxido de ferro e mais dados o disco consegue armazenar.

depressão (pit): local de um disco óptico que difunde a luz de um laser.

depurador (debugger): programa que executa um comando de cada vez em um programa para que o programador consiga examinar o código-fonte na tela e descobrir erros de lógica que, caso contrário, seriam difíceis de encontrar.

descarregar (download): recuperar um arquivo de um computador remoto.

desvio condicional: *veja alternância*.

dicionário de sinônimos (Thesaurus): lista de palavras alternativas com significado semelhantes oferecidas on-line por um editor de texto.

dígito binário: *veja bit*.

diretório: ferramenta mais importante de organização de um disco rígido, mas que também pode ser usada em disquetes; listagem de outros arquivos e diretório (termo mais usado em máquinas DOS); o mesmo que *pasta* no Macintosh e no Windows 95.

diretório-raiz: parte do sistema de formatação lógica de um disco; principal diretório do disco, que relaciona informações específicas sobre cada arquivo, como seu nome e tamanho, hora e data de criação, hora e data da última modificação etc.; chamado pasta de unidade ou pasta-raiz no Macintosh e no Windows 95.

disco flexível: disco magnético removível feito de plástico fino e flexível revestido de óxido de ferro e coberto com uma capa plástica ou invólucro protetor; disponível em 2", 3,5" e 5,25"; geralmente usado para carregar novos programas ou dados para o disco rígido, trocar dados com outros usuários ou fazer uma cópia de segurança dos dados de um disco rígido; também chamado *disquete*; *veja também armazenamento magnético, unidade de disco flexível*.

disco magnético: tipo mais comum de armazenamento magnético; componente chato e redondo do computador que gira em torno do seu centro; *veja também cabeçote de leitura/gravação, disco flexível, disco rígido*.

disco rígido: disco magnético não-removível incluído na maioria dos micros; uma pilha de placas de metal, cada uma revestida de óxido de ferro, que gira ao redor de um eixo dentro de uma câmara selada; armazena muito mais informações do que um disco flexível e é usado para armazenar quantidades relativamente grandes de dados; também chamado winchester; *veja também armazenamento magnético, dispositivo de armazenamento de massa, unidade de disco.*

dispositivo de armazenamento de massa: dispositivo como o disco rígido, fita, disco óptico e outros meios capazes de armazenar uma quantidade muito grande de dados.

dispositivo de entrada: hardware de computador que aceita dados e instruções fornecidos pelo usuário; *veja também caneta, joystick, leitora de código de barra, mouse, scanner de imagem, teclado, tela sensível ao toque, trackball.*

dispositivo de entrada/saída (E/S ou I/O — input/output): hardware que permite ao computador comunicar-se com usuário e com outras máquinas ou dispositivos; *veja também dispositivo de entrada, dispositivo de saída.*

dispositivo de saída: hardware do computador que retorna os dados processados, ou informações, ao usuário; *veja também impressora, monitor, plotador.*

disquete: *veja disco flexível.*

documentação do usuário: instruções, ou manuais, que dizem aos usuários finais como usar um sistema.

documentação técnica: documentos detalhados que descrevem estruturas de programa ou banco de dados, sistemas de menus, layouts de tela, dados e fluxo de processamento e que são compilados para o benefício de todos os envolvidos no projeto de desenvolvimento de um sistema.

dpi: *veja pontos por polegada.*

DTP: *veja software de editoração eletrônica.*

E

EBCDIC: pronuncia-se "ê-bê-cê-dic"; *veja Extended Binary Coded Decimal Interchange Code.*

editor: em programação, um editor de texto simples no qual um programador ou usuário de computador digita instruções.

editor de texto: software aplicativo usado para criar e modificar um documento.

eletroímã: ímã feito enrolando-se um fio em torno de uma barra de ferro e enviando-se uma corrente elétrica através do fio; a inversão da direção do fluxo da corrente inverte a polaridade do campo magnético; lembra a maneira como os dispositivos de armazenamento magnético armazenam dados.

elo de comunicação sem fio: meio similar a uma antena de rádio ou satélite de comunicação que conecta computadores distantes uns dos outros.

e-mail: *veja correio eletrônico.*

EMS: *veja Lotus, Intel, Microsoft Expanded Memory Specification.*

encapsular: colocar dentro de um objeto.

endereço de memória: número que indica uma localização nos chips da memória para que o computador consiga encontrar os dados rapidamente, sem precisar procurar na memória inteira, seqüencialmente.

Engenharia de Software Apoiada por Computador (CASE): software que ajuda os programadores a criar programas de computador.

Enhanced Small Device Interface (ESDI): interface padrão comum que incorpora à unidade de disco grande parte da inteligência da controladora de disco rígido.

entrada (input): dados brutos, suposições e fórmulas inseridos em um computador.

entrelaçamento: método para exibir uma resolução mais alta em uma tela de monitor de vídeo, mas com maior tremido ou cintilação; o canhão de elétrons pinta, ou varre, linhas alternadas em vez de varrê-las em seqüência.

ergonomia: estudo do relacionamento físico entre pessoas e suas ferramentas, como os computadores.

erro lógico: erro no qual o código está sintaticamente correto, mas manda o computador fazer a operação errada.

E/S: *veja dispositivo de entrada/saída.*

ESDI: pronuncia-se "ê-esse-dê-i"; *veja Enhanced Small Device Interface.*

especificações funcionais: informações detalhadas necessárias ao projeto e desenvolvimento de um programa de computador.

esquema de codificação de dados: método que uma unidade de disco usa para traduzir bits de dados em uma seqüência de inversões de fluxo ou mudanças na polaridade magnética na superfície de um disco.

esquematizador (outliner): no editor de texto, mapa ou método para planejar, desenvolver e reorganizar informações em documentos grandes; também chamado *outline view.*

estação de trabalho: (1) computador menor que um minicomputador, porém mais rápido e mais poderoso que um microcomputador; em geral, tem um único usuário; normalmente baseado em RISC operado por Unix ou uma de suas variações; (2) termo usado no passado, mas agora obsoleto, para fazer referência a qualquer computador ou terminal conectado a outro computador.

Ethernet: protocolo de rede mais comum; baseado na topologia de barramento linear; barato e simples.

executar: fazer o computador carregar e levar a cabo um programa, ou um conjunto específico de instruções; o mesmo que *rodar.*

executável: capaz de ser executado.

Expanded Memory Specification (EMS): *veja Lotus, Intel, Microsoft Expanded Memory Specification.*

Extended Binary Coded Decimal Interchange Code (EBCDIC): código de oito bits desenvolvido pela IBM para definir 256 símbolos; comumente usado nos mainframes e em sistemas de porte médio da IBM.

Extended Industry Standard Architecture (EISA): barramento de 32 bits de dados desenvolvido por fabricantes de hardware que não a IBM; mais rápido que o barramento ISA, mas compatível com os modelos que usavam aquele barramento.

eXtended Memory Specification (XMS): memória interna de um computador além do 1MB que o DOS consegue endereçar; permite que os programas acessem a memória estendida diretamente por meio do driver XMS.

F

família de tipos: todas as variações (negrito, itálico, sobrescrito etc.) que existem em um determinado tipo.

FAT (File Allocation Table — Tabela de Alocação de Arquivos): parte do sistema de formatação lógica de um disco; registro mantido pelo DOS que registra a localização de cada arquivo e a situação de cada setor.

ferramenta de entrada de dados: no software aplicativo, mecanismo usado para inserir dados; *veja também botão de opção, caixa de combinação, caixa de lista, caixa de verificação, caixa drop-down.*

fita magnética: tipo de armazenamento magnético que tem muito mais capacidade do que o disco flexível, mas que requer tempo significativo para o acesso aos dados; melhor usada para armazenar dados que não são requeridos freqüentemente, como para fazer a cópia de segurança (backup) de um disco rígido inteiro.

fluxo de controle: ordem segundo a qual as instruções de um programa são executadas.

fluxograma: representação gráfica usando linhas e símbolos geométricos de um procedimento ou programa de computador.

folha de estilo: na edição de texto, coleção dos textos ou elementos de formatação favoritos ou mais usados.

fonte: tipo e estilo específicos (como negrito ou itálico) exibido em um determinado tamanho de ponto; *veja também fonte com serifa, fonte monoespaçada, fonte proporcional, fonte sem serifa.*

fonte com kern: *veja fonte proporcional.*

fonte com serifa: tipo com ornamentos decorativos; a maioria dos textos longos é apresentada em tipo serifado por facilitar a leitura.

fonte monoespaçada: fonte em que cada caractere ocupa exatamente a mesma quantidade de espaço horizontal.

fonte proporcional: fonte em que cada caractere pode ter largura ligeiramente diferente, isto é, a letra M ocupa mais espaço que a letra I; também chamada *fonte com kern.*

fonte sem serifa: tipo sem serifas (ornamentos decorativos).

formatação lógica: função do sistema operacional em que as trilhas e os setores são rotulados e a localização de todos os dados é mantida em um registro especial do disco; *veja também área de dados, diretório-raiz, FAT registro de inicialização.*

formatação suave: *veja formatação lógica.*

formatar: função de um sistema operacional que prepara um disco para armazenar dados; no processo, os cabeçotes de leitura e gravação gravam trilhas e setores no disco; o mesmo que *inicializar.*

formato de tela: em uma planilha, modo como os valores aparecem na célula — por exemplo, na forma de porcentagem ou com um cifrão à frente.

formato: *veja máscara.*

fórmula: em uma planilha, equação matemática dentro de uma célula.

formulário: em banco de dados, uma tela personalizada usada para exibir ou inserir dados.

formulário QBE: formulário no qual o usuário digita valores ou símbolos em campos para especificar critérios de pesquisa; *veja também Consulta por Exemplo.*

FORTRAN (FORmula TRANslator): primeira linguagem de programação de alto nível, apresentada em 1957; destinada especificamente para programas de engenharia e matemática.

fragmentado: condição de um arquivo que o DOS dividiu e arquivou em áreas separadas de um disco.

freeware: software disponível para uso sem custo algum; pode ou não estar protegido por copyright; *veja também software de domínio público.*

função: (1) em uma planilha, ferramenta que pode ser usada nas fórmulas das células para executar operações especiais, como somar os valores de várias células; (2) em programação, bloco de instruções, ou subprogramas, destinado a executar funções ou tarefas específicas; também chamada *parágrafo, procedimento, rotina ou sub-rotina.*

função-membro: função definida em uma determinada classe (programação orientada a objetos).

G

gerador de código: programa que examina as especificações de um projeto e gera, ou produz, o código-fonte do programa.

Grava uma Vez, Lê Muitas (WORM — Write Once, Read Many): tipo de armazenamento óptico permanente que usa um laser para ler dados da superfície de um disco; os dados não podem ser alterados depois de gravados.

groupware: software aplicativo que tira vantagem do conceito da computação em grupos de trabalho.

GUI (Graphical User Interface — Interface Gráfica do Usuário): interface que funciona visualmente e baseia-se na seleção de ações usando o mouse ou um dispositivo semelhante para dar um clique em ícones ou escolher opções nos menus.

H

hardware: componentes físicos de um computador, incluindo o processador, memória, dispositivos de entrada e saída e discos.

hipermídia: ambiente de programação que pemite a não-programadores criar aplicações personalizadas; extensão do hipertexto que reúne os recursos multimídia de gráficos, vídeo e som e também uma linguagem de programação baseada em objetos, ícones e metáforas; *veja também pilha*.

hipertexto: tecnologia de software flexível usada para criar livros eletrônicos; proporciona acesso rápido e flexível aos critérios de pesquisa e permite acesso rápido a informações em grandes documentos.

histórico de crédito: informações sobre as contas e dívidas de uma pessoa.

I

ícone: elemento da tela gráfica que executa um ou mais comandos quando selecionado com o mouse ou outro dispositivo de indicação.

IDE: *veja Integrated Drive Electronics*.

impressão digital por DNA: técnica usada para identificar positivamente uma pessoa com a ajuda de um computador por meio da comparação de sangue, pele ou cabelo deixado na cena de um crime pelo suspeito.

impressora: dispositivo de saída que produz uma cópia impressa em papel; *veja também impressora a jato de tinta, impressora a laser, impressora matricial*.

impressora a jato de tinta: impressora que cria uma imagem diretamente no papel, borrifando gotas minúsculas de tinta; tem qualidade e velocidade maiores do que as impressoras matriciais, mas menores do que as impressoras a laser.

impressora a laser: impressora que opera com o foco de um raio laser em um tambor fotostático; produz a impressão de melhor qualidade em relação às demais impressoras utilizadas com micros e é silenciosa, rápida e conveniente em termos de uso, mas também mais cara que os outros tipos de impressora; *veja também pontos por polegada, toner*.

impressora matricial: primeiro tipo de impressora comumente usada com micros; opera por meio de fios que batem em uma fita colorida para criar uma imagem no papel; barulhenta e com qualidade de impressão inferior à dos outros tipos de impressoras, mas também mais barata.

incorporação de objetos: processo de integrar uma cópia dos dados de uma aplicação à outra, como de uma planilha a um arquivo de edição de texto.

índice: em um banco de dados, uma chave que não seja a chave primária; usado para classificar e para acelerar pesquisas.

Industry Standard Architecture (ISA): barramento de 16 bits desenvolvido pela IBM; tornou-se padrão da indústria.

informação: (1) dados que foram inseridos e processados por um computador; (2) item intangível que afeta as empresas.

informática para grupos de trabalho: aplicação comercial que combina aplicações de produtividade pessoal e aplicações verticais para criar programas que permitem que grupos de usuários compartilhem aplicações e arquivos de dados em uma rede.

inicialização (boot): processo de iniciar a operação do computador.

inicializar: *veja formatar.*

instalar: copiar um programa de um disquete para o disco rígido do computador.

instrução: linha de texto que o programador digita em um editor para representar um comando.

integrador de sistemas: pessoa que projeta, desenvolve ou implementa sistemas e redes de computadores.

Integrated Drive Electronics (IDE): uma das interfaces padrão para disco rígido mais comuns; coloca grande parte do circuito do controlador na própria unidade, em vez de usar uma placa separada.

inteiro longo: variável de quatro bytes para números inteiros grandes.

interceptação (trapping): em editoração eletrônica, processo de acrescentar uma pequena sobreposição a elementos de cor adjacentes em uma página para compensar possíveis desalinhamentos no momento da impressão.

interface: parte do programa que interage com a pessoa que o está utilizando; *veja também GUI, interface de linha de comando.*

Interface (front end): parte de um programa que o usuário interage diretamente.

interface amigável: *veja interface intuitiva.*

interface Centronics: conector especial na extremidade de um cabo de impressora paralela; impede que os usuários conectem a extremidade errada do cabo na impressora.

interface de linha de comando: interface baseada em palavras e símbolos digitados no aviso de comando usando-se o teclado do computador.

interface intuitiva: sistema de interface de programa que pode ser usado efetivamente até mesmo por alguém que nunca o tenha visto antes; também chamada *interface amigável.*

interface paralela: *veja porta paralela.*

Internet: enorme rede que liga muitos computadores científicos, de pesquisa e educacionais do mundo, e também algumas redes comerciais; também chamada *Net* (rede).

interpretador de comandos: programa que aceita comandos do usuário, interpreta-os e atua sobre eles.

irregular à direita: texto alinhado apenas na margem esquerda, de forma que a margem direita é irregular.

ISA: *veja Industry Standard Architecture.*

J

janela: área na tela do computador na qual uma aplicação ou documento é visto ou acessado ou uma interação com o(s) programa(s) em execução é realizada.

joystick: dispositivo de entrada que controla o movimento do cursor em jogos e em algumas aplicações profissionais; geralmente usado por indivíduos com deficiências físicas.

justificar: alinhar a margem tanto à direita quanto à esquerda; nos editores de texto, o efeito é obtido com a inserção de espaços entre palavras e às vezes entre caracteres.

K

KB: *veja kilobyte.*

kerning: fazer ajustes finos no espaço entre letras adjacentes em um documento.

kernel: parte de um sistema operacional que controla as funções centrais do computador, como o gerenciamento do hardware e da memória interna.

kilobyte (KB): 1.024 bytes de memória.

L

laço (loop): veja *construtor de repetição*.

laço for: laço em que o programador começa com um valor conhecido e esse valor muda segundo uma determinada quantidade até alcançar um dado limite e depois pára; *veja também laço for aninhado*.

laço for aninhado: laço for dentro de outro laço for.

LAN: *veja rede local*.

laptop: computador portátil que pode ser colocado no colo, mas ligeiramente maior que o notebook.

LCD: *veja monitor com tela de cristal líquido*.

leitora de cartões: dispositivo que costumava ser conectado aos computadores até a década de 1970 para armazenar, ler e interpretar pilhas de cartões perfurados que representavam programas e dados; em geral, o principal dispositivo de entrada dos computadores equipados com ela.

leitora de código de barra: dispositivo de entrada para ler códigos de barra, traduzi-los para números e inseri-los no sistema; em geral, usada em lojas.

lesão por estresse constante: lesão causada pelo uso contínuo e incorreto do corpo por um longo período; *veja também síndrome do túnel carpal*.

licença de uso: acordo que permite a uma companhia comprar um programa e usá-lo em um número determinado de computadores; geralmente mais barata do que uma cópia separada do programa para cada computador.

ligador (linker): programa que combina módulos-objetos produzidos pelo compilador e converte-os em programa executável, ou módulo de carga.

ligar (linking): em programação, montar os módulos do código-objeto para transformá-los em arquivo de programa executável.

LIM: Lotus, Intel, Microsoft; *veja Lotus, Intel, Microsoft Expanded Memory Specification*.

linguagem assembly (de montagem): linguagem de programação de baixo nível que usa códigos de programação mnemônicos em vez das seqüências de 0 e 1 da linguagem de máquina.

linguagem de alto nível: (1) originalmente, qualquer linguagem mais fácil de compreender do que a linguagem de máquina; (2) atualmente, uma linguagem ainda mais distante do código de máquina do que a linguagem assembly; usa palavras e frases mais significativas e oferece facilidades para alterar o fluxo do programa.

linguagem de máquina: programação de baixo nível que consiste em um conjunto de instruções codificadas que podem ser executadas diretamente pela CPU.

linguagem não-procedimental: linguagem que não fornece comandos passo a passo a um computador ou banco de dados.

linguagem portável: linguagem, como a linguagem C, com a qual os programas podem ser facilmente "portados" para outros.

linguagem procedimental: linguagem de programação de alto nível que consiste em comandos que dizem ao computador o que fazer — instrução por instrução, passo a passo.

localizar e trocar: *veja procurar e substituir*.

logon: acessar um sistema de computador.

Lotus, Intel, Microsoft Expanded Memory Specification (EMS): especificação que permite a programas usar mais do que a memória convencional padrão de 640K no DOS.

M

Macintosh: linha de microcomputadores produzidos pela Apple Computer; usa um microprocessador Motorola e sistema operacional próprio da Apple Computer.

macro: recurso que permite a um usuário armazenar e depois automaticamente emitir uma seqüência de comandos ou toques de tecla.

mainframe: sistema de computador multiusuário de grande porte destinado a manipular quantidades tremendas de entrada, saída e armazenamento; geralmente usado para executar aplicações comerciais e conter bancos de dados grandes e comumente acessados; maior tipo de computador em uso comum.

mala direta: banco de dados que consiste no endereço das pessoas e outras informações relevantes.

Manufatura Auxiliada por Computador (CAM — Computer-Aided Manufacturing): termo aplicado ao uso de computadores e robótica para automatizar funções de produção na indústria.

Manufatura Integrada por Computador (CIM — Computer Integrated Manufacturing): processo de produção coordenado por um computador, que projeta um produto, faz o pedido para a compra de peças e planeja a produção.

mapas de bits (bitmap): método de exibir imagens gráficas em um monitor alterando-se a cor de pontos isolados em um sistema de coordenadas.

marca de corte: marca que mostra precisamente onde estão os cantos de uma página; usada para alinhar páginas corretamente para impressão.

marca de registro: marca que permite o alinhamento preciso da separação de cores e do layout de várias páginas; usada em gráficas.

máscara: em um banco de dados, especificação para validar ou converter dados inseridos, como a conversão de todos os caracteres digitados para letra maiúscula ou minúscula; chamada *formato de campo* no Microsoft Access.

MB: *veja megabyte.*

MCA: *veja Microchannel Architecture.*

MDT: *veja terminal de dados móveis.*

megabyte (MB): 1.024 kilobytes (1.048.576 bytes) de memória.

meio de armazenamento: componentes físicos, ou materiais, onde os dados são armazenados.

memória: um dos dois componentes do processamento (juntamente com a CPU) de um computador; área de armazenamento de curto prazo embutida no hardware do computador; local onde instruções e dados são armazenados enquanto manipulados; *veja também memória de acesso aleatório, memória somente de leitura.*

memória de acesso aleatório (RAM — Random-Access Memory): memória volátil, ou temporária, do computador, incorporada à CPU; armazena informações enquanto elas estão sendo trabalhadas, mas só as mantém enquanto o computador está ligado.

memória de porta dual: parte da controladora de vídeo que recebe dados da CPU e passa-os para o monitor de vídeo; memória compartilhada pela CPU e pela controladora.

memória estendida: memória além da memória convencional usada para rodar e gerenciar aplicações; juntamente com a memória expandida, ajuda os micros a endereçar uma maior quantidade de dados na memória.

memória expandida: seção separada da memória, com tamanho de 0KB a 32MB; juntamente com a memória estendida, permite que os micros endereçem uma quantidade maior de dados na memória.

memória flash: tipo de armazenamento capaz de armazenar vários megabytes de informação em uma placa no formato de um cartão de crédito; amplamente disponível, mas ainda não muito usado; os dados armazenados na placa geralmente são preservados, mesmo que haja falta de energia elétrica, ou que a placa seja removida do sistema.

memória holográfica: meio de armazenamento atualmente em desenvolvimento; meio óptico tridimensional capaz de armazenar 6,5 terabytes (mais de 1 milhão de MB) de dados em um pequeno cubo.

memória não-volátil: memória que preserva os dados mesmo quando o computador é desligado.

memória somente de leitura (ROM — Read-Only Memory): memória não-volátil, ou permanente, na CPU do computador; inclui instruções de partida do computador, que não podem ser alteradas.

memória virtual: simulação de memória de uma CPU, que acessa uma unidade de disco e usa-a como memória interna.

memória volátil: memória que preserva os dados apenas enquanto o computador está ligado; *veja também memória de acesso aleatório.*

menu: lista de comandos de um programa exibidos na tela para seleção pelo usuário.

Microchannel Architecture (MCA): barramento de dados de 32 bits desenvolvido pela IBM; muito mais rápido que o barramento ISA, mas não-compatível com os primeiros modelos de CPU da Intel.

microcódigo: instruções básicas que indicam à CPU como executar uma instrução; localizado na unidade de controle.

microcomputador: *veja computador pessoal.*

microprocessador: circuito integrado em um único chip que é a CPU ou cérebro do computador.

milissegundo: 0,001 segundo; unidade usada para medir o tempo de acesso nos computadores.

minicomputador: computador menor que o mainframe, mas maior que um micro e capaz de controlar muito mais entrada e saída do que um micro; a maioria deles tem vários usuários, embora menos do que no mainframe.

modelo de mesa (desktop): micro projetado para ficar sobre uma mesa.

modem: dispositivo que permite a comunicação entre computadores por meio de linhas telefônicas; a modulação e a demodulação dos sinais eletrônicos podem ser processadas por computadores; *veja também demodulação, modulação.*

modem externo: dispositivo de comunicação externa que contém os circuitos e a lógica para modular/demodular sinais de dados; conectado a um computador via porta serial e a um sistema telefônico via tomada de telefone comum.

modem interno: dispositivo interno de comunicação, ou placa de circuito que é ligada a um dos slots de expansão do computador.

modo de inserção: modo no qual os caracteres digitados são inseridos na linha em vez de substituir os caracteres existentes.

modo de sobreposição: modo em que os caracteres digitados substituem o texto existente.

modo lote (batch): método de processar informações em que as transações são gravadas e processadas em grupos chamados lotes.

modo virtual 86: capacidade de um processador Intel 386 e superior rodar vários programas do DOS ao mesmo tempo; permite que o software simule a multitarefa usando o DOS, que não pode executá-la verdadeiramente.

modulação: processo de converter dados de um computador para um sinal capaz de atravessar uma linha telefônica.

módulo de carga: programa executável.

módulo de contas a pagar: software que registra as transações que representam compras de fornecedores, dívidas com funcionários e credores e pagamentos dessas dívidas; geralmente um subconjunto de um pacote completo de software de contabilidade.

módulo de contas a receber: software que processa as vendas à vista, vendas a crédito e subseqüentes recebimentos, e que mantém bancos de dados que refletem as contas dos clientes e a situação dessas contas; geralmente um subconjunto de um pacote completo de software de contabilidade.

módulo-objeto: *veja arquivo de código-objeto.*

monitor colorido: monitor com tela multicolorida.

monitor com tela de cristal líquido (LCD — Liquid Crystal Display): tipo mais comum de monitor de tela plana, geralmente usado em computadores portáteis; cria imagens com um tipo especial de cristal líquido.

monitor de tela plana: monitor comumente encontrado em notebooks, geralmente usa um LCD para exibir imagens; *veja também monitor com tela de cristal líquido.*

monitor de vídeo: dispositivo de saída que tem uma tela como a de um aparelho de televisão, onde o usuário pode ver informações; *veja também controladora de vídeo, monitor colorido, monitor com tela de cristal líquido, monitor de tela plana, monitor monocromático.*

monitor monocromático: monitor que exibe apenas uma cor contra um fundo contrastante.

motor do banco de dados: programa de um SGBD que pode acessar e manipular arquivos que contenham dados; recebe instruções de outros programas.

mouse: dispositivo de entrada que é movimentado sobre uma superfície plana para permitir ao usuário desenhar na tela e controlar o cursor; o usuário dá um clique, dá um clique duplo, arrasta ou aponta o mouse para fazê-lo funcionar; *veja também mouse de barramento, mouse óptico, mouse serial.*

mouse de barramento: mouse conectado a um computador por meio de placa conectada em um slot de expansão disponível.

mouse óptico: mouse que não tem partes móveis, mas um fotodetector interno que sente os movimentos do mouse sobre uma plataforma que possui grades impressas na sua superfície.

mouse serial: dispositivo de mouse destinado a ser conectado em uma porta serial.

MRP (Materials-Requirement Planning — Planejamento de Exigência de Material): programa de computador que planeja e controla o fluxo dos materiais necessários para produzir itens no processo de manufatura.

mudança automática de linha: em um editor de texto, recurso que determina quando uma palavra se estende além da margem direita, transferindo-a automaticamente para a linha seguinte.

multimídia: sistema de computador que combina texto, gráficos, animação, música, voz e vídeo; pode incluir alto-falantes estéreo como dispositivo de saída.

multiprocessamento assimétrico: sistema de multiprocessamento no qual uma CPU principal mantém o controle sobre o computador e também sobre outros processadores.

multiprocessamento simétrico: sistema de multiprocessamento no qual nenhuma CPU controla as demais; cada processador acrescentado ao sistema oferece aumento linear à capacidade do mesmo.

multitarefa: sistema operacional capaz de executar mais de um programa ao mesmo tempo; *veja também multitarefa cooperativa, multitarefa preemptiva*.

multitarefa cooperativa: sistema multitarefa em que os programas verificam periodicamente com o sistema operacional se outros programas precisam da CPU. Em caso positivo, liberam o controle da CPU para o programa seguinte.

multitarefa preemptiva: sistema multitarefa em que o sistema operacional mantém uma lista dos processos que estão em execução e da prioridade de cada processo; a qualquer momento, ele pode interromper o processo que está sendo executado e colocar em execução uma tarefa com prioridade mais alta.

N

nanotecnologia: ciência baseada na criação de moléculas que podem ser usadas para armazenar dados ou executar tarefas.

NIC (Network-Interface Card — Placa de Interface de Rede): dispositivo por meio do qual computadores em uma rede transmitem e recebem dados.

nó, nódulo: computador em uma rede.

notebook: computador portátil, medindo aproximadamente 20 × 27 centímetros e que cabe dentro de uma pasta.

número inteiro curto: número inteiro entre −32.767 e +32.767.

O

objeto: unidade independente definida dentro de uma instrução de programação orientada a objetos; contém tanto dados quanto funções.

objeto binário grande (BLOB — Binary Large Object): arquivo de imagem gráfica, como clip art, fotografias, imagens de tela ou outras artes gráficas; arquivo de som ou vídeo; objeto OLE como um gráfico ou planilha criado por meio de programa de planilha eletrônica ou editor de texto; ou arquivo binário externo, como uma planilha ou documento de editor de texto.

objeto de arquivo de dados: objeto dentro de um arquivo de dados.

OCR: *veja software para o reconhecimento óptico de caracteres*.

OLE (Object Linking and Embedding — Vinculação e Incorporação de Objetos): termo amplo que se refere à integração de aplicações e que engloba tanto a troca dinâmica de dados quanto a incorporação de objetos.

oportunidade: medida da atualidade de uma informação.

ordem de preferência: em uma planilha ou linguagem de programação, a ordem em que as operações matemáticas são efetuadas, como a multiplicação e a divisão antes da adição e da subtração.

ordem de tabulação: em um banco de dados, ordem em que os dados de um campo são inseridos.

OS: *veja sistema operacional*.

outline view: *veja esquematizador*.

P

páginas mestras: em editoração eletrônica, páginas especiais de um documento separadas para elementos comuns a todas as páginas, como, por exemplo, numeração, cabeçalhos e rodapés, linhas de régua, características das margens, gráficos especiais e guias de layout.

paica: unidade de medida usada para distâncias horizontais como a largura de uma coluna ou página; 1 paica equivale a 12 pontos.

par trançado (fio de): fio composto de dois filamentos de cobre envoltos individualmente em plástico, trançados um em volta do outro e revestidos de mais plástico; comumente usado para comunicação de dados e voz e para conectar computadores em uma rede local; também chamado *fio de par trançado não-blindado*.

parada de tabulação (tab stop): ponto na tela medido a partir da margem esquerda do documento.

parágrafo: na edição de texto, divisão de partes de um documento, numeradas consecutivamente.

parte: na edição de texto, divisão de seções dentro de um documento; rotulada com letras em ordem seqüencial; às vezes dividida em parágrafos.

Pascal: linguagem de programação desenvolvida em 1971; altamente estruturada e popular por sua implementação da extensão orientada a objetos, mas usada principalmente para fins educacionais.

pasta: *veja diretório, subdiretório.*

PC: computador pessoal da IBM ou qualquer um de seus compatíveis.

PD: *veja processamento de dados.*

PDA: *veja assistente pessoal digital.*

PDV: *veja terminal de ponto-de-venda.*

Pentium: linha de processadores mais rápidos e mais poderosos da família de processadores Intel, lançado em 1993.

perfuradora de cartões: máquina antiga usada para perfurar cartões para representar dados que eram depois enviados aos computadores.

PIC: *veja comunicador pessoal inteligente.*

pilha: programa do Hypercard (também chamado *Hypercards* e *pilhas* no Macintosh) baseado na metáfora de uma pilha de fichas na qual os usuários programam instruções para chamar caixas de diálogo e clipes de som ou vídeo e para definir botões e procedimentos.

pirataria de software: cópia ou uso ilegal de software; constitui crime.

pixel: pontos, ou elementos de uma figura, na grade da tela de um monitor.

placa de circuitos: placa rígida e retangular consistindo em chips e circuitos eletrônicos conectados à placa-mãe ou a outras placas de circuito.

placa de entrada/saída: adaptador que oferece portas de finalidade geral para conectar vários dispositivos periféricos (como impressoras, mouse etc.) na parte traseira do computador; *veja também porta paralela, porta serial.*

placa de som: dispositivo que produz som e geralmente oferece portas na parte detrás de um computador para alto-falantes externos.

placa de vídeo: placa que processa as imagens de vídeo e oferece portas para acesso de ou para um VCR ou câmera de vídeo.

placa-mãe: principal placa de sistema de um computador, na qual estão localizadas a CPU e a memória; a maioria delas também tem conectores para placas que podem ser colocadas nos slots de expansão.

placa: *veja adaptador.*

planilha: software aplicativo que exibe uma grade de colunas e linhas na qual o usuário insere texto, números e/ou fórmulas para cálculos; razão computadorizado usado para calcular e avaliar números; pode criar relatórios e apresentações para comunicar informações; usada para análise financeira, escrituração contábil, entrada e gerenciamento de dados etc.; *veja também arquivo de planilha*.

plataforma (land): ponto que reflete a luz do laser no sensor de uma unidade de disco óptico.

plotador (plotter): dispositivo de saída que cria imagens com um braço robotizado usando canetas para desenhar linhas em uma grande folha de papel; comumente usado para desenhos auxiliados por computador e gráficos de apresentação.

polarizado: condição de um ímã na qual as extremidades têm polaridade magnética oposta.

ponteiro I: tipo de cursor que parece um I maiúsculo, geralmente usado para inserir ou editar textos em um ambiente gráfico.

ponto: medida usada para distâncias verticais como a altura dos caracteres ou o espaço entre linhas; 72 pontos equivalem aproximadamente a 1 polegada, e 12 pontos equivalem a uma paica.

ponto flutuante (float): variável capaz de armazenar um número com casas decimais.

pontos por polegada (dpi — dots per inch): medida da resolução de impressão das impressoras a laser; comumente 600, tanto vertical quanto horizontalmente, mas pode chegar a 1.800.

POO: *veja programação orientada a objetos*.

porta: conector na parte detrás do computador onde são conectados dispositivos externos como os dispositivos de entrada/saída; também chamada *interface*.

porta paralela: porta de comunicação através da qual bits que representam dados fluem simultaneamente em alta velocidade; também chamada *interface paralela*.

porta serial: conector ou porta de finalidade geral por meio da qual dispositivos externos como mouse ou modem podem ser conectados a um computador; a transmissão de dados ocorre um bit depois do outro em série.

portado: aplicativo que foi traduzido de uma máquina para outra.

POST (Power on Self Teste — Teste Automático de Ligação): teste de autodiagnóstico efetuado quando um computador é ligado pela primeira vez; identifica a memória, discos, teclado, sistema de vídeo e outros dispositivos conectados ao computador.

preparação do imposto de renda: processamento do imposto de renda, em geral com a ajuda de computadores.

privado: em programação, refere-se aos dados e às funções que são protegidos do acesso de qualquer instrução de programa que não sejam iniciadas pela classe que contém o próprio objeto.

procedimento: (1) outro nome para *função* (definição 2); (2) curso de ação tomado para solucionar um problema.

processador: hardware do computador que interpreta e segue instruções para executar tarefas como efetuar cálculos ou classificar dados; o "cérebro" do computador; *veja também microprocessador*.

processador de texto: *ver editor de texto*.

processadores maciçamente paralelos: até milhares de processadores que trabalham juntos dentro de um único computador, aumentando assim a sua velocidade; a maioria das máquinas que usam esta tecnologia ainda está na fase de pesquisa e desenvolvimento.

processamento de dados (PD): *veja sistemas de informação.*

processamento distribuído: configuração de sistema na qual dois ou mais computadores geograficamente dispersos em uma rede acomodam ou compartilham aplicações.

processar: transformar dados brutos em informações úteis; também chamado *agregar valor.*

procurar e substituir: recurso que permite ao usuário pedir para o programa procurar uma seqüência de caracteres e substituir cada ocorrência pelo texto novo; também chamado *localizar e trocar.*

profiler: ferramenta de desenvolvimento de software que coleta estatísticas sobre um programa e ajuda os programadores a fazer o sistema rodar mais eficientemente.

programa de computador: *veja* **software.**

programa de editoração: *veja software de editoração eletrônica.*

programa: *veja software.*

programação orientada a objetos (POO): montagem de programas usando peças, ou objetos, que reúne informações e instruções e combina etapas complexas para formar um único procedimento; *veja também objeto.*

proteção contra cópia: conjunto de técnicas que impedem a cópia ilegal de um software.

proteção contra gravação: processo que impede que o conteúdo de um disco seja alterado.

protocolo de correção de erro: padrão para corrigir, via modems, erros que ocorrem quando algo (tal como estática) interfere na comunicação entre computadores via linha telefônica.

protocolo de rede: conjunto de padrões usados para comunicação em rede.

protocolo de transferência de arquivo: conjunto de regras ou diretrizes que dita o formato em que os dados serão enviados de um computador para outro.

protótipo: (1) modelo que personaliza os conceitos, aparência e comportamento de um eventual sistema de software; (2) na programação orientada a objetos, descrição dentro de um arquivo de dados das funções que um objeto de arquivo de dados pode executar, como alterar a tecla atual, procurar um registro etc.

pseudocódigo: código que está entre o português e o código de programação propriamente dito e que alguns programadores usam para colocar idéias no papel sem se preocupar com a sintaxe e as regras das linguagens de programação.

Q

QBE: *veja consulta por exemplo.*

QWERTY: organização das teclas em um teclado padrão; as seis primeiras letras da primeira linha de teclas são Q, W, E, R, T e Y.

R

RAID: *veja agrupamento redundante de discos baratos.*

RAM: *veja memória de acesso aleatório.*

rede: sistema de computadores interconectados que podem comunicar-se entre si e compartilhar aplicações e dados.

rede com barramento linear: topologia de computador no qual todos os nódulos da rede e dispositivos periféricos são ligados a um único condutor.

rede estrela: topologia de computador em que os nós de uma rede são conectados a um computador central por meio do qual são enviados os dados.

rede híbrida: combinação das topologias de barramento linear, estrela e anel; muito usada em redes amplas.

rede local (LAN — Local Area Network): sistema de micros localizados relativamente perto uns dos outros e conectados por meio de cabo, de modo a permitir que cada usuário possa cooperativamente processar informações e compartilhar recursos.

rede remota ou de longa distância (WAN — Wide-Area Network): duas ou mais redes locais conectadas, geralmente cruzando uma ampla área geográfica.

referência: em uma planilha, endereço de uma célula usado como parte de uma fórmula.

referência de bloco: em uma planilha, endereço de um bloco de dados que pode conter muitas células diferentes; também chamada *faixa*.

registrador: localização de memória na ALU; armazena temporariamente os dados durante o processamento; *veja também tamanho de palavra*.

registro: em um banco de dados, uma linha de uma tabela; coleção de dados que podem ter comprimento fixo ou variável; um ou mais registros geralmente compõem um arquivo de dados.

registro de inicialização: parte do sistema de formatação lógica de um disco; contém um programa que é executado quando o usuário liga o computador pela primeira vez e que determina se o disco tem os conjuntos de instruções necessários para executar o sistema operacional do computador; também chamado *setor de inicialização (boot sector* ou *setor de boot)*.

relacionamento cabeçalho/detalhe: *veja relacionamento um-para-muitos*.

relacionamento um-para-muitos: tipo mais comum de relacionamento entre tabelas de bancos de dados, no qual uma tabela de cabeçalhos e tabelas de detalhes são ligadas por meio de campos comuns; também chamado *relacionamento cabeçalho/detalhe*.

relógio (clock) do sistema: relógio interno de um microcomputador; mantém a hora da CPU.

requisitos: plano detalhado desenvolvido por um analista de sistemas que explica aos programadores as metas de um sistema e quais informações serão gerenciadas.

resolução horizontal: número de pixels em cada linha de um monitor.

resolução vertical: número de linhas de pixels em um monitor.

RISC (Reduced Instruction Set Computing — Computação com Conjunto Reduzido de Instruções): metodologia usada por alguns microcomputadores e controladores de tamanho médio, incluindo estações de trabalho; contém poucas instruções e portanto é mais rápida que o processador CISC.

rodar: *veja executar*.

rolagem: movimento de um documento em relação à visualização da janela; mover texto ou gráficos para cima ou para baixo, para a direita ou para a esquerda, a fim de deixar visíveis partes do arquivo que não cabem na tela; *veja também barra de rolagem, botão de rolagem, seta de rolagem*.

ROM: *veja memória somente de leitura*.

rotina: outro nome para *função* (definição 2).

rótulo: em uma planilha, texto digitado em uma célula para rotular uma coluna ou linha; pode ser qualquer palavra ou seqüência de caracteres.

RS-232: padrão atual para as comunicações seriais de entrada e saída com periféricos.

S

saída (output): informações geradas por meio do processamento dos dados inseridos no computador.

scanner: dispositivo de entrada usado para copiar uma imagem impressa para a memória do computador sem que seja necessária a digitação manual; *veja também scanner de imagem, software para reconhecimento óptico de caracteres.*

scanner de imagem: dispositivo de entrada que converte imagens impressas em formatos digitalizados que podem ser armazenados e manipulados em um computador com o software apropriado; freqüentemente chamado apenas de *scanner*.

SCSI: *veja Small Computer System Interface.*

seção: na edição de texto, maior divisão de um documento; numerada consecutivamente e às vezes dividida em partes marcadas com letras.

selecionado: escolhido para algum fim, como um bloco de texto; indicado por uma mudança de cor.

senha: código secreto que verifica a identidade de uma pessoa e em geral é exibido para que esta possa iniciar uma sessão no computador de uma empresa.

separação CMYK: *veja separação de cores de escala.*

separação de cores: páginas separadas preparadas para imprimir cada cor usada em cada página de um documento; *veja também separação de cores de escala, separação de cores chapadas.*

separação de cores de escala: separação impressa para cada página, para cada uma das três cores primárias (ciano, magenta e amarelo), e também para o preto; também chamada *separação CMYK*.

separação de cores chapadas (spot color): separação que representa itens em uma determinada cor.

servidor: *veja servidor de arquivos.*

servidor de arquivos: nó de um computador que consiste em um dispositivo de armazenamento em disco compartilhado em uma rede local; armazena programas aplicativos e arquivos de dados acessados remotamente; também chamado *servidor de rede* ou *servidor*.

servidor de banco de dados: armazena e processa aplicações e dados que serão usados por outros computadores ou nós da rede.

servidor de rede: *veja servidor de arquivo.*

seta de rolagem: seta na parte superior, inferior, esquerda ou direita de uma barra de rolagem que permite ao usuário movimentar a janela para cima ou para baixo, uma linha de cada vez, ou para a direita ou para a esquerda, dando um simples clique com o mouse na seta.

setor: segmento ou divisão de uma trilha em um disco; *veja também setores por trilha.*

setores por trilha: número de setores em cada trilha de um disco.

SGBD (DBMS): *veja Sistema de Gerenciamento de Banco de Dados.*

SGBDR: *Veja Sistemas de Gerenciamento de Banco de Dados Relacional*

shareware: software distribuído gratuitamente para ser testado, mas que requer o pagamento de uma taxa no caso de uso a longo prazo.

shell: parte do sistema operacional que controla a interface do usuário; também chamado *interpretador de comandos*.

SI (IS): *veja sistemas de informação.*

SIG: *veja sistemas de informações gerenciais.*

SIMM: *veja Single In-line Memory Module.*

sinal analógico: sinal com alterações finamente graduadas ao longo do tempo, por exemplo, o sinal de uma onda sonora.

sinal digital: sinal que o computador envia; composto apenas de 1 e 0 e transmitido por linha telefônica.

síndrome do túnel carpal (tendinite): lesão no pulso ou mão comumente causada por períodos extensos de trabalho ao teclado; a mais conhecida das lesões causadas por estresse constante.

Single In-line Memory Module (SIMM): placa de memória com chips de memória; pode ser acrescentada a um computador para aumentar sua memória.

sintaxe: gramática exata e precisa; toda linguagem de programação possui uma sintaxe que define exatamente como cada comando, declaração de dados ou objeto precisa ser escrito para ser "entendido" pelo compilador.

sistema de apoio à decisão (SAD): software que ajuda o usuário a tomar decisões — por exemplo, consultando e manipulando dados para criar o orçamento anual de uma organização.

Sistema de Gerenciamento de Banco de Dados — SGBD (DMBS — Database Management System): ferramenta de software que os computadores usam para processar e armazenar dados ordenadamente; programa ou programas que armazenam uma coleção integrada de dados e permite acesso fácil a eles.

Sistema de Gerenciamento de Banco de Dados Relacional — SGBDR (RSGBD — Relational Database Management System): *veja banco de dados relacional*

sistema especialista: sistema de computador baseado em conhecimentos, que toma decisões de acordo com uma lista de regras compiladas por especialistas em um determinado campo; hoje em dia, é a aplicação mais comum de inteligência artificial; *veja também base de conhecimentos.*

sistema operacional (OS): software que oferece uma interface para o usuário se comunicar com o computador, que gerencia os dispositivos de hardware (unidades de disco, teclado, monitor etc.), e gerencia e mantém os sistemas de arquivos em disco e suporta programas aplicativos.

sistema operacional multiprocessador: sistema operacional que tira vantagem de mais de uma CPU.

sistema operacional multiusuário: sistema operacional que permite que mais de um usuário use o computador ao mesmo tempo.

sistema orientado por transações: sistema comercial com a meta de concluir uma transação específica, como vender um produto ou fazer uma entrega.

sistemas de informação (SI): (1) sistemas, ou regras e procedimentos, que as empresas usam para acumular, organizar e dispensar informações; (2) divisão ou departamento de uma grande companhia, responsável pelo desenvolvimento, instalação e manutenção de sistemas de computador; também chamados *processamento de dados, sistemas de informações gerenciais* ou *departamento* ou *setor de informática.*

sistemas de informações gerenciais — SIG (MIS — Management Information Systems): *veja sistemas de informação.*

Small Computer System Interface (SCSI): dispositivo que estende o barramento para fora do computador por meio de um cabo e permite que dispositivos como discos rígidos ou unidades CD-ROM sejam conectados.

software antivírus: programa que examina discos e memória à procura de vírus, detecta-os e elimina-os.

software aplicativo: programas com os quais os usuários de computador trabalham com mais freqüência — especialmente para finalidades básicas como criar documentos, planilhas, gráficos etc.; *veja também aplicações gráficas, banco de dados, planilha, editor de texto, software de editoração eletrônica.*

software básico de sistema: programa que executa funções específicas em um computador e seus componentes; *veja também sistema operacional.*

software de domínio público: software que não está protegido por copyright e que portanto pode ser usado sem custo ou restrição; *veja também freeware.*

software de editoração eletrônica (DTP — Desktop Publishing): software que permite a um usuário executar funções de projeto, composição e paste-up com um único programa aplicativo e produzir páginas impressas de alta qualidade; também chamado *programa de editoração.*

software para reconhecimento óptico de caracteres (OCR — Optical Characters Recognition): programa que permite a um scanner traduzir texto digitado ou impresso em cadeias de códigos de caractere na memória do computador para processamento.

software para processamento de imagens: programa usado para manipular imagens escaneadas.

software: conjunto de instruções eletrônicas que os programadores escrevem usando uma linguagem de programação e que a CPU do computador interpreta para executar uma tarefa específica; em geral, reside no armazenamento; também chamado programa de computador ou *programa.*

solicitação de interrupção (interrupt request): sinal que a controladora de teclado envia para a CPU depois de receber um toque de tecla completo.

SQL: linguagem padrão de consulta usada para procurar e selecionar registros e campos em uma tabela de banco de dados.

string: *Veja cadeia de caracteres.*

sub-rotina: em BASIC, um outro nome para *função* (definição 2); destina-se a efetuar um conjunto de operações.

subdiretório: diretório dentro de um outro diretório; chamado *pasta* no Macintosh e pasta ou subpasta no Windows 95.

subformulário: nos bancos de dados relacionais, formulário usado para criar tabelas de banco de dados associadas a detalhes.

supercomputador: computador mais potente disponível em um determinado momento; em geral, usado para aplicações científicas.

T

tabela: em banco de dados, conjunto de dados organizados em colunas e linhas.

tamanho de palavra: tamanho de um registro (em geral 32 bits nos microcomputadores atuais); determina a quantidade de dados com os quais o computador pode trabalhar em um dado momento.

taxa de bauds: medida de taxa de modulação usada nas comunicações seriais; número de eventos sinalizadores discretos por segundo.

taxa de renovação: número de vezes que um monitor varre toda a tela a cada segundo.

taxa de transferência de dados: número de bytes que um dispositivo de armazenamento de dados pode transferir por segundo.

tecla de aceleração: tecla indicada por uma letra sublinhada em um comando ou menu suspenso; permite que o usuário escolha uma opção de menu pressionando aquela tecla, sem precisar chamar um menu; no Macintosh equivale à *tecla de comando*.

tecla de comando: *veja tecla de aceleração.*

teclado: dispositivo de entrada mais comum; permite que o usuário digite letras, números, símbolos, pontuações e comandos; *veja também teclas alfanuméricas, teclas de função, teclas de movimentação do cursor, teclado numérico reduzido.*

teclado Dvorak: layout de teclado que usa um desenho mais lógico que o do teclado QWERTY, no qual as teclas mais comumente usadas são posicionadas perto umas das outras; supostamente mais fácil e rápido que o teclado QWERTY.

teclado numérico reduzido: parte do teclado que parece uma máquina de somar, com dez dígitos e os operadores matemáticos; em geral localizado do lado direito do teclado.

teclas alfanuméricas: parte do teclado que parece uma máquina de escrever, em geral disposta segundo o layout padrão do teclado QWERTY.

teclas de função: teclas que permitem ao usuário enviar comandos ao computador sem digitar longas seqüências de caracteres; em geral, dispostas em linha ao longo da parte superior do teclado e designadas como F1, F2 etc.

teclas de movimentação do cursor: teclas que permitem que o usuário altere a posição do cursor na tela.

tela sensível ao toque: tela do computador que aceita entrada de dados diretamente pelo monitor; usuários tocam botões eletrônicos exibidos na tela.

teletrabalho (telecommuting): trabalhar em casa, mas com acesso ao sistema de computador da empresa via modem.

tempo de acesso: tempo necessário para que o cabeçote de leitura/gravação mova de um lugar no meio de gravação para outro; *veja também tempo máximo de acesso, tempo médio de acesso.*

tempo máximo de acesso: maior tempo possível de acesso para um disco.

tempo médio de acesso: tempo médio que leva para o cabeçote de leitura/gravação mover-se de um lugar no meio de armazenamento para outro.

tempo real: método de processar informação no momento em que ela é recebida.

terceirizar: usar os serviços de consultores ou distribuidores de sistemas para gerenciar informações.

MDT (Mobile Data Terminal — Terminal de Dados Móveis): terminal de vídeo usado por um oficial de polícia em um carro de patrulha para acessar, no computador central, informações sobre um veículo ou indivíduo.

terminal: dispositivo de entrada/saída conectado a um computador multiusuário e que consiste em um monitor e um teclado.

terminal de ponto-de-venda (PDV): caixa registradora computadorizada usada em lojas para registrar e monitorar as transações de venda; em geral, ligada diretamente ao sistema de contabilidade de uma empresa.

thesaurus: *ver dicionário de sinônimos.*

tipo: estilo das letras, símbolos e pontuações em um documento (Times, Helvetica, Palatino etc.); *veja também família de tipos.*

token ring: protocolo comum de rede local baseado na topologia de anel, em que computadores ligados compartilham uma ficha para facilitar a passagem dos dados.

toner: composição de minúsculas partículas de tinta com carga oposta que colam no tambor de uma impressora a laser e depois são transferidas para o papel para criar uma imagem.

topologia: layout físico de fios que conectam computadores em uma rede; *veja também rede com barramento linear, rede em estrela, rede híbrida, topologia em anel.*

topologia em anel: topologia de computadores na qual os nós da rede são conectados em uma cadeia circular.

trackball: dispositivo de entrada que funciona como um mouse de cabeça para baixo, localizado em um teclado ou em uma caixa perto do teclado; requer menos espaço sobre a mesa do que o mouse.

transferência de arquivo: envio de um arquivo de um computador para outro, por exemplo, via modem ou rede.

transistor: pequeno interruptor que substituiu o relé na CPU do computador; armazena um único bit de dado.

tremido ou cintilação: pulsação aparentemente rápida da tela de um monitor com varredura lenta.

trilha: círculo magnético concêntrico mapeado por meio da formatação de um disco magnético. *Veja também: formatar, formatação lógica, setor, setores por trilha.*

trocar: (1 — swap-in) carregar para a memória RAM do computador o código de programa ou os dados essenciais para a atividade atual; (2 — swap-out) descarregar da memória RAM de qualquer computador código de programa ou dados que não são essenciais à atividade atual.

U

UART: chip na placa de entrada/saída da placa-mãe de um computador que converte dados paralelos do barramento em dados seriais que podem fluir através de um cabo serial ou fio telefônico.

Unicode (Unicódigo): código desenvolvido para representar dados; que oferece dois bytes para representar mais de 65 mil caracteres ou símbolos; cobre todos os idiomas do mundo e tornaria dados e programas intercambiáveis internacionalmente. Java é uma linguagem que usa Unicode para representar caracteres.

unidade de controle: uma das duas partes básicas (juntamente com a ALU) da CPU; contém instruções para a execução das atividades do computador.

unidade de disco: dispositivo que armazena um disco removível ou um disco rígido não-removível; usada para armazenar dados.

unidade de disco flexível: dispositivo que lê e grava dados em um disco flexível.

unidade de fita: dispositivo que lê e grava dados na superfície de uma fita magnética; geralmente usada para copiar ou restaurar os dados de um disco rígido; *veja também acesso seqüencial, DAT.*

unidade lógico-aritmética (ALU): uma das duas partes básicas (juntamente com a unidade de controle) da CPU; lida com operações aritméticas, como a soma de números, e operações lógicas, como a comparação de números.

utilitários: software que amplia os recursos de um sistema operacional para gerenciar e manter o computador, facilitando seu uso.

V

valor de tela: em uma planilha, texto ou dados que aparecem em uma célula.

VAR (Value-Added Reseller — Revenda com Valor Agregado): revendedor de software que pode atuar como consultor, integrador de sistema, técnico e dar treinamento no uso de software especial.

variável: parte da memória do computador que um programa reserva para uso próprio; número de bytes de memória que pode conter um valor que talvez seja alterado; *veja também cadeia de caracteres, caractere, inteiro longo, ponto flutuante.*

verificação de tipo: processo usado na compilação de programas para reconhecer erros e exibir mensagens para referência do programador; capacidade de declarar uma variável denominada em um programa e verificar a consistência daquele valor.

verificador gramatical: recurso dos editores de texto que verifica o uso das palavras, a correção gramatical, o nível de leitura e, às vezes, até mesmo o estilo do texto.

verificador ortográfico: recurso de editores de texto que verifica a ortografia.

versão para rede: versão de software que uma companhia pode adquirir e carregar legalmente para uma rede de modo a permitir que todos os seus funcionários utilizem o mesmo produto.

vírus: programa parasita — travessura ou sabotagem com efeito geralmente destrutivo — incorporado a outro programa ou armazenado no setor de inicialização (boot sector) de um disco.

visualização da impressão: capacidade que um editor de texto ou planilha tem de reduzir as páginas de um documento e permitir que toda a página ou até mesmo páginas lado a lado possam ser vistas na tela, no seu formato completo, antes de o documento ser impresso.

W

WAN: *veja rede remota.*

Winchester: *veja disco rígido.*

WORM: *veja Grava uma Vez, Lê Muitas.*

WYSIWYG (What You See Is What You Get — O Que Você Vê É o Que Obtém): modo de vídeo que mostra um documento como ele aparecerá quando impresso.

X

XMS: *veja eXtended Memory Specification.*

Z

zine: publicação voltada a um público específico e geralmente pequeno, produzida por poucas pessoas (às vezes até mesmo uma).

ÍNDICE ANALÍTICO

10Base-T, rede Ethernet, 219-220
386MAX, Qualitas, 280
3Com Corporation, 559, 565

A

Acesso
    a dados corporativos, 432
    à memória expandida (EMS), 263-265
    privilégios, 81-82
    simultâneo, 211-212
    usando modems, 221-227
Acesso seqüencial, 186
Acessórios, Microsoft Windows, 523-524
Acionadores, 275
Adaptadores, 159-160, 218, 260
Administração de dados
    e proteção, 67, 181, 198-200
    funções, 59-60, 67
    informática nas empresas e, 432
    organizando arquivos, 197-198
    políticas de cópias de segurança (backup), 211
    precisão, 88
    questões de privacidade, 82-85, 88
Administradores de sistema, 65-66, 429, 506
Adobe Systems, 314-316, 563-566
Agente de mudança, 505
Agregando valor, 47-51, 58
Aldus PageMaker, 244, 314-316, 320, 563
Algoritmo, 436-437, 471-472
Alinhamento, coluna de texto, 292-293
Alinhamento de palavras, 289, 528-529
Alinhamento de texto, 289, 319-321, 528-529
Alinhamento para impressão colorida, 323
Allen, Paul, 558
Altair, computador, 443, 558
Alternância, fluxo do programa, 467-468, 479-480
ALU, 113-114, 121
Ambiente, computadores e o, 90-92, 94
Ambientes. *Veja* sistemas operacionais; ambientes de janelas
Ambientes de janelas, 244-248, 265-266, 285-286, 567
Ambientes gráficos, 25, 365, 409
    intercâmbio de dados em, 366-368
American Express, 436-437
American National Standards Institute (Instituto Nacional Americano de Padrões — ANSI), 110
American Standard Code for Information Interchange (Código Padrão Americano para Intercâmbio de Informações — ASCII), 111
Amiga, Commodore, 563
Analisadores de código-fonte, 486
Análise de necessidades, 421, 478-481, 505
Análise financeira, 333-334, 434-436
Analistas de sistemas, 65-66, 421-427, 505
Animação, computador, 12-14, 15, 146-147
ANSI, 110
APA, 151
Apagando arquivos, 198-199, 527, 537-540
Aplicações. *Veja* conhecimento de computadores; usos do computador
Aplicações artísticas criativas, 12-13, 146-147
Aplicações bancárias, 42, 189
Aplicações científicas, 8, 15, 484-485
Aplicações com missão crítica, 42, 55-56
Aplicações do computador. *Veja* software aplicativo; usos do computador
Aplicações para área militar, 12, 15, 444-445
Aplicações para medicina e saúde pública, 5, 144, 146-147, 427-432, 436-437, 502
Aplicações para processamento de informações
    cinco desafios para, 57
    distribuídas, 57-64, 391, 438-439
    integradas e centralizadas, 53-54
    não-integradas, 51-56
    orientadas a objetos, 60, 62, 472-477
    três componentes das, 50-51
Aplicações para produtividade pessoal (PIC), 43-44, 554-556
Aplicações tipo "e se" (what-if), 54-55, 346, 351-353, 436
Aplicações verticais, 42-43, 53-56, 443

599

Aplicações verticais integradas, 53-54, 366-368
Apoio para o pulso, 87, 88
Apóstrofo, rótulo de planilha, 338
Apple Computer, 560, 563-564
Apple Macintosh, computadores, 241-244, 248, 298
    Finder desktop, 138-139
    gráficos e editoração eletrônica, 314-316
    história do, 562
    HyperCard, 456-458
    pastas, 197-198, 250-253, 302-303
    porta SCSI, 162, 270
    processadores usados no, 123, 127
    sistema operacional, benefícios e desvantagens, 257, 268-270
Apple PowerBook, 141
AppWizard, 486-487
Aprendendo com computadores. *Veja* redes neurais
ARCNET, 220
Áreas de trabalho computadorizadas, 248, 534-556
Área de trabalho digital, 248
Área de transferência, editor de texto, 295
Argumentos
    chamada de função, 399, 401-402
    comando do DOS, 261-262
    função de planilha, 343
Aritmética de ponto flutuante, 121, 376, 461-463
Arquitetura
    barramento, 119-120, 271
    CISC, 127
    processador paralelo, 128
    RISC, 31, 127-128
    SAA (IBM), 267
    sistema operacional de 32 bits, 271-272
Arquivo, desfragmentação, 274-275
Arquivo de Fichas, Microsoft Windows, 530-531
Arquivos, 276-278
    cópias de, em arranjos de discos, 184
    de código-fonte, 425-426, 459-461, 481-487
    de código-objeto, 481-482, 484, 486
    de lote, 276-278, 532
    desfragmentação de, 180, 274-275
    exclusão de, 198-199, 527, 540-542, 546-547
    executáveis, 459-461, 478-483
    importando, 359
    organizando, 197-198, 250-253, 276-278, 302-303, 525-527, 546-547
    para editoração eletrônica, 325-326
    planilha, 333
    selecionando, 302-303
    transferência via modem, 223
    veja também diretório, disco
Arquivos de código-objeto, 481-482, 484, 486
Arquivos de lote (batch), DOS, 532
Arquivos executáveis, 21-22, 459-465, 478-483
Arranjo redundante de discos baratos (RAID), 184
Arrastando o mouse, 138-140, 244, 293, 341-342
Arte eletrônica, 325-326, 508-509

Árvore, diretório de arquivos, 252, 276-278
ASCII, 111
Ashton-Tate, 566
Assistentes pessoais digitais (PDA), 33-34
AT (IBM PC-AT), 119-120, 563
AT&T, 144, 560, 567
Atingir Meta (Excel), 355-357
Atkinson, Bill, 564
Atribuição, resultado de variável, 467
Atualizando dados vinculados, 366-368
Auditoria, escrituração contábil, 502
AUTOEXEC.BAT, arquivo, 277
Automação, difusão da, 40-41, 51-52, 422-424
    Veja também uso comercial do computador
Autotestes, 21, 238
Aviso de comando, ponto, 407
Aviso de comando do DOS, 239, 549-550

B

Backus, John, 449
Baixando dados (downloading), 223
Banco de dados, base de conhecimentos, 436-437
Bancos de dados comerciais, 84, 85, 223-225
Banco de dados de arquivo simples, 386-387
Banco de dados de operadores de cartão de crédito, 80, 84, 85, 436-437
Bancos de dados relacionais (SGBDR), 386-390
Barra
    de menu, 245, 285-286, 335
    de rolagem, 245, 290-292
    de status, 285-286
Barramento, computador
    dados, 119-120, 124, 127
    dispositivos de conexão, 158-162
    endereço, 120, 127
    lógico linear, 216
    padrões da interface de unidade, 193-196
Barramento AT, 119-120
Barramento de dados, 119-120, 124, 127
Barramento de dados de 16 bits, 124, 125, 559, 562
Barramento de dados de 32 bits, 125, 563
Barramento de endereço, 119-120, 127
Barramento de rede linear, rede, 217
Barramento linear lógico, 216
Barulho, impressora, 155-156
Base 2, números, 19, 104-106
Base 16, números, 106-109
BASIC, 452, 465, 468-471, 482, 558
Batch, 42
Baterias, metal pesado, 92
Baterias nicad, 92
Batidas, polícia do software, 81, 82
Battletech Center, 15
BBS, software disponível em, 75-76, 80
    veja também correio eletrônico (e-mail)
Biblioteca de código-objeto, 484, 486
Binary Large Objects (BLOBs), 377

BIOS (Basic Input/Output System — Sistema Básico de Entrada/Saída), 517-518
Bit de paridade, 161, 229
Bits de dados, 106, 120, 123
Bits por segundo (bps), 227-231
BLOBs, 377
Bloco, planilha, 341-343
Bloco de texto, 293
Bloqueios, hardware, 79
Borland International, 359, 372, 407, 562, 566
Botão de rolagem, 290-292
Botões, mouse, 137-139, 140-141, 392-393
Botões de opção, 383
Braille, 7
Brainerd, Paul, 314-316
Bricklin, Dan, 559
Broderbund Software, 7
Buffer de teclado, 135-137
Busca, comandos
   banco de dados, 381-382, 396-402
   consulta por exemplo, 399-402
   filtros e, 395-396
   KeyFinder (NDW), 543-544
   SuperFind (NDW), 537-540
Bytes, 106, 110
   de memória, 18, 120, 526
   de tela, 150-151
   interface paralela, 160

C

C, linguagem de programação, 453-455, 467, 469
C++, linguagem de programação, 456, 457, 460-462, 467, 475-476, 487
Cabeçalho/detalhe, relacionamento (SGDB), 389-390
Cabeçalhos, esquema de documento, 309-310
Cabeçotes de leitura/gravação, 20-21, 170-171
   disco rígido, 182-186, 192
   fita, 186-187
   fragmentação de arquivos e, 274
Cabo
   coaxial, 207, 220
   de fibra óptica, 93, 207-208
   portas, 160-162
Cabo coaxial, 207, 220
Cabo de fibra óptica, 93, 207-208
CAD, 9, 25
Cadeia de periféricos, SCSI, 162, 195, 269-270
Cadeira com apoio para os joelhos, 87
Cadeiras, computador, 86-87, 136-137
CAE, 7, 484-485
Caixa de combinação, 383
Caixa de controle de rotação, 384
Caixa de lista, 382-383
Caixa de verificação, 382-383
Caixa drop-down, 383
Caixas
   de entrada de dados, 382-383
   de diálogo, 246, 303, 382-383

Caixas de diálogo, 244-248, 303, 382-383
Calculadoras, 507, 529-530
Calculus, programa, 7
CAM (Computer-Aided Manufacturing — Manufatura Auxiliada por Computador), 9
Campo binário, banco de dados, 377
Campo de consulta, banco de dados, 390
Campo de contagem, banco de dados, 378
Campo de moeda, banco de dados, 376
Campo de número pequeno (Paradox), 376
Campo lógico, banco de dados, 376
Campo memo, banco de dados, 377
Campo sim/não, 376, 382-383
Campos, SGDB
   buscando, 382, 396-402
   tipos de, 375-378
   vinculados, 386-390
Campos calculados, banco de dados, 378
Campos de data, banco de dados, 376
Campos de hora, banco de dados, 376
Campos de texto, banco de dados, 375
Cancelando a seleção de texto, 293
Caneta, plotadora colorida, 157-158
Caneta eletrônica, 142
Canhão de elétrons, CRT, 147-148
Canon, impressoras a laser, 314
Capacete, realidade virtual, 15
Capitulares, 317
Caracteres
   alfanuméricos, 109-111, 375
   como variáveis, 461-463
   de controle, 109
   de tela, 150-151, 230
   edição de texto, 286-293
   encontrando, específicos, 382, 396-402, 537-540
   estrangeiros ou especiais, 543-544
   tabulação (Tab), 292-293
   veja também caracteres de pontuação
Caracteres alfanuméricos, 375
Caracteres de controle, 109-111
Caracteres de idiomas estrangeiros, 543-544
Caracteres de pontuação
   instruções de programas, 465
   numéricos (planilha), 340-341, 347-348
   representando, 109-112
   veja também caracteres
Carmen Sandiego, 28
Carregando dados, (uploading), 223
Carregando programas, 118, 120-121, 174
Carreiras na indústria de software. *Veja* descrições de cargos
Cartuchos de impressora, reciclando, 94
Casa inteligente, 13-14
CASE, software, 425-426, 486-487
Cassete, unidade de fita, 186-187
CCITT, protocolos, 227-229
CD-Gravável (CD-R — Compact Disc Recordable), 190
CD-Interativo (CD-I), 190

CD-ROM, 188-190, 192, 402-403
  informações disponíveis em, 502
Células, planilha, 332, 336-347
  formatando, 347-350
Centronics, interface, 162
CFCs, 91
CGA, padrão de vídeo, 153
Chamadas a funções, 465-467, 485-486
Chamadas ao sistema operacional, 253
Chave, ordenamento em SGDB, 379, 381-382
Chave composta, SGDB, 379
Chave da tabela, SGDB, 379, 381-382
Chave primária, SGDB, 379
Chips, microprocessador, 16-17, 242, 517
  autocorretivos, 125
  clorofluorcarbonos (CFCs) e, 91
  co-processador aritmético, 121, 123, 126
  CPU, 113, 123-128
  DOS e, 266, 517-518
  fabricação de, 91
  funcionamento paralelo, 128
  futuro dos, 129
  mais rápidos, 260
  RAM, 118, 122
  veja também Intel, microprocessadores
Chips autocorretivos, 125
CHKDSK, comando (DOS), 261-262, 518-519
Choque de cabeçote, 183
Ciberespaço, 71, 96
  veja também comunidade eletrônica
Ciclo de vida do desenvolvimento de sistemas (CVDS), 421-427
Cilindros, disco rígido, 185-186
CIM (Computer Integrated Manufacture — Manufatura Integrada por Computador), 9
Classe, definição de objeto, 474-475, 475-476
Clientes de um banco de dados, 61, 215, 409-410
Clip art, 326
Clorofluorcarbonos (CFCs), 91
Cluster (agrupamentos), setor, 178, 198
CMYK, modelo de cor, 320, 322
Co-processadores aritméticos, 121, 123, 126
COBOL, 449-450
Code of Fair Information Practices (Código de Práticas Justas para a Informação), 88
Codificação RLL, 194
Código
  ASCII, 551
  caracteres de, 155, 551
  criptografia, 80, 89-90
  de oito bits, 110
  fonte, 425-426, 459-461, 481-487
  máquina, 459
  pseudocódigo, 466, 479-481
Código de máquina, 459
Código do telégrafo, 104
Código-fonte, 425-426, 459-461, 481-487
Código Morse, 104

Códigos de varredura, ação da tecla, 135-137
Códigos postais, 375
Color Graphics Adapter (CGA), 153
Comando Colar (Paste), 295
Comando Recortar (Cut), 295
Comando DIR, 250-253
Comando LOCALIZAR, SGDB, 396-397
Comandos. *Veja* instruções, programa
Comandos de procura, 396-397, 401
Comandos externos, DOS, 262
Comandos internos, DOS, 262
COMMAND.COM (DOS), 240-241
Compact Disc, Read-Only Memory (CD-ROM), 188-190, 192, 402-403
Compact Disc-Interactive (CD-I), 190
Compaq, 194, 273
Compartilhando dados entre programas, 366-368
Compatibilidade ascendente, 113
Compatibilidade de software, 110-111, 503
  ascendente, 113
  com SQL, 399
  sistemas operacionais e, 242-243, 269-270, 273
Compilador, 461-463, 481
Componentes, computador
  para processamento de dados, 113-123, 128
  placa-mãe, 113, 117
  visão geral dos, 14-21
  veja também dispositivos de entrada/saída (E/S)
Componentes, programa. *Veja* programação orientada a objetos (POO)
Componentes físicos. *Veja* componentes, computador; hardware
Componentes privados de um objeto, 475-476
Composição. *Veja* software de editoração eletrônica
Comprando computadores, 33
Compras por computador, 224
Compressão de dados, 275, 278, 403
  baseada em hardware, 230
CompuServe, 212, 225
Computação com conjunto de instruções reduzidas (RISC), 31, 127, 270
Computador, crime, 78-79, 89-90, 93
Computador, programas. *Veja* programas, computador; software
Computadores, 4-5
  comprando, 33, 94
  mainframes, 29-30, 391, 433, 482
  minicomputadores, 30
  RISC, 31, 127-128, 270
  veja também microcomputadores
Computadores de mesa, 32, 40-41, 61
Computadores laptop, 32, 79, 200
Computadores pessoais. *Veja* microcomputadores
Computadores portáteis, 32, 78-79, 200
Computer-Aided Software Engineering (CASE), 425-426, 486-487

Comunicação de dados, 90-91, 205-206
    meios, 206-209
    modems, 220-221
    veja também modems; redes
Comunicação full-duplex, 223
Comunicação por fax, 145
Comunicações eletrônicas
    Electronic Data Interchange, 46
    fio de par trançado, 206-207, 219-220
    futuro das, 67-68
    Intercâmbio Eletrônico de Dados, 46
    liberdade de, 82-83
    veja também dispositivos de entrada/saída (E/S)
Comunicador pessoal inteligente (PIC), 33
Comunidade eletrônica, 67-68, 71-72, 75-76, 81, 205-206
    data superhighway (super-rodovia de dados), 93, 213-214
Concorrência. *Veja* fabricantes
Conferência on-line, 226
Configurações
    de dispositivo periférico, 158-162, 211, 269-270, 544-546
    de rede, 213-216, 409-410, 432
    multiportas, 158-162, 255-256
Conhecimento de computadores
    ambiente corporativo, 493-501
    carreiras da indústria de informática, 503-506
    disciplinas profissionais e, 502, 508-509
    e emprego, 61, 503-509
    futuro, 509-510
    veja também descrições de cargos; usos do computador
Conjunto de comandos Hayes AT, 231
Conjuntos de caracteres, 109-111, 150-151, 543-544
Consciência, computador, 503-509
Conservação e desperdício, 90-92
Construtor de repetição. *Veja* laços, programa
Construtores, fluxo de controle, 463-472
Consulta por exemplo (QBE), 399-402
Consultores, sistema, 65-66, 422-424
Control Program for Microcomputers (CP/M), 242-243, 558
Controlador
    de disco, 159-160
    de teclado, 135-137
    de vídeo, 149-153, 159-160
    padrões da interface da unidade de disco, 193-196
Controlador de vídeo, 149-153, 159-160
Controles de campo, SGDB, 382-383
Controles de pré-impressão, editoração eletrônica, 322-323
Controles de tipo, editoração eletrônica, 317-319
Conversão
    chip UART, 160
    de código-fonte em arquivos executáveis, 459-461
    de dados em informações, 102-112

Cópia de segurança (backup), 211, 276-277
    de discos, 174, 186, 198-200
    veja também copiando
Cópia de segurança (backup) incremental, 198
Cópia impressa. *Veja* papel de impressão
Copiando
    arquivos, 527-528, 546-547
    arranjos de discos, 184
    dados, 174, 527-528
    discos flexíveis, 181
    veja também cópia de segurança (backup)
Cores de processo, 319, 322-323
Correio eletrônico (e-mail), 64, 80, 90-91, 211, 432
    na Internet, 226
    privacidade de, 85
    veja também BBS
CP/M, sistema operacional, 242-243, 558
CPU (Unidade Central de Processamento), 17, 126
    arquitetura do barramento, 119-120
    conectando dispositivos de entrada/saída à, 158-162
    conjuntos de instruções, 31, 113-114, 127-128, 446, 459
    memória de cache, 120-121, 122
    sistema operacional multiprocessador para, 258-259
    uso em microcomputadores, 123-128
    veja também chips, microprocessador
CPU de 32 bits *versus* 16 bits, 263
Crianças, habilidade com o computador, 484-485
Crimes por computador, 72-82
Criptografia, dados, 80, 89-90
CRT, 146-149
Cursor
    mouse, 137-141
    usando um, 134, 286-293, 337
Custos
    ambiental, 90-92
    computador, 29, 30
    impressora, 155, 211
    software, 257
    valor das informações e, 47-49, 58-59

D

Dados
    compartilhando entre programas, 366-368, 407-410
    conversão para informações, 102-112
    cópia de segurança, 67, 174, 186, 198-200, 211, 277
    copiando, 174, 527-528
    integridade, 211
    especificações de máscara para, 383-384
    planilha, 337-346
    recuperação, 198-200, 540-542
    representando, 109-112

roubo, 79-82, 93
sistemas numéricos, 102-109
tradução, 145
vinculados, 366-368
Dados, som e movimento no vídeo, 411
Dados analógicos, 186, 220-221
Dados digitais *versus* analógicos, 186, 220-221
Dados monetários, 347-348, 376
Dando poder aos usuários. *Veja* usuários de computador
Dando um clique com o mouse, 137-138, 244
Data Encryption Standard (DES), 80, 89-90
Datas, planilha, 339-340, 349, 350
DATs (Digital Audio Tapes — Fitas de Áudio Digitais), 187
dBASE, 407-408
DDE, 364, 366-368
conjuntos de instrução, 113-114, 123, 446, 459
RISC, 31, 127-128, 270
De "igual-para-igual", comunicação, 215-216
DEC, 4, 30
Decimal Codificado em Binário (BCD), sistema, 110
Deficiências, dispositivos para usuário portador de, 6-7, 524-525
Demodulação, sinal, 220
Densidade, disco, 175
Departamento de Administração Pública de Nova Iorque, 390
Depressão (pit), disco óptico, 188
Depurador (debugger), 482
DES, 80, 89-90
Descompressão. *Veja* compressão de dados
Descrições de cargos, 61, 74-75, 503-509
administradores, 65-66, 429, 506
administradores de sistemas, 506
analistas de sistemas, 65-66, 421-427, 505
carreiras na indústria de software, 503-506
consultores, 65-66, 422-424
em nível de entrada, 494-495
indústria editorial, 508-509
programadores, 65-66, 80-82, 442-444, 478-483, 504
veja também conhecimento de computadores; usos do computador
Desenho Auxiliado por Computador (CAD — Computer-Aided Design), 9, 25
Desenhos eletrônicos, 326
Desenvolvimento de programas de computador, 481-483
Desenvolvimento de sistemas, 446-447, 481-483
Desenvolvimento de software, 557-568
custos, 257
e a concorrência, 58-59, 362-363, 442-444
ferramentas, 483-487
veja também história dos computadores
Desfazer, comando, 214
Desvio condicional, 467-468, 478-479
Dicionário de sinônimos, editor de texto, 309

Dicionários, verificador ortográfico, 304-307
Digitação, teclado, 135, 286-293, 325-326
Digital Equipment Corporation (DEC), 4, 30
Digital Matrix Systems, 10
Digital Research, 242-243, 558, 560
Digital *versus* analógico, 220-221
Dígito binário. *Veja* bits de dados
Direção, topologia de rede e, 216-220
Direção da busca, 396-394
Diretório, disco, 180, 197, 540-541
comandos, 250-253, 519-520, 525-527
organizando um, 197-198, 250-253, 276-278, 302-303
veja também arquivos
Diretório-pai, 519-520, 527
Diretório-raiz, 251, 276-278, 519-520
Disco, WORM, 190, 192
Disco MO, 190, 192
Disco óptico-magnético (MO), 190-191
Discos, CD-ROM, 188-190
Discos de alta densidade, 175
Discos de densidade dupla, 175
Discos flexíveis, 21, 171-174
cuidando de, 181-182
organização de dados em, 176-178
Discos magnéticos, 21-22, 174-186, 518-520
veja também discos rígidos
Discos rígidos, 21, 182-186
cópia de segurança de, 173, 198-200, 276-278
fragmentação de arquivos em, 180, 274-275
informações sobre, com CHKDSK, 261-262, 518-519
organizando, 197-198, 276-278
velocidade de, 192-193
veja também discos magnéticos
Display PostScript, 564
Dispositivo de armazenamento em massa. *Veja* dispositivos de armazenamento
Dispositivos de armazenamento, 20-21
CD-ROM, 188-190, 192, 402-403
compartilhados, 211, 217-218
futuro dos, 200-201
magnéticos, 170-187
ópticos, 187-191
organizando dados em, 197-198
padrões da interface da unidade, 193-196
protegendo dados em, 189-90, 182, 198-200
tipos de, 169
vantagens sobre a memória, 20
veja também dispositivos de entrada/saída (E/S)
Dispositivos de apontamento, 6-7, 18, 33, 142-143
veja também mouse, entrada
Dispositivos de armazenamento magnético, 170-187
Dispositivos de armazenamento óptico, 187-191
Dispositivos de entrada/saída (E/S), 18-20, 142-145
adaptadores, 160-162

compartilhada, 211, 217-218
configurações do usuário para, 524-525
gerenciamento de, por sistemas operacionais, 249-250
impressoras, 154-158, 300-301, 314, 323
informações sobre, 544-546
instalando, 158-162, 269-270, 300-301
interface SCSI para, 195-196, 231, 269-270
leitora de código de barra, 58-59, 143
monitores, 146-154
mouse, 137-141, 244, 289, 290, 293-296, 341-342, 392-393, 524-525
no lar, 222
o futuro dos, 163
para indivíduos com deficiências físicas, 6-7
plotadoras (plotters), 157-158
realidade virtual, 15
teclado, 134-137
trackball, 141
utilitário de diagnóstico para, 517-518
veja também configurações; dispositivos de armazenamento
Dispositivos de saída. *Veja* dispositivos de entrada/saída (E/S); nomes dos dispositivos
Dispositivos periféricos. *Veja* dispositivos de entrada/saída (E/S)
Disquetes. *Veja* discos flexíveis
DNA da impressão digital, 11
Documentação técnica, 425
Documentação, usuário, 226, 425
DOS (sistema operacional de disco), 120, 482
benefícios e desvantagens, 263-266
comando DIR, 250-253
área de trabalho, 248
comandos e operações, 261-263, 513-522
formato lógico, 179-180, 199
GUIs para, 549-550
inicializando, 513-514
kernel, 240-241, 249-250, 550
origem do, 560
processador 8086 e, 124, 125
programa COMMAND.COM, 240-241
recurso de ajuda, 515
shell, 240-241, 550
DPI (Dots Per Inch — pontos por polegada), 156
DTP. *Veja* software de editoração eletrônica

E

E-mail. *Veja* correio eletrônico (e-mail)
E/S. *Veja* dispositivos de entrada e saída (E/S)
EBCDIC, 110
EDI, 46
Edição
de arquivo de texto, 521-522, 550-553
telas de editor de texto para, 285-286
telas de planilha para, 335-336
veja também texto, documento
Editores de texto, 23, 285-311
dicionários de sinônimos, 309

editoração eletrônica *versus*, 316-323
entrada de texto, 286-293
esquematizadores, 309-310
folhas de estilo, 310-311
formatação de texto, 296-300
futuro dos, 327, 507
imprimindo com, 300-301
internos, 521-522, 528-529
recursos avançados dos, 303-311, 446-447
telas, 285-286
verificação ortográfica, 304-307
verificadores gramaticais, 307-308
vinculando dados de planilhas com, 366-368
veja também nomes de arquivo
Editores eletrônicos, 83, 325-326, 508-509
veja também software de editoração eletrônica
Educação, uso do computador em, 5, 7, 27-28, 146-147, 484-485, 494-495
Educação Auxiliada por Computador (CAE — Computer-Aided Education), 7, 484-485
Efeitos especiais, cinema, 12-13
EGA, padrão de vídeo, 153
EISA, barramento, 120
Electronic Communications Privacy Act (ECPA), 83, 88
Electronic Data Interchange (EDI), 46
Electronic Frontier Foundation (EEF), 82, 83
Eletroímãs, 170-171, 183-184
Eliminação
arquivo, 198-199, 527-528, 540-542, 546-547
texto, 286-287, 293-294
registro do banco de dados, 395
Elite da informação, 93
Elo de comunicação sem fio, 208-209
Elos de comunicação por microondas, 208-209
Elos de comunicação por rádio, 208-209
Embutindo objetos, 364-365
Empresários
acesso a correio eletrônico, 85
baseados em computador, 61
sistemas de informações executivas, 64-65
veja também usos do computador
EMS, 263-265
Encontrar e alterar texto, 295-296
Endentação, texto, 292
Endereço absoluto, célula de planilha, 343-346
Endereço, planilha, 332-333, 341-342, 353-354
relativo e absoluto, 343-346, 361
Endereço de memória, 116, 124, 177
Endereço relativo, célula de planilha, 343-346, 361
Energia elétrica, economia de, 92
Engenharia de Software Apoiada por Computador (CASE), 425-426, 486-487
Enhanced Graphics Adapter (EGA), 153
Enhanced Small Device Interface (ESDI), 194-195
ENIAC, 12

Entrada
  com um único interruptor, 6
  informações, 50-51
  lógica difusa para alterar, 379-380
  veja também formulários, bancos de dados
Entrada de dados, 382-383, 392-396
Entrega e recebimento, 497, 499
Entrelaçamento, monitor, 149
Equipamento compartilhado. *Veja* redes; servidores
Equipamentos inteligentes, 163
Ergonomia, 86-90
Erros
  corrigindo, de digitação, 288-289, 522
  de programação, 463, 482-483
  mensagens sobre, 240
  verificação de tipo, 463
Erros, programa, 482-483
Erros em programação, 463, 482-483
Escala, planilha, 353
Escrita, 6-7, 309, 325-326, 508-509
  editores de texto para, 285-311
  escrevendo um programa, 450, 451-457, 481-482
  o dom da, 507
  verificadores gramaticais para, 307-308
  veja também editores de texto
Escritório, o lar, 13-14, 27, 222, 336
"Escritório sem papel", mito, 90-91
ESDI, 194-195
Especificação funcional, projeto, 421
Especificações, máscara de dados, 383-384
Espelhamento, arranjo, 184
Esquema de codificação de dados, 193
Esquematizador, editor de texto, 309-310
Estações de trabalho, 31, 128, 270-271
  em rede, 213-220
  gerenciando, 429
  veja também redes locais (LANs)
Estado da arte em informática, 57-64
Estatísticas, 4, 40-41
  analisador de código-fonte, 486
  disco, 262-263, 518-520
  profiler, 483
Estrutura dos programas de computador, 463-472
Estudos de caso
  Central Health Plans, 427-432
  Mercury Athletic Shoes, 51-64
Ethernet, protocolo de rede, 219-220, 391
Executando um programa, 22
Exemplo, consulta por, 399-402
Exigências de memória
  DOS, 263-265, 273
  para vídeo colorido, 153
  valores variáveis e, 461-463
  Windows, 266
Expanded Memory Specification (EMS), 263-265
Experimentação auxiliada por computador, 351-352, 433-436
Expressão, liberdade de, 82-83

Extended Binary Coded Decimal Interchange Code (EBCDIC), 110
Extended Graphics Adapter (XGA), 153, 566
Extended Industry Standard Architecture (EISA), barramento, 120
eXtended Memory Specification (XMS), 264-265
Extensões, nomes de arquivo, 197, 263, 530-531

F

Fabricantes
  computador pessoal, 32
  concorrência entre, 58-59, 366-368, 410-411, 442-444
  desenvolvimento cooperativo por, 242-243, 263-265, 402-403
  estações de trabalho, 128, 270-271
  história dos, 363-368, 410-411, 422-424, 442, 557-568
  microprocessador, 91, 123-129, 422-424
  minicomputador, 30
  primeiros passos, 442-444
  programa de banco de dados, 372, 399
  programa de planilha, 363-368, 410-411
  programadores e, 442-444, 482-483, 487
  sistema operacional, 242-243
  veja também propriedade de software
Faixas, planilha, 341-342, 352-353
FAT, 180, 198-199
Faturas, SGDB, 387-391, 404
Federal Express (FedEx) Corporation, 58
Ferramentas de desenvolvimento, 483-487
Ferramentas de entrada de dados, 382-383
Ferramentas matemáticas, planilha, 355-357, 507
Figuras, Paradox, 384
Filmes, 12-13
Filtros, banco de dados, 395-396
Finder desktop, Macintosh, 138-139
Fio de par trançado, 206-207, 219-220
Fluxo, estrutura de programa e, 463-472
Fluxo de controle, programa, 463-472
Fluxogramas, programa, 464, 469, 478-480
Folhas de estilo, 310-311
Fonte monoespaçada, 297
Fonte Wingdings, 543-544
Fontes, 296-298
Fontes, tipos, 296-298, 543-544
Fontes com kerning, 297
Formatação
  de arquivos de banco de dados, 374-378, 409
  de dados em planilhas, 347-350
  de discos, 176-177
  de texto, 296-300
  especificações de máscara para, 384
  para editoração eletrônica, 325-326
Formatação lógica, 179-180
Formato lógico, 179-180
Formatos de hora, planilha, 339-340, 349, 350
Formatos de impressão (planilha), 347-350
Fórmula específica (hard-coded), 340-341

Formulários, banco de dados (tela), 378,
    382-386
  definição de consulta, 401-402
  movimentando-se por, 392-396
  vinculados, 386-390
Formulários informatizados, 156, 312-313
Formulários multicópias, 156
Formulários padrões, 382
Fórmulas, planilha, 340-347, 363-364
Fornecedores de sistemas, 65-66
FORTRAN, 449
Fotocompositoras digitais, 323
Fotografias digitalizadas, 10, 385-386
Foxbase, 406, 567
FoxPro para DOS, 397, 399, 400, 401-402,
    407-408
Fragmentação, arquivo, 180, 274-275
Frankston, Bob, 559
Fraudes por computador, 81
Freeware, 76
Funções, classe de objeto, 474-475, 475-476
Funções, linguagem de programação, 465-467
  biblioteca de, 484, 486
Funções, planilha, 342-343
Funções arroba (@), planilha, 342-343
Funções construtoras, objeto, 477
Funções destrutoras, objeto, 474-475, 477
Funções membro de uma classe, 474-475,
    475-476
Funções públicas (objeto), 475-476
Furacão Andrew, 10
Futuro
  da comunicação de dados, 231
  da programação de software, 442, 487
  do ciberespaço, 93
  do conhecimento de computadores, 509-510
  do software de planilha, 366
  do uso comercial do computador, 67-68
  dos computadores, 34-35
  dos departamentos de SIG, 438-439
  dos dispositivos de armazenamento, 200-201
  dos dispositivos de entrada/saída, 163
  dos editores de texto, 327
  dos meios eletrônicos, 93
  dos microprocessadores, 129
  dos programas de editoração eletrônica, 327
  dos sistemas de gerenciamento de banco de
      dados, 411
  dos sistemas operacionais, 280
  veja também história dos computadores

G

Gate Assignment Display (GADS), 437-438
Gates, Bill, 242, 243, 443, 487, 558, 560, 565
General Electric, 125
Geographical Information Systems (GIS), 10
Geradores de código, 425-426, 486-487
Gerenciador de Arquivos, Windows, 525-528
Gerenciador do banco de dados, 373

Gerenciamento de estoque, 63-64, 208, 211,
    497, 498
  EDI, 46
Gerentes médios, 64-65
Gore, Al, 212
Governo, uso de computadores no, 11, 82-83,
    143-144, 391
Gráficos
  baseados em modo texto, 386
  CD-ROM, 402-403
  controles de editoração eletrônica para,
      319-323
  foto digitalizada, 10, 359, 385
  nos formulários de SGDBs, 385-386
  para editoração eletrônica, 325-326
  programas de desenho, 358-360
Gráficos, planilha, 334-336, 358-360
Gravador de macro, 354-355, 532-534
Groupware, 500
Grupos de trabalho, 44-45, 63, 65-66, 434-436,
    500-501
GUI. *Veja* Interface Gráfica do Usuário

H

Habilidades, computador, 503-509
Hackers criminosos, 80-82
Hardware
  componentes, 14-21, 113-123, 129
  gerenciamento por meio de sistemas
      operacionais, 249-250
  memória embutida, 114
  questões legais, 78-79
Hayes, modems, 221
Hayes AT, conjunto de comandos, 231
Headwand, 6
Herança de classe, 475-476
Hercules, padrão, 562
Hertz (Hz), 118-119, 149
Hewlett-Packard (HP), 422-424
Hierarquia, sistemas de arquivo, 197-198,
    250-253, 302-303
Hipermídia, 456-458
Hipertexto, 456, 458
História dos computadores, 557-568
  a difusão da automação, 40-41, 51-53,
      422-424
  ano a ano (1974-1995), 557-568
  controladoras de vídeo, 149-150
  guerra das planilhas, 366-368
  mainframes, 4, 12
  veja também futuro, o
Hodges, Tony, 89
Hopper, Grace, 449
HSB, modelo de cor, 321
HyperCard, 447, 456-458, 564

I

i.Station, 189
I/O *Veja* dispositivos de entrada e saída (E/S)

IA, 59, 437-438, 444-445
IBM, companhia, 560-562, 567
    Apple e, 566
    Microsoft e, 560
IBM, computadores, 127-128, 563
    PC, 31-32, 123, 561
    PC-AT, 119-120, 563
    PC-XT, 562
    PowerPC, 568
    PS/2, 564, 566
    System/360, 4
    teclado aperfeiçoado, 134, 288
IBM, software, 266-267, 397
IBM System Application Architecture (SAA), 267
Ícones, 134, 244-248
    aplicações, 244, 276-278, 522-523
    selecionando, 139, 245, 276-278, 531-532
IDE, 194
Identificação, usuário, 81
Importando arquivos, 359
Impressoras, 18, 154-158
    a laser, 155-156, 314, 323
    instalando, 301
Impressoras a jato de tinta, 94, 157
Impressoras a laser, 94, 155-156, 314, 323
Impressoras matriciais, 154-155
Imprimindo, 508-509
    editoração eletrônica em cores, 322-323
    texto de documentos, 300-301
    uma planilha, 352-353
Improv, 363-364
Incremento, variável, 461-463
Índice, CD-ROM, 402-403
Índice em um banco de dados, 381-382
Industrial Light and Magic (ILM), 12
Industry Standard Architecture (ISA),
    barramento, 119
Infecção. *Veja* vírus de computador
Informática empresarial, 432
Informática para grupos de trabalho, 44, 63, 65-66, 434-436
    veja também redes
Iniciais maiúsculas, 317
Inicialização a quente (warmboot), 513-514
Inicialização fria (cold boot), 513
Inicializando o computador, 179, 238, 513-514
Inicializando um disco, 176-177
Instalação
    dispositivos periféricos, 270
    software, 269-270
Instruções, programa, 459-461
    algoritmos e, 471-472
    alternância ou desvio condicional, 467-468
    declaração de variável, 461-463
    função ou sub-rotina, 465-467
    linguagem de consulta, 399
    repetição ou laço, 121, 468-476
    veja também linguagens de programação
Instruções de inicialização, 115-116
Instruções de repetição, programa, 468-471

Instruções se (if), 467-468
Integração de aplicativos, 53-54, 324-325, 364-365, 424-425, 506
Integradores de sistema, 506
Integrated Drive Electronics (IDE), 194
Integridade dos dados, 211
Intel, microprocessadores, 123-126, 270, 557
    barramento de dados de 16 bits, 124, 125, 559, 561
    barramento de dados de 32 bits, 125, 272, 563
    CPU com chip Pentium, 121, 126, 260, 272, 567
    modelos 80x86, 119, 123-126, 559
    NeXTSTEP 486 para, 257-258
    processadores 286, 124, 266, 559
    processadores 386, 125, 270
    processadores 486, 126, 272, 559, 565
    tamanho da memória do DOS e, 265
    veja também microcomputadores
Intel 286, processador, 123-126, 266, 561
Intel 386, processador, 125, 270
Intel 8086, processadores, 123-126, 559
Inteligência Artificial (IA), 59, 437-438, 445-446
Interceptação, cor, 323
Interface
    controlador de disco CPU, 193-196
    linha de comando, 239-241
    programa, 249-250
    veja também interface do usuário
Interface, dispositivo. *Veja* dispositivos de entrada/saída (E/S)
Interface de dispositivo. *Veja* dispositivos de entrada/saída (E/S)
Interface de linha de comando, 239-241
    DOS, 261-265
    OS/2, 266-267
    UNIX, 270-271
Interface do usuário, 44
    amigável, 244-248, 411
    aviso de comando, 239, 407, 549-550
    gráfica, 241-248, 359-360, 548
    linha de comando, 239-241
    SGDB, 372-374, 404-408
    sistema operacional (SO), 238-253
Interface Gráfica do Usuário (GUI), 61-62, 239, 241-248, 359-360, 548
    como sistema operacional, 272
    para DOS, 265-266, 563
    para UNIX, 270-271
Internal Revenue Service (IRS), 11
Internet, 226-227
Interpretador de comandos, DOS, 241
Invasão de privacidade, 80, 82-86, 88
Inversão e multiplicação de matrizes, 355
ISA, barramento, 119

J

Jackson, Steve, 83
Jobs, Steve, 242, 243, 257-258, 314, 559

Joint Photographic Expert Group (JPEG), 566
Joystick, 18
Just-in-time, administração, 45, 63-64
Justificação, texto, 298-300

K

Kahn, Philippe, 562
Kapor, Mitch, 82, 83, 93, 443
KB, 17, 178
Kbps (1.000 bits por segundo), 228
Kemeny, John, 452
Kernel, sistema operacional, 240-241, 249-250, 550
Kernighan, Brian, 453-454
KeyFinder (NDW), 543-544
Kildall, Gary, 242-243, 558, 560
Kilobyte (KB), 17, 178
Kurtz, Thomas, 452

L

Laço for, 469-470
Laço for aninhado, 470
Laços (loops), programa, 121, 465, 468-471, 479-480
Laços do while, 471
Laços while, 471
Lados, disco, 177, 183-186
LANs. *Veja* redes locais
Lar, uso do computador no, 13-14, 27, 222, 336
Largura de banda, rede, 259-260
Layout de página. *Veja* software de editoração eletrônica
LCD, monitor, 146, 153-154
Lego, companhia, 485
Lei dos Americanos Deficientes, 6-7
Leis de proteção ao direito autoral (copyright), 73-74
Leitora de código de barra de mesa, 143
Leitoras de código de barra, 58-59, 143, 212-213
Lempel-Ziv, algoritmo, 471-472
Lesões causadas por estresse constante, 87-88
Letras maiúsculas, 317, 463
LEXIS, 224
Liberdade de comunicação eletrônica, 82-83
Licença de uso, 74-75, 259-260, 432
Licenças de software, 74-75, 259-260, 432
Linguagem assembly (de montagem), 447-449
Linguagem baseada em procedimentos, 398
Linguagem de consulta (SQL), 397-402, 446-447
Linguagem de consulta para usuário final, 397-402
Linguagem de descrição de página, PostScript, 314-316, 564
Linguagem de máquina, 446-447, 480
Linguagens de alto nível. *Veja* linguagens de programação
Linguagens de comando. *Veja* linguagens de programação, programação

Linguagens de programação, 442-444
  baseadas em procedimentos, 398
  BASIC, 452, 465, 468-471, 482, 558
  C++, 456, 457, 460-462, 467, 475-476, 487
  C, 453-455, 467, 469
  COBOL, 449-450
  de alto nível, 446, 449-458
  de consulta (SQL), 397-402
  de máquina, 446-447, 459
  descrição de página, 314-316
  estruturadas, 463-472
  FORTRAN, 449
  hipermídia, 456-458
  macros, 446-447
  para métodos de POO, 473
  Pascal, 452-453, 468
  portáteis, 454
  valores variáveis, 461-463
  veja também programação orientada a objetos (POO); instruções, programa
Linguagens portáteis, 454
Linha ou caixa de entrada, planilha, 338
Linhas, banco de dados, 373
Lisa, computador, 242
Listas de arquivo. *Veja* diretório, disco
Literatura, computador, 93
Livros, publicação, 325-326, 508-509
Lixo ambiental, 90-92
Lixo tóxico, 91-92
Localizando e substituindo texto, 295-296, 553
LocalTalk, 269
Lógica
  desvio condicional, 467-468, 479-480
  difusa, 379-380
  digital, 379-380
  erros, 482-483
Lógica difusa, 379-380
Lógica digital, 379-380
Lojas, computadores e, 143, 224, 436-437, 497-498
Lote, modo (batch mode), 42
Lotus 1-2-3, 342, 355
  história do, 410-411, 443, 562
  para Windows, 338-340, 363-364
Lotus Approach, 372, 387
Lotus Development Corporation, 264, 363-364, 410-411, 443, 562
Lotus, Intel, Microsoft Expanded Memory Specification (LIM), 264
Lotus Notes, 434

M

Macros, 446-447
  planilha, 354-355
  programa de comunicação, 226
  Windows, 532-534
Magnéticos, discos. *Veja* discos magnéticos
Mainframes, 29-30, 391, 433, 482
Malas diretas, 84
Manuais de computador, 226, 425-426

Mapas de bits, 145, 319
Mapeando um disco, 176-177, 274-275, 279-280
Máquinas baseadas em DOS
    disquetes para, 174-176
    utilitários para, 274-275
Marcas de corte, 322
Marcas de registro, cores, 322
Máscaras, campo de SGDB, 383-384
Maximizando uma janela, 262
Maxtor Corporation, 195
MB. *Veja* megabyte
MCA, barramento, 120, 564
Megabits (Mbits), 193
Megabyte (MB), 17, 118, 178, 193
Megahertz (MHz), 118-119
Meios, armazenamento. *Veja* dispositivos de armazenamento
Meios de comunicação. *Veja* comunicação de dados
Memória, computador
    cache, 120-121, 122
    de porta dual, 150
    determinando, 517, 526-527
    estratégias de gerenciamento, 276-278, 279-280
    expandida (EMS e XMS), 120, 263-265
    holográfica, 200
    números que representam a, 17
    placa RAM flash, 200
    poder computacional e, 115-116, 118
    problemas, 263-265
    registradores, 114, 118
    swapping, 263-265
    tipos de, 114, 116
    vantagens dos dispositivos de armazenamento sobre, 16-17
    virtual, 124
Memória de cache, CPU, 120-121, 122
Memória de cache, embutida no processador, 120-121, 565
Memória de leitura (ROM), 115, 517
Memória de porta dual, 150
Memória estendida, 120, 263-265
Memória expandida, 263-265
Memória flash, 200
Memória holográfica, 201
Memória não-volátil, 114, 200
Memória virtual, 124
Memória volátil, 114, 200
Mensagens
    de erro, 240
    de fax, 145
    para objetos, 477
    veja também correio eletrônico (e-mail)
Mensagens de erro de sistemas operacionais, OS, 240
Menus pop-up, 244-248
Mercury Athletic Shoes, 51-64
Mesa, computadores, 89
Metais pesados, 92
Metcalfe, Bob, 559

MFM, 193
Michelangelo, vírus, 76, 77
Microchannel Architecture (MCA), barramento, 120, 564
Microcódigo, 113, 115-116
Microcom Network Protocol (MNP), 229
Microcomputadores, 31-35
    aplicações verticais dos, 43, 54-56
    CPUs usadas em, 123-128
    empregos baseados em, 61-62
    futuro dos, 129
    história dos, ano a ano, 557-568
    número de, 40-41
    papéis dos, 40-41, 54-56, 433-436
    placas-mães, 117
    sistemas operacionais para, 261-273
    veja também computadores
Microcomputadores Macintosh. *Veja* Apple Macintosh, computadores
Microkernel, 272
Microprocessadores. *Veja* chips, microprocessador
Micros com dois processadores, 128
Microsoft Access, 25, 373-374, 399-402
Microsoft Antivirus, 515-516
Microsoft Corporation, 402-403, 487
    história da, 557-568
    IBM e, 242-243
Microsoft Diagnostic, programa (MSD), 517-518
Microsoft Disk Operating System (MS-DOS), 242-243, 560
Microsoft Excel, 345-346, 348, 353-354, 362-363
    Atingir Meta (Goal Seek), 355-358
Microsoft FoxPro, 407-408
Microsoft Visual C++, 467-487
Microsoft Windows, 61, 118, 125, 251-252
    DOS e, 265-266
    Gerenciador de Arquivos, 276, 525-528
    Gerenciador de Programas, 523, 531, 550
    história do, 563-568
    usando, 522-534
Microsoft Windows NT, 259, 267
    benefícios e desvantagens, 271-273
Microsoft Word, 298, 320
    for Windows, 23, 286, 287, 298-299, 305-306, 366-368, 446-447
Milissegundos, 192
Minicomputadores, 30, 427-428
Minimizando uma janela, 246, 531-532
Miniprogramas, 463-472
MIS. *Veja* Sistemas de Informações Gerenciais
Modelando informações, 64-65, 346, 351-352, 435, 436
Modelos, documento, 312-313, 321, 508-509
Modelos de gabinete tipo torre, microcomputadores, 32
Modelos e paletas de cores, 319-323
Modem externo, 227
Modems, 206, 220-231, 255
    comparando, 227-231

configurando, 229
fax, 227
interno, 160
tipos de, 220-231
Modems internos, 227
Modo de inserção, 294
Modo de sobreposição, 294
Modo gráfico, controladora de vídeo, 151-153
Modo gráfico, impressora, 155
Modo texto
    controlador de vídeo em, 150-151
    impressora, 155
    tradução de mapas de bits (bitmap) para, 145
Modo virtual 86, 125
Modulação, sinal, 220
Modulação de Freqüência Modificada (MFM), 193
Módulo de carga, 482
Módulo-objeto. *Veja* arquivos de código-objeto
Módulos, programas. *Veja* programação orientada a objetos (POO)
Monitor de tela plana, 146, 153-154
Monitores, 18, 146-154
    antibrilho, 89
    colocação de, 89, 136-137
    coloridos, 148-149, 150-152, 319-321, 524-525
    controlador de vídeo para, 149-153, 159-160
    CRT, 146-149
    efeito tremido em, 89, 149
    exibição de caracteres em, 150-151, 230
    monocromáticos, 152
    tela plana, 146, 153-154
    toque, 142-143
    WYSIWYG, 91
    veja também telas, software; terminais de computador
Monitores coloridos, 148-149, 150-152
    configurações do usuário para, 524-525
Monitores Sony Trinitron, 148
Motif, 271
Motorola 680×0, processadores, 127
Motorola, microprocessadores, 123, 127, 270
Mouse, entrada, 6-7, 18, 137-141, 288, 290
    arrastando o mouse, 137-139, 244, 293, 341-342
    botões, 137-139, 140-141, 392-393
    configurações do usuário, 524-525
Mouse de barramento, 141
Mouse óptico, 140
Mouse serial, 137-141
Mouthstick, 6
Móveis ergonômicos, 86, 87
Movendo arquivos, 527-528, 547
    veja também diretório, disco
Movimento, cursor, 134, 286-292, 392-393
MRP, 499
MS-DOS, 242-243, 561
MSD, 517-518
Mudando de diretório, 519-520

Multas, pirataria de software, 81
Multimídia, software, 34, 40, 146-147, 357-358, 402-403, 411
Multiplicação, conjunto de instruções para, 115-116
Multiprocessamento assimétrico, 258
Multiprocessamento simétrico, 259
Multitarefa, 124, 254-260
    sistemas operacionais, 128, 259-260
Multitarefa cooperativa, 254
Multitarefa preemptiva, 254

N

Nahal, Henry, 391
NASA, 15
NDW. *Veja* Norton Desktop for Windows
    concorrência comercial e, 45-46
    e fatores de valor, 47-49, 58-59
    identificando tipos de, 49-51
    necessidades de informação, 45-46
Neidorf, Craig, 83
NetWare, Novell, 564
New Abilities Systems, 6
NEXIS, 224
NeXT, computador, 362-363, 564
NeXTStep para Intel, 257-258
NIC (Network Interface Card — Placa de Interface de Rede), 218-220
Nomes de arquivo, 197, 263, 276-278, 530-531, 540-541
Nomes de diretório, 250-253, 302-303
    veja também nomes de arquivo
Nanotecnologia, 129
Norton, Peter, 561
Norton AntiVirus, programa, 77, 278-279
Norton Change Directory, programa, 253
Norton Desktop for Windows (NDW), 248, 534-556, 566
Norton Utilities, 27
Nós, rede, 216-218
Notebooks, computadores, 32, 79, 141, 221
    monitores, 146, 153-154
Novell Corporation, 564, 567
Número de computadores de mesa, 40-41
Número de setores por trilha do disco, 176-178
Números binários, 19, 104-106, 111-112, 115-116, 187-188, 379-380
Números decimais, 19, 103-104, 111-112, 121, 347-349, 376
Números hexadecimais, 106-109, 111-112

O

Objetos
    BLOB, 377
    ferramenta para entrada de dados, 382-383
    OLE, 366-368
    programação, 473-474
Objetos de arquivo de dados, 475-476
OCR, 7, 143-144

OLE, 366-368
Open Look, 271
Operações aritméticas
   campos calculados em SGBD para, 378
   planilha, 340-341
   ponto decimal, 121, 123, 376, 461, 463
Operadores aritméticos, 340-341
Opticon II, 7
Ordem
   controle de fluxo do programa, 463-472
   de precedência, 341
   entrada de dados, 393-394
   ordenação de banco de dados, 379-382, 404
Ordem de tabulação, SGDB, 393-394
Ordenando banco de dados, 379-382, 404
Organizando arquivos. *Veja* diretório, disco
Órgãos do governo dos Estados Unidos, 11, 82-83, 143-144
OS. *Veja* sistemas operacionais
OS/2, sistema operacional, 125, 565, 566, 567
   benefícios e desvantagens, 266-267
   comandos, 268
   Workplace Shell, 248, 266-268
Ozônio, protegendo o, 91

P

Padrão xBASE, 407-408
Padrões, 503-504
   ANSI, 110
   ASCII, 111
   CD-ROM, 402-403
   interface de unidade, 193-196
   linguagem de consulta, 397-402
   modem, 227-231
Padrões da interface da unidade de disco, 193-196
Padrões de manufatura. *Veja* padrões
Padrões High Sierra, 402-403
PageMaker, Aldus, 244, 314-316, 563
Paginação, memória expandida, 263-265
Páginas
   mestras, 321-322
   planilha, 352-353
   visualização da impressão, 301
Páginas lado a lado, 301
Páginas mestras (editoração eletrônica), 321-322
Paicas, tipos, 296
Painéis, menu pop-up, 246, 247
Painéis concentradores, Base-T, 219
Painel, View, 539-540
Palavras-chave, SQL, 398-399
Palmtop, computador, 32
Papel de impressão, 90-91
Par trançado, fio, 219-220
Paradox for Windows, 376-385
Parágrafo, texto. *Veja* texto, documento
Parágrafos, linguagem de programação, 465
Pascal, 452-453, 468
Past-up. *Veja* software de editoração eletrônica

Pasta, unidade do Macintosh, 197-198, 250-2⁏ 314-316
Patterson, Tim, 560
PC-DOS, 242-243, 560
PDA, 33-34
Pentium, chip de CPU, 121, 126, 259, 260
Permutabilidade, conjunto de caracteres, 110-111
Personal Computer Disk Operating System (PC-DOS), 560
Pesados, metais, 92
Pesquisa, critérios, 381-382, 397-402
Pesquisa on-line, 224, 226
PIC, 33
Pilha, HyperCard, 457
Pinos, portas, 159-160
Pirataria de software, 72-76
Pit (depressão), disco óptico, 188
Pixels (elementos de figuras), 147-149
Placa adaptadora. *Veja* adaptadores
Placa controladora de discos, 159-160
Placa de acelerador de clock, 159
Placa de interface serial, 255-256
Placa de som, 143-144, 160
Placa-mãe, 113, 117, 159-160
Placas
   cartões perfurados, 18
   computador PDA, 34
   memória flash, 200-201
Placas de circuito eletrônico. *Veja* adaptadores
Placas. *Veja* adaptadores
Planejamento de exigência de material (MRP), 499
Planejando, SDLC, 421-427
Planejando um programa de computador, 478-481
Planilhas (arquivos de dados), 333, 336
   3-D (tridimensionais), 361-362
   criando e imprimindo, 336-354
   integrando gráficos a, 358-360
   objetos gráficos vinculados a, 364-361
   veja também programas de planilha eletrônica
Planilhas tridimensionais, 361-362
Plataforma (land), disco óptico, 188
Plotadoras coloridas, 157-158
Plotadoras e impressoras coloridas, 157-158
Poder computacional, 28-34, 117-123
   veja também velocidade de processamento
Polaridade magnética, 170, 186-187
Ponteiro em forma de I, 134
Ponto, aviso de prontidão, 407
Pontos, tipo, 296
Pontos e traços, 104
POO. *Veja* programação orientada a objetos
Porta serial, 141, 160-162, 227, 255-256
Portas, E/S, 117, 159
   paralelas, 160-162
   SCSI, 162, 195-196, 231, 269
   seriais, 141, 227, 225-256
   seriais múltiplas, 255-256

Portas paralelas, 160-162
Posição das mãos, 87-88
Posição do pulso, 87-88
POST, 238
PostScript, 314-316, 564
Postura para sentar, 136
Power On Self Test (POST), 238
PowerBook, Apple, 141
Pratos, disco rígido, 182-186
Precedência, ordem de, 341
Precisão das informações, 47-48
Precisão numérica, 347-348
Preparação do imposto de renda, 502
Presentation Manager (PM) OS/2, 564, 567
Prevenção de desastres, 199-200
Print to fit, 353
Privacidade de dados, 80, 82-86, 88, 93
Procedimentos, linguagem de programação, 463-472
Procedimentos de identificação (logon), 81-82, 226, 255-256
Processadores. *Veja* chips, microprocessador
Processadores maciçamente paralelos, 128
Processamento automatizado de imagens, 5
Processamento centralizado em empresas, 53-54
Processamento de dados (PD)
 departamentos, 65-66
 em um computador, 113-123
 sistemas numéricos, 102-109
Processamento distribuído, 57-64, 231, 390, 438-439
Processamento em tempo real, 42, 254, 259-260, 437-438
Processamento paralelo, 128
Processo de análise de requisitos, 66
Produção. *Veja* software de editoração eletrônica
Profiler, programa, 483
Profissionais, uso do computador por, 11, 502-504, 508-509
 veja também usos do computador
Programa de diagnóstico, Microsoft, 517-518
Programa residente na memória, 279
Programação orientada a objetos (POO), 60, 62, 472-477
 veja também linguagens de programação
Programação personalizada. *Veja* programadores; software
Programadores, 65-66, 442-444, 446-447
 carreira, 504
 crime de, 79-82
 desenvolvimento de programas por, 478-483
 ferramentas de desenvolvimento para, 483-487
Programas, computador, 22, 459-462
 acionador (driver), 263-265, 280
 alternando entre janelas, 265
 antivírus, 515-516, 547-548
 carregando, para a memória, 118, 120-121
 código-fonte para, 425-426, 459-461, 481-487
 comparando linguagens, 449-458

 compilador, 461-463, 481
 concorrentes, 58-59, 363-368, 442-444
 cópia ilegal de, 73-74
 depurador (debugger), 482
 estrutura de, 463-472
 executáveis, 459-462, 478-483
 ferramentas de desenvolvimento, 483-487
 fluxogramas, 464, 469, 478-480
 história do microcomputador, 557-568
 linguagem assembler, 447-449
 multitarefa, 125
 orientado a objetos, 60, 62, 472-477
 personalizados, 257-258, 444, 456-457
 planejamento, 478-481
 pseudocódigo, 466, 479-481
 residentes em memória, 279
 rodando, simultaneamente, 125
 serviços do sistema operacional para, 253
 shell, 240-241
 uso de banco de dados por, 404-410
 valores de variáveis em, 461-463
 veja também software; usos do computador
Programas de "carta aleatória" (comparação entre linguagens), 450, 449-458
Programas de calendário, 523-524, 554-556
Programas de desenho, 25
Programas de jogos, 27-28, 464-465
Programas de layout da página, 23
Programas de pintura, 25
Programas de planilha eletrônica, 24, 331-333
 características, 336-347
 futuro dos, 366
 gráficos, 358-360
 história dos, 362-363, 442-443, 560
 inteligentes, 363-364
 tridimensionais (3-D), 436, 507
 usando bancos de dados ou, 410-411
 veja também planilhas (arquivos de dados)
Programas de previsão de palavras, 6-7
Programas de reconhecimento de manuscritos, 143-144
Programas de recuperação de exclusão, 198-199, 541-542
Programas editores de texto, 459-461, 521-522, 550-553
 veja também editores de texto
Programas em pseudocódigo, 466, 479-481
Programas parasitas, 76-78, 278-279, 547-548
Programas residentes em memória, 279
Projeto
 apresentação, 357-358
 formulários de SGDB, 382-386, 392-395, 404
 publicação, 325-326, 508-509
Projetos de integração, 424-426, 505
Propriedade de software, 82-84
 freeware ou domínio público, 76
 licença de uso e rede, 74-75, 432
 pirataria e, 72-76
 shareware, 75
 veja também questões legais

Propriedade intelectual, 74
Proteção contra cópia, software, 73-74, 189
Proteção contra gravação, 182
Proteção de dados, 89-90, 182, 198-200
Protocolo de correção de erros, 223, 228-229
Protocolos
    correção de erros, 223, 228-229
    transferência de arquivos, 223
    rede, 218-220, 271
Protocolos de transferência de arquivos, 223
Protocolos MNP, 227-231
Protótipo de sistema, 424, 426
Protótipos, definição de classe, 474, 475
Publicação de revistas, 314-315, 324-325, 508-509

Q

Q&A, Symantec, 372, 387
QEMM, utilitário, 280
QuarkXPress, 314-315, 322-323
Quattro Pro for Windows, 359-360, 362-363
Questões legais
    direitos autorais (copyright), 73-74
    privacidade, 82-86, 88
    relacionadas a hardware, 78-79
    relacionadas a software, 72-78
    roubo de dados, 79-82, 93
    veja também propriedade de software
QWERTY, teclado, 134-135

R

RAID, 184
Raios laser. *Veja* dispositivos de armazenamento óptico
RAM (Random-Access Memory — Memória de Acesso Aleatório), 17, 115, 172
    memória cache e, 120-121, 122
    placa de memória flash, 200
    sistema operacional DOS e, 263-265
Rastreando texto, 317
Realidade virtual, 15
Reciclando materiais, 91-92
Reconhecimento de escrita, 142, 143-144
Reconhecimento de padrões, 144
Recortando e colando texto, 294-295, 551-553
Recuperação de dados, 198-199
Recuperando um arquivo, 540-542
Recurso de interface com o usuário, 399
Recursos humanos, computador em, 54-56, 390, 500
Rede 10Base-T Ethernet, 219-220
Rede com barramento linear, 216-217, 219
Rede em estrela, 217, 219-220
    Grupo Iniciar, Windows, 531-532
Rede de longa distância (WAN), 213-214
Redes, 205, 422, 431
    comunicação de dados, 215-216
    configurações das, 409-410, 432, 505
    informática empresarial e, 432
    inteligentes, 231
    neurais, 143-144, 444-445
    processamento distribuído, 59, 209, 216, 390, 438-439
    protocolos para, 218-220
    quatro vantagens das, 210-213
    segurança de dados para, 184
    topologias, 216-218
    Unix *versus* DOS, 255-256
    vantagens das, 93, 390, 500
    versões de software para, 74-75, 210, 409-410
    veja também redes locais (LANs)
Redes de informação. *Veja* redes
Redes híbridas, 218
Redes locais (LANs), 60, 62, 222, 431
    administradores de, 65-66, 429, 506
    cliente-servidor, 410-411
    veja também redes
Redes neurais, 143-144, 444-445
Referência, página 3-D, 361-362
Referências de página, planilha 3-D, 361-362
Referências a bloco, 341-342
Reformatando texto, 289
Registro, ALU, 113, 114
Registros, banco de dados, 374, 378
    acrescentando, 393-394
    ordenando, 379, 381-382
Reinicializando o computador, 67, 513-514
Relacionamento um-para-muitos (SGDB), 387-389
Relacionamentos cliente-servidor, 61-62, 215-216, 409-410
    veja também servidores
Relatórios, banco de dados, 404
Relés elétricos, 105-106
Relógio do sistema (clock), 118-119
Resolução, impressora DPI, 156
Resolução, monitor, 148-149
Resolução vertical, monitor, 148-149
Ressonância magnética, 5
Revendas com valor agregado (VARs), 500-501
RGB, modelo de cor, 320-321
RISC, 31, 127-128
Ritchie, Dennis, 453-454
Roberts, Ed, 557
Robótica, 9
Rodinhas x e y (mouse), 140
Rolagem
    editor de texto, 290-292
    planilha, 336-337
    setas, barras, botões de, 244-245, 290-291
ROM (Read-Only Memory — Memória Somente de Leitura), 114, 118, 517
Rotação
    disco, 172
    página, 353
    texto, 317-318
Rotinas, linguagem de programação, 465-472
Rótulos, planilhas, 338
Roubo de hardware, 78-79

Roubo de software ou dados, 72-76, 79-82, 89-90, 93
RPM, unidade de disco, 184
RS-232, padrão de comunicação serial, 160
RSI, 87, 88
Run-Length Limited (RLL), codificação, 194

S

SAA, 267
Safire, William, 85
Saída, informações, 19, 20, 50-51
    relatórios do banco de dados, 404
Saída de áudio, 146-147, 160
Sem serifa, tipo, 297
Satélites, comunicação, 208-209, 214, 215-216
Scanners, CRT, 148-149
Scanners, imagem, 18, 359
    veja também leitoras de código de barra
Scanners coloridos, 145
Scanners de imagem, 18, 359
Scheduler (NDW), 554-556
SCSI, interface, 162, 195-196, 231, 269
SDLC, 421-427
SDLC, 421-427
Seagate Technology, 193-194
Segurança, programa orientado a objetos, 475-476
Segurança, sistema, 67, 77, 89-90, 429, 432
Seleção
    caixas de, 382-383
    de arquivos, 302-303
    de bloco de células, 341-343
    de ícones, 139, 244, 531-532
    de texto, 293
    em um banco de dados, 395-396
Senhas, computador, 80-82, 89-90
Sensibilidade ao contexto, caixa de diálogo, 246
Separações, cor, 319-323
SEQUEL, 397-398
Serifa, fonte, 297
Serviços de informações on-line, 223-227
Servidor de arquivo, 74, 206, 213-214, 219, 408
Servidor de rede. *Veja* servidor de arquivo
Servidores
    banco de dados, 408-410
    de arquivo, 74, 206, 213, 215, 408-410
    de rede, 213-214
Setas, teclas de 288-291
Setas de direção, 290-291
Setas de rolagem, 290-291
Setores, disco, 176-178, 183-184, 274-275, 518-519
Setores contíguos, 274-275
Setores de informática (SIG), 59, 65-66, 419-421, 427-433, 438-439
SGBD (Sistemas Gerenciadores de Bancos de Dados), 24-25, 371
    aplicações para, 372-374, 410-411
    conceitos básicos de, 374, 392-393
    criando relatórios em, 404
    distribuídos, 408-410
    estrutura de, 374-379
    futuro de, 411
    interagindo com, 372-374, 392-404
    ordenando, 379, 381-382
    pesquisando, 396-402
    programas que usam, 404-410, 475-476, 530-531
    relacionais (SGDBRs), 386-391, 410-411
    usando planilhas ou, 410-411
SGBDS, 387-380, 410-411
Shareware, 75
Shells, sistema operacional, 240-241, 549-550
Shredder (NDW), 540-542
SIG. *Veja* Sistemas de Informações Gerenciais
Símbolos
    conjunto de caracteres, 109-112, 151-152, 543-544
    fluxograma, 478-480
    fontes, 543-544
    fontes Wingdings, 543-544
    sistema numérico, 103
SIMM, 118
Simulação de memória, 124
Simulação "e se", 54-55, 346, 351-352, 436
Síndrome do túnel carpal, 87
Single In-Line Memory Module (SIMM), 118
Sintetizadores de voz, 7
Sistema de arquivos
    Gerenciador de Arquivos do Windows, 525-527
    gerenciamento do, pelo sistema operacional, 250-253
    organizando o, 197-198, 250-253
    veja também diretório, disco
Sistema de banco de dados distribuído, 408-410
Sistema de terminais de aeroporto, 437-438
Sistema orientado por transações, 49, 67
Sistemas, processamento não-integrado de informações, 51-53
Sistemas baseados em conhecimento, 436-437
Sistemas de ajuda, 534-537
Sistemas de apoio à decisão, 40, 55-56, 433-436
Sistemas de computador organizacionais, 419-421
Sistemas de informação. *Veja* Sistemas de Informações Gerenciais, 432
Sistemas de informações executivas, 64-65
Sistemas de Informações Geográficas (GIS), 10
Sistemas de Informações Gerenciais (SIG), 65-66, 390, 417
    administração comercial e, 418-419
    departamentos, 65-66, 419-421, 427-433, 438-439
    sistemas de apoio à decisão, 40, 55-56, 433-436
    tradicionais, 419-432, 437-438
Sistemas de menu, 244-245, 337
Sistemas de menus drop-down, 244-245

Sistemas de reconhecimento da fala, 163
Sistemas "de repouso", 92
Sistemas especialistas, 436-437
Sistemas multiusuários, 434-436
   veja também redes
Sistemas numéricos, 102-109
   binário, 19, 104-106, 111-112, 187-188, 377
   decimal, 19, 103-104, 111-112, 121, 347-348, 376, 465
   em campos de banco de dados, 374-378
   esquema de documentos, 309-310
   hexadecimal, 106-109, 111-112
   para datas, 339-340, 376
   planilha, 339, 347-348
   variáveis, 461-463
Sistemas operacionais (OS), 21-22
   categorias de, 254-260
   futuro dos, 280
   gerenciamento de hardware por, 249-250
   interfaces do usuário, 238-248
   multiprocessador, 254, 258
   populares para microcomputadores, 261-273
   quatro principais, 31
   quatro tarefas principais dos, 238-253
   software utilitário para, 273-280
   uso dos chips Intel por, 125
   versões de, 513-514
Sistemas operacionais multiusuários, 254, 255-256, 271-273
Sistemas remotos, 429
   veja também redes
Slots de expansão, 117, 159-160
Small Computer System Interface (SCSI), 162, 195-196, 231, 269
Smalltalk, 473
SmartErase (NDW), 540-542
Smith, Robert Ellis, 88
Sobrecarga, sistema, 259-260
Social Security Administration (SSA), 11
Sociedades. *Veja* fabricantes
Software, 21-28
   antivírus, 77-78, 278-279, 515-516, 547-548
   aplicações personalizadas, 257-258, 444, 456-457
   banco de dados, uso por, 404-410
   bibliotecas, 484, 486
   CASE, 425-426, 486-487
   compatibilidade ascendente de, 113
   contabilidade, 351-352, 493-494, 495-496, 507
   desenvolvimento, 446-447, 481-483
   documentação, 226, 425-426
   educacional, 494-495
   futuro do, 487
   história do microcomputador, 557-568
   licenças de uso, 74-75
   multimídia, 40, 146-147, 357-358, 402-403, 411
   pirataria, 72-76
   processamento de imagens, 145, 366-368
   proteção contra cópia, 73-74, 189
   questões legais, 72-76, 432
   segurança, 77, 81-82
   sistemas operacionais e, 238-248, 273
   utilitários, 25-27, 273, 280
   veja também programas, computador; usos do computador
Software, compatibilidade. *Veja* compatibilidade de software
Software amigável, 244-248, 411
Software antivírus, 77-78, 278-279, 515-516, 547-548
Software aplicativo
   categorias de, 22-28, 42, 443
   encontrando o, instalado, 522-523
   vertical, 42, 55-56
Software de agenda de endereços, 530-531
Software de aplicativo pessoal, 27, 34-35, 43-44, 554-556
Software de apresentação de gráficos, 25, 48-49, 334-336, 358-360
Software de contabilidade, 351-352, 493-494, 495-496, 502, 507
Software de domínio público, 76
Software de editoração eletrônica, 311-326
   controles de cor, 319-323
   edição de texto *versus*, 316-323
   o futuro do, 327, 508-509
   publicações no mundo real e, 323-325
   vinculando dados de planilha com, 366-368
Software de música, 12, 146-147, 189
Software de reconhecimento óptico de caracteres (OCR), 7, 142-143
Software de sistema. *Veja* sistemas operacionais
Software interativo
   bancos de dados, 373-374, 390-404
   sistemas de apoio à decisão, 55-56, 433-436
Software para aplicações financeiras, 333-334, 351-352, 434-436, 495-496
Software para entretenimento, 27-28
Software para processamento de imagens, 145, 366-368, 508-509
Software Publishers Association (SPA), 81
Software utilitário, 25-27, 198-199, 273-280
   categorias de, 273-280
   de mesa, 523-524
   para fragmentação de arquivos, 180, 274-275
   recuperação de exclusões, 198-199, 541-542
Solicitação de interrupção, 135-137, 249-250
Soquetes. *Veja* portas, E/S
SPARC, processador, 128
SQL, 397-402
Steve Jackson Games et al. *versus* Serviço Secreto dos Estados Unidos, 83
Stoll, Clifford, 80
String. *Veja* caracteres
Stroustrup, Bjarne, 456

Structured English QUEry Language (SEQUEL), 397-398
Sub-rotinas, linguagem de programação, 465-467
Subdiretórios, 197, 251
Subformulários, 389, 394
Sun Microsystems, 31, 128, 189
Sunsoft, 255
Super VGA (SVGA), 153, 565
Supercomputadores, 29
Supercomputadores Cray, 29, 128
Super-rodovia de dados, 93, 212-213
SuperFind (NDW), 537-540
Suporte técnico, 74-75
SVGA, padrão de vídeo, 153, 565
Swapping, memória, 118, 263-265
Symantec, 372, 387, 566
System Application Architecture (SAA), 267
System Information (NDW), 544-546

T

Tab, caracteres de tabulação, 292-293
Tabela ASCII, 111-112
Tabela de alocação de arquivos (FAT — File Allocation Table), 180, 198-199
Tabelas, banco de dados, 374-382, 386-392, 404
Tamanho
    memória máxima no DOS, 263-265
    palavra, 118, 124, 127, 257-258
    planilha, 353
Tamanho de palavra, 118, 124, 127, 257-258
Tamanhos
    arquivo-fonte, 460-461
    computador, 28-34, 433
    disco flexível, 174-176, 179, 505
    disco rígido, 182-186, 192
    fita cassete, 186-187
    fontes, 296-297
    microprocessador, 129
    registradora, 118
Taxa de baud, 228
Taxa de restauração, tela, 149
Taxas de transferência de dados, 192-193
Tecla Control, 291-292
Tecla de acionamento, 245
Tecla de comando, 245
Tecla de controle, 291-292
Tecla Home, 291-292
Tecla Shift, 292
Tecla, criptografia de dados, 89-90
Teclado Dvorak, 135
Teclado numérico, 134
Teclado TongueMouse, 6
Teclados, 6, 18, 134-137
    aspectos ergonômicos dos, 89
    configurações do usuário para, 524-525
    IBM aperfeiçoado, 134, 288
Teclas
    caractere de controle, 109
    de acionamento, 245
    de comando, 245
    de função, 134
    de movimentação do cursor, 134, 286-293
Teclas alfanuméricas, 134-135
Teclas de função, 134
Teclas Page Up e Page Down, 290-291
Técnico, suporte, 74-75
Técnicos, 501
Tecnologia do videotaipe, 257-258
Tecnologia magnética, 170-171, 183-184
Tela antibrilho, 89
Tela de cristal líquido (LCD), monitor, 146, 153-154
Tela sensível ao toque, 142-143
Tela CRT, 146-149
Telas, software
    editor de texto, 285-286
    ferramentas de entrada de dados, para, 382-383
    planilha, 335-336
    SGDB, 374-375, 382-383
Telefone, 7, 68, 163
    chamadas via satélite, 208-209
    e modems, 220-221
    fio, 207-208, 214, 219-220, 222
    números, 384, 388, 390
TeleSensory, 7
Teletrabalho, 221-222
Tempo
    de acesso, 192, 275
    prioridade e multitarefa, 258-259
    processamento em tempo real, 42, 254, 259-260, 437-438
    relógio do sistema, 118-119
    veja também velocidade de processamento
Tempo de acesso, 186, 192, 263-265
Tendências. *Veja* futuro, o
Terceirização, 66, 422-424
Terminal de dados móveis, 12
Terminais de computador, 29, 43, 255, 256, 391
    ponto-de-venda (PDV), 372, 496-497
    terminais X, 271
    veja também monitores
Terminais de ponto-de-venda (PDV), 372, 496-497
Terminais PDV, 372, 496-497
Testes
    POST, 238
    programas, 482-483
    verificação de tipo, 463
Texto, documento
    alinhamento automático, 289, 319-321
    controles de tipo, 317-319
    encontrando, 537-540
    esquematizando, 309-310
    formatando, 296-300
    imprimindo, 300-301
    inserindo e eliminando, 286-287, 293-294, 309-310
    inserindo, 286-293, 521-522

justificando, 298-300
gabaritos, 312-313
modificando, 293-296
localizando e substituindo, 295-296, 551-553
recortando e colando, 294-295, 551-553
rotação, 317-318
selecionando, 293
tradução de bitmaps para, 145
verificação ortográfica, 304-307
veja também arquivos
Texto, rótulos de planilha, 338, 349-350
Texto irregular à direita, 292-293
Thesaurus, editor de texto, 309
Tipos de dado, 474, 475
Todos os pontos endereçáveis (APA), 151
Token ring, IBM, 220
Token ring, rede IBM, 220
Tolerância, cabeçote de leitura/gravação, 183-184
Tomografia Axial Computadorizada (CAT — Computerized Axial Tomography), 5
Tôner, impressora, 94, 155-156
Topologia de anel, 217
Topologias, rede, 216-218
Trabalhando com um computador
  ergonomia, 86-90
  materiais e reciclagem, 90-92
  organizando seus arquivos, 276-278
  veja também conhecimento de computadores; descrições de cargos
Trackball, 18, 141
Tradução, mapa de bits (bitmap), 145
Transferência de arquivos, 223
Transistores, 106
Transparência para o usuário, 278
Treinamento em novas tecnologias, 422-424, 433, 446-447
Treinando redes neurais, 444-445
Tremido, 89, 149
Trilhas, disco, 176-177, 183-184
Troca dinâmica de dados (DDE — Dynamic Data Exchange), 364, 366-368
TrueType, 566
Tubo de raios catódicos (CRT — Cathode Ray Tube), 146-149
Tutorial do Windows, 522

U

UART, chip, 160
Undo, comando, 294
Unicódigo (Unicode), 110, 111
Unidade aritmético-lógica (ALU), 113-114, 121
Unidade central de processamento. *Veja* CPU
Unidade de controle, CPU, 113
Unidade lógico-aritmética (ALU), 113-114, 121
Unidades
  A, B e C, 250-253
  CD-ROM, 402-403
  CD-gravável, 190
  de disco, 21, 171-186, 250-253

de fita, 186-187
dispositivo de armazenamento óptico, 187-191
fita de áudio digital (DAT), 187
IDE, 194
magneto-ópticas, 190-191
medidas de desempenho para, 192-193
padrão ST-506, 193-194
padrões de interface para, 193-196
WORM, 190, 192
veja também discos rígidos
Unidades DAT, 187
Unidades de disco, 21, 171-186, 541
Unidades de disco A, B e C, 250-253
Unidades de disco flexível, 171-174, 250-253
Unidades de fita, 186-187
Unidades de imagem, realidade virtual, 15
United Airlines, 437-438
United Nations Consultative Committee for International Telephony and Telegraphy (CCITT), 227-229
Unix, sistema operacional, 31, 255, 560, 567
  benefícios e desvantagens, 270-271
  comandos, 268
  microprocessadores usados em, 125, 127-128
  X.desktop, 248
Uns e zeros. *Veja* sistemas numéricos
Uso comercial do computador, 5-6, 22-25, 39-45, 417
  ambiente corporativo, 63-64, 493-501
  aplicações verticais, 42-43, 53-54, 443
  compras, 500
  computação em grupos de trabalho, 44-45, 63, 66, 434-436, 500
  desafios competitivos e, 56-57
  EDI, 46
  entrega e recebimento, 497-499
  estado da arte, 57-64
  estudos de caso de, 51-57, 427-432
  faturamento, 387-391, 404
  finanças e contabilidade, 351-352, 433-436, 493-494, 495-496, 502, 507
  informática empresarial, 432
  produção, 9, 422-424, 499
  o futuro, 67-68
  orientado por transações, 49, 67
  pequenas empresas, 44, 51-54, 327-328, 429, 500
  pessoal e recursos humanos, 55-56, 390, 500
  preparação de orçamento, 433-436
  processamento centralizado em, 53-54
  produtividade pessoal, 43-44, 524, 554-550
  questões importantes, 432
  varejo, 143, 436-437, 496
  vendas no atacado, 497
Uso de computador por canhotos, 140-141
Usos do computador
  área militar, 12, 15, 444-445
  categorias de software aplicativo e, 22-28, 443
  em arqueologia, 8

em viagens, 221, 255-256
engenharia e arquitetura, 8-9, 15, 25, 334
governo, 11, 82-83, 143-144, 390
grandes empresas, 42-43, 53-56, 189,
   212-213, 327-328, 433-438, 493-501
medicina e saúde pública, 5, 143-144,
   146-147, 427-432, 436-437, 502
na ciência, 8, 15, 484-485
na educação, 5, 7, 27-28, 146-147, 484-485,
   494-495
na música, 12, 146-147, 189
no lar, 13-14, 27, 222, 336
para escrever trabalhos, 285-311, 507
pequenas empresas, 44, 51-54, 327-328, 429,
   500
profissões legais, 9, 10-11, 502
redes neurais e, 444-445
serviços de informações on-line, 223-227
teatro, cinema e entretenimento, 12-13, 15,
   484-485
teletrabalho, 221-222
veja também uso comercial do computador;
   descrições de cargos
Usuários de computador
   dando poder aos, 43-44, 59, 64-65, 438-439
   documentação para, 226, 425-426
   senhas e identificação, 80-82, 89-90

V

V.42, protocolo, 230
Valor de hora, informações, 47, 58
   programas de calendário, 554-556
Valores de variáveis, 461-463
Valores exibidos (planilha)
   formato de tela e, 347-350
Variáveis de calculadas, funções, 461-463
Variáveis inteiras, 461-463
Velocidade de processamento
   banco de dados, 372-373
   CD-ROM, 402-403
   desempenho da unidade e, 192
   fatores que afetam a, 117-123, 129
   veja também tempo
Velocidade de transmissão, 192-193
   cabo coaxial, 207
   cabo de fibra óptica, 211
   modem, 228-229, 273
   transferência de dados ESDI, 194-195
Velocidade, relógio, 118-119
Vendas, atacado, 496-497
Vendas, varejo, 143, 224, 436-437, 497
Verificação de tipo, 463
Verificador ortográfico, 304-308
Verificadores gramaticais, 307-308
Versões de software, 74, 513-514

VGA, padrão de vídeo, 153, 564
Viagens e computadores, 221, 255-256
Video Graphics Adapter (VGA), 153, 564
Viewer (NDW), 537-540
Vinculação de objetos, 60, 62, 461-463, 482
Vinculação e incorporação de objetos (OLE),
   366-368
Vínculos, dados
   comunicação sem fio, 208-209
   objeto, 60, 62, 366-368, 461-463, 482
   tabelas de SGDB, 386-391, 404
   veja também comunicação de dados; redes
Vírus de computador, 76-78, 278-279, 515-516,
   547-548
Visão, protegendo a, 89
VisiCalc, 24, 559, 562
Vista cansada, evitando, 89
Visualização de impressão, 301, 353-354
   WYSIWYG, 91, 286, 564
Visualizações
   definição geral, 309-310
   visualização da impressão, 301
   WYSIWYG, 91, 286, 564

W

Wafers de silício. *Veja* chips, microprocessador
WAN, 213-214
Warnock, John, 314-315, 564
What You See Is What You Get (WYSIWYG), 91,
   286, 564
Windows 95, 271-273
WordBasic, 446-447
WordPerfect para DOS, 285-286, 298-300
Workplace Shell, OS/2, 267-268
WORM, unidade, 190-192
Wozniak, Steve, 82, 558
Write Once, Read Many (WORM), unidade,
   190-192
Write, Microsoft Windows, 528-529, 532-534
WYSIWYG, 91, 286, 564

X

X-terminais, 271
X-Window, 271, 564
X.desktop, UNIX, 248
Xerox Palo Alto Research Center (PARC), 242,
   473
XGA, padrão de vídeo, 153, 566
XMS, 264-265

Z

Zero à esquerda, 377
Zeros e uns. *Veja* sistemas numéricos
Zines, 314-315